이미지 경영론
(Image Management)

김혜리 · 이정원 공저

Preface

"21세기 최고의 경쟁력은 이미지!, 이미지는 이제 생활이다!"
성공과 행복을 위한 이미지 경영을 시작하자!

우리가 살아가는 세상은 모든 것이 매우 빠르게 변화하고 있다. 그러나 변화에 노출되지 않는 것도 상당수가 된다. 그 중 하나가 "이미지"일 것이다. 사회 속의 인간은 혼자 살아갈 수가 없다. 우리는 인간들이 만들어 놓은 세상 속에 살아가면서 다양한 상황에서 다양한 인간관계를 형성하게 된다. 인간(人間)이라는 한자에서도 알 수 있듯이 우리는 사람과 사람 사이에서 관계를 맺어 가며 살아가게 되어 있고, 사람과의 만남에서 끊임없이 상대를 평가하고 자신을 평가 받게 되기 때문이다. 이러한 과정에서 우리는 이미지를 만나게 된다. 개인의 이미지에서부터 기업, 사회, 국가의 이미지에 이르기까지 한번 정해진 이미지는 좀처럼 바꾸기 힘든 일이다. 그러기에 굳어지기 이전에 이미지를 관리하고 더 나아가 이미지를 경영한다는 것이 현대 사회의 화두로 떠오르고 있다.

이미지는 마음속에 그려지는 상(象)을 뜻하며, 실제가 아닌 상상에 의해 형성되는 추상적인 것이다. 개인의 이미지는 자신의 삶을 윤택하게 하는 열쇠이며, 개인뿐만 아니라 기업의 성공과 국가의 이미지에도 큰 영향을 주는 중요한 요소이다. 따라서 자신의 이미지를 경영하는 일은 무엇보다 뜻있는 일이며, 자기 발전과 성숙에 크게 기여하는 일이 될 것이다. 자신의 가치를 최고로 만드는 것이 보다 나은 삶과 인간관계 형성을 위한 필수요소로 자리 잡고 있는 오늘날, 자신의 성공과 행복을 위해 사회가 요구하는 이미지와 자신이 추구하는 목표에 부합하는 자신만의 개성 있는 이미지를 찾아 경영해야 한다.

이미지 경영(Image management)이란 사회가 원하고 자신이 원하는 이미지를 구축하기 위해 자신의 내적, 외적, 음성·언어 표현적, 사회적 이미지를 전략적으로 분석하고 기획하며 관리하는 것으로 성공과 행복을 위한 자기노력을 총칭하는 것이다. 사회에서 성공하여 인정받고 싶고 바람직한 인간관계를 형성하고 싶다면 자신의 이미지를 보다 전략적으로 경영하여 경쟁력을 가져야 한다. 좋은 이미지는 그냥 얻어지는 것이 아니다. 개인을 비롯하여 사회 및 국가가 더 좋은 이미지를 위해 끊임없이 노력할 때 그 개인이나 국가는 더욱 성장하고 크게 성공할 수 있다.

이미지의 중요성을 깨닫고 학문으로써 발전시킨 곳은 미국이며 약 34년의 역사를 갖고 있다. 우리나라에서는 김경호 박사에 의해 1986년 경 처음 "이미지 메이킹" 분야가 알려졌다. 이후 약 20여년이 지났으며 사회 각 분야에서 이미지 메이킹에 대한 관심이 점차 증폭되고 있는 실정이다. 또한 국내 여러 대학에서 교양 및 전공과목으로 이미지 관련 강의를 하고 있다. 이러한 추세에 힘입어 최근 이미지 관련 서적이 출판되고는 있으나 일반인들을 위한 교양도서 수준에 머물고 있어 보다 전문적인 이미지 관련 서적의 출판이 시급한 실정이다.

이에 필자들은 한국이미지경영교육학원 연구원들의 도움을 받아 국내·외 기존 자료, 저서, 논문, 경험사례 등을 바탕으로 『이미지 경영론』을 집필하게 되었다. 이 책은 학부과정의 전공과 교양과목 교재로서의 역할을 할 수 있을 것이다. 또한 이미지에 관심을 갖는 사람들 모두가 성공적인 이미지 경영과 행복한 삶을 위한 정보를 제공 받을 수 있을 것이며, 모든 독자들을 위한 실질적인 이미지 개선 및 경영에 도움이 될 수 있을 것이라 기대한다.

이 책은 총 5부로 구성되어 있다. 제1부에서는 이미지 경영의 메카니즘에 대해 살펴보고, 제2부에서는 이미지를 형성하는 첫 번째 요소인 내적 이미지의 이해를 통해 스스로가 그 중요성을 인지할 수 있도록 개인의 내적 이미지 요소들을 살펴볼 것이며, 제3부에서는 자기 이미지 경영에 중요한 부분을 차지하는 외적 이미지를 때와 장소, 상황에 따라 단계적으로 표현할 수 있도록 구체적인 방법에 대해 살펴볼 것이다. 제4부에서는 음성과 언어표현으로 인해 형성되는 이미지의 중요성을 바탕으로 자신의 음성과 언어표현 이미지를 경영하고 관리할 수 있는 효과적인 방법을 살펴볼 것이며, 끝으로 제5부에서는 사회생활이나 인간관계를 보다 원활하게 할 수 있도록 매너와 리더십 등 사회적 이미지에 대한 내용을 살펴 볼 것이다. 각 부분이 상호 보완적인 내용을 담고 있으며 필요에 따라서는 분리해서 읽어도 이해가 되도록 구성되어 있다. 또한 부록에 이미지 경영 10계명과 이미지 경영 현장의 실제 경험을 엮어 참고가 되도록 구성했으며, 독자 스스로가 각 장의 진단 척도를 통해 이 책을 읽는 것과 동시에 스스로 이미지 경영을 실천할 수 있게 했다.

이 글을 마무리 하면서 이미지 경영 분야를 함께 개척하고 이미지 경영의 발전을 위해 항상 노력하고 있는 한국이미지경영교육학원의 김성미, 김은정, 김정은, 김정형, 김혜승, 문지영, 박근영, 박왕선, 변성복, 신민석, 옥은주, 유민서, 이관수, 이옥미, 전종훈, 정지영, 차금주, 최선미, 홍태희 연구원 및 임직원 모두에게 깊은 감사의 마음을 전한다. 그리고 이미지 메이킹 전수로 이 분야에 관심을 갖게 해주신 김경호 박사님께 이 지면을 통해 거듭 감사의 말씀을 전하고자 한다. 또한 'AICI KOREA CHAPTER' 운영으로 이미지 경영의 성장과 발전을 도모하고 개인 이미지 뿐만 아니라 기업 이미지, 국가 이미지 등 이미지 분야의 깊이와 넓이를 만들고자 노력을 아끼지 않으시는 허은아 회장님과 문완묵 부회장님께 진심으로 감사의 마음을 전한다. 더 나아가 〈이미지 경영〉의 중요성과 그 필요성을 인지하고 정규 교과 과정으로 채택한 여러 대학교와 이미지 경영 강의를 진행하는 기업체 등의 교육 관계자 분들 그리고 이미지 경영을 통해 성공과 행복을 위한 노력을 실천하고자 하는 모든 분들께 감사의 말씀을 드린다. 아울러 이 책의 출판을 기꺼이 허락해 준 도서출판 『신아사』에도 깊은 감사의 뜻을 전한다.

2011년 5월

아름다운 열정을 나누며
김혜리·이정원

CONTENTS

제 1 부 이미지 메카니즘

제 2 부 내적 이미지

제 3 부 외적 이미지

제 4 부 음성·언어 표현적 이미지

제 1 부

이미지 메카니즘

제 1 장
이미지의 이해

사람들은 자신을 알아가고 타인의 눈에 비치는 자신의 모습을 향상시키는 일에 매혹되고 있다. 오늘날 사람들에게 이미지를 생각하는 것은 삶 그 자체를 생각하는 것이다. 이는 우리가 사회적 동물이므로 대인관계에서 중요한 작용을 하는 이미지에 대한 관심을 소홀히 할 수 없기 때문이다. 모든 것이 이미지로 대변되는 시대인 현대에서 우리는 지각되는 이미지의 총합으로 객체에 대한 판단을 하게 되며 그러한 이미지로 인해 행동을 일으키고 변화를 만들게 된다. 또한 많은 사람들이 상대가 가진 이미지에 의존하고 있기 때문에 이미지는 사회생활을 위한 결정적인 요인으로 작용하고 있다. 여성들이 화장을 하고, 남성들이 면도를 하며, 겉모습을 치장하는 행위와 같은 행동들은 스스로가 타인에게 좋은 이미지로 인식되기 위한 노력인 것이다.

사회생활이나 대인관계에 있어서 자신의 이미지를 좋게 부각시키려면 시간(Time), 장소(Place), 상황(Occasion)에 적합하게 표현하려는 노력이 필요하다. 개인이 가진 이미지는 타인에게 끊임없이 보내고 있는 메시지로 자신이 인식하지 못한 채 상대에게 긍정적으로 혹은 부정적으로 보여지게 된다. 그러므로 자신의 이미지를 정확하게 분석해야 하며 분석된 이미지를 바탕으로 장점은 부각시키고 단점을 보완함으로써 자신의 사회적 지위와 직업 그리고 상황과 장소에 맞는 이미지를 형성해야 한다.

제1절 이미지의 정의와 개념

1. 이미지의 정의

이미지(Image)는 '모방하다'라는 의미를 지닌 라틴어 'Imago'와 'Imitary'에서 유래되었다. 이미지는 사람이나 사물의 형태를 모조 혹은 모방한다든가 인상처럼 실제로는 존재하지 않는 사람이나 사물에 대한 정신적 그림을 뜻한다(박은희, 1996). 또한 우리 나름의 사고, 취향에 따라 편집되고 만들어진 그 사람에 대한 생각의 덩어리, 특유한 감정, 고유한 느낌, 타인이 보고 느낀 자신의 모습이 이미지이다(김은영, 1991).

2. 이미지의 개념

이미지는 어떤 사물이나 사람을 봤을 때 떠오르는 단어, 감정, 생각, 느낌의 총체이며, 상대의 주관에 의해 지각되고 경험과 심리상황 등과 같이 여러 가지 요인에 의해 다르게 형성되는 하나의 상(象)이다. 이미지는 조직의 환경적, 개인적인 요인들 간에 상호작용하는 변인들이 인상을 형성해 가는 과정이며(Moffitt, 1994), 실체에 대한 상징이 되기도 하나 어느 한 요소가 아닌 그에 관련된 전체를 포괄하는 것이다(Freedman, 1981). 또한 이미지는 추상적인 개념에서 한 개인이 특정 대상에 대해 가지는 신념, 아이디어, 인상의 총체라고 할 수 있다(조슬기, 2006).

심리적으로 볼 때, 이미지는 사람이 어떤 대상에 대해 품고 있는 기성개념으로써 영상이다. 이는 지각적인 것과 감정적인 것이 결합된 상태로 파악되며 객관적인 것이라기보다는 주관적인 것이라 할 수 있다(정순태, 1991). 사회 심리학에서 이미지는 인지적 처리과정을 통해 형성되고 주체나 객체에 대한 불완전한 정보에 접근하는 정신적인 그림으로 정의되며, 이미지가 한 번 형성되면 사람들은 주체나 객체의 객관적인 실제 양상에 반응하기보다는 주관적으로 형성된 이미지에 의해서 반응한다(현원정, 2008).

김경호(2005)에 의하면 이미지는 대상에 대해 가지고 있는 준거체계로써, 대상에 대해 지각하는 모든 것과 반응행동을 결정짓는 태도나 느낌의 총체이다. 또한 생태학적, 심리적, 인지적, 정서적, 내면적인 특성 등을 포함하여 외모, 체형, 얼굴 생김새, 표정, 자세, 태도, 제스처, 음성, 말씨, 옷차림, 걸음걸이, 매너 등 외부로 나타나는 외면적인 특성이 혼합되어 있는 개인에 대한 총체적인 모습(Total image)이기도 하다.

대체로 사람들은 겉으로 드러나는 이미지를 보고 상대에 대한 태도를 결정하며 그에 따라 행동한다. 타인을 봤을 때 떠오르는 단어나 느낌의 총체인 이미지는 인간관계에 많은 영향을 미치게 된다. 따라서 상대의 주관에 의해 지각되고 형성되는 실체가 아닌 떠오르는 상(象)인 이미지로 인해 대인관계의 지속여부가 결정되는 것은 과언이 아니다. 현대인들에게 좋은 이미지는 사회생활의 필수적인 요소로 인식되고 있으며 좋은 이미지는 자기만족과 대인관계에 밀접한 관련을 맺고 있다(윤소영, 2007).

이처럼 이미지라는 용어가 널리 사용되고 있지만 이미지가 내포하고 있는 정의와 개념은 매우 모호하며 연구하는 학자들마다 조금씩 다르게 제안하고 있다. 한편, 국외 학자들의 이미지에 대한 정의와 개념의 견해에도 다소 차이가 있으며 이를 연도 별로 정리하면 〈표 1-1〉의 내용과 같다.

〈표 1-1〉 국외 학자들의 이미지에 대한 정의와 개념

연구자	정의와 개념
Boulding K. E. (1956)	이미지를 개인이나 집단에 의해 확인·유지되는 현실에 대한 표상이라고 정의했다. 즉, 이미지는 상황에 대해 나타나는 우리의 신념이며 모델인 것이고 대상으로 하는 사상을 파악하여 인식할 때, 마음속에 품는 인상에 대한 심적 연상 등으로 정의된다.
Boorstin, D. J (1961)	이미지를 가관념(假觀念, Pseudo-ideals)이라고 하는데, 이는 특정 사건에 대한 참되고 진실된 면을 보여주기보다는 조작되고 단편적인 면을 보여준다는 것이다.
Kepes Gyorgy (1983)	이미지에 대한 개념과 특성은 실체가 아닌 사람 마음속에 형성된 직관과 감정의 세계를 의미한다. 따라서 모든 이미지는 외적인 힘과 내적인 힘의 상호작용이다.
Rawson, P. (1987)	이미지는 능동적인 시각적 활동의 산물이나, 이는 모든 시각적 구성요소들을 모아 집중시키는 통일된 통합정보 몇 개의 두드러진 특징으로 단순화시켜 구조적으로 파악하려는 것이다.
Philip Kotler (1988)	자신은 하나의 상품이므로 자신의 이미지를 메시지로써 잘 포장하고 세련되게 시각화한다면 원만한 인간관계와 호의적인 속성개발 관계를 가질 수 있다.
Ailes, Roser (1989)	당신 자신이 바로 메시지이다. 우리 각 개인이 자신의 이미지를 어떻게 창출하느냐에 따라 상대에게 전달되는 메시지가 결정되며, 그 메시지를 전달하는 매체는 바로 우리 자신이다.
Gruning, J. E. (1993)	커뮤니케이터에 의해 수용자라고 불리어지는 사람들을 대상으로 계획되거나 주어지는 그 어떤 것이 이미지이다.
Moffitt, M. A. (1994)	이미지는 조직의 텍스트와 환경적, 개인적인 요인들 간에 상호작용하는 여러 개의 변인들이 인상을 형성해가는 과정의 산물이다.

제2절 이미지 관점

이미지의 관점에 대한 분류방법 및 표현은 학자들마다 다소 차이가 있을 수 있다. 그 이유는 기준이 되는 관점이 무엇인가에 따라 이미지가 다르게 형성되기 때문이다. 각각의 관점에서 조금씩 차이를 보이며 다양한 이미지 관점을 한 가지의 관점으로 정형화하기에는 무리가 있다. 이 책에서는 선행연구들을 바탕으로 하여 이미지의 관점을 주관점 다섯 개와 부관점 다섯 개로 구분한다. 올바른 이미지 형성을 위해 각각의 이미지 관점을 정확하게 이해할 필요가 있다.

1. 주관점 : 업, 간, 견, 언, 합의 관점

1) 업(業)의 관점

업(業)의 관점 이미지란 보는 사람들로 하여금 대상이나 제품 등이 최적화로 인지되어 공통적으로 기억될 수 있도록 하는 실물의 상상된 실체이다. 이미지는 실체를 보다 효과적으로 표현하기 위해 형상과 색상, 구도, 어휘 등, 전달하고자 하는 의미와 상(象)을 가장 바람직하고 정확하게 인지시켜줄 수 있는 총체이다.

2) 간(間)의 관점

간(間)의 관점 이미지란 이미지가 대상 인지의 기준으로 형성되는 것이 아니라 사람과 사람의 만남에서 보편적인 정보가 인식되고 같은 의미로 통합되어 형성되는 것이다. 개별적으로 형성된 각각의 상(象)은 서로 다른 의미를 지니고 있어서 사회적 혼동을 가져오고 사람이 관계를 형성할 때 문제를 일으키는 이유가 된다. 그러므로 대상이 주어졌을 때 상호 관계를 통해 의미 차이를 줄이고 같은 범주에서 하나의 상(象)을 떠올리면 대상의 이미지가 적절하게 형성될 수 있다.

3) 견(見)의 관점

견(見)의 관점 이미지란 객관적인 실체가 아니라 주관적으로 형성된 개인의 정보에 따라 왜곡되어 지각되는 정신적인 모습이다. 이미지가 한 번 형성되면 대상에 대한 개인의 반응과 경험적 심리가 실체를 대신하게 되고 누락된 사실은 일반적인 정보에 의해서 채워진다. 개인의 판단에 의해서 만들어진 이미지는 재해석되고 이러한 해석은 같은 이미지를 받아들이는 또 다른 주체의 이미지 형성 과정에 영향을 준다. 또한 후 지각자는 선지각자가 이미지에 대해 먼저 내린 평가와 해석을 바탕으로 자신이 대상을 지각하는 이해도에 비례하여 이미지를 형성하게 된다.

4) 언(言)의 관점

언(言)의 관점 이미지란 언어나 행동 등을 포함하는 표현으로써 가장 포괄적인 범위이다. 이미지를 처음 인지할 때는 각기 다른 상(象)으로 받아들인다. 그 다음에 커뮤니케이션을 통해 공통적인 요소를 확인하는 작업을 거쳐 통용할 수 있는 메시지로 함축된다. 통일된 메시지의 이미지는 강하면서도 짧은 의미의 전달 수단이 된다. 따라서 말을 하지 않아도 이미지를 통해 의사소통이 이루어질 수 있다.

5) 합(合)의 관점

합(合)의 관점 이미지란 시각적으로 인지되는 각각의 상(象)이 하나로 통합되어 전체의 큰 집합체를 이루는 것이다. 즉, 이미지는 세분화된 모든 대상물로부터 각각의 특징이 더해져서 하나의 의미를 가지는 이미지로 단순화되는 것이다. 그러나 하나의 이미지로 통합될 때, 개인마다 필요로 하는 각각의 구성물이 다르게 조합되어 형성되기도 하기 때문에 이미지를 이룬 구성물을 일반화시키기에는 다소 무리가 있다.

2. 부관점 : 장, 시, 심, 상, 습의 관점

1) 장(匠)의 관점

장(匠)의 관점 이미지란 한 사람의 생각이나 행동, 언어, 가치관, 업무행동 등 총체적인 모습을 통해 그 사람이 속한 모든 부분까지 평가하여 함께 형성되는 것이다. 여기서 이미지는 신뢰가 바탕이 되고 개인의 리더십과 통찰력, 능력, 비전, 가치관이 기준이 되며 일상행동이나 직무행동, 삶의 모든 업적까지 포함된 전체적인 집결체이다.

2) 시(示)의 관점

시(示)의 관점 이미지란 대상이 가지고 있는 실체가 아니라 대상을 바라보는 상대에 의하여 형성되는 것이다. 따라서 내가 보여지고 싶은 이미지나 인정받고 싶은 이미지, 만들고 싶은 이미지와 같거나 다른 이미지로 형성될 수 있다. 즉, 이미지의 질적인 가치에 대한 판단 기준이 자신이 아니라 상대로 인해서 결정되고 평가되는 것이므로 원하는 이미지 연출을 위한 전략이 필요하다.

3) 심(心)의 관점

심(心)의 관점 이미지란 과거에 기억된 정신적·심리적 실체의 범위 안에서 대상의 이미지를 형성하는 것이다. 하나의 대상을 인식할 때에는 새로운 정보를 바탕으로 형상을 인식하는 것이 아니라 과거에 수용했던 정보를 근거로 유사한 형상으로 판단하여 인식하게 된다. 대상에 대한 연상이 가능하고 이는 명확하지 않은 이미지를 판단할 때 더욱 강하게 작용한다. 또한 개인의 지적 수준이 다르므로 형성되는 이미지에 차이를 보일 수 있다.

4) 상(象)의 관점

상(象)의 관점 이미지란 사진이나 그림, 음악, 기호 등으로 의미가 상징화 된 모든 것을 포함하는 가시적인 표현이다. 사람에게 대상은 형상이나 기호, 소리 등으로 인지되어 신념 전달과 태도 지시, 규율 표시 등의 역할을 내포한다. 이미지는 정형화 하여 인지하는 것이라기보다는 수용자들이 의미를 해석하여 행동을 동반하게 하는 것이다. 제한과 금지, 허용과 가능, 기쁨과 슬픔 등의 분석된 내용을 바탕으로 행동을 취하게 하는 것이 이미지가 가지는 힘이다.

5) 습(習)의 관점

습(習)의 관점 이미지란 과거에 습득한 정보와 경험이 새로운 실체를 인지할 때, 영향을 주어 형성되는 상(象)이다. 이는 직접적인 자극이 없어도 과거의 정보를 재인식하여 형성할 수 있으며 개인이 경험한 직접적인 것과 간접적인 것에서 모두 이루어진다. 또한 같은 대상이나 상황에서 과거에 경험한 바가 다를 경우에 상이한 해석으로 이미지가 형성될 수 있으며 형성된 이미지가 갖는 의미 또한 다르게 해석될 수 있다.

3. 이미지 관점의 상관관계

이미지를 형성할 때 각각의 이미지 관점은 다른 관점과 전혀 상반되는 것이 아니라 상응하여 연관되어 있다. 〈그림 1-1〉의 구도를 살펴보면 이미지의 관점들이 서로 영향을 주는 관계에 있음을 알 수 있다. 따라서 이미지를 보다 쉽게 이해하기 위해서는 이미지 관점들

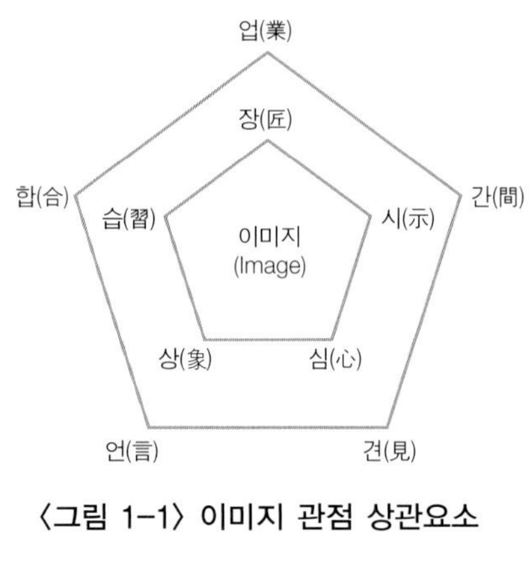

〈그림 1-1〉 이미지 관점 상관요소

이 서로 어떤 영향을 미치는지 종합적으로 정리해 보는 것이 바람직하다.

1) 업·간·합, 장·시·습의 관계

업(業)의 관점은 장(匠)의 관점을 포함하며 간(間)의 관점 및 합(合)의 관점과 상응한다. 또한 업(業)의 관점에 포함되어 있는 장(匠)의 관점은 시(示)의 관점 및 습(習)의 관점과 상응한다. 업·간·합의 공통적인 특징은 여러 가지 인지적 구성물과 정보들이 통합되어 총체적인 하나의 이미지가 형성된다는 것이다. 그리고 장·시·습의 공통적인 특징은 경험적인 정보가 기반이 되어 이미지 형성에 영향을 주며 경험의 재인식이나 새로운 변화로 인하여 형성되는 이미지에도 다른 결과를 줄 수 있다는 것이다.

2) 합·업·언, 습·장·상의 관계

합(合)의 관점은 습(習)의 관점을 포함하며 업(業)의 관점 및 언(言)의 관점과 상응한다. 또한 합(合)의 관점에 포함되어 있는 습(習)의 관점은 장(匠)의 관점 및 상(象)의 관점과 상응한다. 합·업·언의 공통적인 특징은 한 가지 특성으로 인해 이미지가 형성되는 것이 아니라 구조화와 상호작용을 통해 이미지가 형성된다는 것이다. 그리고 습·장·상의 공통적인 특징은 이미지가 경험과 재인식, 해석을 통해 형성된다는 것이다.

3) 언·합·견, 상·습·심의 관계

언(言)의 관점은 상(象)의 관점을 포함하며 합(合)의 관점 및 견(見)의 관점과 상응한다. 또한 언(言)의 관점에 포함되어 있는 상(象)의 관점은 습(習)의 관점 및 심(心)의 관점과 상응한다. 언·합·견의 공통적인 특징은 개인의 판단과 심리적 작용이 통합하여 하나의 이미지가 형성된다는 것이며 상·습·심의 공통적인 특징은 개인의 경험적 기억과 정보가 이미지가 형성에 많은 기여를 한다는 것이다.

4) 견·언·간, 심·상·시의 관계

견(見)의 관점은 심(心)의 관점을 포함하며 언(言)의 관점 및 간(間)의 관점과 상응한다. 또한 견(見)의 관점에 포함되어 있는 심(心)의 관점은 상(象)의 관점 및 시(示)의 관점과 상응한다. 견·언·간의 공통적인 특징은 심리적 작용과 상호 관계적 작용을 중심으로 이미지를 형성한다는 것이며 심·상·시의 공통적인 특징은 대상에 대한 판단과 해석을 통해 이미지가 형성된다는 것이다.

5) 간·견·업, 시·심·장의 관계

간(間)의 관점은 시(示)의 관점을 포함하며 견(見)의 관점 및 업(業)의 관점과 상응한다. 또한 간(間)의 관점에 포함되어 있는 시(示)의 관점은 심(心)의 관점 및 장(匠)의 관점과 상응한다. 간·견·업의 공통적인 특징은 이미지를 형성할 때에 판단을 내릴 수 있는 정보가 다양한 방향에서 제공된다는 것이다. 그리고 시·심·장의 공통적인 특징은 자신이 인지하여 판단한 이미지가 타인과 다른 이미지를 형성할 수도 있다는 것이다.

결과적으로 이미지는 개인이 실체나 대상을 인지하고 판단한 후 재해석하여 추론되어지는 주관적이고 허상적인 집합체라고 할 수 있다. 이미지는 구조화되고 집결되어 이루어지는 하나의 상(象)이며 상대의 주관에 의해 지각되고 경험과 심리상황 및 여러 가지 이미지 관점에 의해 다르게 형성되는 것이다. 따라서 자신의 이미지를 때와 장소, 상황에 맞게 연출하여 상대에게 호감을 줄 수 있도록 노력해야 한다.

제3절 이미지 형성

일반적으로 이미지 형성(Image building)이란 개인이 독립적으로 주어지는 각기 다른 정보들을 조직화시켜 하나의 의미 있는 전체 형태로 지각하는 것을 말한다. 또한 이미지 형성은 항상 적시에 가장 바른 일을 하기 위해 자신을 드러내는 과정이다(Randolph, 1985; 김경호, 2008). 뿐만 아니라 이미지 형성은 소유자의 모든 과거 경험의 결과로 성립되며, 대상에 대한 정보를 바탕으로 개인의 인식내지 추론에 의해 형성되므로 상당히 주관적인 것이다(김경호, 2008).

다시 말하면, 이미지는 대상에 대한 정보로 구성된다고 할 수 있다. 그러나 대상에 대한 모든 정보를 수용하여 이미지를 구성한다는 것이 어렵기 때문에 제한된 정보로도 이미지가 형성된다(Penrod, 1983). 이때 상대의 이미지를 형성하는 몇몇 특성들을 핵심적 속성이라고 하며 이러한 핵심적 속성들이 다른 부분에 전반적인 영향을 주어 이미지가 형성된다. 대부분의 사람들은 상대에 대한 정보가 불충분한 경우에도 이러한 특성들을 기준으로 상대를 평가하게 된다. 또한 자신을 어떤 모습으로 나타낼 것인가를 정해놓고 정해진 모습으로 될 수 있도록 하는 것이 바로 이미지 형성이다. 이미지를 형성하기 위해서는 먼저 '되고자 하는' 또는 '되어야 할' 모습을 설정해두고 그렇게 되도록 노력해야 한다(Tracy, 2002).

Scott(1966)는 이미지 형성요소를 인지적 요소(Cognitive components), 정서적 요소(Affective components), 행위적 요소(Active components)와 같이 세 가지로 구분했다. 인지적 요소를 통해 사람들은 대상에 대한 지각과 이해를 한다. 즉, 대상에 대한 사실적 정보의 감각적인 인지로 이미지가 형성된다. 정서적 요소는 대상에 대한 좋고 싫음을 나타내며 대상에 대한 선의, 호의, 적의 등과 같은 가치평가를 포함하고 있다. 한편 이미 형성된 이미지를 통해 일어나는 개인의 반응이 바로 행위적 요소이다. 행위적 차원의 이미지는 인지적 차원과 정서적 차원을 근거로 해서 나타나는 결과적 반응이라고 할 수 있다.

김경호(2004)는 겉으로 나타나는 개인의 외모, 표정, 태도, 자세, 행동, 말씨 등이 그 사람의 심성, 생각, 습관, 욕구, 감정에 귀인(Attribution : 歸因)하여 표출된다고 했다. 또한 이미지는 내적 이미지와 외적 이미지, 사회적 이미지로 구분할 수 있다고 했다. 오미영(2002)은 이미지를 형성하는 요소가 인상, 카리스마, 능력, 전략, 목소리, 외모, 매력과 같이 일곱 가지 요인으로 나타난다고 밝혔다. 그리고 이를 세분화하여 인상, 외모, 매력은 외적 요인으로, 카리스마와 능력은 정서적 요인으로 전략은 행위적 요인으로, 목소리는 음성 요인으로 구분하고 있다.

이처럼 이미지는 한 가지 요소로 형성되는 것이 아니다. 이미지 형성요소에 대한 이론은 학자들마다 다소 차이가 있으나 국내 · 외 학자들의 연구를 바탕으로 이미지 형성요소를 요약·정리하면 〈표 1-2〉와 같다. 좋은 이미지를 구축하려면 이러한 이미지 형성요소들의 개념을 확실하게 이해하여 내적, 외적, 음성·언어 표현적, 사회적 이미지 등을 개선시킬 수 있는 방안을 강구하는 것이 필요하다.

〈표 1-2〉 이미지 형성요소(Image building factors)

이미지 유형	형 성 요 소
내적 이미지	신념, 생각, 성격, 감정, 동기, 욕구, 인성, 심성, 비전 및 목표 설정, 개인 심리, 열등감, 만족감, 가치관, 자신감, 자기 효능감, 자아존중감, 자아정체감 등
외적 이미지	피부, 컬러, 메이크업, 헤어, 패션, 액세서리, 네일, 풋, 얼굴, 인상, 표정, 체형, 선상, 신체 등
음성 · 언어 표현적 이미지	음성, 호흡, 발성, 발음, 톤, 장 · 단음, 억양, 포즈, 강조, 어투, 속도, 내용, 표현력, 스피치, 커뮤니케이션, 프레젠테이션 등
사회적 이미지	리더십, 이미지 리더십, 컬러 리더십, 행동, 태도, 자세, 신뢰 형성, 커리어, 바람직한 인간관계, 에티켓, 매너 등

제4절 자아 이미지

1. 자아 이미지의 정의와 개념

자아 이미지는 개인이 사회적으로 결정된 준거체계에 따라 자신에 대해 갖는 지각이며(Kotler, 2003), 개인이 스스로에 대해 가지는 생각과 느낌의 총합이다(Rosenberg, 1979).

반면, Engel 외(1982)의 연구에서는 자아를 개인의 인지로써 수용될 수 있는 조직화된 지각으로 파악했다. 따라서 자아 이미지는 개인이 스스로에 대해 가지는 생각이나 감정의 총체라는 개념보다 주관적, 객관적으로 지니게 되는 지각으로 간주했다.

정광하(2007)는 자아 이미지를 자기 자신에 대해 갖고 있는 준거체계로써 자신에 대해 지각하는 모든 것과 사람행동을 결정짓는 태도나 느낌의 총체라고 했다. 또한 자아 이미지는 생태학적, 심리학적, 정서적인 특성 등을 포함하며 외모, 체형, 얼굴, 생김새, 표정, 자세, 태도, 말씨, 행동, 옷차림, 걸음걸이 등 외부로 나타나는 외면적인 특성이 혼합되어 있는 개인에 대한 총체적인 모습이라고 했다.

심리학자들은 자아 이미지를 개인이 스스로에게 가지고 있는 자아상이라고 했다. 그리고 자아 이미지를 현실적 자아 이미지와 이상적 자아 이미지로 구분했다. 전자는 한 사람이 스스로를 바라본 실체이고 후자는 타인이 보아주기를 원하거나 혹은 스스로가 그렇게 보이려고 하는 자기 이상이다.

자아 이미지는 여러 학자들에 의해 다양하게 해석되고 있으나 그 내용은 대체로 세 가지 측면으로 파악된다. 첫째는 자기를 지각하고 해석하며 생각하고 기억하는 역학적 지각 과정이고, 둘째는 지각의 체계로써 한 개인이 자기에 대한 느낌, 평가, 신념 등에 부여하는 객관화된 지각 형태이고, 셋째는 지각과 지각 체에 정신 역학적 체계를 부여하는 과정의 밀접한 관계이다(김민, 2009).

앞에서도 이미 지적했듯이 보편적으로 자아 이미지의 형성요소들을 크게 내적 이미지와 외적 이미지, 음성·언어 표현적 이미지와 사회적 이미지로 나누고 있다. 내적 이미지에는 자신의 성격, 가치관, 심성 등이 포함되고 외적 이미지에는 얼굴, 체형, 신체적 특성 등이 포함된다. 또한 음성·언어 표현적 이미지에는 음성, 호흡, 발음, 말의 속도, 언어 표현, 커뮤니케이션, 화법, 스피치, 프레젠테이션 등이 포함되고 사회적 이미지에는 인간관계, 매너와 태도, 자세, 리더십 등이 포함된다.

자아 이미지의 개념은 매우 복잡하지만 일관성 있게 작용한다. 개인의 어떤 행동이 타인에게는 비합리적이고 일관성 없는 것으로 간주될 수 있지만 실제로 그 사람은 자아 이미지의 개념에 의해 주어진 준거의 틀 안에서 합리적이고 일관성 있게 행동하고 있는 것이다.

2. 자아 이미지의 중요성

자아 이미지는 개인에 있어서 가장 중요하게 느끼는 자신에 관한 지각을 포함한다. 이는 자아 이미지를 가치체계로 추구하며 욕구충족을 위한 동기로 보기 때문이다. 뿐만 아니라 자아 이미지는 환경을 해석하고 이해하며 들어오는 정보처리에 있어 잣대가 되고, 개인의 행동에 영향을 주는 중요한 요인이 된다. 또한 자신의 특성, 능력, 결점, 장점 및 외모에 대한 지각이며, 지각 객체로써의 자아는 사람의 행동방향을 결정짓는 주요 단위이다. 즉, 자아 이미지는 자아 개념을 중심으로 지각되고 조직되며, 지각된 조직체는 개인의 행동에 영향을 미치는 중요한 요인이 된다(Reeder, 1977). 따라서 올바른 자아 이미지 구축은 삶의 행동 방향을 결정짓는 중요한 요소가 되므로 자아 이미지에 대해 구체적으로 살펴보는 것이 필요하다.

1) 가치체계로써의 자아 이미지

자아 이미지는 사회적 가치와 통제가 행동의 기준으로 내재화하는데 사용되는 수단이며 그 주위에 존재하는 가치를 축적해 나감으로서 달성하고자 하는 더 큰 가치 혹은 목표이다(Engel 외, 1982). 즉, 자아란 스스로가 정하는 가치로써 그 어떤 상황에서도 기준이 되며 스스로의 행동에 있어서 기본적인 결정요소가 된다. 이는 개인이 타인의 신념과 관련하여 그들 자신이나 감정에 대해 갖는 중요한 신념으로 사회적·문화적 측면에서 가치가 하나의 규범으로 추구되는 것이다(Reynolds 외, 1984). 따라서 자아 이미지가 가치 전체를 형성하는 것은 아니지만 사회적, 문화적 규범으로써의 가치체계를 추구해야 할 목표인 것이다.

2) 동기의 조직화 및 활성화의 수단

일반적으로 자아 이미지가 자신에 대한 이미지의 유지 또는 고양을 위한 동기화 체계의 중심이 된다. 학자들은 이를 자아일관성 동기 및 자아존중 동기와 관련지어 연구했다. 자아일관성 동기는 자기가 인식하고 있는 자신의 자아 이미지를 고양시키려는 동기이다. 즉, 자신을 표현하고자 하는 경향이 강한 경우에 자아 실현욕구나 자아 주체욕구가 추구된다. 따라서 자신이 원하는 브랜드와 제품이 자아 이미지와 동일시됨을 느낄 때 자존감 및 우월감 등이 생기고 그 결과 자신에 대한 이미지 유지가 가능하게 되는 것이다.

이처럼 안정적이고 만족스러운 자아 이미지를 유지하려는 행동이 사람의 배후에 존재하여 이미지 창출의 추진력으로 작용한다.

3) 준거의 틀로써의 자아 이미지

자아 이미지는 사람의 환경을 해석하고 수용하며 평가하는데 사용되는 준거의 틀이다. 대부분의 사람들은 자신이 갖고 있는 자아 이미지와 일관성 있는 방향으로 행동한다. 그리고 자아 이미지와 상반되는 경험들은 모두 위험으로 해석하여 무시하거나 왜곡되게 받아들임으로서 자아 이미지를 변화로부터 막고 보호하려고 한다.

한편, 새로운 경험이 기존의 자아 이미지 구조와 일치할 때는 그것을 쉽게 동화시킨다. 반대로 자아 이미지 구조와 일치하지 않는 것으로 지각되는 것들은 개인을 위협하기 때문에 기각시키거나 자아와 맞게 왜곡시켜 받아들이기도 한다. 따라서 자아 이미지는 정보처리 과정에서 정보에 대한 문지기의 역할을 하는 준거의 틀이 된다.

3. 자아 이미지의 유형

자아 이미지의 유형은 일반적으로 크게 단일 자아 구조의 이론과 복합 자아 구조의 이론으로 분류되고 있으며 그 안에 다양한 자아모델을 포함시키고 있다. 가장 단순한 모델은 실제적 자아와 이상적 자아를 나누는 2차원적인 관점이다. 최근에는 이러한 단순 모델을 벗어나 다차원적인 자아 이미지 모델을 제시하고 있다. 이에 Sirgy(1982)는 실제적 자아 이미지, 이상적 자아 이미지, 사회적 자아 이미지, 상황적 자아 이미지 등의 네 가지 유형으로 구분했다. 그러나 이 책에서는 상품 표현적 자아 이미지를 추가하여 다섯 가지 유형으로 분류하기로 한다.

1) 실제적 자아 이미지

실제적 자아 이미지란 자신의 신체와 정신, 집, 가족, 기타 소유물 등을 의미한다. 또한 스스로가 현재 생활에 대해 실제로 가지고 있는 자신의 집합체로써 정신적 자아(Spiritual self), 신체적인 자아(Bodily self), 감지된 자아(Felt self) 등이 실제적 자아 이미지에 포함된다.

2) 이상적 자아 이미지

이상적 자아 이미지란 자신에게 가장 높은 가치를 부여하게 되는 개념이며 타인이나 사회적 집단과 많은 관련이 있다. 실제적인 이미지와 이상적인 이미지가 근접할수록 개인의 행복지수가 높아지므로 개개인은 잠재된 아름다운 자아 이미지를 찾아서 이상적 이미지를 형성한다.

3) 사회적 자아 이미지

사회적 자아 이미지란 타인에게 보여주는 이미지로 자신 또는 타인에게 표현하고자 하는 이미지를 말한다. 즉, 타인에게 비춰지는 자신의 이미지에 대한 지각이며 자신을 객관적인 입장에서 이해하고자 하는 것으로 타자기(他自己)라고도 한다.

4) 상황적 자아 이미지

대부분의 사람들은 특정한 상황에 접했을 때, 타인이 상대에 대해 지각하는 이미지와 상대가 갖고 있는 본래의 이미지를 합쳐서 상황적 자아 이미지를 만든다. 그래서 많은 사람들은 상황에 맞는 이미지를 갖기 위해 노력하고 있다. 개인의 특정한 상황에서 타인이 자신에 대해 가져주기를 바라는 이미지가 바로 상황적 자아 이미지이다.

개개인은 다양한 정보를 자신만의 지각으로 받아들여 자아 이미지를 형성한다. 개인에 따라 이러한 자아 이미지를 받아들이는데 차이가 있으며 개인의 소비 형태, 가치, 욕구, 동기유발에도 많은 영향을 미친다.

5) 상품 표현적 자아 이미지

가장 최근에 연구되고 있는 자아 이미지의 유형은 상품 표현적 자아 이미지이다. 상품 표현적 자아 이미지란 최근 다양한 방향으로 발전되고 있는 미디어 매체를 통해서 자아에 인식되어 있는 타인의 이미지와 상품을 이상적 자아 이미지와 결합하여 타인에게 보여지는 자신의 이미지를 형성하는 것이다. 즉, 자신의 이미지를 마케팅에 응용한 것으로 상품을 구매할 때 광고에 나오는 모델과 같은 자신을 연상하며 타인에게 보여 지는 상상한 자신의 이미지를 말한다. 신체적으로 매력이 있는 모델을 등장시켜 자신의 이미지보다 우위에 있는 타인의 이미지가 마치 자신의 이미지인 것처럼 지각되게 하는 것이다.

이처럼 다양한 자아 이미지의 유형이 있으며 문화적 발전과 시대의 흐름에 따라 많은 학자들이 새로운 자아 이미지의 유형에 대해 연구하고 이론화시키고 있다. 현대의 사회가 점점 다양해지고 복잡해짐에 따라 자아 이미지의 유형 또한 더욱 많아질 것으로 전망된다.

4. 자아 이미지의 형성과정

자아 이미지의 형성에 대한 대부분의 이론이 사회적 상호작용으로부터 출발한다. 일반적인 자아 이미지의 형성과정은 자기평가(Self-appraisal), 반사적 평가(Reflected appraisal), 사회적 비교(Social comparison), 편향된 탐색(Biased scanning)과 같이 네 가지로 구분된다(Loudon 외, 1993). 이 기준을 바탕으로 상세한 내용을 살펴 자아 이미지 형성에 도움을 주고자 한다.

1) 자기평가(Self-appraisal)

자신의 행동이 사회적으로 받아들여지는 것인가 그렇지 않은가를 스스로 평가함으로써 자아 이미지가 형성된다. 즉, 스스로의 행동을 관찰하고 평가하여 사회적인 측면에서의 수용 가능 여부를 판단한 후 반복하여 나타나는 긍정적인 결과를 토대로 자아 이미지가 형성되는 것이다.

2) 반사적 평가(Reflected appraisal)

근본적으로 개인이 타인으로부터 받는 평가가 자아 이미지를 형성한다(손길수, 2005). 따라서 타인에게 보여지는 자신의 이미지에 대한 판단여부에 따라 자신의 이미지가 형성되는 것이다.

3) 사회적 비교(Social comparison)

사회 속에 비춰지는 자신의 이미지 평가에 따라 자아 이미지가 형성된다. 즉, 사회생활을 하면서 자신보다 더 높게 평가되는 이미지가 있으면 상대적으로 낮은 자신의 이미지를 형성하게 되는 것이다.

4) 편향된 탐색(Biased scanning)

개인의 동기 및 편견과 연관이 있는 것으로 개인이 열망하는 것을 확증시켜주는 정보는 수용하고 그렇지 않은 것은 기각시키는 것이다(송정화, 2008). 이 경우에는 객관적인 기준에 의해서가 아닌 자신의 편견에 의해 자아 이미지가 형성된다.

제1장 연구문제

1. 이미지의 정의를 내리시오.
2. 이미지의 개념을 정리하시오.
3. 이미지 관점에 대해 설명하시오.
4. 이미지 관점의 상관관계에 대해 설명하시오.
5. 이미지 형성에 대해 요약하시오.
6. 이미지 형성요소를 정리하시오.
7. 자아 이미지의 중요성에 대해 정리하시오.
8. 자아 이미지의 정의와 개념을 정리하시오.
9. 자아 이미지의 유형을 요약하시오.
10. 자아 이미지 형성과정을 정리하시오.

제 2 장
대인지각의 이해

현대의 급변하는 시대에 살고 있는 우리는 자신의 이미지를 최상으로 연출해야 할 필요가 있다. 일반적으로 사람들이 인간관계에서 대상을 인지할 때, 상대가 실제 어떤 사람인지는 중요한 요소로 작용하지 않는다. 상대의 실제보다는 이미지를 보고 인식하는 것이 우리의 행동 결정에 더 직접적인 요인이 되고 있다. 다시 말하면 개인의 이미지는 타인이 지각한 바에 의해 형성되고 결정되기 때문에 타인이 어떤 요소를 통해 자신의 이미지를 판단하는지에 대해 알아둘 필요가 있다. 그러나, 대인지각이 이루어지는 경로와 요인이 매우 다양하며 개인의 판단 기준에 의해 지각의 결론에 대한 평가가 결정되기 때문에 일반화시키기는 매우 어렵다.

이 장에서는 대인지각의 제 이론을 정리한 후 타인 지각에 긍정적인 효과를 줄 수 있는 방법과 호감을 주는 인상을 형성하는 방법에 대해 알아보고자 한다.

제1절 대인지각

1. 대인지각의 정의와 개념

1) 대인지각의 정의

일반적으로 감각기관을 통해서 사물이나 사건 또는 자기 자신의 신체 상태를 알아차리는 것을 통틀어서 지각(Perception)이라고 지칭한다. 대상에 대한 지각이란 그 대상의 인지과정을 전체적으로 지칭하는 말이다(황옥경, 1997). 또한 대인지각은 타인의 다양한 특성에 대한 전반적인 지각이며 타인을 만났을 때 느끼게 되는 내적, 외적, 음성 · 언어 표현적, 사회적 이미지를 인지하는 과정이다.

2) 대인지각의 개념

대인지각은 사람을 어떤 시각으로 바라보느냐에 대한 개념에서 출발한다. 감각기관을 통해 형성되는 대인지각은 개인에 따라 인지하는 바가 다르다. 즉, 대인지각은 사람의 모든 감각기관을 통해 인지되고 그 중에서 자신이 자라온 환경과 관련지어 특정한 사항을 받아들이는 것을 말한다. 또한 대인지각은 일방적인 행동이 아닌 서로의 상호 작용에 의해 이루어지는 것이다.

이러한 대인지각은 객관적이고 논리적이기보다는 자신의 경험이나 사고를 바탕으로 주관적으로 행해지며 자신의 고정관념 등에 의해 영향을 받는다. 그러므로 우리는 대인지각에 준하여 타인의 행동, 표정, 자세, 복장, 신체적 특징 등과 같은 외적 이미지와 성격, 가치관, 생각, 신념 등과 같은 내적 이미지, 음성·언어 표현적 이미지 그리고 사회적 이미지를 통해 그 상대를 미리 인지하게 된다.

2. 대인지각 형성과정

대인지각 과정에서 인상형성에 기초를 제공하는 단서는 성별, 연령, 신장, 직업, 출신, 성격, 취미 등이 있다. 즉, 타인과 상호 작용할 때, 위와 같은 소수의 단서로 시작하게 되고 매우 짧은 시간 내에 단서들을 종합해서 상대에 대한 인상을 형성한다. 일반적으로 사람들은 신체적 매력이나 표정, 자세 등 외적인 부분에 의해 상대를 먼저 인지하며, 이후 상대의 성격이나 정서, 가치관 등의 내적인 부분을 인지한다.

Schneider(1979)는 대인지각의 형성과정을 〈그림 2-1〉과 같이 6단계로 나누어 설명했다. 1단계는 주목의 단계로 단순히 타인의 외적인 이미지를 지각하는 단계이다. 주목단계에서는 사람의 다양한 감각기관에 의해 타인의 이미지, 특히 외적인 이미지를 먼저 받아들이고, 타인에 대해 관심을 갖게 되는 단계이다. 2단계는 즉각적 판단의 단계로 주목단계에서 지각한 타인의 이미지를 판단하는 단계이다. 자신의 경험이나 지식에 의해 타인의 첫 이미지를 지각하고 긍정적인 이미지 혹은 부정적인 이미지로 판단하게 된다. 3단계는 원인귀속단계로 타인의 외적인 행동이나 내적인 요인을 판단하는 단계이다. 이 단계에서는 신분, 지위, 성별 등의 외적인 행동 특성과 자아정체감, 욕구, 경험 등의 내적인 요인을 판단하게 된다. 4단계는 성격특성추측단계로 타인이 생각하고 있는 특성들을 판단하는 단계이다. 5단계는 인상형성단계로 앞 단계에서 지각된 타인의 이미지를 바탕으로 인상을 형성하게 된다. 인상형성단계에서는 즉각적 판단단계와는 달리 타인을 조금 더 세밀하게 인식하고 지각하게 된다. 6단계는 행동예측단계로 앞의 단계에서 지각했던 결과들이 산출되고 반응하는 단계로써 타인의 행동을 미리 예측하게 된다.

대인지각 형성과정은 중간단계에서 끝나는 경우도 있고 중간단계부터 시작하는 경우도 있다. 또한 각 단계가 동시에 행해질 수도 있으며 다른 순서의 진행도 가능하다.

〈그림 2-1〉 대인지각 형성과정 6단계(Schneider, 1979)

3. 대인지각의 순서

사람은 타인과의 끊임없는 교제를 통해 사회적 존재로써 자아를 인식한다. 사람들은 타인의 감정이나 욕구, 성격이나 사회적 역할 또는 지위 등과 관련해서 개인의 이미지를 형성한다. 또한 상대와의 관계를 통해 타인에 대해 인지하고 자신의 주관적 사고에 따라 판단한다.

Piaget(1969)는 인지발달론을 통해 사람의 대인지각 순서가 인지, 사고, 기억의 과정을 거친다고 설명했다. 대인지각 순서를 살펴보면 다음과 같다.

1) 인지

인지는 타인에 대한 이미지 요인들을 분석하여 각 개념들을 정리하는 것이며 타인의 다양한 특성을 받아들이는 심리적 작용이다. 스콜라 철학자들은 인지를 직접적 인지, 추상적 인지, 본질적 인지와 같이 세 가지로 분류했다. 직접적 인지는 추리나 관찰에 의하지 않고 상대를 그대로 인지하는 것이다. 추상적 인지는 다른 사물을 통해 대상에 대해 알게 되거나 특징이 주어지지 않아도 추리를 통해 깨닫게 되는 것이다. 본질적 인지는 대상의 본질과 고유한 특성을 알게 되는 것이다. 따라서 인지과정은 개인이 가지고 있는 내적 요인, 외적 요인, 사회·환경적 요인 등의 다양한 요소들에 의해 형성된다.

2) 사고

인지과정이 형성되고 나면 대인지각 중 사고과정을 거치게 된다. 사고는 우리가 지각하고 기억한 내용의 의미 등에 대해 여러 가지 맥락을 제공하고 해석하는 것을 말한다. 사고과정은 대인지각 형성 시에 타인에 대한 개념을 세우는 과정이다. 즉, 대인지각 과정에서 받아들인 여러 가지 이미지들을 이후 기억하기 쉽도록 단순화시키는 과정이다.

3) 기억

사고과정이 형성된 후에는 기억과정을 거치게 된다. 타인의 여러 가지 이미지를 정의할 수 있게 도와주는 것이 바로 기억이다. 일반적으로 인간은 기억하는 것만큼 존재한다고 말한다.

기억은 시각적 기억과 청각적 기억으로 구분된다(David, 2008). 타인을 지각할 때, 시각적 기억장치에서는 타인의 얼굴, 표정, 자세, 태도 등에 관한 요소들을 정의하여 타인의 이미지를 형상화하게 된다. 청각적 기억으로는 타인의 언어 표현적 이미지에 중점을 두어 목소리, 발음, 음성 등에 관한 요소들을 정의하여 형상화하게 된다.

기억과정은 대인지각을 형성하는데 있어 매우 중요한 단계이다. 타인이 어떻게 자신을 판단하여 기억하였는지에 따라 자신의 이미지가 결정되고 나아가 대인관계에까지 영향을 미치기 때문이다. 대인지각을 형성할 때, 자신의 이미지가 긍정적이며 호감 있게 인지되고 기억될 수 있도록 스스로 변화하고 노력할 필요가 있다.

4. 대인지각의 오류

우리는 살아가는 과정 속에서 수많은 사람들을 만나고 교류하며 타인을 판단하고 지각하게 된다. 이러한 판단은 인간관계 형성에 많은 영향을 미치며 우리는 일반적으로 자신과 비슷한 성향을 지닌 사람들 속에서 시내세 된다.

첫 만남에서 타인을 판단할 때 가장 영향을 많이 미치는 요소는 첫인상이다. 첫 만남의 자리에서 상대를 판단할 수 있는 요소로는 신체적 매력, 나이, 직업, 언어적 표현 등이 있다. 그러나 첫 만남의 자리에서 상대를 제대로 판단하기 어려운 경우를 경험한다. 그 이유는 외적인 이미지만 보고 내면의 이미지를 보지 않거나 경제적, 사회적으로 성공한 측면만 보는 등 전체적인 요소보다는 부분적인 요소를 보고 타인을 판단하는 경우가 많기 때문이다.

대인지각 오류를 경험하는 이유는 논리적이고 객관적인 사항을 바탕으로 판단하기보다 각자의 주관적인 틀 속에서 타인을 판단하기 때문이다. 이와 같이 대인지각에서 대표적으로 오류를 범하게 되는 요인들을 하나씩 살펴보면 다음과 같다.

1) 고정관념

고정관념은 자신의 세계 안에 갇혀 생각이 굳어버린 시각으로 오래 지속되어 고정된 본인만의 습관이다. 사람이나 사물은 여러 각도에서 봐야 제대로 파악이 되는데 사람들은 고정관념 속에서 타인을 지각하고 자신의 세계에서 판단하여 타인을 바라보는 시야를 좁게 만들며 그 결과 타인의 행동에 민감하게 반응한다. 그래서 원만한 인간관계를 유지하는데 어려움이 발생하게 된다. 그러므로 고정관념에서 벗어나려면 경직된 사고를 버리고 상대를 있는 그대로 보고 인지해야 한다.

2) 현혹효과

현혹효과는 자신이 판단한 긍정적인 혹은 부정적인 인상이 다른 영역의 대인평가에도 영향을 미치는 것이다. 어떤 사람을 만났을 때 호감이 간다면 그 사람은 매력적이며 지적이고 관대하다는 등의 평가를 하게 된다. 첫눈에 반했다는 것이 그 흔한 예이다. 그러나 그 반대인 경우, 그 사람은 남을 속이며 추하고 바보 같을 것이라는 평가를 추가로 얻을 수가 있다. 그러므로 매력적인 사람이 그렇지 않은 경우에 비해 대인관계, 자신감, 적극성, 지적능력, 성실성 등에서 유리한 평가를 받게 된다.

3) 자기 완성적 예언

사람들은 자기 완성적 예언을 통해 타인을 지각한다. 흔히 이러한 예언을 기대라고도 한다. 이는 타인의 특성이나 사건, 생각에 대해 미리 가지고 있는 기대에 따라 무비판적으로 수용하는 자세를 말한다. 기대는 대인지각의 오류를 범하는데 많은 기여를 한다. 하지만 긍정적인 기대는 오히려 시너지 효과를 가져 오는 결과를 낳을 수도 있다. 따라서 자기 완성적 예언은 대인지각의 오류를 범하는 요인으로도 작용하지만 한편으로는 긍정적인 삶을 살아가는 데에도 영향을 미친다.

4) 자기 합리화

사람들은 자기의 실수를 최소화하고 타인의 실수를 최대화한다. 즉, 어느 특정 행동에 대해 자기 합리화를 주장함으로써 타인을 올바르게 바라보지 못하는 오류이다. 잘되면 내 탓, 못되면 남의 탓이라는 사고방식에 사로잡혀 대인지각을 바르게 하지 못하게 된다. 이러한 오류를 범하지 않으려면 나만이 옳다는 편협한 사고방식을 버려야 한다.

5) 귀인의 오류

귀인이론을 체계화한 Kelley(1973)에 의하면 귀인이란 원인의 지각 또는 추론이라고 했으며 사람들이 "왜"라는 질문에 대답하는 방법에 초점을 둔다. 즉, 귀인이론은 자신과 타인의 특징적으로 나타나는 행동에 대한 원인과 이유를 유추하여 그것을 외부적 상황 또는 내부적 성향으로 귀결시키는 것을 말한다(김관호, 2008). 이는 사람의 말과 행동을 관찰하여 그 밑에 깔려있는 태도와 의도를 추측하는데 주로 활용된다(홍진우, 2008). 일반적으로 이러한 귀인이론은 네 가지 측면에서 관찰된다.

(1) 기본적인 귀인오류

기본적인 귀인오류란 다른 사람의 행동을 추론할 때 사람들이 기본적인 성격 요소를 중요시하면서 상황이나 맥락의 중요성을 인지하지 못하는 실수를 저지르는 것을 의미한다. 사람은 타인의 행동에 대한 원인으로 외부적 요인을 과소평가하고 내부적 요인을 과대평가하는 경향이 있다(Ross, 1977).

(2) 행위자 – 관찰자 편향(Actor–observer bias)

타인의 행동 원인에 대해서는 그 사람의 내적 성향을 강조하지만 자신의 행동 원인에 대해서는 상황적 요인을 강조하는 경향을 말한다(Jones 외, 1967). 이때 하나의 동일한 행동에 대해 서로 다른 원인으로 설명할 수 있는데 그 이유는 다음과 같다.

첫째, 행위자와 관찰자가 동일한 행동에 대해 다른 종류의 정보를 가지고 상황을 접하기 때문이다. 하지만 관찰자는 행위자 행동의 이유를 알 수 없기 때문에 다른 결과가 나타난다.

둘째, 행위자와 관찰자의 행동을 인식하는 시각적 조망이 나르기 때문이다. 행위자는 자기 행동을 직접 볼 수 없고 관찰자는 행위자의 행동 자체에 시각을 맞추기 때문에 다른 결과가 나타난다. 사람들은 사람이나 사물을 있는 그대로 보기보다는 오히려 그들이 기대하는 것을 보고 듣는다. 이렇듯 행위자–관찰자 편향이란 관찰자의 개인적인 동기와 기대에 상대의 평가가 단편적으로 인식되는 오류이다.

(3) 자아고양 편향(Self-serving bias)

자신을 긍정적이고 호의적으로 평가하려는 경향을 말하는 것으로 귀인과정에서 가장 일반적으로 일어나는 편파 성향이다(Bernstein, 1979). 이는 자신을 미화하려는 일반적인 동기에서 비롯된다.

이러한 자아고양 편향으로 인해 사람들은 부정적인 의견이나 행동에 대해서는 다른 사람도 자기와 같이 생각하고 행동한다고 자신을 과대평가하게 되며(Marks, 1984), 자신이 성공적으로 이룩한 일이나 능력에 대해서는 다른 사람이 자기와 같이 훌륭하게 일을 잘 수행하지 못할 것이라고 사람들을 과소평가하게 된다(Suls, 1985).

자기의 기준으로 자신은 긍정적이며 호의적으로 평가하려는 경향이 강한 반면에 타인은 부정적이며 소극적으로 평가하려는 경향이 강한 것이 자아고양 편향이다.

(4) 통제력이 있다는 착각(Illusion of control)

사람들은 자기 주변에서 일어나고 있는 세상사에 대해 실제보다 통제력을 더 많이 가지고 있다고 생각하며 우연이나 통제 불가능한 요인을 과소평가한다(Langer, 1975). 도박이나 주사위 던지기 또는 복권 당첨과 같이 운에 의해 결정되는 사건도 자신이 만들어낸 결과라고 생각하여 스스로가 관련되어 있다면 자기가 이를 통제하고 있다고 여기는 경우가 이에 해당한다. 또한 자신의 운명이나 삶에 대해서도 실제보다 더 많은 통제력을 가지고 있다고 착각하므로 교통사고나 불행한 사건 등에 대해 자신의 책임을 과도하게 지각하는 경향이 있다(Tyler 외, 1981).

따라서 자신이 통제할 수 없는 사건들에 대해서 통제력을 행사하려는 사람들은 결국 세상사 모든 일에 우연한 것은 없고 당사자들에게 어느 정도 책임이 있다고 믿는 경향이 있다.

5. 대인지각과 인간관계

사람들은 타인과의 장기적인 접촉과 관계 속에서 정서적인 결속을 통해 인간관계를 형성하고 유지한다. 올바른 대인지각은 바람직한 인간관계를 형성하기 위해 매우 중요한 밑바탕이 된다.

일반적으로 사람들은 상대를 판단할 때 자신의 기준과 척도에 따라 평가하고 결론을 내린다. 그 결과, 사람은 다양한 대인지각 오류를 범하며 바람직하지 못한 인간관계를 형성하기도 한다. 그렇지 않기 위해서 우리는 살아가면서 서로 이해하고 존중하며 조화로운 삶 속에서 바람직한 인간관계를 형성하기 위해 노력해야 한다.

지구상에는 60억의 인구가 있으며 모든 사람에게는 제각각의 사고나 신념, 가치관이 존재한다. 만약 자신의 기준과 척도를 모든 사람에게 동일하게 적용한다면 원만한 인간관계를 유지하기 힘들뿐만 아니라 개인에 대한 특성을 이해할 필요가 없다. 더 나아가 개인과 사회, 국가 전체의 발전을 도모할 수도 없다.

원만한 인간관계를 유지하기 위해서는 상대의 생각이나 가치관을 존중해주어야 한다. 우리는 나와 타인이 다르다는 것을 인정하고 자신의 주장이나 생각을 상대에게 강요하기보다는 대화와 협업을 통해 바람직한 소통사회를 조성해 나가야 한다. 자신의 주장이 모두 옳다는 독단적인 사고방식을 버리고 조화로운 여론형성을 위해 상대의 주장에도 귀 기울일 줄 알아야 한다.

따라서 우리에게는 타인을 있는 그대로 받아들이는 수용 자세가 필요하다. 이는 바람직한 인간관계를 형성하는데 밑바탕이 되며 이렇게 살아가는 것이 우리 모두가 행복한 삶을 누릴 수 있는 바람직한 길이다.

제2절 대인매력

1. 대인매력의 이해

인간은 사회적 동물이므로 타인과의 끊임없는 관계를 형성하고 그 속에서 살아가며 개인으로 존재하고 있어도 유일적(唯一的)으로 존재하고 있는 것이 아니다. 이것은 인간이 타인과의 관계 속에서만 인간임을 인정받을 수 있기 때문이다. 또한 타인과의 관계에서 자신의 주관적 기준을 바탕으로 타인에 대한 평가를 하게 된다. 따라서 대인매력이란 타인에 대한 정적인 감정을 말하며 호감, 우정, 동경, 사랑 등과 같은 다양한 감정을 포괄적으로 함축한다.

대인매력은 개인의 이미지 형성에 중요한 영향을 미치고 이렇게 형성된 이미지는 타인과의 관계에 많은 변화를 가져온다. 대인매력의 정도에 따라 사회생활을 영위함에 있어 그 차이가 있다는 것을 우리 모두가 분명하게 인식하고 있다. 일반적으로 상대에 대해 느끼는 매력의 정도에 따라 평가가 달라질 수 있으며 매력 있는 사람에게 더 많은 기회와 지원을 해줄 수 있다.

2. 대인매력의 조건

타인의 평가에 영향을 주는 대인매력의 조건에는 유사성, 근접성, 친밀성, 호혜성, 보완성, 신체적 매력, 자기노출 등이 있다. 대인매력의 조건을 갖춘 사람은 그렇지 못한 사람들보다 대인관계에서 매력적인 사람으로 평가된다. 대인매력 조건에 대해 〈그림 2-2〉와 같이 요약할 수 있으며 그 내용은 David(2008), 서창원 외(2003)을 수정·보완하여 정리한 것으로 다음과 같다.

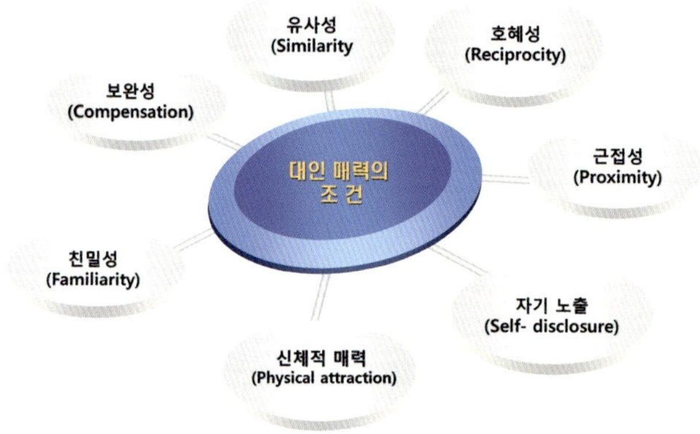

〈그림 2-2〉 대인매력의 조건

1) 유사성(Similarity)

대부분의 사람들은 자신의 의견이나 행동에 동의하는 사람에게는 긍정적인 반응을 보이고, 동의하지 않는 사람에게는 부정적인 반응을 보인다. 상호간의 공통된 관심분야와 취미 또는 견해를 가지고 있을 때 더 친근감을 느낀다. 그 이유는 타인과의 유사성이 자신의 판단에 대한 확증을 주기 때문이다. 대부분의 사람들은 자기와 비슷한 유사성을 지닌 사람에게 매력을 느끼고 나아가 유사성을 지닌 사람과 닮기 위해 노력하려고 한다. 성이 같거나 고향이 같은 상대에게 호감을 느끼는 경우가 바로 유사성에 해당한다. 또한 같은 휴대폰 브랜드나 기종을 사용하는 사람들끼리 서로에 대해 호감도가 증가하는 것도 유사성이 대인매력에 영향을 주는 사례이다.

화장품 광고나 전자기기 광고 등에서 일반인들을 광고모델로 등장시킴으로써 시청하는 소비자의 눈높이에 맞춰 그 제품의 이미지를 긍정적으로 보이도록 하는 사례는 유사성을 이용하여 광고의 효과를 극대화 한 것이다.

유사성은 서로에 대해 동질감과 일체감을 심어주어 상호적인 의식을 발휘할 수 있도록 심리적으로 많은 영향을 끼치고 있다. 대부분의 사람들은 상대를 통해서 자신의 타당성을 인정받게 된다. 또한 좋아하는 사람과 여러 가지 면에서 비슷하다는 것으로 심리적 균형 상태를 제공받게 되므로 유사성에 따라 호감이나 매력을 느끼게 되는 것이다.

2) 호혜성(Reciprocity)

호혜성은 누군가와 선물을 주고받거나 서로의 편익을 제공할 때 느끼는 대인매력 요인이다. 사람들은 자기를 좋아하는 사람을 좋아하고 자신이 타인을 좋아하면 그들도 자신을 좋아하는 것으로 보는 경향이 있다(Berscheid 외, 1978). 이처럼 타인과의 관계 속에서 서로 주고받는 행동은 서로에 대해 호감도를 높일 수 있다.

상대에 대한 칭찬 또한 서로에 대해 호감도를 높일 수 있다. 디트로이드 자동차 영업사원이었던 Girard는 고객을 칭찬함으로써 세계 최고의 자동차 판매 왕이라는 명칭을 얻게 되었다. 칭찬은 상대에 대한 존중과 인정을 의미하기 때문에 서로간의 호감을 불러일으킬 수 있다.

3) 근접성(Proximity)

지리적으로 멀리 떨어진 사람에게 호감을 느끼는 경우보다 가까이 있는 사람에게 더 많은 호감을 가질 수 있는 것이 바로 근접성이다. 서로가 근접하게 위치해 있다면 자주 반복하여 접촉할 수 있는 기회가 많아지기 때문에 서로에게 호감을 가질 가능성이 많다.

Rubin(1973)은 1930년대에 미국의 필라델피아에서 결혼허가 신청을 낸 5천 쌍의 결혼에 대한 연구를 통해 이들 중 ⅓의 부부들이 결혼 전에 서로 5구간 이내에서 살고 있었음을 발견했다. 이러한 사례는 지리적으로 가까이에 있는 사람들이 반복적으로 만나게 됨으로써 사고나 견해를 공유할 수 있는 기회가 많아지면서 서로에 대해 호감을 느끼게 되는 것을 증명한다.

근접성이 대인매력에 영향을 미치는 이유는 다른 대인매력의 요인들과도 밀접한 관련이 있기 때문이다. 근접성은 잦은 접촉으로 인해 친밀감을 증가시키며 같은 지역에 살고 있다고 느끼는 경우에는 유사성이 있다고 생각하는 것이다. 또한 가까운 이웃에게 물건을 빌리는 경우에는 만남의 횟수가 증가하기 때문에 대인매력에 영향을 미칠 수 있다.

그러나 근접성의 경우에는 최초로 느낀 감정의 정도가 중급 수준 이상이 되어야 호감이 증가된다. 최초의 느낌이 매우 부정적이었다면 근접성이 오히려 더 강한 부정적 감정을 느끼게 할 수도 있다.

4) 자기노출(Self-disclosure)

자기노출은 공적인 측면보다는 사적인 측면을 다른 사람에게 드러내어 타인이 자신을 알 수 있도록 하는 행동을 말한다. 한덕웅과 공동연구자들(2004)은 공적인 정보보다도 개인의 사적인 생활을 노출하게 될수록 매력이 높아진다는 결과를 얻었다. 대학에서 처음 만난 사람들이 18개월 동안 친구로 우정을 계속 유지할 경우에는 친구관계가 끊어진 경우와는 달리 점차 자기노출의 수준이 높아지고 서로 유사한 수준으로 자기노출을 하게 됨을 보고했다. 따라서 자기노출은 매력뿐만 아니라 친밀성의 극대화에도 중요한 영향을 미친다.

뿐만 아니라 자기노출을 통해서 자신을 명료화하고 자신의 입장을 타당화시킬 수 있다. 자기 노출을 한 사람은 감정의 정화(Catharsis)를 경험할 수 있으며, 노출을 받은 사람은 상대를 이해하고 신뢰하게 되는 긍정적 효과를 기대할 수 있다. 그러나 상대의 호응이 없는 일방적인 자기노출은 오래지 않아 중단되며 성급한 노출은 상대에게 불편함과 방어를 유발하게 되어 관계의 발전을 가로막게 될 수도 있다.

5) 신체적 매력(Physical attraction)

신체조건은 대인매력을 형성하는데 있어서 일차적 결정 요인으로 작용한다. 신체적으로 매력이 있는 사람이 상대로부터 호감을 얻고 좋은 대우를 받게 되는 현상을 쉽게 볼 수 있다. 그러나 신체적으로 매력이 없는 사람은 그러한 경우를 많이 경험하지 못했기 때문에 매력이 있는 사람에게 열등감을 가질 수 있다.

일반적으로 우리는 신체적 매력을 가진 사람이 능력과 선함을 모두 가지고 있다고 착각한다. 그래서 이러한 맹점을 이용하여 광고효과를 극대화시키기 위해 신체적으로 매력적인 사람들을 TV의 CF모델로 많이 등장시킨다.

이와 같은 중요성에 비추어 우리는 각자의 신체적 매력을 극대화시키기 위해 노력해야 한다.

6) 친밀성(Familarity)

어떤 사람이나 물건을 자주 보게 될 경우, 호감을 일으킬 수 있는 요인이 된다. 자주 접촉함으로써 서로에 대해 친밀함을 느끼게 된다. 이러한 접촉 효과는 Zajonc(1968)과 그의 동료들에 의해서 증명된 바가 있다. 이 연구에서 대학생들에게 어떤 사진은 25회 반복해서 보여주고 어떤 사진은 한 번이나 두 번만 제시했다. 그 다음에 사진속의 인물들을 얼마나 좋아했는지에 대해서 평가를 한 결과 학생들이 자주 보았던 사진을 더 좋아하는 것으로 나타났다.

잦은 접촉은 서로가 정서적으로 가까워질 수 있게 도와준다. 잦은 접촉을 통해 타인에 대한 인식을 증가시켜주며 이 인식은 타인에 대한 상호존중과 상호의존성으로 나타난다. 첫 만남의 자리보다는 두 번째 혹은 세 번째 자리가 더 어색하지 않은 것처럼 잦은 만남과 지속적인 유대관계는 서로에 대해서 호감을 형성하는데 중요한 요소로 작용한다.

이와 같이 친밀성은 물리적, 정서적 거리가 가까워지면서 사람들 간의 호감을 높이고 인간관계에도 영향을 준다.

7) 보완성(Compensation)

보완성은 서로 반대되는 점에 대해서 호감을 느끼는 대인매력 요인이다. 일반적으로 사람들이 자신이 가지고 있지 않거나 부족한 욕구, 성격, 특성 및 능력에 대한 존경이나 동경심을 타인에 대한 호감으로 나타내는 현상이다. 이에 대해 Winch(1958)는 보완성이 발현될 경우 사람들은 서로에게 이끌릴 것이라고 주장하며, 지배적인 남자와 복종적인 여자가 결혼을 한다거나 키가 큰 여자가 키가 작은 남자에게 매력을 느끼는 것 등을 예로 들었다.

보완성에 의해 매력을 느끼는 사람은 타인을 통해 자신의 단점이 보완되는 효과를 기대하는 경우가 많다.

제3절 인상형성

1. 인상형성의 정의와 개념

1) 인상형성의 정의

사람들은 매우 짧은 시간 안에 한정된 정보만으로 상대에 대해 전반적인 인상을 형성하며 한 번 형성된 인상은 상당히 오래 지속된다(Hamilton, 1981). 타인과의 교류와 만남에서 알게 되는 여러 가지 정보들을 파악하고 통합하여 일관성 있게 지각하는 과정이 인상형성이다.

2) 인상형성의 개념

Asch(1946)에 의하면 인상형성은 타인에 대한 정보들을 조직화시켜 전체적인 틀 안에 의미 있는 형태로 통합되는 것이며, 여러 정보들의 의미는 고정된 것이 아니라 그 정보가 주어지는 맥락에 의해 정해진다. 지각 상대가 지닌 특성들 중에서 인상형성에 중요한 역할을 하는 중심특성, 즉 다른 특성들과 강하게 연합되어 있어서 다른 특성들보다 더 큰 의미를 가지는 특성이 있다. 이 중심특성에 따라 주변특성의 의미가 결정되어 전체적인 인상형성에 영향을 준다.

인상은 기본적으로 4단계를 거쳐 형성되는데 그 과정은 〈그림 2-3〉과 같다.

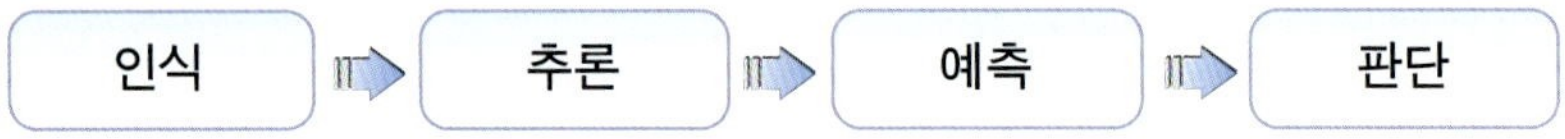

〈그림 2-3〉 인상형성 과정

인상은 상대의 정보를 받아들인 지각자가 상대의 특정 행위나 특징 등을 통해 인식하는 과정에서 형성된다. 지각자가 인식한 정보와 자신만의 주관을 가지고 보고 들어 도출한 내용을 바탕으로 타인을 미리 헤아려 짐작함으로서 인상을 판단한다.

즉, 인상형성은 개인의 정보나 기본 특성들을 받아들여 지각자가 필요한 자료를 해석, 추론하고 예측, 판단하는 과정이다. 이 과정에서 긍정적인 인상과 부정적인 인상이 형성되며, 이러한 긍정과 부정의 인상은 지각자의 경험이나 환경적 요인, 성격이나 가치관 등에 따라 다르게 형성된다. 또한 개인마다 타인을 평가하는 인식에 차이가 있으며 지각자와 지각 대상자 간의 쌍방향 커뮤니케이션을 통해 인상이 형성된다.

2. 인상형성의 원리와 요인

1) 인상형성의 원리

이미 언급한 바와 같이 인상은 타인의 다양한 정보에 따라 다르게 형성되고 변화한다. 뿐만 아니라 타인의 정보와 자신의 주관적인 경험을 바탕으로 긍정적인 인상과 부정적인 인상으로 구분한다. 그리고 영리함, 어리석음, 게으름, 부지런함 등의 인지적 인상과 친절함, 상냥함, 불친절함 등의 사회적 인상으로 판단한다.

일반적으로 인상형성 원리를 크게 일관성의 원리(Consistency principal), 합산 원리(Additive principal), 평균 원리(Averaging principal), 가중평균 원리(Weighted averaging principal)와 같이 네 가지로 분류한다(공정식, 2010).

(1) 일관성의 원리

타인의 인상을 형성함에 있어 타인의 다양한 정보를 습득한 후, 일관성 있는 태도로 인상을 형성하는 원리이다. 사람들이 타인의 이미지나 인상을 형성했다면 이미 형성된 인상은 이후에 받아들이는 정보에 영향을 받지 않고 일관되게 유지된다.

(2) 합산 원리

타인에 대한 여러 개의 긍정적인 정보가 합산되어 전체적인 인상을 형성하는 원리이다. 한 번 긍정적인 인상을 받았는데 시차를 두고 또 다른 긍정적인 인상이 추가될 경우, 모두 합산되어 더 긍정적인 인상을 형성하게 된다.

(3) 평균 원리

지각자가 타인에 대해 느낀 인상이 다른 상황에서 다르게 느껴질 때 인식과정에서 서로 다른 인상을 평균화하여 종합적으로 형성하는 원리이다. 한 개인이 처음에 아주 좋은 인상을 남겼으나 차후 보통의 인상을 주었다면 아주 좋은 인상과 보통의 인상을 합해 평균치를 내어 인상이 형성된다. 이 경우의 평균치는 첫인상보다 낮은 인상을 형성하게 된다. 이러한 평균 원리는 고정관념과 밀접한 관련이 있으며, 한 번 형성된 인상은 쉽게 바뀌지 않는다.

(4) 가중평균 원리

지각자가 동일한 시간에 다양한 정보를 접했을 때 그 중 특정 부정적인 정보가 가중 평가되어 인상을 형성하는 원리이다. 고객이 가게에서 가격 대비 품질이 좋은 제품을 찾아 계산을 할 때, 계산원이 불친절했다면 고객은 가격대비 품질이 좋은 제품을 찾은 긍정적인 인상보다 불친절 서비스에 대한 인상을 더 높게 평가하여 결국 그 가게에 대해 부정적인 인상을 형성하게 된다.

살펴본 바와 같이 인상형성 원리는 상황에 따라서 다르게 적용되는 것이 일반적이며 인상은 타인의 의사와는 무관하게 일방적으로 형성된다.

2) 인상형성의 요인

다양한 감각을 통해 인지되는 인상은 수많은 요인들에 의해 형성되는 것이 일반적이다. 이렇게 인상형성에 영향을 미치는 요인은 세부적으로 외적 요인, 내적 요인, 사회·환경적 요인으로 나눌 수 있다.

(1) 외적 요인

외적요인으로는 외모, 성별, 연령 등이 있다. 외적 요인은 신체감각들 중에서 특히 시각적인 감각을 통해 수용된다. 특히 처음 만난 사람 사이에서 외적 요인이 크게 작용한다.

일반적으로 상대의 호감적인 외모와 아름다운 몸매가 긍정적 이미지를 형성하는데 많은 영향을 주듯이 외적 요인은 짧은 시간 안에 인상을 형성할 수 있는 주요 요인이다.

(2) 내적 요인

내적 요인으로는 성격, 가치관, 신념, 지적수준 등이 있다. 타인의 인상을 형성할 때 내적 요인은 짧은 만남보다는 중장기 만남 이후에 영향을 주는 요인이다. 따라서 내적 요인은 다른 인상형성 요인과는 달리 상호 교류가 이루어지고 난 후에 인상을 형성하게 하는 요인이다.

(3) 사회·환경적 요인

사회·환경적 요인으로는 신분, 사회적 지위, 경제력 등이 있다. 외적 요인이나 내적 요인은 개인적인 판단에 의해 형성되는 요인이나, 사회·환경적 요인은 외부적 상황에 의해 인상이 형성되는 것을 뜻한다. 사회·환경적인 요인은 특히 비즈니스 관계에 큰 영향을 미친다. 조직 내에서 직급에 따라 상대를 바라보는 시각이나 지각되는 인상이 달라지듯이 사회·환경적 요인 또한 자신의 내·외적인 이미지와는 관계없이 상대에 의해 주관적으로 형성되는 것이다.

3. 인상형성의 효과

인상형성은 지각자의 심리적 요인에 의해 많은 영향을 받으며, 그 결과로 다양한 인상형성의 효과가 나타난다.

1) 초두 효과(Primacy effect)

초두 효과는 어떤 사람에 관한 초기의 정보가 나중의 정보보다 그 사람에 대한 인상형성에 더 큰 비중을 차지하는 것을 의미한다(한만기, 2008). 초두 효과는 첫인상과 밀접한 관련이 있다. 먼저 들어온 정보가 긍정적인 정보라면 이후에도 긍정적인 이미지를 형성하게 된다. 반대로 먼저 들어온 정보가 부정적인 정보라면 이후의 정보는 부정적인 이미지를 형성하게 된다. 초두 효과로 인해 첫인상이 좋으면 뒤에 나쁜 인상을 주는 경우가 와도 무시하게 되는 경향이 있다. 이처럼 초두 효과가 나타나는 것은 첫인상이 강력한 효과를 발휘하기 때문에 후기 정보에 주의를 기울이는 정도가 줄어들게 되기 때문이다.

2) 최신 효과(Recency effect)

최신 효과는 초두 효과와는 반대되는 개념이다. 타인에 대한 정보 중 나중에 들어온 정보가 먼저 들어온 정보보다 인상형성에 더 중요하게 영향을 미치는 효과이다.

이처럼 처음에 긍정적인 정보를 제공하더라도 마지막에 부정적인 정보를 제공한다면 이때 그 전까지의 긍정적인 인상보다는 마지막에 인지된 부정적인 인상에 더 초점을 맞추어 부정적인 인상으로 형성되는 것이다.

3) 맥락 효과(Context effect)

맥락 효과는 우리가 접하게 되는 정보에 관해서 사전적으로 노출되는 단서를 통해 실제적으로 기억하려는 정보에 편향되는 효과를 의미한다(서창원, 2003). 학생에게 공포라는 주제를 주고 그림을 그리게 하면 대부분의 학생들은 무서움, 두려움, 귀신 등의 내용과 관련된 그림을 많이 그리게 되는 것이 맥락 효과에 의한 결과이다.

맥락 효과는 광고에서 특히 많이 이용되고 있다. 한 프로그램이 종료되면 이후에 방영되는 광고는 그 프로그램과 관련이 있는 내용을 담는다. 따라서 프로그램 이후에 기억되는 인상이 광고와 밀접한 관련이 있기 때문에 기억을 더 쉽게 하는 심리적 현상을 이용한 것이다.

4) 대비 효과(Contrast effect)

대비 효과는 외모, 능력, 경제력, 신분이나 지위 등 인상형성에 영향을 미치는 여러 요인들 중에 자신보다 뛰어난 상대와 비교되어 자신의 평가가 상대적으로 낮은 인상을 주는 효과이다. 대비 효과는 열등감 및 우월감과 밀접한 관련이 있다. 자신이 타인보다 부족한 점을 긍정적으로 받아들이지 못하고 열등감에 사로잡혀 심리적으로 불안감을 느끼게 될 때 대비 효과가 발생한다. 반대로 자신이 타인보다 뛰어남을 느낄 경우에도 심리적으로 우월감을 가지는 대비 효과가 발생하게 된다.

5) 부정성 효과(Negativity effect)

부정성 효과는 지각자에게 수용되는 정보 중 긍정적인 측면보다 부정적인 측면이 더 많은 영향을 미치는 효과이다. 한 번 형성된 부정의 이미지는 좀처럼 변화되기 어렵다. 그러므로 한 학생이 "착하고 성실한 학생이지만 도벽이 있나"라는 말을 들었을 때, 도벽증이라는 정보에 더 많은 인상을 받게 되어 결국 이 학생의 이미지는 부정적으로 형성된다. 이는 지각자가 피지각자를 인식하는 과정에서 부정적인 요인이 크게 부각되어 긍정적 요인을 미처 보지 못하기 때문이다.

6) 빈발 효과(Frequency effect)

빈발 효과는 처음에 지각자에게 부정적인 인상을 남겼다고 하더라도 지속적인 접촉과 반복되는 긍정적 인상을 제공함으로써 좋은 인상으로 바뀌는 효과이다. 빈발 효과는 친밀성과 관련이 있는 효과로써 잦은 접촉과 교류를 통해 각자에 대한 긍정의 인상을 지각하는데 영향을 미치는 효과이다. 첫인상을 바꾸기 위해서는 최소 40시간 이상이 필요하며(김경호, 2008), 상당히 신뢰감 있는 정보를 제공했을 때만 가능하므로 첫 대면에서 좋은 인상을 심어 주는 것이 중요하다. 인상은 한 번 형성된 그대로 고정되는 것이 아니기 때문에 지속적이고 반복적으로 긍정적 인상을 제공한다면 부정적인 첫인상을 좋은 인상으로 바꿀 수 있다.

7) 노출 효과(Exposure effect)

노출 효과는 무의식중에 받아들였던 여러 정보들이 이후 인상을 형성하는데 영향을 미치는 효과를 말하며, 주로 방송 매체에서 광고의 효과로 폭넓게 사용되고 있다. 반복적인 노출로 인해 익숙해진 인상은 긍정적이고 호의적인 인상으로 지각된다. 여러 정보들이 통합되는 과정에서 반복적인 노출을 사용하여 좋은 인상을 형성할 수 있다.

8) 후광 효과(Halo effect)

후광 효과는 피지각자의 특정한 긍정적인 인상이 전체적인 인상형성에 영향을 미치는 효과를 말한다. Borman(1974)은 지각자가 피지각자를 다양한 성과 차원의 수준에 따라 구별하지 않고 전반적인 인상을 통해 평가하는 경향이 있다고 정의했다. 또한 Bernardin(1984)은 서로 다른 차원에 대해 피지각자를 동일한 수준으로 평정하는 경향을 후광 효과라고 했다. 해외 유명 브랜드에서 나왔지만 연비가 높은 자동차의 경우, 연비가 높은 것은 단점이지만 유명 브랜드라는 후광 효과 덕분에 연비가 높다는 부정적인 정보가 좋게 평가하게 되는 것이다.

9) 악마 효과(Devil effect)

악마 효과는 후광 효과와 반대되는 현상이며, 보여지는 외모로 모든 것을 평가하여 상대를 알기도 전에 부정적으로 판단해버리는 것을 말한다. 일종의 편견이라고 할 수 있다. "날씬하면 부지런하고 뚱뚱하면 게으르다"라고 인지하거나, "중소기업 전자제품은 모두 품질이 불량할 것이다" 등 스스로가 그렇지 않다고 생각하겠지만 무의식적으로는 외모를 보고 그 사람을 반기거나 꺼리는 행동을 보이는 경우도 이 효과에 해당된다. 이와 같이 악마 효과란 부정적인 특정 정보가 전체적인 인상형성에 영향을 주는 것이다.

10) 현저성 효과(Vividness effect)

한 가지 두드러진 특징을 가진 정보가 인상형성에 많은 영향을 미치는 효과를 말한다. 키는 작지만 목소리가 매력 있는 사람에게 호감을 느낀다거나, 운동은 못하지만 컴퓨터를 잘하는 사람에게 호감을 느끼는 것 등이 현저성 효과에 해당한다. 현저성 효과는 위의 사례에서와 같이 긍정적으로 인상을 형성하는 경우도 있지만 손가락이 짧은 사람은 피아노를 못 칠 것이라는 부정적인 인상을 형성하는 경우도 있다. 또한 사람들은 긍정적인 정보를 바탕으로 내린 판단보다는 부정적인 정보를 바탕으로 내린 판단에 큰 확신을 가지고 있는데 이것은 나쁜 정보가 지닌 희소성으로 인해 발생되는 현저성 때문이다(Hodges, 1974).

4. 바람직한 인상형성

인상은 대인지각에서 얻은 모든 사실을 바탕으로 형성된 추상적 형상을 말한다. 인상형성이란 다른 사람에 대해 알고 있는 정보를 종합하여 일관성 있는 특징을 찾아내 타인을 이해하는 과정이다(Freedman, 1981). 사람은 단체 활동이나 사회 활동을 통해 여러 사람을 만나고 이러한 활동을 통해 인간관계를 영위한다. 바람직한 인상형성은 원활한 대인관계를 하는데 반드시 필요하다. 이미 여러 번 언급했듯이, 이러한 인상형성은 자신이 느끼는 것이 아니라 타인의 눈을 통해 형성되는 것이다. 마치 거울 없이는 자신의 얼굴을 보지 못하는 것처럼 타인이 보는 자신의 이미지는 살아가는데 없어서는 안 될 중요한 것이다.

첫인상은 자신의 인상형성에 가장 많은 영향을 주기 때문에 상대에게 호감을 주는 첫인상을 보여주기 위해 주의를 기울여야 한다. 첫인상은 처음 보았을 때 느껴지는 모습이나 어떤 대상에 대해 마음속에 처음 떠오르는 생각을 말한다. 사람들은 일반적으로 처음 만나는 짧은 순간에 상대에 대한 평가를 내린다. 따라서 첫인상은 처음 보는 사람에게서 느끼는 최초의 이미지이며 타인에게 자신의 모습을 기억시키게 하는 매우 중요한 요소이다.

1) 첫인상 구성요소

Asch(1946)는 첫인상을 사람들이 사회생활을 하는 가운데 처음으로 만난 사람과의 무의식적인 접촉을 하는 동안 형성되는 정보의 인지라고 했다. 이는 신체적 외모를 기초로 하여 전달된 신호와 밀접한 관계가 있다. 이런 첫인상을 형성하는 구성요소는 크게 시각적인 부분과 청각적인 부분으로 나누어진다.

먼저 시각적인 부분에서의 첫 번째는 얼굴모습이다. 얼굴 전체에서 인상을 형성하는 것은 얼굴의 골격이다. 얼굴의 가운데를 중심으로 좌우가 대칭에 가까울 때 가장 호감적인 인상이 형성되고 건강해 보인다. 또한 얼굴에 나타나는 표정은 첫인상을 결정하는데 중요한 요소가 되며 밝은 표정은 상대에게 호감을 준다. 그러므로 사람들과의 첫 대면에서 호감을 주는 밝은 미소로 좋은 첫인상을 형성할 수 있다.

두 번째는 신체모습이다. 사람들은 아무런 근거 없이 근육량이 많은 남자가 살이 찐 남자보다 용감해 보이고 머리가 좋을 것이라는 평가를 한다. 이처럼 외모나 키가 능력과는 별개 문제지만 무의식중에 사람의 능력을 키와 외모로 평가하여 타인의 인상을 형성한다.

세 번째는 바디랭귀지이다. 바디랭귀지는 자신의 의사를 시각적으로 바로 보여주며 말하고자 하는 것을 더욱 확실하게 전달한다. 눈을 마주치고 대화를 하면 서로에게 호감을 준다. 또한 상대의 행동을 따라하면 관심을 받고 공감대를 형성하며 정확하고 힘 있는 동작은 신뢰감을 준다. 이때 상대와의 거리도 중요하다. 가까운 사이는 30cm가 적절하고 첫 만남일 경우는 손을 뻗으면 닿을 수 있는 60cm일 때 부담 없이 말하기가 쉽다.

청각적인 부분에서의 첫 번째는 목소리이다. 메러비안 법칙에 의하면 의사전달의 구성요소에서 목소리가 차지하는 비율은 38%이다. 목소리의 높은 톤은 친절을 나타내고 낮은 톤은 신뢰를 나타낸다. 기본적으로 목소리가 굵으면 호소력이 있고 밝으면 생동감이 있다. 또한 천천히 또박또박 발음을 하면 안정감을 줄 수 있다.

그 다음은 대화이다. 첫 만남에서 어떤 말로 이야기를 하는가에 따라 다른 사람에게 강한 첫 인상을 남긴다. 원활한 커뮤니케이션 능력은 전문성을 나타내고 호감을 주게 되며, 정중한 어투나 존칭어 사용도 효과적인 결과를 얻을 수 있다. 또한 진실한 마음으로 칭찬을 하거나 공감대를 형성하면 상대가 호의를 느끼게 된다.

2) 첫인상 특징

Hamilton(1981)은 사람들이 매우 짧은 시간 안에 한정된 정보만으로 상대에 대한 전반적 인상을 형성하며 그 어떤 사람에 대해 한 번 형성된 인상은 상당히 오래 지속된다고 말한 바가 있다. 이때 첫인상의 구성요소들은 총체적으로 타인에게 전달되어 개인의 첫인상을 형성한다. 첫인상은 신속성, 일회성, 일방성, 연관성과 같은 네 가지 특징이 있다.

(1) 신속성

첫인상이 전달되는 시간은 2초~3초 사이이다. 이렇게 짧은 순간에 첫인상이 형성되고 상대에게 순간적으로 각인된다. 따라서 한순간에 결정되는 첫인상을 성공적으로 형성하기 위해서는 자신의 외적 이미지를 호감 있게 형성하기 위해 꾸준히 노력하는 것이 바람직하다.

(2) 일회성

첫인상이 전달되는 기회는 단 한 번뿐이다. 처음 한 번에 전달되고 각인되어진 정보는 인상을 크게 좌우한다. 그러므로 처음 형성된 첫인상은 상대의 기억 속에 오랫동안 남게 되며 자칫 한 번 잘못 비쳐지면 회복이 어려워진다. 따라서 성공적인 대인관계를 위해서는 첫인상부터 호감을 줄 수 있게 가꿔야 한다.

(3) 일방성

첫인상은 개인의 숨겨진 내면이나 성향을 확인하지 않고 보이는 모습만을 통해 지각자의 판단과 가치관에 따라 일방적으로 인식되고 형성된다. 뿐만 아니라 사람들은 무의식적으로 긍정적인 부분보다는 부정적인 부분에 더 많은 관심을 가지는 경향이 있으며, 첫인상 형성에 있어서 부정적인 요인은 긍정적인 요인보다 더 큰 영향을 미친다. 따라서 첫 대면에서 부정적인 요인을 심어주지 않도록 조심해야 할 필요가 있다.

(4) 연관성

첫인상은 개인의 연상을 통해 형성되므로 불확실하다. 실제 인물과는 다른 사람을 떠올리거나 평소 머릿속에 인지되어 있던 정보와 혼동하여 첫인상으로 입력될 수도 있다. 첫인상이 형성될 때에 이러한 오류를 범할 수 있으므로 자신이 타인에게 어떻게 보여 지는가에 대해 신경을 써야한다.

이와 같이 첫인상 형성과정에서 다양한 특징들이 나타난다. 첫인상은 처음 만나는 사람이 보이는 모습들을 순간적으로 판단하고 정리하여 개인의 인지구조에 의해 기억되며 관계형성의 자료가 된다. 따라서 각 특징의 유의점을 알고 첫인상을 형성하는 시각적 요소, 청각적 요소들에 주의를 기울인다면 바람직한 인상을 형성할 수 있다. 또한 바람직한 인상형성은 곧 바람직한 인간관계 형성으로 연결된다. 결국, 원만한 대인관계를 통해 타인과 상부상조의 관계를 유지할 수 있게 되므로 호감적 첫인상 형성을 위한 노력을 지속적으로 해야 한다.

제2장 연구문제

1. 대인지각의 정의를 내리시오.
2. 대인지각의 개념을 정리하시오.
3. 대인지각의 순서를 정리하시오.
4. 대인매력의 조건을 정리하시오.
5. 인상형성의 정의를 내리시오.
6. 인상형성의 개념을 정리하시오.
7. 인상형성의 원리를 요약하시오.
8. 인상형성의 효과를 설명하시오.
9. 첫인상의 구성요소를 정리하시오.
10. 첫인상의 특징을 요약하시오.

제 3 장
이미지 경영의 이해

우리는 대량생산과 획일화된 사회에 너무나 익숙해져 있으며, 산업혁명 이후 보다 효율적인 생산방식에 의한 수혜만큼 잃어버린 것도 많다. 그중에 대표적인 것이 바로 사회 구성원 개개인의 개성에 대한 몰이해이다. 새가 하나의 날개로는 날 수 없듯이 아무리 자신이 능력과 실력을 갖추었다 하더라도 자기 이미지 연출 없이는 개인이건 기업이건 그 진가를 백퍼센트 발휘할 수가 없다. 진정한 성공에는 전혀 다른 차원의 결정적인 요소들이 있기 때문이다. 그 중 하나가 바로 자신의 올바른 이미지를 상대에게 각인시켜야 하는 문제이다. 그러므로 상대에게 자신의 이미지를 어떻게 각인시키느냐에 대한 전략과 계획이 필요하며 이것이 바로 이미지 경영이다. 아무리 능력이 많아도 어느 곳에 나를 어떻게 나타내느냐에 따라 그 진가는 달라지게 되어있다. 따라서 우리는 각자가 올바른 자기 이미지 경영을 함으로써 사회를 살아가는데 보탬이 되도록 해야 한다.

현대는 이미지 연출의 시대라고 해도 과언이 아닐 만큼 개인 이미지의 중요성은 말로 표현하지 않아도 모두가 느끼고 있다. 좋은 인상, 좋은 느낌이 있는 사람은 어딘가 모르게 매력이 느껴지고 기억에 남는다. 그러나 겉으로는 외모가 준수하지만 내면으로부터 나타나는 말과 행동이 이상한 사람 혹은 매너가 아주 좋은데 외모가 호감이 가지 않는 사람이라면 상대에게 호감을 주는 이미지를 전달하기가 힘들다(박혜정, 2007).

거듭 강조하자면 이미지 경영이 중요한 이유는 개인의 성공과 행복에 밀접한 관련이 있기 때문이다. 사회에서 성공하여 인정받고 싶고 바람직한 인간관계를 형성하고 싶다면 자신의 이미지를 보다 전략적으로 경영하여 경쟁력을 가져야 한다. 좋은 이미지는 그냥 얻어지는 것이 아니다. 개인을 비롯하여 사회 및 국가가 더 좋은 이미지를 위해 끊임없이 노력할 때, 그 개인이나 사회 그리고 국가는 더욱 성장하고 크게 성공할 수 있다.

이 장에서는 먼저 이미지 경영에 대한 정의와 개념을 정리하여 이미지 경영의 중요성을 논하고자 한다. 그 다음으로 자기 이미지 경영을 위한 이미지 경영 프로그램을 제공하여 각자가 가장 성공적인 이미지 경영을 위해 실천해야 하는 세부 항목에 대해 정리하고자 한다. 이를 바탕으로 올바른 자기 이미지 경영을 위한 삶의 목표를 설정한 후, 그 목표를 달성하기 위해 실천해야 할 구체적인 계획을 세워 지속적인 노력을 한다면 성공적인 삶을 살 수 있게 될 것이다. 끝으로 이미지 경영 전문가에 대한 내용을 덧붙여 이미지 경영 전문가 양성의 필요성을 강조하고자 한다.

제1절 이미지 경영의 정의와 개념

1. 이미지 경영의 정의

이미지 경영(Image management)이란 개인, 기업, 국가가 원하는 이미지를 구축하기 위해 각각의 총체적인 이미지를 분석한 후, 체계적 계획을 수립하고 실천하는 전략적인 자기관리와 노력을 통칭한다.

2. 이미지 경영의 개념

사람과 사람의 만남으로 이루어지는 대인관계의 중요성이 더욱 강조되는 것이 현실이다. 이러한 대인관계에서 상대에게 보여지는 이미지가 중요하다는 것은 당연한 일이다. 이미지의 중요성을 깨닫고 학문으로써 발전시킨 곳은 미국이며 약 34년의 역사를 갖고 있다.

이미지 경영은 현대인에 있어서 최신의 무기로 부각되고 있다. 자신의 부가가치를 최고로 높이고 싶으면 최상의 자기 이미지를 구축해야 한다. 업무 능력이 뛰어난 사람이라 할지라도 사회가 요구하는 전략적 이미지, 즉 자신의 지위에 맞는 이미지를 연출하지 못하면 조직의 성공라인에서 멀어진다(이영희 외, 2003). 그러므로 각기 자신이 원하는 이미지를 설정하여 그것을 달성하기 위해 준비하고 최선의 노력을 기울여야 한다. 최선을 다했을 때, 자신의 이미지를 보다 성공적으로 경영해 나갈 수 있을 것이다.

'나' 라는 한 사람의 이미지가 가정, 회사, 사회 그리고 국가의 이미지를 결정지으며 뿐만 아니라 자기 이미지는 자신의 가치 기준이 된다. 따라서 자신을 정확하게 분석하고 구체적인 목표를 세워 자신의 이미지를 외적, 내적, 음성·언어 표현적 그리고 사회적으로까지 호감이 가도록 만드는 일은 중요하다. 또한 자신의 이미지를 바람직한 방향으로 개선하고자 노력할 필요가 있으며, 늘 획일화 된 개인의 모습이 아니라 자신이 원하고자 할 때 자신의 모습을 적절하게 표현할 줄 아는 이미지 경영이 현대인에게 그 무엇보다 필요하다.

제2절 이미지 경영 프로그램

1. 이미지 경영 프로그램의 개념 및 과정

1) 이미지 경영 프로그램의 개념

21세기는 인간 중심의 개성시대와 IT산업(Information technology), 즉 정보기술 산업의 시대이다. 예전의 소품종 대량생산 체재로 인한 생산성 추구와 실적위주의 획일화된 교육에서 벗어나 고객중심의 사고와 기업발전을 중요시하는 교육으로 발전하고 있다. 또한 획일화되고 단순한 친절이나 서비스 위주의 감성교육에서 벗어나기 시작했고, 기업 이미지 통합화 전략(CI : Corporate Identity)과 함께 개개인의 개성과 특성에 맞는 개인 이미지 브랜드 전략이 강화되고 있다(김경호, 2008).

따라서 개인뿐만 아니라 기업과 국가의 경쟁력을 강화하고 발전시키고자 이미지 경영 프로그램(Image management program)의 도입이 활성화되고 있으며, 이미지 경영 프로그램은 이미지 경영의 대상과 교육하고자 하는 목표 그리고 교육생들의 필요에 따라 다양하게 구성되고 있다. 뿐만 아니라 프로그램의 효과성에 대한 학자들의 연구도 활발히 이루어지고 있다.

이미지 경영 프로그램은 대상의 필요와 목표 그리고 교육에서 얻고자 하는 효과에 맞춰 정해진 기본 교육 프로그램을 재구성하거나 수정해야 할 필요가 있다. 이미지 경영 전문가는 대상에 맞는 다양한 프로그램을 개발하여 교육생 모두가 전략적인 이미지를 경영할 수 있도록 도와줘야 한다.

이미지 경영은 개인의 자아정체성을 확립시키며, 열등감을 해소시키고 자기효능감과 자아존중감을 향상시킨다. 또한 이미지 경영을 통해 인간관계를 향상시킬 수 있다. 한편, 기업에서의 이미지 경영은 생산성을 향상시키고 직원들의 단합과 타 기업과의 관계 향상 등에도 도움이 되어 발전을 가져올 수 있다. 뿐만 아니라 국가의 브랜드 이미지 향상을 통해 국가 경쟁력을 높일 수 있으며, 이로 인한 경제적인 발전을 도모할 수 있다. 따라서 개인 및 각계각층에서 적시적소에 필요한 이미지 경영을 실천할 수 있도록 다양한 이미지 경영 프로그램의 활성화가 시급하며, 프로그램의 개발과 이미지 경영 전문가의 양성이 필요한 실정이다. 이 책에서 제안하는 이미지 경영 프로그램은 우선적으로 개인을 위한 것이나 각 대상의 필요에 따라 가감의 적용이 가능한 것이다.

2) 이미지 경영 프로그램의 과정

이 책에서 제안하는 기본적인 이미지 경영 프로그램은 다섯 가지 과정으로 이루어진다. 첫째는 구체적인 목표설정이다. 그리고 둘째는 철저한 자기분석이며, 셋째는 전략적인 이미지 수립이다. 또한 넷째는 실천이며, 다섯째는 평가이다. 이미지 경영 프로그램의 전 과정을 구체적으로 정리하면 다음과 같다.

⑴ 구체적인 목표설정

구체적인 목표설정은 이미지 경영에 있어서 가장 신중하고 중요하게 진행되어야 한다. 추구하고자 하는 목표를 올바르게 설정하지 못했을 때, 개인의 경우에 삶의 방향이 모호해지고, 기업의 경우는 경영 흐름이 깨어지거나 경영전략 수립이 어려워져 전반적인 성장이 힘들어진다. 또한 국가의 경우, 정확히 나아가야 할 방향이 불투명해져 추진력과 신뢰를 잃게 되므로 국민들의 혼란을 불러올 수 있다. 뿐만 아니라 목표를 상실했을 경우, 대부분의 사람들은 삶의 희망과 의욕이 없어지고 자신감이 결여되어 자아존중감 또한 낮아지게 된다.

그러므로 자신의 이미지 경영 목표를 설정하는 것이 무엇보다 중요하다. 구체적이지 못한 목표가 수립되었을 경우에는 이미지 경영의 진행 과정에서 많은 착오를 불러일으킬 수 있다. 또한 이때 대상이 원하는 이미지를 이끌어 내지 못해 많은 오해와 문제를 불러올 수 있기 때문에 반드시 이미지 경영 전문가와 많은 상담을 통해 각자에게 알맞는 구체적인 목표를 설정할 필요가 있다.

⑵ 철저한 자기분석

구체적인 목표설정이 되었다면 자신을 정확하게 분석해야 한다. 자신의 과거 이미지와 현재 이미지를 비교 분석하고 이상적인 이미지를 도출하기 위해 필요한 부분들을 정리해야 한다. 특히 분석은 다양한 척도를 중심으로 이루어져야 하며, 주의해야 할 것은 분석의 과정에서 이미지 경영 전문가의 주관적인 생각이 개입되지 않도록 해야 한다. 이미지 경영 전문가의 주관적인 생각이 개입되었을 경우, 잘못된 분석결과를 초래할 수 있기 때문에 기준 척도에 따라 정확하게 분석하여 객관적인 결과를 도출하는 것이 중요하다.

(3) 이미지 구축을 위한 전략 계획

대상의 이미지 변화를 위한 이미지 경영은 많은 시간을 필요로 하기 때문에 전략적인 계획이 없다면 더욱더 많은 시간을 투자해야 하는 어려움이 있다. 또한 외적, 내적 그리고 음성·언어 표현적, 사회적 측면 등의 다양한 관점에서 대상자의 이미지 변화를 추구해야 하기 때문에 각자의 목표달성을 위한 이미지 형성요소의 우선순위를 정해야 한다. 그렇게 하기 위해 이미지 경영 전문가는 올바른 전략을 계획하고, 이를 바탕으로 각자가 보다 성공적인 이미지로 변화할 수 있도록 반드시 실천 가능한 프로그램을 수립하는 노력이 필요하다.

어떤 이미지를 형성할 것인가를 구상할 때에 근간이 되는 것이 자신의 컨셉트라고 한다(조기년, 2004). 컨셉트는 자신의 관심이나 이미지 형성을 주도하는 테마를 말한다. 따라서 이미지 경영 전문가는 컨설팅 대상자의 욕구, 관심, 가치관, 생각 등을 파악하고 그에 부합하는 이미지를 창출해야 한다.

(4) 실천

실천 과정은 대상자와 이미지 경영 전문가의 상호협력이 매우 중요한 단계라고 볼 수 있다. 이미지 변화는 대상자의 노력 없이는 조금도 이루어 낼 수 없는 부분이기 때문이다. 대상자는 이미지 경영 전문가의 요구에 대부분 순응해야 할 필요가 있으며, 이미지 경영 전문가는 전략계획의 단계에 따라 컨설팅을 진행하도록 해야 한다. 필요시에 유동적으로 계획을 변경하고 수정하여 대상자가 가장 빠른 시간 안에 목표이상의 효과를 얻을 수 있도록 꾸준히 노력해야 한다.

(5) 평가

평가 과정의 단계에서 가장 중요한 것은 대상자의 만족감과 성취감이다. 대상자의 만족도 및 성취도 결과는 이미지 경영 프로그램의 모든 과정이 정확하게 이루어졌는지를 평가할 수 있는 척도이다. 평가 과정은 분석의 과정과 마찬가지로 주어진 기준 척도를 통해 이루어지며 대상자 주위의 평가나 설문지법을 통한 평가를 겸하게 된다. 이때 이미지 경영 전문가도 자체평가를 통해 컨설팅의 문제점과 장점을 밝히고 단점을 보완하여 스스로에 대한 피드백을 해야 한다. 또한 대상자의 평가를 바탕으로 보완해야 할 부분에 대한 계획을 수립하고 각 단계를 반복하여 대상자가 추구하는 목표를 이루고자 노력해야 한다.

2. 이미지 경영 프로그램의 구성 및 내용

이미지 경영 프로그램은 앞에서 정리한 이미지 유형에 따라 내적 이미지, 외적 이미지, 음성·언어 표현적 이미지, 사회적 이미지로 세분화되어 있다.

내적 이미지는 긍정적인 마인드와 자신감 향상, 자아존중감과 자기효능감 향상 그리고 목표설정과 자기 분석 프로그램 등으로 구성으로 되어 있다. 외적 이미지는 얼굴, 피부, 인상, 표정, 컬러, 메이크업, 헤어, 네일, 풋, 체형, 패션 등으로 구성되어 있다. 음성·언어 표현적 이미지에는 음성 관리 방법과 호감 가는 음성을 만들기 위한 방법 등으로 구성되어 있다. 마지막으로 사회적 이미지는 대인관계 개선을 위한 내용으로 매너와 리더십 그리고 인간관계 등으로 구성되어 있다. 이 내용을 구체적으로 살펴보면 〈표 3-1〉과 같다.

〈표 3-1〉 이미지 경영 프로그램(Image management program) 구성 및 내용

구 성	내 용
내적 이미지	① 자기 진단 및 분석 ② 내적 이미지 형성 및 관리행동 ③ 개인 심리(사랑, 질투, 분노, 행복, 기쁨, 슬픔, 감정 조절) ④ 상대 심리(열등감, 만족감, 자신감, 자아정체감, 자아존중감, 자기효능감) ⑤ 가치관 신념(좋고 싫음, 옳고 그름, 행동의 선택과 유지 및 포기) ⑥ 동기(비전 설정, 목표 달성, 호기심, 도전, 성취감, 보상, 인내심, 끈기, 의지) ⑦ 발상 전환 및 적극적, 긍정적 내적 이미지 구축
외적 이미지	① 외적 이미지 형성 및 관리행동 ② 신체 이미지(얼굴 이미지, 체형 이미지) ③ 컬러 이미지(색채, 퍼스널 컬러, 컬러 클리닉) ④ 뷰티 이미지(피부, 메이크업, 헤어, 네일, 풋, 패션)
음성 · 언어 표현적 이미지	① 음성·언어 표현적 이미지 형성 및 관리행동 ② 음성 이미지 및 음성의 이해(음성의 특성 및 종류) ③ 음성 질환 및 관리(호흡법, 발성법, 성대 마사지) ④ 음성 표현 요소(속도, 억양, 크기, 발음, 강조, 장·단음) ⑤ 감정 이입 및 끊어 읽기와 포즈 ⑥ 스피치, 커뮤니케이션, 프레젠테이션
사회적 이미지	① 사회적 이미지 형성 및 관리행동 ② 매너(생활 매너, 비즈니스 매너, 글로벌 매너) ③ 리더십(특성 및 개념) ④ 이미지 리더십 ⑤ 바람직한 인간관계 ⑥ 성공을 위한 커리어 개발

〈표 3-1〉의 이미지 경영 프로그램은 전체 이미지 경영에 관한 총괄적인 내용을 담고 있다. 그리고 각각의 이미지 유형은 세부 프로그램으로 심도 있게 구성되어 별도로 진행되고 있다.

거듭 강조하자면, 우리는 나날이 증대되고 있는 이미지 개발의 필요성과 자신이 추구하는 인생 목표를 달성하기 위해 이미지 경영의 중요성을 인식해야 한다. 오늘날 대인관계를 원활하게 하기 위해 자신에게 적합한 최상의 이미지를 형성해 나가는 일이 사신의 바람직한 생활을 영위하는데 필수적인 조건이 되고 있다(조기년, 2004). 따라서 우리는 앞에서 제안하는 이미지 경영 프로그램의 과정에 따라 각자가 그 내용을 실천하여 성공적인 자기 이미지를 구축해 나아가야 한다.

제3절 이미지 경영 전문가

1. 이미지 경영의 발전

'이미지 경영 전문가'(Image management specialist)는 1975년 미국에서 처음 사용된 말로써 이미지의 장점을 끌어내 자신의 외적인 인상, 모습을 표현할 수 있고 관리할 수 있게 도와주는 사람을 의미한다.

그러나 사회가 더욱 발전하고 의식의 수준도 올라가면서 '이미지 경영'이란 단순하게 옷을 입거나 머리를 하는 것에서 벗어나 조금 더 높은 차원에서 자신의 이미지를 가꾸고 개선해 나가는 일련의 과정을 통칭하게 되었다. 최근 이미지에 대한 관심이 높아지면서 이미지 경영 전문가라는 직업은 국·내외에서 유망직종으로 인정받고 있다.

이러한 사회 분위기를 반영하여 1990년 미국에서 국제이미지컨설턴트협회(AICI)가 창립되었다. AICI에는 일본, 독일, 캐나다 등 전 세계 26개국이 회원국으로 참여하고 있다. 시간이 흐를수록 각국의 이미지 컨설턴트 모임이 세계 각지에서 활발하게 운영되고 있으며, 2008년 대한민국도 회원국으로 가입되어 이미지 경영 교육의 세계화와 이미지 산업의 선진화를 도모하고 있다.

우리나라에서는 2000년도 이후부터 경제적인 발전과 더불어 개인의 이미지에 대한 중요성을 강조하게 되었다. 또한 초기 유명 연예인과 정치인, 대기업의 CEO를 대상으로 시작되었던 이미지 경영이 더 이상 그들에게만 제한되는 것이 아니라는 생각이 확산되었다. 그래서 직장인, 대학생, 청소년, 주부 등 많은 사람들이 자신의 삶을 더 윤택하게 만들기 위해서 경쟁력 있는 이미지를 가져야 한다는 인식이 대두되기 시작했고 이미지를 경영하는 전문가의 필요도 급증했다.

이미지 경영의 중요성이 강조되고 있음을 증명하듯 일반대학 강단에서도 '이미지 메이킹' 과목을 대부분의 서비스관련 전공자들과 학생들의 이미지 제고를 위한 교양과목으로 채택하여 교육을 실시해 왔으며 점차 전공과목으로 채택하는 곳도 늘고 있는 실정이다. 다른 국가와는 다르게 우리나라에서는 특히 취업관련 분야의 이미지 경영 시스템이 매우 빠른 속도로 자리 잡아 가고 있다. 또한 각 대학 및 국가의 취업관련 행사에도 참여자들의 이미지 제고를 위한 교육과 컨설팅이 빠지지 않을 정도로 확산되어 가고 있다. 뿐만 아니라 취업과 이미지 경영에 관련된 논문과 연구 자료들을 주변에서 쉽게 찾아 볼 수 있으며 이미지 경영 전문가를 희망하는 사람들의 수가 늘어나고 있다.

멀지 않는 미래에 지금보다 더 체계적이고 정확한 이미지 경영 교육 분야의 발전과 훌륭한 전문가들이 배출될 수 있을 것으로 전망한다.

2. 이미지 경영 전문가의 중요성

한국전쟁 이후 급속도로 밀려들어온 신문화와 신기술에 의해 우리나라 사람들은 급속한 산업혁명과 국가의 발전을 이룰 수 있었다. 이러한 현상은 현재 전 세계에서 '한강의 기적'이라고 불리울 만큼 빠른 발전의 결과였다. 당시 한국전쟁에 참여했다가 귀국 후, 다시 한국을 찾은 외국의 많은 참전용사들에게는 지금의 한국 발전이 그저 경이로울 정도의 기적에 가깝다고 표현되고 있다.

그러나 이처럼 빠른 발전과 혁명의 시대에 살아온 우리나라 국민들에게 더 이상 여유라는 단어를 찾아보기 어렵다. 외국인들이 말하는 '빨리빨리 코리아'라는 단어가 보여주듯이 외국인 근로자가 가장 먼저 배우는 단어가 '빨리'이다. 그만큼 오늘날의 대한민국은 빠른 것에 익숙해져 있다.

빠른 문화는 대인관계에도 많은 영향을 미치고 있다. 시간을 두고 타인을 판단하기 보다는 첫인상과 외모로 상대를 평가하는 경우가 비일비재하며 심지어는 유선으로 느껴지는 타인에 대한 관념만으로 상대를 평가하는 경우가 많다. 이러한 현 시대는 개인으로 하여금 자신의 외적인 이미지뿐만 아니라 음성·언어 표현적 이미지와 내적 이미지 그리고 사회적 이미지 관리의 중요성까지 느끼게 하고 있다. 하지만 이 또한 상대에게 조금 더 나은 자신의 이미지를 심어주기 위해서이기보다 짧은 시간 내에 나를 가장 빠르게 인식시켜야 한다는 의식이 강하게 자리 잡고 있기 때문이라고 볼 수 있다. 우리나라 사람들이 유독 첫인상에 민감하고 신경을 쓰는 이유가 바로 이 때문이다. 현대사회에서의 첫인상은 더 이상 타인에게 심어주는 자신의 인상이 아니며 자신의 원활한 대인관계를 위해 제고되어야 할 강력한 무기가 되기 때문이다.

이상으로 본 바와 같이 이미지란 자신의 경쟁력을 높일 수 있는 중요한 요소들 중의 하나이므로 이미지 경영에 대한 중요성이 커지게 된 것이다. 따라서 대다수의 사람들은 개인의 이미지를 올바르게 컨설팅 할 수 있는 전문 인력이 필요하다고 느낄 것이며 사회가 발전하고 성장 할수록 컨설팅 전문가, 이미지 경영 전문가를 더욱 많이 필요로 하게 되는 시대가 다가 올 것이다.

3. 이미지 경영 전문가의 활동

이미지 경영 전문가 초기 활동의 대표적인 것은 국내의 유명 정치가와 연예인들을 대상으로 외적 이미지에 대한 컨설팅이었다. 이후 이미지 경영의 효과가 확대되면서 일부 기업에서는 국내의 유명 이미지 경영 전문가뿐만 아니라 해외의 유명 이미지 경영 전문가들을 초빙하여 사내교육 및 기업의 이미지 제고를 위한 전략적 이미지 경영을 실시하게 되었다. 일반적으로 이미지 메이킹 또는 이미지 경영이라는 단어가 친숙하게 되면서 개인과 단체를 위한 파티 컨설팅, 화장, 복장, 헤어 컨설팅 등 외적 표현에 관련된 일들을 진행하게 되었다.

하지만 이미지 경영에 대한 연구 및 현대사회의 발전에 따라 이미지 경영 전문가들은 점차 외적 표현에 대한 조언뿐만 아니라 스피치, 자세, 매너, 자신감 고취 등 내·외적, 사회적, 인간관계 등의 모든 면에서의 이미지 경영 관련 컨설팅을 하고 있다.

이미지 경영이란 개인의 특징과 성격을 분석하여 스스로가 추구하는 이미지 형성을 위해 전략적인 이미지 관리 계획을 수립하고 진행하는 과정을 의미한다. 그리고 이미지 경영 전문가는 체계적인 이미지 관리를 통해 개인 또는 단체가 원하는 이미지를 구축시키고 그들에게 필요한 실질적인 변화와 내면적 만족감 그리고 자신감을 키울 수 있도록 도와준다.

한편, 특별한 상황을 위한 이미지 경영도 활성화되고 있다. 많은 사람들이 취업을 위한 면접, 프리젠테이션, 비즈니스 미팅, 결혼식 등과 같이 중요한 날을 위해서도 이미지 경영 전문가의 도움을 찾고 있다.

이러한 이미지 경영은 개인뿐만 아니라 유명 기업들로 확대되어 각계각층에서 필요로 하고 있다. 이는 생산적인 산업기반에서 서비스 중심의 산업으로 발전되면서 기업 및 직원들의 이미지 그리고 브랜드의 이미지까지 중요하게 생각하여 컬러, 건축, 디자인, 유니폼과 같은 기업 전체의 외적 이미지 요소 변화를 희망하는 일반 기업과 병원 그리고 서비스 관련 기업들이 늘어나고 있기 때문이다. 더 나아가 세계 국가 간의 관계에서도 국가의 이미지가 더욱 중요한 요소로 부각되면서 이미지 경영의 적용 대상은 점차 범위가 확대되고 있다.

우리나라에서는 이미지 경영에 대한 역사가 짧기 때문에 현재 많은 연구자들에 의해 연구와 노력이 진행되고 있는 단계이므로 하루가 다르게 새로운 방법의 이미지 경영 관련 교육내용이 개발되며 시시각각 수정·보완되고 있는 실정이다.

그러나 아직 국내에서는 이미지 경영에 대해 체계적인 교육을 받을 수 있는 정규 대학기관이 없었기 때문에 이미지 경영 전문가를 양성하기 위해 현재까지는 주로 사설 아카데미에서 교육을 담당하고 있다. 그러므로 기관마다 이미지 경영 전문가를 양성하기 위한 방법과 교육기간에 큰 차이를 보이고 있으며 과정을 수료한 이미지 경영 전문가의 질적 차이 또한 크게 나타나고 있다.

아카데미 교육과정마다 조금씩 차이가 있겠으나 올바른 이미지 경영 전문가를 양성하기 위해서는 일반적으로 4~5년 정도의 경험과 지식을 쌓는 것이 요구된다. 이처럼 오랜 시간이 필요한 이유는 직업의 특성상 단순히 지식의 축적만으로는 전문가가 될 수 없기 때문이며, 숙달된 전문가와의 훈련을 통해 실전 경험을 쌓아야만 이후 스스로의 학습이 가능하기 때문이다. 이전에는 디자이너, 비서, 매너 강사, 승무원 등과 같은 직업에 종사하던 서비스 관련 전문인들이 전직을 통하여 이미지 경영 전문가가 되었지만 현재는 자신의 능력에 따라 실력의 차이가 크게 좌우되는 직업의 특성으로 인해 다양한 노하우를 가진 교육기관에서 이미지 경영 전문가를 양성하고 있다.

4. 이미지 경영 전문가의 교육 및 컨설팅 분야

1) 개인 이미지 경영(Personal image management)

21세기는 무한경쟁시대로써 자기 분야의 전문성만으로는 성공하기가 힘들다. 따라서 각 대상별로 시간과 장소 그리고 상황에 따라 자신의 내적, 외적, 음성·언어 표현적, 사회적 이미지를 전략적으로 변화시킬 필요가 있다. 또한 사람은 자신이 살아온 환경이 다르기 때문에 대상에 따라 맞춤화되고 차별화된 이미지 경영 교육이 필요하다. 그러므로 CEO, 정치인, 직장인, 주부, 대학생, 고등학생, 중학생, 아동, 노년층, 사회 소외 계층에 따른 개인 이미지 경영의 내용을 인지하고 자신이 추구하는 삶을 살아가기 위한 노력을 해야 한다. 다음의 내용은 대상별 이미지 경영에 대해 정리한 것이다.

(1) CEO

CEO란 기업의 최고 의사 결정권자로서 기업 내에서 이루어지는 모든 활동에 대한 실질적이고 최종적인 책임을 가지는 자를 말한다. 오늘날의 CEO 이미지는 "CEO 브랜드"라는 개념을 통해 기업의 자산들 중 가장 중요한 요소이면서 동시에 기업 이미지 자산의 핵심이라고 표현한다. 실제로 CEO의 이미지에 따라 기업 이미지가 형성된다는 사실은 여러 유명 CEO들의 사례로도 입증되고 있다.

CEO 이미지 구성요인들을 크게는 능력, 자질, 성품 등의 조건으로 나누고 세부적으로는 리더십, 경영 전략 기술, 조직융화 능력, 커뮤니케이션 능력, 결단력, 비전, 정직성, 청렴성, 신뢰성, 경력 및 배경, 외모, 사회 참여활동 등으로 나누고 있다. 각각의 CEO 구성요소를 효과적으로 관리한 CEO의 이미지는 자신의 경쟁력과 함께 기업의 경쟁력도 높여 기업의 명성을 제고시키기에 충분한 역할을 한다. 이에 따라 기업 이미지의 핵심인 CEO의 이미지를 효과적이고 체계적으로 관리하여 긍정적인 이미지로 구축해 나갈 수 있도록 이미지 컨설팅을 할 필요가 있다.

(2) 정치인

정치인은 정치에 활발하게 직접 참여하거나 정치와 매우 밀접한 관련이 있는 직업을 가진 사람을 말한다. 정치인은 국민이나 주민을 위하여 국가나 지방자치를 이끌어 나가는 리더이지만, 선거에 있어 유권자 다수의 투표와 지지가 없으면 정치활동을 할 수가 없다. 과거에는 후보자가 어느 정당 소속인지, 정책이 무엇인지, 정치적 성향은 어떤지가 유권자들의 후보선택에 중요한 기준이었다. 그러나 요즘은 대부분의 사람들이 후보자의 인물이나 말투, 옷차림 등 외면적인 모습들과 개인적인 성품이나 자질 등 내면적인 부분까지 종합해서 선택한다. 그러므로 정치인에게는 정책 개발 못지않게 유권자의 마음을 얻을 수 있는 호감가는 이미지를 갖추는 것이 중요하다.

호감가는 이미지는 단시간에 형성되는 것이 아니다. 미국에서는 정치인들의 영구적인 캠페인(Permanent campaign)이란 말을 흔히 사용한다. 이는 본인이 바라는 정치 비전을 실현시키기 위해 유권자들이 원하는 이상적인 상이 무엇인지 분석하여 후보자가 지니고 있는 여러 가지 자질들 중 유리한 이미지를 발견하고 관리해야 하는 것을 의미한다.

그러므로 정치인은 남들과는 차별화되고 호감을 주는 성공적인 이미지 전략을 바탕으로 이상적인 이미지를 구축하여 선거 유세를 하고, 실질적인 영향력을 확대해 나가고 있다. 정치 활동에서 성공하려면 꾸준한 이미지 컨설팅을 통해 자신만의 이미지를 구축하여 선거 기간 뿐만 아니라 평소 생활에 대해서도 철저한 관리가 필요하다.

(3) 직장인

직장인들은 하루 중 ⅔를 직장에서 보낸다. 하루 동안 자신이 어떤 이미지를 연출하는지에 따라 직장 상사에게, 동료에게, 후임에게 인정을 받거나 또는 무시를 당할 수도 있고 나아가 자신의 성공 여부도 결정될 수 있다. 취업 포털 사이트인 커리어에서 직장인 1,652명을 대상으로 '직장생활을 하면서 이미지 경영이 필요하다고 생각한 적이 있는가?'라는 설문조사에서 93.9%가 '그렇다'라고 답했다. 이렇듯 이미지 경영은 유명 연예인, CEO, 정치인, 서비스 업종 근무자들만이 아닌 일반 직장인에게도 꼭 필요하다는 것을 알 수가 있다.

개인의 긍정적인 이미지는 바람직한 대인관계를 유지시키고 직장에서 성공적인 생활을 영위할 수 있도록 한다. 따라서 자신의 이미지에 대한 정확한 진단을 통해 회사에서 요구하는 직장인으로서의 이미지에 부합하기 위한 노력이 반드시 필요하다.

(4) 주부

한 가정의 살림살이를 맡아 꾸려 가는 주부들은 바쁜 일상 속에서 가정을 돌보느라 자신의 생활을 포기하는 경우가 많다. 하지만 이런 생활을 지속하다 보면 삶이 무미건조해지고 자기 관리에 소홀해지기 십상이다. 그래서 점점 게을러지는 자신의 모습을 보고 우울해지거나 삶에 대한 모든 의욕이 사라져 부정적인 생활을 초래하게 되는 것이다.

이미지 경영은 이러한 생활에 변화를 줄 수가 있다. 주부들은 오로지 남편과 자녀, 가사 일에 전념하는 것만이 가정을 위하는 방법이 아니라는 것을 깨달아야 한다. 주부도 역시 체계적인 인생 설계를 통해 성공적인 자기 관리를 함으로써 끊임없이 긍정적인 자아를 개발해야 한다. 그리고 본인뿐만 아니라 남편과 자녀에게도 열정적인 삶에 대한 동기부여를 해줄 수 있도록 변화해야 한다. 주부가 변하면 가정이 변하고, 가정이 변하면 사회도 변한다. 특히 고속도로 변화하고 있는 우리나라의 실정에서는 그동안 잊고 있었던 자신의 모습을 되찾을 수 있도록 주부를 위한 이미지 경영의 시작이 시급하다.

(5) 대학생

대학생이 되고나면 먼저 동아리 활동과 미팅, MT 등의 달콤하고 낭만적인 캠퍼스 생활을 많이 떠올린다. 그러나 현실은 대학생활에 만족하지 못하는 학생들이 상당히 많다. 그 이유는 타율적이고 수동적이며 의존적이던 고등학교의 생활습관에서 스스로 자율적이고 독립적인 대학사회의 생활로 자세와 태도를 바꾸어야 하는데 그렇게 하지 못하기 때문이다. 청소년기를 지나 대학생이 된다는 것은 개인의 미래 형성에 있어 매우 중요한 시기가 된다. 그런데 이처럼 중요한 시기에 자신의 이미지를 효율적으로 경영하지 못하면 대학생으로서의 생활 만족도는 더욱 떨어져 무의미한 삶을 지속하게 된다.

취업포털 사이트인 인크루트에서 졸업예정인 대학생 933명을 대상으로 '대학생활에 대한 만족도'에 대해 설문조사를 한 결과, 41.1%가 '학창시절에 대해 만족하지 않고 있다'고 답했다. 그 이유에는 '공부에 최선을 다하지 못한 것 같아서'란 응답이 47.5%로 가장 높았다. 뒤이어 '더 많은 경험을 하지 못해서', '취업을 하지 못해서', '다양한 공부를 하지 못해서' 등의 의견이 있었다.

대학생이 만족스러운 대학생활을 하기 위해서는 먼저 명확한 진로 설정과 자아 정체성을 확립한 후, 자신의 목표달성을 위한 노력을 해야 한다. 이에 덧붙여 원만한 대인관계를 형성하고 상대에게 호감을 줄 수 있는 자신의 이미지를 만들어 가는 노력이 필요하다. 또한 취업을 대비한 차별화된 학습계획과 준비가 필요하며 취업 면접을 대비하여 커뮤니케이션 능력 향상과 기업에서 원하는 인재상에 적합한 이미지 형성 등의 관리를 통해 꾸준하게 자신의 이미지를 전략적으로 경영해 나가는 대학생활이 필요하다.

(6) 고등학생

중학생 시기를 지난 고등학생은 본격적으로 진로에 대한 고민을 가지게 되는 시기이자 성인이 되기 전 인성적으로 성장할 수 있는 마지막 시기이다. 현재 대한민국에서 살아가는 고등학생들은 인터넷의 발달과 비정상적인 사교육 열풍의 사회 환경이 맞물리면서 신체적·정신적으로 올바르게 성장하기 힘든 환경에서 살고 있다. 이런 환경에서 성장한 청소년들이 대학교와 전문대학으로 진학하거나, 최근 문제되고 있는 고용한파로 청년백수가 끝없이 누적되고 있는 상황에서 곧바로 취업을 하고 있다.

이렇게 올바른 교육이 이뤄지지 않은 청소년들의 사회 진출은 대학생활 부적응, 직장생활 부적응 등의 또 다른 문제를 발생시키고 있다. 그렇기 때문에 고등학생 시기부터 예비 대학생이 되기 위한 올바른 마인드 및 예비 사회인으로서 지녀야 할 자세나 태도 갖기 등의 이미지 경영 교육이 그들에게는 절실하게 필요하다.

(7) 중학생

중학생 시기는 모든 발달 과정이 이후의 성장과정과 밀접한 관련성을 가진다. 중학생 시기에 겪게 되는 다양한 경험은 정서적인 발달, 가치관 확립, 자신의 인생에 대한 비전 및 목표 설정에 지대한 영향을 미친다. 따라서 이미지 경영을 통해 올바른 가치관을 설정하는 것이 중요하다. 이 시기에 대부분의 학생들이 사춘기를 경험하며 아동과 성인의 과도기 단계에서 신체적·정신적으로 많은 변화를 겪게 된다. 이때 올바르지 못한 자세나 태도, 생각을 갖게 된다면 빗나간 정서가 밑바탕이 되어 이후 고등학교, 대학교에서 혼란의 시기를 겪게 된다.

아동기와 성인기의 두 환경 간의 교차시점인 중학생 시기에 바른 자세와 태도 등을 배우고 자신의 비전을 설정할 수 있는 이미지 경영 교육을 받는 것이 필요하다. 또한 사춘기라는 질풍노도의 시기를 슬기롭게 헤쳐 나갈 수 있는 다양한 이미지 경영 교육을 통해 바른 마음가짐과 성숙한 성인으로 성장하기 위한 준비를 해야 한다.

(8) 아동

아동기는 6세부터 12세까지의 시기를 일컫는다. 아동기의 정서적 발달은 이후 청소년기와 성인기에 지니게 될 정서와 밀접한 관련이 있다. 이 시기에는 문자에 대한 이해와 공간 개념 등 지적 발달이 급속하게 이루어진다. 따라서 아동기부터 이미지 경영을 통해 감정을 스스로 통제하고 절제하는 능력을 기르고 타인을 배려하는 마음을 갖도록 하는 것이 중요하다. 아울러 가족과 친구의 소중함을 깨우치고 이후 형성될 올바른 교우관계를 이루기 위한 노력도 필요하다.

이미지 경영의 효과는 나이가 어릴수록 배가 된다. 따라서 사회·정서적인 발달이 형성되는 아동기부터 이미지 경영을 실천하여 올바르고 성숙된 인격체를 만들어 나가야 한다.

(9) 노년층

노년기는 신변에 다양한 변화가 발생하는 시기이다. 자녀들의 출가를 경험하고 배우자의 죽음도 겪게 되는 시기이다. 여성의 경우에는 폐경기를 경험하기 때문에 여성으로서의 자신감을 잃게 되며, 남성의 경우에는 활동량이 급격히 감소하게 되는 시기이다. 따라서 이 시기에는 이미지 경영을 통해 다양한 활동을 할 수 있는 마인드를 심어주고 노년으로서의 삶을 살아감에 있어 자신감을 제고시키는 교육이 필요하다.

우리나라는 전 세계에서 최고령 국가들 중의 하나이다. 고령인구의 증가에 따라 현재 실버산업이 발달하고 있으며 각 도시에 복지센터나 실버센터가 하나 둘 생겨나고 있는 실정이다. 이에 국가에서는 더욱 적극적으로 정책을 입안하여 복지 환경을 조성하고 생활, 문화, 건강 등과 관련된 복지산업을 통해 노인층이 노년기에 겪게 되는 불안감과 좌절감을 극복하고 새로운 삶을 살 수 있도록 배려해야 한다.

각 기관에서는 이러한 노년층을 대상으로 긍정적인 마인드를 가질 수 있는 트레이닝, 자기관리 등 다양한 커리큘럼의 이미지 경영 교육을 실천함으로서 이들이 제 2의 삶을 살아갈 수 있도록 지도해야 할 것이다.

(10) 사회적 소외 계층

사회 속에는 수많은 소외 계층이 있다. 장애자, 알코올중독자, 실업자, 빈민대상자 등 사회 안에서 소외되는 사람들이 많은 것이다. 이미지 경영 교육은 이러한 소외 계층에게 밝은 삶을 살아갈 수 있는 자신감과 긍정적인 마인드를 심어주고 있다. 한편, 우리 사회의 발전과 더불어 다문화가정이 늘고 있는데 외국인 근로자나 국제결혼을 통해 우리 사회에 영입된 이들도 역시 소외 계층에 속한다고 볼 수 있다. 향후 이러한 외국인들에 대한 사회적 배려가 우리 사회 발전에 큰 힘이 될 것이므로 이들을 위한 이미지 경영 교육 또한 신경써야 할 부분이다.

앞에서도 지적했듯이 이미지 경영 교육은 정치인이나 CEO 등 고위 계층이라고 말하는 사람들에게만 적용되는 것이 아니다. 인간은 누구나 행복해질 수 있는 권리가 있으므로 이미지 경영을 통해 모두 다 같이 행복한 사회를 이룩할 수 있다. 따라서 공공기관에서 제도적인 뒷받침을 기획하여 사회적으로 소외된 자들을 대상으로 이미지 경영 교육을 실시한다면 이들에게 새로운 인생을 설계할 수 있도록 지도할 수 있을 것이다.

2) 기업 이미지 경영(Corporate image management)

기업 이미지란 사회 전체에 비춰지는 기업의 상(象)이다. 제품, 홍보 및 마케팅, 고객만족 서비스 등과 같은 이미지 활동 및 기업 정책을 통해 기업의 전체적인 이미지가 형성된다. 기업이 스스로를 둘러싸고 있는 조직 구성원, 고객, 협력사 및 경쟁사, 지역사회 등과의 관계에서 좋은 인상을 주지 못한다면 그 기업은 실패하기 마련이다.

이처럼 기업의 성공과 실패에 기업 이미지의 형성과 전달이 중요한 요소가 됨을 알 수 있다. 그러므로 기업에서는 이미지 경영 전문가와 함께 체계적이며 전략적인 기업 정책을 입안하고 기업의 성공을 위한 이미지 관리를 시스템화 하여 성장과 발전을 도모해야 한다.

또한 기업의 긍정적 이미지 구축을 위해 안으로는 조직 관리 및 근무환경 개선과 인적자원 개발 등을 아끼지 말아야 하며, 밖으로는 전략적인 마케팅과 홍보 등을 진행해야 한다. 그리고 이를 통해 형성된 기업의 이미지를 바탕으로 기업 간의 관계 및 고객과의 관계를 위한 노력을 계속해야 한다. 뿐만 아니라 이미지의 중요성을 인식하고 관리해 나갈 수 있는 교육이나 컨설팅을 지속적으로 진행하여 조직 구성원 모두에게 기업의 긍정적 이미지 구축을 위한 노력의 필요성을 인지시켜야 한다.

3) 국가 이미지 경영(National image management)

국가 이미지란 그 나라의 국민에 의해 형성된 이미지, 정부에 대한 이미지, 기업에 대한 이미지, 제품에 대한 이미지, 문화에 대한 이미지 등 여러 가지 요소가 모여 형성된 하나의 상(象)이다. 국가 이미지를 형성해 내는 경로는 국민과의 접촉, 국가방문, 국가제품 사용 등의 직접 경험에서부터 TV드라마, 영화, 신문 등의 직·간접 경험이 있다.

국가 이미지는 그 나라 국민의 삶과 그 나라 기업제품의 경쟁력 등에 영향을 미친다. 그러므로 국가에 대한 호감도와 선호도를 높여 국가 이미지를 향상시키는 것은 국가의 성장과 발전 그리고 미래를 위해 필요한 일이다.

따라서 국가는 이미지 경영 전문가와 함께 자국이 느끼는 주관적 국가 이미지 상(象)과 세계 속에 형성된 자국의 객관적 이미지 상(象)을 분석해야 한다. 그리고 이상적인 국가 이미지에 대한 계획을 수립하여 전략적인 홍보와 투자를 지속적으로 해야 하며 이를 바탕으로 세계 속에 긍정적인 국가 이미지를 형성시켜야 한다.

5. 이미지 경영 전문가의 자질

이미지 경영 전문가는 이미지 형성 요소인 성격, 감정, 욕구, 생각, 표정, 외모, 자세, 행동, 언어 등을 컨설팅 해야 하기 때문에 각 요소의 지식뿐만 아니라 이미지 경영에 대한 지식 및 전문적인 컨설팅 능력을 갖추어야 한다. 이미지 경영은 기본적인 지식만으로 자신만의 매뉴얼을 만들어 그 안에 사람의 이미지 유형을 단순 분류하는 것이 아니라 컨설팅의 대상인 개인의 특성에 따라 개별 이미지를 경영해야 하는 것이다. 나의 지식과 식견으로 만든 대상의 이미지는 그 사람의 평생을 좌우할 수 있기 때문이다.

그러므로 이미지 경영 전문가를 희망하는 사람은 심리, 메이크업, 헤어, 퍼스널 컬러, 패션, 매너, 자세, 스피치, 커뮤니케이션 등을 전공하거나 이미지 형성 요소와 관련된 공부를 해야 한다. 또한 이미지 경영의 지식 범위는 한정지을 수 없으므로 이미지 경영 분야에 관해 끊임없이 지속적인 공부와 연구를 해야 한다. 능력 있는 축구 선수와 같이 멀티플레이어가 되어야 하는 이미지 경영 전문가가 지녀야 할 자질들은 무수히 많다. 여기에서는 그 중에서도 기본적으로 꼭 필요한 자질들을 살펴보고자 한다.

1) 사람에 대한 공부

세상에는 수많은 다양한 사람들이 있다. 남자와 여자같이 성으로 구별되기도 하고 인종의 구별 그리고 국적이나 종교로 나뉘기도 한다. 이렇게 같은 사람이라 하더라도 기준에 따라 여러 가지 분류로 나눌 수 있으며 그 기준 안에서 개인의 외모, 성격, 태도 등과 같이 개별 관점에 따라 다양하게 나타난다. 언제, 어디서, 어떤 사람의 이미지를 경영하게 될 것인지 모르기 때문에 많은 사람들의 개성을 이해하고 파악할 수 있어야 개인의 이미지를 적합하게 경영할 수 있다. 그러므로 이미지 경영 전문가는 사람에 대한 공부를 하여 사람의 강점과 약점을 잘 파악할 수 있어야만 약점이 강점이 될 수 있도록 도와주는 이미지 경영을 할 수가 있다.

사람에 대한 애정과 관심이 없다면 진정한 이미지 형성을 도와주기가 어렵다. 컨설팅을 의뢰한 개인에 대해 관심과 애정을 갖고 개인의 이미지를 때와 장소, 상황에 맞게 연출한다면 그의 이미지 개선과 대인관계 및 일의 발전에 있어 성공을 가져올 수 있게 도와줄 수 있다. 따라서 이미지 경영 전문가는 전문적인 시각과 사람에 대한 경험을 바탕으로 개인의 성공적인 이미지를 구축할 수 있도록 노력해야 한다.

2) 프로정신

전문가로서 프로의식을 가지고 자기 스스로가 모범이 되는 이미지 모델이 되어야 한다. 다른 사람의 이미지를 경영하기 위해서는 자기 자신의 올바른 이미지부터 제대로 창출해야 할 필요가 있다. 이미지 경영 전문가의 올바른 이미지는 다른 사람에게 이미지 경영 전문가로서의 신뢰도를 높여 주기 때문이다. 그러므로 이미지 경영 전문가는 자신의 이미지가 항상 매력적으로 바르게 유지될 수 있도록 끊임없이 노력할 필요가 있다.

3) 변화대응

이미지는 환경의 변화에 따라 함께 변화한다. 따라서 이미지 경영 전문가는 시대적 경향의 흐름을 읽을 수 있어야 하며 변화에 유연하게 대처하면서 이미지를 유동적으로 경영할 수 있어야 한다. 더 나아가 미래를 예측하여 앞으로의 변화를 주도하면서 새로운 이미지를 민첩하게 형성하고 경영할 수 있어야 한다.

현대사회는 빠른 변화에 적응할 수 있는 인재를 추구한다. 따라서 이미지 경영 전문가는 이러한 변화에 대응하는 민첩한 움직임이 필요하다. 또한 수동적인 변화보다는 능동적이고 적극적인 변화를 추구하는 자세가 필요하다.

4) 열정

이미지 경영 전문가로 성장하기 위해서는 다양한 실무경험들이 요구된다. 이러한 경험들 속에서 때로는 본인의 한계에 대한 고통과 좌절이 반드시 뒤따르게 된다. 이런 과정은 누구나 한 번쯤은 겪게 되는데 기본적으로 자신감을 잃지 말고 이미지 경영 전문가의 자부심과 열정을 가지고 대처해 나아가야 한다. 이미지 컨설팅 중 자신이 경영한 이미지에 대한 불안감과 실패에 대한 두려움 그리고 자신감 부족 등과 같은 상황에 부딪치더라도 자신의 심적 문제들로부터 이미지 경영 전문가로서의 뜨거운 열정을 가지고 자신을 컨트롤 할 수 있어야 한다.

5) 긍정적인 마인드

긍정적인 마인드가 긍정적인 결과를 낳는다는 사실은 이미 잘 알려진 사고이다. 그러나 일상생활에서 항상 긍정적인 마인드를 갖고 살아가는 것은 쉬운 일이 아니라는 것도 잘 알려진 사실이다. 이미지 경영의 첫 단계는 대상자에게 자신이 발전적으로 변화할 수 있다는 긍정적인 마인드를 심어주는 것이다. 따라서 이미지 경영 전문가는 반드시 본인 스스로 긍정적인 마인드를 지니고 있어야 한다. 타인에게 긍정적인 마인드를 심어주기 위해서는 나 자신부터 긍정적인 마인드를 가지고 있어야 하기 때문이다. 그러나 긍정적인 마인드는 단순히 긍정성을 키운다고 생기는 것이 아니다. 반복되는 훈련을 통해 자신 안에 가지고 있는 부정적인 마인드를 먼저 내려놓음으로서 그 자리에 긍정적인 마인드를 심을 수 있는 것이다.

6) 자기계발

꾸준한 자기계발은 이미지 경영 전문가에게 꼭 필요한 자질 중 하나이다. 자기계발은 변화대응과 함께 이루어질 수가 있다. 변화에 민첩하게 반응하고 그 변화를 주도하는 전문가의 자세로 항상 자기계발을 게을리해서는 안 된다. 이미지 경영 전문가가 만나게 될 대상은 매우 다양하기 때문에 각 대상에 맞는 개별 컨설팅이 필요하게 된다. 따라서 개개인에 맞는 컨설팅을 진행하기 위해서는 다양한 분야에 대한 전문지식이 필요하고 지속적인 자기성장을 통해 타인에게 비전을 제시해 줄 수 있는 전문가가 되어야 한다. 그러기 위해서 전문 분야의 가장 최신의 정보습득과 연구결과 추이에 민감하게 대처해야 하며 자신만이 할 수 있는 분야에서 최고가 될 수 있도록 연구·학습하여 발전해 나아가야 한다.

7) 비전제시

이미지 경영 전문가는 타인의 이미지에 대한 분석과 진단에 그치는 것이 아니라 이미지 관리에 대한 올바른 비전을 제시할 수 있어야 한다. 일상생활 속에서 실천할 수 있는 이미지 관리에 대한 구체적인 방법을 제시하고 한 걸음 더 나아가 인생에 대한 청사진과 행복한 삶을 살 수 있는 비전을 제시하는 전문가가 되어야 한다.

이제까지 이미지 경영 전문가에 관한 임무 및 자질에 대해 살펴보았다. 이미지 경영 전문가는 하루아침에 만들어지는 것이 아니다. 위에서 살펴본 것과 같은 자질들을 갖추고 임무에 충실하게 끊임없이 노력한다면 자신의 역량을 충분히 넓히면서 최고의 이미지 경영 전뮤가로 성장할 수 있다.

이미 언급한 바와 같이 이미지 경영은 더 이상 고위 인사나 연예인에게만 국한된 것이 아니다. 취업, 비즈니스 회의, 결혼 등의 중요한 자리에서 높은 성공률을 이루기 위해서는 일반 사람들에게도 이미지 경영이 꼭 필요하다. 현대사회에서는 나의 이미지가 타인에게 어떻게 보여 지는가에 대한 관심도가 높아지고 있다. 따라서 개인이 가지고 있는 장점을 발견하여 개발함으로써 호감이 가는 이미지를 구축해주는 이미지 경영 전문가의 필요성이 더욱 강조되는 시점이다.

이제 우리에게 있어서 이미지는 우선 관리해야 할 중요한 요소들 중의 하나가 되었다. 개인은 이미지 경영으로 자신의 잠재력을 발견하고 자신만의 능력을 키워 높은 부가가치를 창출하는 원동력으로 삼아야 할 것이다. 그렇게 함으로써 개인의 향상된 능력이 결국 사회나 국가에 발전적인 공헌을 할 것이다.

앞으로 이미지 경영을 중요하게 생각하는 사회 분위기가 더욱 확고하게 자리 잡아감에 따라 이미지 경영 전문가는 분명 현대사회와 국제사회에서 매우 중요한 직업으로 자리매김할 것이다.

제3장 연구문제

1. 이미지 경영의 정의를 내리시오.
2. 이미지 경영의 개념을 정리하시오.
3. 이미지 경영의 중요성을 설명하시오.
4. 이미지 경영 프로그램의 개념을 정리하시오.
5. 이미지 경영 프로그램 과정을 정리하시오.
6. 이미지 경영 전문가의 중요성을 설명하시오.
7. 이미지 경영의 발전에 대해 정리하시오.
8. 이미지 경영 전문가의 활동에 대해 정리하시오.
9. 이미지 경영 전문가의 자질에 대해 요약하시오.
10. 이미지 경영 전문가의 교육 및 컨설팅에 대해 정리하시오.

제 2 부

내적 이미지

제 4 장
내적 이미지의 이해

모든 사람이 지금보다 더 행복하고 풍족한 삶을 살아가기를 원하며 이러한 소망은 기본적인 욕구에 해당한다. 또한 행복한 삶을 바탕으로 성공하기를 바라는 것도 역시 사람들의 기본적인 욕구이며, 실제로 삶을 행복하게 사는 사람들이 그렇지 않은 사람들보다 성공할 확률이 더 높게 나타나는 것을 볼 수 있다. 행복한 삶은 자신이 하는 일에 대해 보람을 느끼는 것으로 인생에서 가장 중요한 부분 중 하나로 인식되고 있다. 삶의 질을 좌우하는 행복과 불행, 만족과 불만족은 개인의 내적인 요인에 의해 형성된다.

긍정적인 내면 관리를 통해 사람들은 바람직한 내적 이미지를 형성할 수 있다. 바람직한 내적 이미지란 간단하게 말해 건강한 정신 자세와 안정된 심리상태를 갖춘 것을 말한다. 이러한 내적 이미지는 외적 이미지와 음성·언어 표현적 이미지로 표출되며 사회적 이미지에도 영향을 미친다. 따라서 전체적으로 호감적인 개인의 이미지 형성을 위해 내적 이미지에 대한 바른 이해가 중요하며 꾸준한 관리가 필요하다.

이 장에서는 내적 이미지에 관한 정의와 개념을 정리하고 내적 이미지의 형성요소 및 내적 이미지의 관리행동에 대해 살펴보고자 한다.

제1절 내적 이미지의 정의와 개념

1. 내적 이미지의 정의

내적 이미지란 인간의 심리적, 정신적, 정서적인 특성 등이 고유하고 독특하게 형성되어 있는 상태로써 심성, 생각, 습관, 욕구, 감정 등의 유기적인 결합체를 의미한다(김경호,

2004). 또한 내적 이미지는 개인의 내면에 형성되어 있는 의식과 정서를 포함하고 있는 본질적인 이미지를 의미한다.

2. 내적 이미지의 개념

내적 이미지는 자아 교육과 학습을 통한 지식, 사고체계 등의 인지적 요소, 감정과 기분 등의 정서적 요소 및 천성과 기질 등의 성격과 성향 등에 의해 형성된다. 그 안에는 시간과 공간을 초월하여 과거, 현재, 미래를 자유자재로 그려낼 수 있는 속성이 있으며, 어떤 시점으로 사고의 방향을 갖느냐에 따라 과거 지향적 또는 미래 지향적인 성향을 갖게 된다. 또한 자아정체감과 자아존중감 등의 자아개념 및 인지 수준에 따라 긍정적 혹은 부정적인 성향이 결정되며, 성격과 성향 수준에 따라 내성적인 또는 외향적인 성향이 결정된다(송은영, 2009). 그러므로 내적 이미지는 근본적인 성향을 내포하고 있는 개인의 가장 기본적인 이미지이다.

따라서 외부로 표출되는 모든 이미지는 내적 이미지로부터 출발하므로 우리는 외적 이미지, 음성·언어 표현적 이미지, 사회적 이미지의 관리에 앞서 내적 이미지를 형성하는 요소를 먼저 관리해야 하며, 바람직한 내적 이미지를 형성하기 위해서는 올바른 생각과 긍정적인 마음가짐을 갖는 것이 그 무엇보다 중요하다.

제2절 내적 이미지의 형성

내적 이미지를 이루는 형성요소는 개인이 속한 사회나 국가, 위치, 주위요소 등의 환경적인 영향을 받는다. 즉, 내적 이미지는 선천적인 것이기보다는 주위 환경의 영향을 받아서 형성되는 것이다.

주어진 여건 속에서 학습을 통해 형성된 내적 이미지는 외적 이미지와 사회적 이미지를 형성하는데 중요한 역할을 하며 이를 통해 형성된 개인의 이미지는 타인의 평가를 받게 된다. 그러므로 올바른 생각을 정립하여 바람직한 내적 이미지를 형성하는 것이 중요하다. 한편, 내적 이미지의 유형 또는 내적 이미지를 형성하는 요소에는 크게 개인 심리, 상대 심리, 가치관과 신념, 동기의 네 가지가 있으며 이 요소들이 모두 모여 하나의 내적 이미지를 형성하게 된다.

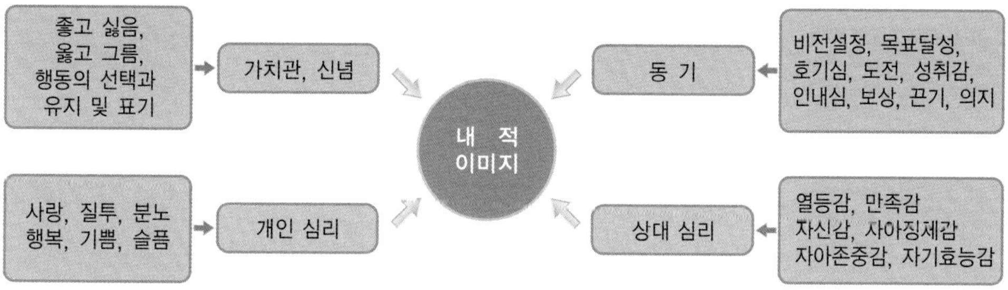

〈그림 4-1〉 내적 이미지 형성 과정

개인 심리는 개개인이 스스로 느끼는 감정으로서 사랑과 질투, 분노, 행복, 성공, 기쁨, 슬픔 등의 하위요소로 구성되며 삶의 진정한 가치와 만족도를 느끼게 한다. 다양한 개인 심리의 하위 요소 중 어떤 요소에 더 영향을 많이 받느냐에 따라 내적 이미지가 긍정적으로 형성되기도 하고 부정적으로 형성되기도 한다. 그리고 상대 심리는 사람들과의 관계나 경험을 통해 느끼게 되는 감정으로서 개인의 성숙, 삶의 질 향상과 저하 등에 영향을 미친다. 상대 심리의 하위요소에는 열등감, 만족감, 자신감, 자아정체감, 자아존중감. 자기효능감 등이 있는데 사회관계에서 긍정적인 자극을 많이 받을수록 내적 이미지 또한 곧고 올바르게 정립될 수 있다. 이 두 가지 심리는 좋고 싫음, 옳고 그름 등의 판단 능력과 행동의 선택, 유지, 포기 등에 영향을 주며 나아가 개인의 내적 이미지 형성에 중요한 역할을 한다.

한편, 개인의 가치관과 신념은 주변의 환경이나 사회, 집단, 개인 등의 영향을 받아서 형성되는데 가치관은 주변의 영향을 크게 받으나 신념은 보다 주관적이다. 내적 이미지의 형성에 있어 중요하지 않은 요소가 없지만 특히 가치관과 신념은 개인의 내적이미지 형성에 있어 뿌리의 역할을 할 만큼 매우 중요하다. 한 사람의 평가와 결단, 판단, 언행, 선택 등 모든 생각과 행동 부분에서 가장 큰 잣대의 역할을 하기 때문에 보다 바람직한 내적 이미지를 형성하기 위해서는 긍정적이고 올바른 가치관과 신념이 정립되도록 노력해야 한다.

개인에게 어떤 동기가 관여하느냐에 따라 개인의 내적 이미지가 다르게 형성된다. 자신에게 관심을 가지고 긍정적으로 변하고자 하는 의지를 심어주는 올바른 동기는 개인의 행동을 활성화시키고 일의 방향을 결정짓는 기능을 한다. 긍정적인 동기는 자신이 인식하고 있는 주관적인 자아와 타인이 나를 바라보는 객관적인 자아의 차이를 좁혀 참자아를 찾을 수 있도록 도와주며 자신의 가치를 재정립하는 계기를 만들어 준다. 또한 긍정적인 동기를 많이 받은 사람들에게서는 내적인 강화가 일어나며 그 결과 바람직한 내적 이미지를 형성할 수 있다. 그러나 반대로 부정적인 동기부여의 경우에는 자신감이나 자아존중감이 낮아지고 스스로를 비하하여 잘못된 내적 이미지를 형성할 수 있다.

따라서 항상 올바른 생각을 할 수 있도록 스스로 감정의 수위 조절능력을 키워 모든 면에서 부정적인 요소보다는 긍정적인 요소를 먼저 발견하려는 태도를 가져야 한다. 또한 올바른 가치관과 신념을 정립하고 긍정적인 동기부여를 받아 능동적으로 자신을 관리한다면 보다 건강하고 바람직한 내적 이미지를 형성할 수 있다.

제3절 내적 이미지 관리행동

성공적인 이미지 경영은 올바른 내적 이미지 관리를 근본으로 한다. 이미 지적한 바와 같이 내적 이미지는 가치관, 신념, 이상, 지적수준을 반영하여 인간미, 신뢰감, 겸손함 등으로 형성된다. 또한 긍정적으로 형성된 내적 이미지를 지닌 사람은 바른 인성과 인품을 겉으로 자연스럽게 표출하게 된다. 내적 이미지가 제대로 형성되지 않았을 경우, 호감적인 외적 이미지를 연출하기가 어렵다. 외적으로만 가꾸어진 이미지는 형식적이며 진실성이 결여된 것으로 전달될 수 있기 때문이다. 그러므로 내적 이미지를 제대로 관리하고 강화해야 성공적인 이미지 경영을 할 수 있다.

올바른 내적 이미지 형성을 위해서는 적극적 사고, 긍정적 자세, 건전한 관심, 밝은 마음 품기, 자기 성향관리, 열등감 극복과 해소, 불안감 제거, 자신감 향상, 비전 설정 및 미션 등 여러 가지의 행동을 해야 한다(김경호, 2004). 이 절에서는 내적 이미지 관리를 위한 실질적인 방법으로 참 자아 찾기, 발상 전환, 비전 설정, 감사하는 마음 갖기, 독서 치료와 같이 다섯 가지 방법을 제안한다.

1. 참 자아 찾기

우리는 과거를 되돌아보고 현재를 점검함으로서 자신의 참 자아를 찾을 수 있다. 또한 자신을 객관적으로 바라볼 수 있으며 성공적인 미래를 준비할 수 있다. 과거, 현재, 미래를 점검할 때에는 진실된 마음으로 시간적인 여유를 갖고 구체적으로 해야 한다.

과거를 되돌아볼 때에는 과거의 건강 상태, 경제적 상태, 정서적 상태, 인간관계 등에 대해 종이에 기록해 본다. 그리고 현재를 점검할 때에는 자신의 장·단점, 현재생활 중 만족하는 부분과 그렇지 못한 부분 등에 대해 구체적으로 사색하고 작성해 본다. 미래를 점검할 때에는 목표를 달성하기 위해 장애가 되는 것, 미래에 남길 지적·재정적·인간적 자산 등에 대해 종이에 적어본다.

자신의 과거, 현재, 미래를 점검하는 참 자아 찾기는 스스로가 과거의 경험을 통해 배움을 얻고 현재의 선택에 따라 미래가 달라질 수 있음을 인식하게 한다. 뿐만 아니라 보다 나은 미래를 향해 꿈과 비전을 갖고 자신을 성장·발전시키는데 도움을 준다.

2. 발상 전환

일반적으로 사람들은 다양한 상황을 접했을 때, 긍정적 요소보다 부정적 요소를 먼저 생각한다. 그러나 우리 안에 있는 부정적인 생각을 긍정적인 생각으로 발상을 전환해야만 긍정적인 내적 이미지가 형성될 수 있다. 발상 전환에는 여러 가지 방법이 있을 수 있다.

특히 일장일단(一長一短)형식 사고를 통해 발상을 전환할 수 있다. 모든 상황에는 그에 합당한 긍정과 부정이 함께 존재함을 인정하고 그 어느 한 쪽에 무게를 두지 않는 것이다. 이러한 균형적인 사고를 통해 본래 갖고 있던 생각으로부터 발상을 전환할 수 있다.

사람들은 또한 어떤 상황에 직면했을 때, 부정적으로 해석하려는 성향을 가지고 있다. 부정의 상황은 또 다른 부정의 고리를 만들어 내며, 점차 확대되어 실제 상황보다 더 큰 부정으로 해석된다. 그러므로 상황을 판단할 때, 긍정적인 요소를 먼저 받아들여 부정의 고리를 만들지 않는 것이 중요하다. 흔히 컵 안에 음료수가 반 정도 남았을 때, 부정적으로 해석하는 사람은 음료수가 반밖에 안 남았다고 생각하는 반면, 긍정적으로 해석하는 사람은 음료수가 아직도 반이나 남아있다고 생각할 수 있다. 자신이 노력하지 않으면 긍정적인 생각은 늘어나지 않는다.

그 밖에도 여러 가지 방법이 있을 수 있겠으나 우선은 이 두 가지 방법으로, 같은 상황에서도 스스로 발상을 전환하고 어떤 경우에서도 상황을 긍정적으로 받아들이는 훈련을 하여 바람직한 내적 이미지를 형성하도록 노력해야 한다.

3. 비전 설정

비전은 자신이 원하는 목표를 이루기 위해 같은 방향의 꿈들로 이루어진 인생의 밑그림이고 설계도이다(송은영, 2009). 사람이 살아가는데 있어 자신의 정체성을 찾아 인생의 목표를 설정하는 것은 매우 중요하다.

자신의 비전을 찾는 방법은 다양하게 있을 수 있다. 여기에서 각자의 비전을 찾기 위해 제안하는 방법은 다음과 같다. 우선 흰 종이에 자신의 희망 직업을 스무 가지 작성하고 또 다른 종이에는 내가 잘하는 것을 스무 가지 작성해 본다. 그 다음 두 가지 목록에서 비슷한 항목을 묶어 새로운 종이에 다시 적는다. 이때 자신의 희망 직업과 내가 잘하는 것이 일치하는 요소를 발견할 수가 있다. 내가 잘하는 것과 희망 직업이 유사한 특징을 가지고 있다면 현실 가능한 목표를 세울 수 있는 것이다. 왜냐하면 자신의 적성을 고려하지 않은 꿈은 비전이 아니라 희망사항일 뿐이기 때문이다. 이 결과를 통해 자신의 효과적인 인생 비전을 설정할 수 있으며, 확고한 비전은 개인의 내적 이미지 향상에 도움이 된다.

4. 감사하는 마음 갖기

감사하는 마음은 긍정적인 정서에서 나온다. 긍정적 정서에는 환희, 홍취, 만족감, 사랑 등이 있으며 여기에 감사라는 마음을 추가로 들 수 있다(이현수, 2008). 사람들은 보다 더 많은 것을 갖고자 하며 만족보다는 불만족을 쉽게 표출한다. 그래서 정작 자신이 소유한 것에 대해서는 중요하게 생각하지 않는 잘못된 경향이 있으며 감사할 줄을 모른다.

내적 이미지의 긍정적인 효과를 위해서는 자신이 소유하고 있는 물질, 재산, 인적자원, 감정, 신체 등의 모든 것에 대해 감사하는 마음을 가지는 것이 바람직하다. 감사하는 마음의 수준이 높은 사람일수록 대인관계를 원만하게 형성할 수 있다. 원만한 대인관계를 통해 얻어진 사회적 지지는 면역기능을 강화시켜 개인을 질병으로부터 보호하는 기능을 한다(Cohen, 2000).

이처럼 감사하는 마음은 개인이 긍정적으로 발전하는데 영향을 주는 중요한 요소이며 이를 통해 바람직한 내적 이미지를 형성할 수 있다.

5. 독서 치료

김성구(1961)에 의하면 독서 치료는 양질의 책을 통해 클라이언트와 케어매니저인 독서 치료사와의 관계에서 이뤄지는 임상적 이미지 치료이다. 즉, 독서를 통해 문제 상황의 해결 방법이나 새로운 대처방안을 배워 심리적인 부담이나 고통을 줄일 수 있게 된다. 예를 들어 자신과 같은 어려움을 겪은 다른 사람들의 이야기를 읽고 자신의 어려움이 혼자만의 것이 아니라 많은 사람들도 똑같은 어려움을 겪고 있다는 사실을 발견함으로써 평정심을 찾을 수 있다. 이처럼 책속의 인물과 책의 내용을 통해 간접경험을 하면서 긍정적인 방안을 찾고 마음을 치료하게 된다.

따라서 독서 치료는 내적 환경에 능동적으로 대처할 수 있게 하며 어떤 활동이나 행동을 하는데 있어 성공적으로 수행할 수 있는 자기효능감을 높여준다. 또한 자신이 행동하는데 있어 선택과 노력의 양, 지속, 정서적 반응에 영향을 준다(김수진, 2003).

다시 말하면 독서 치료는 간접적인 치료방법으로써 인간의 감성에 영향을 미쳐 심리상태를 호전시키는 것이다. 또한 독서 치료를 통해 개인의 정서를 고양시키며 이는 내적 이미지 향상에도 긍정적인 영향을 미치므로 매우 중요한 관리행동이다.

6. 내적 이미지 진단

자신의 내적 이미지를 안다는 것은 개인의 이미지 형성에 있어서 매우 중요하다. 〈표 4-1〉의 점검을 통해 자신의 긍정적인 면과 부정적인 면을 찾아 자신에게 적용시켜 활용한다면 내적 이미지를 향상시키는데 도움을 줄 수 있다.

〈표 4-1〉 내적 이미지 Check list

문 항	내 용	Yes	No
1	모든 일을 긍정적으로 생각한다.		
2	나의 장점이 무엇인지 알고 있다.		
3	나 자신에게 만족한다.		
4	사람들과 잘 어울린다.		
5	나는 끈기가 있는 사람이다.		
6	내가 성공할 것을 믿는다.		
7	나의 비전을 알고 있다.		
8	주위 사람들에게 감사함을 느낀다.		
9	사람들의 이야기에 귀를 기울인다.		
10	미래를 위해 현재는 배우고, 변화하고, 성장하는 과정이다.		
11	충고를 수긍할 줄 안다.		
12	구체적인 목표나 계획을 세워 놓았다.		
13	나의 부족한 점이 무엇인지 알고 있다.		
14	나는 목표를 향해 도전하는 사람이다.		
15	불안함과 허무함, 위기감을 잘 느끼지 않는다.		

제4장 연구문제

1. 내적 이미지의 정의를 내리시오.
2. 내적 이미지의 개념을 정리하시오.
3. 내적 이미지의 형성요소에 대해 정리하시오.
4. 발상 전환의 두 가지 방법을 쓰시오.
5. 감사하는 마음 갖기의 효과를 정리하시오.
6. 독서 치료의 효과를 정리하시오.
7. 비전 설정 방법을 정리하시오.
8. 자신의 비전을 설정하여 정리하시오.
9. 내적 이미지 형성과정에 대해 정리하시오.
10. 효과적인 내적 이미지 관리법에 대해 쓰시오.

제 5 장
내적 이미지의 유형

개인의 감정에 따라 내적 이미지는 다양한 유형을 가진다. 행복, 기쁨, 환희, 희열과 같은 긍정적인 감정의 영향을 받아 형성된 내적 이미지는 능동적이고 쾌활한 유형을 보이며, 반면에 슬픔, 절망, 괴로움, 수치, 외로움, 시기와 같은 부정적인 감정의 영향을 받아 형성된 내적 이미지는 수동적이며 우울한 유형을 띠게 된다.

복잡하고 다양한 사람의 감정처럼 개인이 가지는 내적 이미지의 유형 또한 다양하여 상대를 이해하거나 배려하는데 어려움이 있을 수 있다. 그러나 스스로 내적 이미지의 유형을 인지한다면 다양한 성향의 사람들이 모여 있는 사회에서 융통성을 발휘할 수 있다. 이와 같은 내적 이미지의 유형들은 내적 이미지 형성요소로부터 출발한다.

이 장에서는 보다 원만한 인간관계를 위해 숙지해야 할 내적 이미지의 형성요소에 따른 유형과 개인으로부터 발생되는 여러 가지의 감정 및 내적 이미지 형성의 장애요인 그리고 바람직한 내적 이미지에 대해 살펴보고자 한다.

제1절 개인 심리

1. 개인 심리의 정의와 개념

개인심리학은 오스트리아의 정신과 의사였던 Adler(1870-1937)에 의해 개발된 성격 이론이며 심리 치료에 대한 이론으로 개인이 스스로 느끼는 감정을 말한다. Adler는 사람의 기본 동기를 우월을 향한 동기라고 가정하고 인간의 창의성과 자율성을 인정하며 사회적 상황의 중요성을 강조하였다.

Adler(1956)는 사람을 독특하고 분해할 수 없는 자아 일치된 통합체이며 완성을 추구하고 목표를 향해 전진하는 특성을 가진다고 했다. 또한 소신을 가지고 자신의 삶을 능동적으로 선택하고 타인과 협동할 수 있으며 다양한 관계를 통해 스스로를 완성시키는 존재라고 했다. 그리고 사회적 요인에 의해 동기화되고 목표 지향적 성향을 가지고 있으며 자기실현을 위하여 합목적으로 추구하는 존재라는 점을 강조했다.

Adler의 이론에 의하면 사람들은 유아기 시절의 무력한 상태와 열등한 상태에서부터 출발하여 열등감을 극복하려는 권력에의 의지 즉, 우월의 요구에서 행동이 표출되고 인격이 발달한다고 했다. 성격발달에 있어서 우월하려는 마음과 권력추구가 중요한 역할을 한다는 것이다. 여기서 우월의 의미는 다른 상대보다 자신이 우월하다는 것이 아니고 스스로의 가능성을 더 많이 실현한다는 의미이다. 따라서 우월은 낮은데서 높은 데로, 부족에서 충족으로 향하는 노력이다. Adler는 사람들이 기질, 지능, 사회 혹은 과거의 경험 등으로 형성된 열등감 때문에 권력으로 향한 의지가 자극되며, 열등감에 대한 보상으로 우월함을 얻고자 한다고 했다. 여기서 공격성과 그에 대한 인식이 중요 개념이 된다. 이러한 추구는 사회적 관심과 유용성에 대한 인식을 갖게 하여 각 개인이 주어진 사회 환경 속에서 자존심을 유지하며 독특한 생활양식을 갖고 살게 하는 원동력이 되는 것이다. 따라서 개인 심리란 인간이 갖고 태어나는 본성이며 열등에 대한 보상적 노력으로 열등감을 극복하고 우월성을 추구하고자 하는 마음이라고 할 수 있다.

2. 개인 심리의 종류

개인이 느끼는 감정은 경험의 유무와 겪은 내용에 따라 차이를 보인다. 개인 심리의 종류를 세분하면 사랑, 질투, 분노, 행복, 기쁨, 슬픔으로 나눌 수 있다.

1) 사랑

사랑은 대상에 따라 자기-자타 사랑, 감각적 사랑, 정신적 사랑, 욕구적 사랑, 호의적 사랑 등을 바탕으로 그 유형이 다양하며, 인격적이거나 희생적일 수 있는지에 따라 보편적 특성을 가지는 동시에 세부적인 형태로 나타난다. 사랑은 보편적으로 사랑, 애덕, 우애, 애정으로 나눌 수 있으며 아가페(Agape), 스토르게(Storge), 필리아(Philia), 에로스(Eros) 사랑으로 더 세부적인 구분을 할 수 있다.

첫째는 아가페로 신의 인간에 대한 사랑을 말한다. 신의 인간에 대한 사랑인 만큼 무조건적이고 지고지순한 것이므로 대인관계에서 타인에게 조건 없이 베푸는 사랑이다.

둘째는 스토르게로 부모의 자식에 대한 사랑을 말한다. 아가페와 비슷하며, 부모의 사랑이 무조건적인 희생을 바탕으로 이루어지는 것과 같이 대인관계에서 타인에게 자신을 희생하는 사랑이다. 셋째는 필리아로 형제간 혹은 친구간의 사랑이며 사회적 공감이나 교감을 말한다. 이 경우 동성간 또는 이성간에 모두 해당되며, 상호간의 사랑 그 자체가 인생의 목표가 아니라 우정을 나누는 과정에 더 큰 의미를 두는 것이므로 대인관계에서 타인과의 교감을 추구하는 사랑이다. 넷째는 에로스로 이성간의 사랑을 말한다. 육체적이거나 외적인 매력이 포함되는 이성간의 감정이므로 대인관계에서 타인의 외적 이미지에 의해 발현되는 사랑이다.

2) 질투

질투는 사랑의 한 형태이며 사랑하고 있는 상대가 자기 이외의 인물을 사랑하고 있을 때 일어나는 대인 감정 같은 것이다. 일반적으로 늘 타인과의 비교에서 나타나는 질투는 타인을 부러워하는 감정을 말하며 질투의 표현이 심화될수록 원만한 대인관계 형성이 힘들어진다. 사람들은 다양한 종류의 관계에서 질투를 경험하게 되는데 이러한 감정은 상대에게 거절당하거나 다른 대상과 비교를 당했을 때 또는 대상이 내 소유라는 인지적 오류로 발생된다. 이러한 오류를 범하지 않으려면 질투를 유발하는 요인의 종류에 대한 심리적 메카니즘을 파악할 필요가 있다.

질투의 유발 요인에 대해 Brehm(1985)은 두 가지로 정리했다. 첫째는 진행 중인 관계에 대한 위협의 지각이다. 질투는 진행 중인 관계에 대한 위협이 존재한다고 느낄 때에 나타나는 반응이다. 질투에 있어서 문제가 되는 것은 객관적인 현실이 아니라 현실에 대한 개인의 잘못된 지각이다. 객관적으로 관계에 위협을 주는 요인이 없을 때에도 사람들은 대상이나 일 등이 자신의 것이라고 인식하여 위협을 받으므로 질투를 느낀다. 개인이 생각하는 것과 반대로 그 관계가 자신에게 속해 있는 것이 아닐 수도 있지만 스스로 착각하여 위협을 느끼고 행동하게 되는 것이다. 둘째는 자기존중감의 결여이다. 이 경우도 역시 진행 중인 관계에 대해 위협을 지각함으로서 질투가 발생되는 것이긴 하나 실상 그 보다는 훨씬 더 복잡하다. 왜냐하면 진행 중인 관계가 위협을 견뎌낼 만큼 강하다고 스스로 확신하면 위협을 지각하면서도 무시할 수 있기 때무이다. 이는 자기존중감이 강한 경우에 가능한 것이다. 그러나 자기존중감이 결여되어 있을 경우에는 질투가 유발된다. 따라서 질투란 관계에 대한 불안감과 불확실함에 기초하며 개인의 부정적인 생각과 판단에 근거해서 발생되는 것이다.

3) 분노

대부분의 사람들이 흔하게 경험하는 분노는 가장 미숙하게 관리되는 감정이며 자기 욕구의 실현을 부정 또는 저지하는 것에 대해 저항한 결과 생기는 정서이다. 분노의 유발요인은 크게 내적인 영향에 의한 것과 외적인 영향에 의한 것으로 나눌 수 있으며, 이를 발생시키는 조건으로는 건강의 불량, 피로, 공복, 수면부족, 긴장 및 흥분 등이 있다.

내적인 영향에 의해 나타나는 분노는 생리적 증상이나 심리적 경험에 근거하며 그 정의는 학자의 보는 관점에 따라 다양하다. Novaco(1979)는 분노에 대해 사물을 향한 적대적, 부정적인 정서를 경험함으로서 생기는 정서적 스트레스 반응(Affective stress reaction)이라고 했다. 또한 Alschuler(1984)는 상처받은 것에 대한 일시적인 내적 상태가 분노라고 보았으며, Spielberger 외(1985)는 분노를 가벼운 짜증으로부터 격분이나 격노까지에 이르는 여러 강도로 나타나는 정서 상태라고 했다.

한편, 외적인 영향에 의해 나타나는 분노는 표현이나 행동에 따라 정의되는데, Rothenberg(1971)는 분노를 일종의 의사소통 방식으로 보았으며, Berkowitz(1990)는 감정, 표현적 운동, 생리적 반응, 일단의 행위 혹은 이 모든 것의 조합 결과가 분노라고 했다. 아울러 Spielberger 외(1983)에서는 행동적 차원의 분노를 상태분노와 특성분노로 나누고 있으며 이는 분노를 경험하는 사람의 성격에 따라 다르게 나타난다고 했다. 상태분노는 상황이나 시간에 따라 그 강도가 변하며 주관적 감정과 신체적 활동으로 구성된 일시적인 정서적, 신체적 분노상태를 말한다. 특성분노는 상황이나 시간에 관계없이 비교적 지속적인 개인의 분노유발 경향이거나 상태분노를 표현하는 개인적 성향이다. 높은 특성분노를 보이는 사람들은 더 자주, 더 강하게 상태분노를 경험한다.

분노에 대해 Sharkin(1988)은 이러한 정의들을 포괄하는 다차원적 정의를 내리고 있다. 그는 분노의 정도가 수시로 변화하며 모든 생리적, 지적, 행동적 요소 간의 상호작용을 포함하는 내적인 상태라고 했다. 결과적으로 분노는 환경에 따른 감정조절의 미흡함을 보여주는 상태로서 인간관계 형성에 부정적인 영향을 미치는 것이다.

4) 행복

행복은 욕구와 욕망이 충족되어 부족함이나 불안감을 느끼지 않고 안심하는 심리적인 상태를 의미한다. 행복의 기준은 개인마다 차이가 있어서 주관적이므로 명확한 기준을 규정하거나 일반화하기가 어렵다. 그러나 심리 연구에 따르면 행복은 크게 절대적 행복과 상대적 행복으로 나눌 수 있다. 절대적 또는 생물학적 행복이란 식욕, 성욕, 수면욕, 휴식욕과 같이 신체의 욕구를 충족시켜 편안한 상태를 말한다. 상대적 행복이란 타인이나 상황을 비교하여 우월감을 가질 때 느끼는 행복이다. 이러한 상대적 행복은 다시 대인비교와 과거비교로 세분화시킬 수 있다. 대인비교란 타인에 비해서 우월하고 풍족함을 느낄 때 가지는 행복이며, 과거비교란 과거의 힘들었던 상황에 비해 현재 생물학적, 대인 상대적으로 나아졌을 때 느끼는 행복이다.

행복을 느끼게 하는 요인은 크게 네 가지로 나눌 수 있다. 첫째는 성격적 요인으로 개인이 갖는 성격이 행복에 영향을 미치는 것을 말한다. 낙천적이고 긍정적인 성격을 가지고 통제능력과 자존감이 높은 사람일수록 행복하다. 그러나 부정적이고 자기 비하적인 성격을 가진 사람은 그 어떤 환경에서도 행복하지 않다. 둘째는 경제적 요인으로 경제적인 능력이 행복에 영향을 미치는 것을 말한다. 경제적 능력이 기본적인 욕구를 충족시키지 못할 때 일반적으로 불행함을 느낀다. 그러나 개인에 따라 충족감의 정도에 차이가 있으므로 수입증대와 행복감 증가가 꼭 비례하는 것은 아니다. 셋째는 종교적 요인으로 종교의 유무와 신앙심이 행복에 영향을 미치는 것을 말한다. 종교는 삶의 의미를 제공하고 폭넓은 대인관계를 영위하게 하므로 개인의 행복감에 긍정적인 영향을 미친다. 그러나 종교를 원하지 않는 사람에게 억지로 신앙심을 요구할 경우 불행의 요소가 되기도 한다. 넷째는 인간관계적 요인으로 인간관계가 행복에 영향을 미치는 것을 말한다. 인간관계는 정서적 친밀감을 높이고 사회적 접촉을 발생시킴으로써 개인에게 행복감을 느끼게 한다. 반면에 사회적으로 질타를 받는 부정적인 인간관계는 개인의 행복을 무너뜨리는 요소가 될 수 있다.

5) 기쁨

환희나 만족 또는 즐거움이나 행복감 등으로 표현되기도 하는 긍정적 정서인 기쁨은 짧은 순간에 표출되는 강한 감정이다. 오늘날에는 자아가 실현되고 삶의 보람을 찾았을 때 사람들이 가장 큰 기쁨을 느낀다. 이러한 기쁨은 차별적, 동질적 정서에 따라 다르게 표출될 수 있다. 먼저 사람들은 타인과 비교하여 상대적으로 차별화되는 것에서 우월함을 느낄 때 차별적 기쁨을 얻는다. 이런 기쁨은 사회에서 자신의 우월성을 인정받게 되는 경우로써 인위적인 것이고 성취될 수 있다. 그 다음, 사람들은 타인과 동질감 및 연대감을 지닐 때 동질적 기쁨을 얻는다. 이런 기쁨은 공감, 다양성, 나눔을 바탕으로 한다. 특히 사람들은 인간관계에서 소속감을 가질 때 보람 있는 기쁨을 만끽하게 된다. 여기에 관조적 기쁨을 하나 더 추가할 수 있는데, 이는 희로애락에 집착하지 않고 조용한 마음으로 대상을 바라보며 얻는 정서적 기쁨이다. 그 밖에도 기쁨의 종류를 나누는 방법은 매우 다양하겠지만 가장 고상한 기쁨은 타인의 행복에 진정으로 기뻐하는 마음에서 오는 것이다.

6) 슬픔

슬픔은 기쁨과 대응되는 비교적 기본적인 정서 체험을 말한다. 이는 자신 또는 타인의 불행이나 실패의 경험, 예측 또는 회고를 수반한 억울한 정서이다. 슬픔을 느낄 때 사람들은 혈액순환이 약해지고, 호흡이 완만해지며, 안색이 창백해지고, 흔히 눈물을 흘린다. 그리고 심할 경우 몸을 트는 신체적 반응을 수반하기도 한다. 특히 우울증이 있거나 저항력이 약한 사람은 특별한 불행이나 실패의 경험이 없는데도 쉽게 비애를 느끼고 눈물을 흘린다. 또한 운명, 죽음, 마음의 깊은 상처 등 자극이 너무 강하여 감당할 수 없는 비통을 느낄 수 있다. 슬픔은 자기의 무력감이므로 인간에게 부정적인 감정인 동시에 사물에 대한 허무감을 갖게 한다. 따라서 슬픔을 슬기롭게 극복해야만 내적 이미지의 강화를 이룰 수가 있다.

3. 개인 심리의 효과

개인 심리의 효과는 널리 알려진 내용이나 내적 이미지 형성에 중요한 영향을 미치므로 각 효과에 대해 간단하게 정리하여 사람들의 심리에 어떤 작용을 하는지 살펴 보고자 한다. 일반적으로 개인 심리의 효과에는 플라시보 효과, 노시보 효과, 자성예언 효과, 로젠탈 효과, 피그말리온 효과가 있다.

1) 플라시보 효과

플라시보 효과란 긍정적인 암시로 인해 발생되는 좋은 결과를 의미한다. 어떠한 내용을 사실이라고 생각하여 아무런 의심 없이 받아들이고 믿은 결과 그 사실이 실제로 이루어지는 것을 말한다.

플라시보 효과를 통해 사람의 자연 치유 능력을 증명할 수 있으며 이러한 자연치유 능력은 개인의 심리적 작용에 의해서 발생한다는 것을 알 수 있다. 심리상태에 주위의 영향을 받기 쉬운 질환이나 만성질환에서 거짓 약을 진짜 약으로 가장시켜 환자에게 복용시켰을 경우 환자의 병세가 호전되는 효과가 있다. 약에 대한 긍정적 기대에 의해 결과가 더욱 좋게 나타나는 것이다. 이는 사람의 심리상태가 신체의 변화에 미치는 영향의 중요성을 깨닫게 한다.

2) 노시보 효과

노시보 효과란 플라시보 효과에 반대되는 개념이며 부정적인 암시로 인해 발생되는 나쁜 결과를 의미한다. 어떤 내용을 받아들일 때, 실질적인 효과가 있음에도 불구하고 의심으로 인해 효과를 반감시키는 현상이나 개인에게 부정적인 심리를 일으켜 사실이 아님에도 불구하고 신체적으로 악영향을 미치는 것을 말한다. 뿐만 아니라 자신과 같은 조건에 노출된 사람이 이상반응을 보일 때, 자신에게 이상요소가 있는지에 대한 정확한 근거가 없는 상태임에도 똑같은 반응을 나타내기도 한다. 이는 노시보 효과의 강한 전염성 때문이며 이를 통해 사람들의 무의식이 긍정적인 것보다 부정적인 것에 더욱 빠르게 반응한다는 것을 알 수 있다.

플라시보 효과와 마찬가지로 신체에 대한 심리상태의 중요성을 알 수 있다. 그러나 노시보 효과의 경우에는 플라시보 효과에서보다 더 강력한 심리작용이 나타난다.

3) 자성예언 효과

노벨경제학 수상자인 로버트 머튼이 사용한 용어로 기대한 만큼 결과를 얻는 것을 말한다. 자성예언은 스스로 자기기대나 암시를 통해 목표를 성취할 수 있도록 하는 것으로 마음 속에 그렸던 희망이나 미래의 사건들이 실제로 이루어지는 것을 말한다. 심리학에서는 사람은 무의식속의 미래 지향적인 암시로 인해 행동하는 경향이 있다고 한다.

따라서 자신의 미래에 대해 긍정적으로 생각하고 믿고 행동함으로써 실제 그러한 미래를 경험할 수 있다.

이처럼 현실이 될 것이라고 스스로 예언하고 간절히 바라면 무엇이든지 이루어진다는 것이 자성예언 효과이다.

4) 로젠탈 효과

로젠탈 효과란 하버드대 심리학과 로버트 로젠탈 교수가 실험을 통해 발표한 이론으로 기대와 칭찬이 갖는 긍정적 효과를 설명하는 심리학적 용어이다. 로젠탈과 포드가 대학에서 심리학 실험으로 학생들에게 쥐를 이용한 미로 찾기 과제를 냈다. 이 실험을 통해 미로를 잘 빠져나오는 쥐 그룹과 그렇지 못한 쥐 그룹 간에 차이가 생긴 원인을 찾을 수 있었다. 한 그룹의 학생들은 쥐를 정성을 다해 키우며 미로를 반드시 빠져나올 것이라는 기대를 가지고 있었으나 다른 그룹은 쥐에 대해 전혀 기대를 하지 않았으며 쥐를 소홀히 대했다. 그 결과 기대를 많이 건 그룹의 쥐는 미로를 성공적으로 빠져나왔다. 이는 쥐에 거는 기대치에 따라 결과가 달라지는 것을 보여준다. 이와 같이 대상에 거는 기대치에 따라 결과가 달라질 수 있다는 것이 로젠탈 효과이다.

5) 피그말리온 효과

피그말리온효과는 그리스신화에 등장하는 기프로스의 왕 피그말리온의 이름에서 유리한다. 그는 여성들의 단점을 너무 많이 알았기에 평생 결혼을 하지 않고 독신으로 살 것을 결심했었다. 그러나 외로움과 여성에 대한 그리움 때문에 스스로 결점없는 완벽한 여인상을 조각한다. 그리고 자신의 아내가 되기를 간절히 바라며 그 여인상에게 사랑을 주었다. 그러자 정말로 여인상이 사람으로 변하는 놀라운 일이 일어났다. 피그말리온의 순수한 사랑과 믿음을 받아들인 신이 조각상을 아름다운 여인으로 만들어 준 것이다.

이처럼 피그말리온 효과란 타인의 기대나 관심으로 인해 능률이 오르거나 결과가 좋아지는 현상을 말한다.

제2절 상대 심리

1. 상대 심리의 정의와 개념

상대 심리란 타인과의 교류 과정에서 형성되는 감정을 의미하며 사람, 환경, 조건, 지역, 학벌, 권력, 명예 등의 대조군에 영향을 받아 스스로 심리적인 변화를 일으켜 발생된다.

상대 심리는 비교와 평가를 바탕으로 타인의 이미지를 형성하는 현대사회에서 개인의 내적 이미지 형성에 더욱 큰 영향을 미치고 있다. 타인과의 비교에서 열등감이나 자아존중감의 저하와 같은 부정적 상대 심리를 경험하기도 하고 만족감이나 자신감, 자기효능감과 같은 긍정적 상대 심리를 경험하기도 한다. 이와 같은 경험은 개인의 내적 이미지 형성에 기여하는 중요한 요소로 작용한다.

또한 상대 심리는 개인의 행동 선택과 유지에 중요한 역할을 한다. 상대 심리로 인해 내적으로 긍정적인 영향을 받은 사람들은 자신감이 넘치고 자아존중감이 향상되며 모든 분야에서 능동적인 적극적 의지가 표출된다. 반면에 부정적인 영향을 받은 사람들은 고립되고 자신을 비하하며 사회 진출의 어려움을 겪게 된다.

대인관계를 통해서 형성되는 상대 심리에는 세부적으로 열등감, 만족감, 자신감, 자아정체감, 자아존중감, 자기효능감 등이 있다. 이러한 심리들은 타인과 자신의 비교를 통해서 형성되며 두 대상이 서로 영향을 받거나 집단과 개인, 개인과 집단 혹은 개인이 일방적으로 영향을 받아 형성된다.

2. 열등감

1) 열등감의 정의와 개념

열등감(Inferiority)은 타인과 비교하여 자신이 뒤떨어지거나 능력이 없다고 생각하는 만성적인 감정 또는 의식을 말하며 Adler(1870-1937)에 의해 처음으로 사용된 개인주의 심리학의 기본 개념이다.

사람은 누구나 열등감을 가지고 있으며 이는 자신의 열등인자를 깨닫는 순간부터 발생된다. 개인 심리에서 본 바와 같이 사람들은 발전하려는 욕구가 있으며 기본적으로 우월하고 싶은 감정을 지니고 있으므로 열등감이란 자신을 발전시키려는 노력의 과정에서 우월감을 충족시키지 못했을 때 발생되는 감정이라 할 수 있다. 그런데 일반적으로 사람들은 자신의 열등한 요소를 인정하려 하지 않으므로 사실에 대한 거부는 열등감을 심화시킨다. 또한 자신의 열등 요소를 보완할 수 없을 때 우월감이나 권력에 대한 잘못된 욕망을 가지게 되어 그 결과 얻어진 위축된 감정을 보상받고자 노력하기도 한다.

반면에 열등감을 긍정적으로 받아들이면 자기 자신을 객관적으로 바라볼 수 있으며 인격적 도약이나 성공의 자극제로서 긍정적인 작용을 할 수 있다. 그러나 사람들은 열등감에 빠지면 일반적으로 이성을 잃게 되고 불안한 심리상태로 인해 이상행동을 보이며 패배감을 느끼게 된다. 또한 열등감의 발생이 자기 비하에서 비롯되는 것이기 때문에 부정적으로 영향을 줄 경우 한 사람의 인격을 파괴할 수도 있다.

2) 열등감의 원인

사람은 태어나서 기본적으로 신뢰를 배우고 자라면서 인격적인 기초를 세운다. 또한 다양한 놀이를 통해 근면을 배우는데 이 시기에 능력의 축적을 경험하지 못하면 자기를 무능하고 무가치한 존재로 여겨 열등감을 형성하게 된다(Erikson, 1950).

개인에 대한 사회의 평가와 스스로의 판단은 열등감 발생에 중요한 영향을 미친다. 열등감은 한 가지 요인에 의해서 형성되는 경우가 있는 반면, 여러 가지 요인의 상호작용으로 나타나는 경우도 있다. 열등감의 원인은 보편적으로 선천적 원인과 후천적 원인으로 이분하고 있으나 여기에서는 환경적 원인과 사회·문화적 원인까지 덧붙여 더욱 세분화시켜 정리한다.

(1) 선천적 원인

개인이 부모에게서 물려받은 신체에 대해 스스로 지각하면서 열등감이 형성되는 것을 말한다. 신체적인 형태나 기능의 장애, 만성적인 병에 의한 장애를 가진 사람들은 열등감을 크게 느끼며 이를 절대적 원인이라고도 한다. 신체적인 기형이나 병에 의한 장애에는 절름발이, 대머리, 언청이(토순), 안면상처, 말더듬이 등이 있다. 선천적인 원인으로 열등감이 형성된 경우의 사람들은 내가 타인보다 절대적으로 우월할 수 없다는 결론을 먼저 내려놓고 그 어떠한 노력도 시도하지 않으며 태어날 때부터 무능하고 열등한 존재라는 자기 판단으로 인해 자존감이 매우 낮다.

(2) 후천적 원인

개인이 타인과의 비교에서 스스로 불만족을 느낄 때 열등감이 형성되는 것을 말한다. 후천적 원인은 사고 후 외상, 대머리, 목소리, 키, 얼굴, 체형 등의 겉으로 드러나는 외적 원인과 능력의 평가, 인기, 성격 등의 심리적인 자극을 수반하는 내적 원인으로 세분화된다. 후천적 원인을 상대적 원인이라고도 한다. 어떤 상황이나 상태로부터의 비교나 경쟁을 통해 시작되어 실제 자신의 열등한 정도와는 관계없이 열등감을 강하게 느끼는 경우를 말하며 개인마다 느끼는 정도에 차이가 있다. 후천적 원인에는 학교성적이 나쁘다, 운동을 못한다, 미인이 아니다 등도 해당될 수 있다.

(3) 환경적 원인

가정에서 부모와 형제와의 관계, 학교에서 또래와 선후배와의 관계, 사회집단에서 동료와 상사 그리고 하사와의 관계 등 다양한 인간관계를 통해 형성되는 열등감을 말한다. 가정은 사람이 태어나서 가장 먼저 경험하는 사회집단으로 한 개인의 정서발달과 행동양식에 큰 영향을 미친다. 가정에서 만족스러운 발달과정을 거치지 못할 경우, 이후의 모든 사회집단 관계에서 열등감의 발생 가능성이 높다.

모든 사람이 학교나 사회 모든 집단의 인간관계에서 우월감과 열등감을 경험하게 되는데 상대적으로 우월감을 충족시키지 못한 사람이 열등감을 크게 느껴 스스로를 비하하게 되고 고립의 상태에 빠질 수 있다.

(4) 사회·문화적 원인

사회의 문화적 고정관념에 의해서 열등감이 형성될 수 있다. 사회·문화적인 원인으로는 학력, 인종이나 신분에 의한 차별, 언어, 빈곤, 왼손잡이 등이 있으며, 가장 대표적인 것은 성에 대한 것이다. 남자는 남자다워야 하며 여자는 여자다워야 한다는 사회의 고정관념에 맞추려고 노력은 하지만 정해진 적정선에 도달할 수 없을 경우, 자신을 비하하게 되고 패배감을 느껴 더욱 강하게 열등감을 형성하게 된다.

3) 열등감의 유형

열등감의 유형은 크게 공격성(Aggression)과 후퇴성(Regression)으로 구분된다(김경호, 2008). 공격성을 가진 유형은 자신이 달성하지 못한 과제를 평가절하하며 다른 사람의 업적을 낮게 평가하여 자신의 우월감을 표현하려는 특성을 보인다. 또한 자기자랑, 허풍, 자만, 호언장담, 거만 등의 행동 특성을 가지며 자신이 이루고자 하는 목표의 어려움을 강조하여 표현하는 경향이 있다. 뿐만 아니라 자신의 열등감이나 실패의 원인을 환경이나 타인에게 전가하여 그 누구도 달성할 수 없는 상황이었음을 강조한다. 공격성 열등감이 강해지면 상대를 협박하거나 폭행을 동반하는 타인공격에서 자아비난, 자학 등의 자신공격으로 향하게 되어 자살을 시도하기도 한다.

후퇴성을 가진 유형은 더 이상 자신의 가치와 명예, 권력, 자존감 등을 잃지 않기 위해 소극적인 행동 특성을 나타낸다. 또한 실패나 위협적인 요소를 가지고 있는 상황을 회피하거나 무시하려는 태도를 보이며 이에 수반되는 행동으로는 조건에 대한 방어, 도전에 대한 두려움, 타인에 대한 의심, 공간에 대한 폐쇄, 결정에 대한 주저, 사실에 대한 은폐, 요구에 대한 기피 등이 있다. 후퇴성을 가진 유형은 변명, 복통, 불면, 호흡곤란, 소화불량, 피곤, 두통 등의 핑계를 만들어 무의식적으로 목표와 거리를 두려고 하며 자신의 후퇴행동을 합리화시키려 한다. 후퇴성 열등감이 심해지면 스스로를 고립시키고 대인관계의 단절로 인하여 우울증, 폭식증 등의 병적 정신질환을 발생시키기도 하며 공허함을 이기지 못하고 자살을 시도하게 되는 경우도 있다.

4) 열등감의 증후

정의와 개념을 통해 살펴보았듯이 열등감은 살아가면서 누구나 겪을 수 있는 일반적인 정서이다. 문제는 열등감이 성격 형성이나 사회에 대한 심리적인 적응 상태와 삶의 방식에 긍정적 또는 부정적 영향을 준다는 것이다. 이러한 열등감은 다양하게 표출되며 그 증후의 유형을 다음과 같이 일곱 가지로 분류할 수 있다.

(1) 비난 민감형

비난에 민감한 사람들은 자신의 약점이 드러나는 것을 불쾌해하며 타인에게 방어적인 동시에 공격적인 태도를 보인다. 이러한 행동은 집단에서 자신이 비난받는 것을 피하고 자존감을 지키려고 하는데에서 기인한다. 그런데 이러한 유형의 사람들이 심한 비난을 받게 될 경우 좌절감을 느끼고 자기비하, 자포자기, 사회적 은둔, 고립, 도피 등의 행동을 보이며 방어 성향이 더욱 강해져 두려움, 의심, 폐쇄 등 소극적인 행동 형태로 바뀐다.

(2) 칭찬 과잉반응형

칭찬에 과잉반응을 보이는 사람들은 자신이 칭찬을 받았을 때 얼굴이 붉어지며 흥분하는 반응을 나타낸다. 또한 칭찬에 매우 집착하는 모습을 볼 수 있는데 이러한 행동은 칭찬으로 인해 자신의 열등감을 해소하고 안정을 찾으려는 데서 기인한다. 반면에 이와 같은 유형의 사람들이 과한 칭찬을 받을 경우 자신에게 원하는 바가 있어서 칭찬을 한다는 판단을 내리고 오히려 거부감을 나타낸다.

(3) 혹평적 태도형

상대를 낮게 평가하는 것에서 우월감과 자기 만족감을 나타내는 것이 혹평적인 태도를 지닌 사람들의 특징이다. 이러한 행동은 혹평을 통해 사람들의 관심이 다른 사람에게 집중되도록 하여 자신의 약점을 감추려는 의도에서 기인한다. 이와 같은 유형의 사람들은 자신의 혹평이 받아들여지지 않았을 때 불안감과 자괴감을 느끼며 자기 방어적 태도가 더욱 심해진다.

(4) 책임 전가형

목표 달성의 실패나 자신의 약점이 드러날 경우 그 원인을 타인의 잘못으로 치부하고 직접적인 비난을 피하려는 태도를 보이는 것이 이 유형의 사람들이다. 이러한 행동은 타인의 위치를 깎아내리고 자신의 위치가 상대적으로 높아지는 것에 따른 안도감을 느끼기 위함과 책임을 피하고자 하는데서 기인한다. 이런 사람들은 자신의 실패나 약점이 그대로 드러날 경우 수치심과 두려움을 느끼고 자포자기하며 은둔적인 태도를 나타낸다.

(5) 자기 합리화형

이 유형의 사람들은 자신에게만 불리한 조건 또는 환경으로 인해 모든 상황이 발생했으며 다른 누군가가 자신과 같은 상황에 당면했다면 더 나쁜 결과를 초래했을 것이라고 확신하는 태도를 보인다. 이러한 행동은 자신의 선택에 대한 책임을 회피하고 모든 것이 자신만의 잘못이 아님을 타인이 인정하게 하려는데서 기인한다. 이런 사람들은 자신의 주장에 대한 주변의 동조를 끌어내지 못하면 억울함을 극심하게 느끼고 타인 공격적인 태도를 나타내며 상태가 악화될 경우 보복을 결심하거나 사회와 단절하는 태도를 가지게 된다.

(6) 경쟁 부정형

경쟁에 부정적인 사람들은 대결 구도나 순위를 매기는 것에 매우 민감한 반응을 나타내며 경쟁에 대한 승리의 확신이 없으므로 시작하기도 전에 먼저 포기하는 태도를 보인다. 이러한 행동은 타인과의 비교에서 자신이 낮게 평가될 것을 걱정하고 초조해 하는데서 기인한다. 이와 같은 유형의 사람들이 경쟁에서 패배할 경우, 사회의 참여도나 일을 진행 하고자 하는 의욕이 현저하게 떨어지고 자신의 일조차 방관하려 하며 무기력하고 타의적인 태도를 가지게 된다.

(7) 자기 은둔형

사회에 자신이 노출되는 것을 꺼리며 수줍음과 겁이 많고 대인관계를 함에 있어서 공포심을 가지는 사람들의 경우이다. 이러한 행동은 다른 사람들에게 노출될수록 자신의 단점이나 약점이 많이 드러날 것이라는 잘못된 예상에서 기인한다. 이와 같은 유형의 사람들은 되도록이면 타인의 눈에 띄지 않기를 바라며 의사표현이나 자기주장을 펼치지 않는다. 만약 대중에게 집중을 받을 경우에는 매우 불안해하며 혈색이 나빠지고 호흡곤란, 언어장애, 발작 등의 신체적 반응을 동반하기도 한다. 더 나아가 이들은 사회와 단절하고 은둔하며 대인 기피현상을 보이기도 한다.

5) 열등감 극복

앞에서 살펴본 바와 같이 열등감은 선천적, 후천적, 환경적, 사회·문화적인 원인으로 발생된다. 열등감이 누구에게나 나타날 수 있는 사실이라면 이러한 발생 원인들의 특징을 파악한 후, 적절한 극복 방법을 찾아 대처하면 열등감 극복에 도움을 줄 수 있을 것이다.

선천적인 원인을 극복하기 위해서는 열등감을 겪는 대상이 바꿀 수 없는 상황이나 상태를 바르게 인지하고 받아들일 수 있도록 주변의 도움이 필요하다. 또한 현실 속에서 긍정적이며 발전적인 자신의 요소를 찾아 스스로를 포기하지 않으려는 개인의 의지가 중요하다.

후천적인 원인을 극복하기 위해서는 자신의 단점을 보완하는 것과 장점을 개발하려는 개인의 노력이 필요하다. 또한 자아존중감이 향상되도록 자기비하적인 생각과 타인의존적인 태도를 버려야 하며 효과적인 개선을 위해 주위의 도움이 필요하다.

환경적인 원인을 극복하기 위해서는 대인관계에서 발생하는 다양한 감정을 현명하게 수용하는 태도와 스스로의 감정 조절 능력을 키우는 것이 필요하다. 또한 책임을 전가하거나 자기합리화적인 생각을 버려야 한다.

사회·문화적인 원인을 극복하기 위해서는 타인과 자신이 다를 수 있다는 점을 인정하고 서로의 문화권이나 생리적인 특성을 존중하려는 노력이 필요하다. 또한 사람은 불완전한 존재라는 것을 수긍하고 정해진 형식에 완벽하게 맞추려는 병적인 압박감에서 벗어나야 한다.

열등감은 객관성이 없다는 것과 다른 사람들은 타인의 열등감에 전혀 관심이 없다는 것을 인지하는 것이 매우 중요하다(김경호, 2010). 그리고 열등감은 스스로 열등 요소를 마음속에서 내려놓는 과정과 개인의 노력, 주위의 관심, 도움으로 충분히 극복될 수 있다. 뿐만 아니라 열등감을 현명하게 이겨낸다면 오히려 개인의 발전과 성숙 그리고 성공에 도움을 주는 디딤돌이 될 수 있다.

3. 만족감

1) 만족감의 정의와 개념

만족감이란 개인이 흡족하다고 느끼는 주관적인 감정 상태를 말한다. 또한 개인이 목표를 성취함으로써 인생의 주요 목적을 이루었다는 즐거움, 쾌감 등을 통해 스스로가 인생을 의미 있다고 여기는 것이다. 이러한 만족감은 자신의 일에 자부심을 갖게 하고 새로운 목표를 향해 도전할 수 있는 힘이 되며, 인생이 행복하다고 느끼는 긍정적인 태도와 보람찬 기분을 유지할 수 있다.

충만한 만족감은 개인의 삶에 중요한 원동력 역할을 한다. 일을 수행할 때 의욕 의지를 높여주며 새로운 도전에 대한 두려움을 사라지게 한다. 이러한 경우 자아존중감을 향상시켜주며 자긍심을 갖고 살 수 있게 한다. 반면에 만족감이 낮은 사람은 의욕이 없고 자신이 하고 있는 일에서 의미를 찾지 못하여 보람을 느낄 수가 없다. 이러한 경우 새로운 임무를 두려워하거나 귀찮아하며 책임감이 부족하다. 뿐만 아니라 만족감은 개인의 정신 건강에도 중요한 영향을 미치는데(Medley, 1976), 만족감이 높은 사람은 일상에서 기쁨과 행복을 쉽게 느낄 수 있으므로 피로감이 덜하고 스트레스를 적게 받지만 반대로 만족감이 낮은 사람은 불평이 많고 짜증을 쉽게 느끼므로 항상 지쳐 있고 고단해 한다. 이와 같이 만족감은 삶의 질과도 밀접한 연관이 있으며 개인의 발전과 행복에 영향을 미치는 중요한 요소이다.

2) 만족감의 형성 요인

사람들은 돈이나 물질, 권력, 명예, 성취, 보람, 기쁨 등을 통해 만족감을 느낀다. 그러나 개인마다 만족감을 느끼는 요인이 다르므로 어떤 것이 만족감 형성에 가장 큰 작용을 한다고 결론짓기는 어렵다. 일반적으로 만족감 형성 요인을 크게 세 가지로 구분할 수 있다.

첫째는 물질적 요인으로 돈이나 재물을 획득하는 것에서 만족감이 형성되는 것을 말한다. 자신의 집이나 회사가 커지는 것에서 뿌듯함을 느끼며 이를 통해 삶의 질이 좌우된다. 물질적 요인을 중요하게 생각하는 사람들은 야망이 크며 자본만능주의의 가치관으로 변할 수 있다. 둘째는 명예 요인으로 권력이나 신분 상승, 인간관계에서 자신의 가치를 인정받는 것 등을 통해 만족감이 형성되는 것을 말한다. 이 경우에는 만족감에 가장 큰 영향을 미치는 것이 자신의 명성이며 업적이라고 여긴다. 명예 요인을 중요하게 생각하는 사람들은 자존감이 매우 높으나 자신의 명예가 회손될 경우 우울증이나 심각한 자괴감을 경험하기도 한다. 셋째는 감정적 요인으로 행위의 과정이나 결과에 따라 느끼는 행복, 기쁨, 보람, 희열 등의 감정을 통해 만족감이 형성되는 것을 말한다. 이 경우에는 물질이나 타인의 시선에 연연하지 않고도 만족감을 느끼며 자긍심이 매우 높다. 그러나 만족의 기준이 미약하여 발전이 더딜 수 있다.

3) 만족감의 유형

개인이 느끼는 만족감은 매우 다양하게 나타난다. 사람들은 자신이 성취한 결과에서 타인보다 큰 성과를 이루었을 때 또는 목표를 달성해가는 과정에서 만족감을 느낀다. 만족감은 여러 가지 유형으로 표출되는데 각 유형의 특징을 통해 개개인의 성향을 이해할 수 있다. 만족감의 유형은 대체로 여섯 가지로 나눌 수 있다.

(1) 결과적 만족감

스스로의 만족 기준을 행위의 과정에 두는 것이 아니라 총체적인 결과에 두는 것을 말한다. 목표를 이루기 위해 자신이 최선의 노력을 했다고 하더라도 결과가 성공적이지 않으면 만족감이 떨어진다. 반대로 큰 노력을 하지 않았더라도 결과가 좋으면 크게 만족하게 된다.

결과적 만족감 유형에 속하는 사람들은 결과에 집착하는 특징이 있으므로 자신의 노력을 중요하게 생각하지 않거나 목표를 이루기 위해 수단과 방법을 가리지 않는 부정적인 성향을 갖게 될 수 있다.

(2) 과정적 만족감

결과적 만족감과 반대로 만족감의 기준이 행위의 과정에 있음을 말한다. 행위의 결과에 연연하지 않고 목표에 도달하기까지의 과정에서 스스로 최선을 다했다면 거기에 의미를 두고 만족감을 느끼는 것이다. 즉, 결과가 아무리 성공적이더라도 자신이 기여한 바가 적다면 큰 만족감을 가지지 못한다.

과정적 만족감은 개인에게 반드시 필요한 정서이지만 만족감의 유형 중 과정적 만족감만 존재할 경우, 발전이 더딜 수 있으며 결과를 노력으로 합리화하거나 부정적인 결과는 자신의 노력 부재를 핑계로 회피하려는 성향으로 발전될 우려가 있다.

(3) 절대적 만족감

타인이나 상황 따위의 비교군 없이 스스로가 달성한 목표를 통해 만족감을 느끼는 것을 말한다. 자신이 이루어낸 모든 결과를 반성과 함께 긍정적으로 받아들이며 다음 목표를 향한 도전에 힘을 실어준다. 절대적 만족감은 만족감의 유형 중 가장 바람직한 유형으로 자아존중감과 자신감 등을 향상시킨다. 그러나 자칫 자아도취로 빠질 수 있는 위험 요소가 있으므로 이 유형에 속하는 사람들은 객관적인 판단을 할 수 있어야 한다.

(4) 상대적 만족감

타인과의 비교나 자신이 목표를 달성했을 당시 주위 환경적 요인에 기준하여 만족감을 느끼는 것을 말한다. 스스로 정한 목표에 도달했다고 하더라도 자신과 똑같은 목표를 달성하거나 더 높은 성과를 거둔 사람이 있을 때 만족도가 떨어진다. 특히 누구나 목표한 바를 이룰 수 있는 쉬운 환경이었다면 만족도가 더욱 낮아진다. 반대로 매우 어려운 상황에서 목표를 달성하거나 단독으로 성취했을 경우에는 만족감이 배가 된다. 상대적 만족감은 개인에게 발전적인 요소로 작용할 수 있지만 타인과의 비교심리가 강해질 경우 열등감이 형성될 수도 있다.

(5) 적극적 만족감

자신이 이뤄낸 성과에서 다른 것보다도 먼저 긍정적인 요소를 발견하고 만족감을 느끼는 유형을 말한다. 다소 실수한 부분이 있더라도 전체적인 결과에 기준하여 얻은 부분이 더 크다면 잃은 부분은 가볍게 생각하고 잊어버리려고 하는 사람들에게서 나타나는 만족감이다.

적극적 만족감은 낙천적이고 긍정적인 성격을 지니게 하지만 자신을 객관적으로 보기 힘들며 반성이 결여되어 자아도취에 빠질 우려가 있다.

(6) 소극적 만족감

자신의 결과물에 대해 만족은 하지만 아쉬움과 반성이 먼저 앞서는 사람들이 느끼는 만족감을 말한다. 달성한 목표를 통해 뿌듯함을 느끼긴 해도 백퍼센트 만족하는 경우가 없으며 스스로를 크게 칭찬하지 않는다. 특히 아쉬움이 남아있는 결과에 대해 타인이 크게 칭찬할 경우 이 유형에 속한 사람들은 오히려 거부감을 나타낸다.

소극적 만족감을 나타내는 사람은 자신의 부족함을 스스로 인지하여 개선하려고 노력하기 때문에 무한한 발전 가능성을 보여준다. 그러나 과정이나 결과에서 모두 만족감을 느끼는 절대적 만족감을 경험하기가 힘들며 자신은 항상 부족하다는 자괴감에 빠질 수도 있다.

4. 자신감

1) 자신감의 정의와 개념

자신감이란 목표한 바를 뜻한 대로 이룰 수 있다고 스스로의 능력을 강하게 믿는 마음이다. Bandura(1977)는 자신감을 개인의 사고, 감정, 행동 등의 세 차원을 조절하는 자아체계라고 했다. 이때의 자신감은 겸손함을 내포하고 있다. 무조건 자신이 무엇이든 다 잘 할 수 있다고 생각하는 것은 자만심이며 자신감과는 의미가 다르다. 다시 말해 자신감은 자만심이 아니라 자기가 맡은 과제를 잘 해낼 수 있다는 자신에 대한 믿음이다. 이런 자신감을 지닌 사람은 자신의 활동을 선택하고 노력의 정도를 결정하며 잠재능력을 발휘한다.

자신감은 스스로의 능력이나 가치를 알고 있다는 것에서 비롯되며, 능력을 발휘할 때 집중력을 향상시키고 개인의 수행능력에도 큰 영향을 미친다. 자신감이 충만한 사람은 자신의 능력을 신뢰하고 주어진 과제나 성취하고자 하는 목표에 망설임이 없이 도전하여 반드시 이룰 수 있을 것이라고 확신한다. 반면에 자신감이 부족한 사람은 자신의 능력을 의심하고 원하는 바를 달성할 수 없을 것이라고 판단하여 과제를 쉽게 포기하고 스스로를 비하한다. 이와 같이 자신감은 목표를 성공적으로 이룰 수 있는 자신의 능력에 대한 확실성 또는 믿음이며 이는 개인의 수행능력과 자아존중감 향상 및 개인의 발전에 역동적 역할을 한다.

2) 자신감의 형성 요인

일반적으로 사람들은 실천 가능한 과제가 주어졌을 때 자신감을 가진다. 그러나 처음 당면한 문제에서도 자신감은 형성될 수 있으며 그 요인은 다양하다. 자신감의 형성요인은 네 가지로 정리될 수 있으며 구체적인 내용은 다음과 같다.

(1) 수행 경험

사람들은 대부분 과거에 겪어본 상황이나 문제가 다시 주어졌을 때 반드시 이룰 수 있다는 확신을 가지게 된다. 이는 과거에 성공적으로 수행한 경험이나 실패를 통해 쌓은 노하우가 있기 때문이다. 이러한 경험적 지식과 익숙함을 바탕으로 강한 자신감이 형성된다.

(2) 간접 경험

비슷한 체형이나 외모, 환경적 조건을 가진 사람이 달성했던 목표가 자신에게 주어졌을 때 사람들은 스스로도 해낼 수 있다는 결심을 한다. 이는 일반적으로 불리함이 없는 조건에서 승부욕이 발생되는 것은 상대적인 심리 때문이다. 이러한 간접 경험의 심리적 자극을 통해 자신감이 형성될 수 있다.

(3) 조언과 설득

불가능하다고 판단되는 상황이나 과제 앞에서 타인의 조언이나 자신감을 향상시켜주는 말을 통해 설득되었을 때 사람들은 도전하고자 하는 마음이 생긴다. 이는 자신에 대한 타인의 기대에 부응하고 싶은 개인적인 심리 때문이다. 이러한 조언과 설득에 의한 심리적 변화를 통해 자신감이 형성될 수 있다.

(4) 심신의 상태

대부분의 사람들은 긍정적인 생각을 가지고 있을 때 또는 신체의 컨디션이 좋을 때 강한 자신감을 나타낸다. 이는 심리적인 안정감과 신체의 건강함이 조화를 이루기 때문이다. 이러한 균형은 경험과 조언 없이도 스스로 목표를 달성할 수 있다는 강한 자신감이 형성될 수 있다.

3) 자신감의 유형

개인이 가지고 있는 자신감의 유형은 다양하며 이에 따라 개인의 성향이나 수행능력이 다르게 나타난다. 자신감을 겉으로 표출하는 사람이 있는 반면 그렇지 않은 사람이 있으며, 당면한 상황이나 목표의 크기에 영향을 받아 자신감이 위축되거나 증가되는 사람도 있다. 이와 같은 자신감의 유형은 표출형, 믿음형, 직선형, 곡선형의 네 가지로 분류할 수 있다.

(1) 표출형

목표를 달성할 수 있다는 강한 자신감을 겉으로 표출하는 유형이다. 말과 제스처를 통해 표현함으로써 더 큰 자신감을 가지며 자신의 능력에 대한 신뢰가 매우 높다. 그러나 미리 보인 자신감 때문에 스스로 부담감을 가지기도 한다. 성공적으로 과제를 수행할 경우 타인에게 자신의 공을 자랑하려는 성향이 있으며, 실패할 경우에는 부끄러움을 가지지만 수치심은 아니므로 다음 과제를 수행할 때에도 여전히 강한 자신감을 나타낸다.

(2) 믿음형

자신에게 주어진 과제나 목표를 달성할 수 있을 것이라고 스스로 믿는 유형이다. 주위의 분위기나 환경에 동화되지 않으며 타인의 부정적인 반응에 개의치 않는다. 자신의 능력을 신뢰하며 겉으로 떠들썩하게 표현하지 않고 맡은 바를 묵묵히 해결한다. 실패를 경험하더라도 쉽게 포기하지 않으며 해낼 수 있다는 믿음이 매우 강하다.

(3) 직선형

상황이나 목표에 따라 자신감이 과해지거나 위축되지 않고 일을 꾸준히 진행하는 유형을 말한다. 주어진 과제에 항상 의연하게 대처하며 할 수 있다는 믿음이 강하다. 성공적으로 일을 수행해내지 못하더라도 자신에게 실망하지 않고 다시 도전하며 반드시 성공할 수 있다는 긍정적인 자신감을 가지고 있다.

(4) 곡선형

직선형과는 반대로 상황이나 목표의 기준에 따라 자신감이 과해지거나 위축되는 유형을 말한다. 과제를 수행할 때 자신감의 기복이 크고 자신의 능력을 완전하게 신뢰하지 못한다. 수행에 실패할 경우 자신감이 위축되며, 한 번 실패했던 과제가 다시 주어졌을 때 성공을 확신하기보다는 의구심을 먼저 품는다.

5. 자아정체감

1) 자아정체감의 정의와 개념

자신을 시간의 흐름에 따라서 본질적으로 불변하는 실체로 인식하는 개인의 느낌으로 자신에 관해 통합된 관념을 가지고 있느냐에 대한 개념을 자아정체감이라고 정의한다. 자아정체감이 형성되었다는 것은 자기의 성격, 취향, 가치관, 능력, 관심, 인간관, 세계관, 미래관 등에 대해 비교적 명료한 이해를 하고 있으며, 명료해진 이해가 지속성과 통합성을 가지고 있는 상태를 말한다. 이것은 개인의 이상과 행동 및 사회적 역할을 통합하는 자아의 기능에 의해서 이루어진 결과이다. 유아기의 특정한 반응이나 거울에 비친 자신의 모습에 대한 인식 등에서 관찰될 수 있는 신체에 대한 지각, 유아기에 나타나는 '나' 라는 대명사 사용과 도전적 태도 및 특정한 역할수행 등에서 최초로 자아출현이 나타난다. 이와 같은 자아발달의 최종단계를 Erikson(1950)은 자아정체감의 발견으로 표현했다. 따라서 스스로의 존재와 삶에 대한 목표, 그에 따른 행동 등을 전체적으로 포괄하는 것이 자아정체감이다. 또한 자아정체감의 개념에는 자기 자신이 독자적인 존재라고 생각하는 자아의식과 사회에서의 역할, 다른 사람과의 연대감, 가치관을 공유한다는 사회의식 등이 포함되어 있다.

Erikson(1980)의 발달이론에 의하면 자아정체감은 문화적 환경이나 인생에서 체득되는 다양한 경험을 통해 형성된다. 대체로 다양한 발달이론들이 어릴 적 경험이 성인이 된

후의 성격과 행동에 영향을 미친다고 보는 반면, Erikson(1980)은 사춘기 이후나 성인이 된 후에도 사회적 경험이 성격발달에 영향을 준다고 했다. 이 발달이론은 8단계로 나뉘는데 각 단계마다 발달과 함께 특정한 위기가 존재하며, 이 위기를 극복해 나가는 과정에서 올바른 성품이 형성되고 자아정체감이 확립된다.

또한 자아정체감은 내적인 욕구나 충동, 외적인 유혹이나 압력, 구속 등을 자신만의 방식으로 조정하고 통합하여 하나의 통일된 특성으로 증진시키려는 자각뿐만 아니라 의식적, 무의식적 노력을 총칭하는 것이다. 그리고 자아정체감이 강한 사람은 타인과 같은 가치, 신념, 동기 등을 가지고 있더라도 자신을 타인과 분리하여 고유하게 자각하며 단일한 정체감을 갖기 위해 노력한다. 자아정체감은 자기존재증명, 자기가치, 자기통합성, 주체성 등의 다른 명칭으로도 불리어지고 있다(Erikson, 1950).

2) 자아정체감의 형성

자아정체감 형성은 아동기의 경험에서 시작되며 부모, 스승, 친구들의 감정, 행동, 가치관, 신념 등을 일관성 있게 자신만의 것으로 통합할 때 형성된다. 따라서 자아정체감 형성에 있어서 가장 먼저 영향을 받는 환경이 가정이며 가까이서 직접적인 영향력을 행사하는 사람들이 부모이다. 중학교 2학년생과 고등학교 2학년생 그리고 대학생을 대상으로 이들이 지각한 부모의 양육태도와 자아정체감의 관계를 연구한 결과, 부모의 양육태도를 수용적으로 지각한 집단과 거부적으로 지각한 집단 간에는 자아정체감의 수준에 차이를 보인다고 송희설(1994)은 밝힌 바 있다. 개인에 따라 어린 시절에 부모의 양육 관여에 대한 생각 차이가 있을 수 있지만, 염미화(2008)의 연구에 따르면 어린 시절 부모와의 관계에서 아동의 분리와 개별화가 적절하게 이루어질수록 안정된 자아정체감이 형성된다고 한다.

한편, Erikson(1980)에 의하면 자아정체감의 발견하는 시기인 12~18세의 청소년들은 급격한 생리적, 신체적, 지적 변화를 경험한다. 이로 인해 그들은 수많은 충동과 무한한 동경심과 호기심을 갖게 되지만 경험미숙으로 수많은 좌절과 회의, 불신을 경험하게 된다. 청소년들은 자신이 누구이며, 가정과 사회에서의 역할이 무엇인지에 대해 알고자 한다. 또한 타인의 눈에 비친 자기는 누구인가에 심각한 관심을 보인다. 따라서 청소년 시기의 중심문제는 자아정체감을 확립하는 일이다. 왜냐하면 자아정체감의 결여는 역할혼란을 초래하기 때문이다. 이 위기를 극복하지 못하면 준비되지 않은 상태에서 성인의 역할을 수행해야만 하는 불행을 경험하게 된다.

또한 송명자(1994)는 청소년 시기에 가족보다 친구들과 함께 보내는 시간이 많을수록 자아정체감이 발달된다고 했다. 청소년 시기의 친구들과의 관계는 자아정체감 발달에 중요한 영향을 미치는 것이다. 그러므로 친구의 지지는 친구관계 형성을 좌우할 뿐만 아니라 청소년의 자아정체감 발달에 직·간접적으로 영향을 미친다.

이와 같이 주변 환경과 인적 요인은 개인의 자아정체감 형성에 중요한 요소로 작용하며 무엇보다 외부의 영향을 자기화하여 자신만의 색깔을 가지는 것이 가장 중요하다.

6. 자아존중감(Self-esteem)

1) 자아존중감의 정의와 개념

자신의 가치와 존엄성에 대한 인식을 자아존중감 또는 자존감이라고 한다. 스스로 자신을 좋아하고 자랑스러워하며 가치 있고, 사랑스럽고, 소중하며, 능력이 있고, 용서할 수 있고, 수용할 수 있는 존재로 느끼는 마음이다. 또한 자신에게 생각하는 능력이 있으며, 원하는 것을 성취하는 과정에서 겪을 수 있는 어려움을 알고 그것을 이겨낼 수 있는 능력이 있다는 믿음이다. 이러한 자아존중감에는 자신이 타인에게 인정을 받고 있는가, 가치가 있는가, 중요도가 높은 사람인가 등에 대한 스스로의 판단과 평가가 포함된다.

계속적으로 자기 자신에 대해 스스로 내리는 평가로써 변화하는 감정적 결과의 축적물이 자아존중감이며, 개인의 경험이나 성별, 연령, 역할 등에 따라 달라진다.

자아존중감이 높은 사람들은 자신을 가치 있게 여기고 자신에 대한 기대치가 높으며 능동적이고 적극적인 성향을 갖는다. 또한 긍정적인 미래를 예상하며 성취적이고 발전적인 생활을 한다. 반대로 자아존중감이 낮은 사람들은 자신을 비하하고 스스로에 대한 기대치가 낮으며 수동적이고 무기력한 성향을 가진다. 또한 미래에 대한 확신이 없어 부정적인 예상을 먼저하며 후퇴적이고 은둔적인 생활을 한다.

그동안 연구된 결과를 통해 자아존중감의 정도가 대인관계를 원만하게 유지하는데 영향을 준다는 공통점을 발견할 수 있다. 높은 자아존중감은 건전한 성격 발달의 기반이 되고 학업 성취도에도 영향을 끼치므로 개인의 궁극적 행복을 위해 필수적이며 중요한 요소가 된다.

사람은 신체적 특징, 학습능력, 재능, 기능, 성격특성, 다양한 집단 속에서의 지위 등 수많은 개인적 특성과 자기 자신을 보는 방법을 통해 스스로를 평가한다. 그리고 자신에 대한 긍정적인 평가는 자신의 환경과 내적 발달 간의 상호작용에 영향을 주며 자아존중감 향상으로 이어져 자신을 더욱더 사랑하게 된다. 이러한 개인의 자아존중감은 정체되어 있는 것이 아니라 계속 변화하며 변화된 자아존중감에 따라 개인의 삶도 변화하게 된다.

2) 자아존중감의 형성

자아존중감은 자신이 독립적인 개인이라는 사실을 인지하면서부터 발달되며 자신이 어떤 사람인지에 대해 알아가는 과정이 포함된다. 이러한 인지는 초기 아동기부터 시작된다. 아동기는 자아존중감의 형성과 발달에 있어 결정적인 시기로 이때는 대부분의 시간을 가정에서 보내기 때문에 가정환경, 특히 부모와의 상호작용이 중요하다. 또한 친구, 가족, 동료, 사회적 집단 등과 맺는 다양한 환경 역시 자아존중감 형성에 영향을 주므로 원만한 관계형성이 중요하다.

자존감의 최초 연구자인 Rosenberg(1979)는 "자신의 가치를 온전히 느끼지 못해 생기는 불안보다 더한 스트레스는 없다"라고 했다. 그만큼 자아존중감은 사람들이 느끼는 행복감과 강하게 연관되어 있으며 이러한 행복을 찾기 위해서는 무엇보다 자기 자신을 있는 그대로 이해하고 받아들이는 태도가 필요하다. 이렇듯 자아존중감은 자신에 대해 내리는 스스로의 부정적인 혹은 긍정적인 평가와 관련되는 것으로 자신을 존경하고 가치 있는 사람으로 생각하는 정도를 의미한다. Rosenberg(1979)는 자신에 대한 가치감이 바로 자아존중감의 기본이 된다고 밝히고 있다. 자아존중감이 형성되는 원리는 크게 네 가지로 분류할 수 있다.

(1) 반영된 평가

반영된 평가는 타인이 자신에 대해 갖는 태도에 영향을 받으며 시간이 경과함에 따라 타인이 보는 대로 자신을 보게 된다는 것을 의미한다. 따라서 개인이 자신을 스스로 평가하기 보다는 타인이 자신에게 내린 평가를 반영하여 스스로의 가치를 판단하며 자신에 대한 타인의 평가가 부정적인지 긍정적인지에 따라 스스로 느끼는 자신의 가치 또한 낮아지고 높아지게 된다.

(2) 사회적 비교

사회적 비교는 집단이나 사회적 범주가 다르게 속해 있는 사람들과 자신을 비교하여 평가하는 것을 말한다. 사회에서 사람들의 소속을 나타내는 요소는 직업, 지위, 인종, 능력 등 여러 가지가 있는데, 이는 사회로부터 고유한 평가가 부여되어 위계질서를 이루고 있다. 이로 인해 사람들은 자신이 속한 사회적 범주와 다른 사람이 속한 사회적 범주가 가지는 계층적 위치를 비교하여 자신을 높거나 낮게 평가하는 것이다.

(3) 자아귀인

자아귀인은 Kelley(1973)의 이론에 근거한 것으로 개인이 태도와 감정 및 기타 심리적 상태를 알 수 있는 것은 자신의 행위나 행위가 일어나고 있는 환경을 관찰함으로써 가능하다는 것이다. 귀인이란 환경 속에 있는 실체에서 경향적인 특성을 추론하는 과정이다. 따라서 자아귀인이란 자신의 행위를 관찰하여 현상의 원인을 찾고 자신의 성향에 관해 결론을 내리는 것을 의미한다.

(4) 심리적 중요성

이 원리는 지능, 도덕심, 친절, 사회적 지위 등의 자기존중감을 형성하는 다양한 요소들은 단순히 존재하고 있는 것이 아니라 위계적 구조를 가지고 있기 때문에 각각의 요소가 지니는 상대적 중요성이 자아존중감 형성에 고려되어야 한다는 것이다. 따라서 심리적 중요성은 사회적 비교와 밀접한 관련이 있다.

7. 자기효능감

자기효능감은 어떤 상황에서 적절한 행동을 할 수 있다는 기대와 신념을 의미한다. 다시 말해 목표를 달성하기 위한 행동을 조직하고 과제를 성공적으로 해결할 수 있다는 스스로의 능력에 대한 믿음과 확신을 자기효능감이라 한다. 이러한 자기효능감은 행동의 근원이 되며 자기효능감이 높고 낮은 정도에 따라 개인의 삶의 질이 결정된다.

자기효능감은 행동을 선택하거나 지속하는데 영향을 미치는 중요한 심리적 요인 중의 하나로 최근 그 역할이 강조되고 있다. 이현진(2002)은 다른 모든 조건이 동일한 경우에 자기효능감이 높은 사람일수록 새로운 활동에 도전할 가능성과 시작한 활동을 지속할 가능성이 크다고 했다. 또한 자기효능감이 높을수록 발전적인 과업에 더 많이 노력하고 행동은 오랫동안 지속되며, 다른 행동에도 적극성이 전이되어 어려운 과제가 주어져도 회피하지 않고 스스로 해결하려는 행동양상을 보인다. 그러나 자기효능감이 낮은 사람들은 도전을 회피하고 꾸준한 행동 흐름이 없다. 자신에게 일어난 상황에 대해 부정적인 부분을 먼저 발견하며 거기에 집착하여 모든 행동이나 판단에 부정적인 영향이 전이된다.

자기효능감은 인간행동을 설명하는데 중요한 특성이다. 자기효능감의 정도에 따라 개인의 행동양식, 성취동기, 목표의 계획 및 달성, 자아실현, 사회적 적응행동 등이 달라진다. 또한 행동과 환경의 선택에 영향을 주므로 개인이나 집단의 생활지도 면에서도 매우 중요하다.

제3절 가치관과 신념

사람들은 가치를 가지고 태어나는 것이 아니라 우리에게 가치를 갖게 해주고 전해주는 문화와 사회 속에서 태어난다(Smith, 1624). 어린 시절부터 평생 동안 부모, 친구, 동료 등과 함께 사람들은 다양한 경험을 하게 되고 이러한 경험들은 개인의 신념과 가치관의 형성에 영향을 준다. 한편 개인이 겪는 경험들이 다르기 때문에 사람들은 제각기 자신만의 신념과 가치관을 갖게 된다. 따라서 이러한 신념과 가치관의 차이가 사회적인 조화나 부조화를 일으키는 원인이 되기도 한다.

1. 가치관

1) 가치관의 정의와 개념

문화의 내적 통합 원리로서의 중심적 가치를 핵으로 하여 이루어진 제반 가치의 총체를 가치관이라고 정의한다. 어떠한 가치나 뜻을 인정하는가에 관한 각자의 관점이며 인간이 자신을 포함한 세계나 그 속의 사상에 대해 가지는 근본적인 태도이다. 또한 물체, 행동, 현상 등에 대해 스스로가 생각하는 관점을 말한다.

사람의 행동과 가치관은 깊은 연관성이 있다. 이는 가치관이 행동에 절대적인 영향을 미치기 때문이다. 일반적으로 사람들은 자신이 옳다고 판단하는 방향으로 행동하는데 이러한 판단은 가치관에서 시작된다. 이처럼 사람들은 어떠한 가치관을 가지고 있느냐에 따라 다른 행동을 보이며 삶을 살아가는 방식 또한 다르게 나타난다.

사회에서 가치관은 인간관계를 형성하는 중요한 기준이 된다. 대체로 자신의 가치관에 따라 타인과 사회를 이해하며 이를 바탕으로 지향해야 할 것과 지양해야 할 것을 구분한다. 이와 같이 가치관은 좋고 나쁨, 옳고 그름의 판단 기준이 되는데 가치관이 같은 사람들은 공감대를 형성하고 원만한 관계를 유지하는 반면에 그렇지 않은 사람들은 충돌을 일으키며 집단 내에 불화를 일으키기도 한다.

가치관은 고정되어 있는 것이 아니라 환경이나 시대 흐름을 반영하여 변화하기 때문에 과거에 지니고 있던 가치관이 새로운 지식이나 경험을 통해 바뀔 수가 있다. 만약 새로운 변화를 받아들이지 않고 고정된 가치관으로 살아갈 경우 스스로에게나 사회적으로나 큰 손해를 가져다준다. 그러나 사소한 이유로 자신의 가치관이 너무 자주 바뀐다면 대인관계에서 자신의 사고가 짧아 보이며 경솔하거나 성숙하지 못한 이미지를 줄 수 있다. 그러므로 열린 생각, 깊은 생각으로 사회의 긍정적인 변화를 수용할 준비가 되어 있어야 하며,

자신의 가치관에 올바른 영향을 주는 것이면 적극적으로 받아들이고 더욱 향상된 가치관을 정립하기 위하여 노력해야 한다.

2) 가치관의 형성 요인

가치관은 개인에 따라 다르게 형성되기 때문에 어떠한 것이 가장 바람직한 가치관이라고 명시하기는 어렵다. 이와 같은 개인의 가치관은 다양한 요인의 영향을 받아 형성된다. 태어나면서부터 속하게 되는 기본적인 환경이나 사회생활, 인간관계 속에서 발생되는 요인들이 가치관 형성에 영향을 주는 것이다. 가치관의 형성요인은 일반적으로 크게 환경적 요인과 사회적 요인으로 나눌 수 있다.

(1) 환경적 요인

사람들은 태어나서 가정이라는 환경을 제일 먼저 접하게 된다. 따라서 가치관이 형성될 때 부모를 비롯한 가족 구성원으로부터 가장 많은 영향을 받게 되는 것이 당연하다.

청소년의 경우, 부모로부터 일방적으로 가치관을 전수받기도 하고 가족 구성원인 부모나 형제가 가치 사회화의 주 모델이 되기도 한다. 또한 가정의 환경적인 요인 역시 개인의 가치관 형성에 가장 많은 영향을 준다. 일반적으로 불화나 폭력적인 성향을 가진 가정에서 부정적인 가치관이 수립될 확률이 높으며, 단란하고 화목한 성향을 가진 가정에서 긍정적인 가치관 수립이 용이할 수 있다.

개인이 속해 있는 지역과 국가 또한 가치관 형성에 영향을 준다. 사람들은 자신이 속해 있는 문화권에 동조하고 옳다고 생각하는 경향이 있기 때문에 다른 문화권의 사람과 어울릴 때 문화적 이질감과 가치관의 대립이 발생하기도 한다.

이와 같이 환경적 요인은 가치관의 기반을 형성하는데 큰 영향을 준다. 부정적인 환경이 지배적이라 할지라도 긍정적으로 상황을 인지하고 받아들이는 개인의 노력으로 올바른 가치관을 수립할 수 있다. 예를 들어 가정환경의 경우에는 개인이 선택하는 것이 아니라 태어날 때 정해지는 것이지만 부정적인 상황의 가정환경 속에서도 자신의 지적인 노력으로 충분히 올바른 가치관 정립이 가능한 것이다.

(2) 사회적 요인

사람들은 학교와 또래를 비롯하여 자신이 겪고 있는 다양한 주변 사회의 환경 영향을 받아 가치관을 형성하게 된다. 주거지역이나 사회적 환경은 개인의 가치관 형성에 영향을 주는 기본적인 요소이다. 농촌 생활을 하는 사람과 도시 생활을 하는 사람이 느끼는 시간감과 압박감, 기대 등이 다르며 이러한 지역적인 환경의 차이로 인해 가치관은 다르게 형성된다. 또한 아파트와 주택, 단독 주거나 다세대 주거 등 개인의 주거 형태의 차이 역시 가치관 형성에 영향을 준다.

그리고 개인이 겪는 사회적 경험에 따라 가치관이 다르게 형성된다. 여성의 경우에는 출산의 경험 및 연령, 시기 등에 따라 가치관의 차이가 존재한다. 빠른 출산으로 인해 사회적 활동을 하지 않는 여성과 출산의 고통, 책임감을 경험하지 못한 여성의 가치관은 큰 차이를 보인다. 남성의 경우에는 군대를 다녀오거나 그렇지 않은 사람의 가치관이 다르다. 따라서 집단생활 경험의 유무, 철저한 위계질서 경험의 유무, 책임감과 인내심의 차이 등이 가치관 형성에 영향을 준다.

소득수준 역시 가치관의 형성에 영향을 미치는 요소이다. 가치관 형성 요소에서 소득에 관해 사람들은 일반적으로 큰 소득에 높은 가치를 매기는 경향이 있다. 그러나 고소득이 항상 높은 가치로 대응되는 것은 아니다. 개인이 겪어온 소득수준 환경에 따라 가치의 크기는 달라질 수 있다.

따라서 사회적 요인은 개인이 알거나 알지 못하는 것과 겪어보거나 그렇지 않은 것 등에 영향을 받아 서로 다른 가치관이 형성되는 것을 의미하며, 이러한 가치관은 개인의 태도나 행동에 영향을 준다. 가치관의 차이로 인해 나타나는 행동은 개인의 이미지를 형성하는데 중요한 영향을 미치므로 올바른 가치관 정립이 필요한 것이다.

3) 가치의 분류

삶에 있어서 모든 활동은 가치를 두는 것에서부터 시작된다. 이러한 가치는 크게 내재적 가치와 외재적 가치로 분류할 수 있다. 본질이나 자율에 관련이 있는 것을 내재적 가치라고 하며, 수단이나 타율에 관련이 있는 것을 외재적 가치라고 한다. 가치관은 개인이 어느 가치에 더 치중하느냐에 따라 다르게 형성된다. 그 결과, 활동의 열중도 및 몰입도가 다르게 나타난다.

(1) 내재적 가치

행위의 과정에서 얻는 즐거움과 기쁨, 만족감, 성취감, 보람 등의 본질에 가치를 두는 것을 내재적 가치라고 정의한다. 내재적 가치를 중요하게 생각하는 사람들은 스스로 맡은 바를 수행하며 기쁨과 보람을 느낀다. 이를 통해 자신의 존재 가치를 확인하고 행동에 대한 동기부여를 얻는다. 이처럼 내재적 가치는 목적에 대한 수단이 아닌 목적 그 자체 또는 행위를 통해 느낄 수 있는 본질적인 감정에 가치를 두는 것이다.

(2) 외재적 가치

돈, 명예, 권력, 지위 등과 같이 행위에 대한 보상이나 벌, 인정 등의 수단에 가치를 두는 것을 외재적 가치라고 정의한다. 외재적 가치를 중요하게 생각하는 사람들은 목적에 대한 보상을 위해 행동하고 경제적 대가나 물질 획득을 통해 보람을 느끼며, 순간적인 동기부여로 인해 자율성이 떨어진다. 이처럼 외재적 가치는 행위 자체에 가치를 두지 않고 어떤 목적의 실현을 위한 수단에 가치를 부여하는 것을 말한다.

2. 신념

1) 신념의 정의와 개념

심리학에서 정의하고 있는 신념은 어떤 사항에 대한 확고한 인식이나 생각으로써 어떤 사상이나 명제, 언설 등을 적절한 것으로서, 또는 진실한 것으로서 승인하고, 수용하는 심적 태도를 말한다. 따라서 개인에게서 나타나는 감정, 지각, 인식, 평가, 동기, 행동경향 등의 종합적이고 지속적인 자세를 '태도'라는 개념으로 설명하는데, 신념은 태도의 인지적인 요소 및 측면을 형성한다고 할 수 있다(유종열, 2006).

한편, 현실 속의 다양한 대상에 대한 신념들은 서로 연관성을 갖고 전체가 하나의 체계를 구성하지만 개인마다 그 구조에는 차이가 있다. 어떤 사람의 신념체계는 고도로 조직화되어 안정성이 있으나, 반대로 신념체계의 신념들 각각이 그다지 긴밀한 관계를 갖고 있지 않은 사람도 있다. 또한 신념은 객관적 사실 및 진실과의 일치에 있어 그 정도가 다양하여 때로는 객관적 현실을 과장하거나 왜곡 또는 일탈하는 수가 있다. 속신, 미신, 편견, 고정관념 등이 이에 해당된다.

따라서 신념은 개인적이며 주관적인 특징을 지니고 있으며 개인이 추구하는 목표나 중요하게 여기는 가치에 따라 달라진다.

2) 신념의 형성요소

신념은 단순한 태도나 가치가 아닌 개인에게 올바르다고 인식된 진리나 사상이다. 이러한 신념은 가치관과 마찬가지로 부모, 태도, 지식, 지역, 국적 등의 여러 가지 주위환경의 영향을 받는다. 그러나 가치관과 신념의 개념이 같은 것은 아니다. 가치관은 환경이나 소신이 개인의 판단보다 민지 영향을 주지만 신념은 자신이 가장 중요하게 여기는 것을 기반으로 주위의 환경과 조건에 영향을 받아 형성되는 것이다. 그러므로 신념은 가치관보다 더 자의적으로 형성된다고 할 수 있다. 신념의 형성요소는 크게 개인적인 요인과 집단적인 요인으로 나눌 수 있다.

(1) 개인적인 요인

개인의 규칙적인 행동이나 태도와 자신이 가장 중요하게 생각하는 가치에 주위환경이 결합되어 신념이 형성되는 것을 말한다. 이렇게 형성된 신념은 개인의 목표나 안위, 안전, 행복 등을 추구하며 자신의 목표나 계획을 타인이나 주위에 미치는 영향보다 더 중요하게 생각한다. 또한 자신이 속해 있는 집단에서도 공익을 위한 신념이 자신의 신념과 일치하지 않을 경우 자신의 신념을 우선순위로 생각한다.

(2) 집단적인 요인

한 집단이나 조직 공동의 이익과 행복, 목표, 안전 등을 위해 각각의 개인적이던 신념이 하나의 뜻으로 모여 집단 공동적인 신념으로 형성되는 것을 말한다. 이렇게 형성된 신념은 주위의 영향을 크게 받으며, 집단의 성장과 행복 속에서 개인의 만족과 목표달성을 추구한다. 또한 개인적인 신념을 전체적인 신념으로 확대하여 통합하는 것을 지향한다. 이때 통합이란 집단을 위해 개인의 신념을 포기하는 것이 아니라 집단 공통의 신념에 개인의 신념을 융합시키는 것을 말한다.

3) 신념의 종류

인간이 지니고 있는 신념체계의 결합을 기준으로 심리학자 Rokeach(1968)는 신념을 다섯 가지로 분류했다.

첫째는 100%의 사회적 일치로 지지하는 근원적 신념이며, 보편적 가치 및 관습이 해당된다. 둘째는 개인적 경험에 깊이 뿌리박고 있는 신념이며, 기억이나 풍습 등이 있다. 셋째는 저마다의 권위에 대한 신념이며, 태생적으로 갖는 권위나 전통이 해당된다. 넷째는 동일시되는 권위에서 나오는 신념이며, 착각이 있다. 다섯째는 다소간 개인적 취미에 바탕을 두어 다른 신념과의 관련이 희박한 개별적 신념이며, 지극히 개인적인 경험이 해당된다.

따라서 신념은 사회적 환경, 경험, 권위와 개인적 취미 등을 통해 다양하게 분류할 수 있으며 개인의 성장과 목표달성을 위해 자신의 신념을 확고하게 형성해야 할 필요가 있다.

제4절 동기

1. 동기의 정의와 개념

동기란 개인의 행동을 유발하고 방향을 결정하는 내·외적 조건을 지칭하며 일의 수준이나 강도를 결정하는 개인의 심리 상태를 말한다. 또한 목표를 세워 행위를 유지시키는 정신적인 힘을 의미하고, 움직인다는 의미의 라틴어인 'Movere'에서 유래되었다.

동기는 학교, 가정, 지역, 국가 등 모든 집단의 행동 유발에 중요한 역할을 하며 능동적이고 적극적인 태도를 가지게 하는 심리적인 근원으로 작용한다. 뿐만 아니라 목표가 달성될 때까지 계속적인 노력을 할 수 있도록 긍정적인 자극을 준다. 동기는 요구의 발생으로 생성되며 그 환경의 사물은 유인의 성질을 가진다. 행동의 수행으로 목표가 달성되면 요구는 만족되어 동기가 해소된다. 이와 같은 요구, 동기, 유인의 기능적 관계를 총칭하여 동기부여라고 한다.

동기부여를 강하게 받은 사람은 그렇지 못한 사람보다 인내심과 책임감, 의지, 끈기 등이 확고하게 형성되며 원하는 바를 이룰 수 있다는 믿음을 가지게 된다. 또한 하나의 집단이 같은 형태의 동기를 부여받았을 때, 과제를 더욱 빨리 수행할 수 있으며 목표를 성공적으로 달성할 가능성이 매우 높아진다. 이는 똑같은 정서적 자극이 협동심을 일으키고 동등하게 제시된 보상이 경쟁심을 유발하기 때문이다. 동기를 통해 발생된 이 두 가지 심리는 시너지 효과를 내어 집단에 성공적인 결과를 가져다 준다.

이와 같이 동기는 개인과 집단 사회에서 목표 달성과 만족, 발전을 위해 반드시 필요한 자극제이다.

2. 동기의 유형

과제를 수행함에 있어 큰 동기를 필요로 하는 사람이 있는 반면에 작은 동기를 통해서도 자극을 받는 사람이 있다. 개인마다 행위를 유발시키는 동기는 다르며 물질이나 보상, 인정이나 칭찬, 스스로의 기쁨이나 만족 등 다양한 동기의 유형을 통해 자극을 받게 된다.

동기심리학에서 사람의 행동을 유발하는 동기를 생물적 동기, 사회적 동기, 내재적 동기, 외재적 동기로 분류하고 있으나 여기에서는 크게 내재적 동기와 외재적 동기로 분류하여 살펴보고자 한다.

1) 내재적 동기

행위를 함으로써 갖게 되는 만족감이나 보람, 성취감과 같은 개인적 요인에서 유래하는 동기를 내재적 동기라 하며, 자발적인 의지가 있는 상태에서 행해지는 행동과 관련이 있다. 다시 말해 내재적 동기는 자율성, 흥미, 즐거움 등과 같은 개인적 요인들에 영향받는 것을 의미하며 지속력이 강하다.

이러한 동기는 행동을 유발하기 위한 보상이나 벌을 필요로 하지 않는다. 이는 활동 그 자체가 보상이기 때문이며 과제 그 자체 또는 과제가 가져다주는 성취감에서 즐거움을 느끼게 된다. 또한 내재적 동기는 수행의 과정이나 결과가 주는 감정적인 만족도와 깊은 관련이 있다. 과제를 수행하면서 느끼게 되는 기쁨과 보람, 즐거움 등의 감정에 따라 만족을 느끼고 이로 인해 다음 과제에 도전하고자 하는 새로운 동기가 부여된다. 따라서 내재적 동기에는 어떤 특정한 보상이 아닌 행동 그 자체에서 오는 즐거움 때문에 사람들이 노력한다는 특징이 있다.

내재적 동기는 다시 지식획득 내재적 동기와 성취 내재적 동기로 세분화할 수 있다.

(1) 지식획득 내재적 동기

알고자 하는 데서 오는 동기이다. 탐색이나 학습지향 목표, 학습 내재적 동기, 내재적 호기심 등과 같은 개념은 지식획득 내재적 동기와 관련이 있다. 지식획득 내재적 동기란 개인이 새로운 것을 배우고 탐색하며 이해하고자 노력하면서 느끼는 즐거움을 위해 계속적인 활동을 하게 되는 것이다. 이는 지식을 획득하여 자신이 유능해지거나 유명해지는 결과와 관계없이 획득해나가는 과정에서 만족을 느끼기 위한 것이며 지식획득 내재적 동기가 분명할 때 개인의 생활이 즐겁고 윤택해진다.

이러한 동기는 자발적 의지를 높여주고 삶의 만족도를 향상시켜 준다. 그러나 이러한 동기가 강한 사람에게 물질적인 조건이나 결과적인 요구를 내새워 동기를 자극했을 경우에는 자극 전보다 좋지 않은 결과를 초래할 수 있다.

(2) 성취 내재적 동기

개인이 자신의 최고 기록에 도전하거나 목표를 달성하면서 느끼는 기쁨과 만족감 때문에 활동을 계속하고자 하는 경우에 성취 내재적 동기에 의한 자극이라고 한다. 즉, 개인이 목표한 바를 성취하려는 동기를 말한다. 그리고 성취 내재적 동기에는 자신이 유능함을 느끼고자 하는 욕구가 포함되어 있으며 어려운 과제를 완벽하게 해냈을 때의 기쁨 때문에 계속적인 도전을 하게 된다.

이러한 동기는 개인에게 자신감을 심어주고 긍정적인 자아개념을 형성하게 해준다. 그러나 이러한 동기가 강한 사람에게 과정의 중요성을 강조하거나 결과의 의미를 배제시킬 경우에는 과제를 수행하고자 하는 동기가 떨어진다.

2) 외재적 동기

외재적 동기는 보상, 벌 등과 같은 목적을 달성하기 위한 수단으로 발생하며 자기결정성의 부재상태에서 수행되는 행동과 관련이 있다(Deci, 1971). 이는 과제 그 자체와는 관계 없이 보상을 받거나 벌을 피하고 타인을 기쁘게 하기 위해서 등의 다른 이유로 인해 취하는 행위를 말한다. 외재적 동기는 도구적 동기라고 불리기도 하며 주어진 과제에 대한 행위 자체보다 노력에 따른 결과만을 의미하는 것이다. 외재적 동기가 높은 사람들은 행위 자체에는 관심이 없고 오로지 그 행위의 결과가 가져다줄 보상에만 관심을 기울이게 된다. 이러한 동기가 자발적인 의지를 저하시킬 수도 있으며 지속력이 없다는 부정적인 시각도 있지만 일반적으로 수행에 대한 즉각적인 보상의 긍정적인 효과는 인정하는 편이다.

한편, 외재적 동기를 강조하게 되면 학습에 대한 내재적 동기를 감소시킬 수 있다. 예를 들어 개인이 원하는 조건을 보상으로 제시하고 일정수준 이상의 성적향상을 요구할 경우, 적절한 외재적 동기가 작용하여 순간적인 노력을 발휘할 수 있다. 그러나 노력의 목적이 성적향상보다는 보상에 맞춰져 있기 때문에 목표를 달성하여 보상을 받고 나면 흥미를 잃어버릴 수 있다. 반대로 목표를 달성하지 못했을 경우에는 좌절감을 느끼거나 쉽게 포기하는 등의 부정적인 결과를 초래할 수 있다.

제5절 장애 요인

앞에서 우리는 인간이라면 누구나 바람직한 내적 이미지를 형성하기 위해 노력해야 한다고 밝힌 바 있다. 사회가 발전해감에 따라 사람들이 점점 더 외형만을 중요시하고 내적 이미지 관리에 소홀히 하고 있다. 게다가 심도 있는 인간관계를 등한시하는 현대사회의 흐름은 긍정적이고 건강한 내적 이미지를 형성시키는데 장애 요인이 되고 있다. 그 결과 사람들은 부정적인 내적 이미지를 형성하게 되며, 고립과 후퇴를 반복하게 되고 병적인 내면의 고통을 호소하게 된다. 이와 같이 바람직한 내적 이미지의 형성을 방해하는 장애 요인은 매우 다양하다.

여러 가지의 장애들 중 우울 장애, 양극성 장애, 공황 장애, 특정 공포증, 사회 공포증, 강박 장애, 외상 후 스트레스 장애, 인격 장애, 섭식 장애, 약물중독 장애 등이 대표적인 요인들이다. 이러한 장애 요인들은 모두 병적인 질환이므로 약물치료나 심리치료를 통해 병증이 호전될 수 있다. 따라서 이런 장애가 의심될 경우 전문가의 도움을 받아 치료를 우선적으로 하는 것이 바람직하다. 또한 이미지 경영 전문가들은 이러한 장애들의 특징을 살펴 이해한 후, 극복할 수 있는 방법을 연구하여 이미지 경영 대상자의 긍정적인 내적 이미지 형성에 도움을 줄 수 있도록 노력해야 한다.

1. 장애 요인의 특징 및 치료

최근들어 내적 이미지 장애 요인에 대해 많은 심리학자들이 연구를 진행하고 있다. 다음의 〈표 5-1〉은 신현정·김비아(2008)의 역서 '마이어스의 심리학'을 참고하여 장애 요인을 보완하고 정리한 것이다.

이미지 경영 전문가는 다음의 내적 이미지 장애 요인에 대한 정의와 특징을 알고 그에 따른 치료방법을 익혀 이미지 경영 대상자의 건강한 내적 이미지를 형성할 수 있도록 노력해야 한다. 또한 성공적인 내적 이미지 경영을 위해 보다 효과적인 치료방법이나 컨설팅 방법을 꾸준히 연구·분석하고 공유해 나가야 한다.

〈표 5-1〉 내적 이미지 장애 요인의 정의

	장애 명칭	정의 및 특징	치료방법
1	우울 장애 (우울증)	- 의욕 저하와 슬픔, 우울감, 다양한 신체적 증상이 함께 나타나며 오래 지속됨 - 생물학적, 심리적, 사회적 요인이 복합적으로 작용하며 인지 및 정신적, 신체적 이상 증상을 일으켜 일상 기능의 저하를 가져오는 질환	- 정신치료와 약물치료 - 심리적 안정과 긍정적 사고방식을 심어주는 것이 중요
2	양극성 장애 (조울증)	- 기분 장애의 대표적인 질환의 하나 - 기분이 비정상적으로 고양되어 양 극단을 오가는 특징이 나타남	- 약물 치료를 중심으로 정신치료적 접근을 통합한 포괄적인 치료 계획을 세우는 것이 중요
3	공황 장애	- 특별한 이유 없이 예상치 못하게 나타나는 극단적인 불안 증상, 공황발작(Panic attack)이 주요한 특징인 질환	- 약물치료와 인지행동치료 - 이완요법, 호흡훈련, 실제상황에의 노출 등을 활용
4	특정 공포증 (단순 공포증, 특수 공포증)	- 어떤 특정한 대상이나 상황을 두려워하여 피하게 되는 정신질환	- 인지행동치료, 노출요법 - 질환 자체의 치료보다는 예기불안 상태나 공황 및 기타 정신질환의 치료를 목적으로 한 약물치료
5	사회 공포증	- 어떤 사회 불안을 경험한 후 다양한 사회적 상황을 회피하게 되어 사회적 기능이 저하되는 정신과적 질환	- 정신치료와 약물치료를 함께 병행 - 행동요법 및 인지요법을 함께 시행하며 인지 재훈련 같은 기법들을 활용

	장애 명칭	정의 및 특징	치료방법
6	강박장애 (강박성 장애)	- 자신의 의지와는 상관없이 어떤 특정한 사고나 행동을 떨쳐버리고 싶은데도 시도 때도 없이 반복적으로 하게 되는 상태로 불안장애에 속하는 질환	- 약물치료와 행동지원을 함께 병행
7	외상 후 스트레스 장애	- 성폭력, 학대, 참사, 테러 등과 같은 정신적 외상으로 인한 극단적 스트레스 장애	- 약물치료와 정신치료 요법을 사용 - 심리요법으로 행동치료, 인지치료, 최면 요법 등을 활용
8	인격 장애 (성격장애)	- 고정된 습관이나 성격, 사고방식이 사회적 기준에서 극단적으로 벗어나 사회생활에 문제를 일으키는 경우 - 불안, 사회적인 관계, 대인관계에서의 부적응, 타인을 괴롭히는 경향, 자기중심적인 인간관계를 나타내는 특징	- 정신치료, 약물치료, 심리치료 등을 통합적으로 시행
9	신경성 식욕 부진(거식증)	- 대표적인 섭식장애의 하나 - 살을 빼려는 지속적인 행동, 체중 감소, 음식과 체중과 연관된 부적절한 집착, 음식을 다루는 기이한 행동, 살이 찌는 것에 대한 강한 두려움 그리고 무월경 등을 주요 특징으로 하는 질환	- 정신과적 문제와 더불어 심각한 내과적 문제가 동반되어 내과적 응급을 요하는 경우가 많기 때문에 필요한 경우 입원 등을 고려한 포괄적인 치료 계획이 수립되어야 함
10	약물중독 장애	- 규칙적인 약물남용과 관계된 특이한 부적응적 행동패턴을 말하며 약물남용 및 약물의존 형태의 질환	- 정신치료, 약물치료와 함께 금단현상에 대한 치료를 병행

2. 심적 안정도 진단 척도

개인의 전체 이미지를 형성할 때 내적 이미지는 가장 기본적인 요소이며 내적 이미지가 긍정적으로 형성되기 위해서는 심리가 안정되는 것이 중요하다. 다음 〈표 5-2〉의 체크를 통해 스스로의 심적 안정의 정도를 알 수 있다. 또한 진단 결과를 바탕으로 부족한 부분을 채워 건강한 내적 이미지를 형성하도록 노력하는 것이 필요하다.

〈표 5-2〉 심적 안정도 진단 Check list

문항	내 용	점 수				
		1	2	3	4	5
1	행복감을 느끼고 있다.					
2	사랑을 나누는 것에 대해 긍정적이다.					
3	성공을 위한 목표나 계획이 있다.					
4	열등감을 쉽게 느끼지 않는다.					
5	분노를 잘 참는다.					
6	나의 인생에서 만족감을 느끼고 있다.					
7	자아정체성이 잘 정립되어 있다.					
8	자아존중감이 높다.					
9	가치관이 올바르게 정립되어 있다.					
10	자기만의 뚜렷한 신념을 가지고 있다.					

* 5점-매우 그렇다, 4점-그렇다, 3점-보통이다, 2점-아니다, 1점-매우 아니다

제5장 연구문제

1. 개인 심리의 종류와 특징을 정리하시오.
2. 개인 심리의 효과를 정리하시오.
3. 사랑의 유형과 특징을 정리하시오.
4. 상대 심리의 종류와 특징을 정리하시오.
5. 열등감의 원인을 설명하시오.
6. 열등감의 유형과 증후를 정리하시오.
7. 자아존중감의 원리를 설명하시오.
8. 가치관 형성의 요인을 정리하시오.
9. 동기의 유형과 특징을 정리하시오.
10. 내적 이미지 장애 요인에 대해 정리하시오.

제3부

외적 이미지

제 6 장
외적 이미지의 이해

우리가 살아가는 사회는 이미지 연출의 시대라고 해도 과언이 아닐 만큼 시각적으로 보여지는 전체적인 이미지가 매우 중요하게 인식되고 있다. 이는 여러 가지 면접시험뿐만 아니라 대인관계에 있어서도 외적 이미지가 만남의 성공과 실패를 결정짓는 중요한 요소 중의 하나로 작용하고 있기 때문이다.

인간의 미(美)에 대한 탐구는 인류의 기원과 그 역사를 같이 하는데 자신의 육체뿐만 아니라 다양한 재료들을 사용하여 결점을 가리고 장점을 돋보이게 하는 능력은 오직 인간만이 가진 재능이라고 할 수 있다(안혜민, 2006). 따라서 개인이 대인관계에서의 외적 이미지 향상을 위하여 노력하는 것은 지극히 당연하고 필요한 일이다.

개인이 내재된 아름다움과 잠재된 능력을 개발하여 최상의 모습을 드러내 보이고 자신의 진가를 세상에 알리는 것이 좋은 이미지를 형성하는 것이라는 점만 보아도 우리는 외적 이미지의 중요성을 잘 알 수가 있다.

이 장에서는 외적 이미지에 관한 정의와 개념을 이해하고 타인에게 좋은 이미지로 표현되기 위한 외적 이미지의 연출 방법들을 살펴보고자 한다.

제1절 외적 이미지의 정의와 개념

1. 외적 이미지의 정의

외적 이미지란 자신을 외부적으로 나타내는 것으로써 성격, 심성, 인성, 습관, 생각, 감정, 욕구 등의 내적 이미지가 외모(생김새), 표정, 자세, 말, 행동 등을 통해 외부로 표현되는 현상이다. 더욱 구체적으로는 메이크업, 헤어, 컬러, 의복, 표정, 자세, 걸음걸이, 체형, 말, 목소리 등과 같이 겉으로 보여 지는 모습이나 형태가 내면적인 성향과 하나가 되어 외적으로 만들어지는 현상이다(김혜리, 2008).

2. 외적 이미지의 개념

Spicker(1970)는 "나는 어떻게 생겼는가?"라는 문제가 타인에게나 자신에게 "나는 누구인가?"라는 문제와 관련되어 요람에서부터 무덤까지 평생 동안 사람에게 있어서 중요한 질문이라고 한다. 일반적으로 좋은 외적 이미지는 개인의 행복과 사회적인 성공을 위해 필요한 요소 중의 하나이다. 뿐만 아니라 호감을 주는 외적 이미지는 대인지각에서도 후광효과로 작용하여 개인의 다른 특성과 능력까지도 긍정적으로 평가되도록 한다. 그러므로 사람들은 외적 이미지 향상을 위해 많은 노력과 오랜 시간을 투자하고 있다.

외적 이미지와 내적 이미지는 서로 영향을 주는 요인이다. 외적 이미지에 대한 긍정적인 사회 반응이나 평가는 내적인 자아존중감, 자신감, 성격, 인성 등에 영향을 미치며 이렇게 형성된 내적 이미지는 외적으로 표현된다. 자신의 연출이 사회적으로 칭찬을 받았을 때 더욱 과감하고 자유로운 연출에 도전할 수 있게 되는 것이 이러한 이유 때문이라고 할 수 있다. 이처럼 외적 이미지는 외형적 형상과 내면적 요인이 하나가 되어 외부로 표현되는 것이므로 시각적으로 보이는 표정, 행동, 자세뿐만 아니라 본질적인 감정, 성격, 욕구 등을 조절하고 관리하는 것이 중요하다.

이러한 외적 이미지는 대인관계에서도 중요한 역할을 차지하고 있다. 일부 사람들은 상대를 평가할 때 성격이나 가치관 등을 더 중요하게 여기지만 그것은 2차적으로 영향을 주는 평가 요소라고 할 수 있다. 대인관계에서 새로운 사람을 만났을 때 3초도 되지 않아서 인상형성이 이루어지는데, 이때 인상형성의 주가 되는 것은 외적 이미지이다. 인간은 일반적으로 좋은 인상을 형성한 대상과 더욱 친해지거나 관계를 이어나가고 싶다는 생각을 하게 된다.

이처럼 외적 이미지는 사람을 평가할 때 잣대가 되는 가장 일반적인 요소이며 상대를 판단하는 척도 중 가장 많은 비중을 차지하는 것이다. 상대의 외적 이미지를 통해 성별, 성격, 감정, 인성, 습관, 사회·경제적 지위나 직업뿐만 아니라 자신과 가까이 할 사람, 멀리 할 사람으로도 판단을 하게 된다.

따라서 사람을 평가하는 외적 이미지는 관계를 이어가는 기준이 되고, 상대의 외적 이미지를 통해 성격, 인성, 감정, 습관 등의 내적 이미지를 판단하게 되며 나아가 통합적인 사회적 이미지를 형성하게 되는 것이다.

제2절 외적 이미지 형성

사람의 외적 이미지는 신체 이미지와 컬러 이미지, 뷰티 이미지 등 세분화된 내용을 바탕으로 형성된다. 건강하고 아름다운 신체 이미지와 개인의 신체 조건에 어울리는 컬러, 뷰티 요소들을 적합하게 적용하는 것이 성공적인 외적 이미지 형성을 위한 중요한 요건이라 하겠다.

이와 관련하여 현원정(2008)은 외적 이미지가 자신의 이미지를 타인에게 형성시키는 것에 지대한 영향을 미치며 메이크업, 의복, 헤어 스타일 등은 외적 이미지를 돋보이게 하는 중요한 요소라고 지적한다. 즉, 외적 이미지는 타인을 지각할 때 사용하는 단서로 신체적 특성, 체격, 얼굴모습, 의복, 헤어 스타일, 화장, 안경과 같은 액세서리, 건강상태, 체취 등을 포함한다. 또한 Kaiser(1998)에 의하면 가장 직접적으로 외모에 영향을 미치는 것은 신체와 의복이라고 하며, 육혜숙(2007)은 자기 이미지를 표현하는데 색채와 스타일이 중요한 속성이라고 한다.

성공적인 인간관계를 위해서는 외적 이미지를 형성하는 요인인 신체 이미지와 컬러 이미지, 뷰티 이미지에 해당하는 분야별 특성과 형성과정을 알아보고 상대에게 호감을 줄 수 있는 외적 이미지를 연출하기 위해 노력해야 한다.

1. 신체 이미지

1) 얼굴(Face)

사람을 처음 만났을 때 대부분 상대의 얼굴을 먼저 바라본다. 안혜민(2006)은 얼굴에 대해 인간의 외모가 인간관계에 영향을 주는 커뮤니케이션의 한 형태라고 하며, 특히 외모단서의 특징적인 부위로써 중요시되는 얼굴은 서로의 인상을 형성하는데 있어서도 커다란 역할을 수행한다고 한다. Lavater(1778)에 의하면 인상은 인간, 동물, 식물, 토지나 지역의 특성이 외부로 나타나는 모습이며 협의의 개념으로는 얼굴의 표현과 형태, 영적 본질과 성격의 거울로서의 표정이라고 한다. 한편, Moberg(1989)는 판단의 대상이 되는 사람의 행동을 관찰할 수 있는 기회가 제한된 상황에서는 인상이 매우 큰 정보적 가치를 지닌다고 한다. 이러한 점으로 볼 때, 얼굴이 외적 이미지 형성에 미치는 영향은 매우 크다.

그러므로 얼굴은 대인관계에서 자연스럽게 흥미와 관심의 초점이 되고 얼굴의 형태적 요소에 따라 다양한 신체 이미지를 형성하게 된다. 물론 사람을 평가하는데 있어 얼굴 외에도 그 사람의 인지적 능력, 성격과 같은 내적인 요소들도 중요하지만 이러한 요소들이 표출되어 얼굴을 형성하는 것이기 때문에 얼굴은 외적 이미지 판단 기준의 매우 중요한 부분이라고 할 수 있다.

2) 체형(Body type)

체형은 자신의 몸에 대한 개인적, 주관적인 인지로써 인격을 구성하는 중요한 요소 중 하나이다(Freud, 1927). 또한 체형은 신체의 겉모습, 내부, 형태뿐만 아니라 개인의 감정, 태도, 성격의 반응이기도 하다(Dishman 외, 1985). 이인자 외(2001)는 신체적 외모가 타인의 즉각적인 판단에 첫 번째 단서로 사용되므로 사람의 체격, 체형, 얼굴, 건강상태 등은 인상형성에 영향을 미치는 중요한 요인이라고 주장하고 있다.

겉으로 보여지는 체형 이미지는 외적으로 나타나는 라인과 내적으로 개선되는 건강이 균형을 이루었을 때 형성되는 이미지이며 미(美)와 건강 중 한쪽으로 치우치지 않는 균등한 관심과 관리가 이루어져야 아름답고 건강한 체형 이미지를 형성할 수 있다. 조화로운 체형 이미지는 건강하고 아름다운 외적 이미지를 형성하는데 중요한 요소로 작용한다.

2. 컬러 이미지

컬러에 관한 류화정(2007)의 연구에 의하면, 컬러는 인간의 눈을 통해 뇌가 인식하는 가시광선으로 780nm의 빨강에서 380nm의 보라까지 각각 다른 파장을 가지고 있는 빛이라고 한다. 또한 컬러들은 모두 자신만의 이미지를 가지고 있고 역사적, 사회적으로 형성된 상징을 표현한다. 이러한 이미지와 상징은 개인의 마음속에 각각의 형상으로 각인되어 제시된 컬러를 보면 자연스럽게 컬러의 의미와 상징을 연상하게 된다.

국내·외 많은 학자들은 컬러를 활용하여 퍼스널 컬러 이론을 정립하고 있으며 수많은 학자들의 연구에 의해 세분화되고 체계화되어 오늘날 퍼스널 컬러 시스템에 관한 이론들이 확립되고 있다.

사람마다 좋아하는 색과 어울리는 색이 다를 수 있기 때문에 컬러 이미지에 대해 인지하고 활용하는 것은 매우 중요한 행위이다. 퍼스널 컬러 진단을 통해 자신에게 어울리는 컬러 타입을 찾고 패션이나 메이크업, 헤어 등 컬러가 사용되는 분야에 활용한다면 보다 호감적인 외적 이미지를 형성할 수 있다. 뿐만 아니라 이러한 외적 이미지의 변화는 사회로부터 긍정적인 평가를 받게 되며 이로 인해 자아존중감이 향상 될 수 있다.

따라서 컬러의 적절한 사용은 본인의 이미지를 긍정적으로 이끌어 내는 중요한 역할을 한다. 또한 사람은 때와 장소에 맞는 컬러의 사용으로 자신의 외적 이미지를 더욱 호감적으로 형성할 수 있다. 자신이 돋보여야 할 자리에서는 본인의 베스트 컬러를 사용하여 화려하고 근사한 이미지를 형성할 수 있으며 근엄하거나 숙연한 자리에서는 그에 맞는 컬러 선택을 하여 상황에 적절한 연출을 하는 것이 바람직하다.

3. 뷰티 이미지

1) 피부(Skin)

일반적으로 피부는 시간이 지남에 따라 세포의 분화와 증식이 감소되어 재생이 느려지고 세포 수가 줄어든다. 각질층도 두꺼워지고 얼굴과 이마 부위의 모공이 넓어진다. 이러한 피부의 변화는 외적 이미지 형성에 영향을 주므로 피부 관리를 꾸준하게 할 필요가 있다.

피부 관리란 피부를 자극하여 피부가 지닌 원래의 기능을 유지시켜 젊고 아름다운 피부로 가꾸어 주는 것을 말하며 얼굴을 포함한 전신을 대상으로 하여 피부 클렌징, 각질제거, 영양투입, 피부보호, 피부분석과 피부상담 등을 포함하는 개념이다(김귀미, 2009).

피부는 맑고 생기 있는 상태를 유지하는 것이 중요하다. 깨끗하고 건강해 보이는 피부는 상대방에게도 기분 좋은 활력소 역할을 한다. 또한 건강한 피부를 바탕으로 메이크업을 해야 한다. 왜냐하면 아무리 메이크업을 잘해도 피부가 건강하지 않으면 투명하고 아름다운 피부 표현이 어렵기 때문이다. 따라서 꾸준한 피부 관리를 통해 아름답고 건강해 보이는 피부를 유지할 수 있도록 노력해야 한다.

2) 메이크업(Make-up)

메이크업은 페인팅(Painting), 드레싱(Dressing), 토일렛(Toilet) 또는 프랑스어의 마뀌아쥬(Maquillage) 등의 용어로 표현한다.

메이크업에 관하여 권형신(2004)은 얼굴을 관리하여 자신을 표현하는 기법이며 얼굴이라는 소재를 가지고 다른 부분의 색, 형태와 조화를 이루어 아름다움을 만들어 내는 기술로 얼굴의 장점을 돋보이게 하고 결점은 감추어 아름답게 표현해 주는 창조적인 작업이라고 하며, 김재숙 외(2004)는 얼굴의 이미지 형성과 직접 관련되는 메이크업은 작은 변화에서도 얼굴 이미지를 쉽게 변화시킬 수 있다고 한다. 한편, 윤소영(2007)은 메이크업을 자신이 지닌 장점을 살리고 단점을 보완하여 개성을 최대한 돋보이게 하는 아름다움의 표현방법으로 자기 이미지를 아름답게 가꾸어 주는 것이라고 한다.

메이크업은 단순히 외적 이미지 향상을 위해서만 쓰이는 것이 아니다. 메이크업을 통한 호감 가는 외적 이미지 형성은 내적 이미지 형성에도 많은 영향을 미친다. 화사한 메이크업 연출로 인해 우울했던 기분이 개선되기도 하며 자신에게 메이크업을 하면서 자아존중감이 높아지기도 한다. 이처럼 때와 장소에 맞는 자신만의 메이크업을 통해 단점은 보완하고 장점은 더욱 향상시켜 내적인 만족과 긍정적인 외적 이미지를 형성할 수 있다.

3) 헤어(Hair)

뷰티 이미지 중 헤어는 개인의 직업, 성, 개성, 연령, 경제적 위치 등을 나타내는 기능을 하며 개인의 이미지 메이킹에 무척 중요한 요소로 작용한다(양숙희, 2007).

헤어는 시대의 흐름과 사회의 가치관 변화와 함께 짧은 헤어 스타일과 롱 헤어 스타일, 웨이브 스타일 등으로 다양하게 변화해 왔다. 또한 대중매체의 영향으로 과감하고 파격적인 스타일이 나타나기도 하고 사회의 다분화, 개인화로 인해 사람들은 획일화된 유행추구적인 스타일보다는 개인의 개성을 살리는 헤어 스타일을 선호하고 있다. 이에 대해 장인실(2006)은 헤어 스타일이 의복, 메이크업 등과 함께 인간의 미적 욕구를 표현하는 수단으로 시대의 변화에 따라 계속적으로 새로운 스타일이 나타나고 있다고 했다.

이처럼 인간의 미적 욕구를 표현하는 헤어 스타일 역시 개인의 외적 이미지 형성에 있어서 중요한 요소로 작용하는 것을 알 수 있다. 따라서 자신의 얼굴 형태나 신체 색상, 체형 등을 고려하여 자신에게 어울리는 헤어 스타일의 연출로 호감적인 외적 이미지를 형성할 수 있다.

4) 네일 & 풋(Nail & Foot)

네일과 풋은 개인의 성향과 여유를 의미하기도 한다. 깨끗하고 건강하게 잘 가꿔진 네일과 풋은 아름다운 외적 이미지를 형성하는데 빠질 수 없는 요소이다. 매니큐어(Manicure)는 손(Manus)과 관리(Cure)라는 합성어로 라틴어에서 파생되어 네일의 모양정리, 큐티클(Cuticle)정리, 마사지, 컬러링(Coloring) 등을 포함한 총괄적인 네일의 관리를 뜻하며 지금까지 5000년에 걸쳐 변화되어 왔다(김성은, 2004). 이러한 관리를 통해 우리 모두가 더욱 호감적인 인상을 형성할 수 있어야 한다. 안혜민(2006)의 연구에 따르면 네일 컬러가 호감도에 유의한 영향을 미치며 여성에 있어 네일 컬러는 매력성, 현시성, 평가성, 능력성 등의 인상 요인에 유의한 영향을 미친다고 한다. 또한 호감을 느끼는 네일 컬러로는 자연색, 분홍색, 빨간색, 검정색, 파란색 순으로 평가되었다고 한다. 자신에게 어울리면서 일반적으로 호감을 많이 느끼게 하는 네일 컬러를 선택하여 관리하면 더욱 아름다운 외적 이미지를 형성할 수 있다.

페디큐어(Pedicure)의 Pedi는 '발'의 의미를 지닌 라틴어 페누스(Penus)와 '관리', '보호'를 뜻하는 영어 'Cure'의 합성어이다. 발을 청결하고 아름답게 만드는 목적으로 발톱의 길이와 모양을 정리하고 발의 굳은살을 제거하며 마사지와 컬러링을 하는 전체 과정을 말한다(김성은, 2004).

우리는 일반적으로 직장생활을 할 때나 격식을 갖출 때에 구두를 선호하며 남녀를 불문하고 구두를 많이 착용하게 된다. 장시간 좁은 토우 모양의 구두를 착용하는 경우, 엄지발가락이 변형되어 발에 장애가 생기며 이러한 현상은 남성보다는 여성에게서 더 빈번하게 발생된다(한상덕, 1986). 이처럼 구두를 신고 오랫동안 걷게 되면 발의 형태가 변형되고 질병이 생기기 쉽다. 그러므로 풋 관리를 통하여 경직된 근육과 관절을 이완시켜주고 각질제거와 컬러링을 통해 아름다운 풋 이미지를 형성하도록 노력하는 것이 바람직하다.

5) 패션(Fashion)

자신이 평소 좋아하는 스타일이나 깔끔하고 세련되게 잘 차려입은 사람에게 더욱 호감을 느끼게 되는 것과 같이 패션이 첫인상을 결정짓는데 중요한 단서가 된다. 그러므로 면접을 보거나 처음 사람을 대면하게 될 때 또는 데이트나 선을 보는 자리에 있어서도 패션은 중요한 역할을 한다.

일반적으로 사람들은 자신이 연출한 패션이 마음에 들거나 그렇지 않을 때에 태도나 행동에 영향을 준다. 대부분의 사람들은 어떤 사람이 트레이닝복 차림에 슬리퍼를 신고 있다면 그 사람이 인근에 사는 사람이라고 단정 짓는 것처럼 상대방의 의복 차림만을 보고 보이지 않는 많은 부분까지 판단하게 된다.

사회심리학적인 관점에서 보면 옷을 착용하는 행위는 자기표현임과 동시에 자신의 인상을 관리하기 위한 수단으로 사용된다고 한다. 따라서 패션은 몸의 보호와 개성을 연출하는 요소이자 외적 이미지 형성의 중요한 요소가 되는 것이다.

이제까지 살펴본 바에 의하면 외적 이미지는 다양한 요소들이 유기적인 관계를 맺고 서로 영향을 주고받으며 통합적으로 형성되는 것이다. 현대는 루키즘(Lookism)의 시대라 할 만큼 외적 이미지가 중요시되고 있다. 이러한 시대적 분위기를 감안할 때 본인에게 맞는 이미지 연출은 대인관계에서나 사회생활에서 한층 자신감을 높일 수 있는 수단이 된다(전보경, 2008). 〈그림 6-1〉은 외적 이미지 형성요소를 나타낸다. 즉, 균형적인 신체 이미지와 자신에게 어울리는 컬러 이미지, 아름다운 뷰티 이미지 요소들이 함께 작용하여 호감적인 외적 이미지를 표출하게 하는 잣대임을 나타낸 것이다. 따라서 우리는 각자에게 알맞는 외적 이미지 변화를 위해 이를 바탕으로 모든 형성요소들을 잘 갖출 수 있도록 노력해야 한다.

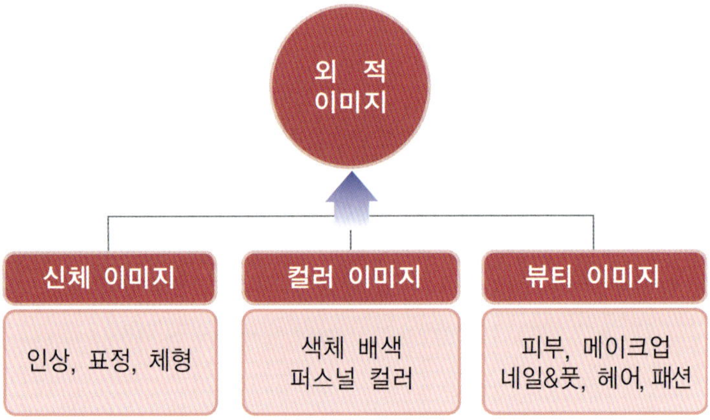

〈그림 6-1〉 외적 이미지 형성 과정

제3절 외적 이미지 관리행동

사람은 출생과 더불어 '나'라는 모습의 신체적, 정신적으로 결합된 형태로 출발한다. 아리스토텔레스(Aristotle), 플라톤(Plato), 데카르트(Descartes) 등의 철학자들은 정신과 신체의 이중성에 대해 고찰하였으며, 정신과 신체의 상호작용 방법을 논리적으로 파악하고자 노력했다. "나 자신이 다른 사람들에게 어떻게 보일까?"라는 의문은 모든 인간들의 가장 큰 관심거리 중의 하나이다. 그리고 그것은 현대에 와서 외적 이미지 관리행동으로 표현되고 있다고 할 수 있다(김은영, 1991).

이미지 관리란 다른 사람에게 자기가 어떻게 인식되는지를 관리하는 과정을 말한다(이미희, 2001). 또한 외적 이미지 관리행동은 대인관계에서 중요한 역할을 하는 외모를 자신이 기대하는 대로 다른 사람에게 보이도록 하기 위해 다양한 도구를 이용하여 관리하는 일련의 행위이다. 앞에서도 지적했듯이 이러한 외적 이미지 관리는 자신을 표현하고 인식시키는 중요한 요소이며 일종의 자기표현 능력이다.

외적 이미지 관리행동에 관한 학자들의 시각은 다양하다. 조슬기(2006)의 경우, 외적 이미지 관리행동이 외모를 중심으로 한 외면적인 미(美)뿐만 아니라 자신의 의사를 표출하고 가치를 상징한다고 주장했다. 또한 외적 이미지 관리행동은 외적인 실체와 내적 존재와의 조화로운 아름다움을 추구하는 생활 문화로써 뚜렷한 특성을 지니게 되었으며 하나의 문화적 코드로 인식되고 있다고 했다.

따라서 외적 이미지의 관리행동은 일상의 상호작용에 없어서는 안 될 불가피한 요소이며, 외적 이미지를 관리하기 위해서는 외형적 모습뿐만 아니라 내면적 요인도 함께 관리하는 것이 바람직하다. 뿐만 아니라 성공적인 대인관계를 위하여 자신의 외적 이미지를 최상으로 연출하고, 상대방에게 호감을 주도록 노력하여 긍정적인 외적 이미지를 형성할 필요가 있다.

1. 외적 이미지 진단 척도

긍정적인 외적 이미지를 형성하기 위해 자신의 외적 이미지에 대한 정확한 분석이 필요하다. 따라서 〈표 6-1〉의 체크 리스트를 통해 자신의 외적 이미지를 정확하게 인지해야 한다. 또한 결과를 바탕으로 보다 긍정적인 외적 이미지 형성을 위해 노력해야 한다.

〈표 6-1〉 외적 이미지 Check list

문 항	항 목	Yes	No
1	나는 웃는 얼굴에 자신 있다.		
2	나의 신체 유형을 알고 있다.		
3	나에게 어울리는 컬러를 알고 있다.		
4	나의 결점을 커버하는 패션 스타일을 알고 있다.		
5	상황에 맞는 헤어 스타일을 연출할 수 있다.		
6	나는 평소 머릿결 관리를 한다.		
7	나는 거울을 자주 본다.		
8	깔끔하고 단정하다는 말을 많이 듣는다.		
9	나는 내 피부색을 알고 그에 맞는 메이크업을 한다.		
10	나는 체중과 체력 관리를 꾸준히 한다.		

〈표 6-1〉의 항목을 읽고 자신이 해당하는 유형을 선택한 후 〈표 6-2〉의 집계표를 작성하고 합산 결과를 통해 자신의 외적 이미지를 확인할 수 있다.

〈표 6-2〉 집계표

문항	YES	NO
1		
2		
3		
4		
5		
6		
7		
8		
9		
10		
합계	개	개

제6장 연구문제

1. 외적 이미지의 정의를 내리시오.
2. 외적 이미지의 개념을 정리하시오.
3. 외적 이미지의 형성요소를 정리하시오.
4. 외적 이미지의 중요성을 설명하시오.
5. 외적 이미지 관리 방법을 설명하시오.

제 7 장
신체 이미지

외적 이미지 형성에 중요한 요소로 작용하는 신체 이미지에는 모든 신체 부분이 합쳐져서 형성되는 외적인 모습뿐만 아니라 내적인 건강까지도 포함된다. 따라서 탄력 있는 피부와 균형 있는 체형, 밝고 화사한 얼굴, 건강한 신체 흐름이 균형을 이룰 때 바람직한 신체 이미지가 형성된다. 현대 여성들은 마른 몸매를 추구하여 무리한 다이어트를 하는 경우가 많은데 이는 신체 흐름을 깨트린다. 그 결과 안색이 나빠지고 야윈 느낌을 주며 탄력을 잃고 기운이 없어 보이는 신체 이미지를 지니게 된다. 나아가 외적 이미지 형성에도 부정적인 영향을 준다.

이 장을 통해 신체 이미지의 정의와 개념을 인지하며 바람직한 신체 이미지 형성을 위한 방법을 살펴보고자 한다.

제1절 신체 이미지의 정의와 개념

1. 신체 이미지의 정의

신체 이미지란 신체의 각 부분이 서로 영향을 주고받으면서 형성되는 외적인 이미지이다. 또한 개인이 대상을 '~한 이미지'로 예상하여 형성한 추측된 정의를 일컫는 말이기도 하다.

신체 이미지에는 사람의 신체 모든 부분이 속하고 각각의 이미지가 다른 이미지에 연상적인 영향을 미치며 그 결과로 총체적인 이미지가 형성된다.

2. 신체 이미지의 개념

외모가 상대를 평가하는 중요한 요인으로 작용하는 현대 사회에서 신체 이미지는 개인의 외적 이미지 형성과 판단에 중요한 부분을 차지하고 있다.

사람들은 낯선 사람들과의 만남에서 매력을 느끼거나 비호감을 느끼기도 하는데 그 이유로는 개인적으로나 상대적으로 다양한 원인이 있을 수 있으며 대면하는 순간의 시각적인 효과를 생각할 때 신체적인 조건을 무시할 수 없다(김경호, 2008). Corter(1978)는 대부분의 사람들이 상대의 신체적 매력으로 인해 호감을 가진다는 것을 부정하려 하지만 현실적으로 신체적 매력은 타인과의 관계형성에 결정적인 요인으로 작용하며 특히 이성 간에는 절대적인 영향을 미친다고 했다. 이처럼 신체 이미지는 상대에게 호감적인 이미지와 비호감적인 이미지를 형성하게 하는 중요한 판단요소로 작용하며 나아가서 인간관계의 형성과 관계유지의 유무를 결정짓는 요인으로도 작용하고 있다.

신체 이미지는 어느 한 부분의 이미지만으로 설명할 수는 없다. 이는 하나의 이미지가 다른 이미지에 영향을 주고 그로 인해 전체적인 평가가 이루어지기 때문이다. 신체 이미지는 체형 이미지가 부정적일 때 얼굴 이미지가 긍정적으로 형성될 수 없고 얼굴 이미지가 부정적일 때 역시 체형 이미지가 긍정적으로 평가될 수 없다. 이와 같이 신체 이미지는 체형 이미지, 얼굴 이미지와 유기적인 관계이며 자신의 얼굴 이미지와 체형 이미지가 균형 있게 조화를 이루는 것이 중요하다.

제2절 신체 이미지의 형성요소

신체 이미지는 얼굴 이미지와 체형 이미지를 통해 형성된다. 호감을 주는 편안한 얼굴 이미지와 건강하고 아름다운 체형 이미지가 조화를 이룰 때 가장 이상적인 신체 이미지를 형성할 수 있다.

얼굴 이미지 관리에는 피부 관리와 표정 관리가 있다. 피부 관리는 케어, 마사지, 트러블 예방 등을 통해 맑고 건강한 피부를 만들어 준다. 그리고 표정 관리는 미소 트레이닝과 유지법, 미소라인 교정 등을 통해 밝고 편안한 미소와 부드럽고 호감 가는 인상을 만들 수 있다.

체형 이미지는 건강 관리와 라인 관리가 있다. 건강 관리는 운동, 식습관 조절, 수면 관리 등을 통해 활기차고 건강한 신체를 만들 수 있게 하며, 라인 관리는 자세 교정 등을 통해 바르고 건강하며 균형 잡힌 체형 이미지를 만들 수 있다.

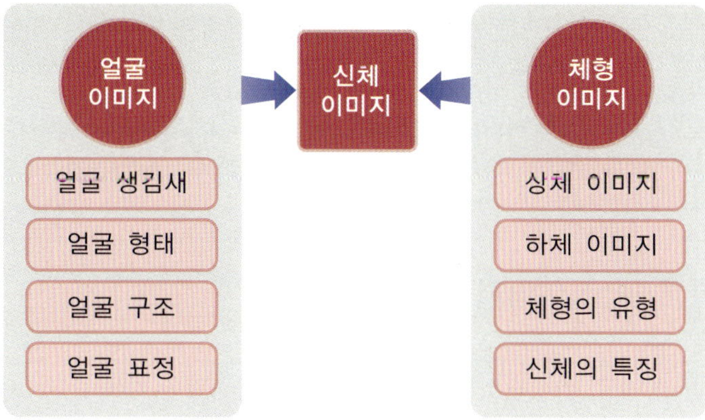

〈그림 7-1〉 신체 이미지 형성 과정

제3절 얼굴 이미지

1. 얼굴 이미지의 정의

얼굴 이미지란 한 개인을 구별·판단하는 기초적인 단서이고 관계교류의 중심 창구이며 선천적인 요소와 후천적인 요소 및 환경적인 요소의 작용을 통해 형성되어 얼굴로 표현되는 것이다(송은영, 2009). 이러한 얼굴 이미지는 외적으로 재생되는 마음의 상(象)이며 내면으로부터의 표출이다.

2. 얼굴 이미지의 개념

현대 사회에서 얼굴 이미지는 개인의 의사를 표출할 뿐만 아니라 대인관계의 매개체가 되는 중요한 요소로 작용하고 있다. 개인의 얼굴 형태와 표정이 서로 작용하여 상대에게 호감적 또는 비호감적으로 얼굴 이미지를 형성한다. 또한 개인의 가슴속에 내제되어 있는 감정과 의사가 얼굴을 통해 표현되는데 이 역시 얼굴 이미지 형성의 요인이 된다.

국내 대학생들을 대상으로 한 첫인상 인식수준에 대한 연구 결과를 보면 '타인과의 첫 만남 시 가장 많이 보는 곳은?'이라는 질문에 64% 이상이 '얼굴 전체 인상'이라고 답했으며, 인상 형성에 가장 큰 영향을 미치는 얼굴 요소는 58% 이상이 '표정'으로 나타났다(송은영, 2009). 이와 같이 사람의 얼굴 이미지는 인상이 형성될 때 매우 중요한 요소로 작용한다. 뿐만 아니라 대인관계에서 얼굴 이미지는 상대를 평가하는 외적 이미지의 한 요소로서 바람직한 인간관계 형성과 유지에 중요한 역할을 한다.

따라서 우리는 표정 트레이닝이나 페이스 경락 등의 얼굴 이미지 경영을 통해 밝고 친근하며 호감적인 얼굴 이미지를 형성해야 한다.

3. 형태에 따른 얼굴 이미지

얼굴은 어떠한 형태로 구성되었는지에 따라 다른 이미지를 형성한다. 사람의 얼굴 형태는 크게 남방계형, 북방계형, 중서계형으로 나뉘는데 형태에 따른 얼굴 이미지의 특성을 구체적으로 살펴보기로 한다. 이 내용은 김경호(2008)의 분류를 참고로 더욱 확대·보완하여 설명을 덧붙인 것이다.

1) 남방계형

남방계형 사람은 한반도의 남쪽 해안을 통해 동남아시아 지역에서 태평양 연안을 따라 들어온 사람들로 모가 나거나 네모진 얼굴이며 안면의 요철이 뚜렷한 특징을 갖고 있다. 이들은 눈썹이 짙고 숱이 많으며 눈이 크다. 쌍꺼풀이 있고 눈두덩이가 좁으며 몽고주름이 없다. 코가 짧고 코끝이 둥글다. 이마는 가로가 넓고 세로가 좁으며 입술도 두껍고 큰 편이다. 남방계형 사람들은 대체적으로 건강하고 활달한 인상을 준다. 한국에는 약 20% 정도의 남방계형 얼굴이 분포하기 때문에 평균적인 한국인의 얼굴은 아니다.

2) 북방계형

북방계형 사람은 북쪽의 육로를 통해 시베리아에서 중국 북부를 거쳐 남하한 사람들로 얼굴의 상하가 뾰족하여 고구마와 같은 형태를 가지며 얼굴 전체의 굴곡이 적은 형태를 가지고 있다. 눈썹은 흐리고 짧으며 눈이 작고 쌍꺼풀이 없다. 미간은 넓고 이마는 가로보다 세로가 넓다. 중안이 볼록하고 수염이 적게 난다. 입술이 얇고 작은 편이며 코끝이 뾰족하고 가늘다. 북방계형 사람들은 대체적으로 차분하고 편안한 인상을 준다. 한국인의 얼굴은 북방계형이 70% 이상으로 많은 분포를 차지하고 있다.

3) 중서계형

중서계형 사람은 황해를 통해 중국 중부에서 건너온 사람들로 이마의 가운데 부분이

들어가 있으며 얼굴 모양이 동그랗게 생겼다. 이목구비는 오밀조밀하게 생겼다. 중서계형 사람들은 대체적으로 재능 있고 영리해 보이는 인상을 준다.

이와 같은 얼굴 형태가 만들어지는 것에 대해 흥미로운 점을 발견할 수가 있다. 조용진(1999)은 남방계형과 북방계형이 결혼해 자식을 낳으면 두 형의 평균적인 얼굴 형태가 형성될 것 같지만 그렇지 않으며 대부분 두 얼굴 특징 중 어느 한 쪽을 떼어다 조합한 얼굴의 형태를 가진다고 했다. 따라서 남방계형의 네모난 얼굴과 북방계형의 고구마 모양의 얼굴 형태를 가진 부부가 낳은 자녀의 얼굴은 두 얼굴 형태 중 어느 한 쪽으로 속하는 것이며 중간형인 계란형의 얼굴로 형성되는 것은 아니다.

4. 해부학적 정의에 따른 얼굴 이미지

우리의 신체 중 얼굴은 상대에게 나를 인식시키고 기억하게 하는 가장 중요한 부분이다. 해부학적인 정의에 의하면 얼굴은 두부(頭部)의 전면인 눈, 코, 귀 등이 있는 부분을 말한다. 즉, 해부학에서 말하는 사람의 얼굴 부분은 두개골의 구성면에서 말하는 것으로 안면두개를 덮고 있는 피부의 부분을 일컫는다. 얼굴 표정을 짓는 근육을 표정근 또는 안면근이라 하며 이들 근을 지배하는 신경은 안면 신경이다(김정희, 2008).

사람의 얼굴 피부 속에는 약 80개 정도의 안면 근육이 있는데 이 근육들의 수축작용을 통해 표정을 짓게 된다. 호감을 주는 표정을 형성할 때는 17개 정도의 근육이 움직이고 비호감이나 거부감을 주는 표정을 형성할 때는 43개 정도의 훨씬 많은 근육이 움직인다. 또한 쉽게 움직여지는 근육은 좋지 못한 인상을 형성하는데 사용되며 움직이기 어려운 곳의 근육은 좋은 인상을 형성하는데 사용된다. 이처럼 사람의 얼굴 근육은 거부감을 주거나 좋지 못한 인상을 형성하는 것이 더욱 쉬우므로 평소 표정 관리를 하지 않으면 오해받는 표정이 되기 쉽다.

얼굴 근육의 위치와 움직임의 방향을 해부학적으로 고려하여 살펴보면, 그 움직임이 44개의 기본 동작으로 분해되며 표정 변화와 관련이 있다(Ekman & Friesen, 1978). 얼굴 표정은 근육과 골격구조의 움직임으로 만들어지기 때문에 한계점이 있다. 눈의 표정이 세로로 커지거나 작아질 수는 있지만 가로로 커지거나 작아질 수 없다는 것이 이에 해당한다.

얼굴 표정은 원칙적으로 그 사람의 생각과 마음에서 우러나오는 것이지만 얼굴 피부 밑에 자리 잡고 있는 안면근의 강화 운동을 통해 자신이 원하는 표정을 만들 수 있다(김경호, 2008). 따라서 미소라인 교정과 표정 트레이닝을 통해 호감적인 얼굴 이미지를 형성하도록 노력하는 것이 바람직하다.

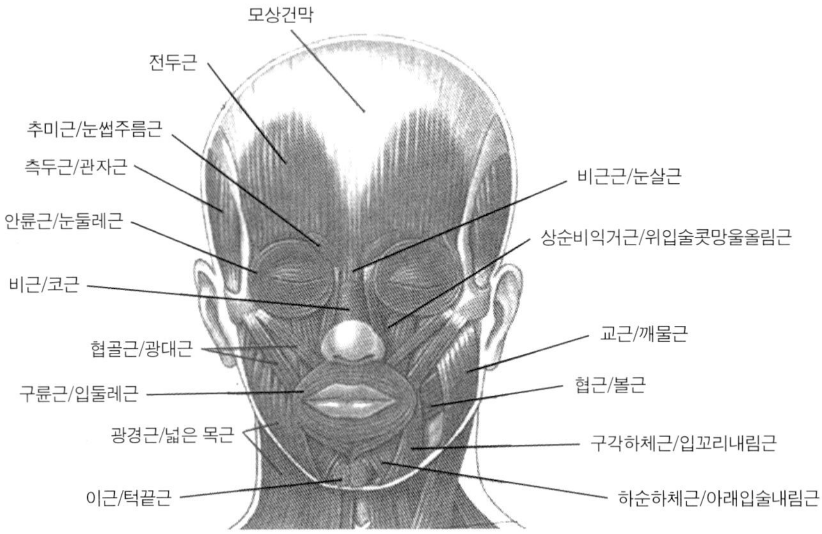

〈그림 7-2〉 얼굴 근육의 형태(김정의, 2007)

5. 표정에 따른 얼굴 이미지

얼굴 이미지에서 표정은 정서의 표현이며 자신의 심리 상태를 대변한다. 표정은 감정이 관여하여 표출되기 때문에 현재 상황에 따른 감정이나 느낌에 의해 무의식적으로 나타나게 된다. 따라서 표정은 평소 생활 습관을 보여준다고 할 수 있다. 어떠한 상황에서 찡그리는 인상이나 화난 표정을 먼저 짓는 사람은 상대에게 평소에 자신이 부정적이고 신경질적인 사람이라는 오해를 줄 수 있다. 반대로 미소를 잃지 않고 상황에 적절하게 대처한다면 밝고 침착한 사람이라는 인상을 줄 수 있다.

따라서 인간관계를 형성할 때 밝은 미소를 띤 표정으로 상대를 대한다면 긍정적인 자신의 이미지를 성공적으로 형성할 수 있다.

1) 웃는 표정

웃는 표정은 대인관계를 할 때 가장 바람직한 표정이다. 또한 웃는 표정은 상대에게 호감을 일으키며 자신과의 우호적인 관계를 맺고 싶도록 상대를 변화시킨다. 뿐만 아니라 밝은 미소를 지닌 표정은 좋은 관계를 오랫동안 유지하고 싶은 마음이 생기게 한다. 웃는 표정은 눈 모양이 반달형을 이루고 광대근을 사용하여 양쪽 구각이 올라가서 알파벳의 “U”자와 같은 모양이다. 이때 눈과 입이 함께 웃는 것이 중요하다. 입은 웃는데 눈은 동그랗게 뜨고 있으면 부자연스럽고 가식적인 인상을 줄 수 있다.

2) 화난 표정

화난 표정은 감정의 격한 변화로 인해 짓게 되는 표정으로 자신의 감정을 억제하지 못하여 발생하거나 습관적으로 표출되기도 한다. 이마와 눈 주변에 있는 근육인 전두근과 추미근, 안륜근이 수축작용을 하면서 눈이 커지고 코 주변에 있는 근육인 눈살근과 상순비익거근이 수축작용을 하여 얼굴의 전체적인 이미지가 위쪽을 향하고 확대된다.

화난 표정은 상대에게 위협적이고 다혈질적인 이미지를 심어주며 대인관계에서 자신의 이미지를 부정적으로 형성할 수 있다. 이로 인해 원만한 관계를 유지해나가는데 있어 어려움을 겪기도 한다. 따라서 자신의 감정을 잘 조절하여 화난 표정을 밖으로 표출하지 않는 것이 바람직하다.

3) 우는 표정

우는 표정은 가장 원초적인 사람의 표정이다. 사람이 태어날 때 가장 먼저 짓는 표정이 바로 우는 표정이다. 눈초리와 양쪽 구각이 아래를 향하여 한글의 "ㅅ"과 같은 모양이다.

그러나 우는 표정은 실제 울면서 표출되는 인상과는 다르다. 무기력하고 타인 의존적인 인상이며 아이들이 칭얼거릴 때 보이는 인상과 흡사하다. 대인관계에서의 우는 표정은 연약해 보이고 동정심을 불러일으킬 수는 있지만 지속적인 관계를 생각했을 때 상대에게 성숙하지 못하거나 의지가 약하고 책임감이 없는 인상을 줄 수 있다. 또한 우는 표정은 옮겨지는 효과가 있어 보고 있는 사람도 기운이 빠지고 힘이 없어지는 부정적인 영향을 미치게 된다.

따라서 보다 나은 대인관계를 형성하기 위해서는 나약한 이미지의 우는 표정보다는 항상 긍정적인 생각을 바탕으로 밝고 환한 표정을 짓도록 노력해야 한다.

4) 찡그린 표정

찡그린 표정은 외부적인 불쾌한 자극이나 평소 생활 습관으로 인해 형성되기 쉬운 표정으로 전두근과 추미근, 눈살근이 모두 수축작용을 하면서 강한 주름을 만들어 비호감적인 표정을 형성한다.

찡그린 표정에 영향을 주는 것은 감정적 요인과 환경적 요인이 있다. 감정적 요인은 평소에 짜증이나 신경질적인 반응이 습관이 되어 자신도 모르게 찡그린 표정을 자주 짓게 되는 것이다. 이러한 사람들은 어떠한 상황이 주어졌을 때 부정적인 생각보다는 긍정적인 생각을 먼저 하도록 노력하는 것이 중요하다.

환경적 요인은 햇빛에 무방비한 상태로 얼굴을 노출하거나 공기가 좋지 않은 곳, 악취가 심한 곳, 시야확보가 힘든 곳 등 좋지 않은 환경에서 장기간 생활하여 찡그리는 표정이 습관이 되는 경우다. 이러한 사람들은 생활에 적합한 대안을 적용하여 무의식중에 계속적으로 표정을 찡그리지 않도록 해야 한다.

찡그린 표정은 상대에게 짜증스럽거나 신경질적인 사람이라는 인상을 주게 되며 대인관계를 할 때 부정적인 이미지를 형성하게 된다. 따라서 평소에 표정을 찡그리는 습관을 버리고 밝은 미소로 상대를 대할 수 있도록 해야 한다.

5) 노려보는 표정

노려보는 표정은 싫은 감정과 화난 감정을 상대가 알게끔 표출하는 것이다. 상호작용이 원만하지 못하여 오해가 생기거나 어떤 부정적인 상황으로 인해 바람직한 인간관계가 형성되지 못했을 때 노려보는 표정을 짓게 된다.

노려보는 표정은 눈초리를 매섭게 뜨고 입술을 물기도 하는 등 자신의 불쾌한 기분을 솔직하게 다 드러내는 표정이다. 이로 인해 서로에게 감정적인 도발을 일으켜 싸움의 원인이 되기도 한다. 노려보는 표정은 지극히 부정적인 감정 표현이지만 이러한 표출로 인해 속에 있는 감정을 해소하는데 도움이 되기도 한다.

그러나 노려보는 표정은 일반적으로 대인관계에서 불화를 일으킬 수 있는 표정이다. 따라서 상대에게 불쾌한 감정이 있다면 대화를 통해 현명하게 풀어가는 것이 바람직하다.

6) 비웃는 표정

비웃는 표정은 자신의 감정을 솔직하게 표현할 수 없는 상황이나 대상 앞에서 짓는 표정으로 자신의 속내를 다 드러내고 싶지 않거나 드러낼 수 없을 때 의도적으로 하는 표현이다. 따라서 이런 표정은 대인관계를 할 때 가장 주의해야 할 표정이라 해도 과언이 아니다. 화난 표정이나 찡그린 표정은 자신의 감정조절이 미흡해 의도치 않게 표출된 실수라고 생각할 수 있지만 비웃는 표정은 다분히 목적과 의도를 가지고 고의적으로 짓는 표정이기 때문에 겉으로 표현하지 말아야 한다.

비웃는 표정은 상대의 위아래를 반복적으로 보거나 내려 보면서 구각은 한쪽만 올라가는 표정이다. 그래서 거만하고 불쾌한 인상을 심어준다. 노려보는 표정처럼 직접적으로 싫은 표현을 전달하는 것은 아니지만 비웃는 표정을 타인이 인지했을 때는 상황에 따라 노려보는 표정보다도 더욱 부정적인 영향을 줄 수 있다. 이처럼 비웃는 표정은 대인관계에서 치명적인 작용을 한다.

7) 무표정

무표정은 차갑고 냉소적인 이미지를 준다. 또한 자신의 의도와는 상관없이 수많은 오해가 발생하도록 한다. 다른 사람들과 함께하는 자리에서 자신은 아무런 의미 없이 무표정을 짓고 있었을 뿐이지만 주변의 사람들은 혹시 화가 났는지, 불편한지, 몸이 안 좋은지, 기분 나쁜 일이 있는지 등의 많은 질문을 한다. 이러한 질문들을 사람들의 친절한 배려로 받아들일 수도 있지만 질문을 한 사람들은 '함께 하는 자리에서 관심을 가지며 즐겁게 어울리세요'라는 속내를 가지고 있을 것이다.

이처럼 무표정은 대인관계를 할 때 오해를 일으키거나 무관심해 보이고 성의 없는 사람이라는 인상을 주게 된다. 따라서 적극적으로 자신을 어필하고 사람들과 어울릴 수 있는 호감적인 표정을 짓는 것이 필요하다.

6. 웃음을 담은 얼굴 이미지

호감적인 얼굴 이미지를 형성하는데 가장 큰 영향을 미치는 것이 바로 웃음이다. 웃음은 상대에게 편안함이나 친근함을 형성하고 대인관계에서 놀라운 위력을 발휘한다. 그 결과 잘못은 용서할 수 있도록 하고 화를 누그러뜨리기도 하며 기쁨을 더 큰 기쁨으로 만들기도 한다.

첫인상 형성에서도 웃음을 담은 얼굴은 보다 좋은 평가를 받게 되고 항상 웃으면서 상대를 대하는 사람의 인간관계는 깊고 넓다. 하지만 상황과 장소에 맞지 않는 웃음은 오해를 불러일으키고 불쾌함과 거부감을 줄 수 있으며 어떻게 웃느냐에 따라 상대가 자신에 대해 느끼는 이미지가 달라진다.

우리는 웃는 모습 하나만으로도 타인에 대한 평가를 내린다. 새침해 보이는 사람, 화통한 사람, 명랑한 사람, 조용한 사람 등 개인이 느끼는 기준에 맞춰 '~한 사람'이라는 자신만의 정의를 내린다. 따라서 때와 장소, 상황에 맞게 호감을 줄 수 있는 웃음을 지어야 한다. 웃음의 유형과 유형별로 가지는 특징을 정리하면 〈표 7-1〉과 같다.

〈표 7-1〉 웃음의 유형과 특징

유 형	특 징
가식형	- 눈과 입이 함께 웃지 않는 웃음 - 장소나 대상에 맞춰 형식적으로 웃는 웃음 - 웃음소리가 나지 않고 치아도 거의 드러나지 않음
건방진형	- 입 꼬리가 한쪽으로만 올라가는 웃음 - 웃음소리가 없고 사람을 평가하는 듯한 느낌을 줌 - 불쾌감을 주고 거리감을 느끼게 하는 웃음
당당형	- 웃음소리가 크고 높음 - 힘이 있는 웃음소리로 주의를 집중시키려는 목적이 있는 웃음
박장대소형	- 큰 웃음소리와 과한 행동 표현이 함께 하는 웃음 - 자극에 의해 표현되는 가식이 없는 웃음 - 숨이 넘어가는 소리가 들릴 만큼 웃는 웃음
부네탈형	- 부네탈의 절제된 아름다움이 느껴지는 잔잔한 웃음 - 우아함과 기품이 전해짐
비호감형	- 웃음소리가 너무 커서 시끄러운 웃음 - 옆 사람을 때리거나 흔들면서 웃는 웃음 - 괴상한 소리를 내면서 웃는 웃음
사교형	- 얼굴은 웃지 않고 소리만 내며 웃는 웃음 - 속마음과 상관없이 호감을 주기 위한 목적이 있는 웃음 - 실수를 감추려는 웃음으로 부정적인 인상을 주기도 함
얌전형	- 치아를 거의 드러내지 않고 입술로만 웃는 웃음 - 조용하면서도 얌전한 느낌으로 부드러운 이미지를 가짐 - 내숭스럽다는 부정적인 인상을 주기도 함
천진형	- 치아와 목젖이 다 보이도록 거침없이 웃는 웃음 - 얼굴 전체가 웃으며 웃음소리가 밝고 명랑함
청순가련형	- 동정심을 유발하거나 보호 본능을 일으키는 미묘한 웃음 - 가녀리고 연약한 이미지를 주기도 함
파안대소형	- 입안이 다보이도록 크고 시원하게 웃는 웃음 - 양반들의 환담에서 볼 수 있는 웃음 - 마음을 활짝 열고 웃는 듯한 웃음 - 때에 따라 진실성이 떨어져 보인다는 오해를 받기도 함

7. 웃음의 효과(Smile power)

격렬한 웃음을 웃는 동안에는 머리와 목으로 가는 피의 공급이 증가하여 얼굴이 붉어지게 된다. 반대로 숨을 길게 들이쉬게 되어 허파는 공기로 가득차고 피는 산소로 가득차게 된다. 결과적으로 웃음의 생리기능에 미치는 효과는 심장박동의 증가와 혈관의 팽창이며 온몸은 쾌락 반응에 참여하여 동요된다(정종순, 2008). 이처럼 웃음은 신체 기관과 기분, 이미지 형성에 다양한 효과를 나타낸다.

웃음은 폐와 기도를 확장시켜 공기의 유입과 배출을 촉진시켜주어 호흡을 원활하게 해주며 침과 소화액의 분비를 촉진시켜 콜레스테롤 증가를 억제한다. 또한 자율신경계에 자극을 주어 동맥과 심장 등 순환계의 작용을 도우며 장기의 작용을 촉진화시켜 소화를 돕는다.

웃음은 기분을 상쾌하게 하고 생활의 여유를 갖게 한다. 또한 인간관계에서 불신과 불화를 해결해주며 어색함을 줄여준다. 뿐만 아니라 좋은 이미지와 신뢰감을 주어 상대에게 호감적인 인상을 형성할 수 있다. 비즈니스 관계에서 웃음은 경계심을 풀어주고 따르고 싶은 마음을 불러일으켜 자신이 원하는 방향으로 일을 성공적으로 이끌도록 한다. 그러나 가식적으로 웃는다는 인상을 줄 경우 오히려 역효과를 낼 수가 있으므로 진심을 담아 웃을 수 있도록 노력해야 한다.

SK 브랜드 관리실에서 최근 20~50세 남녀 500명에게 '웃음에 대한 라이프스타일'을 조사한 결과 응답자들이 하루에 웃는 시간은 평균 90초였다. 80년을 살 경우 웃는 시간이 한 달도 채 안 되는 시간이다. 건강한 삶, 행복한 삶을 살기 위해서는 항상 즐거운 마음으로 크게 웃는 생활 습관이 필요하다.

8. 얼굴 이미지 관리법

1) 얼굴 이미지 경영

호감을 주는 얼굴 이미지 형성을 위해서는 얼굴 이미지 경영을 실천해야 한다. 송은영(2009)은 내적 이미지 관리를 통해 자아 존중감과 긍정적 사고 및 얼굴 이미지 효능감이 향상되었다고 했으며 얼굴 이미지는 내면을 반영하는 거울로써 내적 상태의 영향을 많이 받는 곳이라고 했다.

이처럼 얼굴 이미지는 내적인 요인과 분리하여 생각할 수 없다. 그러므로 얼굴 이미지 경영을 할 때 긍정적인 생각으로 내적인 이미지를 관리하여 보이지 않는 내면에서부터 기반이 되는 아름다운 얼굴 이미지를 형성해야 한다.

과거의 무조건적인 "이"발음을 통한 미소교정에는 한계가 있다. 밝고 편안한 얼굴 이미지가 자연스럽게 형성되려면 내적인 이미지 강화가 함께 일어나야 한다.

내적인 이미지 변화를 위해 미소연습을 할 때도 "위스키, 김치"와 같은 무의미한 트레이닝이 아닌 자아존중감을 향상시킬 수 있는 말과 함께 트레이닝 하도록 한다. 예를 들어 "넌 왜 그렇게 멋있니", "난 세계 최고지"와 같은 자기 칭찬과 긍정적인 자기 예언을 함으로써 내적 이미지 변화가 일어난다. 이로 인해 자연스럽게 밝고 당당한 미소를 지을 수 있다.

보다 나은 얼굴 이미지 형성을 위해서 이미지 트레이닝(Image training)을 하는 것도 좋은 방법이다. 이미지 트레이닝은 눈을 감고 머릿속으로 가장 즐거웠던 경험이나 행복했던 순간을 떠올리면서 자연스럽게 미소를 짓는 것이다. 기분 좋은 생각을 통해 긍정적인 내적 이미지를 구축할 수 있고 자연스럽고 화사한 미소를 형성할 수 있다.

얼굴은 그 사람의 심리상태, 성격, 인품, 생각, 가치수준 등을 반영하며 습관적으로 형성되는 표정으로 인해 자신의 얼굴 이미지가 결정된다. 따라서 긍정적이고 아름다운 얼굴 이미지를 형성하기 위해 꾸준한 내적 이미지 관리와 외적인 트레이닝이 필요하다.

2) 마사지

얼굴 이미지 형성을 위해서 마사지는 필수이다. 마사지를 통해 얼굴의 탄력을 잃지 않고 젊고 아름답게 가꿀 수 있다. 얼굴 마사지를 시작하기 전에 피부에 자극을 덜어 줄 수 있도록 마사지 크림을 바른다.

눈가에 탄력을 줄 수 있도록 눈 피부의 안쪽에서 바깥쪽으로 관자놀이까지 위로 쓸어 올린다. 눈가 마사지를 할 때 주의해야 할 점은 힘을 주어서는 안 된다는 것이다. 눈가 피부에 주름이 질만큼 당겨 올라갈 정도로 세게 문지르면 주름이 더 생기게 되기 때문이다. 따라서 가볍게 쓸어준다는 느낌으로 마시지를 한다. 팔자주름을 개선하기 위해서는 코 옆의 팔자주름을 따라 내려오다 중간지점에서 광대뼈 바깥쪽으로 쓸어준다. 팔자주름을 따라 끝까지 타고 내려오면 주름이 더욱 짙어지게 되므로 주의한다. 턱 선을 탄력 있게 만들 수 있도록 손끝이 아닌 손바닥의 끝을 사용하여 턱 끝에서 하악골의 끝까지 쓸어 올려준다. 이때 귀 뒷부분까지 끌어 올려서 둥글게 마시지하면 시원한 기분도 함께 느낄 수 있다.

마사지는 혈액순환과 림프순환을 촉진하여 피부에 적당한 수분과 유분을 유지하도록 하며 피부를 유연하고 부드럽게 한다. 또한 결합조직의 긴장도를 유지함으로써 피부의 탄력성을 향상시킨다(이혜원, 2009). 마사지를 통해 건강하고 아름답게 가꿔진 얼굴 이미지는 상대에게 더 큰 호감을 받을 수 있으니 꾸준한 관리로 보다 아름다운 얼굴 이미지 형성을 위해 노력해야 한다.

3) 파워 웃음 훈련(Power smile training)

호감적인 얼굴 이미지 형성을 위해 파워 웃음 훈련(Power smile training)을 실천 한다면 밝은 미소를 지닐 수 있다.

먼저 얼굴 전체가 여유롭게 보이는 거울을 준비한다. 매직이나 라인테이프를 사용하여 자신의 양쪽 구각의 끝을 체크한다. 이 과정을 통해 자신의 입술라인이 대칭인지 비뚤어졌는지를 확인할 수 있다. 양쪽 구각을 체크한 포인트가 다르다면 조금씩 얼굴 대칭이 틀어지고 있다는 것이다. 얼굴이 비대칭을 이루면 부자연스러운 모습으로 호감을 얻기가 어려우니 더욱 심하게 틀어지기 전에 얼굴을 교정해야 한다.

자신의 입모양을 확인한 후에 입술을 붙이고 자신이 만들 수 있는 최대한의 스마일 라인을 만든다. 양손 검지로 스마일 라인의 각 끝을 눌러서 위쪽으로 더 올려준다. 이때 양쪽 구각의 높이가 다른 경우가 많으므로 높이를 맞춰서 올려준다. 10초간 유지한 후 볼에 바람을 채워 밖으로 불어주면서 근육을 다시 풀어준다. 이와 같은 방법으로 하루에 5회씩 반복하면 비뚤어진 스마일 라인이 교정되고 입 꼬리가 안쪽으로 말리면서 구각이 올라가는 미소를 만들 수 있다.

아름다운 미소는 호감적인 얼굴 이미지에서 빠질 수 없는 요소이다. '파워 웃음 훈련(Power smile training)'을 꾸준히 하여 상대에게 보다 친근한 얼굴 이미지로 성공적인 인간관계를 형성할 수 있도록 노력해야 한다.

4) 눈웃음 훈련(Eye smile training)

웃는 표정을 지을 때 눈과 입이 함께 웃는 것은 매우 중요하다. 만약 눈이 웃지 않고 입만 웃는다면 상대에게 굉장히 부자연스럽고 가식적인 느낌을 주게 된다. 특히 눈이 웃지 않는 웃음은 면접이나 첫 대면의 자리에서 부정적인 얼굴 이미지를 형성하게 된다.

눈웃음 훈련(Eye smile training)은 얼굴 전체가 보이는 거울을 보며 눈 근육을 단련시키는 것이다. 강한 햇빛이 비칠 때 눈을 얇게 뜨는 것처럼 눈 아래근육과 눈꺼풀에 힘을 주어 얇은 실눈을 만든다. 이때 반달 모양이 되도록 눈 모양에 신경 써서 미소를 짓는다. 5초간 유지한 후 눈을 최대한 크게 떠서 5초간 유지한다.

운동을 하고 난 후에도 스트레칭을 하여 근육을 이완시키는 것과 마찬가지로 눈웃음 훈련(Eye smile training) 후에도 눈가를 가볍게 눌러 주어 사용한 근육을 풀어 주어야 한다. 이렇게 함으로써 웃을 때 눈가에 경련이 일어나는 것을 예방하고 오랫동안 아름다운 눈웃음을 유지할 수 있다. 너무 세게 누르면 주름이 생길 수 있으므로 중지와 약지로 가볍게 눌러준다.

눈이 웃는 미소가 진정으로 아름다운 얼굴 이미지를 형성할 수 있다. 꾸준한 눈웃음 훈련(Eye smile training)을 통해 아름다운 얼굴 이미지를 형성할 수 있으며 나아가 대인관계에서 실(失)보다는 득(得)이 많은 관계를 형성할 수 있다.

사람의 얼굴 이미지는 내·외부적인 요인으로 인해 밖으로 표출되는 현상이다. 내면의 아름다움과 기쁨, 편안함이 바탕이 되어야 진심으로 웃는 표정을 지을 수 있으며 이로 인해 타인에게 호감적인 얼굴 이미지를 형성할 수 있다. 또한 내면과 외면이 불일치하는 얼굴은 상대에게 가식적이고 불쾌한 인상을 줄 수 있다.

호감적인 얼굴 이미지 형성을 위해 얼굴 근육 트레이닝과 마사지를 꾸준히 하고 내면을 긍정적으로 강화하여 자연스러운 웃음을 지닌 얼굴 이미지를 형성하도록 노력해야 한다.

9. 표정 진단

타인이 상대를 평가할 때 개인의 표정이 매우 중요한 요소로 작용한다. 자신의 평소 표정이 상대에게 어떤 인상을 주는지 〈표 7-2〉을 통해 알 수 있으며 부족한 부분은 꾸준한 표정 트레이닝을 통해 개선해야 한다.

〈표 7-2〉 표정 진단 Check list

문항	내 용	매우 그렇다	그렇다	보통이다	아니다	전혀 아니다
1	양쪽 구각 끝이 올라가 있다.					
2	눈과 입이 함께 웃는다.					
3	미소를 지으면 눈가에 경련이 일어난다.					
4	집중해서 일을 하면 화났냐는 말을 듣는다.					
5	상대가 나를 보면 웃는다.					
6	얼굴 마사지를 자주 하는 편이다.					
7	잠을 잘 때 엎드려서 잔다.					
8	음식물을 한 쪽으로 씹거나 한 쪽으로 턱을 괴는 것이 편하다.					
9	사람을 처음 대할 때 먼저 웃는다.					
10	상대에게 인상 좋다는 말을 듣는다.					
11	혈색이 좋지 않거나 다크써클이 잘 생긴다.					
12	무표정하게 있으면 안 좋은 일 있냐는 질문을 받는다.					

〈표 7-2〉의 항목을 읽고 자신이 해당하는 유형을 선택한다. 선택한 결과를 바탕으로 아래의 〈표 7-3〉 집계표를 작성하여 합산한다.

〈표 7-3〉 집계표

문항	매우 그렇다	그렇다	보통이다	아니다	전혀 아니다
1	5	4	3	2	1
2	5	4	3	2	1
3	1	2	3	4	5
4	1	2	3	4	5
5	5	4	3	2	1
6	5	4	3	2	1
7	1	2	3	4	5
8	1	2	3	4	5
9	5	4	3	2	1
10	5	4	3	2	1
11	1	2	3	4	5
12	1	2	3	4	5
합 계					

제4절 체형 이미지

1. 체형 이미지의 정의

체형 이미지란 개인의 인상과 매력을 느낄 수 있는 외형적인 요소이며 상체 이미지와 하체 이미지가 주고받은 영향의 평균적인 결과로 생성된 상이다. 또한 체형 이미지는 부분적인 요소가 모여 이루어진 총체적인 이미지이다.

2. 체형 이미지의 개념

체형 이미지를 표현하는 사람의 체형은 인간이 직립하고 있을 때 인체의 제일 바깥쪽의 윤곽을 말하며 연령, 성, 인종, 지역, 직업 등에 의해서도 차이가 생기고 동일한 성, 연령에 있어서도 개인적인 차이가 있다(이경숙, 2004). 따라서 체형 이미지는 개인이 가지는 특성에 따라 다른 이미지를 형성하게 된다.

체형 이미지는 첫인상을 형성하는데 중요한 역할을 한다. 살집이 많고 뚱뚱한 체형 이미지는 게으르고 나태할 것 같은 인상을 준다. 반면에 너무 마르고 뾰족한 체형 이미지는 날카롭고 신경질적이며 고집이 셀 것 같은 인상을 준다. 체형에서 나타나는 이미지만으로 한 사람의 많은 부분이 평가되며 그 결과로 첫인상이 형성된다. 첫인상을 형성할 때 영향을 미치는 요인 중 외적인 요인이 55%로 매우 높게 나타나는데(Mehrabian, 1970), 체형 이미지 역시 외적 이미지에 속하는 것으로 사람의 첫인상 형성에 중요한 역할을 한다.

체형 이미지는 균형과 조화가 가장 중요하다. 균형잡힌 체형 이미지는 자신감과 당당함을 갖게 하고 이를 통해 인간관계에서 호감적인 이미지를 형성할 수 있다. 만족스럽지 않은 체형 이미지를 가지고 있는 사람은 스스로가 다른 사람과 비교하여 열등감에 빠질 수 있다. 예를 들어 친구들과 함께 쇼핑을 할 때 친구에게 맞는 사이즈가 나에게는 맞지 않아서 무안을 겪는다거나 너무 말라서 어떤 옷을 입어도 어울리지 않는다면 자신을 비하하거나 친구를 시샘하여 충동적인 돌발행동을 하는 등 바람직하지 못한 행동을 야기시킬 수 있다. 또한 열등감 증후로 인해 무리한 다이어트나 잘못된 식습관으로 인해 체형 이미지가 부정적으로 형성될 수 있다.

따라서 자신의 체형 이미지 타입을 정확하게 알고 그에 따른 체형 이미지 관리가 필요하다. 체형 이미지 관리를 통해 자신의 체형 이미지를 개선하면 적극적이고 당당해진다. 우울했던 기분이나 외출을 피하고 싶은 생각도 바뀔 수 있다. 그러므로 체형 이미지 관리를 통해 자신이 만족할 수 있는 체형 이미지를 형성하는 것이 중요하다.

이처럼 체형 이미지는 외적인 평가와 내적인 만족에 중요한 영향을 미친다. 스스로 만족하면서 상대에게 호감적인 체형 이미지를 형성하기 위해서는 균형적인 관리가 필요하다. 라인 관리와 건강 관리 중 어느 하나만 관리하는 것이 아닌 두 가지 모두를 관리해야 한다. 아름다운 라인과 건강한 신체를 형성하고 호감 가는 체형 이미지를 갖출 수 있도록 꾸준히 노력하는 것이 중요하다.

3. 체형 이미지 형성

체형 이미지는 상체 이미지와 하체 이미지로 나뉘며 두 이미지가 서로에게 영향을 주어 하나의 종합적인 이미지로 형성된다. 상체 이미지와 하체 이미지는 각각의 하위 요소를 포함하고 있으며 도드라지는 하나의 요소로 인해 전반적인 상체 이미지와 하체 이미지가 형성된다.

상체 이미지나 하체 이미지는 이를 이루는 구성 요소 중 한 부분이 주는 이미지만으로 전체 이미지를 예상하여 판단할 수 있지만 체형 이미지는 신체의 일부분이 가지는 대표적인 이미지를 통해 판단할 수가 없다. 왜냐하면 체형 이미지는 상체 이미지와 하체 이미지가 서로 영향을 주고받아서 하나의 평균적인 이미지로 형성되는 것이기 때문이다. 즉, 상체 이미지는 굉장히 여성스러운데 하체 이미지가 남성적이라면 체형 이미지는 여성적이거나 남성적인 이미지로 형성되는 것이 아니라 두 가지 요소가 영향을 주고받아서 평균적으로 판단되어진 하나의 이미지를 형성하게 되는 것이다.

이와 같이 체형 이미지는 어느 하나 떼어 낼 수 없는 신체 기관처럼 분리할 수 없는 하나의 큰 유기체이다. 체형 이미지를 형성하는 두 가지 큰 요소인 상체 이미지와 하체 이미지 그리고 이를 구성하는 하위 요소들은 어떠한 근거로 상위의 이미지를 형성하는지에 대해 다음과 같이 살펴보기로 한다.

1) 상체 이미지

상체 이미지는 목과 어깨, 팔과 손, 가슴과 등이 합쳐져서 생성되는 이미지이며 신체의 많은 부분이 상체에 속한다. 상체 이미지는 전체 이미지를 떠올릴 수 있는 부분적인 조건이 많지만 모든 조건이 한 가지 이미지로 통일되어 존재하지는 않는다. 또한 하체보다 상체에 두드러지는 변화가 많기 때문에 다양한 이미지가 형성되는데 상체에 일어나는 변화에 따라 좋은 이미지가 형성되기도 하고 나쁜 이미지로 형성되기도 한다.

(1) 목과 어깨

목과 어깨는 상체 이미지의 중심선과 가로선을 담당하고 있다. 이 두 가지 선에 변형이 왔을 때 상체 이미지에 많은 영향을 준다. 목이 앞으로 나오면 자연스럽게 어깨가 안쪽으로 굽혀지고, 이는 소심하고 구부정한 상체 이미지를 형성한다. 그리고 어깨가 한쪽으로 기울어져 있으면 자연스럽게 목도 한쪽으로 젖혀져 불성실하고 비대칭적인 상체 이미지를 형성한다.

목은 굵기나 근육이 잡히는 정도에 따라 섬세하거나 강인한 상체 이미지를 형성할 수 있다. 목이 굵거나 흉쇄유양근 또는 어깨로 이어지는 승모근이 많이 발달할수록 남성적이고 강인한 상체 이미지를 형성하고 반대의 특징을 가질 경우 여리고 약한 상체 이미지를 형성한다.

어깨의 형태가 각이 지고 일직선으로 뻗으면 남성적이고 날카로운 상체 이미지를 형성하며 반대로 어깨의 형태가 둥글고 쳐지면 여성스럽고 편안한 상체 이미지를 형성한다.

이처럼 목과 어깨는 구조적 형태나 선의 변화로 상체 이미지에 가장 큰 영향을 주며 몸의 중심선인 척추와 바로 이어져 있어 신체 이미지에도 직접적인 영향을 미친다. 따라서 호감을 주는 체형 이미지 형성을 위해 어깨와 목이 곧고 좌우 대칭이 되도록 신경 써야 한다.

(2) 팔과 손

팔과 손이 가진 특징으로 인해서 상체 이미지 전체가 형성이 된다고 해도 과언이 아니다. 팔과 손은 쉽게 보이는 신체 부위이므로 상대의 이미지 형성에 직접적인 영향을 주어 상체 이미지를 예상하게 된다. 팔과 손의 특징에 따라 형성되는 상체 이미지는 〈표 7-4〉와 같다.

〈표 7-4〉 팔과 손의 특징에 따른 상체 이미지

상체 이미지	팔의 특징	손의 특징
여성적인	- 피부색이 흰 편이다. - 가늘고 근육이 없다. - 살이 말랑말랑 하다.	- 피부색이 흰편이다. - 손가락이 얇고 길다. - 손톱의 바디가 길고 붉다.
남성적인	- 피부색이 검다. - 팔이 길고 근육이 있다. - 살이 단단하다.	- 피부색이 검다. - 손가락이 굵고 짧다. - 손톱의 바디가 짧고 희다.
강인한	- 피부색이 검다. - 팔의 근육이 크다. - 굵은 핏줄이 보인다.	- 피부색이 검다. - 핏줄이 서있다. - 손바닥이 크고 뼈가 굵다.
연약한	- 실핏줄이 비칠 만큼 피부색이 희다. - 근육과 살이 거의 없다. - 매우 말랐다.	- 피부색이 창백하다. - 손가락이 매우 얇다. - 손톱주변이 푸른빛을 띤다. - 손등에 핏줄이 비친다.
어린	- 팔이 짧은 편이다. - 살집이 있다. - 솜털이 많다. - 팔꿈치 뼈가 잘 안 보인다.	- 피부색이 희면서 노랗다. - 손가락이 짧다. - 손가락이 통통하고 살집이 있다. - 손톱이 작다.
나이든	- 팔이 길고 말랐다. - 살이 없어서 근육이 보인다. - 팔꿈치 뼈가 도드라진다. - 잔주름이 많다.	- 피부색이 칙칙하다. - 손등에 뼈와 핏줄이 보인다. - 손가락 마디가 검다. - 주름이 많다.

상체 이미지	팔의 특징	손의 특징
매끄러운	- 팔이 길고 굴곡이 약하다. - 피부결이 좋고 털이 없다. - 피부에 광택이 돈다. - 탄력있어 보인다.	- 손가락이 길다. - 피부결이 좋다. - 손가락이 붉고 손톱에 광택이 돈다. - 뼈나 핏줄이 보이지 않는다.
거친	- 각질이 일어나 있다. - 털이 굵고 많다. - 상처가 많다. - 피부가 오돌토돌하다.	- 손톱 주변이 지저분하다. - 손가락이 짧고 굵다. - 손톱에 결이 많다. - 주름이 굵고 털이 많다.
마른	- 살집이 없어서 근육의 움직임이 보인다. - 팔꿈치에 주름이 많다. - 손목 뼈와 팔꿈치 뼈가 심하게 도드라진다.	- 피부색이 노란 빛을 가진다. - 손가락 마디가 눈에 띈다. - 손등에 뼈가 많이 보인다. - 손날이 매우 얇고 날렵해 보인다. - 손가락에 살집이 없다.
통통한	- 살집이 많다. - 피부색이 희며 솜털이 많다. - 팔뚝에 붉은 기를 띤다. - 팔꿈치가 잘 안 보인다.	- 손가락이 짧거나 짧아 보인다. - 손날이 두껍다. - 손등에 뼈가 안 보인다. - 주름이 적다.

(3) 가슴과 등

가슴과 등의 살집 양에 의하여 상체 이미지가 형성된다. 가슴과 등에 의해 여성과 남성이 다른 인상을 형성하게 되므로 각각의 특징을 살펴볼 필요가 있다.

여성이 가슴과 등에 살집이 많을 경우 여성스러움이 부각되고 글래머러스하면서 섹시한 상체 이미지를 형성한다는 긍정적인 효과가 있다. 반대로 둔하고 무거운 상체 이미지를 형성한다는 부정적인 효과도 존재한다. 또한 팔과 다리는 날씬하지만 가슴이 크고 등에 살집이 많으면 날씬하거나 마른 상체 이미지를 형성하기 어려우며 의상을 잘못 선택하면 오히려 덩치가 커 보일 수 있다.

여성이 가슴과 등에 살집이 적을 경우 마르고 날씬한 상체 이미지를 형성할 수 있다는 긍정적인 효과가 있다. 또한 가슴이 작고 등에 살집이 없으면 다른 신체 부위에 살집이 있더라도 체형을 보완하기가 좋다. 반대로 여성성을 살릴 수 없으며 남성스럽고 어린 상체 이미지를 형성한다는 부정적인 효과도 있다.

남성이 가슴과 등에 살집이 많을 경우 건강하고 듬직해 보이는 상체 이미지를 형성할 수 있으며 반대로 게으르거나 무겁고 비대한 상체 이미지를 형성할 수 있다. 특히 남성이 가슴이나 등에 살집이 너무 많으면 덩치만 크다는 느낌과 함께 남성성을 전달하기가 어렵다.

남성이 가슴과 등에 살집이 적을 경우 날렵하고 세련된 상체 이미지를 형성한다. 살집이 많은 남성보다 적은 남성이 정장이나 수트가 더 잘 어울리며 모던하고 깔끔한 이미지 형성이 용이하다. 반대로 외소하거나 힘이 없는 상체 이미지를 형성할 수 있다. 가슴과 등에 살집이 있는 사람에 비해 살집이 없는 적은 사람은 상의에 공간이 많이 떠서 마른 인상을 주게 된다. 너무 큰 상의나 딱 붙는 스타일은 상체 이미지를 더욱 외소하게 보이도록 하므로 삼간다.

가슴과 등은 상체 이미지뿐만 아니라 신체 이미지 전체의 외형을 평가하는데 중요한 요인으로 작용한다.

2) 하체 이미지

하체 이미지는 다리와 발 그리고 엉덩이가 합쳐져서 형성되는 이미지이며 두드러지는 신체 변화가 많지 않기 때문에 상체보다 단순하고 일반적인 이미지가 형성된다. 하체 이미지는 하나의 직선으로 이어지기 때문에 각각의 요소가 보다 긴밀한 관계로 연관된다.

하체 이미지는 겉으로 드러나는 굴곡의 정도나 피부색, 형태 등에 영향을 받으며 상체 이미지보다 일반적인 선입견이 많이 존재한다. 〈표 7-5〉를 통해 하체 이미지의 요소별 특징을 살펴볼 수 있다.

〈표 7-5〉 다리, 발, 엉덩이의 특징에 따른 하체 이미지

하체 이미지	다리의 특징	발의 특징	엉덩이의 특징
여성적인	- 피부가 흰 편이다. - 라인이 미끈하다. - 털이 적다. - 굴곡이 약하다.	- 피부가 흰 편이다. - 발톱이 깔끔하다. - 발가락이 예쁘다. - 피부가 부드럽다.	- 엉덩이의 아래쪽에 살집이 있다. - 옆 라인이 곡선이다. - 근육보다 살집이 많다.
남성적인	- 피부가 검다. - 근육이 발달했다. - 털이 많다. - 굴곡이 심하다.	- 피부가 검은 편이다. - 발톱이 크다. - 발가락이 못생겼다. - 굳은살이 많다.	- 엉덩이 위쪽에 살집이 있다. - 옆 라인이 일직선이다. - 엉덩이에도 근육이 보인다.
늘씬한	- 종아리가 허벅지보다 긴 편이다. - 무릎 뼈가 크다. - 발목이 잘록하다.	- 발 형태가 길다. - 발가락이 길다. - 발톱이 큰 편이다.	- 엉덩이 위치가 높은 편이다. - 세로 폭이 좁다.
짧은	- 허벅지가 종아리보다 긴 편이다. - 무릎 뼈가 작다. - 발목이 굵다.	- 발 형태가 짧다. - 발바닥이 넓다. - 발가락이 짧다. - 발톱이 작은 편이다.	- 엉덩이 위치가 낮은 편이다. - 세로 폭이 넓다.

하체 이미지	다리의 특징	발의 특징	엉덩이의 특징
탄력적인	- 피부가 검은 편이다. - 털이 적고 매끄럽다. - 근육이 있다. - 발목이 잘록하다.	- 발에 윤기가 돈다. - 굳은살이 없다. - 뒤꿈치가 깨끗하다. - 발에 주름이 적다.	- 엉덩이가 작고 위치가 높다. - 모양이 둥글다. - 근육이 있다.
마른	- 피부가 검다. - 무릎 뼈가 돌출되어 있다.	- 발등에 뼈가 보인다. - 발가락이 길다. - 발가락 마디가 튀어 나오며 두드러진다.	- 엉덩이가 작고 살집이 거의 없다. 옆 라인이 일직선이다. - 탄력이 없다.
통통한	- 피부가 희다. - 허벅지가 굵다. - 발목이 굵다. - 무릎살이 많다.	- 발등에 살이 많다. - 발가락이 동그랗다. - 발가락 마디에 살이 많은 편이다.	- 엉덩이가 크고 살집이 많다. - 옆 라인이 허벅지까지 큰 곡선을 이룬다.

체형 이미지가 형성될 때에는 일반적으로 상체 이미지의 영향을 많이 받는다. 왜냐하면 대인관계에서 사람을 처음 대면할 때 시선이 얼굴을 시작으로 위에서부터 아래로 이동하기 때문이다. 체형 이미지를 이루는 모든 요소들이 통일되는 한 가지 이미지를 가지는 것이 아니므로 자신이 상대에게 표현하고 싶은 이미지에 가장 적합한 체형 요소를 부각시킨다면 이상적인 체형 이미지 형성에 도움이 된다.

4. 체형 이미지의 유형

체형 이미지의 유형을 알고 있으면 바람직한 체형 이미지 형성에 많은 도움이 된다. 자신이 속하는 유형의 특징을 파악하고 자신에게 맞는 관리법으로 보다 좋은 체형 이미지를 형성할 수 있으며 타인에게 비춰지게 될 이미지를 예상할 수 있다. 또한 유형 분석에서 발견된 단점은 관리를 통해 교정하고 장점은 부각시켜 효과적으로 체형 이미지를 향상시킬 수 있다. 다음 내용은 김경호(2008)의 분류를 참고로 체형 이미지 유형에 대해 더욱 확대·보완하여 설명을 덧붙인 것이다. 각각의 유형에 대해 인지하고 유형에 따른 이미지 형성에 더욱 관심을 기울여야 하며 보다 나은 체형 이미지 형성을 위해 노력해야 한다.

1) 내배엽형(Endomorphy)

비만형과 내장형이 내배엽형에 속한다. 둥글고 부드러운 체형으로 소화 기관이 발달되어 있다. 그리고 팔과 다리는 짧으며 살집이 많고 뼈마디가 굵다. 얼굴 면적은 이마 끝과 턱뼈 끝이 같거나 비슷하며 폭이 넓다. 어깨는 넓고 수평을 이루고 있으며 목이 짧은 것

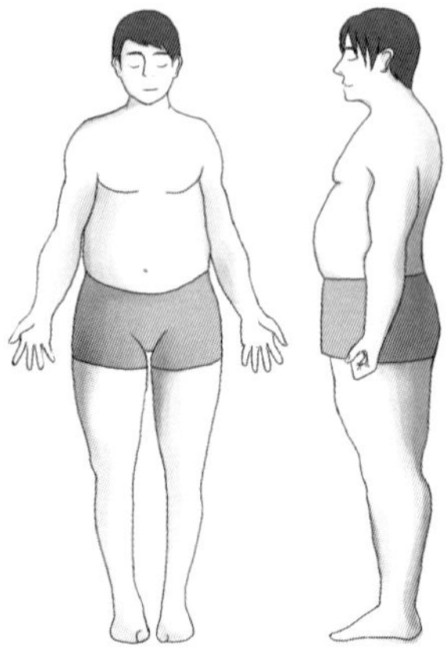

이 특징이다. 또한 이 유형에 속하는 사람들의 피부는 매우 부드럽다.

내배엽형의 성향은 유연하고 친절하며 동정심이 강하다. 낙천적이고 사교적이어서 대인관계가 좋다. 하지만 지구력이 부족하여 새로운 것에 쉽게 빠져 들고 쉽게 포기한다. 감정의 기복이 심하다.

내배엽형은 운동을 통해 체형 이미지 관리가 필요한 유형이다. 효과적인 관리를 위해 반드시 유산소 운동과 웨이트 운동을 병행하는 것이 좋다. 근력 운동을 할 때 근지구력을 기르는 운동이 적합하며 움직임이 크거나 강한 운동은 좋지 않다.

2) 중배엽형(Mesomorphy)

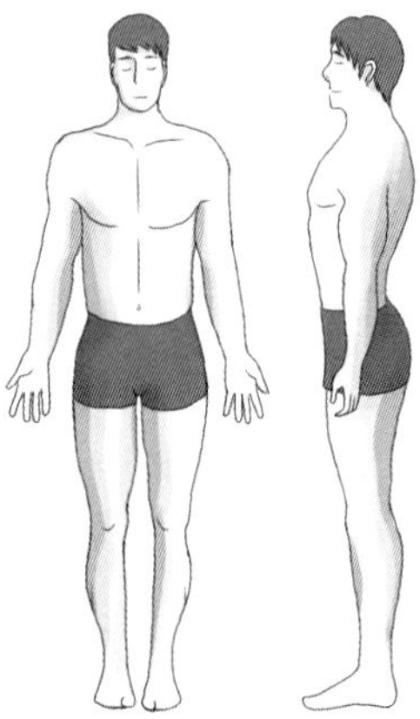

근골형과 신체형이 중배엽형에 속한다. 골격과 근육으로 이뤄진 체형으로 순환기와 혈관조직이 발달되어 있다. 팔과 다리는 근육이 잡혀 있으며 살집이 거의 없다. 중배엽형은 타고난 골격이 좋고 근육이 잘 붙는 타입이라서 운동의 효과가 빠르다. 거칠고 두꺼운 피부가 특징이다.

중배엽형의 성향은 자기주장이 강하고 권력에 대한 욕심이 있다. 소신 있고 의지가 강하며 추진력을 가지고 있다. 능동적이고 행동력이 뛰어나며 활동적인 스타일이다. 하지만 투쟁적이고 냉정한 성향을 지니고 있어 친근함을 느끼기 어렵다. 또한 고집이 세며 자기 과신이 있어 타협하기 힘들다. 살집이 잘 붙는 체질이 아니라서 운동을 통한 관리가 필요한 것은 아니지만 꾸준히 운동한다면 더욱 강한 체력을 기를 수 있다.

3) 외배엽형(Ectomorphy)

세장형과 두뇌형이 외배엽형에 속한다. 골격이 작고 근육이 섬세하며 마른 체형으로 감각기관과 신경계가 발달되어 있다. 어깨는 좁고 피부는 건조하여 주름이 잘 생기는 것이 특징이다. 외배엽형의 성향은 직관력이 있고 분석적이며 논리적이다. 자제력이 뛰어나며 상상력과 기억력이 좋다. 고독하고 신경이 예민하여 다소 신경질적인 부분이 있으

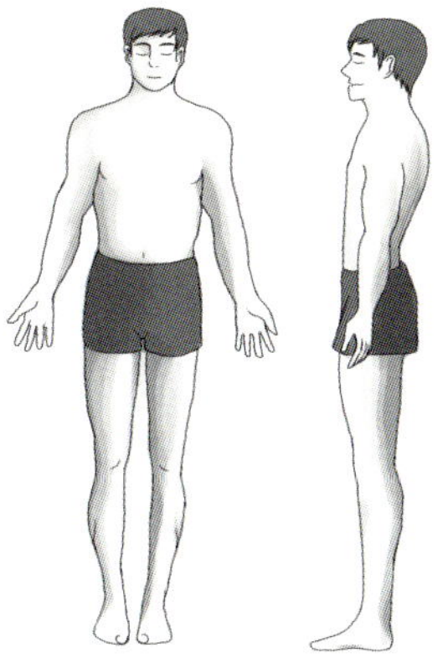

며 냉정하고 소극적인 성향을 지니고 있어 사교성이 부족하다. 그리고 행동보다는 생각이 앞서 현재 하고자 하는 일에 대한 실행능력이나 의욕이 부족하다.

외배엽형은 마르고 근육양이 적어서 운동을 통한 체형 이미지 관리가 필요하다. 하지만 신진대사율이 매우 높아서 체중 증가와 근력 형성이 어려우므로 단기간이 아닌 꾸준한 노력으로 체형 이미지를 형성해야 한다. 상·하체 분할법이 적당하며 50분 이하로 운동하는 것이 적당하다.

5. 체형 이미지 관리법

체형 이미지는 항상 같은 상태로 고정되어 있는 것이 아니라 시간이 지남에 따라 끊임없이 변한다. 자외선이나 공해, 환경 등의 외부적인 요인과 노화로 인해 좋지 않은 체형 이미지로 변할 수 있다. 시간이 지남에 따라 연령에 맞는 건강하고 아름다운 체형 이미지를 가지기 위해서는 꾸준한 자기 관리가 필요하다. 체형 이미지 관리법은 건강 관리법과 라인 관리법으로 나뉜다.

1) 건강 관리법

건강 관리법은 운동 관리, 식습관 관리, 수면 관리를 통해 신체 리듬을 안정되게 해주고 현대인에게 필요한 규칙적인 생활을 유지하게 한다.

현대 사회에 살고 있는 사람들은 시간, 환경, 업무, 생활 등의 많은 요인으로 인해 건강하고 규칙적인 삶을 유지하지 못하고 있다. 이로 인해 건강을 해치게 되고 나빠진 건강은 체형 이미지를 통해 외부로 표현된다.

건강 관리를 하지 않고서는 완벽한 체형 라인을 형성하기 어려우며 바람직한 체형 이미지를 형성하기 힘들다. 그러므로 꾸준한 건강 관리를 통해 보다 균형 있고 탄력적인 체형 이미지를 형성하는 것이 바람직하다.

(1) 운동 관리

운동 관리란 요가나 헬스, 스쿼시, 수영 등의 운동을 통해 체형 이미지를 건강하게 관리하는 것을 말한다. 본인의 체형 타입에 맞게 운동 방법과 시간을 정하여 규칙적으로 진행하는 것이 중요하다. 규칙적인 운동은 신체 리듬을 편안하게 하고 체내의 독소 배출을 도와준다. 또한 기초대사량을 늘려 체력을 향상시켜 튼튼한 신체를 유지할 수 있다. 이러한 운동 관리를 통해 나이에 비해 젊고 탄력 있는 체형 이미지를 형성할 수 있다.

(2) 식습관 관리

식습관 관리란 건강한 체형 이미지를 형성하기 위해 자신에게 필요한 영양소가 무엇인지를 분석하여 식단을 구성하는 것을 말한다. 체형 이미지 관리는 다이어트가 아니므로 무리하게 칼로리를 낮춘 식단을 정하는 것은 바람직하지 않다. 식습관 관리를 위한 식단은 영양소를 골고루 섭취할 수 있으며 체내 독소 배출과 신진대사를 원활하게 해주는 식품을 중심으로 선정한다. 식습관 관리는 자신도 모르는 사이에 폭식하는 것을 방지하고 규칙적인 식습관을 통해서 체내 장기들의 기능이 좋아진다. 그 결과 혈색이 좋아지며 건강한 체형 이미지를 형성할 수 있다.

(3) 수면 관리

수면 관리란 잠을 자는 시간을 규칙적으로 정해놓고 몸이 회복할 시간을 만들어 주는 것이다. 잠을 자는 동안 우리의 신체는 많은 일을 하는데 잘 자는 것만으로도 신체 기능이 회복된다. 바른 자세로 숙면을 취하고 나면 하루 컨디션이 달라지는 것을 느낄 수 있다. 밤과 낮의 구분이 없다고 하는 바쁜 현대 사람들에게 수면 관리를 꾸준히 진행하는 것만으로도 빠른 생체리듬 개선 효과를 얻을 수 있다. 또한 개운하고 상쾌한 체형 균형을 맞출 수 있으며 개인의 생활 리듬을 규칙적으로 바꿀 수 있다.

2) 라인 관리법

라인 관리법은 자세교정, 척추교정, 피부 관리 등을 통해 아름답고 탄력 있는 신체 곡선을 만들어 주는 것이다.

자신의 체형 라인이 대칭을 이루며 위쪽으로 향하지 않고 비대칭이며 아래쪽으로 쳐져 있다면 지금부터 라인 관리가 필요하다. 체형 라인이 대칭을 이루지 않으면 전체적인 체형 이미지가 비뚤어 보이며 나아가 신체 이미지와 외적 이미지에도 부정적인 영향을 준다. 또한 체형 라인이 아래쪽으로 쳐지면 탄력이 없고 나이가 들어 보인다.

이러한 라인 변화는 직업이나 환경, 노화 등의 외적 요인에 의해서 끊임없이 일어나므로 꾸준한 관리가 필요하다.

(1) 교정 관리

척추가 휘어지면 신체의 모든 라인에 영향을 준다. 골반이 틀어지고 그로 인해 다리 길이가 달라진다. 또한 어깨 높이의 변형이 생길 수 있으며 안면의 대칭이 틀어지기도 한다.

척추 교정을 통해 신체의 중심이 되는 척추 뼈를 바로 잡아줌으로써 반듯한 라인을 가질 수 있다. 또한 대칭이 맞지 않았던 좌우가 서서히 대칭을 이루면서 균형미 있는 체형 이미지를 형성할 수 있다. 척추 교정은 전문적인 기관에서 이루어져야 하며 꾸준한 노력과 관리가 필요하다.

척추에 문제가 없는 경우는 간단한 자세 교정을 꾸준히 해주는 것만으로도 체형 이미지를 아름답게 만들 수 있다. 바르게 선 자세와 앉은 자세 그리고 걷는 자세의 교정을 통해 반듯한 체형 이미지를 형성할 수 있다.

(2) 피부 관리

피부 관리란 마사지나 제품 사용 등으로 매끈하고 탄력 있는 체형 이미지를 만들어 주는 것이다. 셀룰라이트를 제거해 주는 제품을 사용하여 군살 없는 바디라인을 만들 수 있으며 경락 마사지나 뷰티 마사지, 혈점 자극 등을 통해 탄력 있고 젊은 신체 곡선을 형성할 수 있다.

바디 라인의 균형을 잡아주는 것만으로도 아름다운 체형 이미지를 형성할 수 있다. 체형의 균형미 없이 마른 몸매를 추구하던 시대는 지나갔다. 체형 이미지에서 아름다운 라인의 기준은 몸무게가 가볍거나 무조건 마른 것이 아니라 처지거나 군살이 없이 탄력적이고 균형 있게 살집이 분포하여 전체적인 라인이 조화를 이루는 것이다. 뿐만 아니라 위의 조건들이 모두 갖춰진 체형 이미지를 아름답고 균형 잡힌 체형 이미지라고 한다.

자신이 노력하는 시간과 양만큼 체형 이미지는 긍정적인 이미지로 형성될 수 있다. "노화로 인한 어쩔 수 없는 체형 이미지의 변화"라는 말은 요즘 시대에는 어울리지 않는다. 주위를 조금만 둘러보면 신체 이미지가 나이를 거슬러 올라가는 사람들을 볼 수 있다. 따라서 건강하고 아름다운 체형 이미지를 형성하고 유지하기 위해 꾸준히 노력하는 것이 바람직하다.

6. 체형 진단 척도

효과적인 외적 이미지 관리를 위해 자신의 체형을 바로 알아야 한다. 다음의 체크리스트를 통해 자신의 체형을 파악할 수 있으며 자신의 장점을 부각시켜 보다 호감적인 외적 이미지를 형성할 수 있다.

〈표 7-6〉 체형 Check list

문항	내 용	A	B	C
1	전체적인 신체의 이미지는 어떠한가?	둥글고 부드러움	각지고 단단함	섬세하고 날카로움
2	얼굴 형태는 어떠한가?	폭이 넓고 큰 편	날렵하고 살이 없는 편	폭이 좁고 작은 편
3	어깨의 형태는 어떠한가?	수평적이고 목이 짧음	골격이 크고 근육이 잡힘	어깨가 좁음
4	팔과 다리의 형태는 어떠한가?	짧고 뽀족함	근육이 발달되어 있음	가늘고 긴 형태
5	체격은 어떠한가?	건장하며 둔한 편	건장하며 큰 편	외소하며 작은 편
6	어떠한 부분이 예민한가?	소화기관	골격, 근육	피부, 신경계
7	살집이 많은 편인가?	전체적으로 많은 편	살집보다는 근육형	근육이 적고 마른 편
8	피부 결은 어떠한가?	부드럽고 여림	두껍고 거침	섬세하고 건조함
9	평소에 성향은 어떠한가?	감정적이고 낙천적	추진력 있고 능동적	직관적이고 논리적
10	평소의 대인관계는 어떠한가?	사교적	무뚝뚝함	소극적

〈표 7-6〉의 항목을 읽고 자신이 해당하는 유형을 선택한다. 선택한 결과를 바탕으로 아래의 〈표 7-7〉 집계표를 작성하여 합산한다.

〈표 7-7〉 집계표

문 항	A	B	C
1			
2			
3			
4			
5			
6			
7			
8			
9			
10			
합 계	개	개	개

제7장 연구문제

1. 신체 이미지의 정의를 내리시오.
2. 신체 이미지의 개념을 정리하시오.
3. 얼굴 이미지의 개념을 정리하시오.
4. 표정의 유형을 정리하시오.
5. 웃음의 유형과 특징을 정리하시오.
6. 얼굴 이미지 관리법을 정리하시오.
7. 체형 이미지의 개념을 정리하시오.
8. 상체 이미지의 형성 요소를 정리하시오.
9. 하체 이미지의 형성 요소를 정리하시오.
10. 체형 이미지의 관리법을 정리하시오.

제 8 장
컬러 이미지

현대사회 생활의 양상은 일반화에서 개인화로 변해가고 있다. 따라서 사람들은 다른 사람과 같은 것이 아닌 특별하고 개성 있는 자신만의 이미지를 추구한다. 개인의 차별성을 가지기 위해서는 자신의 컬러 이미지를 아는 것이 필요하다. 타고난 고유의 컬러 타입을 알고 그에 맞게 연출한다면 자신만의 개성 있는 외적 이미지 형성이 가능하다.

컬러는 외적 이미지뿐만 아니라 내적 이미지에도 영향을 미친다. 어울리지 않는 컬러 연출로 인해 의기소침해지고 대인 앞에 나서기를 꺼려했던 사람은 자신의 컬러 이미지를 찾은 후 당당하고 자신감 넘치는 성향으로 개선될 수 있다. 뿐만 아니라 보다 성공적인 외적 이미지 구축을 통해 적극적인 태도를 지니게 되며 개인의 능력향상을 가져온다. 따라서 컬러 이미지는 현대인에게 매우 중요한 역할을 차지하고 있다.

컬러 이미지를 인식한다는 것은 진정한 자신의 이미지를 찾는 것이다. 독수리가 참새의 날개로 날 수 없듯이 우리도 자신에게 어울리는 컬러 이미지를 찾지 못한다면 자신의 이미지를 100% 성공적으로 구축하기 어렵다. 자신에게 꼭 맞는 날개를 찾기 위해 이 장에서는 컬러 이미지의 정의, 기본적인 색채 지식, 퍼스널 컬러와 그에 따른 적용, 컬러 효과와 심리에 미치는 영향까지 컬러에 대한 총체적인 내용을 살펴보고자 한다.

제1절 컬러 이미지의 정의와 개념

1. 컬러 이미지의 정의

컬러 이미지란 개인이 가지고 있는 본래의 이미지에 적합한 컬러를 적용하여 외적 이미지 향상과 내적 이미지 강화가 어우러진 완성된 이미지이다. 또한 다양한 컬러 적용을 통해 자신이 추구하는 이미지를 형성할 수 있는 유동적인 이미지이다.

2. 컬러 이미지의 개념

사람은 누구나 자신만의 고유한 신체 색상과 그에 맞는 컬러 타입을 가지고 있다. 어울리는 색과 어울리지 않는 색이 존재하는 것도 이 때문이다. 자신에게 어울리는 컬러 타입을 찾고 그에 맞게 연출하여 자신의 컬러 이미지를 분명히 아는 것이 컬러 이미지 형성의 시작이다.

개인의 고유한 컬러 이미지는 한가지이지만 컬러 이미지는 〈그림 8-1〉과 같이 컬러 선택과 적용에 따라 달라질 수 있는 유동성을 가지고 있어 다양한 이미지를 형성할 수 있다. 첫 번째는 봄 컬러를 적용하여 젊고 화사한 이미지를 연출한 것이며, 두 번째는 여름 컬러를 적용하여 세련되고 깔끔한 이미지를 연출한 것이다. 그리고 세 번째는 가을 컬러를 적용하여 깊고 그윽한 이미지를 연출한 것이며, 네 번째는 겨울 컬러를 적용하여 이지적이고 도시적인 이미지를 연출한 것이다. 이처럼 컬러 이미지 경영을 통하여 자신이 추구하는 다양한 이미지 연출이 가능하다.

따라서 컬러 이미지는 개인의 전체적인 이미지 형성에 있어 단순히 외적 이미지에만 적용되는 것이 아니라 성격, 취향, 연령, 직위, 상황, 장소 등에 맞는 적합한 이미지 형성에 중요한 역할을 한다.

〈그림 8-1〉 컬러에 따른 이미지 연출

제2절 컬러 이론

1. 색의 특성

색은 광원(태양, 전등, 발광체, 광선 에너지)으로부터 나오는 광선이 물체에 비추어 반사, 분해, 투과, 굴절, 흡수되면서 시각을 통해 감지되는 것이다. 이때 빛을 모두 반사하면 흰색이 되고 모두 흡수하면 검은색이 된다.

1) 색의 3속성

색을 구성하는 요소로는 색상, 명도, 채도가 있는데 이를 색의 3속성이라고 한다. 색이 가지는 3속성의 특징은 다음과 같다.

(1) 색상

색상이란 빨강, 노랑, 초록 등 다른 색과 구분되는 고유의 특성을 말한다. 색상의 변화를 순차적으로 알기 위해 색상들을 둥글게 배열한 것을 색상환이라고 한다. 이 색상환에서 양 옆으로 한 칸 범위에 있는 색들을 인접색상이라고 하며 인접색상 범위의 반대편에 있는 색을 반대색상이라고한다. 양옆으로 두 칸 범위에 있는 색상을 유사색상이라고 하며 바로 맞은편에 있는 색을 보색이라고 한다. 예를 들어 빨간색의 인접색상은 자주, 주황이고 유사색상은 보라, 자주, 주황, 노랑이 된다. 그리고 반대색상은 파랑, 청록, 녹색이고 보색은 청록색이 된다.

〈그림 8-2〉 색상환

색상환의 색은 빨강, 노랑, 초록, 파랑, 보라의 5가지 색상을 기본으로 하는 먼셀 색채계를 기반으로 만들어 졌으며 이 색들을 바탕으로 명도, 채도, 톤의 변화를 조절하여 무한하게 많은 색을 만들 수 있다. 흰색, 검은색, 회색과 같이 색 기미가 전혀 없는 색을 무채색이라고 한다. 이러한 무채색은 채도라는 특성이 없으나 명도의 변화는 가지고 있다.

(2) 명도

명도란 색의 밝고 어두운 정도를 나타내는 특성을 말한다. 검정에 가까울수록 명도가 낮아지고 흰색에 가까울수록 명도가 높아진다. 무채색이 명도의 기준이 되며 이를 '그레이스케일'이라고도 한다. 유채색은 무채색의 단계에 준하여 명도가 변한다. 명도가 높을수록 색이 밝아지고 채도는 낮아진다. 명도가 낮아질수록 색이 어두워지고 채도 역시 낮아진다. 명도가 높을수록 밝고 가벼운 느낌을 주며 명도가 낮을수록 어둡고 무거운 느낌을 준다. 명도는 색의 여러 가지 감각에 많은 영향을 미치기 때문에 적절한 차이를 두면서 변화를 주는 것이 중요하다. 너무 밝거나 어두운 명도끼리 있으면 색을 구분하기 어렵기 때문이다. 명도의 변화는 다음과 같다.

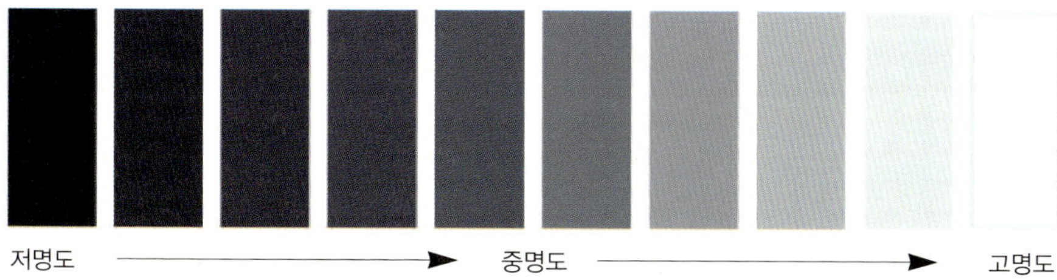

(3) 채도

채도란 색의 맑고 순수한 정도를 나타내는 특성을 말하며 유채색에만 존재한다. 채도는 유채색에 무채색을 섞을수록 낮아진다. 즉, 유채색 축에서 무채색 축으로 갈수록 탁해진다. 무채색이 섞이지 않은 가장 맑은 본연의 색을 순색이라고 한다. 순색에 흰색이 섞인 색을 명청색이라고 하고 슈색에 검은색이 섞인 색을 암청색이리 힌다. 그리고 순색에 밝은 회색이 섞인 색을 명탁색, 어두운 회색이 섞인 색을 암탁색이라고 한다. 채도의 변화는 다음과 같다.

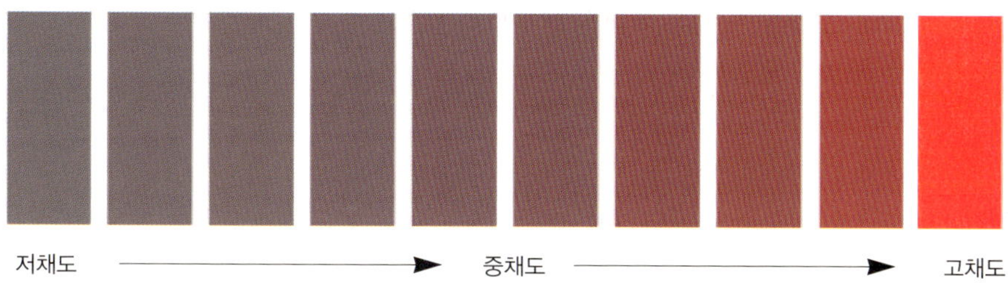

채도는 색의 이미지를 많이 좌우한다. 채도가 높으면 선명하고 경쾌한 느낌을 주지만 채도가 낮으면 흐리고 차분한 느낌을 준다. 채도가 높은 색은 눈에 잘 띄므로 주의를 집중시키기에 좋으나 오래보고 있으면 눈이 피곤하다. 채도가 낮은 색은 전체적으로 흐릿하고 탁한 느낌을 줘서 선명한 느낌은 없지만 눈을 자극하지 않아서 오래 보아도 큰 부담이 없다.

2) 색조(TONE)

색조는 명도와 채도를 묶어서 나타내는 특성으로 톤이라고도 한다. 톤으로 색을 구분하면 명도와 채도를 각각 파악하는 것보다 쉽게 색의 이미지를 떠올릴 수 있다. 색조의 체계는 쓰임새나 분야에 따라서 여러 가지 방법으로 나타내는데 이 책에서는 우리나라 KS A 0011 규정에 따른 톤의 수식 형용사를 사용하였으며 〈표 8-1〉과 같다.

〈표 8-1〉 유채색과 무채색의 수식 형용사 KS A 0011

수식 형용사		대응 영어	약호
유채색	선명한	vivid	vv
	흐린	soft	sf
	탁한	dull	dl
	밝은	light	lt
	어두운	dark	dk
	진한	deep	dp
	연한	pale	pl
무채색	밝은	light	lt
	어두운	dark	dk

〈그림 8-3〉을 보면 알 수 있듯이 색조는 총 11가지로 나뉜다. 위쪽에 위치하고 있는 BRIGHT 톤과 LIGHT 톤, PALE 톤은 순색에 흰색을 섞은 톤으로 Tint라고 하며 DEEP 톤과 DARK 톤은 순색에 블랙을 섞은 톤으로 Shade라고 한다. 그 외 가운데에 위치한 나머지는 순색에 회색을 섞은 것으로 Tone이라고 한다. 톤에 대한 정확한 지식을 가지고 있으면 배색을 할 때 대단히 편리하며 효과적으로 적용시킬 수 있다.

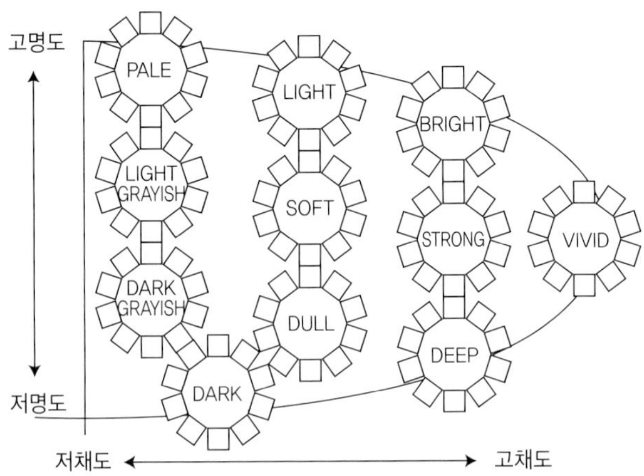

〈그림 8-3〉 색조 영역

2. 색의 감각

색을 통해 사람들은 감각 기관에 다양한 자극을 받게 된다. 색상간의 차이를 통해 착시현상을 느끼기도 하고 지루하거나 흥분되는 등 감정의 변화를 느끼기도 한다. 뿐만 아니라 식욕이 생기거나 추위를 느끼는 등 여러 가지 감각기관이 활발히 작용하게 된다. 이와 같이 색을 통해 일어나는 현상에 대해서 다음의 내용을 통해 자세히 알 수 있다.

1) 색의 온도감

색에 따라 따뜻하게 느껴지거나 차갑게 느껴지게 하는 특성을 말한다. 온도감은 색의 속성 중 색상의 영향을 가장 많이 받는다.

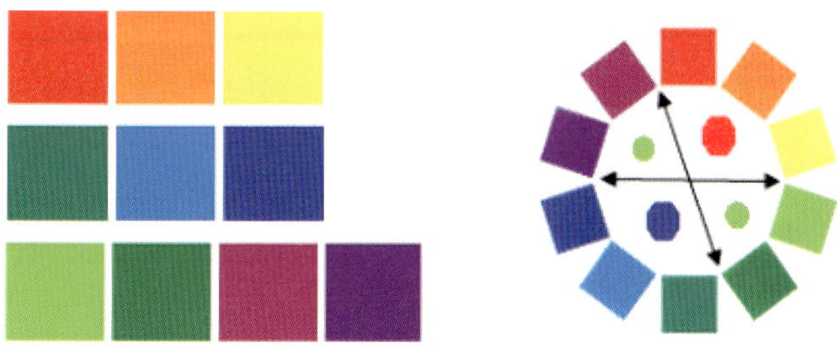

〈그림 8-4〉 색의 온도감 구분

따뜻한 색은 위의 〈그림 8-4〉에서 빨간 점 범위에 있는 빨강, 주황, 노랑이 속한다. 차가운 색에는 파란 점 범위에 있는 청록, 파랑, 남색이 속하며 그 외 연두, 녹색, 자주, 보라는 중성색에 속한다. 또한 색깔이 없는 무채색도 중성색에 속한다. 이러한 중성색은 원래 온도감이 없는 색이지만 경우에 따라 따뜻한 색에 속하기도 하고 차가운 색에 속하기도 한다. 색을 말할 때 따뜻한 색은 난색, 차가운 색은 한색이라고 말하며 이러한 색의 차이를 통해 동일한 온도에서도 덥거나 시원하게 느낄 수 있다.

2) 색의 운동감

같은 면적의 색도 특성에 따라 팽창되어 보이거나 수축되어 보이고 진출해 보이거나 후퇴되어 보인다. 이러한 색의 운동감은 면적의 착시현상에 의해서 일어난다. 색상의 팽창과 수축은 색상이 가지는 형태가 같고 면적이 같더라도 색의 차이에 의해 더 크게 보이거나 작아 보이는 현상을 말하며 색상의 진출과 후퇴는 같은 조건에서 앞으로 돌출되어 보이거나 뒤로 들어가 보이는 현상을 말한다.

난색 계열의 고명도, 저채도의 색은 크고 앞으로 나와 보이며 한색 계열의 저명도, 저채도의 색은 작고 뒤로 들어가 보인다. 이러한 색의 운동감 때문에 같은 크기의 물건도 작아 보이거나 커 보인다. 면적이 같은 공간에 동일한 크기의 물건을 두더라도 팽창색은 자리를 더 많이 차지하는 것처럼 느껴지며, 수축색은 비교적 공간이 넓게 느껴진다. 이러한 색의 특징을 인테리어나 의상에 활용하면 보다 쾌적한 공간과 효과적인 연출을 하는 데 도움이 된다.

3) 색의 경연감

색에 따라 부드럽게 느껴지거나 따뜻하게 느껴지는 특성을 말한다. 경연감은 명도와 채도의 영향을 많이 받는다.

난색 계열의 고명도, 저채도의 색은 부드러운 느낌을 주고 한색 계열의 저명도, 고채도의 색은 딱딱한 느낌을 준다. 예를 들어 아기용품이나 수건, 샤워타월 등 제품의 질감이 판매나 홍보의 가장 중요한 역할을 차지하고 있는 경우 부드러운 색을 사용하여 제품 질감의 장점을 더욱 극대화 해주며, 견고하고 단단한 이미지가 필요한 제품에는 딱딱한 색을 적용하여 효과적으로 활용하고 있는 것이다.

4) 색의 중량감

색에 따라 가볍게 느껴지거나 무겁게 느껴지는 특성을 말한다. 중량감은 명도의 영향을 가장 많이 받는다.

가벼운 색　　무거운 색

명도가 밝은 색은 가벼운 느낌을 주고 명도가 어두운 색은 무거운 느낌을 준다. 실제로 사람들에게 똑같은 무게의 물건을 하나는 밝은 색으로 다른 하나는 어두운 색으로 포장하여 들어보게 했더니 어두운 색의 물건이 더 무겁게 느껴진다고 했다. 따라서 색을 배색할 때는 가벼운 색을 위쪽으로, 어두운 색을 아래쪽으로 배색해야 안성감을 줄 수 있다.

5) 색의 시간감

색에 따라 시간이 느리게 느껴지거나 빠르게 느껴지는 특성을 말한다. 시간감은 색상과 채도의 영향을 많이 받는다.

지루한 시간감　　빠른 시간감

난색 계열의 고채도 색은 시간이 느리게 흐르는 것처럼 느껴지게 하고 한색 계열의 저채도의 색은 시간이 빨리 흐르는 것처럼 느껴지게 한다. 이러한 색의 특성을 적용한 예는 주변에서 흔히 볼 수 있다. 자리의 회전율이 빨라야 하는 커피숍이나 식당에서는 난색의 고채도를 주로 사용하며 오랫동안 일해야 하는 사무실이나 기다리는 장소인 대기실, 버스 대합실은 한색의 저채도로 되어 있다.

6) 색의 흥분과 진정

색에 따라 감정이 흥분되거나 진정되게 하는 특성을 말한다. 흥분과 진정의 감정은 색의 채도에 가장 많은 영향을 받는다. 난색 계열의 고명도, 고채도의 색은 흥분을 느끼게 하고 한색 계열의 저명도, 저채도의 색은 진정과 차분함을 느끼게 한다. 항상 우울하거나 기력이 없는 아이의 방을 흥분색으로 꾸미면 가라앉았던 기분을 밝게 해주고 적극적으로 행동하게 하는 효과를 낼 수 있으며 성격이 너무 활발하고 항상 들떠있는 아이의 방은 진정색으로 꾸미면 흥분을 가라앉히는 효과를 낼 수 있다. 실제로 심리치료를 하는 병원에서는 이와 같은 방법으로 환자들의 감정을 컨트롤 하는 처방을 내리기도 한다.

흥분색 진정색

7) 색의 명시성과 주목성

멀리서 보았을 때 색이 눈에 잘 띄는 정도를 명시성이라 하고 거리와는 상관없이 색의 자극이 강하여 눈에 잘 띄는 정도를 주목성이라 한다.

명시성은 명도 차의 영향을 가장 많이 받으며 그 차이가 클 때 명시성이 높아진다. 또한 채도나 색상 차가 커도 명시성이 높아진다. 그리고 명시성이 높은 경우에 대부분 주목성도 높다.

주목성은 색의 3속성의 영향을 모두 받는다. 난색 계열의 고명도, 고채도가 주목성이 높다. 주목성이 높다고 해서 명시성이 함께 높은 것은 아니다. 명시성과 주목성이 높은 순서대로 이미지를 구분하면 다음과 같다.

(A) (B) (C) (D) (E) (F)

명시성이 높은 순서는 A → B → E → F → C → D이다. 명시성이 가장 높은 A와 B는 실생활에서 많이 쓰인다. 위험을 알리는 표지판, 비상구 마크 등 긴급하고 눈에 잘 띄어야 하는 곳에 주로 사용한다. 그리고 D의 배색처럼 비가 오는 어두운 날 무채색 계열의 옷을 입을 경우 눈에 띄지 않아 사고의 위험이 높아진다.

주목성이 높은 순서는 A → E → B → C → F → D이다. 눈에 잘 띄는 특성인 주목성을 실생활에 적용한 예로는 가전제품의 전원 스위치, 공업용품의 사용 방향 표시 등으로 위치와 기능이 강조되어야 할 부분에 사용된다. 한편 음식점이 모여 있는 골목길의 간판을 보면 서로 튀는 색을 사용하여 눈길을 끌고 있다.

3. 색의 배색

색은 배색을 어떻게 하느냐에 따라 같은 색상도 다른 느낌을 주게 된다. 따뜻하게 느껴지거나 차갑게 느껴지도록 하며 좁거나 넓어 보이게 할 수 있다. 색의 배색은 색상이나 톤에 따라 차이를 낼 수 있으며 면적을 어떻게 분할하여 적용하느냐에 따라 느낌이 달라질 수 있다. 배색에 대해 정리하면 〈표 8-2〉와 같다.

〈표 8-2〉 배색의 종류와 기법(한국색채연구소, 1994)

배색 종류	배색 기법
동일 배색	색상, 명도, 채도를 같은 범위 내에서 사용하는 배색
유사 배색	색상, 명도, 채도를 유사한 범위 내에서 사용하는 배색
반대 배색	색상, 명도, 채도가 반대 되는 색상을 사용하는 배색
그라데이션 배색	색을 단계적으로 변화하게 하는 배색
세퍼레이션 배색	지나친 대비 색상, 유사 색상을 분리하는 배색
액센트 배색	단조로움을 깨기 위해 반대색상이나 색조를 사용하는 배색
톤온톤 배색	동일 색상에서 색조차 특히 명도 차를 강조한 배색
톤인톤 배색	동일, 유사 색상으로 명도나 색조 차가 적게 배색
토널 배색	유사한 톤 중 DULL 톤을 중심으로 채도를 낮게 하여 배색

동일 배색과 유사 배색, 톤인톤 배색, 토널 배색은 공간에 통일감을 주기에 적합하다. 특히 토널 배색은 중간에서 어두운 톤의 사용으로 중후한 느낌을 연출할 수 있다. 반대 배색은 사람들의 이목을 끌어야 하는 공간이나 포스터에 적용하면 적합하다. 그라데이션 배색은 색을 점진적으로 배열해서 운동감과 리듬감을 느낄 수 있다. 세퍼레이션 배색은 대비가 너무 강해서 눈이 어른거리거나 너무 유사한 톤이라 경계가 모호할 때 구간을 분리시켜주는 배색이다. 액센트 배색은 단조로움에 포인트를 줘서 강조하는 배색으로 주로 은은한 공간에 소품으로 포인트를 줄 때 자주 적용하는 방법이다. 톤온톤 배색은 강한 명도대비로 명시성이 높아야 하는 곳에 사용한다. 배색 기법을 효과적으로 활용하면 좁은 공간도 넓어 보이고 밋밋한 공간도 율동감 있게 하며 복잡한 공간도 통일된 느낌의 공간으로 만들 수 있다.

제3절 퍼스널 컬러 이론

1. 퍼스널 컬러의 정의와 개념

1) 퍼스널 컬러의 정의

퍼스널 컬러란 개인이 가지는 고유의 신체 색상(피부색, 눈동자 색, 머리카락 색)의 특징에 맞춰 어울리는 색의 유형을 파악하고 적합한 컬러를 효과적으로 적용할 수 있게 도와주는 자신만의 컬러를 뜻한다.

2) 퍼스널 컬러의 개념

퍼스널 컬러는 자신이 좋아하는 컬러가 아닌 자신에게 어울리는 컬러이다. 퍼스널 컬러 진단을 통해 자신에게 어울리는 컬러를 찾을 수 있다. 이러한 진단 시스템을 통해 찾은 컬러는 개인의 외적 이미지에 직접적인 영향을 주게 된다. 육혜숙(2007)은 전체 직장 남성 가운데 약 85.5%가 첫인상을 형성하는 요인으로 색채가 영향을 미친다고 했다. 또한 연구 결과를 통해 컬러가 개인의 외적 이미지 형성에 있어서 중요한 역할을 하며 대인관계에 있어 자신에게 어울리는 컬러를 알고 상황에 맞게 연출한 사람이 그렇지 못한 사람들보다 좋은 인상을 형성할 수 있다고 밝혔다.

퍼스널 컬러는 실생활의 많은 부분에 적용이 된다. 메이크업 제품부터 의상, 액세서리 등 외적 이미지를 연출하는 모든 범위에 적용된다. 뿐만 아니라 자신이 사용하는 공간이나 자주 있는 곳의 배경에 퍼스널 컬러를 적용함으로써 얼굴빛이나 전체적인 이미지를 더욱 화사하게 만들 수 있다.

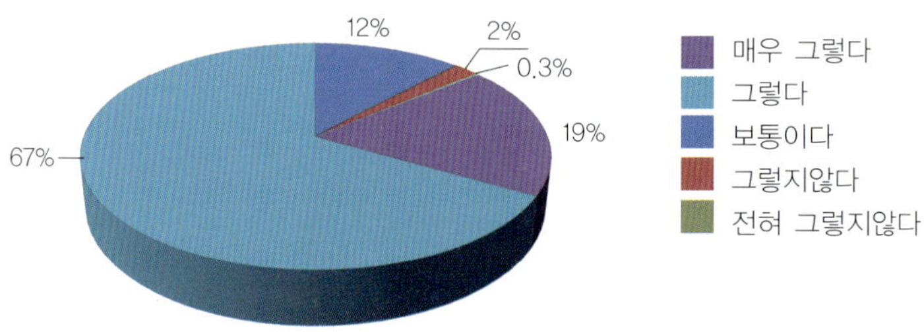

〈그림 8-5〉 첫인상에 컬러가 미치는 영향(육혜숙, 2007)

이러한 외적 이미지의 효과적인 변화는 사회로부터 긍정적인 평가를 받게 된다. 그에 따라 자신감과 당당함을 갖게 되고 이러한 긍정적인 심리 변화를 통해 적극적인 성향을 갖는데 도움이 된다. 또한 능동적인 태도는 업무의 향상과 능력의 극대화를 가져오며 자연스럽게 대인 관계를 좋아지게 한다.

이처럼 퍼스널 컬러는 내적 이미지 강화와 외적 이미지 향상에 도움을 주며 자신에게 가장 어울리는 컬러 이미지를 형성해 주는 개인을 위한 시스템이다.

2. 퍼스널 컬러의 이론적 배경

괴테(Geothe)는 '모든 색이 노랑과 파랑의 두 극 사이에 든다'라는 색체 이론을 정립시켰다. 이는 시각을 바탕으로 생리학과 심리학 반응을 통한 연구에서 색을 빛의 능동적인 색인 노란색, 수동적인 색인 파란색 두 축으로 구분한 이론이다.

로버트 도어(Robert Dorr)는 백색의 조화 부조화 원리를 발견했다. 퍼스널 컬러 이론의 기본인 사람의 피부색에 두 가지의 기조색인 따뜻한 색 과 차가운 색을 지니고 있다고 했다. 그는 마젠타의 조화와 블루의 조화 그리고 오렌지의 조화와 금빛의 조화로 나누고 따뜻한 색을 옐로우 베이스로 차가운 색을 블루 베이스로 구분하여 오늘날 컬러를 분석하는데 기초를 이루는 컬러 키 시스템(Color key system)을 정립시켰다.

요하네스 이텐(Johannes Itten)은 사람이 가지는 고유의 신체 색상은 일생동안 변하지 않으며 그에 대한 주관적인 색의 구성을 바탕으로 4계절 타입의 퍼스널 컬러가 결정된다고 했다. 그리고 얼굴색에 대한 분석연구에서 사람에 따라 색체조화가 매우 광범위하게 넓은 사람과 좁은 사람, 네 가지 유형의 중간 위치에 속하는 혼합 타입의 사람이 있다고 주장했다.

캐롤 잭슨(Carole Jackson)은 – 'Color me beautiful'이라는 전문서적을 출간하면서 패션, 뷰티, 이미지메이킹 등을 본격적으로 활성화시켰다. 그녀는 요하네스 이텐과 마찬가지로 인간의 컬러 이미지를 신체 색상에 따라 계절별로 4가지 유형으로 분류했고, 각

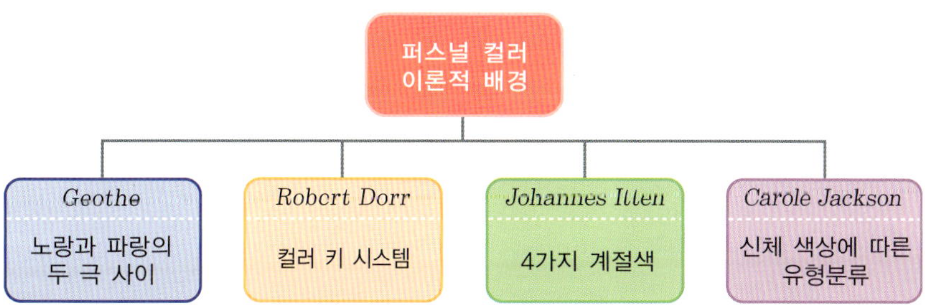

〈그림 8-6〉 퍼스널 컬러 이론적 배경

각의 적합한 색체 파렛트를 제공함으로써 어울리는 의상과 색체 화장법을 제안했다. 개인의 피부 톤을 따뜻한 톤과 차가운 톤으로 구분하여 노르스름한 색을 띄는 피부는 따뜻한 톤으로 봄과 가을 타입에 분류했고, 푸르스름한 색을 띄는 피부는 차가운 톤으로 여름과 겨울 타입에 분류했다.

3. 좋아하는 색과 어울리는 색

사람들은 모두 자신이 좋아하는 색과 싫어하는 색이 있다. 개인의 경험이나 느낌, 성격, 성향 등에 따라 좋고 싫음이 주관적으로 다르게 형성된다. 이렇게 형성된 개인의 판단에 따라 주로 자신이 좋아하는 색으로 외적인 연출을 하게 된다. 그러나 그렇게 연출한 것이 외적 이미지를 좋게 형성해 주는 것만은 아니다. 자신이 좋아하는 색이 자신에게 어울리지 않을 수 있다는 것이다. 개인마다 차이는 있지만 좋아하는 색과 어울리는 색이 반드시 일치하지는 않는다. 그래서 좋아하는 색과 어울리는 색의 차이를 분명하게 알아야 한다.

1) 좋아하는 색

좋아하는 색이란 개인의 성향, 기호, 성격, 연령, 학력, 계층 등에 따라 다르고 시기나 상황에 따라 달라지는 색이다. '좋아한다, 선호한다'는 것은 개인의 무의식과 심리 상태가 반영되는 것이기 때문에 매우 주관적이고 편파적이다.

색의 선호도에 영향을 미치는 요인은 크게 두 가지로 나눌 수 있다. 첫 번째 요인은 성격이다. 개인의 성격이 모두 다르듯이 개인이 선호하는 색 또한 다른 것이 당연하다. 내

〈그림 8-7〉 지역에 따른 선호 색상

향적인 사람은 한색 계열의 차분한 색들을 선호하고 외향적인 사람은 난색 계열의 밝은 색들을 선호한다. 선호색과 일치하는 색은 편안함과 즐거움을 주지만 반대 성질의 색은 불쾌함과 부담스러움 등의 불안정한 느낌을 주게 된다.

두 번째 요인은 환경이다. 주변 환경이나 경험에 대한 기억으로부터 익숙하고 친근한 색을 선호하게 된다. 빛을 많이 받는 지역의 사람들은 따뜻한 색을 선호한다. 일조량이 많은 지역답게 주변 환경의 색도 난색 계열이 많다. 이러한 환경에서 생활하는 사람들은 눈에 익숙한 따뜻한 색을 자연히 선호하게 되는 것이다. 반대로 빛을 적게 받는 지역의 사람들은 차가운 색을 선호하게 된다. 한색 계열의 환경색이 차가운 계열의 색을 더 친근하게 느끼게 하는 것이다.

일반적으로 많은 사람들은 자신에게 호감을 주는 색이나 눈에 익숙한 친근한 색으로 많은 부분을 연출한다. 연출을 하기 위해서 옷이나 메이크업 제품, 구두, 액세서리 등의 많은 것을 구매하게 되는데 자신이 좋아하는 색으로 구매를 했지만 시간이 지날수록 어울리지 않는 것 같아서 결국 사용하지 않고 자리만 차지하게 되는 일이 발생한다. 이러한 일이 반복되지 않도록 자신에게 어울리는 컬러를 정확하게 아는 것이 중요하다.

2) 어울리는 색

어울리는 색은 개인이 가지는 고유의 신체 색상에 따라 다르며 퍼스널 컬러 진단을 통해 자신에게 어울리는 컬러 타입을 찾을 수 있다. 이것은 선천적으로 지닌 신체 색상에 맞는 컬러를 찾아 주는 것이기 때문에 객관적이고 신뢰할 수 있다.

컬러 타입은 퍼스널 컬러의 4계절 유형으로 분류된다. 흑인과 백인처럼 차이가 뚜렷하지 않은 황인족이라 해도 그 속에서 세분화된 개인적인 차이를 발견할 수 있다. 예를 들어 볼과 관자놀이에 붉은 빛을 띠고 전체적으로 얼굴에 투명하고 푸른빛을 지닌 사람

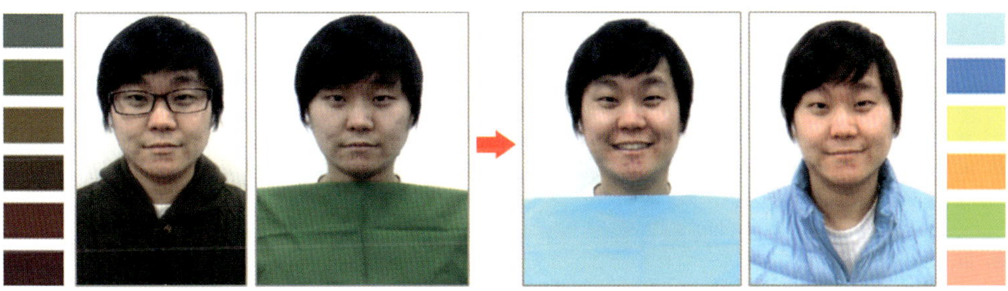

전단 전 모습 진단 후 모습

〈그림 8-8〉 어울리는 색 적용

과 창백한 빛을 지니거나 올리브 그린색의 빛을 지닌 사람은 차가운 피부에 속한다. 이러한 사람들은 차가운 계열의 색들로 톤을 조절하여 연출한다. 또한 흰 피부에 전체적으로 노란빛이 돌며 볼과 입술이 생기가 있어 보이는 사람과 황색에 가까운 누런빛을 지닌 사람은 따뜻한 피부에 속한다. 이러한 사람들은 따뜻한 계열의 색들로 톤을 조절하여 연출한다.

어울리는 색을 찾는 것이 필요한 이유는 보다 화사하고 밝은 연출을 함으로써 자신감을 찾고 당당해지기 위해서이다. 뿐만 아니라 상황에 맞게 센스 있는 컬러연출을 하여 자신의 이미지를 높이고 대인 관계에서 호감적인 이미지를 형성할 수 있기 때문이다.

4. 퍼스널 컬러 연출의 장점

1) 얼굴

컬러는 얼굴의 많은 부분에 영향을 미친다. 특히 얼굴은 메이크업, 액세서리, 의상 등 여러 가지 방법으로 컬러와 직접 닿는 만큼 컬러에 의한 변화가 더욱 뚜렷하게 나타난다. 컬러는 얼굴의 안색과 형태, 인상까지도 좌우하게 되는데 자신에게 어울리는 컬러를 사용함으로써 많은 부분에서 상승효과를 낼 수 있다. 반대로 어울리지 않는 컬러를 사용하여 역효과를 낼 수도 있으므로 컬러 사용 전에는 반드시 진단을 하고 자신에게 맞는 컬러 타입을 찾는 것이 최우선이다.

컬러의 선택에 따라 피부색의 명암 차이가 크게 나타난다. 명도가 낮아 보이면 칙칙하고 어둡게 보이고 반대로 너무 높으면 창백하고 아픈 사람처럼 보인다. 일반적으로 생기 있고 건강한 안색을 가지길 바라는데 그러기 위해서는 개인의 신체 색상에 맞춰 어울리는 연출을 해야 한다. 퍼스널 컬러 진단을 통해 자신의 컬러로 연출하게 되면 얼굴색이 화사해 보이면서 매끄럽고 윤택해 보인다. 뿐만 아니라 볼에 혈색이 돌며 입술에 생기를 띠고 눈동자가 선명해지면서 안색이 건강해 보이고 또렷한 인상을 줄 수 있다.

색은 얼굴의 형태에도 관여한다. 어울리지 않는 컬러로 연출했을 경우 콧대가 낮아 보이고 이마는 납작해 보이면서 평면적인 얼굴처럼 보인다. 전체적으로 얼굴 윤곽이 살아나지 않아 실제 얼굴보다 뚜렷하지 않는 이미지를 형성하게 된다. 그러나 어울리는 컬러로 연출하게 되면 이마와 눈 밑, 콧등, 턱 끝이 밝아 보이면서 입체적이고 선명하게 보이므로 실제 얼굴보다 갸름하고 날렵한 이미지를 만들 수 있다. 뿐만 아니라 얼굴의 잡티나 그늘진 부분이 밝아 보이면서 깨끗하고 어려 보이는 효과가 있다. 이처럼 퍼스널 컬러를 통해 자신에게 맞는 연출을 하면 한결 깔끔하고 화사한 얼굴 이미지를 가질 수 있다.

2) 체형

의상을 고를 때 디자인만큼 중요한 것이 컬러이다. 같은 디자인 임에도 불구하고 색에 따라 키가 커 보이거나 작아 보이기도 하고 날씬해 보이거나 뚱뚱해 보이기도 한다. 본인의 컬러를 알고 있으면 체형을 보완하는데도 효과적이다.

어울리지 않는 컬러로 연출했을 경우, 여성은 어깨가 넓어 보인다거나 덩치가 커 보이고 목이 짧아 보이는 등 여자로서 듣고 싶지 않은 지적을 받게 될 수 있다. 또한 남성의 경우는 외소하고 자신감 없어 보이며 소심하고 작아 보일 수 있다. 어울리지 않는 컬러는 자신의 단점을 부각시키고 장점마저 흐려지게 하는 역효과를 낸다. 그러나 퍼스널 컬러를 통해 어울리는 색으로 패션을 연출할 경우, 외소하거나 답답한 느낌 대신 커 보이고 훤한 이미지를 낼 수 있다. 통통하거나 뚱뚱한 사람들도 컬러 연출을 통해 비교적 날씬해 보이고 몸집이 작아 보이는 효과를 낼 수 있다. 뿐만 아니라 같은 디자인의 옷도 컬러를 통해 다른 느낌으로 연출할 수 있다. 예를 들어 목 폴라티는 자칫 답답해 보일 수 있으나 본인에게 어울리는 컬러 중 짙고 강한 계열의 색을 선택하면 얼굴이 더욱 선명하고 또렷해 보인다. 그리고 니트류의 의상은 뚱뚱하거나 부어 보일 수 있지만 적절한 컬러 선택을 함으로써 귀엽고 사랑스러운 이미지를 연출할 수 있다.

이처럼 퍼스널 컬러를 통해 자신에게 맞는 연출을 하면 단점은 보완되고 장점은 더욱 살려서 이상적이고 만족스러운 체형 이미지를 가질 수 있다.

3) 이미지

사람들은 누구나 자신이 만들고 싶은 이미지가 있다. 하지만 의지대로 꼭 맞는 이미지를 형성하기란 쉽지가 않다. 왜냐하면 자신의 이미지는 타인이 평가하기 때문이며 내가 만들고 싶은 이미지와 타인이 나를 보는 이미지를 같게 하는 것은 어려운 숙제이기 때문이다. 하지만 퍼스널 컬러를 효과적으로 적용한다면 자신이 형성하고자 하는 이미지를 구축하는데 도움이 될 수 있다.

이미지를 형성하는 것에 있어서 퍼스널 컬러는 기존의 방식과 다르게 적용된다. 지금까지는 자신에게 어울리는 컬러를 사용하여 외적 이미지를 향상시키는 것에 초점을 두었다면, 이미지 형성은 자신의 신체 색상에 컬러를 맞추는 것이 아닌 되고자 하는 이미지에 맞춰 4계절 컬러를 적용하는 것이다. 그리고 적용한 타입의 컬러에 맞게 신체 색상도 바꿔주는 방식으로 기존의 컬러 연출 순서의 역행이라 할 수 있다.

퍼스널 컬러의 4가지 타입은 각각의 다른 이미지들을 가지고 있는데 봄 타입은 섬세하며 귀엽고 밝은 이미지를, 여름 타입은 우아하며 여성스럽고 은은한 이미지를, 가을 타입은 고급스럽고 따뜻하며 내추럴한 이미지를, 겨울 타입은 이지적이고 도시적이며 모던한 이미지를 가지고 있다. 이러한 4계절 타입의 특성을 바탕으로 어려보이고 싶거나 귀여운 이미지를 만들고 싶다면 봄 타입의 컬러를 선택하여 연출한다. 차분하고 여성스러우면서 엘레강스한 이미지를 만들고 싶다면 여름 타입의 컬러를, 성숙해 보이면서 고상하고 품격 있는 이미지를 만들고 싶다면 가을 타입의 컬러를 사용한다. 그리고 심플하면서 강렬하고 이지적인 이미지를 만들고 싶다면 겨울 타입의 컬러를 선택하여 연출한다. 이렇게 컬러를 먼저 적용하여 만들어진 이미지에 맞춰 머리카락을 염색하고 메이크업을 바꿔주며 컬러렌즈를 착용하는 등 신체 컬러에 변화를 준다. 그래서 이미지 타입의 색과 신체색이 맞아지면 새로운 이미지를 형성하게 된다.

퍼스널 컬러를 효율적으로 적용하면 항상 자신의 컬러 타입에 맞는 이미지만을 연출하는 것이 아니라 만들고 싶은 이미지에 자신을 맞출 수 있기 때문에 언제든지 원하는 이미지로 연출이 가능할 수 있게 된다.

4) 비용절감 및 시간

퍼스널 컬러를 알고 나면 불필요한 지출을 줄일 수 있다. 본인의 컬러를 알고 있기 때문에 의상, 메이크업 제품, 코디를 위한 장신구 등을 구매할 때 충동구매를 줄일 수 있으며 어울리지 않는 컬러 제품에 대한 미련을 버릴 수 있기 때문에 경제적인 손실을 줄일 수 있다. 뿐만 아니라 집에 있는 의상을 색상에 맞춰 효율적으로 코디할 수 있으므로 구매하는 양이 줄어들고 본인에게 어울리는 제품들만 갖게 되므로 오랜 시간동안 효과적으로 사용할 수 있다.

퍼스널 컬러의 활용으로 낭비하는 시간을 줄일 수 있다. 직접 입어보고 어울리는지 안 어울리는지를 판단하는 것을 수차례 반복하던 때와는 달리 자신의 컬러에 맞는 색을 기준으로 디자인을 선택하게 되기 때문에 훨씬 효율적으로 쇼핑을 즐길 수 있다. 이처럼 퍼스널 컬러를 통해 지출은 줄이고 효율적인 소비를 할 수 있으며 낭비하는 시간도 줄일 수 있어 장기적으로 매우 경제적이다.

5) 전문성

퍼스널 컬러를 공부하여 전문적인 지식을 갖고 있으면 색을 효과적으로 활용할 수 있다. 또한 개인적인 이미지 향상을 꾀할 수 있으며 보다 넓고 많은 분야로 진출할 수 있다.

컬러를 많이 활용하는 메이크업 분야, 헤어, 네일 등 코디네이션의 전체적인 분야에서 결혼식, 면접, 졸업식 등 일반적인 상황에 맞춘 연출이 아닌 차별화된 지식 활용으로 본인의 전문성을 높일 수 있다. 또한 퍼스널 컬러를 전문적으로 익혀 메이크업 아티스트, 뷰티 플래너, 이미지 컨설턴트, 컬러 크리에이터 등으로 진출할 수 있다. 뿐만 아니라 색채 전문 지식을 필요로 하는 인테리어나 건축, 제품 분야에서도 퍼스널 컬러의 활용도는 높다. 따뜻함과 차가운 분위기 연출뿐만 아니라 4계절 컬러가 가지는 특징을 활용하여 발랄한, 은은한, 다이나믹한, 고상한, 모던한, 시원한 등의 이미지에 맞게 연출할 수 있다. 무엇보다도 퍼스널 컬러를 적용하면 전문적인 지식을 바탕으로 배색을 할 때 흐름을 깨지 않고 하나의 분위기로 완성하기에 유리하다.

요즘에는 마케팅에서도 퍼스널 컬러를 적용하고 있다. 특히 광고 분야에서 '봄을 담은'이라는 멘트나 '시원한 여름의 향기' 등의 계절과 연관지어서 광고 효과를 더욱 높이고 있다. 사진 촬영을 할 때에도 각 계절별로 컨셉을 정할 때가 있는데 퍼스널 컬러를 알고 있으면 튀거나 안 어울리는 색상 없이 전체적으로 조화되는 분위기를 연출할 수 있다. 그 외에도 개인을 컨설팅하는 직업, 스타일리스트, 컬러리스트 등의 많은 분야로 진출할 수 있다.

5. 퍼스널 컬러의 적용 범위

퍼스널 컬러가 적용되는 범위는 매우 넓다. 컬러가 사용되는 모든 분야에 퍼스널 컬러를 접목시킬 수 있다고 해도 과언이 아니다. 퍼스널 컬러를 통해 많은 분야가 발전되고 있으며, 개인을 위한 퍼스널 컬러의 특성을 활용하여 많은 분야에서 'PERSONAL'이라는 단어를 사용하고 있다.

1) 메이크업

메이크업에서 퍼스널 컬러는 기초 제품에서부터 적용된다. 원하는 얼굴 이미지를 연출하기 위해 피부의 기본 톤부터 재정립한다. 또한 본격적인 이미지 변화는 색조에서 결정짓는다. 눈썹의 색을 시작으로 아이섀도우, 립스틱, 치크, 하이라이트의 유무, 광택적인 연출 혹은 매트한 연출 등 직접적으로 많은 변화를 줄 수 있다.

봄 타입의 메이크업은 달콤하고 사랑스러운 느낌을 연출할 수 있으며 귀엽고 소녀 같은 이미지와 경쾌하고 싱그러운 이미지를 연출하고 싶을 때 적합하다. 여름 타입의 메이크업은 시원하고 순수하며 세련되고 차분한 느낌을 주므로 로맨틱하고 여성스러운 이미지, 우아한 이미지를 연출하고 싶을 때 적합하다. 가을 타입의 메이크업은 고혹적이며 따스하여 온화하고 포근한 이미지를 연출하고 싶을 때 적합하다. 겨울 타입의 메이크업은 선명하고 또렷하여 이지적인 느낌을 주며 도회적이고 강렬한 인상을 주고 싶을 때 적합하다. 겨울 타입은 너무 냉정하거나 차가워 보일 수 있으므로 컬러 배색에 더욱 집중하여 연출해야 한다.

메이크업 때문에 이미지를 해치는 경우가 많다. 이는 대부분 어울리지 않는 컬러를 사용하거나 전체적인 색감을 맞추지 않아서 그렇다. 그 결과 너무 매섭고 강한 인상을 형성하거나 반대로 지쳐 보이고 흐릿하게 보일 수 있다. 자신에게 어울리지 않는 컬러는 단점을 커버해 주지 못하고 장점마저 가리게 된다. 그러나 퍼스널 컬러를 통해 컬러 연출을 하면 자신의 장점은 부각시키고 나아가 단순한 외적 아름다움만이 아닌 생기 있고 건강해 보이는 얼굴 이미지를 형성할 수 있다.

〈그림 8-9〉 퍼스널 컬러에 따른 메이크업 연출

2) 네일

네일의 경우도 메이크업과 마찬가지로 색상의 선택이 중요하다. 일반적으로 네일 컬러를 선택할 때는 손톱의 생김새나 길이에 가장 많은 영향을 받는다. 손톱의 크기나 모양 등 생김새가 네일 컬러에 큰 영향을 주고는 있지만 퍼스널 컬러에서는 네일 컬러와 손의 피부색이 잘 어우러져 전체적으로 깨끗하고 혈색이 좋아 보이게 하는 것이 가장 중요하다.

퍼스널 컬러에 기초하여 네일 컬러를 선택하면 한결 깔끔하고 생기 있는 손을 연출할 수 있다. 봄 타입의 사람은 아쿠아 블루에서 연해지는 하늘색 계열과 복숭아 핑크색을 사용하고 다홍색이나 주황색, 은은한 금펄이 들어간 컬러도 좋다. 그러나 차가운 계열의 네이비나 블랙, 퓨어화이트, 버건디 등은 노르스름한 피부를 더욱 누렇게 보이게 하므로 피하는 것이 좋다.

여름 타입의 사람은 소라색이나 연보라색 등의 파스텔 계열을 사용하고 수박색이나 스트로베리 레드로 포인트를 주는 것도 좋다. 은은한 은색과 청회색 계열을 사용하면 피부가 조금 더 환해 보인다. 그러나 금색이나 개나리색, 주황색, 연두색 등은 피부와 손톱이 동떨어져 보이는 역효과를 주며 형광 계열의 색은 손의 푸른 기운을 더 도드라지게 하여 창백해 보일 수 있다.

가을 타입의 사람은 황갈색 계열과 깊은 담홍색, 황금색 등을 사용하면 더욱 온화하고 따뜻해 보이는 손을 가질 수 있다. 반대로 은색이나 블랙, 회색 계열, 파스텔 계열 등을 사용하면 피부색이 누렇다 못해 검게 보이면서 깨끗하지 못하고 지저분한 느낌을 줄 수 있다.

겨울 타입의 사람은 버건디, 블랙, 와인, 화려한 은펄 제품, 핫 핑크 등을 사용하면 하얗고 선명한 손을 연출할 수 있다. 하지만 골드나 황색, 아쿠아 블루, 주황색, 살구 핑크, 옥색 등을 사용하면 손가락 마디 부분과 큐티클 부분이 검게 보이고 지저분해 보이므로 피하는 것이 좋다.

이렇듯 우리 신체에서 대단히 작은 부분이고 간단한 네일이라 할지라도 제대로 된 컬러 선택으로 전체적인 균형과 조화에 크게 기여할 수 있다. 퍼스널 컬러를 활용하여 네일 컬러를 선택한다면 전체적으로 멋진 이미지를 연출해놓고 옷자락 사이로 보이는 손끝에서 아쉬움이 남지 않는 완성된 이미지를 형성할 수 있을 것이다.

〈그림 8-10〉 퍼스널 컬러에 따른 네일 연출

3) 헤어

헤어는 우리의 인상을 좌우하는 중요한 부분이다. 사람들은 일반적으로 얼굴의 생김새나 형태에 따라 연출하고자 하는 헤어 스타일을 선택한다. 그러나 이제는 스타일 못지않게 헤어 컬러도 신체 색상에 맞춰 신중하게 바꿔어야 한다. 헤어 스타일을 멋지게 연출했지만 얼굴에 화사함이 없다면 자신의 컬러 타입에 어울리지 않는 색상으로 염색을 했거나 헤어 컬러가 색이 바래서 변했기 때문이다. 이럴 때는 컬러를 바꿔 줄 필요가 있다.

따뜻한 헤어 컬러가 어울리는 사람은 봄 타입과 가을 타입의 사람으로 피부에 붉은 빛이 많지 않고 노란빛이 돌며 잡티가 많거나 황색 빛을 가진 사람들이다. 봄 타입의 사람은 따뜻하고 온화한 색이 주를 이룬다. 잘 어울리는 컬러는 옐로우브라운이나 오렌지 브라운, 코럴 브라운, 황갈색 등이 있다. 가을 타입의 사람은 깊고 차분한 색이 주를 이룬다. 어울리는 컬러는 레드 브라운이나 골든 브라운, 짙은 적갈색과 골드 빛을 지닌 검정색 등이 있다.

차가운 헤어 컬러가 어울리는 사람은 여름 타입과 겨울 타입의 사람으로 피부에 노란 빛이 많지 않고 붉고 푸른빛을 띠는 사람들이다. 여름 타입의 사람은 어두운 색 보다 비교적 밝은 색이나 중간색이 많다. 또한 짙은 회색이나 회갈색, 로즈 브라운, 다크 브라운 등 회색을 가미한 색들이 있다. 겨울 타입은 기본적으로 선명하고 짙은 블랙이 주를 이룬다. 어두운 계열 중에서도 푸른빛을 지니고 있으며 블루 블랙, 그레이 브라운, 다크 브라운 등이 있다.

이렇게 퍼스널 컬러에 맞춰 자신의 헤어 컬러를 연출하면 전체적으로 균형을 이루는 아름다운 헤어 이미지를 연출할 수 있다.

〈그림 8-11〉 따뜻한 색과 차가운 색의 헤어 컬러

4) 패션

외적 이미지에서 가장 눈에 띄는 연출이 바로 패션이다. 패션은 그 사람의 위치와 역할, 직업과 직위 등을 알게 해주는 중요한 매개체이다. 사람들은 상대방의 패션 연출을 통해 센스와 감각을 평가하기도 한다. 퍼스널 컬러를 통해 본인에게 어울리면서 때와 장소에 맞는 연출을 한다면 대인관계에서 호감을 얻을 수 있고 나아가 만족스러운 자신의 이미지를 형성할 수 있다.

〈그림 8-12〉 봄·가을 타입의 패션

따뜻한 타입에는 봄 타입과 가을 타입이 속한다. 하지만 따뜻한 타입의 사람이라고 해서 두 타입이 모두 어울리는 것은 아니다. 봄 타입은 노란색을 기조로 하고 있고 가을 타입은 황색을 기조로 하고 있기 때문이다. 따라서 봄 타입의 사람은 색을 선택할 때 노린빛을 지니고 있는 색을 선택하여 연출한다. 패션을 연출할 때에는 톤의 조절이 중요한데 귀엽고 발랄한 이미지인 봄 타입의 사람은 BRIGHT 톤을 바탕으로 LIGHT 톤과 섞어서 사랑스러운 이미지를 연출하거나 VIVID 톤을 함께 사용하여 활동적이고 액티브한 이미지인 〈그림 8-12〉와 같은 봄·가을 타입의 패션을 연출할 수 있다.

가을 타입은 황색을 기조로 하고 있어서 봄 타입과 함께 따뜻한 컬러이긴 하지만 탁하고 어둡다. 가을 타입의 사람은 색을 선택할 때 모든 색에 금빛이 도는 온화하고 친근한 색을 선택한다. DULL 톤과 DARK GRAYISH 톤의 깊고 풍부한 색을 사용하여 고저스하고 에스닉한 이미지를 연출할 수 있다.

〈그림 8-13〉 여름·겨울 타입의 패션

차가운 계열에 속하는 사람은 다시 여름 타입과 겨울 타입으로 나뉜다. 두 타입 역시 같은 찬 계열이라고 해서 컬러를 넘나들 수 있는 것이 아니므로 혼동하지 말고 자신의 타입을 바르게 선택할 수 있도록 해야 한다. 여름 타입의 사람은 흰색과 파랑색을 기조로 한 컬러를 선택한다. LIGHT 톤의 밝으면서 은은한 파스텔 계열로 연출하면 여성스럽고 차분한 이미지를 만들 수 있다. GRAYISH 톤과 함께 사용하면 우아하고 엘레강스하며 부드러운 느낌을 줄 수 있다. 회색조와 청색 계열, 퍼플 계열을 함께 사용하면 시크하고 세련된 이미지인 〈그림 8-13〉과 같은 여름·겨울 타입의 패션을 연출할 수 있다. 겨울 타입 사람은 파랑과 블랙을 기조로 하고 있는 컬러를 선택한다. VIVID 톤과 STRONG 톤을 사용하여 선명하고 또렷한 이미지를 연출할 수 있다. PALE 톤과 함께 큰 콘트라스트 차이로 강렬하고 튀는 인상을 줄 수 있다.

패션에서 의상과 함께 중요한 것이 액세서리 연출이다. 액세서리도 마찬가지로 〈그림 8-14〉

〈그림 8-14〉 4계절 타입별 액세서리

와 같이 4계절 타입에 맞게 색상을 맞춰서 연출하면 된다. 그리고 색상 외에 중요한 것이 바로 금과 은의 선택, 광택과 무광의 선택, 짙은 정도를 선택하는 것이다. 따뜻한 컬러 타입은 금제품을 사용하는 것이 좋은데 이때 봄 타입은 엷고 가벼운 색을 선택하고 가을 타입은 진하고 무거운 색을 선택한다. 차가운 컬러 타입은 은이나 백금 제품을 선택하는데 여름 타입은 무광의 제품을, 겨울 타입은 광택이 도는 화려한 제품이나 큐빅 제품을 선택한다. 이처럼 4계절 타입의 액세서리 연출로 성공적인 외적 이미지를 연출할 수 있다.

5) 퍼스널 컬러와 이미지 경영

퍼스널 컬러를 바탕으로 개인의 이미지를 형성해 줄 수 있다. 앞에서 설명한 내용을 모두 적용한 것이 바로 개인의 외적 이미지 경영이다. 4계절 타입 중 본인에게 어울리는 컬러 타입을 선정해주고 그 중에서도 가장 잘 어울리는 베스트 컬러를 선정하여 자신이 주인공인 자리에서 가장 화려하고 돋보이게 만들어 줄 수 있다. 반대로 워스트 컬러를 정하여 주목받고 싶지 않을 때나 조사 혹은 조용하고 엄숙한 자리에 적절하게 적용할 수 있다. 그리고 자신이 형성하고 싶은 이미지에 맞게 컬러 타입을 선정하고 이미지에 맞춰 신체 색상에 변화를 주는 방법까지 자신의 이미지를 다양하게 변화시키고 새롭게 형성할 수 있다.

이처럼 퍼스널 컬러의 활용으로 자신에게 가장 잘 어울리는 이미지 타입을 찾는 것뿐만 아니라 다양한 컬러 이미지 연출이 가능하다. 한 가지 이미지를 찾는 것은 자신이 가진 신체 고유의 색에 맞춰 타고난 컬러 타입을 찾는 것이고, 이미지 경영은 연출하고자 하는 이미지에 맞춰 신체 고유의 색을 바꾸는 것이다. 즉, 누구나 퍼스널 컬러에 대한 전문지식을 습득하고 충분히 활용한다면 사계절 타입에 맞게 메이크업과 헤어 컬러에 변화를 주고 필요에 따라 컬러렌즈를 사용하는 등 신체 색을 바꿔 어색함 없이 성공적인 이미지 경영을 할 수 있다.

최근에 자신만의 특별한 이미지를 만들고 싶어 하는 사람들이 늘어나고 있다. 이는 다른 사람들과 차별화되고 나만의 가치와 브랜드를 갖고 싶어 하는 성향에서 비롯된 것인데, 이러한 성향은 다양한 분야에서 일어나고 있으며 컬러 역시 마찬가지이다. 또한 이러한 추세는 더욱 심화될 것이다. 따라서 퍼스널 컬러를 통하여 개성 있는 이미지를 형성하고, 형성된 이미지가 대인 관계나 사회생활에서 더욱 빛을 발할 수 있도록 노력해야 한다.

6. 따뜻한 색과 차가운 색의 분류와 특징

색은 따뜻한 색과 차가운 색으로 나뉜다. 일반적으로 빨강, 주황, 노랑 계열은 따뜻한 색이라 하고 청록, 파랑, 보라, 남색은 차가운 색이라고 한다. 그러나 퍼스널 컬러에서는 이러한 기본적인 색상 분류 외에도 톤을 나누어서 더 세밀하게 색을 구분한다. 다시 말해 모든 색상에 따뜻함과 차가움이 함께 있다고 보는 것이다. 색상과 관계없이 따뜻한 색은 노란색을 기조로 하고 있으며 차가운 색은 파란색을 기조로 하고 있다. 기본 색상에 어떠한 색이 기조가 되어 있는지에 따라 노랑도 따뜻한 노랑과 차가운 노랑, 파랑도 따뜻한 파랑과 차가운 파랑으로 나눌 수 있다.

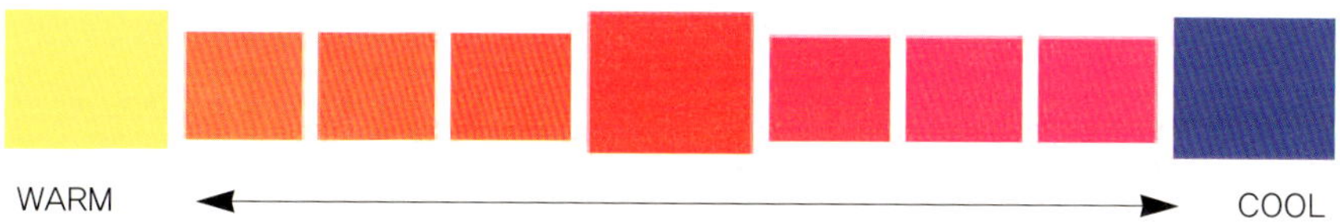

즉, 기본적인 색의 한난(寒暖)개념에서 따뜻한 색에 속하는 빨강도 색의 성질이 노란색 쪽으로 향하고 있으면 더욱 따뜻함을 느낄 수 있고 파란색 쪽으로 향하고 있으면 기본 개념과 상관없이 차가움을 느끼게 되는 것이다. 이처럼 모든 색에 따뜻함과 차가움이 존재하는데 두 가지 타입은 매우 다른 특징을 갖는다. 그래서 두 타입을 함께 배색하면 어울리지 못하고 겉도는 느낌을 준다.

1) 따뜻한 색

따뜻한 색은 모든 색에 노란색과 황색을 기조로 하고 있다. 온화한 태양이 모든 색을 비추고 있는 것처럼 따스한 빛이 돈다. 따뜻한 색의 특징은 팽창되어 보이고 능동적인 에너지를 가지고 있다. 따뜻한 색에는 싱그럽고 상큼한 봄 타입의 색과 짙고 풍부한 가을 타입의 색이 있다. 밝은 톤의 봄 타입 색은 태양이 비춰 세상이 환한 낮의 이미지로 모든

〈그림 8-15〉 따뜻한 색의 컬러와 이미지

색이 밝고 선명하다. 탁하거나 흐린 색은 없으며 원색의 때묻지 않은 순수한 색과 햇빛을 반사시키는 것처럼 광택이 도는 색이 주를 이룬다.

어두운 톤의 가을 타입 색은 해가 저물어 노을이 질 때의 이미지이다. 따뜻함에 어둠이 더해져 조금 탁하고 흐리다. 커피 향이 피어오르는 것처럼 그윽하고 차분한 색들이 주를 이룬다. 자연의 색이 많아 내추럴하고 편안한 느낌을 준다.

봄 타입과 가을 타입이 함께 있는 따뜻한 색은 엄마 품과 같이 포근하고 친근한 느낌을 주며 때로는 엄마 품에 안겨 어리광을 부리고 있는 어린아이 같은 느낌도 준다.

2) 차가운 색

차가운 색은 푸른색과 흰색, 검정색을 기조로 하고 있다. 차가운 색은 정적이고 딱딱한 느낌을 주며 모던한 이미지를 가진다. 차가운 색은 수축되어 보이고 수동적인 에너지를 가지고 있다. 차가운 색에는 은은하고 부드러운 여름 타입의 색과 강렬하고 또렷한 겨울 타입의 색이 있다. 흐린 톤의 여름 타입 색은 엷은 파스텔 계열의 색과 푸르름이 한층 더해진 청록 계열이 주를 이룬다. 맑고 선명한 색은 거의 없으며 파우더처럼 뽀얀 이미지로 색상 간의 콘트라스트가 약하여 여성스럽고 우아한 느낌을 준다.

강한 톤의 겨울 타입 색은 햇빛이 맑은 얼음에 반사되는 것처럼 눈부시고 선명한 색이 주를 이루며 탁하거나 중간 톤의 색은 거의 없다. VIVID 톤의 또렷한 색이나 PALE 톤의 아주 엷은 색이 주를 이뤄 색상 간의 콘트라스트가 매우 강하며 냉철하고 강한 느낌을 준다.

여름 타입과 겨울 타입이 섞인 차가운 색은 모든 색에 흰 눈이 섞인 듯이 부드러운 느낌과 시원한 느낌을 주며 때로는 얼음에 빛이 투과하듯 눈부시고 청량한 느낌을 준다.

〈그림 8-16〉 차가운 색의 컬러와 이미지

7. 퍼스널 컬러의 4계절 분류와 특징

1) 봄 타입

봄은 모든 생명들을 깨어나게 만드는 계절이다. 봄이 비추는 따뜻한 햇살로 인해 많은 생명들이 품고 있던 활기와 싱그러움을 발산하며 힘껏 발산한다. 이러한 봄의 기운과 마찬가지로 봄 타입의 색상 또한 생명력과 에너지를 담고 있는 색이 주를 이룬다.

봄 타입 색상은 햇살의 노란색을 기조로 하여 모든 색상이 따뜻함을 지니고 있다. 색의 원색에 노란색을 섞은 느낌의 색을 가지고 있으며 이러한 색상은 성장과 에너지를 상징하고 싱그럽고 신선한 느낌을 가지게 한다.

〈그림 8-17〉 봄의 이미지와 컬러

봄 타입은 선명하고 또렷한 색상들이 주를 이룬다. 원색에서 오는 산뜻하고 밝은 느낌의 색들로 인해 더욱 화사하고 발랄한 느낌의 연출을 할 수 있다. 하지만 봄 타입에도 부드럽고 연한 색상들이 존재하는데 이러한 색들은 더욱 따뜻하고 소녀 같은 느낌을 가지게 한다. 그러나 연한 색상이라 하더라도 결코 뿌옇다거나 흐리다는 색감이 느껴지지 않는다. 연하지만 탁해서는 안 된다. 봄의 연하고 밝은 색상은 뿌옇게 텁텁한 느낌이 아니라 햇빛이 비쳐 광택이 돌고 은은하면서 보드라운 느낌이 도는 색이어야 한다.

봄 타입의 색은 모든 타입의 색 중 가장 경쾌하면서 섬세하고 여린 색상이라 하겠다. 봄 컬러를 사용하여 발랄하고 귀여운 이미지를 연출하기도 하고 로맨틱하고 사랑스러운 소녀의 이미지를 연출하기도 한다. 또한 젊고 캐주얼하고 액티브한 이미지를 연출할 수 있다. 무엇보다 봄의 컬러는 싱그럽고 밝으며 따뜻한 에너지의 상징이다.

(1) 봄 컬러 톤

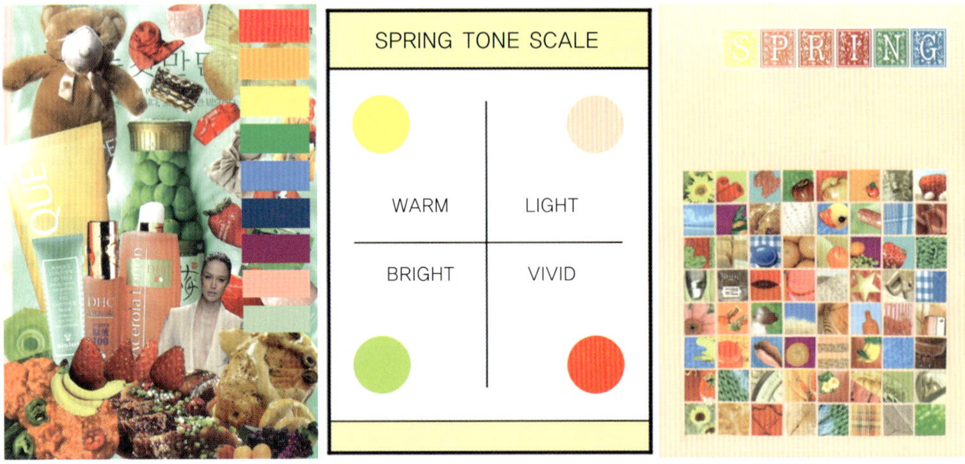

〈그림 8-18〉 봄 컬러 이미지 맵과 톤 스케일

• SPRING WARM

봄의 색상 중 따뜻하고 밝은 색상이 어울리는 타입으로 한색 계열 보다는 주황, 노랑 등의 난색 계열의 색상이 잘 어울린다.

• SPRING LIGHT

봄의 색상 중 난색 계열과 한색 계열 구분 없이 모두 잘 어울리며 전체적으로 연하고 은은하며 부드러운 색상이 잘 어울린다.

• SPRING BRIGHT

봄의 색상 중 밝고 귀여운 느낌의 색상이 어울리는 타입으로 노란 햇빛에 색이 비쳐서 광택이 도는 듯한 색이 잘 어울린다.

• SPRING VIVID

봄의 색상 중 선명하고 또렷한 색상이 어울리는 타입으로 햇빛의 생명력과 에너지를 머금고 있는 원색이 잘 어울린다.

(2) 봄 타입 컬러 선택

봄 타입의 컬러는 봄을 연상하게 하는 알록달록한 원색의 색상들이 주를 이룬다. 또렷하고 선명한 색상들을 선택하여 연출하면 보다 화사하고 밝은 이미지를 연출할 수 있다. 모든 색은 따뜻한 빛의 노랑을 기조로 하여 명도는 고명도와 중명도로 밝으며 채도는 고채도로 선명하다. 특히 노랑 계열, 연두, 코럴 핑크 계열의 색이 얼굴을 더욱 젊고 선명하게 보이도록 연출하는데 도움이 된다. 봄 타입의 대표 컬러는 아이보리, 옐로우, 오렌지레드, 애플 그린, 피치 핑크, 아쿠아 블루, 오렌지, 아프리코트, 옥색, 개나리색 등이다.

(3) 봄 타입의 잘못된 컬러 선택

봄 타입은 파랑색을 기조로 하는 한색 계열의 색들은 피하는 것이 좋다. 선명하지 못하고 탁한 색이나 흐린 색, 지나치게 어둡고 깊은 톤이어서 무거운 느낌이 드는 색들 역시 피하는 것이 좋다. 봄의 원색은 경쾌하고 활동적이며 에너지를 느끼게 하지만 차가운 계열의 원색은 강하고 얼음과 같은 창백한 투명함을 느끼게 하기 때문에 봄 타입의 사람이 연출할 경우 생기를 잃고 얼굴과 색이 어울리지 않고 분리되어 보이는 느낌이 든다. 블랙, 퓨어 화이트, 와인, 마젠타, 버건디, 카키, 다크 브라운, 은색, 네이비 등 빛이 바랜듯한 색과 너무 짙은 색은 어울리지 않는다.

(4) 봄 컬러 이미지

봄 타입의 이미지는 화사하고 밝으며 활기차고 생동감이 넘친다. 로맨틱하고 감미로운 이미지도 있으며 명랑하고 소녀 같은 이미지도 가지고 있다. 대체적으로 봄 타입의 사람은 실제 나이보다 어려보이는 귀엽고 사랑스러운 이미지이다. 한편으로는 선명하고 또렷한 원색의 연출로 활동적이고 액티브한 이미지를 지니기도 한다. 봄 타입이 가지는 이미지에 대해 정리하면 〈표 8-3〉과 같다.

〈표 8-3〉 봄 컬러 이미지와 특징

<table>
<tr><td></td><td>PRETTY
- 달콤하고 밝은 색이 주를 이룬다.
- BRIGHT 톤의 색들을 사용하여 생기 있고 광택이 도는 윤기 있는 느낌을 준다.
- 사랑스럽고 귀여운 이미지를 연출할 수 있다.</td></tr>
<tr><td></td><td>ROMANTIC
- 감미롭고 낭만적인 색이 주를 이룬다.
- LIGHT 톤의 색들을 사용하여 은은하고 부드러우며 연한 색들이 포근한 느낌을 준다.
- 수줍고 소녀 같은 이미지를 연출할 수 있다.</td></tr>
<tr><td></td><td>CASUAL
- 신선하고 생동감 넘치는 색이 주를 이룬다.
- 봄 컬러 중에서도 한색 계열을 주로 사용하여 젊고 쾌적하며 경쾌한 느낌을 준다.
- 산뜻하고 가벼운 이미지나 상큼하고 생기가 넘치는 발랄한 이미지를 연출할 수 있다.</td></tr>
<tr><td></td><td>ACTIVE
- 자유롭고 활동적인 원색이 주를 이룬다.
- VIVID 톤의 색들을 사용하여 선명하고 또렷하며 에너지를 발산하는 느낌을 준다.
- 활발하고 통통 튀는 이미지를 연출할 수 있다.</td></tr>
</table>

(5) 봄 컬러의 종류와 특징

White – ivory, cream white, off white

봄의 흰색은 차가운 빛이 아닌 노란빛이 도는 따뜻하고 부드러운 색이다. 포근하고 고급스러운 이미지를 지닌다.

Beige – creamy beige, honey beige, warm beige

근원이 따뜻한 색인 베이지는 선명하고 밝은 색이 주를 이루며 차분하고 어두운 색은 피하는 것이 좋다

Red – orange red, tomato red, bright red

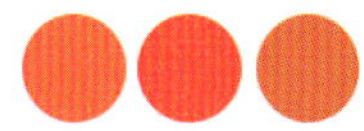

비비드 톤의 선명한 원색으로 푸른빛이 가미된 차가운 레드가 아니라 주황이 가미된 다홍빛의 레드가 주를 이룬다. 톤이 다운되어 너무 깊은 레드는 피하는 것이 좋다.

Orange – orange, light orange, clear peach, all coral

봄을 대표하는 색인 오렌지는 탁도가 없이 맑고 깨끗한 색이 주를 이룬다. 주황의 느낌에서 연산호색까지 노란빛의 선명한 색이다.

Pink – nail pink, light salmon, peach pink, coral pink

차가운 색이 섞여 만들어진 핑크는 기본적으로 흰빛을 내는 핑크가 많으나 봄의 핑크는 주황이 가미된 노란빛이 도는 느낌의 색이다. 흰빛의 페일한 핑크는 차가운 느낌이 들지만 봄의 기조색인 노란빛이 도는 핑크는 따스하고 온화한 색이다.

Yellow – canary, light yellow, bright yellow

오렌지와 마찬가지로 봄을 대표하는 색이며 봄의 노란색은 선명하고 밝은 원색이 주를 이룬다. 봄에 피어나는 개나리의 노란색도 봄에 속한다.

Gold – yellow gold, clear gold

여름과 겨울에는 해당하지 않는 색으로 봄의 골드는 무겁고 짙은 톤의 골드보다는 가볍고 라이트한 옐로우 골드가 주를 이룬다.

Brown – apricot, camel brown, golden brown

잘 익은 밤색과 같은 색으로 주황빛을 띤다. 벽돌색이나 아프리코트와 같이 선명한 갈색들이 주를 이룬다. 카멜에서 짙어진 갈색과 골드가 가미되어 노란빛을 띠면서도 선명한 브라운색이다.

Green – yellow green, apple green, bright green

한색의 파랑과 난색의 노랑이 섞여서 만들어진 그린은 중성색의 성질을 가지고 있다. 봄의 그린은 노랑의 기운이 더 돌면서 옥색, 연두색의 연한 파스텔 톤부터 선명한 그린, 맑은 녹색을 포함하며 다양하다.

Blue – aqua blue, pastel turquoise, bright blue

기본적으로 차가운 색상에 속하는 파랑은 봄의 기조색인 노란빛이 더해지면서 맑고 따뜻한 느낌의 파랑을 띠게 된다.

Purple – iris, pansy, medium purple, light violet

보라색은 파랑과 마찬가지로 기조가 차가운 색에 속하지만 봄의 보라는 톤이 지나치게 무겁다거나 밝은 자주빛을 지닌 보라가 아니라 중간색의 따뜻함을 지닌 펜지 또는 아이리스 색이다.

2) 여름 타입

여름은 더우면서도 시원한 계절이다. 여름이 되면 태양은 더욱 뜨겁게 내리쬐고 모든 색들은 눈부신 태양 빛을 반사하여 전체적인 분위기가 은은하고 흐린 색을 가지게 된다. 하지만 산은 더욱 짙은 청록으로 여름의 싱그러움과 푸르름을 자아내고 바다색도 더욱 깊이 있고 짙어져 여름의 시원함을 더한다. 여름 타입의 색은 차갑고 시원한 여름의 기운을 그대로 반영하고 있다.

여름 타입의 색은 차가운 색의 대표인 흰색과 푸른색을 기조로 하여 밝고 부드러운 느낌을 가지고 있다. 하지만 전체적인 색상에 불투명함을 지니고 있으며 선명하지 못하고 흐리다. 파우더처럼 뿌옇고 은은한 색이어서 색상 간의 콘트라스트가 약하다. 하지만 쨍쨍 내리쬐는 태양처럼 빨강은 더욱 눈부신 빨강을, 우거진 숲과 깊은 바다처럼 초록은 더욱 짙은 청록을 띠고 있어 여름 타입을 더욱 시원하게 한다.

〈그림 8-19〉 여름의 이미지와 컬러

여름 타입의 색상은 부드럽고 강하지 않은 중간색이 주를 이루고 있다. 은은하고 차분한 색상들로 인해 우아하고 여성스러운 느낌을 연출할 수 있다. 여름 타입의 색상에도 밝은 색이 존재하는데 이러한 색은 봄 타입의 컬러처럼 선명하고 뚜렷한 것이 아니라 아이스크림처럼 부드럽고 연한 색상들이다. 여름 타입은 흐리고 불투명한 컬러와 파스텔 계열의 색상이 많이 쓰이며 회색과 저채도의 로즈가 가미되어 시크한 이미지를 연출할 수 있다.

여름 타입의 색은 모든 타입의 색 중 가장 여성스러운 색상이라 하겠다. 핑크와 퍼플, 버건디 계열의 색상으로 우아하고 화려한 엘레강스 이미지를 연출할 수 있으며 회색과 푸른 계열의 색상으로 그윽하고 차분한 느낌을 연출할 수도 있다. 무엇보다 세련된 이미지를 연출하기에는 여름 타입의 색상이 가장 적합하다.

(1) 여름 컬러 톤

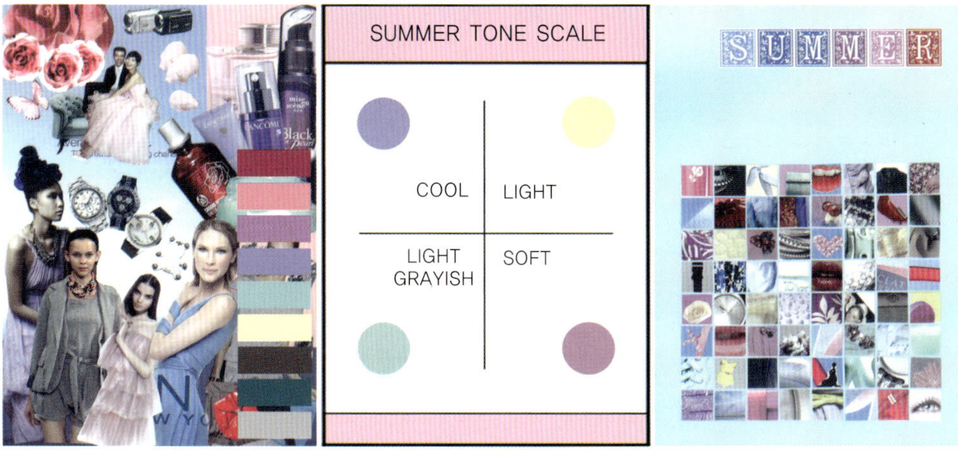

〈그림 8-20〉 여름 컬러 이미지 맵과 톤 스케일

• SUMMER COOL

여름 색상 중 시원한 계열의 색이 잘 어울리는 타입으로 난색 계열의 색상보다는 화이트나 블루 계열의 색이 잘 어울린다.

• SUMMER LIGHT

여름 색에 흰색을 섞은 색이 잘 어울리는 타입으로 회색이 섞여 탁한 느낌이 나는 색보다는 밝고 가벼운 색이 잘 어울린다.

• SUMMER LIGHT GRAYISH

여름 색상 중 부드러운 파스텔 톤의 색이 잘 어울리는 타입으로 밝은 회색이 섞여 어둡지 않은 중간 톤의 색이 잘 어울린다.

• SUMMER SOFT

여름 색에 회색을 섞은 탁한 색이 잘 어울리는 타입으로 가볍거나 밝은 색보다는 흐리고 부드러운 색이 잘 어울린다.

(2) 여름 타입 컬러 선택

여름 타입의 컬러는 은은하고 부드러우며 모든 색에 우유를 섞은 듯한 색들이 주를 이룬다. 차분하고 편안한 색상들을 선택하여 연출하면 우아하고 엘레강스한 느낌을 연출할 수 있다. 모든 색은 흰빛을 지닌 파랑을 기조로 하여 명도는 고명도와 중명도로 밝으며 채도는 중채도에서 저채도로 흐리다. 특히 튀지 않는 파스텔 계열의 핑크나 하늘색, 연회색이나 연보라 계열은 여성스럽고 부드러운 이미지를 연출하는데 도움이 된다. 여름 타입의 대표 컬러는 로즈 베이지, 코코아, 레몬 옐로우, 무광 실버, 라벤더, 수박색, 청록색, 에메랄드색, 소라색 등이다.

(3) 여름 타입의 잘못된 컬러 선택

노란색을 기조로 하는 따뜻한 계열의 색들은 피는 것이 좋다. 원색의 선명하고 또렷한 색이나 너무 짙은 색, 눈이 시릴 만큼 지나치게 강한 색들 역시 피하는 것이 좋다. 황색을 기조로 지닌 가을 색은 얼굴을 아파 보이게 하여 안색이 안 좋아 보인다는 말을 들을 수 있다. 차가운 계열의 색이라 해도 여름은 부드럽고 우아한 이미지의 연출을 돕는 파스텔 계열의 색과 전체적으로 흐리고 은은한 색이 주를 이루지만 겨울의 색들은 콘트라스트가 강하고 너무 반사적이어서 여름 타입의 사람이 소화하기 힘들다. 옐로우 그린, 옐로우 베이지, 오렌지, 골드, 네이비, 마젠타, 카키, 밤색, 블랙, 퓨어 화이트 등은 피한다.

(4) 여름 컬러 이미지

여름 타입의 이미지는 파우더처럼 뽀얗고 밀크쉐이크처럼 부드러운 이미지이다. 모든 색상이 흐리기 때문에 선명하지 못하지만 이로 인해 여성스럽고 우아한 이미지를 풍긴다. 여름 타입은 회색이 가미된 색들이 많아 시크하고 차분한 이미지를 연출할 수 있고 엘레강스 하고 세련된 이미지를 지니고 있다. 여름 타입이 가지는 이미지에 대해 정리하면 〈표 8-4〉와 같다.

〈표 8-4〉 여름 컬러 이미지와 특징

	ROMANTIC - 우아하고 여성스러운 색이 주를 이룬다. - LIGHT 톤의 색들을 사용하여 은은하고 서정적인 느낌을 준다. - 파스텔 조의 밝고 가벼운 색으로 인해 낭만적이고 섬세한 연출할 수 있다.
	CHIC - 그레이와 블루를 섞은 색이 주를 이룬다. - LIGHT GRAYISH 톤의 색들을 사용하여 꾸미지 않은 듯한 그윽한 느낌을 준다. - 세련되고 차분한 이미지로 연출할 수 있다.
	CASUAL - 블루, 퍼플 등 차가운 색이 주를 이룬다. - SUMMER COOL 톤의 색상들로 시원하고 경쾌하며 가슴이 탁 트이는 이미지로 연출할 수 있다.
	ELEGANT - 핑크, 퍼플, 버건디 계열이 주를 이룬다. - GRAYISH 톤과 DULL 톤의 진한 색들을 함께 사용하여 깊이 있는 우아함을 느끼게 한다. - 핑크와 퍼플, 버건디 계열을 사용하여 여성스럽고 고급스러운 이미지를 연출할 수 있다.

(5) 여름 컬러의 종류와 특징

White – soft white, off white

회색이 섞여 새하얀 흰색보다는 탁한 흰색이다. 흰색보다는 흐리며 미색에 가깝고 노란빛이 전혀 가미되지 않았다.

Beige – pink beige, rose beige

본래의 베이지색에 장미빛이 섞여 붉은색이 가미된 베이지색이다. 베이지는 브라운과 장미빛이 섞인 분홍 베이지가 좋으며 어두운 베이지는 피하는 것이 좋다.

Brown – cocoa, rose brown, gray brown

장미빛이 섞인 갈색이나 코코아색으로 여름의 갈색은 짙은 색이 주를 이루며 팥죽색이나 장미빛 또는 흐린 회색이 가미되어 붉은빛을 띠는 것이 특징이다.

Silver

여름에는 차가운 실버가 존재한다. 실버는 차가움의 대표색으로 여름과 겨울에만 존재하며 반대로 골드는 없다. 여름에는 광택이 없는 실버가 적합하다.

Red – cherry, burgundy, raspberry, blue red, watermelon

장미빛이 강하게 나타나면서 원색이 아닌 중간색 또는 버건디의 느낌이 주를 이룬다. 여름의 빨강은 시원한 느낌을 주기위해 색이 짙으면서 파란빛의 빨강색으로 딸기색이나 수박색을 이룬다.

Yellow – canary, light yellow, bright yellow

노랑은 본래 따뜻함의 상징이지만 여름의 노랑은 차가움과 시원함을 지니고 있다. 여름의 노랑은 흰빛과 푸른빛을 지니고 있어 밝고 파란 기운이 돌며 상아색, 라이트 옐로우가 대표적이다.

Green – aqua green, pastel aqua, blue green

파란빛이 섞여 청록색이나 푸른빛이 강하다. 시원한 숲이 연상되는 색으로 가벼운 녹색부터 짙은 청록색까지 매우 다양한 느낌을 가질 수 있다.

Blue – powder to medium blue, periwinkle blue, sky blue, gray blue

여름 색을 대표하는 블루는 밝은 색과 중간색이 주를 이룬다. 짙은 네이비 계열은 제외하고 전체적으로 회색 톤을 지닌 색들이 여름 블루이다. 아쿠아 블루나 노란빛이 도는 블루는 따뜻한 계열이므로 피한다.

Pink – blue pink, deep rose, rose, light pink

짙은 장미빛에서 중간색까지 파스텔 계열을 아주 넓게 사용하며 핑크는 여름의 대표적인 색이다.

Purple – lavender, orchid, mauve, soft fuchsia, plum

회색이 섞인 보라색으로 부드러운 파스텔 톤의 중간색이 주를 이루며 라벤다색과 청보라색이 있다.

(3) 가을 타입

가을은 모든 논밭이 황금빛으로 물드는 계절이다. 샛노란 들판을 향해 온화하게 내리쬐는 태양은 모든 만물을 따뜻하게 보듬는다. 황금물결 논밭을 따라 산도 청록의 차가움을 벗고 노랑, 빨강, 주황, 심홍색 등 따뜻한 옷으로 갈아입는다. 누렇게 익은 곡식만큼이나 풍요로운 느낌의 가을처럼 가을 타입의 컬러도 이와 같이 충만하고 따뜻한 색들로 구성되어 있다.

가을 타입은 봄과 함께 노란빛을 갖고 있지만 기조색이 노랑이기보다는 황색 또는 금빛을 근본으로 하고 있다. 편안하고 친근감을 주는 색들로 이루어져 있으며 어둡고 탁한 톤으로 차분하게 가라앉은 느낌을 준다. 가을 타입의 색은 황색을 전체적으로 지니고 있어 봄의 선명함과는 달리 누렇고 어두운 느낌이 들며 이러한 색감은 가을 타입을 더욱 풍부하고 깊게 만든다.

〈그림 8-21〉 가을의 이미지와 컬러

가을 타입의 색상은 황색을 기조로 하고 있기 때문에 톤이 다운되고 탁하다. 이러한 색상들로 인해 차분하면서 가라앉는 내추럴한 느낌을 연출할 수 있다. 어둡고 깊은 톤의 색상을 통하여 깊이감 있는 고저스의 느낌을 연출할 수 있다. 골드와 황색빛은 풍요로움과 편안함을 느낄 수 있게 해주며 채도가 낮은 녹황색, 자주색, 황갈색 등으로 깊고 풍부한 이미지를 형성하기도 한다. 또한 토속적이고 소박한 느낌을 살려 에스닉한 이미지를 연출하기도 한다.

가을 타입의 색은 모든 타입의 색 중 가장 내추럴한 색상이라 하겠다. 차분하고 자연스러운 색상을 통해 상대방에게 편안하고 친근한 느낌을 전할 수 있으며, 고전의 느낌과 전통적인 분위기를 표현하여 클레식한 이미지를 연출할 수 있다. 무엇보다 가을 컬러는 가장 자연에 가까운 색이라 할 수 있다.

(1) 가을 컬러 톤

〈그림 8-22〉 가을 컬러 이미지 맵과 톤 스케일

• AUTUMN WARM

가을 색상 중 금빛을 섞은 색이 잘 어울리는 타입으로 한색 계열의 색상보다는 노랑, 주황 등 난색의 계열이 잘 어울린다.

• AUTUMN DARK GRAYISH

가을 색상 중 황색과 회색을 섞은 색이 잘 어울리는 타입으로 어둡고 짙은 톤의 색과 어둡고 흐린색이 잘 어울린다.

• AUTUMN DULL

가을 색상 중 깊이 있고 가라앉은 색이 잘 어울리는 타입으로 어두운 색에 회색이 섞여 탁한 느낌을 주는 색이 잘 어울린다.

• AUTUMN DARK

가을 색상 중 황색과 검정이 섞인 색이 잘 어울리는 타입으로 어둡고 짙은 계열의 풍부한 색이 잘 어울린다.

(2) 가을 타입의 컬러 선택

가을 타입의 컬러는 따뜻하고 어두우며 모든 색에 황색을 섞어 놓은 듯이 탁하고 차분한 색들이 주를 이룬다. 편안한 자연의 색을 선택하여 친근하고 온화한 이미지를 연출할 수 있다. 모든 색은 황색을 기조로 하여 명도는 중명도에서 저명도로 어두우며 채도는 저채도로 탁하다. 특히 어둡고 짙은 브라운 톤과 카키, 그린 계열이 잘 어울리며 적황색이나 어두운 자주색을 사용하여 고저스한 이미지를 연출하는데 도움이 된다. 가을 타입의 대표적인 컬러는 심홍색, 올리브 그린, 카멜, 금색, 구리색, 갈색 계열, 리얼 코랄, 녹황색 등이 있다.

(3) 가을 타입의 잘못된 컬러 선택

가을 타입의 사람은 봄 타입과 마찬가지로 파랑색을 기조로 하는 차가운 계열의 색들을 피는 것이 좋다. 너무 선명하거나 또렷한 색, 콘트라스트 차이가 커서 눈이 시리거나 강한 색들도 어울리지 않는다. 가을 타입의 색은 차분하고 어두우며 자연스럽지만 같은 따뜻한 계열의 색이라 해도 봄은 선명하고 광택이 도는 듯한 색을 내기 때문에 편안한 가을의 색과는 거리가 멀다. 겨울의 엷은 톤이나 매우 강한 톤을 선택하여 연출하면 가을 타입의 사람이 가지는 본래 피부색이 더 누렇게 황색으로 보여서 깔끔한 이미지를 연출하는데는 도움이 되지 않는다. 마젠타, 버건디, 네이비, 블랙, 퓨어 화이트, 레몬 옐로우, 애플 그린, 리얼 블루 등은 피한다.

(4) 가을 컬러 이미지

가을 타입의 이미지는 모든 색에 금빛이 감도는 따뜻하고 풍요로운 이미지이다. 황색을 가진 어두운 컬러들이 차분하고 깊은 이미지를 형성한다. 자연에서 흔하게 볼 수 있는 색들이 친근한 이미지를 가질 수 있게 하며 고전적이고 따뜻한 색감에서 오는 온화하고 편안한 이미지를 가지고 있다. 가을 타입이 가지는 이미지에 대해 정리하면 〈표 8-5〉와 같다.

〈표 8-5〉 가을 컬러 이미지와 특징

	**GORGEOUS** - 어둡고 풍부한 색들이 주를 이룬다. - DARK 톤의 색들을 사용하여 중후함과 그윽하고 화려한 느낌을 준다. - 깊고 진한 색들로 인해 고상한 이미지를 연출할 수 있다.
	**NATURAL** - 자연스럽고 부드러운 색들이 주를 이룬다. - AUTUMN WARM 색들을 사용하여 따뜻하고 친근한 느낌을 주고 DULL 톤과 GRAYISH 톤으로 차분하면서 온화한 분위기를 만들어준다. - 빛바랜 브라운과 녹색 계열 색상으로 편안한 이미지를 연출할 수 있다.
	**ETHNIC** - 가을 타입의 색상 중에서 색감을 가장 많이 쓰는 타입이다. - DULL 톤의 색들을 사용하여 소박하고 토속적인 느낌을 준다. - 이국적인 이미지로 강렬한 자연의 이미지를 연출할 수 있다.
	**CLASSIC** - 황색 계열과 적갈색 계열이 주를 이룬다. - DARK 톤의 색들을 사용하여 점잖고 고풍스러운 느낌을 주며 전통적인 색감을 나타낸다. - 짙은 황색과 갈색들로 인해 그윽하고 차분한 이미지를 연출할 수 있다.

(5) 가을 컬러의 종류와 특징

White - cream white, yellow white, oyster white
가을은 백색이 아닌 베이지 톤의 크림 톤 또는 굴색에 가까운 화이트이다. 차분하며 베이지 톤의 흰색으로 봄의 화이트와 같다.

Red - dark tomato, bittersweet, orange red
골드가 기본적으로 섞여 짙은 빨강과 주홍빛 빨강, 오렌지 레드로 되어 있다. 또한 짙은 밤색이 섞인 레드이며 심홍색에 속한다.

Orange - coral, dark orange, rust, deep peach
황색이 가미된 색으로 봄의 주황보다 채도가 낮고 깊다. 잘 익은 감을 떠올리게 하며 황토색이나 황적색 계열에 속한다.

Pink - coral pink, beige pink, peach pink
가을에는 핑크가 없지만 산호색이나 피치 핑크가 가미된 색을 핑크로 활용할 수 있다.

Yellow - light yellow brown, golden yellow, light gold
짙은 황색에 가까우며 골드빛이 섞여있다. 겨자색 옐로우 골드가 대표적이며 짙고 황색이 가미되어 있다. 흰빛이나 푸른빛은 가미되지 않았으며 봄과 함께 따뜻한 색의 대표적인 색상이다.

Beige - camel, gold tone beige, earth beige
가을의 베이지는 매우 다양한 색을 띠고 있다. 밝고 어두운 베이지와 황금빛과 황갈색까지 다양하게 사용되지만 차가운 크림색을 띠는 그레이 베이지와 로즈 베이지는 제외된다.

Brown - terracotta, mahogany, bronze, dark brown
가을의 대표적인 색은 카키 계열의 갈색이 많이 쓰이며 황갈색에서 짙은 갈색까지 다양하게 쓰인다. 따뜻한 특성을 가지고 있는 갈색은 레드와 그린의 혼합을 기본으로 한다. 그러나 차가운 회갈색은 사용되지 않는다.

Gold - gold brown, dark gold, gold
가을의 골드는 모든 색에 섞여 가을을 대표하는 색이다. 짙은 황갈색과 호박색을 지니고 있는 색들이다.

Green - olive, earth green, turquoise
황녹색 계열이나 카키 계열이 주를 이루며 짙고 강하다. 불투명한 색으로 가을의 탁하고 차분한 느낌을 잘 표현해 준다.

Blue - aquar teal, turquoise blue, teal blue
블루빛에 초록빛이 섞인 색으로 짙으면서 어두운 색을 지니고 있다. 미묘한 색으로 파란색이 아닌 짙은 청록색이 섞인 청파랑 계열을 띤다.

Purple - mahogany, deep periqinkle blue
흐리고 짙은 계열의 보라빛을 사용하고 가을에는 보라빛이 드물다.

4) 겨울 타입

겨울은 온 세상에 하얀 눈이 내려서 굉장히 청량하고 깨끗하며 추운 계절이다. 개울이나 강은 투명하게 얼어서 맑고 밝은 빛을 반사한다. 눈에 덮인 자연은 무채색에 가까운 색을 보이지만 반대로 투명하고 맑은 빛을 반사하는 색들은 선명하고 강렬함을 띤다. 밝고 어두움의 대비가 크고 희뿌옇고 강렬한 것이 겨울의 모습인데 겨울 타입의 색도 이러한 특징을 가지고 있다.

〈그림 8-23〉 겨울의 이미지와 컬러

겨울 타입은 흰빛보다는 푸른빛을 기조로 하고 있다. 모든 색에 푸른 기운이 돌며 강하고 가라앉는 색들이 많다. 반면에 굉장히 밝은 색도 지니고 있다. 겨울의 밝은 색은 여름의 뿌연 파스텔 톤과는 다르다. 겨울 타입은 콘트라스트가 매우 강하여 선명하고 강렬한 이미지를 가지고 있으며 모던하고 심플한 느낌을 연출할 수 있다. 이러한 색감은 겨울 타입을 더욱 차갑고 선명하게 한다.

겨울 타입의 색상은 파란색을 기조로 하고 있기 때문에 색들이 매우 차갑다. 콘트라스트가 강한 색상들은 깔끔하게 정돈된 이미지를 연출할 수 있다. 겨울 색상으로 연출할 때는 각각의 색들이 강하기 때문에 여러 가지 색상을 사용하는 것보다는 단색이나 최소한의 색을 사용하여 배색하는 것이 현명하다. 선명한 비비드 톤의 레몬 옐로우나 마젠타, 코발트 블루를 사용하면 화려하고 눈부신 연출을 할 수 있으며 올 블랙, 퓨어 화이트, 그레이스 케일의 색과 청색 계열의 색을 사용하면 모던하고 시크한 이미지를 연출할 수 있다.

겨울 타입의 색은 모든 타입의 색 중 가장 강렬한 색상이라 하겠다. 무엇보다 자신을 튀게 하고 분명하게 표현하고자 할 때는 겨울 타입의 색이 가장 적합하다.

(1) 겨울 컬러 톤

〈그림 8-24〉 겨울 컬러 이미지 맵과 톤 스케일

• WINTER COOL

겨울 색상 중 차가운 계열의 색이 잘 어울리는 타입으로 화이트 계열의 색과 짙고 맑은 블루 계열의 색이 잘 어울린다.

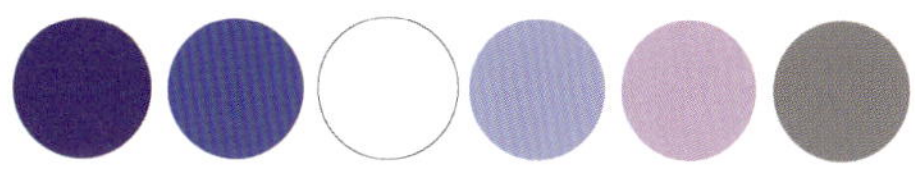

• WINTER STRONG

겨울 색상 중 원색 계열이 잘 어울리는 타입으로 선명하고 또렷한 색과 콘트라스트 차이가 크고 화려한 색이 잘 어울린다.

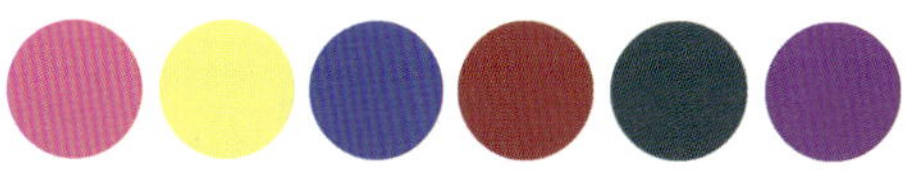

• WINTER PALE

겨울 색상 중 투명하게 밝고 맑은 색이 잘 어울리는 타입으로 색 기미가 옅고 흰색에 가까운 계열의 색이 잘 어울린다.

• WINTER DARK

겨울 색상 중 검정색이 섞인 계열이 잘 어울리는 타입으로 얼굴을 선명하게 해주는 어둡고 짙은 계열의 색이 잘 어울린다.

(2) 겨울 타입의 컬러 선택

겨울 타입의 컬러는 차갑고 선명하며 모든 색에 파란색을 섞어 놓은 듯이 푸른빛이 도는 맑고 투명한 색들이 주를 이룬다. 강하고 화려한 색을 선택하면 또렷하고 도회적인 이미지를 연출할 수 있다. 모든 색은 파랑을 기조로 하여 고명도와 저명도를 넘나드는 강한 콘트라스트를 가지며 고채도로 선명하다. 무채색을 사용하여 모던하고 시크한 이미지를 연출할 수 있으며 매우 밝거나 짙은 색들이 잘 어울린다. 겨울 타입의 대표적인 컬러는 마젠타, 코발트 블루, 아이스 옐로우, 버건디, 올 블랙, 퓨어 화이트, 광택이 나는 실버 등이 있다.

(3) 겨울 타입의 잘못된 컬러 선택

겨울 타입은 노란색이나 황색을 기조로 하는 따뜻한 계열의 색들은 피하는 것이 좋다. 불투명한 파스텔 톤이나 탁하고 흐린 색들도 어울리지 않는다. 겨울 타입은 비비드 톤의 원색이 잘 어울리기는 하나 봄 타입의 싱그럽고 화사한 원색과는 다르다. 황색을 기조로 하고 있는 가을 타입의 색상으로 연출할 경우에는 눈 밑이 어두워지고 실제 나이보다 훨씬 많아 보이는 역효과가 발생된다. 뿐만 아니라 여름 타입처럼 흐리고 불투명한 색은 답답하고 지루해 보이므로 피하도록 하며 뚜렷하고 선명한 이미지를 방해하는 컬러들을 피해서 연출하는 것이 좋다. 황색, 주황계열, 연두색, 복숭아색, 불투명 파스텔 톤, 카키색, 옐로우 베이지, 골드 등은 피한다.

(4) 겨울 컬러 이미지

겨울 타입의 이미지는 유리알처럼 깨끗하고 또렷한 이미지이다. 모든 색상이 선명하여 강렬한 이미지를 나타내며 회색조나 블랙과 화이트의 조합으로 모던하고 도시적인 이미지를 가지고 있다. 또한 짙고 어두운 톤에 의한 격조 있고 중후한 이미지도 가지고 있다. 매우 밝고 눈부신 컬러도 겨울 타입의 이미지의 특징이다. 겨울 타입이 가지는 이미지에 대해 정리하면 〈표 8-6〉과 같다.

〈표 8-6〉 겨울 컬러 이미지와 특징

	PALE - 색 기미가 약하고 엷은 색들이 주를 이룬다. - PALE 톤의 색들을 사용하여 겨울 타입의 날카롭고 강한 이미지를 줄일 수 있다. - 부드럽고 연약한 이미지를 연출할 수 있다.
	MORDEN - 무채색과 청색 계열의 색들이 주를 이룬다. - DARK 톤과 무채색의 색들을 사용하여 심플하고 깔끔한 느낌을 주며 단정한 연출로 도시적이고 현대적인 이미지를 연출할 수 있다. - 냉철하고 차가운 인상을 줄 수 있다.
	FORMAL - 짙은 와인, 보라, 청색 계열이 주를 이룬다. - DARK 톤의 색들을 사용하여 견고하고 중후한 느낌을 주며 어두운 색들의 배색을 통해 격조 있는 연출을 할 수 있다. - 남성적인 이미지와 품격 있고 장엄한 이미지를 연출할 수 있다.
	DYNAMIC - 검정색과 선명하고 강한 원색들이 주를 이룬다. - VIVID 톤의 눈부시고 또렷한 색들을 사용하여 강렬한 느낌을 주며 큰 콘트라스트 차이로 인해 역동적이고 액티브한 이미지를 연출할 수 있다. - 화려하고 눈부신 이미지를 연출할 수 있다.

(5) 겨울 컬러의 종류와 특징

White – snow white, pure white

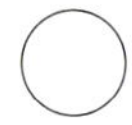

겨울의 흰색은 깨끗하고 선명한 퓨어 화이트이다. 새하얗고 색 기미가 전혀 없는 흰색이 겨울의 흰색이다.

Silver

여름과 마찬가지로 골드가 존재하지 않으며 광택이 도는 실버를 사용한다. 화려하고 반짝거려 겨울의 선명함을 더욱 돋보이게 한다.

Red – wine, deep maroon, bright burgundy, blue red, pure red

와인빛이 섞여 빨강의 원래 빛보다 짙으며 버건디색이 포함된다. 깔끔한 이미지를 표현하기 위해 선명하고 푸른빛이 나는 색을 사용하며 와인의 진하고 깊은 레드가 겨울의 레드이다.

Yellow – vivid yellow, lemon yellow, icy yellow

겨울의 노랑은 선명한 색이 대표적이며 푸른색이 섞인 레몬 옐로우가 많이 쓰인다. 눈이 시릴 만큼 선명한 것이 특징이다.

Beige – ice beige, icy taupe, gray beige

겨울의 베이지는 밀크 커피나 코코아색에 가깝고 노란빛은 띠지 않으며 회색이나 흰색이 섞여 있다.

Broun – charcoal, sepia, gray brown, rose brown

브라운색은 짙고 어두운 갈색이 주를 이루면서 회색이 섞여있는 것이 특징이다.

Green – viridian, icy green, emerald green, light true green

겨울의 그린 역시 선명한 빛을 사용하며 짙은 초록 또는 청록색, 검은빛이 섞인 짙은 녹색, 푸른빛의 그린색까지 겨울의 초록을 나타낸다.

Blue – icy blue, royal blue, true blue, cobalt blue

짙고 어두운 네이비 블루와 코발트 블루 계열이 많이 사용되며, 선명하고 깨끗한 마린 블루와 네이비 블루, 청보라 같은 깊은 색이 쓰인다.

Pink – icy pink, hot pink, magenta

마젠타의 짙은 분홍빛이 대표적이며 백색이 섞인 라이트 핑크와 보라빛의 핑크가 있다.

Purple – icy violet, royal purple, deep purple

남색이 섞인 보라색이나 마젠타가 섞인 자주빛 등 아주 짙고 강하며 선명한 보라빛을 띤다.

8. 퍼스널 컬러의 복합 타입 분류와 특징

컬러 진단을 하다보면 정확하게 4계절 타입에 속하지 않는 사람들이 있다. 선명한 색은 모두 잘 어울린다던지, 부드러운 색은 모두 잘 어울린다던지, 짙고 어두운 색은 대부분 잘 어울리는 등 한 가지 타입으로 판단하기가 모호한 경우가 발생한다. 이러한 사람들은 복합 타입일 가능성이 크다.

복합 타입에는 넘어가는 색이 어울리는 사람들이 속한다. 넘어가는 색은 따뜻한 색과 차가운 색이 혼합되는 시점에 존재하며 중간색이라고도 한다. 중간색은 따뜻한 색과 차가운 색에 동시에 적용될 수 있으며 대부분 파스텔 톤이 주를 이룬다.

복합 타입의 사람은 두 가지 타입이 모두 잘 어울리는 사람과 두 가지 타입의 사이에 있는 넘어가는 색이 잘 어울리는 사람이 있다. 이런 유형의 사람은 색을 폭넓게 선택할 수 있고 보다 많은 색으로 다양한 연출을 할 수 있지만 자신만의 또렷한 개성을 지니기 힘들다는 것이 단점이다. 넘어가는 색들이 어울리는 타입일 경우 흐릿한 색상들이 많아 강한 인상을 주기 힘들다. 복합 타입의 종류와 특성은 다음과 같다.

1) 봄과 여름의 복합 타입

봄과 여름 타입은 LIGHT 톤을 함께 갖고 있다. 그러므로 밝고 은은한 느낌을 지닌다. 봄 타입의 화사함과 여름 타입의 부드러움을 함께 지니고 있는 복합 타입은 고명도의 LIGHT 톤과 옅은 PALE 톤이 주를 이룬다. 그로 인해 콘트라스트가 약하고 부드러운 이미지를 가지며 여성스럽고 낭만적인 느낌과 소녀의 이미지로 로맨틱한 이미지를 연출할 수 있다. 반대로 강렬하고 선명한 색과 칙칙

〈그림 8-25〉 봄·여름 복합 타입

하고 탁한 색은 어울리지 않는다. 봄 타입 중 VIVID 톤의 색이나 여름 타입의 LIGHT GRAYISH 톤은 얼굴의 생기를 잃게 하고 어둡고 희미한 인상을 만든다. 대표적인 색은 파스텔 톤의 엷은 색상 계열, 아쿠아 계열, 라벤더 계열, 라이트 옐로우 계열 등 밝고 은은한 계열 등이다. 봄·여름 복합 타입은 밝은 피부에 머리카락 색 역시 밝아서 콘트라스트가 약한 신체 색상을 가진다. 얼굴에 붉은 기운을 살짝 가지고 있으며 누런빛이나 그린 계열의 빛은 가지고 있지 않다. 밝고 화사한 피부색이지만 결코 창백하거나 푸른빛이 도는 밝은 피부는 아니며 입술과 볼에 생기를 띠고 있는 것이 특징이다.

2) 여름과 가을의 복합 타입

〈그림 8-26〉 여름·가을 복합 타입

여름과 가을 타입은 GRAYISH 톤을 함께 갖고 있다. 그러므로 자연스럽고 은은한 느낌을 지닌다. 여름 타입의 은은함과 가을 타입의 차분함을 함께 지니고 있는 복합 타입은 저명도의 DULL 톤과 저채도의 GRAYISH 톤이 주를 이룬다. 그로 인해 흐리고 탁한 이미지를 가지며 내추럴하고 엘레강스한 이미지를 연출할 수 있다. 전체적으로 회색을 띠고 있는 색들이 모여 있어 지루하고 밋밋한 이미지가 될 수 있으므로 토널 배색은 피하도록 한다. 반면에 강렬하고 선명한 원색 계열은 어울리지 않으므로 색상의 차이로 포인트를 주는 것이 바람직하다. 화사하고 빛을 머금은 듯한 색들은 얼굴빛을 어둡게 하고 야위어 보이거나 아파보이게 하기 때문에 차분하고 풍부한 색감을 사용하여 연출해야 한다. 대표적인 색은 그레이 계열, 로즈 브라운 계열, 베이지 계열, 버건디, 톤 다운된 라벤더 계열 등이다. 여름·가을 복합 타입은 아이보리나 붉은 베이지 계열의 피부색을 가지고 있으며 가을 타입의 노란기가 도는 것 같으면서도 여름 타입의 붉은 기도 비친다. 머리카락 색도 중간 정도의 회갈색으로 전체적으로 차분한 신체 색상을 지녔다.

3) 가을과 겨울의 복합 타입

가을과 겨울 타입은 DARK 톤을 함께 갖고 있다. 그러므로 짙고 어두우며 강한 느낌을 지닌다. 가을 타입의 풍부함과 겨울 타입의 견고함을 함께 지니고 있는 복합 타입은 저명도와 저채도의 DEEP 톤과 DARK 톤이 주를 이룬다. 그로 인해 풍부하고 깊이 있는 이미지를 지니며 강하고 중엄한 이미지를 연출 할 수 있다. 전체적으로 진하고 어두운 색들이 모여 있어 너무 강해 보일 수 있지만 오히려 강한 배색으로 인해 얼굴이 뚜렷하고 환해 보일 수 있다. 밝고 화사한 톤이나 흐리고 탁한 톤은 얼굴이 칙칙해 보일 수 있다. 겨울 타입이 속해있기는 하지만 PALE 톤은 사용하지 않는다. 대표적인 색은 어두운 계열의 색, 검정이나 네이비, 버건디, 와인, 짙은 초코 브라운, 어둡고 깨끗한 색 등이다. 가을·겨울 복합 타입은 어둡거나 흰 피부색을 지녔으며 머리카락 색은 검거나 짙은 브라운을 띤다. 어두운 피부를 지녔지만 깊고 진한 색을 사용함으로써 한층 밝고 선명한 분위기를 가진다.

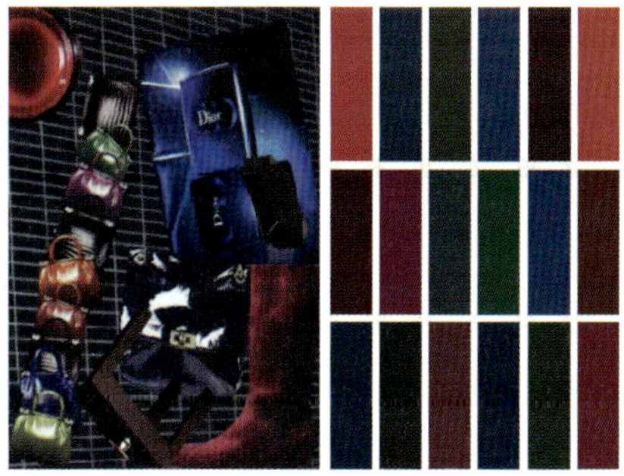

〈그림 8-27〉 가을·겨울 복합 타입

4) 겨울과 봄의 복합 타입

겨울과 봄 타입은 VIVID 톤을 함께 갖고 있다. 그러므로 선명하고 맑은 느낌을 지닌다. 봄 타입의 선명함과 겨울 타입의 강렬함을 함께 지니고 있는 복합 타입은 또렷한 VIVID 톤과 STRONG 톤이 주를 이룬다. 그로 인해 강렬하고 액티브한 이미지를 가지며 다이나믹하고 스포티한 연출을 할 수 있다. 전체적으로 튀는 색들이 모여 있기 때문에 눈이 부시고 현란하여 산만한 분위기가 될 수 있다. 따라서 조잡한 배색은 피하는 것이 좋다. 선명한 원색은 생동력 넘쳐 보이게 하지만 흐리거나 어둡고 톤 다운된 색들은 피하는 것이 좋다. 대표적인 색은 아쿠아 블루, 비비드 레드, 레몬 옐로우, 리얼 블루, 에메랄드 그린 등이다. 겨울·봄 복합 타입은 아주 밝은 아이보리 피부를 지녔으며 맑고 투명한 빛을 지닌다. 눈동자는 선명한 흑갈색이나 비교적 밝은 갈색 계열이나 블루 헤이즐, 그린, 에메랄드 그린, 그레이가 가미된 색이다. 머리카락 색은 밝은 회색이 가미된 갈색계열이나 검은색이다. 전체적으로 타입의 컬러와 대비되는 신체 색상을 지녔다.

〈그림 8-28〉 겨울·봄 복합 타입

5) 봄과 가을의 복합 타입

봄과 가을 타입이 함께 가지고 있는 특징은 따뜻한 계열의 색이라는 것이다. 그러므로 따뜻하고 노란 기운을 지닌 컬러는 모두 잘 어울린다. 그리고 색상 중 난색 계열의 색이 주를 이룬다. 봄·가을 복합 타입은 봄의 VIVID 톤과 가을의 DULL 톤이 섞인 컬러들이 주를 이룬다. 봄 타입 컬러라고 하기에는 조금 무거운 느낌이 들고 가을 타입 컬러라고 하기에는 조금 가벼운 느낌이 드는 컬러로 포근하고 차분하며 편안한 이미지를 가진다. 전체적으로 따뜻함을 지니고 있는 색들이 모여 있어 날렵하거나 세련된 이미지를 형성하기는 어렵다. 하지만 컬러 배색을 통해 성숙하고 부드러운 이미지를 연출할 수 있다. 차가운 계열의 색은 전체적인 이미지를 깨뜨리므로 피하는 것이 좋다. 봄 타입의 너무 선명한 컬러는 피부색을 어두워 보이게 하고 얼굴형의 각진 부분을 더욱 도드라져 보이게 하므로 피한다. 가을 타입의 너무 짙고 탁한 컬러도 혈색을 더욱 누렇게 보이도록 하고 나이가 들어 보이므로 피하는 것이 좋다. 대표적인 색은 난색 계열, 밝은 골드 브라운 계열, 톤 다운된 옐로우, 황적색 등이다. 봄·가을 복합 타입은 노란빛의 피부색에 약하지만 혈색을 띠고 있어서 가을 타입처럼 얼굴 전체가 노란 기운을 가지지는 않는다. 머리카락 색은 주로 짙은 황갈색이나 갈색빛이 도는 검은색이다.

〈그림 8-29〉 봄·가을 복합 타입

6) 여름과 겨울의 복합 타입

여름과 겨울 타입이 함께 가지고 있는 특징은 차가운 계열의 색이라는 것이다. 그러므로 차갑고 푸른 기운을 지닌 컬러는 모두 잘 어울린다. 그리고 색상 중 한색 계열의 색이 주를 이룬다. 여름·겨울 복합 타입은 여름의 LIGHT 톤과 겨울의 STRONG 톤이 섞인 컬러들이 주를 이룬다. 여름 타입 컬러라고 하기에는 색 기미가 더 짙고 선명한 편이며 겨울 타입 컬러라고 하기에는 강하거나 선명한 느낌이 약한 컬러로 시원하고 모던한 이미지를 가진다. 전체적으로 시원함을 지니고 있는 색들이 모여 있어 온화하거나 사랑스러운 이미지를 형성

〈그림 8-30〉 여름·겨울 복합 타입

하기는 어렵다. 그러나 시원하고 차가운 색만이 가질 수 있는 세련되고 모던하며 샤프한 이미지를 형성할 수 있다. 따뜻한 색은 전체적인 이미지를 깨뜨리므로 피하는 것이 좋다. 또한 여름 타입의 흐리고 은은한 컬러는 피부색을 얼룩덜룩하게 보이도록 하고 윤곽선을 흐리게 한다. 뿐만 아니라 겨울 타입의 선명하고 강한 컬러는 혈색을 창백하게 보이도록 하고 컬러와 피부색이 이질적인 느낌이 들게 한다. 대표적인 색은 한색 계열, 로즈 브라운 계열, 톤 다운된 코발트 블루, 탁도를 가진 핑크와 버건디 계열 등이다. 여름·겨울 복합 타입은 흰빛을 띠면서 로즈 베이지 계열의 피부색을 가지고 있다. 피부가 대체로 희지만 푸른빛이 도는 창백한 피부는 아니며 여름 타입처럼 얼굴에 붉은빛이 많지 않다. 헤어 컬러는 회색빛이 도는 검정색이나 짙은 로즈 브라운 색이 주를 이룬다.

9. 신체 색상에 따른 유형 분류

사람들은 누구나 자신만의 신체 색상을 가진다. 신체 색상은 크게 피부 색, 눈동자 색, 머리카락 색으로 분류된다. 신체 색상의 차이는 사람이 가지고 있는 색소의 비중으로 결정되며 각각의 특성을 지닌다.

1) 피부색의 특성

〈그림 8-31〉 피부색의 종류

태양의 유해한 광선인 자외선을 차단하기 위해 인간은 피부색을 가지게 된다. 피부의 색상에 영향을 주는 신체 색조는 멜라닌이다. 멜라닌의 종류는 두 가지로 나뉘는데 황색이나 적색의 멜라닌인 '페오멜라닌'과 흑갈색을 나타내는 '유멜라닌'이다. 이 두 가지의 멜라닌이 얼마나 분포하고 있는지에 따라 피부색이 밝거나 어두워지고 붉은빛이나 황색빛을 띠게 된다.

멜라닌 색소의 분포에 의해 인간을 3가지 인종으로 구분하는데 가장 밝은 피부인 백인종과 노란빛을 가장 많이 가지고 있는 황인종, 가장 어두운 피부인 흑인종으로 나눈다. 백인종에는 주로 유럽인들과 북아메리카, 서아시아인들이 속하며 희고 붉은빛을 지닌다. 황인종에는 아시아인들이 속하며 황색과 갈색 피부를 지니고 노란빛을 띤다. 동양인의 피부는 백인보다 갈색 멜라닌 색소의 비중이 많다. 흑인종에는 아프리카와 오세아니아, 사하라 사막 남쪽의 사람들이 속하며 갈색에서 흑색의 피부로써 검고 어두운 빛을 지닌다.

이와 같이 피부는 갈색(멜라닌), 적색(헤모글로빈), 황색(카로틴)이라는 3가지 색소를 가지는데 각각의 색소가 얼마나 분포되어 있는지에 따라 피부색이 달라진다. 그 외에 환경과 기후조건에 따른 피부의 적응과정과 진화, 유전적인 요인에 따라서도 피부색이 변하거나 다르게 결정된다.

2) 머리카락 색의 특성

〈그림 8-32〉 머리카락 색의 종류

머리카락의 색도 멜라닌 색소의 분포와 인종에 따라 여러 가지로 구분된다. 색소의 양과 입자모양에 따라 금색, 갈색, 검정색, 흑색 등으로 결정되며 색이 짙을수록 우성이며 옅어질수록 열성인자이다. 멜라닌 색소 중 가장 보편적이면서 어두운 색을 나타내는 유멜라닌은 모발이 갈색, 흑색을 띠는 것에 영향을 주며 밝은 모발 색에 영향을 주는 것은 페오멜라닌으로 금색, 황색, 적색, 적황색, 빨간색을 띠게 한다. 머리카락의 색은 흑멜라닌, 적멜라닌, 혼합멜라닌 등이 과립형태를 이뤄 멜라닌의 유형과 분포되어 있는 양에 따라 결정된다. 금색의 경우는 노랑 색소와 붉은 색소가 결합되어 만들어진 것이고 붉은 머리카락의 경우는 붉은 색소와 검은 색소에 의해 나타난 것이다. 또한 갈색 머리카락의 경우 갈색, 붉은색, 검은색의 색소가 혼합되어 있고 검은 색소가 많아질수록 짙은 갈색에서 검은색으로 정해진다. 사람에 따라 한 가지 색만 가지게 되는 경우가 있어 금발이나 붉은 머리카락 색이 나타날 수 있다.

3) 눈동자 색

눈동자의 홍채에도 멜라닌 색소가 관여하는데 홍채에 있는 멜라닌 색소는 자외선과 눈부심을 차단하는 역할을 한다. 홍채에 있는 색소 세포가 색이나 혈관의 분포도에 따라 홍채의 색이 달라진다. 서양인의 홍채는 청색이나 회색 계열이 많고 동양인의 경우는 검정과 갈색 계열이 많다. 홍채가 밝은색을 띨수록 색소 세

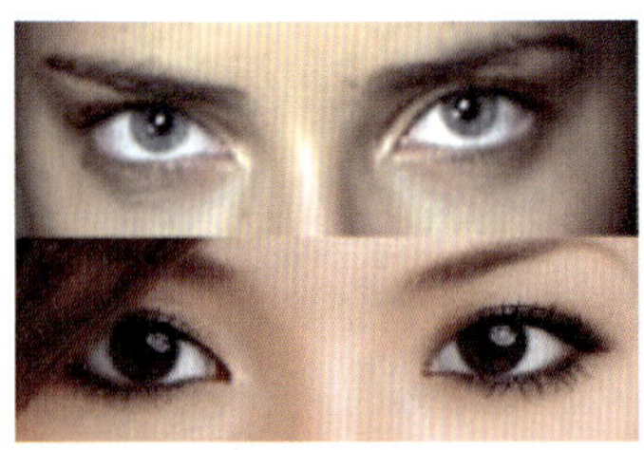

〈그림 8-33〉 눈동자 색의 종류

포가 결핍되어 있는 것이며 완전히 결핍된 경우 혈관색만 비치므로 적색을 지닌다. 홍채의 색이 다른 것은 색소 형태가 다르기 때문이 아니라 색소양이 많고 적음에 따라 결정되는 것이다. 흑갈색을 띠는 홍채는 멜라닌 색소가 표층에 많이 분포하고 있기 때문이며 녹색이나 회색, 푸른색, 엷은 갈색을 띠는 홍채는 대부분의 색소가 심층에 분포하고 있기 때문이다. 이처럼 홍채는 홍채 내부의 색소 위치와 혈관이 비치는 정도, 색소양 등에 따라 각각의 다양한 색을 지니게 된다.

4) 따뜻한 신체 색상과 차가운 신체 색상의 분류

사람은 제각기 다른 신체 색상을 가진다. 자신의 고유한 신체 색상으로 인해 어울리는 컬러와 어울리지 않는 컬러가 발생한다. 각기 다양한 신체 색상들도 공통점을 가지게 되는데 같은 점을 가지는 유형끼리 분류를 할 수 있다. 신체 색상을 따뜻하고 차가운 색으로 분류한 유형별 특징은 〈표 8-7〉과 같다.

〈표 8-7〉 따뜻한 신체 색상과 따뜻한 신체 색상의 특징

신 체	반영되는 색소	특 징	이미지
따뜻한 타입의 피부색	멜라닌(갈색) 케로틴(노랑)	따뜻하고 노란빛을 띤다. 아이보리, 골든 베이지 밝은 갈색, 테라코타	따뜻하고 온화함 노르스름한 톤 봄과 가을 타입
차가운 타입의 피부색	멜라닌(갈색) 헤모글로빈(빨강)	희고 푸른빛을 띤다. 로즈베이지, 핑크베이지 짙은 회색, 짙은 갈색	차갑고 시원함 푸르스름한 톤 여름과 겨울 타입
따뜻한 타입의 머리카락 색	멜라닌(갈색) 케로틴(노랑)	주황빛이나 붉은빛을 띤 황색이 주를 이룬다. 오렌지 브라운, 레드 브라운, 옐로우 브라운	머리카락이 가볍고 윤기가 남 봄과 가을 타입
차가운 타입의 머리카락 색	멜라닌(갈색) 헤모글로빈(빨강)	밝은 회갈색이나 푸른빛을 지닌 어두운 색이 주를 이룬다. 실버 그레이, 로즈 브라운	머리카락이 차분해 보이며 가라앉음 여름과 겨울 타입
따뜻한 타입의 눈동자 색	멜라닌(갈색) 케로틴(노랑)	황색과 적색을 띤다. 골든 브라운, 다크 브라운, 라이트 골든 브라운	다정하고 부드러운 눈매 봄과 가을 타입
차가운 타입의 눈동자 색	멜라닌(갈색) 헤모글로빈(빨강)	회색과 푸른색을 띤다. 그레이 브라운, 블루 블랙, 은은한 청회색	선명하고 또렷한 눈매 여름과 겨울 타입

5) 4계절 타입 신체 색상의 분류와 특징

신체 색상은 차갑고 따뜻한 유형으로 분류한 것을 시작으로 더 많은 분류를 할 수 있다. 요하네스 이텐을 비롯하여 많은 학자들은 신체 유형을 분류하기 위해 노력했다. 그 결과 현재 봄, 여름, 가을, 겨울의 4가지 유형으로 구분하는 분류 방법이 널리 쓰이고 있다. 신체 색상의 4가지 유형에 대해 정리하면 다음과 같다.

(1) 봄 타입 신체 색상의 특징

〈그림 8-34〉 봄 타입 신체 색상

봄 타입의 신체 색상은 대부분 따뜻하고 온화한 것이 특징이다. 부드럽고 생기 있어 보이며 옐로우 베이스를 기본으로 하고 있다. 피부 색이 깨끗하고 환하며 볼에 홍조를 지니고 있다. 맑고 투명한 이미지를 주며 싱그럽고 화사하다. 봄 타입의 신체 색상은 상대방이 호감을 가지고 다가오게 하는 색이다.

피부색은 전체적으로 노란빛에 옐로우 베이지가 가미되어 따뜻하고 밝다. 피부에 혈색이 돌고 투명하여 건강한 느낌을 준다. 피부가 얇아서 주근깨나 잡티가 잘 보이며 볼에는 복숭아 빛의 홍조를 띤다. 얇은 피부 때문에 얼굴이 붉어지면 여름 타입과 혼동하기 쉬우므로 주의해야 하며 한국인은 봄 타입이 드물다.

머리카락 색은 황갈색이 가미되어 담황색, 황갈색, 골드 브라운, 오렌지 브라운, 옐로우 브라운 등이 주를 이루며 밝고 따뜻한 톤으로 회색 톤이나 어두운 톤은 지니고 있지 않다. 머리카락이 얇고 윤기가 흘러서 머리결이 좋아 보인다. 어릴 때 굉장히 밝은빛을 띠다가 황갈색빛으로 어두워진다.

눈동자 색은 기본적으로 골드빛을 지니며 홍채 주위에 아쿠아색이나 골드빛의 그린, 블루그린 등이 섞여있다. 또한 헤이즐럿, 골든 브라운을 가지고 있어 밝은 편이고, 투명하고 엷은 눈빛을 지니고 있으며 부드럽고 편안한 인상을 준다.

(2) 여름 타입 신체 색상의 특징

여름 타입의 신체 색상은 대부분 시원하고 섬세한 것이 특징이다. 내츄럴하고 부드러워 보이며 블루 베이스를 기본으로 하고 있다. 전체적으로 은은하며 붉은 기운을 가지고

〈그림 8-35〉 여름 타입 신체 색상

있다. 콘트라스트가 약하여 사납지 않은 인상을 가지고 있으며 붉은 기가 많은 여름 타입은 상대방에게 수줍음을 많이 타는 인상으로 남을 수 있다. 얼굴색의 변화가 크고 섬세한 타입이다.

피부색은 전체적으로 노르스름한 빛에 핑크 베이지가 가미되어 붉으스름하다. 볼에서부터 관자놀이까지 붉은 기운을 지니고 있으며 밝은 색 보다는 중간색이 주를 이룬다. 여름의 갈색빛은 황색이 아닌 로즈빛을 가지며 붉은 색소가 짙어지면 가을 타입의 사람과 혼동될 수 있다.

머리카락 색은 회색 톤이 가미되어 짙은 회갈색의 브론디나 로즈 브라운, 그레이 브라운, 와인 블랙 등이 주를 이루며 차가운 톤으로 노란빛이나 황색은 지니고 있지 않다.

머리카락은 얇고 윤기가 없어서 머리결이 푸석해 보일 수 있다. 또한 어릴 때는 브론디에서 점점 어두운 회갈색을 띤다. 눈동자 색은 기본적으로 흐린 회색빛 등 다양한 색을 지니고 있으며 어두운 경우는 미세하게 차이가 나므로 구분하기 어렵다. 로즈 브라운이나 그레이 브라운, 부드러운 청회색, 녹회색 등이 있으며 은은하고 시원한 인상을 준다. 비교적 밝으며 회갈색이나 로즈 브라운빛을 지니고 있다.

(3) 가을 타입 신체 색상의 특징

가을 타입의 신체 색상은 대부분 포근하고 따뜻한 것이 특징이다. 옐로우에 금빛이 더해져 깊이 있고 차분한 느낌을 주며 풍부하고 고상한 이미지 연출이 가능하다. 노란 기운이 많이 돌고 붉은빛을 거의 지니고 있지 않기 때문에 자칫 아파보이거나 혈색이 안 좋아 보이는 인상을 줄 수 있다. 가을 타입의 신체 색상은 황색 톤을 지니고 있어 따뜻한 느낌과 친근하고 다가가기 쉬운 이미지를 지니고 있다.

〈그림 8-36〉 가을 타입 신체 색상

피부색은 전체적으로 노르스름한 빛에 골든 베이지가 가미되어 황색의 노란 기운을 가진다. 황색을 가지고 있기 때문에 봄 타입보다 더 누런빛을 띠며 짙은 농도로 포근하며 잡티가 짙다. 가을 피부는 혈색이 없어 보이는 것이 특징이며 콘트라스트는 약하지만 깊이 있는 피부다.

머리카락 색은 대부분 진하고 어두운 색이 주를 이룬다. 검정이나 적갈색이 주를 이루며 붉은빛과 골드빛을 지니고 있다. 검은색을 띠고 있지만 푸른빛을 띤 블랙이나 짙은 블랙은 아니다. 불투명한 느낌이며 레드 브라운, 어번 브라운, 블랙 브라운, 골든 브라운 등이 있다. 눈동자 색은 기본적으로 블랙이나 올리브 그린빛을 지닌 색, 붉은빛을 지닌 색이 주를 이룬다. 깊고 부드러운 이미지를 가지며 옥색, 아쿠아 색이 포함된 블루, 헤이즐럿, 골든 브라운, 어번 브라운, 다크 브라운 등으로 깊고 풍부한 느낌을 준다. 또한 짙고 따뜻한 눈빛을 가지고 있다.

(4) 겨울 타입 신체 색상의 특징

〈그림 8-37〉 겨울 타입 신체 색상

겨울 타입의 신체 색상은 대부분 차갑고 선명한 것이 특징이다. 강렬하고 또렷하여 냉정하고 이성적인 느낌을 준다. 푸른 기운이 많이 돌고 붉은빛을 띠고 있지 않아서 혈색이 창백해 보일 수 있다. 신체 색상 간의 콘트라스트의 차이가 크기 때문에 강하고 날카로운 이미지를 가진다. 이러한 특징 때문에 상대방에게 차갑거나 매서운 인상을 줄 수 있고 다가가기 힘든 이미지로 보일 수 있다. 하지만 이러한 이미지를 효과적으로 적용하면 도시적이고 이지적이며 전문인적인 모습으로 연출할 수 있다. 겨울 타입의 신체 색상은 전체적으로 얼음같이 맑고 투명하며 차가운 느낌을 지닌다.

피부색은 전체적으로 푸르스름한 빛에 핑크 베이지가 가미되어 차갑고 창백한 기운을 가진다. 유난히 희고 푸른빛을 많이 가지고 있기 때문에 창백해 보일 수 있다. 올리브 그린빛을 가지고 있는 사람은 가을 타입과 혼동될 수 있다. 맑고 투명하며 콘트라스트가 강하고 선명한 이미지를 가진다.

머리카락 색은 대부분 흑갈색이나 푸른빛을 지닌 어두운 색이 주를 이룬다. 짙은 블루 블랙색이 대표적이며 다크 브라운, 그레이 브라운, 실버 그레이, 화이트 브론디 등이 있다. 짙고 어두운 머리카락 색은 피부 색과 대비 되어 신체 색상 간에 더욱 큰 콘트라스트를 느끼게 해준다.

눈동자 색은 진하거나 밝은 색들이다. 아주 어두운 검은색을 띠거나 홍채 주위에 회색과 함께 그린이나 블루가 가미되어 있다. 눈동자가 짙어 빛을 받으면 반사하면서 흰색 점이 비친다. 또한 선명하고 반짝이는 눈동자로 인해 이지적인 이미지를 가진다.

서양인의 경우 〈그림 8-37〉의 신체 색상에서 밝은 컬러에 속한다. 특히 눈동자 색이나 헤어 컬러는 확실한 색을 가지고 있거나 많이 밝아서 구분하기가 쉽다. 그러나 동양인들은 대부분 어둡고 검거나 갈색 계열의 색을 가지고 있어 구분하는 것이 쉽지는 않다. 피부색 역시 황인종이라는 특성상 대부분 노란 기운을 가지고 있기 때문에 그 속에서 붉은빛과 푸른빛을 찾아 구분한다는 것이 까다롭고 어려울 수 있다. 하지만 세심하고 꼼꼼하게 분석하면 서양인들과 같이 확연하지는 않으나 미세하게 타입별로 차이를 느낄 수 있다.

이러한 신체 타입을 제대로 파악하면 자신을 각각의 특성에 맞게 연출할 수 있으며, 자신에게 맞는 연출로 보다 효과적이고 좋은 이미지를 형성할 수 있다. 뿐만 아니라 컬러를 다양하게 활용한다면 때와 장소, 상황이나 이미지에 따른 연출을 할 때에도 효과적이다.

10. 퍼스널 컬러 진단

1) 컬러 진단의 조건

정확한 컬러 타입을 알기 위해서는 올바른 조건 속에서 컬러 진단이 이루어져야 한다. 조명에 색 기미가 없어야 하며 진단하는 사람은 이전에 특정한 색을 오래 보는 일이 없어야 한다. 진단을 받는 사람은 안경이나 액세서리 등 착용하고 있는 것들을 모두 제거한 후 진단에 임한다. 그리고 피부색에 영향을 주는 약물을 복용하고 있을 경우에는 중단하고 2주 이상의 시간이 경과한 후 피부색이 돌아온 다음 진단을 받을 수 있도록 한다.

컬러 진단 조건과 더불어 중요한 것이 진단자의 자질이다. 퍼스널 컬러리스트는 기본적으로 색채에 대한 전문적인 지식을 갖고 있어야 하며 이를 바탕으로 직접 색채를 계획하고 연출하는 능력과 대상에게 잘 전달할 수 있는 능력을 갖춰야 한다. 또한 진단을 할 때에는 색에 대한 선입견이나 주관적인 판단이 개입되어서는 안 되며, 유연하고 시대에 앞선 감각과 다양한 곳에 적용할 수 있는 응용력이 요구된다. 더불어 색에 대한 애정과 끊임없이 연구하는 자세가 필요하다.

〈표 8-8〉 컬러 진단의 조건 표

조 건	적합한 상태
조명	PM 2:00~5:00 사이의 천연 광, 중성빛 95-100W의 진단램프
거울	상반신이 모두 나올 수 있는 거울이나 전신 거울
진단 시간	1시간 이내
소품	정확한 진단 천, 흰색 헤어밴드, 흰색 가운
메이크업	아무런 색조가 가미되지 않은 본 상태

2) 컬러 진단의 실제

컬러에 따라 사람의 신체는 많은 반응을 한다. 어려 보이기도 하고 성숙해 보이기도 하며 건강하거나 아파 보이기도 한다. 대부분의 사람들은 일반적으로 컬러 연출을 통해 호감있는 이미지를 형성하고자 한다. 그러나 잘못된 색의 선택으로 실제보다 더 좋지 않은 이미지를 형성할 수 있으므로 바람직한 자신의 이미지 경영을 위해 컬러 진단을 받을 필요가 있다.

어울리는 색과 어울리지 않는 색이 신체에 닿았을 때 나타나는 반응은 〈표 8-9〉와 같이 정리할 수 있으며 보다 나은 이미지를 연출하고 구축하기 위해서는 색으로 인해 발생할 수 있는 현상을 정확하게 인지하고 상대에게 자신의 호감도를 높일 수 있는 색에 대해 관심을 가져야 한다.

〈표 8-9〉 색에 따른 신체의 반응

어울리는 색	어울리지 않는 색
- 눈 밑 다크 서클이나 색소 부분이 연해 보인다. - 피부색의 홍조나 누런 기미가 약해 보인다. - 혈색이 좋아 보이며 건강해 보인다. - 야위어 보이거나 부어 보이지 않는다. - 입술색이 선명하고 볼에는 생기가 돌며 눈동자가 맑아 보인다. - 피부색이 화사하고 밝게 보인다. - 얼굴이 젊고 어리게 보인다. - 얼굴 인상이 또렷하게 보인다.	- 색소 침착부위나 주름이 짙게 보인다. - 얼굴색이 통일되지 않고 얼룩덜룩하게 보인다. - 붉은 피부는 더욱 붉게, 노란 피부는 더욱 누렇게 보인다. - 야위어 보이거나 부어 보인다. - 피부색이 칙칙하고 어두워 보인다. - 혈색이 창백해 보이고 아픈 사람처럼 보인다. - 인상이 어두워 보이며 나이가 많게 보인다.

3) 컬러 진단 포인트

신체 색상의 특징이 확실해서 진단하기 쉬운 사람이 있는 반면에 두 가지 타입 이상의 특징을 함께 가지고 있어서 쉽게 판단되지 않는 사람도 있다. 후자의 경우에 진단 포인트를 확실히 알고 있다면 진단을 하는데 도움이 된다.

(1) 봄 타입

봄 타입 색을 댔을 때에는 볼에 혈색이 돌며 생기가 느껴진다. 그리고 코럴 계열이 잘 어울리고 발랄한 원색을 댔을 때에는 얼굴이 화사하게 보인다. 그러나 여름 타입의 색을 대어보면 얼굴이 더욱 노랗게 되고, 겨울 타입의 강한 색을 댔을 때에는 색과 얼굴이 분리되는 느낌을 준다. 또한 가을 타입의 어두운 색을 대어보면 봄의 생기를 잃는다.

(2) 여름 타입

여름 타입의 색을 댔을 때에는 얼굴색이 환해지면서 관자놀이의 붉은 기가 줄어든다. 그리고 회색조의 파스텔 톤을 댔을 때에는 윤곽이 살아나며 입체적으로 보인다. 여름 타입은 탁하거나 흐린 계열이 잘 어울리는 편이라 가을 타입과 혼동될 수 있지만 가을 타입의 겨자색이나 올리브 그린색을 대어보면 어울리지 않는다. 또한 겨울의 강한 색을 댔을 때에는 혈색이 창백해지며, 봄 타입의 색을 댔을 때에는 얼굴이 어두워지고 피부색이 얼룩덜룩하게 보인다.

(3) 가을 타입

가을 타입의 색을 댔을 때에는 얼굴 톤이 밝아지고 온화한 빛이 돈다. 따뜻한 계열인 봄 타입과 혼동될 수 있으나 봄의 코럴을 댔을 때에는 어울리지 않는다. 그린빛이 도는 피부에 혈색이 붉지 않아서 겨울 타입과 혼동될 수 있으나 강렬한 겨울의 원색을 댔을 때에는 어울리지 않는다. 또한 여름 타입의 색을 대어보면 피부 톤이 누렇고 어두워 보인다.

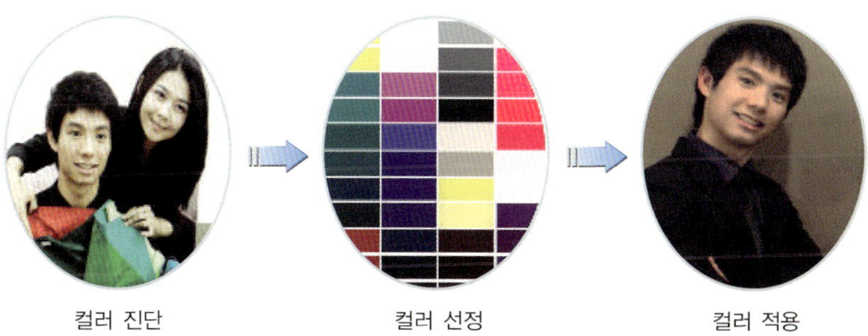

〈그림 8-38〉 컬러 진단과 적용

(4) 겨울 타입

겨울 타입의 색을 댔을 때에는 얼굴이 선명하고 또렷해진다. 그린빛을 띠지만 올리브 그린빛이며 선명한 겨울 타입의 원색이 잘 어울린다. 봄 타입의 색을 대어보면 입술색이 검붉게 변한다. 또한 여름 타입의 색을 댔을 때에는 안색이 창백해 보이고 윤곽이 검게 보이며 가을 타입을 댔을 때에는 피부 톤이 얼룩덜룩하게 보인다.

4) 컬러 진단 시 주의할 점

컬러 진단을 할 때 4가지 컬러 유형 중 2가지 이상의 유형에서 공통점으로 가지고 있는 신체 특징 때문에 혼돈될 수 있다. 즉, 핑크 계열의 색은 모두 잘 어울리는 것 같아서 어떤 타입인지 판단이 안 될 수가 있다. 이럴 때는 진단 컬러를 바꿔서 다시 시작하는 것이 바람직하다.

태양빛에 피부가 그을린 후에는 누구나 붉은 계열의 색이 잘 어울린다. 밝으면서 붉은 빛을 지닌 피부를 볼 때 볼과 입술에 생기가 도는 것인지 관자놀이부터 눈 밑까지 붉은빛을 지녔는지를 구분해야 하며 그린빛이 도는 피부와 올리브 그린빛이 도는 피부를 구분해야 한다. 춥거나 더워서 볼이 붉어진 상태일 경우 여름 타입으로 착각할 수 있으므로 주의한다. 또한 염색을 하거나 메이크업을 완벽히 지우지 않은 경우에는 정확하게 판단하기 어려우므로 반드시 클렌징을 하고 헤어 컬러를 가린다. 선명한 원색이 잘 어울리는 사람은 어느 타입에나 있으며 노란색으로 진단 할 경우에는 반드시 다른 색의 진단 천이 없는 상태여야 한다.

컬러 진단을 할 때 위의 주의사항을 기억하여 정확하게 진단한 후 컬러 타입을 알려 주도록 한다. 또한 잘못된 컬러 진단은 한 개인에게 악영향을 미친다는 것을 기억해야 한다.

5) 퍼스널 컬러 진단 척도

효과적인 이미지 연출을 위해 자신의 컬러 타입을 알아야 한다. 〈표 8-10〉을 통하여 자신의 컬러 타입을 찾을 수 있다.

〈표 8-10〉 퍼스널 컬러 Check list

문항	내 용	A	B	C	D
1	당신의 피부색은?	노란빛의 혈색 있는 피부	하얗고 붉은 피부	노란빛이 짙은 피부	창백하거나 희고 푸른 피부
2	당신의 눈동자 색은?	밝은 갈색	회색빛 갈색	짙은 갈색	검정을 띤 짙은 갈색
3	당신의 머리카락 색은?	밝고 윤기를 띰	건조하고 회갈색을 띰	짙고 황빛을 띤 짙은 갈색	푸른 빛이 도는 검정색, 짙은 회갈색
4	당신의 손 끝 색은?	노란빛을 띠면서 붉음	흰빛을 띠면서 붉음	노란빛이 많음	푸른빛을 띠면서 붉음
5	어울리는 흰색은?	소프트한 화이트, 아이보리	회색빛을 띠는 미색	노란빛이 도는 크림색	퓨어 화이트
6	어울리는 노란색은?	개나리색	상아색	머스타드색	레몬빛의 노란색
7	검정색에 대한 피부 반응은?	색과 조화되지 못하고 칙칙함	혈색이 없고 창백해 보임	어둡고 더욱 누런 빛을 띰	또렷하고 윤곽이 선명해 짐
8	잘 어울리는 의상은?	알록달록한 원색 계열	은은한 파스텔 계열	탁하고 어두운 계열	선명하고 화려한 계열
9	얼굴이 선명해지는 조명은?	노란색 백열등	푸른빛의 네온사인	어둡고 은근한 조명	환한 형광등
10	가장 많은 의상 색상은?	선명한 계열	색이 옅고 흐린 계열	칙칙하고 탁한 계열	흑백의 모노톤 계열

〈표 8-10〉의 항목을 읽고 자신이 해당하는 유형을 선택한다. 선택한 결과를 바탕으로 아래의 〈표 8-11〉의 집계표를 작성하여 합산한다.

〈표 8-11〉 집계표

문 항	A	B	C	D
1				
2				
3				
4				
5				
6				
7				
8				
9				
10				
합 계	개	개	개	개

제4절 컬러 클리닉

1. 컬러 클리닉의 정의와 개념

1) 컬러 클리닉의 정의

컬러 클리닉이란 개인이 가지는 내적 이미지와 외적 이미지, 사회적 이미지에 따라 적합한 컬러를 사용하여 외적으로는 개성 있고 당당한 아름다움과 건강함을 찾고 내적으로는 자신감과 마음의 안정에서 오는 정신적인 만족을 부여하는 것이다. 또한 사회적으로 신뢰를 쌓고 바람직한 인간관계를 할 수 있게 하는 컬러 치료 시스템이다.

2) 컬러 클리닉의 개념

현대사회는 다중적인 만족을 원한다. 1990년대에는 외적인 '미(美)'를 우선으로 추구하던 시대로 외적인 아름다움에서 즐거움과 만족감을 느꼈다. 2000년대에 들어서 '웰빙' 이라는 단어를 시작으로 건강을 더욱 중요시하는 시대가 되었다. 먹는 것으로부터 입고 생활하는 것에까지 아름다운 것도 좋지만 건강을 먼저 추구하게 되었다. 그러나 최근에는 건강과 아름다움 중 어느 하나도 놓치려 하지 않는 경향이 있다. 아름다우면서도 몸에 좋은 것, 그것이 지금 현대 사회에 살고 있는 사람들을 만족시킬 수 있는 방법이다. 이러한 다중적인 기대감을 만족시켜 줄 수 있는 것이 바로 컬러 클리닉이다.

2. 컬러 클리닉의 구조

컬러 클리닉은 힐링 컬러(Healing color)와 퍼스널 컬러(Personal color)로 나뉜다. 힐링 컬러를 통하여 내적·신체적 건강을 개선할 수 있고 퍼스널 컬러를 통해 외적 이미지를 더욱 아름답게 형성할 수 있다.

1) 힐링 컬러

힐링 컬러는 색을 통해 몸과 마음을 치유하고 편안한 마음을 갖게 해주는 것을 말한다. 색은 사람들에게 여러 가지 감정을 느끼게 한다. 즐겁고 행복한 기분을 느끼게 하거나 우울하고 슬픈 기분을 느끼게도 하며 정열과 뜨거움, 외로움, 지겨움 등 많은 감정을 느끼게 한다. 이러한 감정은 색이 가지고 있는 고유의 이미지 때문에 발생한다. 각각의 색이 지니는 이미지와 그에 따라 사람들이 느끼는 감정은 〈표 8-12〉와 같다.

힐링 컬러를 적용하기에 앞서 개인의 색채 환경 요인과 심리 상태, 건강 상태를 먼저 파악해야 한다. 그것을 바탕으로 현재의 에너지 균형을 진단하고 감정과 신체 밸런스를 맞춰 줄 수 있는 색을 선별하여 적용한다.

〈표 8-12〉 색의 이미지와 심리 효과

색 명	색의 이미지	느끼는 감정
빨강	사랑에서 증오까지	정열, 사랑, 열정, 불인, 분노, 위험, 증오
주황	즐거움과 삶의 기쁨	발랄, 즐거움, 기쁨, 귀여움, 앙증맞음
노랑	낙관과 질투, 모순	낙관, 질투, 이기적임, 비소
초록	생산과 희망	청정함, 상쾌함, 싱그러움, 산뜻함
파랑	그리움과 평화	우울함, 조용함, 평온함, 가라앉음
보라	여성스러움과 신비	신비로움, 차가움, 냉소적임
검정	절망과 죽음, 거짓	무서움, 두려움, 험악함, 암울함
흰색	결백과 청렴, 진실	깨끗함, 순수함
분홍	로맨틱과 소녀	달콤함, 다정함, 부드러움
금색	빛의 탄생과 돈	행운, 사치스러움, 시샘
은색	차가움과 달	어린, 젊음, 의미 없는

2) 퍼스널 컬러

퍼스널 컬러는 색을 통해 개인의 이미지를 보다 좋게 형성해 주는 것을 말한다. 정확한 컬러 타입을 알기 위해서는 자신의 신체 색상을 먼저 알아야 한다. 신체 색상의 분석이 끝나면 그것을 바탕으로 4계절 컬러 유형 중 자신이 속하는 컬러 타입을 알 수 있다. 그 다음 자신이 추구하는 이미지에 적합한 퍼스널 컬러를 적용해야 한다.

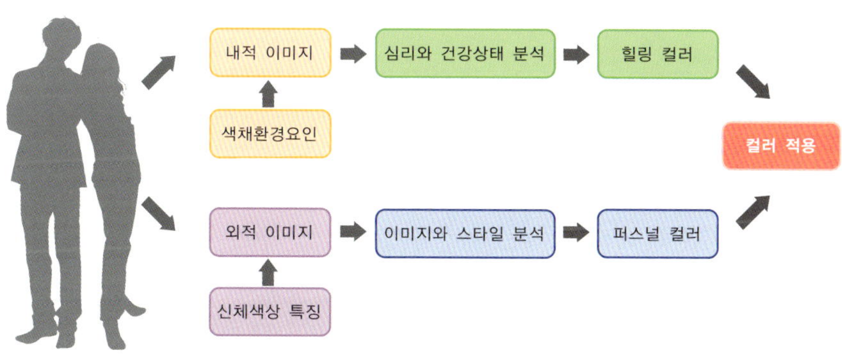

〈그림 8-39〉 컬러 클리닉의 구조

3. 컬러 클리닉의 효과

1) 힐링컬러와 퍼스널 컬러 클리닉 효과

개인에 따라 차이는 있지만 색을 통해 사람들은 크고 작은 감정의 변화를 느낀다. 이러한 감정은 색에 대한 선입견을 가지게 하고 기피하거나 너무 몰입해서 좋아하게 되는 현상이 발생한다. 이런 현상이 심해지면 한 가지 색에만 집착하거나 특정색만 보면 무서워서 움직이지도 못하는 심각한 상황이 초래될 수 있다. 이렇게 되면 클리닉이 필요한데 컬러로 발생한 문제점은 컬러로 해결하는 것이 좋다. 색의 클리닉 효과는 〈표 8-13〉과 같다.

힐링 컬러를 통해 자율 신경계를 조절하여 에너지 밸런스를 색으로 맞춰 줌으로써 적응력, 회복력, 면역력 등이 증진되고 몸의 흐름이 좋아진다. 또한 감정을 컨트롤 해주는 컬러를 적용하여 긍정적이고 평온한 마인들를 가질 수 있다.

퍼스널 컬러를 통해서는 무엇보다 혈색이 좋아 보인다. 뿐만 아니라 밝고 선명하며 또렷한 인상을 가질 수 있다. 이러한 컬러 클리닉을 통하여 내적인 마인드와 신체 리듬을 강화하고 외적인 이미지를 향상시킬 수 있으며, 당당하고 자신감 넘치는 새로운 자신을 발견할 수 있다.

〈표 8-13〉 색에 의한 치료 효과

색 명	색의 연상	클리닉 효과
빨강	피, 불, 정열, 활력적, 강함, 선명	노쇠, 무기력, 방화, 빈혈
주황	따뜻함, 악동, 희락, 온정, 원기, 희열	강장제, 무기력, 저조
노랑	희망, 광명, 빛남, 질투, 천박, 유쾌	신경제, 염증, 주의력
연두	편안, 친애, 신선, 초여름, 어린이	위안, 피로회복, 골절
초록	안식, 위안, 안정, 균형, 휴식, 안전	안정, 해독, 피로회복
청록	이지적, 찬바람, 바다, 심미, 깊은	이성적인 판단
파랑	물, 차가움, 침착, 명상, 냉정, 고독	스트레스 해소, 마취성
남색	무서움, 우울, 깊음. 추위, 정숙	침정제, 맥박낮춤, 염증
보라	신비, 불안, 경솔, 창조, 개성적, 우아함	예술감 향상, 신앙심 유발
남보라	숭고, 냉철, 심원, 무한, 신비	정화, 살균, 출산
검정	죄악, 불안, 적막, 비애, 침묵, 부정	예복, 상복
흰색	환희, 신성, 청결, 희망, 순수, 순결	기분 전환, 생각 전환
연지	정열, 요염함, 열애, 감미로움, 환희	빈혈, 자극제, 발정
은색, 회색	수수, 가련, 침착함, 보수적	흥분 진정

〈그림 8-40〉 컬러 클리닉의 구조

2) 심리적인 만족을 주는 컬러 진단 척도

우리는 컬러를 통해 심리적인 안정감과 만족감을 가지기도 하고 불안함과 불쾌감을 느끼기도 한다. 자신이 심리적으로 만족감과 편안함을 느끼는 컬러가 따뜻한 컬러인지 차가운 컬러인지를 〈표 8-14〉를 통해 알 수 있으며 이를 통해 컬러를 보다 효과적으로 활용할 수 있을 것이다.

〈표 8-14〉 Check list

문항	항　　목	Yes	No
1	눈이 쌓인 산을 보면 기분 전환이 된다.		
2	노란 꽃이나 싱그러운 풀잎을 보면 기분이 좋아진다.		
3	와인색과 같은 짙은 레드 계열의 립스틱이 자신감을 준다.		
4	금빛이 도는 브라운 계열의 색이 사용된 공간에서 편안함을 느낀다.		
5	깊은 바다를 보면 흥분이 가라앉는다.		
6	마젠타 계열이나 짙은 핑크 계열의 색상에 매력을 느낀다.		
7	모던한 인테리어보다 원목이나 통나무를 사용한 인테리어를 선호한다.		
8	빨강, 주황, 노랑 계열이 블랙, 파랑, 보라 계열보다 좋다.		
9	실버 장신구나 큐빅이 사용된 제품을 선호한다.		
10	저녁 노을을 보면서 편안함을 느낀다.		

〈표 8-14〉의 항목을 읽고 자신이 해당하는 유형을 선택한다. 선택한 결과를 바탕으로 아래의 〈표 8-15〉 집계표를 작성한다.

〈표 8-15〉 집계표

문 항	Yes	No
1	3	1
2	1	3
3	3	1
4	1	3
5	3	1
6	1	3
7	1	3
8	1	3
9	3	1
10	1	3
합 계	점	

제8장 연구문제

1. 컬러 이미지의 정의를 내리시오.
2. 색의 삼속성을 정리하시오.
3. 색의 감각의 종류와 특징을 정리하시오.
4. 퍼스널 컬러의 개념을 정리하시오.
5. 4계절 컬러 타입의 분류와 특징을 설명하시오.
6. 퍼스널 컬러 복합 타입의 분류와 특징을 설명하시오.
7. 4계절 타입 신체 색상의 분류와 특징을 설명하시오.
8. 색이 가지는 이미지와 심리 효과를 설명하시오.
9. 색의 치료 효과를 설명하시오.
10. 퍼스널 컬러의 활용에 대해 정리하시오.

제 9 장
뷰티 이미지

사람에게는 본능적으로 자신을 가꾸려는 욕구가 있다. 아름다움은 자신의 결점을 보완하기 위한 방법으로 사용되고 있으며 이러한 본능에 의해 뷰티 이미지가 더욱 중요시되고 있다. 뷰티를 형성하는 요소는 독립적인 것이 아니라 피부, 메이크업, 헤어, 네일, 풋, 패션 등 복합적 요소들로 이루어져 있다. 이 요소들이 사람의 시각에 인지되어 하나로 통합될 때 뷰티 이미지가 형성된다.

뷰티 이미지는 고정되어 있는 것이 아니라 시대상에 따른 사람들의 욕구, 생활환경, 가치관을 반영하기 때문에 단면적으로 생각하기보다는 총체적으로 인지하고 연구해야 할 필요가 있다. 이 장에서는 뷰티 이미지의 정의와 개념을 이해하고 이미지에 맞게 피부, 메이크업, 헤어, 네일, 패션 등에 대한 연출법을 살펴보고자 한다.

제1절 뷰티 이미지의 정의와 개념

뷰티 이미지란 추상적인 개념이며 사람을 대상으로 아름다움에 대해 상징되는 생각이나 관념을 말한다. 통상적으로 상대에게 '아름답다' 라고 생각되기 위해서는 자신의 뷰티 이미지를 가꾸어야 하는 것이다. 그러므로 뷰티는 머리부터 발끝까지 아름다움으로 가꾸는 것이다. 뷰티 이미지는 크게 피부, 메이크업, 헤어, 네일, 풋, 패션으로 나누어지는데 이 중 하나라도 부족하면 뷰티 이미지는 완성되지 않는다.

뷰티 이미지를 형성하는 모든 요소는 때(Time)와 장소(Place) 그리고 상황(Occasion)에 맞게 연출해야 한다. 특히 피부 관리는 기본으로 해야 하며 깨끗한 피부는 호감 가는 이미지를 형성해 줄 수 있다. 또한 깨끗하고 부드러운 피부 결을 바탕으로 더욱 나은 메이크업을 연출할 수 있다. 피부 관리를 제대로 하지 않으면 아무리 메이크업을 잘하려 해도 피부 연출이 깨끗하게 되지 않는다. 따라서 피부 관리를 평소에 꾸준히 해야 한다.

헤어는 첫인상을 형성하는데 중요한 요소이다. 사람마다 얼굴형이 다르므로 자신의 얼굴형에 맞는 헤어 스타일을 찾아야 한다. 얼굴형에 맞지 않는 헤어 연출은 얼굴을 크게 보이게 하거나 상대에게 사나운 이미지로 보이게 한다. 자신이 선호하는 헤어 스타일이 있겠지만 자신의 얼굴형에 맞는 스타일을 먼저 알고 얼굴형에 알맞게 연출하는 것이 좋다. 헤어도 메이크업과 마찬가지로 때와 장소, 상황이 맞게 연출해야 한다.

뷰티 이미지를 형성하는데 네일과 풋 연출도 중요한 요소이다. 사람과 만날 때마다 악수하게 되고 같이 식사를 할 경우에 자주 보게 되는 부분이 손이다. 항상 청결하게 관리하여야 하며 풋 또한 깔끔하게 정돈되어 있어야 한다. 때와 장소, 상황에 맞게 컬러를 선택하여 연출하면 더욱 멋진 이미지를 형성할 수 있다.

패션은 의상 뿐만 아니라 스카프, 악세사리, 패션 아이템 등을 잘 활용하여 성별, 체형별, 테마별로 자신이 원하는 이미지를 연출할 수 있다.

결론적으로 뷰티 이미지는 피부, 메이크업, 헤어, 네일, 풋, 패션과 같이 뷰티 이미지를 형성하는 요소들을 전체적으로 조화롭게 연출해야 하며 자신의 장점을 살리고 단점을 보완하여 호감을 얻을 수 있도록 연출해야 한다.

제2절 피부 이미지

1. 피부의 구조 및 기능

피부는 인체의 표면을 덮고 있는 중요한 조직으로써 몸 내부의 장기를 감싸주는 한 장의 막과 같으며 외부로부터 모든 자극을 받아들이고 민감하게 반응한다. 성인의 평균 피부면적은 1.6m^2~1.8m^{2}이고, 중량은 체중의 약 16%를 차지하는 조직으로써 가장 큰 기관이다. 피부의 두께는 연령별, 성별, 부위별로 차이가 있지만 보통 표피는 0.1~1.5mm이고 표피와 진피를 합쳐 2.0~2.2mm가 된다.

겉층인 표피는 외배엽에서 발생한 상피조직이며 속층인 진피는 중배엽에서 발생한 결합조직이다. 피부는 외배엽과 중배엽에서 유래하는데 표피, 모낭, 피지선, 아포크린한선, 에크린한선, 조갑, 멜라닌 세포는 외배엽에서 유래하며 그 외에는 중배엽에서 유래한다. 일반적으로 청년피부가 노인보다 두꺼우며 여성의 피부는 남성보다 얇다.

피부는 외부의 환경으로부터 신체를 보호하기도 하고 감각과 지각을 느껴 피부를 보호하기도 한다. 또한 모세혈관의 확장과 수축을 통해 땀을 배출시켜 체온을 조절하고 피지를 분비시켜 수분이 증발하는 것을 막아 준다. 피하지방조직은 피하지방을 만들어 에너지를 저장하고 표피에서는 비타민을 합성시켜 몸으로 흡수시킨다.

다음은 강경화(2007)를 바탕으로 하여 정리하였다.

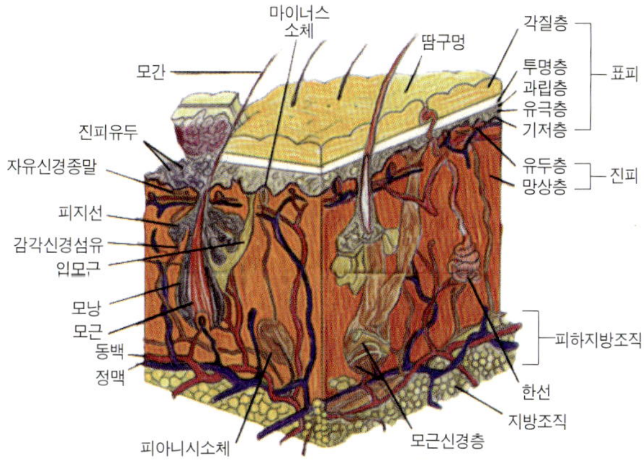

〈그림 9-1〉 피부조직

1) 표피

표피는 피부조직 중에서도 가장 위에 있는 조직으로써 편평상피로 구성되어 방어벽을 형성하고 각질층, 투명층, 과립층, 유극층, 기저층으로 나뉘어져 있다.

〈표 9-1〉 표피의 위치와 모양 및 특징

명 칭	위치 및 모양	특 징
각질층	- 피부의 가장 바깥 부분이다. - 20~25개 층의 단단한 세포이다. - 손바닥과 발바닥 부위의 두께가 가장 두껍다.	- 케라틴 58%, 천연보습인자 38%, 지질 11%, 수분 10~20% - 세포 간 지질성분이 있어 수분의 소실을 억제해준다.
투명층	- 작고 투명한 세포이다. - 2~3개 층의 편평한 세포이다. - 주로 손바닥, 발바닥 부위에 더 많이 분포한다.	- 엘라이딘(Elaidin)이 있다. - 물을 싫어하여 수분이 흡수되지 않는다. - 부드럽고 윤기 있게 한다.
과립층	- 작은 과립 모양의 세포이다. - 2~5개 층의 편평형 또는 방추형의 모양을 띠고 있다.	- 케라토히알린이 존재한다. - 외부로부터 방어막 역할을 한다. - 내부로부터 수분증발을 막는다. - 황을 많이 함유한 단백질로 이루어져 있다.
유극층	- 표피 중 가장 두꺼운 층이다. - 6~10개 층의 다각형 세포이다. - 가시모양의 돌기가 있다.	- 면역기능을 담당하는 랑겔한스세포 (Langerhan's cell)가 존재한다. - 영양공급, 피부호흡, 혈액순환, 노폐물 배출을 한다.

기저층	- 표피의 가장 아래층이다. - 진피와의 경계를 이룬다. - 단층의 원주형 또는 입방형의 모양을 띠고 있다.	- 표피를 진피에 고정시키는 역할을 한다. - 세포분열이 활발하여 새로운 세포를 생성한다. - 모세혈관에서 산소와 영양을 공급받아서 기저세포분열을 촉진시킨다.

2) 표피 구성 세포

표피에는 각질층, 투명층, 과립층, 유극층, 기저층으로 나뉘지만 세포는 대부분이 적절히 분포되어 있다. 표피를 도와주는 세포로는 각화 세포, 멜라닌 세포, 면역 세포, 지각 세포가 있다. 자세한 내용은 〈표 9-2〉와 같다.

〈표 9-2〉 표피의 구성 세포 및 세부내용

구성 세포	세부 내용
각화 세포 (Keratinocyte)	- 이동하는 중 점점 딱딱해져서 마지막에 각질층에서 자연적으로 떨어진다. - 각화 현상이 제대로 이루어지면 표피의 두께에는 변화가 없다. - 피부의 방어벽 기능에 중요한 역할을 한다.
멜라닌 세포 (Melanocyte)	- 표피세포의 약 5%를 이룬다. - 긴 수지상돌기를 가진 가늘고 길쭉한 형태로써 주위의 각질형성 세포 사이로 뻗어 있다. - 멜라닌은 각질형성 세포로 전달된 후 기저층 윗부분으로 확산된다. - 자외선에 의해 기저층의 세포가 손상되는 것을 막아준다 - 세포의 주기는 대략 1개월 정도이지만 대사 진행의 속도에 따라 다르다.
면역 세포 (Langerhan's Cell)	- 방추형의 돌기를 가진다. - 대부분 유극층에 존재한다. - 외부에서 들어오는 항원을 면역 담당 세포인 림프구로 전달해주는 역할을 한다. - 피부에 강력한 항원전달 세포이다. - 모든 상피 세포 중 약 2~4%를 차지한다.
지각 세포 (Merkel Cell)	- 주로 표피와 구강 점막의 기저 세포층에 위치한다. - 인체 피부에서 손바닥, 발바닥, 입술 등의 모발이 없는 피부에서 주로 발견된다. - 신경섬유의 말단으로 신경 세포와 연결되어 촉감을 감지하는 세포이다.

3) 진피

진피는 피부조직 중 중배엽에서 발생된 결합조직으로 층의 경계가 명확하진 않지만 크게 유두층과 망상층으로 나뉜다. 이때 유두층과 망상층은 같은 진피라 불리고 있지만 모양과 하는 역할은 같지가 않다. 진피에 대한 자세한 내용은 〈표 9-3〉과 같다.

〈표 9-3〉 진피의 위치와 모양 및 특징

명 칭	위치 및 모양	특 징
유두층	- 표피와 진피의 경계 부분에 존재한다. - 표피에 접한 부분은 용철 모양을 하고 있다. - 표피와 맞물린 부분에 볼록 튀어나온 부분은 진피유두라고 일컫는다.	- 세포성분과 기질성분이 많다. - 피부의 팽창, 탄력에 관여한다. - 혈관이 존재한다. - 산소와 영양소를 공급한다. - 촉각, 동각을 수용하는 삼삭수용기가 위치하여 노폐물을 제거한다.
망상층	- 피부의 혈관층 이하에서 피하지방층 표면까지를 말한다. - 굵고 응집된 형태이다. - 단단하고 불규칙한 그물 모양의 결합조직으로 이루어져있다. - 탄력성과 팽창성이 크다.	- 섬유질이 일정한 방향을 가지고 있다. - 교원섬유 90% 이상과 탄력섬유가 매우 치밀하게 구성되어 있다. - 교원섬유와 탄력섬유의 사이에 점다당질인 기질의 젤 상태로 분포되어 있다.

4) 피하조직

피하조직은 진피와 근육, 뼈 사이에 있으며 다량의 지방을 포함한다. 피부에서 가장 아래 부분에 위치하고 있다. 사람의 상태에 따라 상당히 많은 차이를 가지고 있다. 피하조직의 자세한 내용은 〈표 9-4〉와 같다.

〈표 9-4〉 피하조직의 위치와 모양 및 특징

명 칭	위치 및 모양	특 징
피하조직	- 진피보다 좀 더 아래쪽에 위치하고 있다. - 근육과 뼈 사이에서 그물모양을 하고 있다. - 피하지방에 축적되어 있다. - 두께는 부위, 연령, 영양 상태에 따라 상당한 차이가 있다.	- 영양분과 산소를 공급한다. - 노폐물과 이산화탄소를 거둬들인다. - 에너지를 저장하고 지방의 형태로 변환한다. - 외부로부터 충격을 완화한다. - 열이동 차단과 체온발산을 막는 역할을 한다.

2. 피부질환 및 관리

〈표 9-5〉 피부질환 및 관리 방법 (대한피부과학회, 2008)

피부 질환의 원인과 증상 및 치료 방법			
명 칭	원 인	증 상	치료 방법
화상	- 화염, 뜨거운 물, 액체, 강산 등이 있다. - 신체가 흡수할 수 있는 에너지의 양보다 많은 양이 신체와 접촉하여 발생된다.	- 1도 화상의 경우 표피에만 발생하여 홍반, 부종, 통증이 있다. - 2도 화상은 홍반, 종, 통증과 수포를 초래하지만 2차 세균감염이 없다. - 3도 화상부터는 표피, 진피를 파괴하여 피부는 무감각해지며 흉터를 남긴다.	- 즉시 얼음물 등으로 화상부위를 차게 해준다. - 수포가 너무 팽팽하거나 심한 통증 시에는 소독된 바늘로 터뜨리고 항생제 연고를 바른다. - 정도가 심할 시에는 감염예방이 중요하며 광범위한 경우에는 전신치료 또한 중요하다.
아토피 피부염	- 유전적 원인이 높다. - 집먼지, 곰팡이, 꽃가루, 담배연기, 새집 등 - 스트레스를 많이 받는다.	- 피부가 건조하다. - 피부가 간지럽다. - 살이 접히는 부위에 주로 나타난다.	- 모유를 먹인다. - 인스턴트, 낙농제품, 신과일, 콩류는 피한다. - 청결히 한다.
지루성 피부염	- 피지가 과다 분비된다. - 곰팡이, 헤어제품의 영향 등이 있다.	- 각질이 심하게 일어난다. - 홍반과 인설을 동반한다.	- 항생제가 함유된 스테로이드제를 적절하게 사용한다. - 기름진 음식은 피한다. - 깨류, 과일류, 콩류를 먹는다.
티눈, 굳은살	- 지속적인 압력과 마찰 시 발생한다.	- 굳은살은 딱딱하며 통증이 없다. - 티눈은 통증이 심하며 핵이 있다.	- 발을 편하게 한다. - 심한 경우 소작기나 레이저로 제거한다. - 따뜻하게 한다.

3. 피부의 유형 및 유형별 관리법

1) 정상 피부

(1) 정상 피부의 특징

정상 피부는 피지선과 땀샘의 생리기능이 정상적이며 유분과 수분이 적절히 분포되고 있다. 또한 유분과 수분이 적절한 상태로 세안 후 당김이나 각질이 일어나지 않으며 번들거리고 끈적이지 않는다. 정상 피부의 피부 결은 섬세하고 부드럽고 표면에 적절한 윤기가 나며 깔끔하고 촉촉하다. 볼 주변에는 혈색을 띠고 있으며 코에는 약간의 블랙 헤드가 있는 경우가 있다. 피부의 탄력이 좋으며 주름도 없고 색소 침착도 없다. 따라서 정상 피부는 가장 이상적인 피부이며, 피부 관리의 목적은 이러한 정상 피부 상태에 가깝게 하고자 노력하는 것이다.

(2) 정상 피부 관리방법

정상 피부라고 방심을 했다가는 유형이 변할 수도 있기 때문에 자신의 피부 상태를 유지하는 것이 우선이다. 피부에 좋다는 것을 모두 바르는 것은 바람직하지 않다. 자신에게 가장 알맞은 피부 상태를 유지하며 기본적인 스킨, 로션, 에센스는 꼭 바르고 자극적인 제품은 자제한나.

2) 건성 피부

(1) 건성 피부의 특징

건성 피부는 피지, 수분 부족으로 피부의 각질이 일어나고 윤기가 없고 수분이 부족하기 때문에 세안 후 심하게 당기는 피부로써 피부의 탄력이 없고 잔주름이 많고 피부 저항력이 약하다.

모공은 작아서 거의 보이지 않으며 피부에 윤기가 없기 때문에 메말라 보인다. 피부 결은 섬세하고 얇으며 건조 시 갈라지거나 트는 상태를 보인다. 메이크업을 했을 경우 오래 지속되기는 하나 화장이 들뜨기 쉬운 피부 유형 중 하나이다.

(2) 건성 피부의 관리 방법

건성 피부를 보다 좋게 관리하기 위해서는 각질층에 수분을 공급하고 유지시키는 것으로 잦은 세안이나 사우나와 물과의 접촉은 피한다. 지질막에 영향을 주지 않는 적절한 세정제 사용과 세안 후 제품이 남아있지 않도록 부드럽게 충분히 헹궈 준 다음 수분을 효과적으로 공급하고 유지시켜주는 항습제나 보습제를 사용하며 흡습력을 지속적으로 유지할 수 있어야 한다.

물을 자주 마시고 순한 제품을 쓰고 충분한 수면을 취하며 슬리밍 팩을 일주일에 2~3회 해주면 보습력을 키울 수 있다.

3) 지성 피부

(1) 지성 피부의 특징

피지분비가 과다하여 각질층이 두꺼워져 있으며 피부가 칙칙하다. 또한 모공 속에 노폐물이 쌓여 피부 트러블이 많이 생긴다. 피부가 번들거리고 모공이 넓고 불규칙하며 피부조직이 두껍다. 뿐만 아니라 피부 결이 거칠고 울퉁불퉁하며 피부 두께는 두껍다.

지성 피부는 계절적으로 잠시 나타날 수 있는 타입이며 사춘기 청소년에게 많이 볼 수 있다. 피지분비가 많아 저항력이 강하기 때문에 노화진행은 느린 편이다.

(2) 지성 피부의 관리방법

피지가 쌓인 각질을 일주일에 2~3회 정도 제거한다. 또한 피지의 분비가 많기 때문에 세안은 하루에 두 번 정도 꼼꼼하게 한다. 제품을 과다하게 사용할 경우 화장품에 있는 유분이 얼굴 위에 그대로 남아 있어 피지의 생성을 더욱 촉진시키기 때문에 제품은 가볍게 바른다.

피부 노폐물과 화장 잔여물을 남김없이 씻어내기 위한 클렌징 크림으로 1차 클렌징 한 후 클렌징 폼으로 씻고 물 세안을 충분히 한다.

4) 복합성 피부

(1) 복합성 피부의 특징

피지 분비량의 균형이 깨져 중성과 건성, 중성과 지성, 건성과 지성으로 두 가지 이상의 피부 성질이 함께 나타나는 피부 유형으로서 이마와 코의 T존 부위와 볼과 턱의 U존 부위로 나뉜다.

T존 부위는 피부가 두껍고 거칠어 보이며 이마나 코 주변에는 번들거림이 심하고 피부 트러블이 잘 발생한다. U존 부위에는 섬세하지만 건조하여 각질이 많이 일어나고 피지 분비는 많으나 수분이 부족하여 건조한 복합적 피부 타입이다.

(2) 복합성 피부의 관리 방법

복합성 피부는 T존 부위와 U존 부위를 다르게 사용한다. 예를 들어 T존은 지성, U존은 건성이라면 얼굴 전체에 바르는 제품은 T존을 기준으로 지성용 제품과 보습제품까지는 같이 사용하고 U존 부위에 수분과 유분을 공급하는 건성용 제품의 에센스와 영양크림을 발라 주는 것이 바람직하다.

코에는 피지제거 팩을 주 1~2회 하고 볼은 수분 팩과 영양 팩으로 주기적으로 해주는

데 가급적이면 비타민 풍부한 천연 팩을 사용하고 쌀뜨물 세안으로 피부안정 및 트러블 예방을 해준다.

5) 민감성 피부

(1) 민감성 피부의 특징

유분과 수분이 부족하고, 각질층이 얇아 약산성 보호막인 하이드로리피드 막(Hydrolipid mantle)의 보호기능이 떨어진 피부로 피부 조직이 얇고 모공이 거의 보이지 않으며 각질이 일어나 있다.

외부 자극에 쉽게 거칠어지고 붉고 예민하며 홍반, 수포, 붉은 염증성 알레르기 등의 반응이 나타나기가 쉽다.

(2) 민감성 피부의 관리 방법

피부가 정상 피부보다 섬세하고 얇아서 자극에 예민하게 반응하므로 바디용 브러쉬나 부드러운 스펀지를 사용하여 피부 결을 유지해야 한다. 또한 비누보다는 클렌징 젤이나 클렌징 폼을 사용하는 것이 적절하다.

뜨거운 것에 예민하기 때문에 사우나나 뜨거운 찜질은 피한다. 햇빛으로 민감해진 피부는 바디로션 사용 전에 냉 타월이나 수딩 스프레이 사용해서 진정시키고 천연 미네랄 제품을 사용한다.

3. 계절별 피부 관리

계절이 변함에 따라서 우리의 피부는 빠르고 예민하게 반응한다. 한 번 상한 피부를 회복시키기 위해서는 그 전의 배의 노력과 시간이 필요하다. 그렇기 때문에 자신의 피부를 트러블 없이 아름답게 가꾸기 위해서는 계절의 변화에 발 빠르게 대처할 수 있어야 한다. 각 계절의 특징과 주의점을 이해하고 해결 방안을 찾아 자신의 피부를 관리하도록 해야 한다.

1) 봄

활동하기 좋은 계절로 바깥 활동이 많아지는 계절인 봄은 겨울동안 방어력이 약해진 피부가 햇볕에 노출되어 건조해지기 때문에 피부가 거칠어지기 쉬우며 주근깨나 기미가 많이 생기게 된다. 이는 자외선 때문인데 외출 시 모자를 쓴다거나 자외선 차단제를 발라 자외선을 차단하는 것이 좋다. 수분 부족으로 생기는 각질을 제거하고 팩이나 크림으로 수분 공급을 충분하게 해준다.

황사 바람과 꽃가루 때문에 피부가 오염되기 쉬우므로 외출 후 클렌징을 깨끗이 해주어야 한다. 잠자기 전 에센스를 얼굴 전체에 골고루 펴 바르고 자면 피부가 유연해진다. 조그마한 자극에도 민감해지기 쉬운 봄철의 피부는 트러블이 났을 경우 강한 제품으로 얼굴을 심하게 비비지 말고 약산성 세안제를 사용하여 피부의 자극이 덜 가도록 해야 한다. 또한 비타민 C를 충분히 섭취하도록 한다.

2) 여름

여름은 강한 자외선, 분비물과 먼지 등으로 피부에 좋지 않은 자극을 준다. 그 때문에 여름에 피부는 더욱 지치고 트러블이 생기게 된다. 또한 여름 더위에 많은 땀을 흘리게 되는데 이때 피부는 땀의 소금기 때문에 피부가 쉽게 거칠어진다. 따라서 땀을 흘린 뒤에는 반드시 깨끗하게 세수를 해주어야 거칠어지는 것을 예방할 수 있다.

특히 여름에는 자외선 등으로 인해 자극받은 피부를 세심하고 부드럽게 손질해 주어야 한다. 피지 제거를 위한 팩을 하고 세안을 깨끗이 해야 한다. 차가운 화장수로 피부를 정돈하고 피부의 유분을 줄이기 위한 화장품을 사용한다. 화장품을 사용하지 않는 것은 피부를 더욱 건조하고 거칠게 만들기 때문에 수분 공급을 하는 보습제품은 반드시 사용해야 한다.

강렬한 태양으로부터 피부를 보호하기 위한 자외선 차단제의 사용은 필수이며, 비가 오거나 날씨가 흐릴 때에도 자외선은 피부에 영향을 미치므로 반드시 사용한다. 이때 피지와 땀, 노폐물 등이 뒤섞여 모공이 막혀 피부가 더 악화될 수 있으므로 피부 청결에 신경 써야 한다. 땀으로 인해서 수분이 빠져나갈 수 있으므로 스포츠 음료나 과일주스 등을 섭취하여 수분과 무기질을 충분히 공급해준다.

3) 가을

더위에 지친 피부가 계절이 바뀌면서 갑자기 찬 바람을 맞게 되면 기온 변화에 적응하지 못해 주름, 피부 당김 등의 피부 트러블이 생길 수 있다. 그 때문에 가을에 너무 두터운 메이크업은 피부를 버겁게 할 수 있다. 강한 자외선의 걱정은 조금 덜어내고 기초화장에 신경을 써 엷은 화장을 하도록 하는 것이 좋다. 또한 가을은 피부를 민감하게 만들기 때문에 외출 후 먼저 세안을 하고 로션을 충분히 바른다. 수분이 풍부한 크림으로 마사지를 하여 피부 탄력과 잔주름을 예방할 수 있다. 마사지 후 스팀 타월로 10분 정도 올려놓으면 영양 성분의 흡수를 도와주어 촉촉하고 매끄러운 피부로 유지시켜 준다.

푸석푸석해진 가을 피부를 위해서는 일주일에 1~2회 정도 각질을 제거해주고 건조해진 피부 위에 미스트를 충분히 뿌려 두들겨 흡수시킨다. 또한 보습을 위한 성분이 함유되어 있는 꿀 팩 또는 요구르트 팩으로 지친 피부에 수분을 듬뿍 넣어준다.

4) 겨울

겨울은 춥고 바람이 불어 건조한 날씨로 특히 입 주위와 볼 주위가 많이 붉게 달아오르며 건조하게 된다. 뿐만 아니라 겨울의 기온이 낮아지면서 급격한 피부 변화가 일어나서 피부 활동이 저하되어 건성 피부가 되며 거칠어지고 트거나 각질이 생기기 쉽기 때문에 세안을 깨끗하게 한 다음 수분크림으로 보습을 주고 보습제가 많이 들어간 마사지 크림을 이용하여 충분한 마사지를 해준다.

많은 사람들이 겨울에 찬 바람 때문에 피부가 건조해진다고 생각하기 쉬운데 사실은 실내 난방의 열 때문에 피부가 건조해진다. 건조한 피부는 쉽게 노화되고 잔주름을 유발시킨다. 물을 많이 섭취하는 것이 건조한 피부를 완화시키는데에 효과적이며 실내 온도를 많이 높이지 않고 가습을 필수로 해야 한다. 외출 전에는 반드시 수분 크림을 발라서 피부가 트거나 모세혈관이 확장되는 것을 예방해야 한다.

유·수분 밸런스를 적당히 맞춘 에센스의 사용과 눈 주위의 아이크림 사용을 잊지 말아야 하며 딥 클렌징을 꼼꼼하게 하고 각질 제거를 주기적으로 하는 것이 좋다. 뿐만 아니라 탕욕을 주기적으로 하면 전신 혈액순환에 도움이 될 수 있다.

4. 천연 팩

팩은 피부가 숨을 쉬고 휴식을 취하게 한다. 천연 팩은 어떠한 화학제도 첨가하지 않아서 예민한 피부에는 특히 좋으며 피부를 진정시킨다. 그러나 천연 팩이 아무리 좋다 해도 자신과 맞지 않는 팩을 사용하면 효과를 기대하기 어렵다. 그러므로 자신에게 필요한 팩을 〈표 9-6〉에서 찾아서 보다 긍정적인 효과를 볼 수 있도록 노력해야 한다.

<표 9-6> 천연 팩을 만드는 방법 및 효능

문항	재 료	방 법	효 능
1	꿀, 달걀흰자	- 달걀흰자로 거품을 낸다. - 꿀을 넣어 섞는다. - 15분간 얼굴에 올려놓는다.	각질 제거, 피부재생
2	김빠진 맥주, 화장 솜	- 맥주를 화장 솜에 적신다. - 붉은 부위에 5분간 올린다. - 부작용이 생길 수 있으니 주의해야 한다.	붉은 피부 완화
3	배, 꿀, 밀가루	- 배를 즙을 낸다. - 즙과 밀가루, 꿀을 섞는다. - 5분간 얼굴에 올려놓는다.	보습
4	바나나, 오이, 요플레, 밀가루	- 오이는 껍질을 벗겨 간다. - 바나나도 껍질을 벗겨 으깬다. - 오이와 바나나, 요플레, 밀가루를 섞는다. - 20분간 얼굴에 올려놓는다.	노폐물 제거, 보습, 영양
5	말린 귤 껍질, 꿀, 계란	- 귤껍질을 소금과 식초를 넣은 물로 깨끗이 씻어 말린다. - 귤 껍질을 믹서에 간다. - 꿀과 계란을 함께 섞는다. - 20분간 얼굴에 올려놓는다.	각질 제거, 미백, 보습
6	바나나, 요플레, 거즈	- 바나나 껍질을 벗겨 으깬다. - 요플레와 적당히 섞는다. - 5분간 얼굴에 올려놓는다. - 거즈를 올리고 한번 더 바른다. - 20분간 얼굴에 올려 놓는다.	각질 제거, 보습

5. 피부 타입 유형 진단

1) 자가 진단

집에서도 간단히 알 수 있는 방법인 자가 진단을 통해 자신의 피부 타입 유형을 확인할 수 있다.

정상 피부의 경우는 종이에 기름기가 아주 희미하게 보이는 정도이며 건성 피부의 경우는 종이가 건조하거나 기름기가 전혀 묻어나지 않는다. 지성 피부의 경우는 종이에 묻은 기름이 눈에 보일 만큼 묻어 있으며 지루성 피부의 경우는 종이에 기름기가 많이 묻어있다. 복합성 피부의 경우는 이마와 코 그리고 턱에서 떼어낸 종이에서만 기름기가 보인다.

이렇게 〈표 9-7〉 자가진단 법을 통해 자신의 피부 타입을 알고 그에 적합한 관리를 한다면 보다 나은 피부를 유지할 수 있다.

〈표 9-7〉 피부 타입 유형 자가 진단 하는 방법

피부 타입 자가 진단법
- 순한 비누와 따뜻한 물로 15회 정도를 얼굴에 끼얹어서 깨끗하게 세안한다. - 건조하더라도 3시간쯤 그대로 둔다. - 사각형으로 자른 종이 4장을 각각 코, 볼, 턱, 이마 부위에 올려 누르면서 10까지 센다. - 밝은 불빛 아래에서 종이의 상태를 확인한다.

2) 피부 타입 유형 진단

〈그림 9-2〉의 체크 리스트를 통해 자신의 피부 타입을 보다 정확하게 진단할 수 있다.

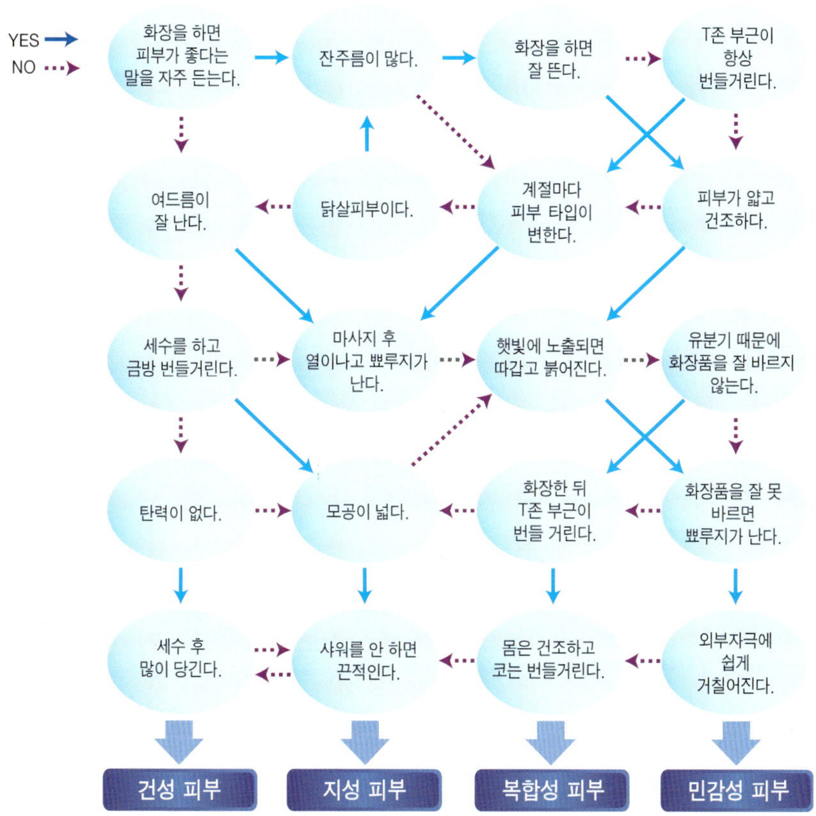

〈그림 9-2〉 피부 타입 유형 Check List

제3절 메이크업 이미지

1. 메이크업의 정의와 개념

메이크업이란 자신의 결점을 커버하고 자기 자신의 개성을 더욱 돋보이게 하여 한층 더 자신의 매력을 높이는 행위로 정의한다(조슬기, 2006). 과거에는 결점을 커버하는데 주안점을 두었다면 현재에는 오히려 자신의 개성을 장점으로 살리는 것에 더 큰 비중을 두고 있다. 이처럼 메이크업은 자신이 타고난 외모의 장점을 살려 자기표현의 수단으로써 사회가 요구하는 외모 조건에 좀 더 밀접하게 갈 수 있는 방법 중 하나라고 할 수 있다(안나영, 2007).

메이크업은 무대와 영상산업의 발달로 적용범위가 더욱 다양화되었다. 특히 현대 여성들에게 있어서 화장은 외적 이미지 변화를 위한 수단으로 자리잡혀 가고 있다. 메이크업이라고 하면 외적 이미지만 아름답게 변화시켜주는 것으로 잘못 알고 있는 사람들이 많다. 그러나 메이크업은 외적 아름다움뿐만 아니라 자외선과 외부로부터 피부 보호의 역할을 하여 건강하고 아름다운 피부를 가질 수 있도록 도와주는 역할까지 포함하고 있다. 또한 외적으로 아름다워진 자신의 모습을 통해 외모에 대한 열등감을 줄이고 자신감을 향상시킬 수 있다.

2. 메이크업의 유래

현대의 메이크업은 아름다움을 표현하는 것이자 자신의 결점을 보완하고 장점을 강조해주는 자기표현의 수단이다. 반면에 과거의 메이크업은 자신을 보호하고 집단의 위엄과 권위, 신분표시에 목적을 두었으며 주술적인 의미를 갖고 있었다. 메이크업의 유래는 다음 〈표 9-8〉과 같다(양진희 외, 2008).

〈표 9-8〉 메이크업의 유래

유 래	내 용
장식설	원시시대에 사람들은 가죽으로 옷을 만들어 입기 전의 나체 상태에서 피부에 그림을 그려 넣어 치장을 하거나 헤나와 같은 문신을 하였다. 이러한 전통은 자신을 아름답게 치장하여 매력적으로 보이고자 얼굴과 몸에 치장을 하게 된 것에서 시작되었다.
보호설	자연이나 다른 어떠한 것의 위험으로부터 신체를 보호하기 위한 위장으로 몸에 문신을 새겨 적을 공포감에 몰아넣으며 다른 재해를 막는다는 것도 들 수가 있다. 또한 색으로 신체를 치장하여 전쟁과 사냥을 승리로 이끌기 위한 위장이 메이크업의 시초로 발전했다.

미화설	원시시대의 농경사회 이후 사람들이 정착생활을 하면서 남녀 사이에 노동 분화가 이루어져 여성들에게 아름다운 용모가 중시되었고 그에 따라 자연적으로 이성을 유혹하고 다른 사람의 관심을 끌기 위해 치장을 하게 된 것에서 메이크업이 시작되었다.
위장설	고대인들은 새의 깃털이나 부리, 짐승의 뿔 또는 식물성 색소 등을 이용하여 얼굴과 신체를 위장시키는데 메이크업을 이용했다. 현대에도 전쟁 또는 작전 중에 주위 환경에 맞도록 나뭇잎과 군목의 문양과 색상을 통일해 눈에 띄지 않게 위장한다.
신분표시설	원시시대에 지도자들이 생기면서 표시나 장식을 하려는 욕구가 생겨났으며 신분, 계급, 종족, 성별 등을 구별하기 위한 목적으로 메이크업이 시작되었다.
종교설	주술적, 종교적인 목적으로 메이크업을 이용하기도 했는데 종교설의 대표적인 것이 고대 이집트의 메이크업인 콜이다. 콜은 눈 아래쪽에 초록색을 바르고 눈꺼풀, 눈썹, 속눈썹을 검게 칠한 짙은 눈 화장을 말하며 귀신을 쫓고 재앙을 물리치고 막아 복을 비는 행위로써 메이크업이 시작되었다.

위와 같이 이미 원시시대에도 환경에 맞게 적절한 메이크업을 했듯이 현대의 우리 또한 환경에 따라 적절한 메이크업을 할 수 있도록 해야 한다.

3. 기초 메이크업

메이크업을 하면서 외적 이미지만 추구하여 관리한다면 피부는 오랫동안 숨을 쉬지 못하여 트러블이 생긴다. 외적 이미지의 포인트인 섀도우도 이미지에 따라 여러 가지 색깔을 사용하듯이 기초 제품도 피부 타입에 따라 사용하는 화장품이 다르다. 외적 이미지를 더욱 아름답게 가꾸어주는 가장 중요한 기초 메이크업의 종류와 순서는 다음 〈표 9-9〉와 같다.

〈표 9-9〉 기초 메이크업의 종류

종 류	설 명
화장수 (Skin)	스킨이나 토너라고 불리며 피부에 수분을 공급하고 결을 정돈하여 시원하고 산뜻한 사용감과 우수한 수렴효과로 피지분비를 조절한다. 또한 피부의 PH 밸런스를 정상적으로 조절하여 피부를 촉촉하고 부드럽게 유지해준다.
영양 아이크림 (Eye cream)	지속력이 우수하며 유연효과를 오랫동안 유지시켜준다. 또한 건조하고 잔주름이 생기기 쉬운 연약한 피부를 보호해주며 눈 주위 전용 영양유액이다.
에센스 (Essence)	탄력을 잃고 쳐지기 쉬운 피부에 영양공급과 피부기능을 활성화시키는 미용 농축액이다. 로션을 바르기 전에 바르는 것이 효과적이며 목까지 전체적으로 발라주면 좋다.
영양 화장수 (Lotion)	로션이라고도 하며 외부환경요인과 화장으로 인하여 숨을 쉬지 못한 피부와 지친 피부에 활력을 주고 수분 보호막을 형성하여 유·수분 균형을 유지시켜 준다.
영양크림 (Cream)	영양크림은 수분과 영양을 공급하며 수분 증발을 막는다. 영양크림은 피부에 따라 적합한 제품을 선택해야 한다. 피부에 맞지 않은 것을 쓸 경우 과다한 트러블이 생길 수 있으며 잔주름이 발생할 수 있다.

빨리 좋은 피부를 만들겠다는 욕심에 한 번에 많은 양을 사용하는 것은 바람직하지 못하다. 위의 제품들을 자신의 피부에 맞게 선택하여 적절한 양으로 꾸준히 관리하는 것이 보다 아름다운 피부를 가꾸는 방법이라 할 수 있다.

4. 색조 메이크업

색조 메이크업은 다양한 컬러를 사용하여 피부색을 바꾸어주며 얼굴을 미화시키는 것을 말한다. 단점은 최소화하고 장점은 극대화하여 외적 이미지를 변화시켜 외적 이미지와 심신을 모두 아름답게 하고자 하는 것이다.

이러한 외적이미지 변화는 자신감과 자아 존중감을 향상시켜 준다. 메이크업을 보다 자연스럽고 유용하게 도와주는 것이 메이크업 도구이다. 메이크업 도구 종류는 다음 〈표 9-10〉과 같다.

〈표 9-10〉 메이크업의 도구의 종류와 특징

도구의 종류	특　　징
눈썹 칼	눈썹의 모양을 만들어 주는 역할을 하며 눈썹 주변과 길이를 정리할 때 사용한다.
눈썹 가위	눈썹의 길이를 수정해주는 역할을 하며 눈썹 칼과 마찬가지로 눈썹 길이를 정리할 때 사용한다.
핀셋	눈썹 칼과 눈썹 가위를 이용하여 정리되었지만 뿌리까지 정돈이 깨끗하게 되지 않은 경우와 잔머리를 정리할 때 이용한다.
라텍스, 면 퍼프	라텍스는 메이크업 베이스와 파운데이션을 바를 때 사용하며 손가락을 이용하여 두드리듯이 사용한다. 면 퍼프는 파우더를 바를 때 사용하며 라텍스와 동일하게 두드리듯이 사용한다.
속눈썹	눈을 선명하고 크게 보이게 하는 효과를 주며 풍성한 속눈썹 숱을 만들어 주어 눈매가 깊어 보이게 한다. 속눈썹의 종류와 길이는 다양하다.
파우더 브러시	브러시 중에서 가장 크고 숱이 많으며 끝이 둥글다. 사용 방법은 피부 안쪽에서 바깥쪽으로 가볍게 쓸어 주듯이 펴 바르고 난 후, 다시 한 번 반대방향으로 쓸어주며 펴 바른다. 메이크업의 완성 단계에서 파우더를 덧바를 때 혹은 여분의 파우더를 털어낼 때 사용한다.
팬 브러시	부채모양의 조금 빳빳한 붓으로 파우더를 바른 후 얼굴에 남은 분과 아이섀도우 후 눈 밑에 떨어진 가루를 털어내는데 사용한다.
블러셔 브러시	파우더 브러시보다 작으며 자연스럽고 건강한 색조를 제공하는 것 외에 얼굴의 윤곽을 수정하며 광대뼈를 뚜렷하게 보이도록 하는데 사용한다. 브러시는 같은 방향으로 나누어서 사용해야 솔의 모양을 오랫동안 유지할 수 있다.

도구의 종류	특 징
아이섀도우 브러시	용도나 크기에 따라 베이스용, 메인용, 포인트용이 있으며 눈의 자극을 최소화하기 위해 부드러운 족제비 털이 좋다.
납작 아이섀도우 브러시	아이섀도우 브러시와 사용되는 방법은 같으며 끝이 일직선으로 되어 있다. 납작 아이섀도우 브러시는 섬세한 터치가 필요한 부분에 사용한다.
눈썹 브러시 (사선 브러시)	눈썹의 색상을 짙게 바꾸거나 서로 다른 길이로 자란 눈썹으로 인하여 생겨난 공간을 채울 때 사용한다. 에보니 펜슬과 같은 역할로 사용하며 모양은 각진 사선형태가 가장 이상적이다.
속눈썹 & 눈썹 브러시	눈썹의 방향과 형태를 정리하는 작은 빗으로 눈썹의 길이를 체크하거나 마스카라를 바르기 전 속눈썹을 가지런히 정리해 주는 역할을 한다. 또한 마스카라를 잘못 발라 뭉쳤을 경우 아래에서 위로 속눈썹을 빗어줄 때 사용한다.
아이라이너 브러시	가장 가는 붓으로 리퀴드 타입의 아이라이너를 그릴 때 사용하며 선명하고 섬세한 아이라인을 그릴 경우 사용한다.
스크루 브러시	나사모양의 돌돌 말린 모양으로 눈썹을 정리해주고 형태를 다듬는데 사용한다. 또한 눈썹에 묻어 있는 파우더를 제거하거나 눈썹 색이 너무 짙을 경우 부드럽게 만들어주며, 마스카라가 뭉쳤을 때 사용하면 고른 속눈썹이 연출된다.
팁 브러시	스펀지 재질의 브러시로 아이섀도우를 바를 때 가루의 날림이 적다. 선명한 표현을 할 때 사용하며 초보자도 쉽게 사용할 수 있다. 포인트 컬러 표현에도 용이하다.
립 브러시	립 메이크업 시 사용하며 부드럽고 탄력있는 재질이 좋다. 립스틱을 바를 때 사용하며 또렷하고 깔끔한 입술 표현이 가능하다. 립 브러시의 종류로는 둥근 입술을 그릴 때 사용할 라운드형과 각진 입술을 그릴 때 사용하는 스트레이트형의 립 브러시가 있다.

1) 피부색을 정돈하여 주는 제품

(1) 메이크업 베이스

메이크업의 첫 단계로 피부 질감을 정돈하는데 가장 중요한 영향을 미친다. 또한 색조화장으로부터 피부를 보호하며 피부색을 보정하고 결점을 커버한다. 뿐만 아니라 파운데이션의 밀착을 도와주고 피부 표현 효과를 높여주며 오랫동안 화장을 지속시켜 준다.

메이크업 베이스를 두껍게 바르게 되면 투명한 피부표현보다는 두껍고 답답한 피부 표현이 되기 쉽다. 얼굴에 펴 바를 수 있는 적정량만 꼼꼼히 펴 바르도록 한다. 뭉치지 않도록 손등에 소량을 덜어 라텍스를 이용하여 가볍게 두드리듯이 펴 바른다. 얼굴의 넓은 부분에서 좁은 부분으로 피부 결을 따라 발라주며 바르는 순서는 안쪽에서 바깥쪽으로 펴 바른다. 퍼프의 잔여분으로 눈 밑, 콧망울 주위 턱 선의 경계까지 발라준다. 현재 사용되는 메이크업 베이스의 종류는 〈표 9-11〉과 같다.

〈표 9-11〉 메이크업 베이스의 분류와 특징

분 류	특 징
리퀴드 타입	베이스의 표준 제품으로써 유분기가 많은 지성 피부에 적합하다.
크림 타입	촉촉하고 부드럽게 발리기 때문에 건조하고 유분기가 없는 건성 피부에 적합하다.
에센스 타입	영양분이 많이 함유되어 있으며 크림 타입처럼 촉촉하다. 수분 함유량이 많기 때문에 건조하기 쉬운 피부에 적합하다.
컨트롤 타입	피부의 모공과 잡티를 가려줄 수 있기 때문에 잡티 많은 피부에 적합하다.

성공하는 메이크업을 하기 위해서는 기초인 메이크업 베이스를 제대로 선택해야 한다. 먼저 어둡고 까만 피부는 베이지 컬러 베이스를 바르면 하얀 피부를 연출할 수 있다. 반대로 혈색이 없어 창백한 피부에는 핑크 컬러 또는 퍼플 컬러 메이크업 베이스를 바르면 피부에 생기를 돋아나게 해준다.

피부가 붉거나 잡티가 많은 경우에는 그린 컬러 또는 블루 컬러 베이스를 바르면 커버가 가능하다. 또한 화이트 컬러 베이스는 피부가 깨끗한 사람이 투명화장을 하고자 할 때 사용하는 컬러베이스이다.

(2) 파운데이션

파운데이션은 피부 톤을 보정하고 기미, 주근깨, 잡티를 커버하여 혈색이 좋아 보이게 한다. 또한 색조 메이크업을 더 돋보이게 하고 얼굴 형태에 따라 윤곽 수정을 표현할 수 있다. 파운데이션 단계는 자외선으로부터 피부를 보호해주며 피부의 질감을 정돈하는 가장 중요한 과정이다.

파운데이션을 선택할 때 자신과 맞지 않는 타입, 색상을 고르면 색이 맞지 않아 얼굴이 떠 보이거나 피부가 흡수하지 못할 수 있으므로 자신과 맞는 파운데이션을 선택하여 사용한다.

메이크업 베이스와 동일하며 뭉치지 않도록 주의하며 피부 결을 따라 얼굴의 넓은 부분에서 좁은 부분으로 안쪽에서 바깥쪽으로 펴 바른다. 퍼프의 잔여분으로 눈 밑, 콧망울 주위와 턱 선의 경계가 생기지 않도록 펴 발라준다.

파운데이션을 선택할 때에는 목과 얼굴의 경계선에 파운데이션을 옅게 펴 발라 얼굴색과 목 피부색에 모두 조화로운 색을 선택한다. 선택이 어려울 시에는 목의 색과 같은 색을 선택하는 것이 좋다. 파운데이션의 분류는 〈표 9-12〉와 같이 정리할 수 있다.

〈표 9-12〉 파운데이션의 분류와 특징

분 류	특 징
리퀴드 타입	액상타입으로 가장 많이 사용되는 제품이며 수분함량이 높고 가벼워서 투명한 피부 표현에 적합하다. 피복력이 자연스럽지만 커버력 과 지속력이 약하다.
크림 타입	리퀴드 타입에 비해 피복력이 좀 더 강하다. 유분 함량이 높고 촉촉한 편이며 커버력이 적당하다.
파우더 타입	파운데이션과 콤팩트의 기능을 겸한 케익 타입의 파운데이션이다. 휴대하기가 간편하고 빠른 화장을 원할 때 사용하며 손쉽고 자연스러운 피부 표현이 가능하다. 계절에 상관없이 사용 가능하며 지성 피부와 젊은 층에서 많이 사용한다.
트윈케익 타입	끈적임과 뭉침이 없고 커버력과 밀착력이 좋다. 땀과 물에 강하며 지속력이 뛰어나다.
스틱 타입	견고하고 커버력이 좋으며 피복력이 가장 우수한 제형이다. 피부가 건조해지거나 처지는 것을 방지하는 에몰리엔트 효과가 크다. 농축된 고형 타입으로 완벽한 결점 커버력를 요할 때 사용하며 지속력이 뛰어나다.

피부 타입은 크게 피부에 기름기가 많은 지성 피부, 땀과 기름의 분비가 적어 건조한 건성 피부, 생리작용이 정상적이고 가장 이상적인 중성 피부로 나눌 수 있다. 지성 피부에는 커버력이 너무 강한 파운데이션은 피부의 분비물과 섞여 좋지 않다. 시간이 지나면서 얼굴에서 분비되는 땀과 피지를 오랫동안 컨트롤 해줄 수 있는 파우더 타입 파운데이션을 선택한다. 건성 피부의 경우에는 수분함유율이 많은 제품을 사용하여 얼굴에 주름이 생기는 것을 예방하는 것이 좋다. 파운데이션을 선택할 때에는 수분함유율이 높은 제품인 리퀴드, 크림 타입을 선택한다. 중성 피부는 어떠한 파운데이션이라도 모두 사용 가능한 피부이다. 때에 따라 자신이 쓰기에 편한 것을 선택하여 사용한다.

(3) 컨실러

컨실러는 파운데이션으로 미처 커버하지 못한 잡티를 커버할 때 사용한다. 밀착력이 우수함으로 부분적으로 발라도 확실한 효과를 얻을 수 있다. 여드름, 주근깨, 기미, 붉은 기, 흉터, 점, 다크써클 피부의 결점 부위를 보완해주는 제품이다. 또한 투명한 피부 표현이 유행되면서 컨실러도 다양한 제형으로 출시되고 있다. 그러나 이런 컨실러가 모두 좋은 것은 아니다. 피부 결점 커버를 위해 너무 두껍게 바르면 메이크업 전체가 두꺼워지며 주름이 생길 수 있다. 색이 맞지 않으면 파우더를 발라도 컨실러가 보일 수 있으니 주의해야 한다.

잡티 크기보다 2배 넓은 면적으로 바른 뒤 경계면을 라텍스나 손가락으로 두드려서 펴준다. 투명한 피부를 연출할 때 넓은 면적을 사용하면 피부 톤이 어두워지므로 잡티 부위만 소량 커버하도록 한다. 컨실러의 색은 자신의 피부 톤보다 한 톤 정도 밝은 색이 좋다.

눈 아래처럼 얇고 예민한 부위에는 손가락을 이용해 살살 펴 바르는 것이 효과적이다. 컨실러의 분류는 〈표 9-13〉과 같이 구분할 수 있다.

〈표 9-13〉 컨실러의 분류와 특징

분 류	특 징
스틱 타입	부드럽게 발리고 피부표현이 자연스럽게 마무리 된다. 립스틱 형태로 생겼다. 커버할 곳에 터치한 뒤 손으로 두드려 마무리한다.
크림 타입	모공 커버가 뛰어나며 크림 타입이라 촉촉하게 발린다. 얼굴 전체에 고루 바르기에 좋다. 용기에 들어 있으며 쓸 때에는 적당량 덜어 스펀지로 바른다.
리퀴드 타입	커버력이 우수하고 지속력이 뛰어나다. 건조하지 않아 쉽게 발린다. 립 글로스 형태로 생겼으며 휴대와 사용이 간편하다.
펜슬 타입	좁은 부위를 커버하는데 좋다. 펜슬을 굴려 바르고 손가락으로 퍼트려 사용한다.

(4) 파우더

베이스 메이크업의 마지막 단계로 파운데이션이 오래 지속되게 도와주고 화장을 매트하게 마무리해준다. 또한 땀이나 피지분비를 조절하여 부드러운 피부 결로 만들어 준다. 피부톤을 화사하고 투명하게 해주며 색조 메이크업의 효과를 극대화시켜 메이크업이 선명하게 되도록 한다.

파우더는 뭉치지 않게 엷게 바르는 것이 가장 아름답다. 피부를 문지르거나 세게 두드려서 바르면 주름이 지고 두꺼운 화장으로 보일 수 있으므로 최대한 엷게 발라 투명한 피부를 표현해주는 것이 좋다. 적당량을 두개의 퍼프에 묻혀서 서로 맞대고 가볍게 문지른 후, 얼굴의 외곽부분부터 중심부로 피부에 가볍게 두드리며 발라준다.

사람의 피부가 여러 가지인 만큼 파우더가 여러 가지이다.

〈표 9-14〉 파우더의 분류와 특징

분 류	특 징
루스 파우더 타입	가루 타입의 파우더로 피부에 얇게 밀착시킬 수 있어 피부를 화사하고 섬세하게 표현할 수 있다. 또한 밀착력이 좋으며 블루밍 효과가 우수하여 자연스럽게 마무리한다.
펄 파우더 타입	펄이 함유된 파우더로 화사한 피부를 연출한다. 또한 펄이 반사되어 얼굴의 굴곡이 더욱 입체적으로 보이게 한다.
프레스드 타입	고체형으로 압축시킨 제품이다. 휴대하기 편리하며 콤팩트 파우더라 부르기도 하고 화장을 눌러주거나 고칠 때 사용한다. 커버력이 좋으며 매트한 무게감을 느낄 수 있고 양 조절이 가능하다.

3) 얼굴을 선명하게 정돈해 주는 제품

(1) 아이브로우(Eye brow)

눈썹의 모양을 그릴 때 사용한다. 눈썹의 진하기와 모양이 개인의 인상을 결정하고 전체적인 이미지에 영향을 주므로 자신에게 어울리는 눈썹 모양을 찾아 그리는 것이 중요하다.

먼저 눈썹 브러시로 눈썹을 빗은 후 자신의 얼굴 스타일에 맞게 모양을 다듬는다. 아이브로우를 이용해 눈썹 꼬리 쪽을 시작으로 눈썹 머리까지 당겨주듯이 메운다.

아이브로우의 종류로는 에보니 연필과 샤프펜슬 타입, 고형, 분말, 액상의 종류가 있는데 기본적으로 에보니 연필과 고형 분말을 가장 많이 사용한다. 눈썹을 그릴 때 신경 써야 할 것은 테크닉이다. 색상은 회갈색이나 암갈색이 가장 자연스럽다. 눈썹 머리에서 눈썹 산까지 본래의 눈썹을 따라 연하게 그리고 눈썹 산에서 꼬리는 진하게 그린다. 수정할 때는 면봉으로 지운 후, 파우더로 한 번 더 눌러준다.

자신에게 맞는 눈썹은 얼굴 전체와 잘 어울리며 자신의 분위기를 잘 살릴 수 있다. 그러나 자신에게 맞지 않는 눈썹 모양을 할 경우에는 아무리 잘 꾸몄다 하더라도 자신이 원하지 않는 인상을 상대방에게 심어줄 수 있다. 그러므로 〈표 9-15〉를 참고하여 자신에게 맞는 눈썹 모양을 찾도록 한다.

〈표 9-15〉 눈썹의 종류와 설명

형 태	눈썹의 종류	설 명
	표준형	가장 기본적인 눈썹이며 자연스럽고 누구에게나 잘 어울린다. 또한 귀엽고 발랄하게 보이는 효과가 있어 둥근형의 얼굴에 어울린다.
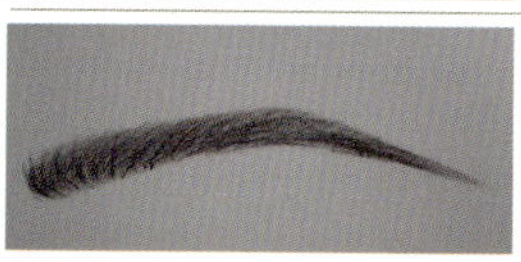	직선형	젊고 남성적이며 얼굴이 넓어 보이는 효과가 있어 폭이 좁은 얼굴형에 어울린다.
	상승형	동양적인 눈썹이며 활동적이고 강렬하여 야성적인 이미지를 준다. 둥근형이나 각진 얼굴형에 어울린다.
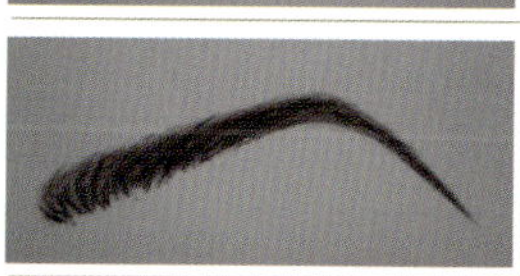	각진형	지적이고 세련된 이미지를 가지고 있어 사각이나 둥근 얼굴형에 어울린다.
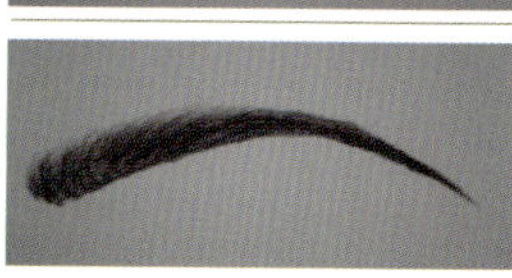	아치형	우아하고 섬세하며 여성적인 이미지를 가지고 있어 삼각형이나 넓은 얼굴형에 어울린다.

(2) 아이섀도우(Eye shadow)

아이섀도우는 눈에 색감과 음영을 주어 입체감을 강조하고 눈매를 수정·보안해주어 표정 있는 눈을 연출한다. 자유로운 표현으로 다양한 분위기를 연출하여 전체적으로 얼굴에 입체적인 액센트를 부여한다.

〈표 9-16〉 아이섀도우의 분류와 특징

분 류	특 징
케익 타입	일반적인 것으로 색상이 다양하고 지속력이 적당하다. 깨지기가 쉬우며 아이섀도우 색과 피부 발색의 색상이 틀릴 수 있으니 유의하며 사용해야 한다.
크림 타입	유분이 함유되어 있으며 사진, 무대 메이크업에 적합하고 지속력은 우수하나 유분으로 인해 쌍꺼풀이 있는 경우 번진다.
파우더 타입	펄이 함유되어 있어 화려한 메이크업에 적합하며 파티 메이크업에 많이 사용한다.
펜슬 타입	스틱형으로 되어 있어서 브러시를 이용하지 않고 펜처럼 그려 사용한다. 펜슬 타입은 잘 뭉치고 눈가의 유분기로 인해 잘 번진다.

〈표 9-17〉 눈 형태에 따른 아이섀도우 메이크업

눈 형태		설 명
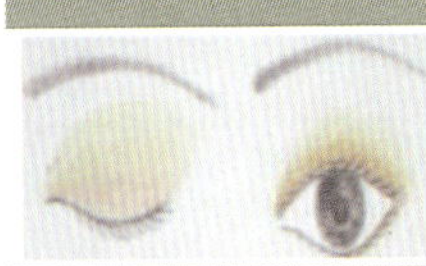	쌍꺼풀이 있고 큰 눈	큰 눈이 더 부각되어 부담스러워 보이지 않게 최대한 자연스럽고 연한 색상을 선택하며 눈의 전체를 가늘고 선명하게 처리한다.
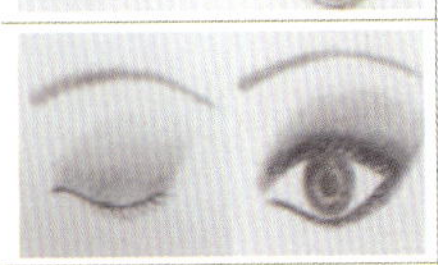	쌍꺼풀이 없고 부은 눈	다크, 스모키 계열의 컬러를 선택하여 눈이 전체적으로 커 보이도록 그라데이션 처리한다. 부은 눈에 펄은 입체감이 더해져 더욱 부어 보이므로 피한다.
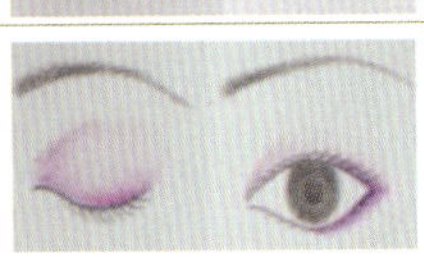	올라간 눈	눈 앞머리와 언더 부분에 포인트를 주어 전체적인 눈의 모양이 일반적인 눈처럼 보이도록 올라간 눈 꼬리를 보완해 준다.
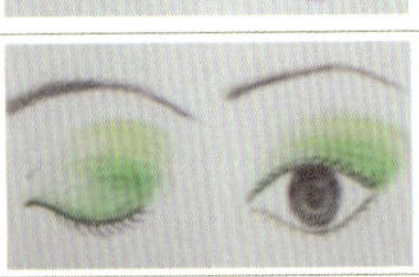	처진 눈	눈 꼬리를 위쪽으로 포인트를 주어 샤프하게 보이도록 한다. 언더섀도우는 조금만 바른다. 언더섀도우를 많이 바를 경우 더 처진 눈으로 보이므로 주의한다.
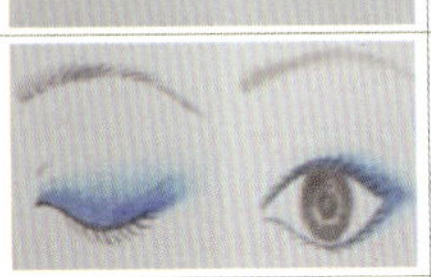	미간이 좁은 눈	눈 앞머리에서 중앙까지는 밝은 색을 사용하고 눈 꼬리는 짙은 컬러를 사용한다. 눈의 액센트를 눈 꼬리로 주어 미간이 좁은 것을 보완한다.
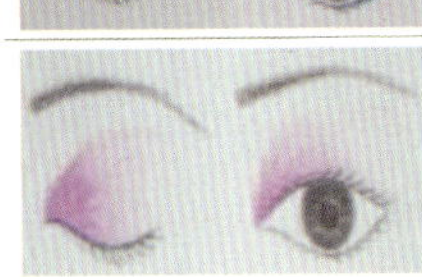	미간이 넓은 눈	눈 꼬리에 밝은 색을 사용하고 눈 앞머리는 짙은 컬러를 사용한다. 눈 앞머리에 액센트를 주어 미간이 넓은 것을 보완한다.

아이섀도우를 바를 때에는 의상 색 또는 계절 색에 어울리는 컬러를 선택하여 브러시에 적당량을 묻힌다. 손등에서 색의 발색을 확인한 후 여러 번 소량으로 덧발라 원하는 색감을 표현한다. 경계선이 생기지 않게 그라데이션이 되도록 잘 펴 바른다. 경계면을 자연스럽게 펼칠 때에는 손가락을 사용해 펼쳐주어도 좋다.

규정 색상을 이용해 베이스 컬러에서 메인 컬러, 포인트 컬러에서 언더 순서대로 펴 바른다. 현재 사용되고 있는 아이섀도우의 분류는 〈표 9-16〉을 참고하여 구분한다.

세상엔 다양한 사람들이 있다. 그리고 그 수만큼 다양한 눈의 형태가 존재한다. 그러한 만큼 눈의 형태들에 따른 아이섀도우 메이크업 또한 여러 가지이다. 그러므로 자신의 눈을 가장 아름다워 보이게 하며 단점을 보완해줄 수 있는 아이섀도우 메이크업을 찾는 것이 중요하다. 자신에게 맞는 아이섀도우 메이크업을 〈표 9-17〉을 참고하여 적용시키도록 한다.

(3) 아이라인(Eye line)

눈매를 돋보이게 하며 인상을 또렷하게 표현해준다. 라인을 그리면 눈매의 윤곽이 살아나고 한층 커 보일뿐 아니라 눈매가 돋보인다. 밋밋한 눈을 강조하기 위해 아이라인을 그리지만 반대로 아이라인이 번지며 다크써클처럼 보일 수 있으므로 주의한다.

먼저 아이라이너를 사용할 때에는 내용물의 양을 조절하여 눈의 중간지점부터 시작하여 조심스럽게 눈 꼬리를 향해준다. 눈 앞머리부터 중앙에까지 속눈썹 사이를 메워 주면서 그린다. 아이라인은 자신의 눈 꼬리보다 조금 더 빼서 그리면 눈이 더 크고 길어 보인다. 덜 그려진 부분이나 속눈썹 사이가 비어 있다면 꼼꼼히 메워 준다. 아이라이너의 분류는 〈표 9-18〉을 참고하도록 한다.

아이라인은 메이크업의 포인트가 되기도 하며 눈 형태의 단점을 보완해 이상적인 눈매를 만들어 준다. 아이라인을 그리는 방법은 무수히 많지만 〈표 9-19〉를 참고로 하여 그 중 자신의 단점을 보완해줄 수 있는 아이라인을 그리도록 한다.

〈표 9-18〉 아이라이너의 분류와 특징

분 류	특 징
펜슬 타입	자연스럽게 연출되어 초보자가 사용하기 쉽다. 그러나 지속력이 약하며 번지기 쉽다.
리퀴드 타입	번들거림이 없고 잘 번지지 않으며 오랫동안 지속된다. 화장을 지우기가 쉽고 손으로 쉽게 지워진다.
케익 타입	물이나 스킨을 섞어서 사용하며 번들거림이 없고 지속력이 강하나 잘 번지기 쉽다.
젤 타입	워터프루프 속성을 가지고 있어 물기에도 잘 번지지 않으며 번들거림이 없고 쉽게 지워지지 않는다.

〈표 9-19〉 눈 형태에 따른 아이라인

눈 형태		설 명
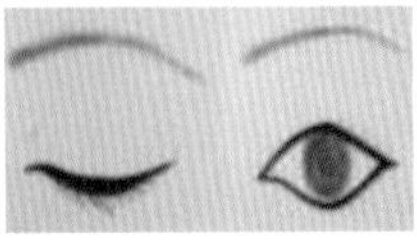	속 쌍꺼풀 눈	눈의 위 중앙부분은 두껍게 그리고 언더라인은 조금 굵게 그려 눈이 커 보이도록 선명하게 그린다.
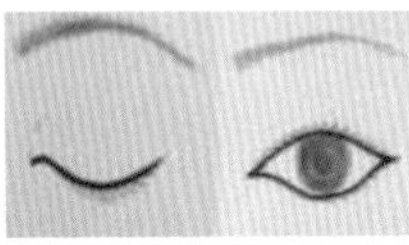	쌍꺼풀 있는 눈	쌍꺼풀이 있는 눈은 대체로 큰 눈이 많기 때문에 아이라인을 굵게 그리지 않고 속눈썹 사이를 메우듯이 최대한 속눈썹과 가깝고 가늘게 그린다.
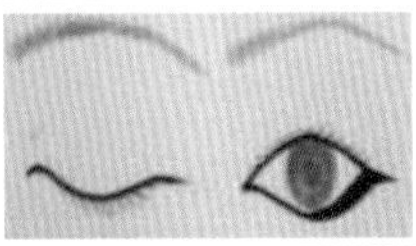	눈 꼬리가 올라간 눈	눈의 위 라인은 속눈썹을 따라 가늘고 자연스럽게 그리며 언더라인은 눈 꼬리 부분을 굵게 그려 올라간 눈 꼬리를 보완한다.
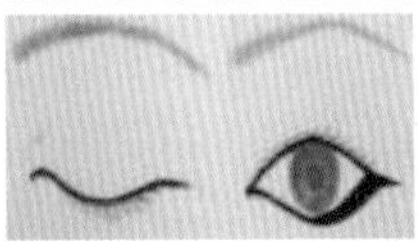	눈 꼬리가 처진 눈	눈의 위 라인은 속눈썹을 따라 그리다가 눈 꼬리 부분에서 치켜 올리듯이 굵게 그려준다. 언더라인은 최대한 그리지 않는다.
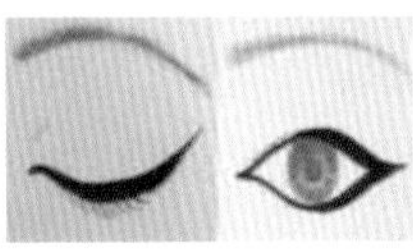	부은 눈	눈의 위 라인은 가늘고 자연스럽게 그려준다. 눈 꼬리 부분은 조금 굵게 그려 시각효과를 주어 눈이 선명하고 커보이게 하며 언더라인도 눈의 위 라인과 동일하게 가늘고 자연스럽게 그려준다.

(4) 마스카라(Mascara)

마스카라는 속눈썹을 짙고 풍성하게 보이도록 하며 눈을 크고 밝게 만드는 효과가 있으므로 눈을 강조하는데 유용하다. 실제로 속눈썹의 길이가 1~2mm 정도 길게 보이는 효과가 있는데 이것은 눈매를 보다 깊고 그윽하게 보이도록 한다. 이러한 입체감과 볼륨감을 표현하는 마스카라는 매력적인 옆얼굴을 형성하고 선명한 인상과 눈의 표현을 풍부하게 연출한다.

마스카라를 사용할 때는 먼저 속눈썹 빗을 이용하여 속눈썹을 빗어 주고 아이래시 컬로 속눈썹을 올려준다. 속눈썹을 올려줄 경우 속눈썹 뿌리부터 시작해 바깥쪽으로 조금씩 이동하면서 여러 번 올려준다. 속눈썹이 볼륨감 있게 올라갔으면 속눈썹의 윗면을 쓸어내리듯이 바른 다음 아래에서 위로 바르면서 올려주며 마스카라 액이 뭉쳤을 경우 속눈썹 빗으로 빗어준다. 마무리로 한 번 더 아이래시컬로 속눈썹을 올려주어 볼륨 있고 풍성한 속눈썹을 만들어준다. 현재 우리가 사용하는 마스카라의 분류는 〈표 9-20〉과 같이 정리할 수 있다.

〈표 9-20〉 마스카라의 분류와 특징

분 류	특 징
볼륨	마스카라 액이 한 번에 많이 묻어 속눈썹을 풍성하게 해주기 때문에 듬성듬성한 속눈썹에 두껍게 바른다. 바를 때에 속눈썹에 고루 발라야 하며 속눈썹 끼리 한 번에 뭉쳐 붙는 일이 없도록 주의해야 한다.
롱 래쉬	작은 레이온이나 나일론 섬유 또는 식물 세포벽의 주성분인 셀룰로오스를 특수 가공한 섬유질들이 속눈썹 끝에 붙어 실제보다 길어보이게 한다.
워터프루프	속눈썹을 뭉치지 않고 균일하게 코팅이 가능한 여러 종류의 용기와 브러시가 있다. 또한 워터프루프는 수성에 강하기 때문에 물이나 땀, 수영에도 지워지지 않아 여름철에 많이 사용한다.

(5) 섀딩

하이라이트와 반대되는 개념이며 기본적으로 윤곽을 잡아주기 위해 쓰인다. 넓은 얼굴을 좁아 보이도록 만들어주는 효과와 도드라진 입체적인 면을 완화시키며, 사각 턱을 갸름해 보이게 하고 넓은 이마를 좁아 보이도록 하는 효과를 준다.

기본 파운데이션의 색상보다 2~3단계 정도 어두운 톤을 사용하고 붉거나 번들거리는 색상은 메이크업과 조화로울 수 없으므로 삼가한다. 섀딩을 잘못 사용하게 되면 얼굴에 경계선이 생기며 어색하고 부자연스러운 메이크업이 된다.

헤어 라인과 턱 등의 넓은 면적과 얼굴에서 너무 도드라진 입체적인 면을 보완하기 위해 얼굴 바깥 방향으로 브러시를 이용한다. 뭉치지 않도록 손등에 몇 번 터치해 발색을 보고 색 조절을 한 후에 보완이 필요한 부위에 바른다. 바르는 방법은 볼터치와 같이 부드럽게 둥글리듯이 그라데이션 하여 터치한다.

섀딩의 종류는 라텍스를 이용하여 소량씩 찍어 발라 그라데이션 하는 크림 타입과 볼터치, 하이라이트와 같이 브러시를 이용해 펴 바를 수 있는 파우더 타입이 있다. 또한 수분을 함유하고 있어 촉촉하게 바를 수 있는 액상 형태의 리퀴드 타입이 있다.

(6) 하이라이트

섀딩과 반대되는 개념이며 기본적으로 윤곽을 또렷하게 하기 위해 쓰인다. 콧대를 높아 보이게 하거나 얼굴을 입체적으로 보이게 하며 얼굴의 결점을 커버하는데 많이 쓰인다. 하이라이트를 과하게 사용하는 것은 바람직하지 않다. 자신의 얼굴형을 이해하고 필요한 부분에 하이라이트를 사용하여 결점을 보완하고 강점이 부각되도록 한다.

하이라이트는 눈 밑, T존(이마, 코), 인중, 턱에 발라 입체감을 부여한다. 브러시를 이용하여 뭉치지 않도록 손등에 몇 번 찍은 뒤 터치한다.

둥근 얼굴은 넓은 면적에 하이라이트를 바르는 것은 옳지 않다. 좁은 부위에 세로로 바른다. 긴 얼굴은 T존 하이라이트를 줄 때에 끝까지 바르는 것은 얼굴을 더욱 길어 보이게 할 수 있으므로 코의 중간 부분까지만 바른다. 삼각형 얼굴은 턱에 가로로 하이라이트를 주어 뾰족한 턱을 동그랗게 보이도록 한다. 또한 사각형 얼굴은 전체적으로 얼굴 위쪽만 터치하고 턱 쪽은 하이라이트를 주지 않는다.

하이라이트의 종류는 라텍스를 이용하여 소량씩 찍어 바르는 크림 타입과 브러시를 이용해 펴 바를 수 있는 파우더 타입이 있다. 또한 수분을 함유하고 있어서 촉촉하고 각종 펄 감을 가지고 있는 액상 형태의 리퀴드 타입이 있다. 뿐만 아니라 립스틱과 같이 편리하게 바를 수 있는 스틱형도 있다.

4) 얼굴에 혈색을 기미히여 주는 제품

(1) 블러셔(Cheek make-up)

볼에 사용하며 얼굴에 혈색 표현을 해주어 건강함과 생기를 강조하는 색조 메이크업이다. 블러셔는 얼굴 윤곽을 수정해주고 입체감을 준다. 연출하고자 하는 이미지에 따라 크게 핑크, 베이지, 오렌지 톤으로 나눌 수 있으며 황인종인 우리나라 사람에게 가장 잘 어울리는 색은 오렌지 톤이다. 피부가 흰 사람이 채도가 낮은 블러셔를 사용하게 되면 창백하게 보일 수 있으므로 주의해야 한다.

블러셔를 바를 때에는 전체적인 메이크업에 맞는 색상을 선택한다. 손등에 발라 발색을 조절한 다음 정면에서 보았을 때 눈동자의 바깥부분과 콧망울 위쪽에서 광대를 스치듯이 펴 바른다. 가볍게 둥글리며 터치하여 경계가 생기지 않도록 그라데이션한다.

(2) 입술(Lip make-up)

립 메이크업은 얼굴에 포인트를 주어 입술 색과 입술 형을 매력적으로 보이게 할뿐 아니라 화사함과 여성스러움을 강조한다. 립스틱은 입술의 보호와 수정의 효과를 가지고 있어 건조해지는 것을 방지하며 아름다움을 더 돋보이게 한다. 그러나 사람들마다 입술 색과 피부색이 다르기 때문에 자신과 어울리는 립스틱을 선택하는 것이 중요하다.

입술을 바를 때에는 립 브러시를 사용하여 먼저 입술의 중심에서부터 윤곽에 맞추어 립스틱을 채운다. 립글로스를 사용할 때는 입술 중심만 살짝 발라 준다. 입술이 많이 번들거릴 경우 티슈를 접어 가볍게 누른 후 유분기를 제거하여 치아에 묻지 않도록 조심한다. 립 메이크업을 위한 제품을 〈표 9-21〉과 같이 정리할 수 있다.

〈표 9-21〉 립의 분류와 특징

분 류	특 징
립스틱	스틱형으로 고체로 되어 있어 휴대가 간편하고 바르기가 쉽다. 발색이 선명하고 입술 모양에 따라 수정과 보완이 가능하다. 사용 중 부러질 수 있으니 주의해야 한다.
립글로스	짜서 쓰는 튜브형과 용기 안에 든 내용물을 찍어서 바를 수 있는 브러쉬 타입 그리고 팁 타입 등이 있다. 투명하고 윤기있는 입술을 표현해주며 촉촉하고 생기있는 입술을 표현한다.
립 베이스	립스틱 형태이며 립스틱을 바르기 전 입술이 건조해지는 것을 보호하고 립스틱을 바른 후 각질이 일어나는 것을 방지해준다.
립 코트	글로스와 같은 타입이 많으며 립스틱의 지속력을 유지시켜 주기 위해 사용한다. 또한 립글로스 대신 광택을 내기 위해 사용하기도 한다.

5. 남성 메이크업

남성들의 경우 색조 메이크업을 거의 하지 않기 때문에 자신의 피부에 맞는 메이크업 베이스와 파운데이션을 사용하여 피부 메이크업을 한다. 컨실러를 사용하여 얼굴에 있는 점, 여드름 자국, 흉터 등을 보완해주며 파우더를 이용하여 투명하고 깔끔하게 피부를 정돈한다.

눈썹길이와 모양을 다듬고 자연 눈썹이 부족하다면 에보니와 아이브로우를 사용하여 눈썹을 채워 준다. 이때 너무 진하거나 부자연스럽지 않도록 주의한다. 립의 경우는 발색이 약한 제품을 선택하고 자신의 립 컬러와 동일한 색을 발라 자연스럽게 연출한다.

6. TPO에 맞는 메이크업 연출법

일반적으로 자신의 신분이나 지위에 맞는 이미지를 연출하듯이 메이크업도 시간(Time), 장소(Place), 상황(Occasion)에 맞게 표현해야 한다. TPO에 맞지 않는 연출은 상대방에게 거부감을 주고 부정적인 인상을 형성할 수 있기 때문에 주의해야 한다. 따라서 TPO에 맞는 메이크업 연출법을 익혀 올바르게 연출할 수 있도록 한다.

1) 면접 메이크업

베이지 계열의 파운데이션과 투명 파우더를 사용하여 화사하고 깨끗한 피부 연출을 한다. 눈썹은 너무 진하지 않게 최대한 자신의 눈썹을 살려 자연스럽게 그리며 섀도우는 핑크계열을 사용하여 깔끔하고 차분한 이미지를 연출한다.

아이라이너는 속눈썹 사이를 메워주면서 그리고 눈 꼬리에 맞춰서 두껍지 않게 그린다. 마스카라는 꼼꼼히 발라 눈매를 뚜렷하게 연출하며 뭉치지 않도록 주의한다. 살굿빛이 도는 핑크 블러셔로 얼굴에 혈색을 주되 최대한 연하게 발색되도록 표현한다. 립은 연핑크 계열의 립글로스를 이용하여 촉촉함을 잃지 않도록 생기있게 표현한다.

2) 상견례 메이크업

자신의 피부 타입에 맞는 파운데이션과 파우더를 사용하여 투명하고 깨끗한 피부를 연출한다. 자신의 눈썹을 살려 자연스럽게 그린다. 아이섀도우는 핑크계열을 사용하여 자연스러우며 깔끔하고 화사한 이미지를 연출한다.

아이라이너는 상대방이 보았을 때 눈매가 또렷하게 보이도록 하고 꼬리는 길게 그리지 않는다. 마스카라를 꼼꼼히 발라 풍성하게 눈매를 연출한다. 상황에 따라 인조 속눈썹을 붙인다. 핑크 블러셔로 얼굴에 혈색을 주어 표현하고 핑크계열의 립스틱을 통해 입술이 촉촉하며 생기있게 표현한다.

3) 스모키 메이크업

기초 메이크업을 하고 피부색에 맞는 파운데이션과 투명 파우더를 이용하여 엷게 바른다. 얼굴에 입체감을 더해 주기 위해 T존에 펄 파우더를 바른다.

아이섀도우는 기본적으로 그레이 컬러와 블랙 컬러를 이용하여 짙고 날카로운 눈매를 연출한다. 아이 홀 부분에 그레이 컬러를 진하게 펴 바르고 눈꼬리 부분을 블랙 컬러로 포인트를 주어 강렬한 눈매로 연출한다.

아이라인은 꼬리를 길게 빼주어 쉬크한 눈매를 연출하고 풍성한 인조 속눈썹을 붙여 볼륨 있는 눈매를 표현한다.

블러셔를 사용하지 않으며 립은 누드 베이지 컬러를 바르거나 입술색과 같은 컬러를 선택하여 전체 메이크업에서 눈이 가장 강조되도록 한다.

4) 파티 메이크업

자신의 피부색에 맞는 파운데이션과 투명 파우더를 이용하고 얼굴에 자연스럽게 입체감을 더한다.

눈썹은 브라운 계열 브로우를 이용하여 자연스럽게 만들어 주고 아이섀도우는 와인, 브라운 등의 짙은 색상을 사용하여 눈매가 그윽하고 깊어보이도록 표현한다. 블러셔 대신 섀딩을 광대뼈에서 턱 선까지 자연스럽게 바른다. 립은 레드 와인 컬러를 선택하여 전체적인 깊은 이미지에 포인트를 더하여 여성스러우면서 섹시함이 가미된 이미지로 연출한다.

7. 클렌징

클렌징은 피부의 외부 환경과 피부 환경에 따라 여러 종류가 있다. 또한 클렌징은 피지와 각질을 제거해주는 역할을 하며 모공을 청결히 하여 피부가 숨을 쉴 수 있도록 도와준다.

클렌징의 목적은 피부표면에 묻어있는 먼지와 땀의 유분기, 메이크업 잔여물, 공해 등의 이물질을 제거함으로써 청결함을 유지하도록 하며 혈액순환 촉진 효과를 볼 수 있고 또한 심리적인 청량감을 통해 기분전환을 하게 된다.

사용방법은 먼저 넓은 부위에서 좁은 부위로, 아래쪽에서 위쪽으로 쓸어준다. 턱에서부터 시작해서 근육 결을 따라 콧망울을 타고 올라가 이마에서 나선형을 그려주며 관자놀이에서 가볍게 지압을 해준다. 그리고 눈 중앙에서 바깥쪽으로 쓸어준다. 클렌징 제품과 타입을 〈표 9-22〉와 같이 정리할 수 있다.

〈표 9-22〉 클렌징 제품 종류와 특징

종 류	제 형	특 징
비누 (Soap)	고체, 종이, 액체 등이 있으며 흔히 씻을 때 사용하는 제품이다.	- 세안 후 피부 당김이 있다. - 메이크업 세안이 불가능하다. - 충분히 거품을 낸다.
클렌징 비누 (Cleansing Bar)	클렌징 폼을 굳힌 것으로 식물성분을 넣고 직접 만들어 사용하기도 한다.	- 식물성분으로 친환경적이다. - 피부 트러블이 적다.
클렌징 폼 (Cleansing Form)	액상 또는 크림 타입 거품으로 피부에 자극이 가지 않아 민감성 피부에 좋으며 아침세안에 좋다.	- 메이크업 세안이 가능하다. - 충분히 거품을 낸다. - 피부에 저 자극적이다.
스크럽 (Scrub)	젤이나 액상 타입으로 스크럽제 안에 미세한 입자가 들어있다.	- 모공 속 노폐물을 제거한다. - 노폐물로 인한 트러블을 방지한다. - 일주일에 1~2회 사용한다.
딥 클렌징 (Deep Cleansing)	클렌징과 마사지의 이중효과가 있으며 모공의 피지와 각질 제거에 좋다.	- 피부의 각질을 제거 한다. - 일주일에 1~2회 사용한다.

1) 메이크업의 기본 Tip

화장대를 보면 수많은 종류의 제품이 있다. 피부 관리를 위해 구매한 제품들이지만 관리 부족으로 인해 오히려 피부에 독이 될 수 있다. 언제 구매했는지 정확히 알 수 없을 만큼 오래된 제품, 피부타입을 고려하지 않고 광고에 현혹되어 구매한 제품 등으로 인해 피부 트러블이 생기거나 심각한 부작용을 일으키기도 한다. 이러한 피부 트러블을 예방할 수 있도록 화장품의 유통기한을 확인하고 제품에 따른 바른 사용법을 알아야 한다.

(1) 스킨, 로션, 아이크림, 자외선 차단제

화장품을 사용한 후 잘 닦아서 보관하고 뚜껑은 공기와 접촉이 되지 않도록 잘 닫아서 보관한다. 화장품 용기의 입구가 지저분하거나 잘 닫혀있지 않는 경우 공기에 있는 먼지와 다른 외부적 환경에 의하여 변질되기가 쉽다.

기본적으로 스킨, 로션, 아이크림, 자외선 차단제는 개봉 전 2~3년, 개봉 후 1년이 지나면 사용하지 않는 것이 바람직하다.

화장품 사용 시 스킨은 손에 덜어 사용하지 말고 화장솜을 이용하여 변질되는 것을 방지하는 것이 중요하다. 스킨의 색깔이 뿌옇게 탁해지고 로션이 정제수와 분리되어 물이 생기거나 향이 변하여 뚜껑을 열었을 시 불쾌한 냄새와 느낌이 있다면 변질되었으므로 사용을 금지해야 한다. 또한 자외선 차단제의 경우 너무 묽게 나오거나 흡수되지 않고 밀리기만 한다면 변질된 것이므로 사용을 중단한다.

(2) 에센스, 영양 크림

에센스는 일반적으로 고농축 기능성 에센스가 대부분이며 6개월 안팎으로 사용하는 것이 가장 적합하다. 유분이 포함되어 변질이 되기 가장 쉬운 영양크림은 제조일로부터 2년, 개봉 후 6개월~1년을 사용할 수가 있다. 영양크림은 손에 덜어 바르지 않고 영양크림 구입 시 들어있는 영양크림 전용 스파튤라로 덜어 사용하거나 작은 용기에 담아 사용한다.

(3) 기능성 화장품

일반적으로 사람들이 많이 구입하는 제품이 기능성 화장품이다. 메이크업 베이스, 비비크림 등 피부를 정돈해주는 제품의 경우 아껴 쓰는 경우가 많다. 그러나 이러한 제품은 개봉 전 2~3년, 개봉 후 1년 반이 지나면 내용물이 변질된다. 또한 제품을 오랫동안 보관하여 사용할 경우 기능이 떨어질 우려가 있기 때문에 적당한 양을 충분히 사용하여 바른다.

(4) 파우더, 아이섀도우, 트윈 케익

파우더, 아이섀도우, 트윈 케익의 경우 화장품의 변질보다 퍼프나 브러시 세척을 정기적으로 해주지 않아 피부의 트러블이 발생하는 경우가 많으며 화장품을 변질시키는 원인이되기도 한다. 트윈 케익, 아이섀도우, 파우더는 구입할 때 습기를 막아주는 필름지가 들어있다. 그것은 새 제품을 보호하고 유지시키기 위한 것이지만 일반적으로 사용할 때 필름지를 그대로 둔 채로 써도 변질되지 않고 습기를 막아주므로 제품에 무방하다. 트윈 케익은 퍼프에 묻혔을 때 잘 묻어나지 않고 향이 변할 경우 변질된 것이다. 아이섀도우의 경우도 트윈 케익과 마찬가지로 브러시에 잘 묻어나지 않거나 색이 탁해지고 발색이 떨어진 경우 변질된 것이므로 사용을 중단한다.

(5) 립글로스, 립스틱

평소에 립 브러시를 사용한 후 청결하게 관리하는 것이 변질을 막을 수 있다. 립글로스는 6개월, 립스틱은 2~3년이 지나면 사용하지 않도록 한다.

립글로스는 색이 변하고 분리되거나 끈적하게 굳었을 경우 변질된 것이며 립스틱은 색이 변하고 발색이 떨어지며 냄새가 날 경우 변질된 것이다.

(6) 마스카라, 아이라이너, 아이브로우

마스카라와 젤, 리퀴드 아이라이너는 2~3개월 이내로 사용하고 립 라이너와 아이브로우는 2~3년 이내로 사용한다. 마스카라와 젤, 리퀴드 아이라이너는 톡 쏘는 냄새가 나거나 딱딱하게 굳었을 경우 변질된 것이며 립 라이너와 아이브로우는 잘 부러지고 사용하였을 때 뭉치거나 발색이 떨어진 경우 변질된 것이다.

(7) 메이크업 리무버

메이크업 리무버는 개봉 전 3년, 개봉 후 1년 이내로 사용하며 스킨과 마찬가지로 화장솜에 묻혀 사용한다. 정제수와 오일이 분리되거나 침전물이 생겼을 경우 변질된 것이다. 또한 색깔이 뿌옇게 변하고 냄새가 날 경우 변질된 것이므로 사용을 중지한다.

화장품은 상태를 보고 유통기한을 알기보다 화장품용기 아래에 메모지를 이용하여 언제 구입한 것인지 날짜를 적어놓는 것이 중요하다. 이런 습관은 유통기한이 지난 화장품을 사용하면 생기는 피부 트러블을 예방할 수 있다.

〈표 9-23〉에 명시한 메이크업 10계명을 바탕으로 아름다운 메이크업을 연출할 수 있도록 노력하는 것이 바람직하다.

〈표 9-23〉 메이크업 10계명

아름다운 외적 이미지를 위한 메이크업 10계명
① TPO(Time, Place, Occasion)에 맞게 연출한다.
② 건강한 피부를 위해 수분, 영양을 충분히 공급한다.
③ 기초 메이크업을 제대로 해야 메이크업이 밀리지 않는다.
④ 순서에 맞게 순차대로 메이크업 한다.
⑤ 과하지 않게 자신의 얼굴에 알맞은 양을 사용한다.
⑥ 피부 결점을 가리기 위한 메이크업보다 자연스럽고 투명한 메이크업을 한다.
⑦ 눈썹과 아이라인은 자신에게 어울리는 모양으로 그려준다.
⑧ 자신의 피부색에 어울리는 아이섀도우와 하이라이트를 선택한다.
⑨ 다크써클 예방을 위해 아이라인은 꼼꼼하게 지운다.
⑩ 자기 전에 반드시 깔끔하게 메이크업을 지우고 세안한다.

3) 메이크업 진단 척도

〈표 9-24〉의 메이크업 진단 척도를 통해 자신의 메이크업 방법과 화장품 관리 방법이 바른지 확인할 수 있다.

〈표 9-24〉 메이크업 진단 척도

문항	항 목	매우 그렇다	그렇다	보통이다	아니다	매우 아니다
1	기초화장품을 꼭 챙겨 바른다.					
2	자외선 차단제를 챙겨 바르지 않는다.					
3	메이크업 브러시를 세척한다.					
4	트러블이 생겼을 시 바로 약을 바른다.					
5	피부가 건조할 경우 미스트를 뿌려준다.					
6	마스카라 사용 전 속눈썹을 빗고 아이래시 컬로 집어준다.					
7	자신의 피부타입에 맞는 파우더가 있다.					
8	파우더를 다 사용할 때까지 하나의 퍼프를 사용한다.					

9	상황에 맞는 메이크업을 할 수 있다.					
10	화장품 뚜껑 확인을 잘 하지 않는다.					
11	마스카라 사용 시 펌프질을 많이 한다.					
12	화장품의 사용법을 알지 못한다.					
13	화장품의 유통기한을 알고 있다.					
14	화장품을 사용하기 시작한 날짜를 적어둔다.					
15	자기 전 화장을 깨끗하게 지운다.					

〈표 9-24〉의 항목을 읽고 자신이 해당하는 유형을 선택한 후, 그 결과를 바탕으로 아래의 〈표 9-25〉 집계표를 작성한다.

〈표 9-25〉 집계표

문항	매우 그렇다	그렇다	보통이다	아니다	매우 아니다
1	5	4	3	2	1
2	1	2	3	4	5
3	5	4	3	2	1
4	5	4	3	2	1
5	5	4	3	2	1
6	5	4	3	2	1
7	5	4	3	2	1
8	1	2	3	4	5
9	5	4	3	2	1
10	1	2	3	4	5
11	1	2	3	4	5
12	1	2	3	4	5
13	5	4	3	2	1
14	5	4	3	2	1
15	5	4	3	2	1
합 계					

제4절 헤어 이미지

헤어 이미지는 헤어를 하고 있는 자신과 헤어 스타일과의 상호작용으로 형성되어 전달되는 느낌이다. 자신의 헤어 이미지를 생성하는 것은 자신이지만, 판단하여 평가하는 것은 타인이다.

1. 모발의 구조

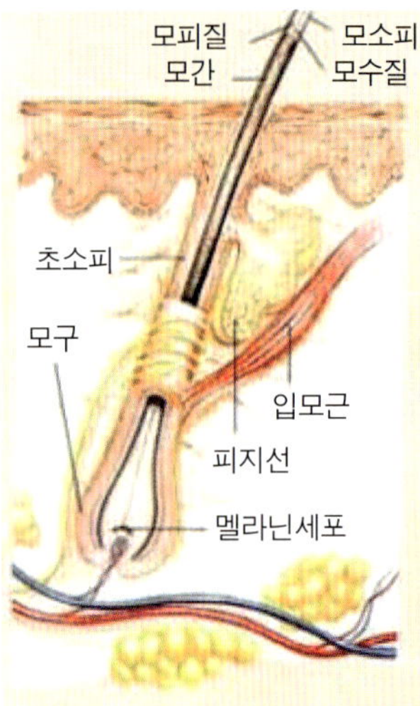

〈그림 9-3〉 모발의 내부 (강갑연 외, 2006)

1) 모간부(두피바깥 부분)

제일 안쪽 중심 부분에는 모수질이 있고 주위에는 모피질이 있으며 모소피가 겉에서 감싸고 있다.

2) 모수질

모발의 제일 중심에 있으면서 부드러운 단백질 층을 유지하고 있다. 모수질은 대개 건강한 굵은 모발에 존재하는 경우가 많다.

3) 모피질

모발의 대부분을 차지하는 가장 중요한 부분이며 모발의 윤기와 결을 지켜주고 탄력을 부여해준다. 멜라닌 색소에 의해 모발의 색을 결정하며 수분을 유지시켜 준다.

4) 모소피

케라틴이라는 단백질로 된 비늘 모양의 각질 세포로 모피질을 보호하고 수분 증발을 억제하는 역할을 한다.

5) 모근부

모유두와 모낭 그리고 모구로 구성되어 있다. 모낭은 모근의 하단을 감싸고 있는 주머니를 뜻하며 모낭의 아랫부분이 모구이다.

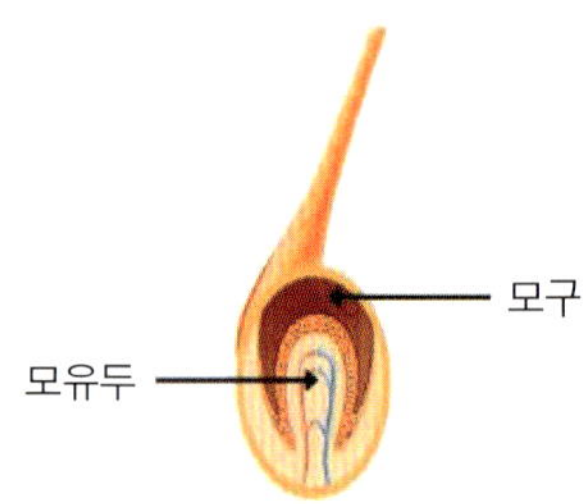

〈그림 9-4〉 모근부의 내부 (강갑연 외, 2006)

6) 모유두

모낭보다 아래쪽에 위치해 있으며 모발에 영양분을 공급하는 역할을 한다.

2. 모발의 특성

1) 탄성(신장도)

모발을 당겼다가 놓으면 늘어났다가 다시 원래대로 돌아오는 성질을 말한다. 모발 탄성은 케라틴이 코일 모양의 스프링 구조로 되어있기 때문에 형성되며 물에 젖었을 때 탄성이 증가한다. 이는 모발의 굵기, 선천적 특성, 영양상태 등의 여러 원인에 따라 차이를 보인다.

2) 두께(굵기)

모발의 두께는 모발의 굵은 정도를 말한다. 일반적인 모발의 지름은 0.05mm~0.15mm이다. 이 성질이 우리에게 미치는 영향은 우리가 흔히 염색을 할 경우 선택한 색상과 자신의 머리에 염색되어 나온 색상이 다르게 나타나는 요인 중의 하나이다.

3) 흡수성(흡습성)

모발은 표면의 수분을 빼앗아도 내부에 수분을 흡수하기 때문에 원래의 무게보다 무겁게 된다. 이는 모발이 수분을 빨아서 거두는 성질인 흡수성 때문이다. 모발의 단백질은 친수성이고 수분을 흡수하는 성질이 있다. 이러한 성질은 공기 중의 습도, 모발 손상 정도에 따라서 영향을 받는다.

4) 열변성

모발이 열에 의해 변하는 성질을 말한다. 모발은 높은 열이나 빛에 의해 색의 구조가 변하며 습도가 높은 경우에는 낮은 온도에서도 쉽게 손상된다. 샴푸 후에는 30% 정도의 수분을 갖게 되기 때문에 아이론의 온도는 200℃ 전후로 하는 것이 좋으며 드라이기의 경우에는 기계와 머리카락 사이의 거리에 따라 부분적으로는 고온이 될 수 있기 때문에 주의해서 사용해야 한다.

5) 팽윤성

팽윤성이란 물체가 수분을 흡수하여 체적을 증가시키는 것을 말한다. 여기서 팽윤성은 모발의 팽창을 말한다. 모발을 물에 담가 두면 모발 단백질의 그물망 구조에 의해 침투한 수분이 망 속으로 들어가 안에서 모발의 면적을 넓혀 길이 1~2%, 직경 15~17%, 무게 30% 증가하게 된다.

6) 대전성

모발은 다른 물질과 마찰을 일으켰을 때 정전기를 띄게 되는데 이를 모발의 대전성이라고 한다. 대부분 모발과 빗의 마찰로 생기는 +-전하에 의해 발생된다. 모발이 많이 상하고 건조할수록 대전성이 커지게 된다. 이러한 정전기는 마찰을 적게 하거나 정전지 방지제가 첨가된 모발용품으로 줄일 수 있다.

7) 광변성

모발에 영향을 미치는 것은 태양광선이다. 그 중 적외선은 열변성으로 모발에 손상을 입히며 자외선은 모발의 케라틴을 변성시키는 가장 중요한 역할을 한다.

8) 모발의 성장

두피에는 약 100,000개의 털이 있다. 모발이 자라는 속도는 사람에 따라 차이가 있지만 보통 하루에 0.2~0.5mm이다. 이러한 모발은 모근에서 생성되어 성장하고 빠지기를 반복하며 성장기, 퇴행기, 휴지기를 지나며 끊임없이 자라나게 된다.

2. 두피 및 모발 관리

모발은 포유류 특유의 부속기관으로 단단하게 밀착된 각화 세포로 이루어진 고형의 원추섬유이며 털이 난 부위에 따라 두발, 수염, 액모, 음모, 체모 등으로 구분된다. 이러한 모발은 한랭, 마찰, 위험 등 외부의 자극으로부터 인체 보호의 기능을 가진다.

두피는 두부를 보호하고 있는 부분의 피부조직을 말한다. 따라서 두피란 두피 표면을 둘러싸고 외부의 물리적 자극이나 화학적 변화를 완충시켜 두피 내부를 유지하고 보호하는 부분을 말한다.

1) 두피 관리

두피가 건강해야 탈모를 방지할 수 있다. 건강한 모발을 갖기 위해서는 머리카락에 충분한 영양을 주는 두피 관리법이 필요하다. 자신에게 맞는 두피 관리법을 배워 실천한다면 건강한 두피를 유지할 수 있다.

(1) 빗질

누구나 머리를 감고 나면 빗질을 하게 된다. 이때 뾰족하고 딱딱한 빗을 사용한다면 두피에 자극을 줄 수 있기 때문에 빗의 끝은 둥근 것을 사용하여 빗은 뒤 두피를 가볍게 두드려준다. 그리고 플라스틱 제품은 건조한 모발에 정전기를 유발하여 모발 관리를 더욱 어렵게 하기 때문에 폭이 넓은 고무나 나무소재의 빗을 사용해야 한다.

(2) 샴푸

샴푸를 적당히 덜어 머리에 바로 바르는 것은 두피에 자극을 줄 수 있다. 또한 머리카락에 충분히 거품을 묻힐 수 없으며 제대로 씻기지도 않는다. 따라서 샴푸는 미리 손에서 거품을 낸 후 머리에 바르며 두피에 자극이 가지 않도록 손 끝 부분으로 깨끗하게 문지른다. 린스는 모발의 끝부터 사용하여 두피에 묻지 않도록 해야 하며 깨끗한 물로 씻어낸다. 머리를 감고 난 후에는 간단히 정수리 부분, 관자놀이, 뒷목 옆 근육을 지압해주는 것이 좋다. 두피가 민감한 사람이나 이미 상한 머릿결에 샴푸와 린스를 같이 사용하는 것은 치명적인 트러블을 가져오므로 같이 사용하지 않는 것이 좋다. 그리고 샴푸 대신 비누를 사용하는 사람들이 많은데 비누는 일반적으로 강한 세척력 때문에 머리가 건조해지기 쉽다. 따라서 자신의 모발 상태에 맞는 샴푸를 골라 쓰는 것이 좋다.

(3) 두피 건강식

라면, 햄버거, 사탕(단 음식), 커피 등 자극적인 음식이나 기름진 음식들은 모두 두피를 해치는 식품이다. 두피에 좋은 식품에는 미역과 같은 해조류, 우유, 콩류, 달걀, 녹차가 있다. 이러한 식품을 먹는 것만으로도 두피에 영양을 공급할 수 있게 되므로 두피에 좋은 음식을 챙겨 먹어야 한다.

2) 모발 관리

머리는 자주 감으면 좋다는 생각을 가지고 있는 사람이 많다. 그러나 머리를 너무 자주 감게 되면 두피의 피지를 너무 많이 제거하게 되어 건조해지거나 비듬이 생기는 원인이

〈표 9-26〉 모발 손상의 원인

원 인	손 상
자외선으로 의한 손상	햇볕에 의한 손상으로 적외선보다 자외선 영향이 더 크다. 바다나 산 등에서 피부가 타는 것은 화학선이라 불리는 적외선 때문에 발생되는 현상이다. 이러한 자외선은 모발의 세포를 파괴하거나 단백질을 변형시킨다.
대기오염에 의한 손상	자동차 배기가스나 공장의 연소가스 등에 의해 모발이 손상될 수 있으며 먼지 등에 의해서도 모발이 손상될 수 있다.
다이어트나 편식에 의한 손상	모발에 좋은 아미노산을 함유한 멸치, 고기, 우유 등 단백질과 비듬과 탈모를 방지해주고 재생효과가 있는 비타민 A와 비타민 D, 식물성 기름은 모발에 광택을 줄 뿐만 아니라 모발의 성장을 촉진시킨다.

된다. 따라서 피지 분비량이 아주 많은 사람을 제외하고는 머리는 이틀에 한 번씩 감는 것이 좋다. 머리를 말릴 때에는 뜨거운 바람보다는 찬바람으로 완전하게 말리는 것이 좋다. 머리감기와 빗질을 자주 하는 것은 모발을 손상시켜 부러지게 할 수 있기 때문에 유의해야 한다. 모발 손상의 원인은 〈표 9-26〉에 정리했다.

〈그림 9-5〉 관리를 통한 손상된 모발 개선

(1) 가늘고 힘이 없는 모발

선천적으로 머릿결이 힘이 없고 약한 상태이거나 손상되기 쉬운 모발은 정전기가 자주 생기게 되어 엉키기 쉽다. 따라서 잦은 염색이나 파마를 가능한한 피하며, 수분과 유분 등 머리카락에 영양을 공급해주는 것이 좋다.

바나나 >>> 해결TIP

바나나를 으깬 뒤 올리브오일과 함께 섞어 모발 전체에 바나나 팩을 바른 다음 부드럽게 마사지한다. 스팀타월로 모발을 감싸고 10분 정도 후 미지근한 물로 헹궈주면 모발이 튼튼해진다.

(2) 굵고 뻣뻣한 모발

모발에 수분이 약 30% 정도 남아있을 때, 드라이기 바람의 방향을 위에서 아래로 하여 말리게 되면 모발을 아래로 내려주며 건조시킬 수 있기 때문에 아래에서 위로 말렸을 때보다 모발이 훨씬 윤기 있고 차분해 보인다.

계란 >>> 해결TIP

계란은 지방과 단백질의 정상적인 신진대사를 도와주는 물질인 비오틴이라는 성분이 있어 건선의 치료를 도와주며 윤기있는 모발의 유지를 돕는 작용을 한다.

(3) 끈적이는 기름진 머리

머리를 감아도 금방 기름진 머리가 되는 머리카락의 경우에는 머리를 자주 감는 경우가 많으므로 일반 샴푸보다는 자극이 적은 저자극성 샴푸를 사용하는 것이 두피와 머리카락에 좋다. 그러나 머리를 자주 감게 되면 두피에 좋지 않으므로 심한 경우가 아닌 경우에는 하루에 한 번 샴푸하는 것이 좋다.

상추, 호박, 쌀, 딸기, 복숭아, 자두

>>> 해결TIP

기름진 모발은 유황성분으로 케어해야 한다. 칼슘과 마그네슘, 비타민 E가 들어있는 단백질 식품이 유황성분을 체내에 생성시켜 준다.

(4) 갈라지고 끊어지는 머리

잦은 파마와 드라이, 염색으로 인해 모발이 많이 상하여 머리카락이 갈라지고 끊어지는 경우에는 머리카락에 최대한 자극을 주지 않도록 빗의 끝이 둥근 브러시나 살이 듬성듬성 있는 브러시를 사용하는 것이 좋으며 너무 심하게 상한 부분의 모발은 잘라주는 것이 현명한 방법이다. 따라서 잦은 파마나 염색과 같은 모발과 두피에 자극을 주는 일은 가능하면 피하고 계속 손상이 되지 않도록 영양 공급을 자주 해주며 좋은 모발 에센스를 사용해주는 것이 좋다.

호두

>>> 해결TIP

호두는 단백질과 비타민, 미네랄이 풍부하여 머리카락에 탄력이 생기도록 돕는 작용을 한다.

(5) 모발 건조 상태

수분이 부족한 상태에는 유·수분이 함유된 트리트먼트를 발라 영양을 공급해주고 충분한 보습과 모발에 수분 보유력을 높여주는 것이 중요하다. 그러나 모발이 심하게 손상되었다면 더 이상 손상되지 않도록 갈라진 부분을 빨리 잘라주어 머리카락이 더 이상 상하지 않게 해야 한다.

녹색 채소

>>> 해결TIP

녹색 채소는 비타민 A를 가지고 있어 케라틴 형성을 도우며 모발에 윤기를 더하는 식품이다.

(6) 비듬 과다 상태

비듬은 각질이 떨어지는 것이므로 깨끗하게 두피의 각질을 제거하고 유분이 많이 함유된 영양제 등으로 두피 마사지를 자주 해주는 것이 좋다. 그리고 탄수화물을 많이 섭취하면 피지선의 분비를 촉진시켜 비듬이 많이 생길 수 있으므로 주의해야 한다.

이처럼 자신의 두피와 모발에 맞는 방법을 선택하여 실생활에 잘 적용한다면 건강한 두피와 건강한 모발을 가질 수 있을 것이다.

냉이

>>> 해결TIP

냉이를 찬물에 씻어 건져놓고 끓인 물에 넣는다. 뚜껑을 덮고 약한 불로 15~20분 우려낸 후 냉이를 건져낸다. 우려낸 물을 샴푸 후 헹궈내는데 사용한다.

(7) 탈모

원형 탈모증은 정상적으로 모발이 있어야 할 곳에 없는 것으로 보통 두부의 굵은 머리털이 손실되는 것을 의미하는데 유전적인 영향이 강하고 정신적인 긴장과 면역기전이 관계하는 것으로 알려져 있다. 두부, 눈썹, 겨드랑이, 턱 부위의 모발이 갑자기 둥글게 또는 타원형으로 빠지며 가장자리의 경계가 비교적 명확하다.

남성형 탈모증은 대머리 초기에 전두부의 모발이 주로 빠지기 때문에 이마가 M자형으로 올라가면서 두정부에 걸쳐 널리 탈모되는 경우가 많으며 정수리에서 O자형으로 둥글게 전체적으로 벗겨지는 U자형도 있다. 주로 20~30대에 탈모가 많이 일어나기 시작한다. 오랫동안 진행하여 탈모가 되는데 남성 호르몬과 나이, 유전적 소인이 원인이다. 20대 이전에 탈모가 되는 경우는 지루성 피부염과 동반되는 경우가 대부분이고 예후는 좋지 않다. 탈모가 있는 사람들은 여러 종류의 발모제나 마사지, 자가 모발 이식술, 남성호르몬 억제제를 복용하기도 하며 사람에 따라 치료법도 달라진다. 탈모의 형태는 〈그림 9-6〉을 참고하도록 한다.

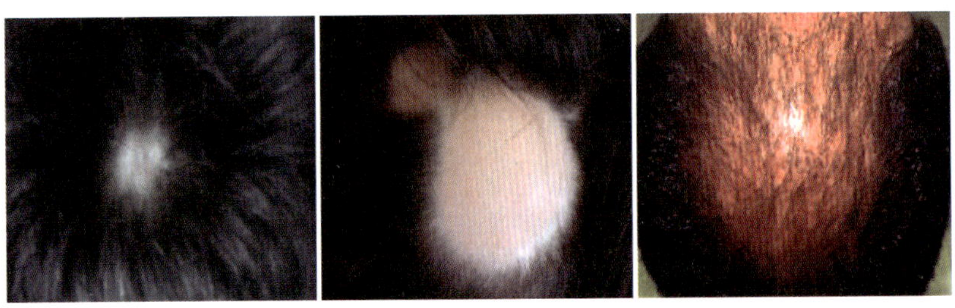

〈그림 9-6〉 탈모의 형태

3. 헤어 제품

우리가 일상생활에서 쓰는 헤어 제품에는 기본적으로 두피에 남은 먼지와 노폐물을 없애주는 샴푸, 머릿결을 부드럽게 하고 정전기를 방지해주는 린스, 모발에 영양을 공급하는 헤어 에센스와 헤어 팩, 헤어 스타일을 연출할 수 있는 스타일링제 등 다양한 제품들이 있다.

이처럼 헤어 제품은 어떤 효능에 따라 사용하도록 나누어 만들어진 것이므로 아무것이나 사용하는 것이 아니라 나에게 맞고 꼭 필요한 헤어 제품을 사용해야 한다. 자신에게 맞지 않는 헤어 제품을 사용하면 모발이 더욱 상하게 되지만 자신에게 맞는 헤어 제품을 사용한다면 모발의 단점을 커버하고 장점을 극대화시켜 윤기 있고 탄력 있는 건강한 모발을 유지할 수 있다.

잦은 파마나 염색으로 인해 모발이 상했을 시에도 저렴하고 확실하게 모발을 관리할 수 있는 제품이 바로 헤어 제품이다. 헤어 제품만 잘 사용해도 모발을 관리하는데 많은 도움이 될 수 있다. 헤어 제품의 효능과 효과는 〈표 9-27〉와 〈표 9-28〉에서 자세히 확인할 수 있다.

〈표 9-27〉 헤어 제품 설명

제품		효능 및 효과
헤어 클렌저 (기본제품)	삼푸	먼지와 땀, 머리에서 나오는 분비물과 젤, 헤어 스프레이같은 미용재료를 제거해준다.
	린스	모발 코팅제로 모발 표면을 감싸 정전기를 억제하고 모발의 윤기를 살려주며 모발을 부드럽게 한다. 또한 드라이기의 열로부터 모발을 보호하는 역할을 한다.
헤어 트리트먼트 (영양공급)	헤어 에센스	주성분은 천연 식물성 오일로 모발에 수분을 공급해주고 머릿결에 윤기를 더해주며 정전기를 방지해준다.
	헤어 팩	헤어 팩을 함으로써 손상된 머릿결에 수분을 공급하고 모발에 영양분을 공급한다.

〈표 9-28〉 스타일링 제품 설명

제품	효능 및 효과
세트 로션	세트 로션은 주로 웨이브를 넣은 후 젖은 모발을 보호하는 피막 형성제를 입혀 모발을 고정시키는 역할을 하고 드라이와 웨이브를 유지하는데 사용된다. 그러나 영양의 효과는 없다.
블로 로션	블로 로션은 열과 건조한 바람에 약한 머리카락을 뜨거운 드라이기의 열로부터 머리카락의 수분이 날아가는 것을 방지하여 자신의 헤어 스타일을 오래 유지하도록 도와주는 역할을 한다.
헤어 스프레이	이미 만들어진 헤어 스타일의 모발에 분사해서 그 형태를 오랫동안 고정·유지시키는 역할을 하는 제품이다. 헤어 스프레이는 건조가 쉬우며 습도에 큰 영향을 받지 않는다는 장점이 있다.
헤어 왁스	헤어 스프레이와 같이 헤어 스타일을 고정시키는 역할을 하지만 스프레이처럼 딱딱하게 굳지 않아 자연스러운 헤어 스타일 연출이 가능하다.
헤어 글레이즈	정상적인 모발뿐만 아니라 파마, 염색에 의해 상한 모발에 영양을 공급하며 자신이 원하는 대로 헤어 연출을 자유자재로 변형시킬 수 있는 헤어 제품이다. 피부에 해를 주지 않으면서 웨이브 모발을 생기 있고 자연스럽게 연출해준다.
헤어 젤	모발에 광택을 주며 모발을 고정시키는 강한 세팅력으로 원하는 헤어스타일을 연출할 수 있으며 컷트, 웨이브 스타일을 내는데 효과적이다.

헤어 무스	거품타입으로 모발에 볼륨감과 셋팅 효과를 준다.
헤어 토닉	두피와 모발에 수분을 공급해주어 모발에 정전기가 생기는 것을 방지하고 비듬과 같은 질환을 억제하는 효과가 있다.
헤어 컨디셔너	모발에 광택과 탄력을 주며 윤기 있는 머리를 만들어주어 머릿결을 좋게 하는 제품이다.

4. 헤어 이미지 연출

1) 얼굴형에 따른 헤어 이미지

오랜만에 헤어 스타일을 바꿔봤는데 자신에게 어울리지 않는다고 하면 하루 종일 바꾼 헤어 스타일에 신경을 쓰게 된다. 자신에게 특정한 헤어 스타일이 어울리지 않는다면 선천적으로 태어난 얼굴형 때문인 경우가 많다. 사람은 자신에게 어울리는 헤어 스타일이 있다. 그에 맞게 어울리는 스타일을 연출했을 때 더 젊어 보이고 예쁘게 보일 수 있으며 자신의 가치는 더욱 올라가게 된다. 따라서 자신의 얼굴형을 알고 자신에게 어울리는 헤어를 연출하는 것이 중요하다.

(1) 긴 얼굴형

긴 얼굴형은 연출에 따라 계란형으로 보이기도 하고 긴 얼굴형으로 보이기도 한다. 긴 얼굴형은 앞머리를 내리지 않는 것보다 앞머리를 내리면 얼굴이 작아보이는 효과가 있다. 이러한 앞머리의 형태는 사선으로 길게 늘어뜨리면 얼굴이 더 길어보일 수 있기 때문에 가볍게 일자로 내려 주는 것이 얼굴형을 커버하는데 좋다. 따라서 긴 얼굴형도 앞머리만 잘 내려 계란형을 만든다면 자신이 원하는 어떤 스타일이든 충분히 무난하게 소화 가능하다.

(2) 각진 얼굴형

각진 얼굴형은 뾰족한 얼굴형인데 양옆과 아래쪽의 턱이 뾰족한 것으로 다른 얼굴형과 쉽게 구분할 수 있다. 이러한 각진 얼굴형은 전체적인 모발의 볼륨을 아래쪽으로 가게 하는 것이 아니라 위쪽으로 가게 하여 각진 얼굴이 둥그스름하며 갸름해 보이도록 하고 머리카락 끝 부분은 가벼운 느낌을 주는 것이 좋기 때문에 머리카락 끝 부분에 층을 내주는 것이 좋다. 각진 얼굴이 스트레이트나 짧은 머리 혹은 일자 앞머리를 연출하면 뾰족한 턱선을 더욱 강조하게 되므로 볼륨감이 있는 웨이브가 있는 머리를 하고, 짧은 머리를 할 경우에는 컷트 머리처럼 턱선 위로 올라가지 않게 해야 턱 선이 부각되어 보이지 않는다.

또한 불규칙한 사선 모양의 앞머리는 얼굴을 작아보이게 하므로 각진 얼굴의 경우에는 사선 모양의 앞머리가 어울린다.

(3) 둥근 얼굴형

둥근 얼굴형은 턱의 각이 없으며 이마나 턱이 길지 않은 형태이다. 이는 계란형 얼굴과 비슷하다, 둥근 얼굴형은 얼굴 살이 많지 않아도 통통해 보일 수 있는 얼굴형이다.

얼굴이 둥근 사람은 앞머리를 내리더라도 이마를 조금 드러내 주는 것이 좋다. 앞머리로 이마를 다 가리면 더 동그란 얼굴형이 만들어지기 쉬우므로 앞머리는 약간만 내려 둥근 얼굴형을 커버하는 것이 좋다.

둥근 얼굴형은 얼굴이 갸름해 보이게 하는 헤어 스타일을 연출하는 것이 중요하다. 따라서 정수리 부분을 가라앉히지 말고 부풀려서 세로로 얼굴을 길어보이게 하는 것이 좋다. 둥근 얼굴형은 세로로 길어보이게 한다고 해도 긴 얼굴형처럼 보이지 않기 때문에 얼굴이 길어보일까 염려할 필요가 없다.

2) 드라이에 따른 헤어 연출법

(1) 드라이어로 연출한 겉마름

겉마름은 새침한 이미지를 주거나 귀여운 이미지를 줄 수 있다. 머리카락 길이에 따라 이미지가 달라지기 때문에 자신이 원하는 이미지에 따라 머리카락 길이를 조절하여 겉마름을 해 준다면 자유로운 이미지를 연출 할 수 있다.

머릿결을 정리한 다음 정리된 머릿결에 드라이 롤 빗을 이용하여 원하는 부위에서 바깥으로 꺾어준 후 열을 가한다. 이때 너무 오래 열을 가하고 있으면 꺾인 부분에 각이 생길 수 있으므로 적당히 열을 가한다. 머리카락을 꺾어준 부위 아래로 드라이 롤 빗을 내린다. 머리카락을 롤 빗에 엉키지 않게 말아준 후에 말아준 빗 부분 중 끝 머리카락이 오는 지점에 열을 가해준다. 머리카락 끝 부분의 위치는 대게 앞에서 꺾어주었던 부분과 일치한다. 열을 가해준 후 말아진 머리카락이 풀리지 않도록 머리카락을 잡아준다.

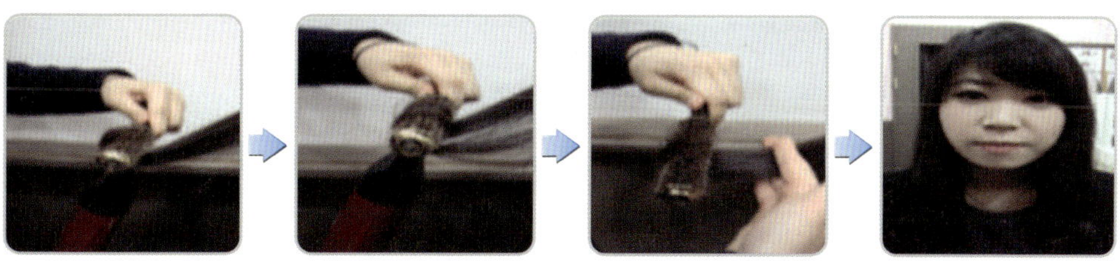

〈그림 9-7〉 드라이어 겉마름 연출 방법

그리고 드라이 롤 빗을 조심스럽게 바깥으로 돌려가며 머리카락과 빗을 분리시킨다. 이때 잘못하면 머리카락이 엉킬 수 있고 머리 모양이 흐트러질 수 있기 때문에 주의해야 한다.

완성이 된 후 열이 있는 상태에서는 손으로 모양을 잡아주면 컬이 예쁘게 나온다. 이때 빗으로 빗으면 완성된 머리카락이 풀릴 수 있으므로 열이 식고 난 후에 머리 모양을 유지하며 살짝 빗어준다.

(2) 드라이어로 연출한 안마름

안마름은 머리카락 끝 부분을 안쪽으로 말아주는 방법으로 부드럽고 참한 인상을 주며 각진 얼굴형을 보완할 수 있는 헤어 연출 방법이다.

머릿결을 정리한 다음 정리된 머릿결에 드라이 롤 빗을 이용하여 원하는 부위에서 안으로 꺾어준 후 열을 가한다. 이때 너무 오래 열을 가하고 있으면 꺾인 부분에 각이 생길 수 있으므로 적당히 열을 가한다. 꺾어준 부위 아래로 드라이 롤 빗을 내린다. 그리고 머리카락을 롤 빗에 엉키지 않도록 말아준 후 말아준 빗 부분 중 끝 머리카락이 오는 지점에 열을 가한다. 겉마름과 방향만 다르게 하되 같은 방법으로 한다.

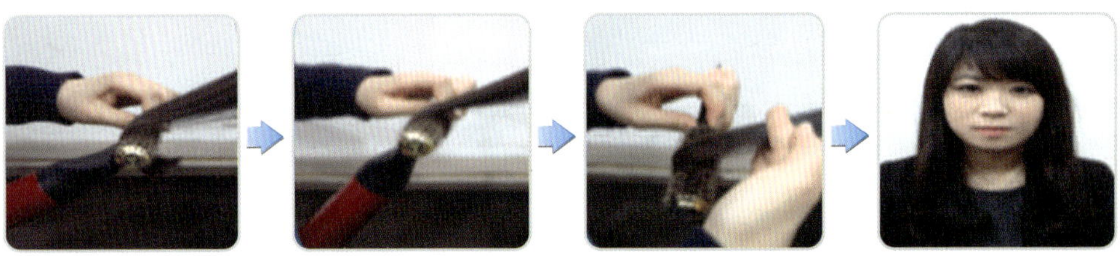

〈그림 9-8〉 드라이어 안마름 연출 방법

3) 아이론(Iron)에 따른 헤어 연출법

(1) 아이론(Iron)으로 연출한 겉마름

짧은 머리에 겉마름을 연출하게 되면 바람머리가 만들어진다. 바람머리는 발랄하고 귀여운 이미지를 심어주기 때문에 짧은 머리를 가진 여성이라면 바람머리를 연출하는 것도 좋은 방법이다.

빗으로 머리카락을 정돈한다. 정리된 머리카락을 아이론으로 깔끔하게 편다. 이때 먼저 머리카락을 정돈했어도 빗을 함께 사용하면 아이론으로 머리카락을 펼 때 머릿결 따라 반듯하게 펼 수 있다. 드라이할 때와 마찬가지로 아이론을 이용하여 원하는 부위에서 바깥으로 꺾어준 후 열을 가한다. 이때 너무 오래 열을 가하고 있으면 꺾인 부분에 각이 생길 수 있으므로 적당히 열을 가해 주도록 한다. 꺾어준 부위 아래로 아이론을 내린다. 그리고 머리카락을 아이론에 골고루 분포되게 말아준 후, 끝 부분까지 열이 전달되도록 천천히 아이론을 말아준다. 열이 제대로 전달되지 않으면 어느 한쪽만 말리기 때문에 골고루 열을 주도록 한다.

완성이 된 후 열이 있는 상태에서는 손으로 모양을 잡아주면 컬이 예쁘게 나온다. 이때 빗으로 빗으면 완성된 머리카락이 풀릴 수 있으니 열이 식고 난 후에 살짝 빗어준다.

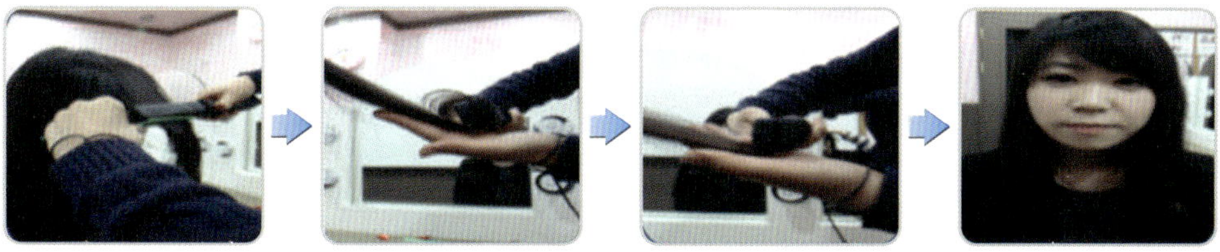

〈그림 9-9〉 아이론 겉마름 연출 방법

(2) 아이론(Iron)으로 연출한 안마름

아이론으로 연출한 안마름은 드라이보다 간편하고 빠르며 차분하게 만들 수 있다. 따라서 바쁜 일상 속에서 빠르게 자신의 이미지를 단정하고 단아하게 바꾸고 싶다면 아이론을 사용하는 것이 좋다.

빗으로 머리카락을 정돈한 후 정리된 머리카락을 아이론으로 깔끔하게 펴준다. 이때 빗을 함께 사용해 주면 머리카락의 양도 적당하게 잡을 수 있고 머리카락을 펼 때도 머릿결 따라 반듯하게 펼 수 있다. 드라이를 할 때와 마찬가지로 아이론을 이용하여 원하는 부위에서 안으로 꺾어준 후 열을 가한다. 이때 너무 오래 열을 가하고 있으면 꺾인 부분

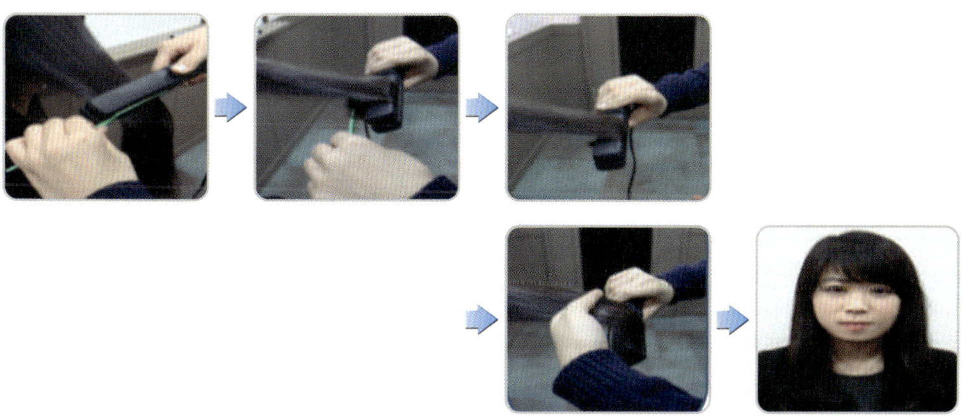

〈그림 9-10〉 아이론 안마름 연출 방법

에 각이 생길 수 있으므로 적당히 열을 가한다. 꺾어준 부위 아래로 아이론을 내린다. 그리고 머리카락을 아이론에 골고루 분포되게 말아준 후 끝 부분까지 열이 전달되도록 천천히 아이론을 말아준다. 이때 꺾어지는 정도와 모양에 따라 헤어 스타일이 결정되므로 신중을 기해야 하며 열을 가할 때 한 손으로 머리카락을 잡고 컬을 만들도록 한다. 머리카락이 뻗치는 것을 방지하려면 천천히 머리카락을 빼내는 것이 효과적이다. 빨리 빼내게 되면 열전달 시간이 짧아지기 때문에 끝 부분이 뻗칠 수 있다.

완성이 된 후 열이 있는 상태에서는 손으로 모양을 잡아주면 컬이 예쁘게 나온다. 완성 후 바로 빗으로 빗으면 연출한 머리카락이 풀릴 수 있으니 열이 식고 난 후에 살짝 빗어야 한다.

(3) 아이론(Iron)으로 연출한 웨이브

웨이브는 여성으로서 가장 다양한 이미지를 줄 수 있는 헤어 연출 방법이다. 이러한 웨이브는 안쪽, 바깥쪽, 굵게, 얇게 등 웨이브 방향만으로도 여성스러운 이미지, 귀여운 이미지, 발랄한 이미지, 세련된 이미지 등을 연출할 수 있게 된다. 따라서 웨이브는 일상생활이나 중요한 모임, 파티 등 모든 상황에 적용할 수 있기 때문에 여성들은 자신이 원하는 이미지의 웨이브 스타일을 연습하여 예쁜 헤어 스타일을 연출해보는 것이 좋다.

아이론을 이용하여 웨이브를 만들고자 할 때에 먼저 빗으로 머리카락을 깔끔하게 정돈한 후 정리된 머리카락을 아이론으로 깔끔하게 펴준다. 이때 꼬리 빗을 함께 사용하면 적당량의 모발을 잡을 수 있을 뿐만 아니라 아이론으로 머리카락을 펼 때 머릿결을 따라 반듯하게 펼 수 있다. 자신이 원하는 방향, 안쪽 또는 바깥쪽으로 아이론을 꺾어준 다음 머리카락을 아이론에 반 바퀴 감는다. 이때 감아진 머리카락은 아이론의 뒤쪽에 있어야 하며 머리카락이 두껍게 잡히지 않도록 해야 한다. 머리카락이 반만 둘러진 아이론을 반 바퀴 더 돌려서 감아진 머리카락이 아이론의 앞쪽에 오도록 하고 머리카락이 겹치지 않도록 해야 한다. 이러한 방법으로 웨이브를 연출한다면 머리카락에 열이 잘 전달되어 예쁜 웨이브 모양이 나온다. 그리고는 머리카락이 감아진 상태로 아이론을 서서히 아래로 내려준다. 천천히 열을 가해주면서 모양을 유지해주며, 끝 부분까지 열을 가하여 끝 부분이 뻗치지 않도록 한 뒤 아이론을 뺀다. 머리카락의 열이 식기 전에 재빨리 웨이브를 넣은 머리를 웨이브 모양대로 접어 잡는다. 이렇게 잡아주면 웨이브 컬이 예쁘게 나오며 오랫동안 유지할 수 있게 된다.

완성이 된 후 열이 있는 상태에서 머리카락을 빗으로 빗어버리면 열심히 해놓은 헤어 스타일이 풀릴 수 있으니 열이 식고 난 후에 엉켜있는 부분이나 정리해야 할 부분만 살짝 빗어준다. 그보다 더 좋은 방법은 헤어 스타일의 방향대로 꼬아주는 것이다. 꼬아주는 것만으로도 오랫동안 헤어 스타일을 유지할 수 있다.

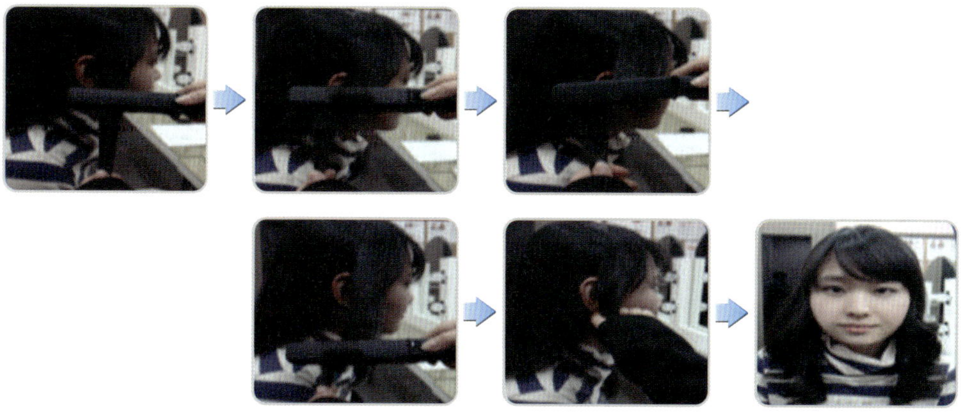

〈그림 9-11〉 아이론 웨이브 연출 방법

4) 롱헤어 연출법

(1) 올림머리 1 : 머리숱이 적당하거나 많은 경우

올림머리는 깔끔하면서도 발랄한 이미지를 줄 수 있기 때문에 많은 사람들이 선호하고 있다. 올림머리는 연출하는 방법에 따라 다양한 스타일을 연출할 수 있기 때문에 연말모임이나 중요한 행사, 드레스를 입어야 하는 날에도 멋스럽게 연출할 수 있다.

먼저 자신의 머리카락을 깔끔하게 정돈하여 빗는다. 웨이브가 있는 머리는 올림머리를 했을 때 더 자연스럽고 풍성한 머리를 연출할 수 있기 때문에 자신의 스타일과 기호에 맞게 머리를 정돈한다. 머리를 깨끗하게 빗어 자신이 원하는 위치에서 깔끔하게 잡는다. 이 때 머리카락을 헐렁하게 잡으면 올림머리 모양이 예쁘지 않기 때문에 꽉 잡도록 한다. 자신의 두상이 마음에 들지 않는다면 Back comb을 넣어 예쁜 두상을 만든다. 그리고 꽉 잡은 머리카락을 고무줄로 묶는다. 머리카락을 묶을 때는 고무줄을 벌려서 묶는 것보다 고무줄 끝 부분을 잡고 머리카락 부분을 돌려서 묶는 것이 더 단단하게 묶을 수 있다.

위에서 묶은 머리를 2가닥으로 나눈다. 머리카락의 양이 같지 않으면 2가닥을 꼬았을 때 두께가 달라져 예쁜 모양이 나오지 않게 되므로 절반으로 나눈다. 절반으로 나눈 머리카락을 서로 교차시킨다. 위치는 자신이 편한 방향으로 하며 두 뭉치의 잔 가닥이 나오지 않도록 깔끔하게 교차시키도록 한다. 이때 광택 스프레이를 뿌려주면 더 단정한 머리 연출이 가능해진다. 절반으로 나눈 머리카락 중 한 뭉치를 머리카락의 안쪽으로 꼰다. 방향이 다르게 꼬게 되면 머리카락이 꼬아지지 않고 자꾸 풀리게 되므로 안쪽 방향으로만 꼬아야 한다. 그리고 두 뭉치를 교차시키며 안쪽으로 꼬는 것을 반복하여 머리카락 끝까지 꼰다. 머리카락을 일정하고도 힘이 있게 꼬아야 올림머리로 꼬아 올릴 때 모양이 예쁘게 나오며 풀리지 않는다.

머리를 꼬아준 후 끝부분이 풀리지 않도록 Back comb을 넣는다. Back comb을 제대로 넣지 않으면 머리카락이 풀리므로 Back comb을 확실하게 넣어야 한다. 자신이 없다면 고무줄로 묶어주는 것도 좋은 방법이다. 빡빡하게 꼬아 놓은 머리카락을 올림머리로 올려주기 위해 Back comb 넣은 부분을 잡고 한 번 더 꼰다. 이렇게 해야 머리틀이 예쁘게 잡히며 고정시키기 쉽다. 꼬아진 모양에 따라 올림머리의 형태가 달라지므로 유의하여 꼬아야 한다. 다시 한 번 더 꼬아진 머리를 묶어진 고무줄 라인으로 붙여서 말아준다. 붙여 말아 주지 않으면 움직임에 의해 풀어지거나 머리와 동떨어진 느낌이 들기 때문에 붙여서 말아야 한다. 고무줄이 보일까 염려가 된다면 검은색 고무줄을 사용하는 것도 좋은 방법이다. 다 말아 올린 후 끝에 남은 머리카락은 핀에 말아 머리카락을 묶은 곳에 수직으로 꽂아준다. 이때 핀을 고무줄과 함께 꽂아주면 핀이 빠지는 것을 방지할 수 있다.

앞에서 보았을 때 말린 머리카락이 보이게 하고 싶다면 머리카락을 더 위로 올려 묶어 옆에서 보았을 때 위로 솟은 머리카락처럼 만들어야 하며 완성된 사진과 같이 깔끔하게 연출하고 싶다면 앞에서 말한 것과 같이 단단하게 꼬아주고 묶어야 한다. 또한 잔 머리가 많다면 스프레이를 뿌리는 것을 잊지 말아야 한다.

Back comb Key Point

>>> 해결TIP

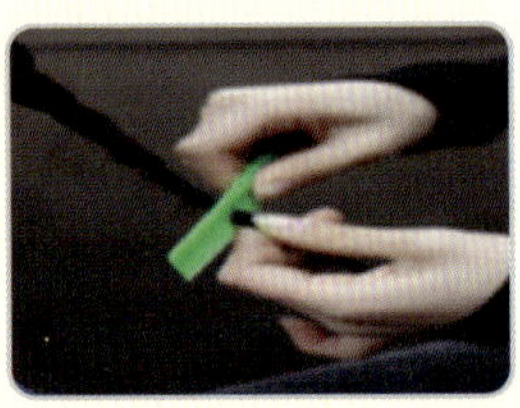

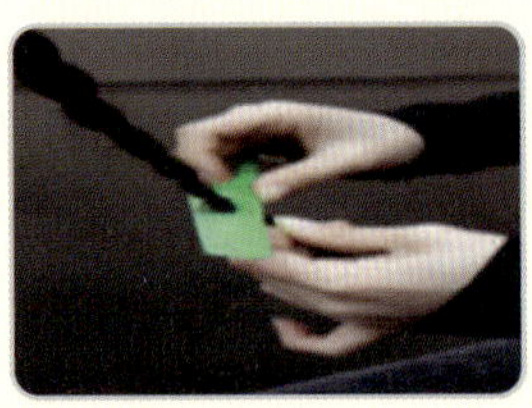

① 사진과 같이 빗을 사선으로 꽂은 뒤 빗을 위로 올리며 거꾸로 빗어준다.
② 이를 반복하면 Back comb이 만들어진다.
③ 마음대로 빗어 올리면 납작해져서 풀기 어려운 상태가 되므로 주의한다.

Back comb은 자신의 두상 중 결점을 보완하기 위해 하는 방법이다. 따라서 두상이 못생긴 사람이라도 Back comb을 사용해 충분히 예쁜 두상을 연출할 수 있다. 그러나 Back comb를 잘못 넣으면 Back comb을 넣은 부분이 납작하게 눌리게 된다. 이렇게 되면 두상의 결점을 보완하는 기능을 가지지 못하게 되며 머리가 엉켜 머릿결이 상하게 된다. 따라서 Back comb을 넣을 때는 위의 설명대로 제대로 된 Back comb를 만들어 볼륨감을 주는 것이 중요하다.

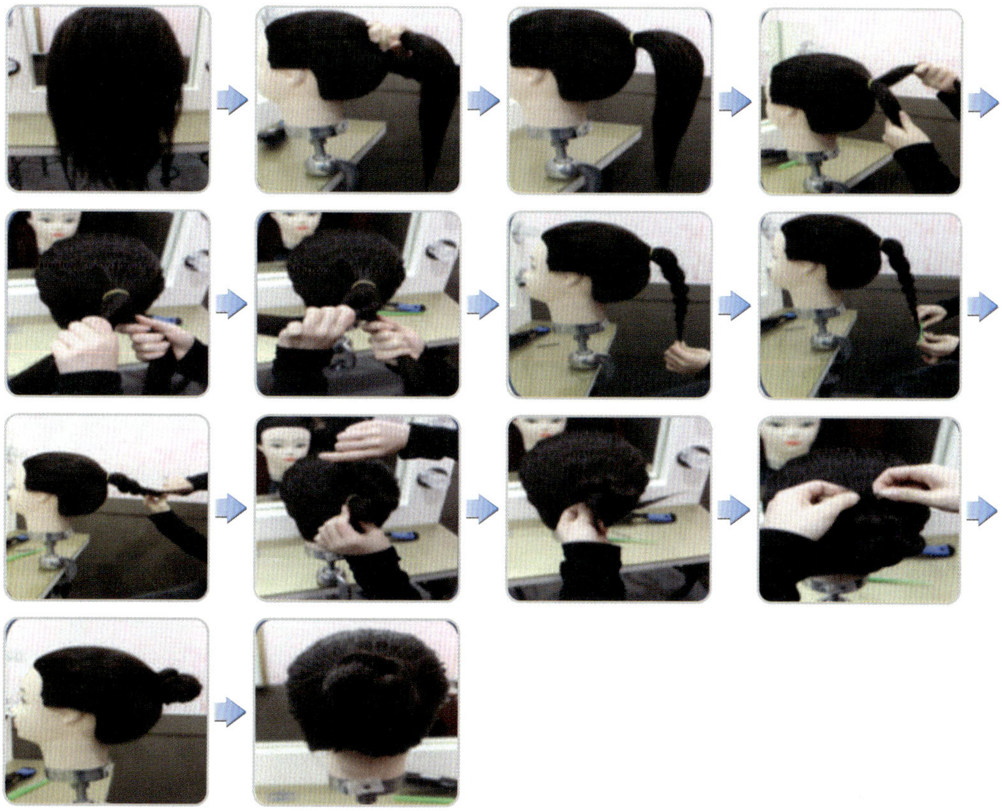

〈그림 9-12〉 올림머리 1 연출 방법

(2) 올림머리 2 : 머리숱이 적은 경우

올림머리를 하면 귀엽고 깔끔한 이미지를 연출할 수 있지만 머리숱이 적으면 올림머리를 연출하기 조차 어려워지게 된다. 이러한 문제점을 보완할 수 있는 헤어 연출법을 안다면 충분히 머리숱을 커버할 수 있다.

먼저 자신의 머리카락을 깔끔하게 정돈하여 빗고 머리카락을 꽉 잡아 고무줄로 조금 여유가 있도록 묶는다. 그렇다고 너무 헐렁하게 묶어서도 안 된다. 머리카락을 묶을 때 고무줄을 벌려서 묶는 것보다 고무줄을 잡고 머리카락 부분을 돌려서 묶는 것이 더 단단하게 묶을 수 있다. 묶은 머리를 위, 아래로 나눈다. 이때 나눈 머리카락의 양이 다르게 되면 올림머리 부분의 모양이 이상해지고 한쪽이 비게 된다. 머리카락을 나눈 후 위쪽에 있는 고무줄을 한 가닥을 잡아 안쪽에서 바깥쪽으로 엄지와 검지손가락을 집어넣는다. 이를 위해서 앞에 말했듯이 고무줄에 여유를 줘야 한다. 고무줄의 여유가 없다면 손가락을 넣을 수 없기 때문에 헤어 스타일을 완성할 수가 없다. 고무줄에 넣은 엄지와 검지손가락으로 앞에서 나누었던 위쪽 뭉치를 빼낸다. 이때 머리 형태를 크게 만들 것이라고 헐렁하게 빼내지 말고 손가락 두 개가 들어갈 공간 정도만 남기고 바짝 당겨야 한다. 바짝 당겨주더라도 마지막에 크기는 조절할 수 있다.

빼낸 머리카락이 만든 구멍에 엄지와 검지손가락을 넣어 손가락을 집게처럼 만들어 벌려준다. 이때 손가락을 많이 벌리게 되면 머리카락의 구멍이 커지므로 조금만 벌려야 한다. 만든 구멍 속으로 엄지와 검지 손가락을 이용해 고리를 만들고 남은 머리카락을 빼낸다. 이렇게 빼낸 머리카락으로 머리카락의 빈 부분을 채워줌으로써 머리숱이 많아 보이게 되는 것이다. 아래도 위와 똑같이 반복한다. 이때 고리를 작게 만들어 위의 고리와 비율을 맞춰야 한다. 비율이 맞지 않으면 한쪽이 커지게 되어 쳐지는 머리가 된다. 아래도 고리를 만들어주고 나면 고리 밖으로 튀어나온 머리카락이 생기게 된다. 이 머리카락은 고리의 공간 사이에 돌려가며 넣어 없애준다. 이로 인해 머리숱이 적어도 머리숱이 풍성해 보이는 효과를 줄 수 있다.

고리로 만들어진 위, 아래 머리카락을 펴서 반원 모양을 만들어준다. 이때 머리카락의 양이 반원에 골고루 분포되도록 해야 어느 한 쪽의 머리카락이 비어보이지 않는다. 아래

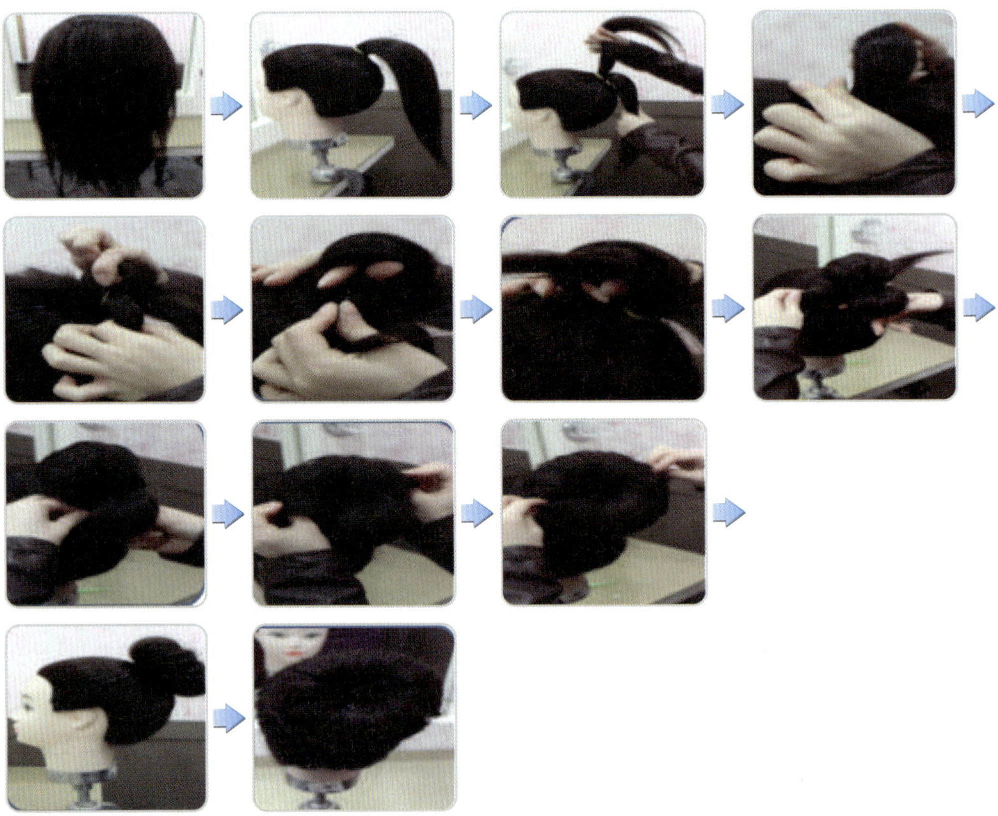

〈그림 9-13〉 올림머리 2 연출 방법

도 똑같이 펴주고 위와 아래 반원 모양의 머리카락을 자연스럽게 합친다. 잘 합치지 않으면 위, 아래의 경계가 보이게 되고 그 경계가 위, 아래 반원을 갈라지게 하기 때문에 위와 아래를 교차시켜 잘 합쳐야 한다. 자신이 없다면 핀을 이용해도 좋다.

옆에서 보았을 때 완성된 사진과 같이 고무줄의 라인이 보이지 않아야 하며 머리카락과 머리가 붙어있는 느낌이어야 한다. 크기는 자신이 원하는 대로 조절해도 좋다. 뒷모습은 완성된 사진과 같이 비어있는 부분이 없어야 하며 모양이 원형으로 잘 잡혀 있어야 한다. 원형의 모양을 잘 만들기 위해서는 같은 양의 머리카락과 같은 크기의 반원을 잘 만들어야 가능하다.

(3) 포니테일 1 : 핀을 이용

포니테일은 헤어 스타일만으로도 카리스마 있으면서 세련되며 단정한 이미지를 주며 누구나 손쉽게 할 수 있는 간단한 연출법이다.

먼저 자신의 머리카락을 깔끔하게 정돈하여 빗는다. 웨이브가 있는 머리는 되도록이면 펴주는 것이 포니테일을 했을 때 예쁜 머리 모양을 완성할 수 있다. 끝 부분만 안마름 혹은 바깥마름을 하고 싶을 시에는 미리 해 놓는 것보다 다 끝내고 만드는 것이 좋다. 그리고 머리카락을 꽉 잡아 고무줄로 단단히 묶는다. 머리카락을 묶을 때 고무줄을 벌려서 묶는 것보다 고무줄을 잡고 머리카락 부분을 돌려서 묶는 것이 더 단단하게 묶을 수 있다. 옆쪽에서 소량의 머리카락을 떼어낸다. 양은 고무줄을 가릴 정도면 된다. 너무 많으면 두께가 두꺼워지고 너무 적으면 고무줄이 보이기 때문에 적당량을 잡아 고무줄이 보이지 않도록 감아준다. 감고 남은 머리카락 끝 부분을 핀에 말아준다. 이때 바짝 당겨서 말아주지 않으면 풀리기 때문에 핀에 단단하게 말아주는 것이 좋다. 그러나 너무 많이 감아버

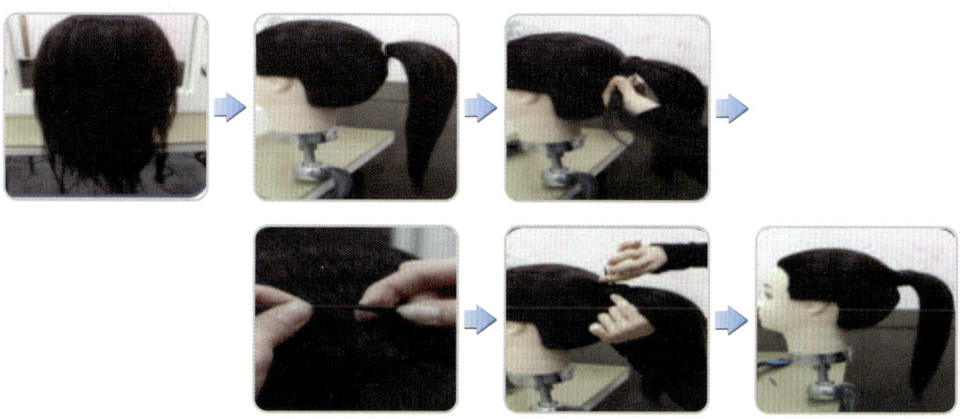

〈그림 9-14〉 포니테일 1 연출 방법

리면 핀이 벌어져 고정할 수 없는 상태가 되기 때문에 고정될 정도만 말아야 한다. 그리고 머리카락을 말아 올린 핀을 묶은 머리와 수직이 되도록 하여 꽂는다. 이때 고정력을 좋게 하려면 머리카락에만 핀을 꽂는 것이 아니라 머리카락에 묶인 고무줄도 함께 꽂는 것이 좋다. 포니테일은 깔끔하고 단정한 헤어 스타일이므로 완성된 사진과 같이 머리카락을 깔끔하게 정리하여 단정한 헤어 스타일을 연출하는 것이 좋다. 잔머리가 많다면 스프레이를 뿌려주는 것이 좋다.

(4) 포니테일 2 : 고무줄만을 이용

포니테일은 간편한 만큼 연출할 수 있는 방법도 여러 가지이다. 두 번째 방법은 머리카락에 층이 많이 없을수록 헤어 스타일을 깔끔하게 연출할 수 있다. 그리고 머리카락을 헐렁하게 연출하면 부드러운 느낌을 줄 수 있다.

먼저 자신의 머리카락을 깔끔하게 정돈하여 빗고 포니테일 1과 같은 방법으로 묶는다. 그 후 머리카락을 위, 아래로 나눈다. 이때 위쪽에 뜬 머리뭉치가 고무줄 위를 덮을 밴드 역할을 하는 머리뭉치이기 때문에 위쪽 머리카락을 더 적게 떠야 한다. 위쪽 머리 뭉치가 많을 경우 밴드 부분이 두꺼워져 마감 처리가 예쁘지 않다. 따라서 머리카락을 적당히 나누어야 한다. 앞에서 나눈 위쪽의 뭉치로 고무줄 부분을 가리며 돌려준다. 위쪽 머리카락으로 고무줄을 가릴 때에는 단단하게 묶어 돌려줘야 하며 머리카락이 퍼지지

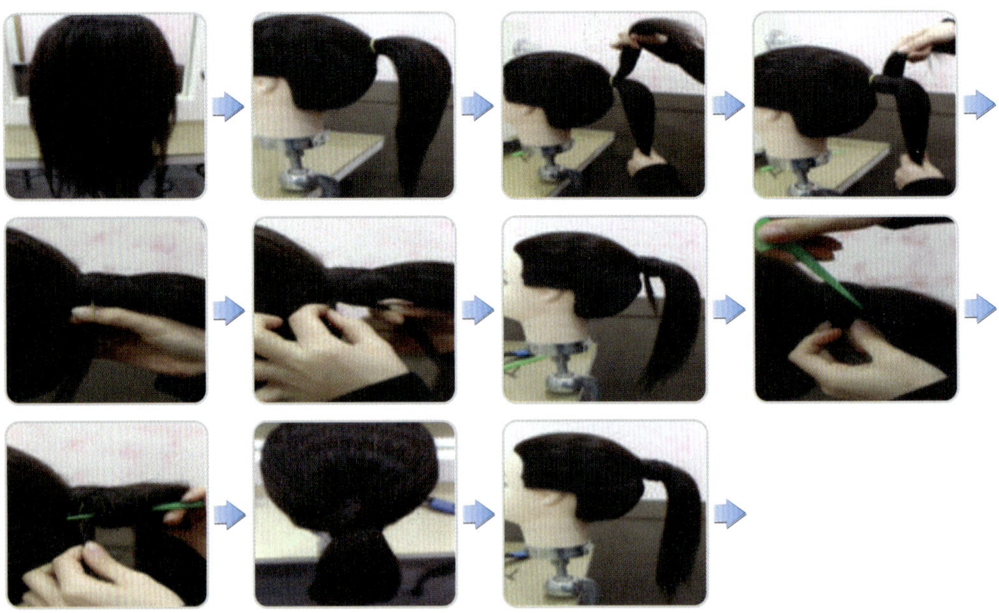

〈그림 9-15〉 포니테일 2 연출 방법

않도록 잘 말아줘야 한다. 머리가 자꾸 벌어진다면 스프레이를 뿌려 고정시키는 것이 좋다. 이 방법은 포니테일 1 방법과 달리 고무줄로 만드는 포니테일이므로 아랫부분에 묶어놓은 고무줄을 꺼내어 끝 부분에 남은 머리카락을 잡고 빼내어 준다. 묶어놓은 머리카락을 건드려 잔머리를 만들지 않도록 한다.

머리카락을 다 빼내고 나면 꼬리가 남게 된다. 꼬리는 반 묶음으로 포니테일을 했을 경우에는 없애주지 않아도 되지만 한 묶음으로 했을 경우에는 필히 없애야 한다. 남은 꼬리를 없애기 위해 고무줄을 감싼 머리카락 사이로 꼬리 빗을 넣어 남은 머리카락을 빼낸다. 이때 꼬리 빗으로 인해 고무줄을 감싼 머리카락이 풀리지 않도록 조심스럽게 남은 머리카락을 뺀다. 머리카락을 다 뺀 후 완성한 모양을 위에서 보았을 때 윗부분의 모양은 포니테일 1과는 다르게 'ㅅ'자 모양이 되도록 하는 것이 보다 예쁘다.

이 방법은 핀이 없을 때 유용하게 쓰일 수 있는 방법이다. 자연스럽게 연출하고 싶을 때는 헐렁하게 연출하여 스타일을 만들 수 있다.

(5) 땋은 머리 1 : 디스코 땋기

땋은 머리는 땋는 모양, 방향, 두께에 따라 이미지에 많은 변화를 줄 수 있으며 올림머리로도 응용이 가능한 헤어 스타일이다. 결혼식 때에도 단아하게 연출할 수 있다.

자신의 머리카락을 깔끔하게 정돈하여 빗어준다. 웨이브가 있는 머리는 디스코 땋기를 했을 때 더 우아하고 풍성한 머리를 연출할 수 있기 때문에 자신의 스타일과 기호에 맞게 머리를 정돈하여 디스코 땋기를 위한 준비를 한다. 앞머리 부분의 섹션을 뜬 후 세 가닥을 나눈다. 나눈 세 가닥의 비율이 일정해야 땋은 머리도 일정한 모양을 유지하기 때문에 비율을 일정하게 맞춘다. 앞머리가 있다면 앞머리를 제외하고 섹션을 뜬다. 적당한 비율

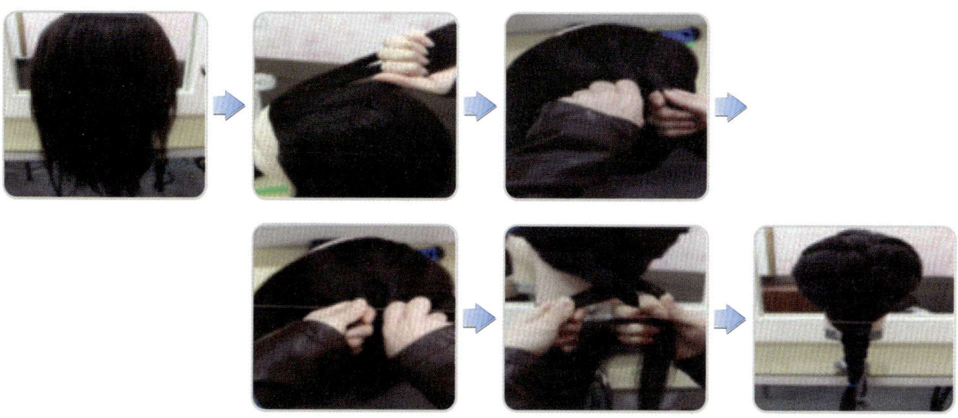

〈그림 9-16〉 땋은 머리 1 연출 방법

로 나눈 세 가닥을 세 가닥 땋기로 한 번 땋는다. 세 가닥 땋기는 손에 잡고 있는 세 가닥의 머리카락 중 제일 아래에 있는 머리카락을 제일 위로 올려주며 하나씩 교차시키면 된다. 한 번 땋아 준 후 제일 아래에 있는 가닥을 놓고 놓은 쪽의 옆에서 머리카락을 끌어온다. 그리고 그 둘을 합하여 제일 위로 올린다. 오른쪽, 왼쪽 번갈아가며 반복해서 머리카락을 교차시킨다.

반복하다 보면 머리 끝 부분에 도달하여 더 이상 끌어올 머리카락이 없어지게 된다. 이렇게 된 경우에는 제일 마지막에 생긴 세 가닥으로 앞에서 했던 세 가닥 땋기를 하면 된다. 힘 조절을 잘하여 땋은 머리가 당기지 않도록 한다. 세 가닥으로 땋으면 완성된 사진과 같이 만들어진다. 대각선으로 섹션을 떠서 땋으면 머리카락이 대각선으로 땋아져 머리카락이 옆쪽으로 쏠리게 되어 귀여운 스타일을 연출할 수 있다.

(6) 땋은 머리 2 : 디스코 땋기 올림머리

앞에서 땋은 머리를 이용하여 올림머리를 연출하는 방법이다. 땋는 헤어 스타일은 올림머리로도 연출할 수 있다는 것을 인지하여 다양한 헤어 스타일을 연출해 보는 것이 좋다.

완성된 땋은 머리의 꼬리 부분을 사진과 같이 둥글게 말아 올린다. 머리카락의 끝부분인 꼬리 부분을 처음부터 손가락에 잘 말아서 잔 머리카락이 튀어 나오지 않도록 해야 한다. 머리카락을 머리카락 안쪽으로 같이 말아 올린다. 그리고 말아 올린 머리를 감추어 모양을 만든 후 핀으로 고정시킨다. 이때 핀은 양 옆에서 대각선으로 꽂는 것이 좋으며 위의 머리카락과 함께 집어주는 것이 좋다.

옆에서 두상을 타고 내려오는 라인을 예쁘게 잡아주는 것이 중요하다. 잘못해서 땋은 머리가 뜨게 되면 두상까지 이상해 보이기 때문이다. 뒤에서 보았을 때에는 땋은 모습이 잘 보이기 때문에 중앙을 따라 땋는 것이 중요하다. 그리고 섹션의 양에 따라 굵은 땋기와 얇은 땋기가 가능하므로 자신의 기호에 따라 조절하면 된다.

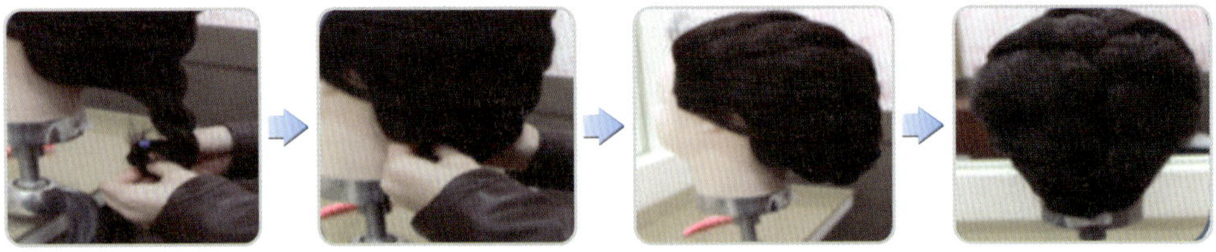

〈그림 9-17〉 땋은 올림 머리 2 연출 방법

(7) 땋은 머리 3 : 지네 땋기

지네 땋기는 안쪽으로 머리카락을 교차시켜 만드는 헤어 스타일이다. 지네 땋기는 양 갈래로 땋아주면 귀여운 헤어 스타일을 연출할 수 있다. 그리고 너무 딱 붙여서 땋는 것보다 헐렁하게 땋아주는 것이 좋으며 웨이브가 있는 머리카락으로 하면 자연스러운 헤어 스타일을 연출할 수 있다. 지네 땋기 헤어 스타일도 디스코 올림머리처럼 말아 올려 올림머리를 연출할 수 있다.

머리카락을 깔끔하게 정돈하여 빗어준다. 웨이브가 있는 머리는 지네 땋기를 했을 때 더 자연스러운 머리를 연출할 수 있기 때문에 자신의 스타일과 기호에 맞게 머리를 정돈해 준다. 앞머리 부분의 섹션을 뜬 후 디스코 머리와는 달리 두 가닥을 나눈다. 나눈 두 가닥의 비율이 일정해야 땋은 머리도 일정한 모양을 유지하기 때문에 비율을 일정하게 맞추어 준다. 앞머리가 있다면 앞머리를 제외하고 섹션을 뜬다. 적당한 비율로 나눈 두 가닥 중 왼쪽의 머리카락이 오른쪽 머리카락의 위로 오도록 한 번 교차시킨다. 이때 자신이 하기 쉬운 방향으로 하는 것이 좋다. 양쪽 머리를 교차시키고 오른쪽 옆의 머리카락을 끌어와 왼쪽 머리카락 위에 얹는다. 이러한 방법으로 오른쪽, 왼쪽 번갈아가며 계속 겹쳐서 땋아 준다.

땋는 모양은 디스코 머리와 달리 'ㅅ' 모양이 계속 유지되어야 하며 지네 머리는 잘게

땋은 머리 Key Point >>> 해결TIP

- 나누어 머리카락의 양을 일정하게 한다.
- 머리의 중심을 잘 잡아 두상에 맞게 땋아야 한다.
- 결을 따라 머리를 합쳐주어 땋는 머리카락이 헷갈리지 않도록 한다.

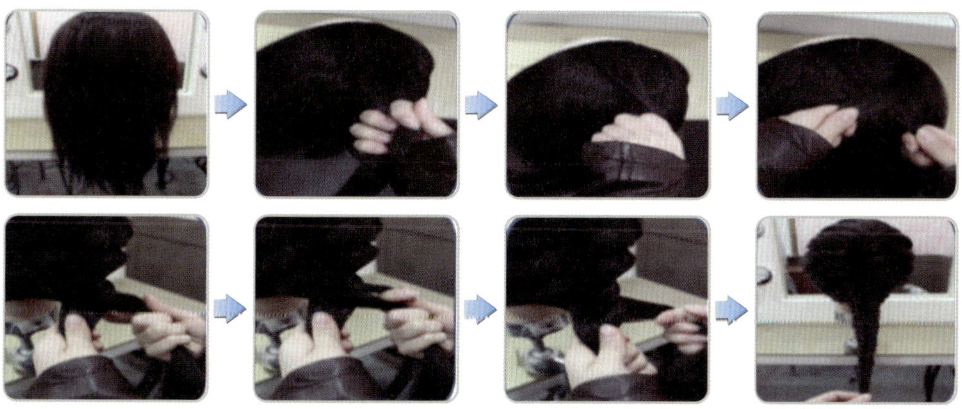

〈그림 9-18〉 땋은 머리 3 연출 방법

그리고 많이 하는 것이 예쁜 모양을 만들 수 있다. 이렇게 계속 땋다보면 더 이상 끌어올 머리카락이 없어지게 된다. 이러한 상황이 되었을 경우에는 우선 두 가닥의 머리카락을 잘 분리해 헷갈리지 않도록 두 손에 한 뭉치씩 잡아준다. 잡아놓은 한 뭉치마다 옆쪽을 조금씩 떼어 올려주며 땋아준다. 이때 떼어온 머리를 끌어온 머리카락이라 생각하고 땋으면 된다. 지금은 세 가닥 땋기가 아니라 두 가닥 땋기이다. 옆에서 떼어낸 머리카락을 새로 생긴 머리카락이라고 생각하고 세 가닥을 땋는 경우가 있는데 헷갈리지 말고 두 가닥 땋기를 해야 한다. 지네 땋기는 완성된 사진과 같이 안쪽으로 들어가는 머리이다. 따라서 옆쪽이 뜨는 경우가 있는데 땋을 때마다 팽팽하게 당겨 뜨지 않도록 해야 한다.

5) 쪽머리 연출

(1) 쪽머리 하는 법

무조건 뒤로 넘기기보다는 얼굴형에 따라서 가르마를 나누어 준다. 또한 무조건 뒤로 빤빤하게 넘기는 것보다는 자연스럽게 머리 윗부분을 0.5~1mm 정도 띄워주는 것이 더 자연스럽다.

〈그림 9-19〉와 같이 머리를 가지런히 풀고 굵은 빗으로 깨끗하게 빗어 내린다. 앞에 3cm 정도를 남겨두고 집게로 고정한다. 탑 부분에 삼각 섹션을 뜬다. 삼각 섹션을 뜬 앞부분의 머리카락을 가지런히 정리하여 집게로 고정한다. 나머지 중간 부분 머리카락을 가로 3cm, 세로 2cm 정도 잡아서 얇고 가느다란 꼬리 빗으로 3cm 정도 높이로 Back comb을 넣는다. 또한 자기 두상에 맞는 Back comb 처리를 한다. Back comb을 넣는 방법은 머리카락을 위로 잡아놓고 머리 뒤에서 위에서부터 아래로 빗어주는 것이다. 이때 이등변 삼각형을 만들어 수직으로 세우는 것이 중요하다. 약간 둥글게 그리면서 빗질을 한다. 머리카락이 상하거나 엉키지 않도록 조심한다.

삼각 섹션 앞부분을 뺀 나머지 Back comb 처리 된 부분을 깔끔하게 묶는다. 또한 머리를 빗을 때에는 Back comb이 풀어지지 않게 주의해야 한다. 그리고 꼬리 빗 뒤를 사용하여 전체적으로 라운드를 잡아 준다. 스프레이를 뒤쪽에서 앞으로 뿌려서 머리의 안쪽 아래 부분이 어느 정도 힘을 가지도록 한다. 이때 자신만의 개성을 살릴 수도 있다. 스프레이를 앞 쪽에는 뿌리지 않도록 주의하며 자연스런 머리를 연출해야 한다.

쪽머리는 All back 스타일로 뒤로 완전히 넘겨 줄 수도 있고 한 쪽 방향으로 자연스럽게 옆으로 올려 여성스런 분위기의 스타일로 연출할 수도 있다. 또한 가운데를 조금 더 띄운 볼륨 스타일로 연출할 수 있다. 가로로 3등분을 하여 하나씩 Back comb을 약 1~2cm 정도 넣어서 차례로 뒤로 넘겨주며 모양을 만들도록 한다. 그리고 꼬리 빗 뒤를 사용하여 앞부분을 동그랗게 만들어준다. 묶을 때는 적당한 힘으로 전체 머리를 빗어주며 반듯하고 깔끔하게 마무리 한다. 쪽머리가 예쁘게 되려면 앞부분을 동그랗게 잘 띄워주어야 한다. 그렇다고 너무 많이 띄우게 되면 오히려 역효과를 가져오므로 자신의 얼굴형과 두상에 맞게 적당히 띄워준다. 또한 스프레이는 반드시 뒤쪽에만 뿌려 자연스러운 쪽머리가 되도록 한다.

가지런히 잡은 머리카락을 고무줄로 묶어서 고정시킨다. 앞부분과 뒷부분의 경계가 지지 않도록 잘 감싸서 묶어준다. 옆선이 일직선이 되도록 하여 가지런하게 잘 빗어서 묶어준다. 이때 노란 고무줄이나 검정 고무줄 모두 무난하게 사용할 수 있다.

실망을 벌려서 묶은 머리 전체를 넣고 두 번 정도 돌려 잘 묶는다. 묶은 후 머리 끝은 왼쪽을 향하게 하여 정리한다. 오른손으로 한 뭉치를 잡고 왼쪽으로 돌린다. T모양을 만드는 것이 중요하다. 그런 다음 안쪽을 우측으로 누르고 전체적으로 모양을 만든다. U핀은 머리 쪽으로 찌르고 다시 세워서 눌러 주면 단단하게 고정할 수 있다. 머리가 짧은 사

〈그림 9-19〉 쪽머리 연출 방법

람일 경우나 숱이 별로 없는 경우에는 검은색 스타킹 또는 검정 곱창머리 끈으로 동그랗게 말아서 망 안에 넣어준다. 이렇게 하면 망 모양이 도톰하고 예뻐지며 부피감을 만들 수 있다.

완성된 모습은 깔끔하고 옆과 뒤에 잔머리가 없어야 한다. 리본 망으로 쪽머리를 했을 경우 실망보다 조금 낮게 묶어야 하며 리본 망 안에 머리가 퍼지지 않고 도톰하게 보이도록 연출하도록 한다. 또한 정 중앙에 머리 망이 위치할 수 있도록 마지막까지 주의하도록 한다. 정면에서 봤을 경우 전체적으로 라운드가 잘 잡혀 있어야 한다. 꾸준히 연습하는 것이 중요하며 쪽머리는 깔끔하게 연출해야 한다.

5. 남성 헤어 이미지 연출

남성의 헤어 스타일은 대부분 머리길이가 짧아 여성보다는 헤어 스타일을 연출하는 것이 제한될 수밖에 없다. 그렇지만 여성처럼 귀여운 이미지, 부드러운 이미지 등을 연출할 수 없는 것은 아니다. 남성의 경우에는 머리카락의 방향과 볼륨감만으로도 충분하게 다양한 스타일을 연출할 수 있다.

1) 댄디 이미지

댄디한 이미지는 남성의 차분하며 깔끔하고 멋진 이미지를 연출하는 헤어 스타일이다.

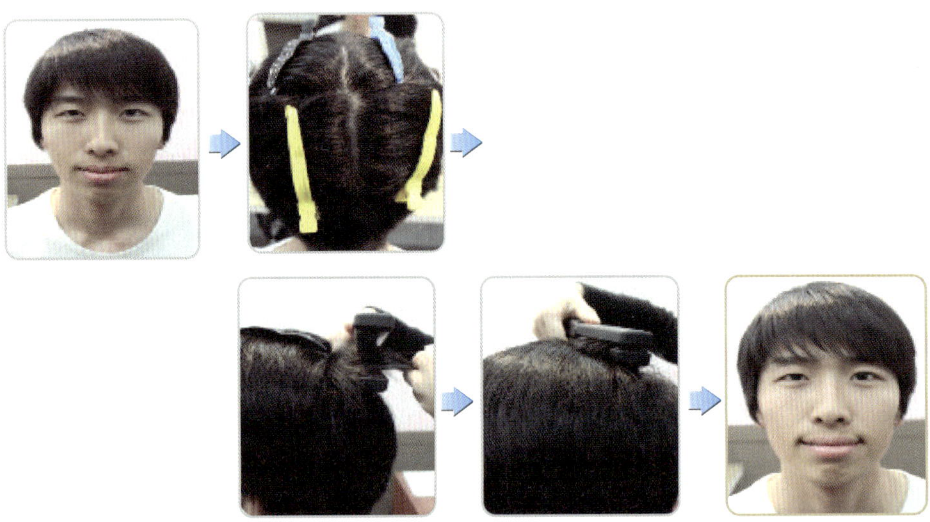

〈그림 9-20〉 댄디 이미지 연출 방법

자신의 머리카락을 깔끔하게 정돈하여 빗는다. 웨이브가 많은 헤어 스타일이라면 차분할 정도로 머리카락을 펴주는 것이 스타일을 연출하는데 좋다. 먼저 뒷머리 부분의 머리카락을 나누어 섹션을 뜬다. 이때 섹션을 뜬 방향이 머리카락의 결 방향과 일치하도록 나누어야 하며 비율도 일치하도록 알맞게 나눈다. 그러나 머리카락이 짧으면 나누지 않아도 된다. 나누어진 섹션 중 뒤쪽 섹션부터 잡는다. 그리고 머리카락을 아이론에 잡힐 정도로 얇게 떠서 C컬을 만든다. 많이 잡으면 머리카락에 열이 잘 전달되지 않아 컬이 나오지 않으며, 적게 잡으면 열로 인해 머리카락이 상하거나 원하는 모양보다 큰 모양이 나올 수 있기 때문에 적당한 양을 잡는 것이 중요하다. 아이론으로 섹션마다 모두 예쁜 컬을 만들었으면 자신의 머리 모양을 잘 살펴본 후 숨이 죽어있는 부분을 찾아 두피 끝 부분부터 들어올리며 C컬을 만든다. 이때 너무 많이 들어올리면 머리가 따로 놀거나 뜰 수 있으므로 주의해야 한다.

앞머리 부분은 자연스럽게 옆으로 넘겨주는 것이 좋다. 자신의 헤어 스타일을 잘 확인하여 단점을 보완하고 고정력을 위해 스프레이나 젤 등을 발라주면 예쁜 헤어 스타일을 오래 유지할 수 있다.

2) 부드러운 이미지

부드러운 이미지는 웨이브를 살짝 넣어 볼륨감을 줌으로써 전체적으로 부드러운 인상을 주는 헤어 스타일이기 때문에 강한 펌을 하고 있을 경우에는 아이론으로 어느 정도 머

〈그림 9-21〉 부드러운 이미지 연출 방법

리카락을 펴주는 것이 스타일을 연출하는데 좋다.

자신의 머리카락을 깔끔하게 정돈하여 빗는다. 댄디한 스타일을 할 때와 같이 뒷머리 부분의 머리카락을 나누어 섹션을 뜬다. 뒤쪽 섹션부터 잡고 머리카락을 아이론에 잡힐 정도로 얇게 떠서 C컬을 만든다. 이때 너무 오래 잡고 있거나 과한 힘을 주면 C컬 부분에 각이 생길 수 있다. 따라서 머리카락이 빠지지 않을 정도의 힘을 주며 부드럽게 C컬을 만들어야 한다. 댄디한 스타일과 같이 모든 섹션에 C컬을 넣어 차분하게 만든 뒤 정수리 부분에 굵은 C컬을 만들어 머리 윗부분에 볼륨감을 준다. 뒷부분에도 정수리 부분에서 시작되는 머리카락에 C컬을 만들어주는데 앞쪽 C컬보다는 약하게 만들도록 한다. 이러한 방법을 통해 머리카락 모양이 자연스럽게 연출할 수 있다.

자신의 헤어 스타일을 잘 확인하여 단점을 보완하고 고정력을 위해 스프레이나 젤 등을 발라주면 예쁜 헤어 스타일을 더욱 오래 유지할 수 있다. 젤을 바를 때는 볼륨을 넣은 쪽을 손으로 잡아주면 더 멋지게 완성할 수 있다.

3) 발랄하고 귀여운 이미지

발랄하고 귀여운 이미지는 머리카락이 풍성한 느낌을 주게 하기 위해 웨이브를 많이 넣어 컬을 살려주는 헤어 스타일이다. 이러한 귀여운 머리는 강한 인상을 주는 남성들의 인상을 완화시키는 작용을 하기 때문에 인상을 바꿔보고 싶을 때 사용할 수 있는 헤어 연출법이다.

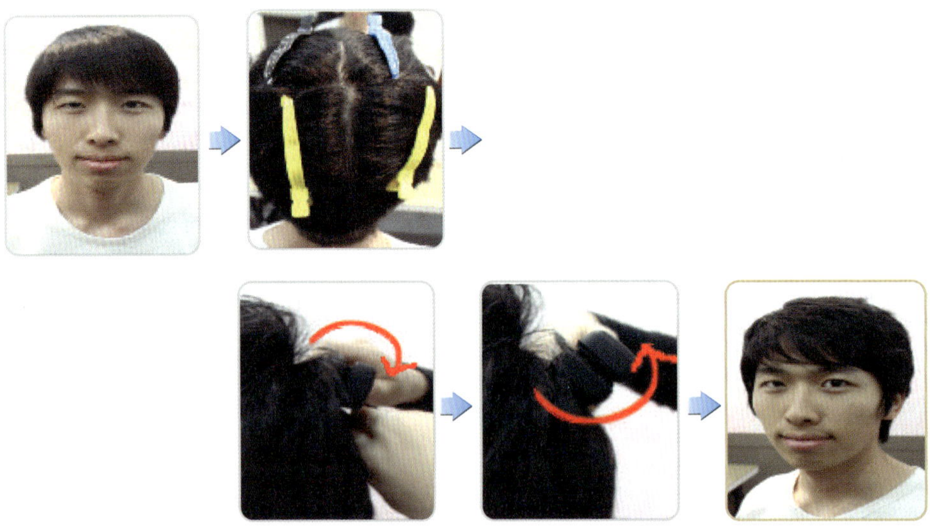

〈그림 9-22〉 발랄하고 귀여운 이미지 연출 방법

머리카락을 깔끔하게 정돈하여 빗고 댄디한 스타일을 할 때와 같이 뒷머리 부분의 머리카락을 나누어 뒤쪽 섹션부터 잡는다. 그리고 물결 펌 모양으로 만들기 위해 아이론을 안쪽에서 바깥쪽 순서로 꺾어준다. 컬은 큰 것보다 작은 것이 볼륨감과 부피감을 주기 때문에 귀여운 스타일을 연출할 때에는 컬을 작게 하는 것이 좋다. 스프레이나 젤 등으로 헤어스타일을 오래 유지하거나 보다 예쁘게 만든다.

6. 헤어 이미지 진단

자신의 헤어 이미지를 안다는 것은 외적 이미지 연출에 큰 도움이 된다. 〈표 9-29〉의

〈표 9-29〉 헤어 이미지 Check list

순번	질 문	매우 그렇다	그렇다	보통이다	아니다	매우 아니다
1	나는 내 모발에 대해 잘 알고 있다.					
2	나는 이틀에 한 번씩 머리를 감는다.					
3	나는 머릿결이 좋다는 소리를 자주 듣는다.					
4	나는 파마나 염색을 자주 한다.					
5	나는 머리카락이 자주 끊긴다.					
6	나는 저녁에 머리를 감고 잔다.					
7	나는 정전기가 잘 일어나지 않는 편이다.					
8	나는 아이론과 드라이어를 자주 사용한다.					
9	나는 트리트먼트와 같은 영양 제품을 사용한다.					
10	나는 나만의 헤어 관리법이 있다.					
11	나는 나에게 맞는 헤어 스타일을 연출할 수 있다.					
12	나는 헤어나 뷰티케어를 정기적으로 받는다.					
13	나는 패스트푸드를 자주 먹는다.					
14	나는 내 두피에 맞는 헤어 제품을 알지 못한다.					

〈표 9-29〉의 항목을 읽고 자신에 해당하는 유형을 선택한 후 〈표 9-30〉 집계표를 작성한다.

〈표 9-30〉 집계표

문항	매우 그렇다	그렇다	보통이다	아니다	매우 아니다
1	5	4	3	2	1
2	5	4	3	2	1
3	5	4	3	2	1
4	1	2	3	4	5
5	1	2	3	4	5
6	1	2	3	4	5
7	5	4	3	2	1
8	1	2	3	4	5
9	5	4	3	2	1
10	5	4	3	2	1
11	5	4	3	2	1
12	1	2	3	4	5
13	5	4	3	2	1
14	1	2	3	4	5
합계					

제5절 네일 · 풋 이미지

1. 네일·풋 이미지의 정의와 개념

우리의 신체에서 네일과 풋은 끊임 없이 사람들에게 보여지고 판단되어지는 요소이기 때문에 청결과 깔끔함을 추구해야 하는 부분이다.

오늘날 미용은 헤어(Hair), 메이크업(Make-up), 피부미용, 네일 관리, 발 관리 등으로 다양화, 세분화되고 있다. 특히 네일 관리는 도입 된지 5년이라는 짧은 역사에도 불구하고 단순한 예전의 매니큐어(Manicure) 개념에서 벗어나 미용의 전문 분야로 눈부신 발전을 거듭했다. 흔히 매니큐어(Manicure), 페디큐어(Pedicure)라 칭하던 예전의 손 관리, 발 관리의 개념에서 한 단계 벗어나 '네일 케어(Nail care)', '네일 아트(Nail art)' 라는 독자적인 위치를 구축하고 있다. 네일 케어란 손톱과 발톱을 건강하게 관리하는 에스테틱(Esthetic)적 요소와 네일 아트라는 네일 위에 예술적 감각의 디자인을 응용한 메이크업(Make-up)적 요소가 강조된다(곽형심 외, 1999).

2. 손톱의 구조와 기능

케라틴이 주성분인 손톱은 인체에서 가장 강한 표피 구조물이다. 인간의 손톱은 자궁에서 태아가 형성될 때 만들어지기 시작하며 손톱과 발톱은 우리의 일상생활 속에서도 손끝과 발끝을 보호해준다. 우리 몸에 적신호가 생길 경우 여러가지 이상 증상들이 나타나므로 몸의 이상을 가장 먼저 알려주는 것이 바로 손톱이다. 또한 손톱은 다른 사람이 나를 판단하거나 또는 다른 사람에게 나를 표현하는 이미지를 나타낼 수도 있는 중요한 부분 중 하나이다. 그러므로 손톱의 구조와 기능에 대해 알고 관리하는 법을 배워 상대에게 호감을 주는 자신을 표현해야 한다(김경란 외, 2010).

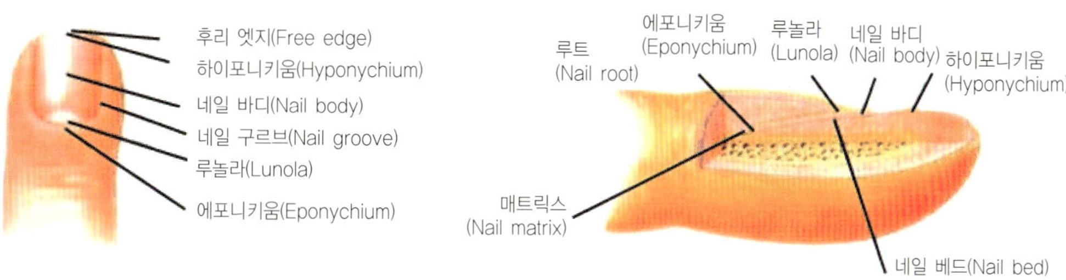

〈그림 9-23〉 손톱의 단면

1) 조체(Nail body)

네일 바디(Nail body) 또는 네일 플레이트(Nail plate)라고도 불리며 우리 눈에 보이는 손톱 그 자체를 말하는 것이고 여러 층으로 구성이 되어 있는 각화세포이다. 따라서 혈관이나 신경이 없으며 산소가 필요 없다. 손톱의 아랫부분은 약하고 부드럽지만 네일 베이스인 바깥쪽으로 올라갈수록 강해진다.

네일 바디는 에나멜을 사용하여 다양한 네일 아트를 실현할 수 있는 곳이다.

2) 조근(Nail root)

네일 루트(Nail root)라고도 불린다. 네일 베이스 피부 밑에 묻혀있는 얇고 부드러운 피부인 네일 루트에서는 새로운 세포조직이 형성되며 손톱의 성장이 시작되는 곳이다.

3) 자유연(Free edge)

후리 엣지(Free edge)라고도 불리며 네일 바디의 끝에 위치한 부분이다. 네일 베드가 없기 때문에 혈관이 비치지 않아 하얗게 손톱만 자라나는 곳이다. 피부와 떨어져 있어 감각이 없고, 기호에 따라 원하는 길이로 잘라낼 수 있으며 잦은 네일 아트로 영양이 없어지거나 건강이 좋지 않으면 쉽게 깨지게 된다.

4) 조상(Nail bed)

네일 베드(Nail bed)라고도 부르며 네일 밑에 위치하여 신경조직이 있는 부분이다. 네일 바디를 받치고 있는 부분이기도 하며 그 밑 부분은 혈관과 신경이 분포하여 손톱의 신진대사와 영양공급, 수분공급의 역할을 한다. 혈관이 있어 손톱이 분홍색으로 보인다.

5) 조모(Nail matrix)

네일 메트리스(Nail matrix)라고도 불린다. 네일 루트 밑에 위치하여 네일 각질세포의 생산과 성장을 조절하며 모세혈관, 림프 신경세포가 분포해 있는 가장 민감한 부분으로 네일 매트릭스가 손상을 입게 되면 손톱의 성장이 불균형하고 비정상적으로 자랄 수 있으며 심하면 자라지 않기도 하기 때문에 특별히 주의해야 한다.

6) 조반월(Lunula)

루눌라(Lunula)라고도 불리며 케라틴화가 완전히 되지 않은 부분이다. 조근(Nail root)과 조모(Nail matrix)를 연결해주는 역할을 한다. 우리가 알고 있는 네일 바디 베이스 위에 있는 유백색의 반달 모양이다.

7) 조소피, 조상막(Cuticle)

큐티클(Cuticle)이라고 불리며 네일 주위를 덮고 있는 신경이 없는 피부를 말한다. 병균의 침입을 보호해주는 역할을 하고 수분과 탄력이 있는 것이 특징이다. 네일 케어에 직접적으로 관련되므로 손상을 입지 않도록 주의해야 한다.

8) 조주름(Nail fold)

네일 폴드(Nail fold)라고도 불리며 손톱 주위에 위치하고 있다. 네일 루트가 묻혀있는 곳이고 네일의 베이스에 피부가 깊게 접혀있는 곳을 말한다. 다른 말로는 네일 맨틀이라고도 한다.

9) 조구(Nail grooves)

네일 그루브(Nail grooves)라고도 불리며 손톱 주위에 있는 부위이다. 네일 바디를 따라서 네일 베드의 양쪽 측면에 좁게 패여 들어가 있는 부분을 말하며 에포니키움과 큐티클, 네일 바디 사이에 동그란 굴곡을 만든다.

10) 조벽(Nail wall)

네일 월(Nail wall)이라고 불리며 손톱 주위를 둘러싸고 있다. 네일 그루브 위에 있는 네일의 양쪽 피부를 말하며 마치 손톱을 지키는 벽과 같이 네일 그루브에 밀착하여 보호하는 기능을 가지고 있다.

11) 상조피(Eponychium)

에포니키움(Eponychium)이라고도 불리며 이것은 표피의 연장이다. 루눌라를 부분적으로 덮고 있는 가는 선을 말한다. 에포니키움이 한 번 손상되면 복원이 잘 되지 않으므로 주의해야 한다.

12) 조상연(Perionychium)

페리오니키움(Perionychium)이라고 불리며 통상적으로 네일 바디의 전체를 에워싼 피부를 말한다. 페리오니키움의 피부 껍질이 일어나면 죽은 살들이 계속 유지되어 쉽게 낫지 않으므로 주의해야 한다.

13) 하조피(Hyponychium)

후리 엣지 밑 부분의 피부이며 외부 바이러스의 침입으로부터 피부를 보호한다. 피부가 매우 연하고 얇기 때문에 찢어지기 쉽다. 또한 후리 엣지는 다친 부위가 작더라도 고통을 느끼기 쉬운 부분이므로 주의해야 한다.

3. 네일 케어 및 페디큐어

여성에게 있어 외적 이미지 관리란 특별한 것이 아니며 사회에서도 인정받기 위한 필수 요소로 자리 잡고 있다. 최근 각종 여론 조사를 살펴보면 소개팅이나 직장 면접 등에서 여성들의 외적 이미지를 중시하는 응답 비율이 높게 나오고 있다. 특히 여성들에게 있어서 호감적인 외적 이미지를 위해 섬세함이 필요한 네일 케어와 페디큐어도 보편화되어 가고 있다.

〈표 9-31〉 네일 케어와 페디큐어의 도구 및 제품

도구 및 재료	설 명
안티셉틱 소독제 (Antiseptic)	- 시술 전 시술자와 고객의 손을 소독할 때 사용한다. 안티셉틱에는 여러 종류가 있는데 크게 로션 타입과 스프레이 타입으로 나눌 수 있다. - 안티셉틱은 소독력이 약해서 네일 기구의 소독에는 사용하지 않는다.
핑거볼 (Finger bowl)	- 손톱 주위의 굳은살과 지저분한 피부를 연화하여 네일 관리 중 큐티클이 용이하게 제거될 수 있도록 미온수로 손을 담가서 불릴 때 사용한다.
알코올 (Alcohol)	- 작업 테이블과 메탈 기구 등의 재료 소독에 사용한다. - 70% 농도의 알코올을 사용한다.
네일 에나멜 리무버 (Nail enamel remover)	- 유분기 제거 및 에나멜 제거를 위해 사용한다. - 액상형 제품과 크림형의 제품이 있으며 일반적으로 액상 타입을 많이 사용한다.
솜 (Cotten)	- 소독, 에나멜, 유분기 등을 제거할 때 쓰이며 화장솜이나 탈지면 등을 가위로 적당하게 오려 사용한다. 또한 네일의 프리 엣지 부분을 닦아낼 때 사용한다.
큐티클 오일 (Cuticle oil)	- 큐티클을 정리하기 전에 큐티클을 부드럽게 만들고 큐티클 제거 시 네일이 상하지 않도록 도와주는 역할을 한다. - 식물성 유지와 비타민 E, 광물성, 조조바, 아몬드, 야자수 기름 등이 주원료로 쓰인다. 또한 네일 케어 마무리 시 광택을 내기 위해 사용한다.
큐티클 푸셔 (Cuticle pusher)	- 니퍼로 굳은살이나 지저분한 스킨을 제거할 때 사용한다. 반드시 45° 각도로 비스듬히 세워서 사용한다. - 너무 세게 큐티클을 밀어주면 네일 표면이 벗겨지거나 네일 매트릭스가 상하므로 주의해야 한다.
큐티클 니퍼 (Cuticle nipper)	- 큐티클이나 굳은살 등 지저분한 각질을 제거할 때 사용한다. 한 번에 너무 많이 제거할 경우 상처로 인해 피가 날 수 있으므로 주의해야 한다. - 큐티클 니퍼는 날이 작고 일자형인 것이 가장 편리하다.
네일 클리퍼 (Nail clipper)	- 손톱깎이라고도 하며 네일의 길이를 조절할 때 사용된다. - 라운드형보다 일자형이 편리하다.

도구 및 재료	설 명
오렌지 우드 스틱 (Orange wood stick)	- 오렌지색의 나무 막대로 푸셔 대신 큐티클을 밀어주거나 다듬을 때 사용한다. 또한 우드 스틱의 끝에 리무버를 묻힌 솜을 말아 큐티클 주위의 오일이나 에나멜을 제거하는데 사용한다. 손·발톱 밑의 이물질 제거 시에도 유용하다. - 우드 스틱은 일회용이므로 재사용하지 않는다.
3단계 파일 (3-Way file)	- 손톱에 광택을 낼 때 사용하는 파일로 오일이나 크림 등을 바른 후 시술하면 손톱에 윤이 난다. - 재질은 합성수지이며 강도가 다른 세면을 가지고 있어 거친 면에서 부드러운 면의 순서로 네일 표면을 문지른다. 이때 한 방향으로 문질러야 한다.
에머리 보드 (Emery board)	- 손톱의 모양을 만들거나 다듬을 때 사용하며 그리트가 클수록 입자가 가늘고 파일 표면이 부드럽다. - 자연 손톱은 일반적으로 180 그리트를 사용한다.
샌딩 블럭 (Sand buffer)	- 네일 표면의 울퉁불퉁하고 거친 면들을 고르게 정리하거나 유분기 제거를 위한 버핑을 목적으로 사용한다.
라운드 패드 (Round pad)	- 네일 파일링 후에 네일 표면의 먼지나 네일 밑의 떨어지지 않은 찌꺼기들을 제거할 때 사용한다.
네일 브러시 (Nail brush)	- 파일링 후 생기는 먼지나 큐티클 찌꺼기 등 이물질을 털어낼 때 사용한다. - 네일 브러시는 솔, 더스트 브러시, 핸드 브러시라고도 한다.
페디 파일 (Pedi file)	- 발바닥의 굳은살을 제거할 때 사용되며 풋 크림이나 각질 제거제를 바른 후 발뒤꿈치로 버핑을 해준다.
콘 커터 (Corn cutter)	- 발바닥의 굳은살을 제거하기 위한 전용 칼이며 면도날로 되어 있기 때문에 상처가 생기지 않도록 조심해서 사용한다.
지혈제 (Styptic liquid)	- 큐티클 제거나 페디큐어 시술시 출혈이 있을 경우 혈액을 빨리 응고시키기 위해 출혈 부위에 한 방울 떨어뜨린다.
발가락 끼우게 (Toe separator)	- 페디큐어 시 에나멜을 바를 때 발가락 사이에 끼워 사용하며 에나멜 컬러링 시술이 편리하도록 발가락을 분리시키고 고정시켜 준다.
족탕/각탕기	- 페디큐어 시술 전 발을 담가 불려서 발의 굳은살과 지저분한 각질을 연화시켜 큐티클을 용이하게 제거할 수 있다.
네일 보강제 (Nail treatment)	- 손톱 강화제의 일종으로써 베이스 코트를 바르기 전에 자연 네일에 영양을 공급해준다. 갈라짐과 찢어짐, 손톱의 벗겨짐 또는 부서짐을 방지하고 손톱을 튼튼하게 해주는 효과가 있다.
베이스 코트 (Base coat)	- 네일 에나멜을 바르기 전 손톱의 표면에 바르는 것으로써 투명한 색상에 손톱 표면의 보호와 손톱이 착색되는 것을 방지한다. 에나멜이 잘 부착되도록 돕는 역할을 하며 손톱의 보호 코팅막을 형성하기 위해 바른다.
탑 코트 (Top coat)	- 니트로 셀룰로즈 성분이 들어있으며 베이스 코트와 같이 코팅막 역할을 하고 에나멜을 오래 지속시키며 광택을 유지시킨다.
에나멜 (Enamel)	- 손톱에 컬러를 발라주는 유색 화장제이며 여러 가지 색이 있다. 폴리쉬, 락카, 에나멜 등으로 불린다.

네일 케어 및 페디큐어 도구와 제품을 정리하면 〈표 9-31〉과 같다. 상대에게 호감을 주기 위해서는 네일 케어와 페디큐어에 대해 이해하고 활용하여 자신의 외적 이미지를 관리해야 한다.

네일 케어 및 페디큐어 도구와 재료를 이용하여 여러 가지 네일 이미지를 형성을 할 수 있다. 또한 네일 케어와 페디큐어를 통해 청결을 유지할 수 있고 건강한 손톱과 발톱의 이미지를 형성할 수가 있으며 깔끔하고 선명한 라인을 만들 수 있다. 집에서도 쉽게 할 수 있기 때문에 누구나 시술이 가능하다.

네일 컬러의 경우 톤에 따라 다양한 외적 이미지와 분위기가 형성되며 일반적으로 많은 사람들이 차분한 톤을 선택하여 컬러링을 한다. 에나멜 컬러를 사용하여 누구나 단아함과 우아함 그리고 깔끔함, 세련됨, 정돈된 느낌을 연출할 수 있다.

1) 네일 케어 시술

시술 시 상처가 생길 경우 바이러스 감염을 예방하기 위해 안티셉틱으로 시술자의 왼손부터 소독을 한다. 시술자의 손 소독이 끝나면 시술받는 사람의 왼손부터 오른손까지 차례로 소독을 한다. 소독이 끝나면 손톱 모양을 잡는 파일링을 시작한다. 처음은 왼손 소지부터 엄지를 향해 시술하며 에머리 보드로 손톱의 길이 조절을 먼저 한 뒤 양옆의 모양을 잡아준다. 파일링 시에는 파일을 좌우로 비비지 않고 한 쪽 방향으로만 비벼준다.

파일링이 끝나면 손톱 표면을 정리하는 샌딩에 들어간다. 손톱 표면의 균일성과 유분기를 제거하며 샌딩 블럭의 양 사이드 면을 잡고 좌우로 비벼주면서 시술한다. 이때 샌딩은 중앙에서 좌우 그리고 전체 순으로 한다.

파일링과 샌딩이 끝난 후, 시술 중 손에 묻거나 손톱 밑에 낀 먼지와 이물질 등 찌꺼기를 라운드 패드로 제거한다. 이때 라운드 패드를 손톱 밑으로 깊이 찌르지 말고 털어 낼 수 있는 만큼만 끼워 털어낸다. 손톱 밑에 이물질을 빼낸 후 네일 브러시로 파일링과 샌딩을 하며 손가락 전체에 묻은 먼지와 이물질, 찌꺼기 등을 가볍게 털어낸다. 이때 힘주어 밀지 않고 솔이 닿는 부분을 가볍게 털어낸다. 왼손의 시술이 끝나고 나면 왼손을 핑거볼에 담가 불린다. 그동안 오른손을 왼손과 동일한 방법으로 시술한다. 시술이 끝나면 왼손을 핑거볼에서 꺼낸 다음 오른손을 담근다. 그리고 왼손의 물기를 제거한 후 손의 지저분한 각질과 정리가 되지 않은 큐티클 라인에 큐티클 오일을 바른다. 오일을 바르지 않으면 다칠 염려가 있으므로 반드시 발라야 한다.

큐티클을 제거할 때에 푸셔를 사용하면 네일 바디의 손상을 막을 수 있다. 푸셔를 45° 각도로 잡고 큐티클을 밀어준다. 너무 깊게 밀 경우에는 네일 루트에 손상이 될 수 있으므로 주의해야 한다. 푸셔로 손의 큐티클을 모두 밀었으면 니퍼를 꺼내어 45° 각도로 잡고 큐티클을 제거한다. 큐티클을 과도하게 잘라낼 경우에는 모세혈관들이 분포하여 있는 네일 루트가 손상되어 출혈이 일어날 수 있으므로 주의해야 한다.

이렇게 양손의 시술이 끝나면 3단계 파일을 이용하여 손톱에 광을 내어주는 것으로 마무리한다. 〈그림 9-24〉을 참고하여 네일을 케어하면 깨끗하고 깔끔한 네일 이미지를 완성할 수 있다.

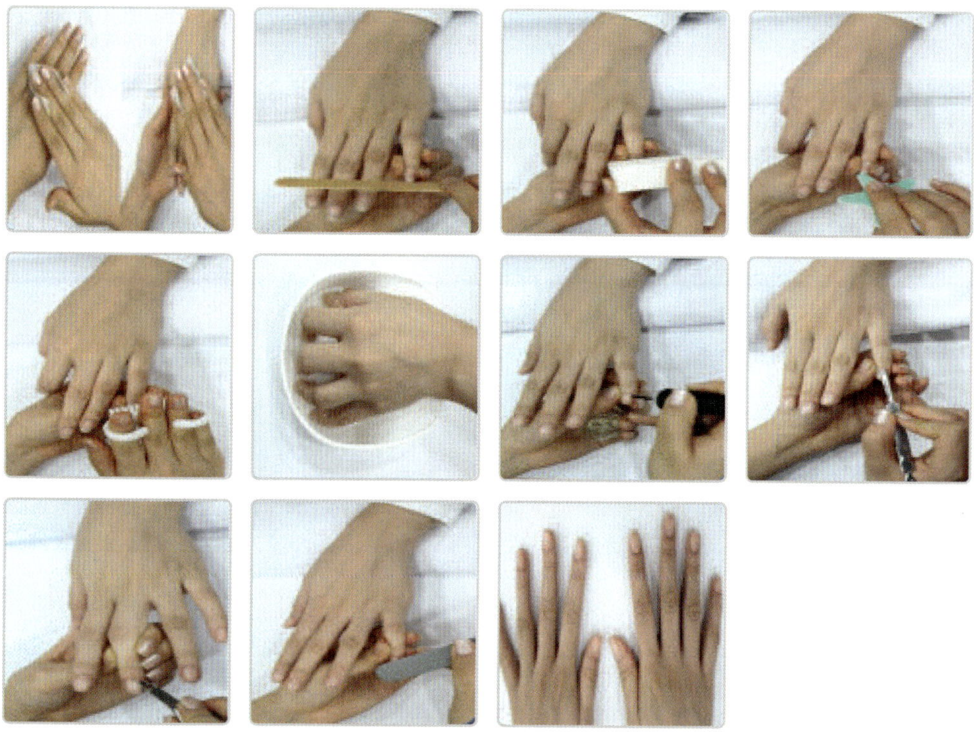

〈그림 9-24〉 네일 케어 시술 방법

2) 페디큐어 시술

페디큐어는 총체적으로 발을 관리하는 것을 말한다. 페디큐어 시술은 발의 청결과 정리된 이미지를 형성할 수 있다.

시술에 앞서 바이러스 감염을 예방하기 위해 소독제인 안티셉틱으로 시술자의 왼손부터 소독한 후 시술받는 사람의 왼발부터 소독한다. 발 소독을 할 때에는 왼발의 소지부터 발등, 발바닥 순으로 소독하도록 한다. 소독이 끝나면 먼저 왼발 발톱 모양을 잡는 파일링을 시작한다. 왼발 소지부터 엄지를 향해 시술하며 발톱이 살을 파고드는 함 입조를 예방할 수 있도록 에머리 보드로 스퀘어 또는 오버 스퀘어 형태로 발톱 모양을 잡는다.

파일로 발톱의 모양을 모두 잡고나면 발톱 표면을 정리하는 샌딩 작업을 한다. 발톱 표면의 균일성과 유분기를 제거하기 위해 샌딩 블럭의 양 사이드 면을 잡고 좌우로 비벼주면서 시술한다. 이때 샌딩의 순서는 중앙에서 좌우 순으로 한다. 그리고 라운드 패드로 파일링과 샌딩이 끝난 발톱 밑의 먼지와 이물질 등 찌꺼기를 제거한다. 발톱이 매우 짧은 경우에는 생략할 수 있다. 아래의 이물질을 털어냈으면 네일 브러시로 발톱 위쪽을 깨끗하게 만든다.

지금까지의 시술이 끝난 왼발은 각탕기에 담가놓고 같은 방법으로 오른발을 시술한다. 오른발도 시술이 끝나면 각탕기에 담가 굳은살과 지저분한 각질을 불린다. 적당히 불린 왼쪽 발을 꺼내어 지저분한 각질과 정리가 되지 않은 큐티클 라인에 큐티클 오일을 바른다. 푸셔를 45° 각도로 잡고 발톱이 손상되지 않도록 주의하여 큐티클을 밀어준다. 그 다음 니퍼를 45° 각도로 잡고 큐티클을 제거한다. 너무 깊게 밀거나 세게 밀 경우 발톱의 루트에 손상이 갈 수가 있으므로 주의하며 시술한다.

다섯 발가락의 큐티클 제거가 모두 끝나면 콘 커터로 발의 굳은살 등을 제거한다. 먼저 발바닥의 윗부분을 부채꼴 모양으로 위에서 아래로 굳은살을 제거하고 뒤꿈치도 같은 방

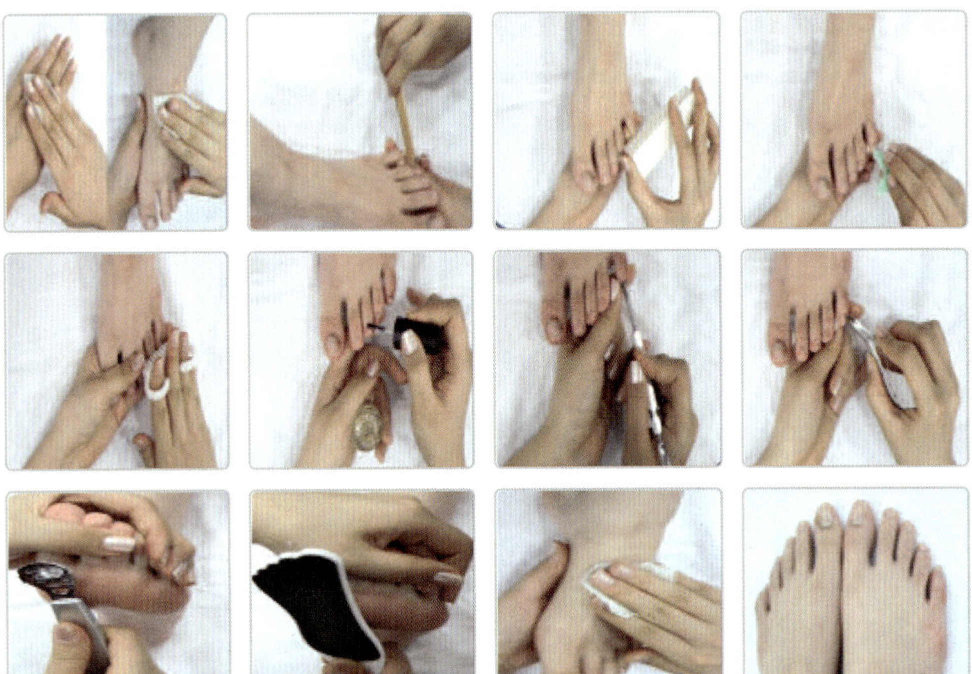

〈그림 9-25〉 페디큐어 시술 방법

법으로 시술한다. 너무 세게 밀 경우 피부가 벗겨져 상처가 날 수 있으므로 주의한다. 왼발 시술이 끝나면 오른발도 같은 방법으로 시술한다.

콘 커터 시술 후 페디 파일에 풋 크림을 묻혀서 부채꼴 모양으로 콘 커터 시술방법과 동일하게 시술한다. 페디 파일도 콘 커터와 마찬가지로 너무 세게 밀 경우 피부가 벗겨질 수 있으므로 주의해야 한다. 양쪽 발의 이 모든 순서가 끝나고 나면 안티셉틱을 한 번 더 사용하여 소독한 뒤 마무리한다. 〈그림 9-25〉를 참고하여 페디큐어를 하면 깨끗하고 깔끔한 풋 이미지를 완성할 수 있다.

이처럼 네일 케어와 페디큐어를 하게 되면 꾸미지 않아도 상대에게 정돈된 느낌을 줄 수 있다. 시술을 받는 것은 자신이지만 보는 사람은 타인이다. 상대에게 호감을 얻으려면 깔끔하고 청결함이 표현될 수 있도록 자신의 네일·풋 이미지 관리에 신경쓰고 노력해야 한다.

3) 컬러링 시술

(1) 네일 케어 컬러링

네일 에나멜을 바르기 전 손톱 표면의 보호와 에나멜이 잘 부착되도록 베이스 코트를 먼저 바른다. 베이스 코트를 바르기 전 손톱의 보호와 코팅 막을 형성하기 위해 영양제나 강화제를 바른 후 베이스 코트를 발라도 무관하므로 기호에 맞게 사용한다.

손톱 위에 베이스 코트를 바르고 말린 후 에나멜 본색을 바른다. 에나멜의 색을 선명하게 표현하기 위해 꼼꼼하게 두 번을 발라주는데 처음 바를 때에는 후리 엣지까지 발라주고 두 번째는 플레이트까지만 바른다. 에나멜이 마른 뒤에 탑 코트를 발라주는데 베이스 코트와 같이 코팅막 역할을 하여 에나멜을 더 오래 보호해주고 광택을 유지시켜주는 기능을 한다.

컬러링 시술은 색도 다양하고 방법도 다양하므로 네일 케어 컬러링을 통해 자신이 연출하고자 하는 네일 이미지를 형성할 수 있다. 이렇게 형성된 네일 이미지는 호감적인 외적 이미지 형성에도 영향을 준다. 네일 컬러링 시술 방법은 〈그림 9-26〉을 참고하도록 한다.

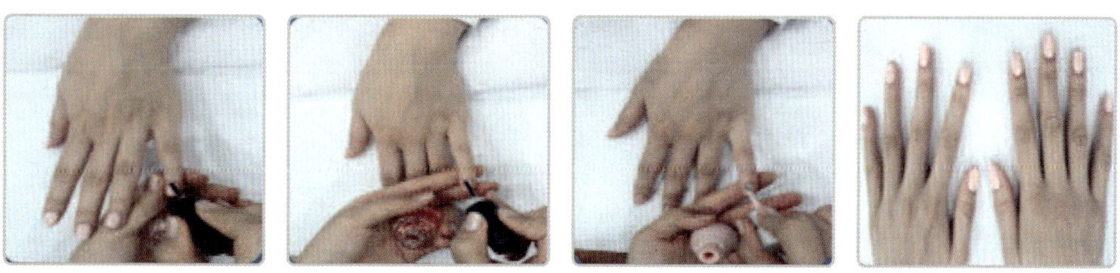

〈그림 9-26〉 네일 케어 컬러링 시술 방법

(2) 페디큐어 컬러링

에나멜을 바르기 전에 베이스 코트를 발톱 표면에 발라주어 발톱 보호와 에나멜이 잘 부착되도록 한다. 기호나 상황에 따라 베이스 코트 대신 강화제나 영양제를 바르는 것도 무관하다. 베이스 코트를 꼼꼼히 바르면 에나멜의 발색이 좋으며 지속 시간을 오랫동안 유지할 수 있다.

발톱 위에 베이스 코트를 바르고 말린 후 에나멜을 바른다. 꼼꼼하게 두 번 발라준다. 처음 바를 때는 후리 엣지까지 발라주고 두 번째는 플레이트만 발라준다. 발톱이 작은 사람이 많기 때문에 발톱 밖으로 에나멜이 튀어 나가지 않도록 주의해서 컬러링 시술을 한다.

에나멜이 마른 후 탑 코트를 발라주는데 베이스 코트와 같이 코팅막 역할을 하여 에나멜을 더 오래 보호해주고 광택을 유지시킨다.

올바른 페디큐어 컬러링은 연출하고자 하는 풋 이미지를 형성한다. 깔끔한 풋 이미지는 보다 호감적인 외적 이미지 형성에 도움이 된다. 페디큐어 컬러링 시술 방법은 〈그림 9-27〉을 참고하도록 한다.

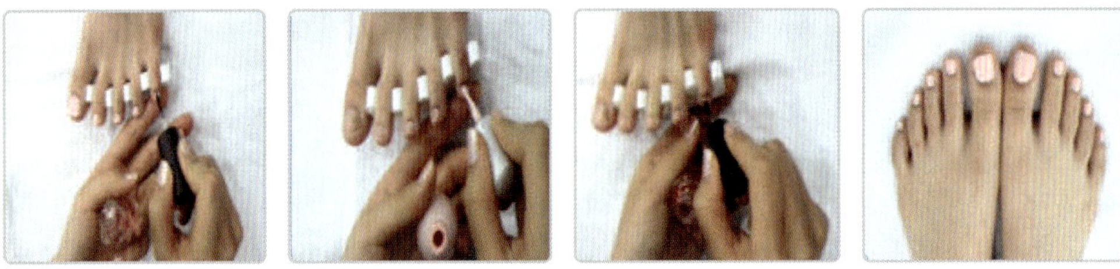

〈그림 9-27〉 페티큐어 컬러링 시술 방법

4. 손과 발의 관리

네일 케어로 아름다워진 손발을 더 건강하게 유지하기 위해 가장 중요한 것은 손발 근육의 피로회복과 혈액순환의 도움으로 충분한 영양을 공급하는 것이다. 과거에는 미의 기준이 얼굴과 몸매였다면 현대의 미의 기준은 손에서 시작된다고 할 수가 있을 만큼 섬세한 부분이 미의 기준으로 변화되고 있는 실정이며 가정에서도 손쉬운 마사지를 통해 손과 발을 아름답게 가꿀 수가 있다.

1) 손 마사지

소독을 한 시술자의 손에 보습 성분이 좋은 마사지 크림이나 오일을 덜어 예열한 뒤 전체적으로 가볍게 쓰다듬는다. 예열을 한 경우 보습 성분이 더 뛰어나 흡수력이 좋아진다. 손을 쓰다듬어 바른 크림이나 오일이 손에 적당히 스며들면 손목을 풀어주는 것이 중요하다. 우리는 일상생활에서 손목을 많이 사용하기 때문에 마사지를 통해 손목을 풀어준다. 엄지를 이용하여 뭉친 근육들이 풀리도록 지그재그로 여러 번 쓸어주고 손목의 긴장이 풀리도록 시술자 손과 시술받는 사람의 손을 깍지낀다. 그리고 손목을 부드럽게 좌우로 흔들어준다. 손목을 풀어주고 난 후 그 밑 부분인 손등 마디를 풀어준다. 손등이 위로 향하게 하여 손등에 있는 뼈 사이사이를 시술자의 엄지손가락으로 원을 그리면서 압을 주어 풀어준다. 뼈 사이사이를 풀어줌으로서 뭉쳐있는 근육들이 풀려 손 저림 현상이 예방된다.

손가락을 풀어줄 때에는 시술자의 손가락 끝에 힘을 준다. 그리고 소지부터 손가락의 관절부위를 둥글게 굴리면서 압을 주어 풀어준다. 손가락의 혈점에 압을 주게 되므로 혈액순환이 원활하게 되며 기를 풀어 줄 수 있기 때문에 정성을 다한다.

다음으로 갈고리 트위스트를 하는데 갈고리 트위스트는 시술자의 검지와 중지를 구부려 소지부터 엄지까지 마디 부위를 시술자 쪽으로 당기듯이 쓸어주고 눌러주는 방법이며 손가락 끝에 압을 주어 당겨 빼주는 마사지 방법이다. 갈고리 트위스트 후 전체적으로 한 번 더 쓸어준다. 이때 시술자의 양손 엄지를 이용하여 손의 혈액순환이 잘 되도록 손등과

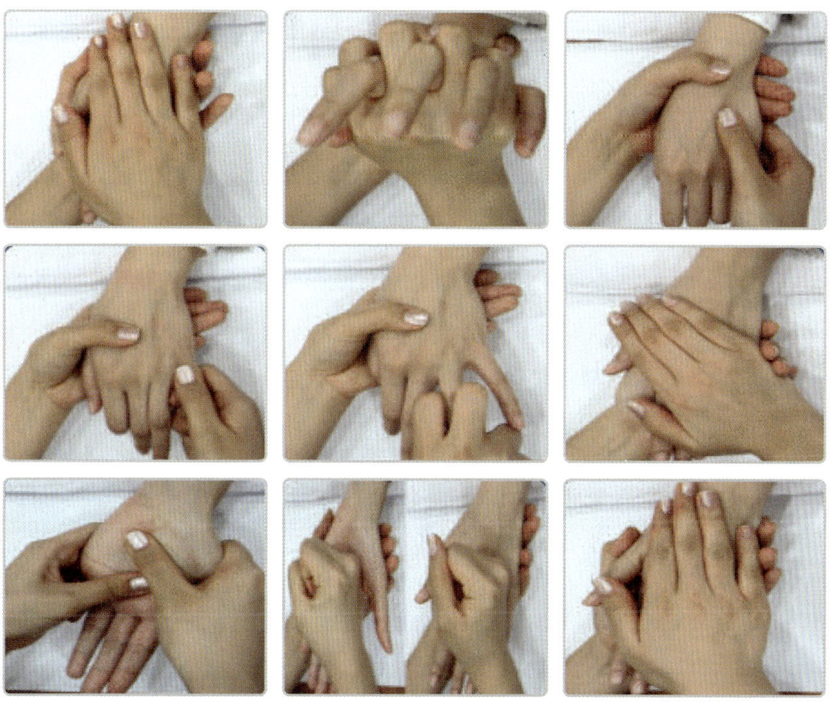

〈그림 9-28〉 손 마사지 하는 방법

손바닥 전체에 원을 그리듯이 부드럽게 쓸어준다. 손바닥을 쓸어줄 때에는 손바닥이 위로 향하게 하여 시술자의 소지를 시술받는 사람의 엄지와 소지 사이에 끼워 시술한다. 이때에는 손바닥 전체를 지압하며 크게 원을 그려 회전 마찰을 시킨다.

양손 모두 지금까지의 과정을 시술한 후 손등과 손바닥을 계란을 쥔 듯 주먹을 쥐고 2~3번 가볍게 두드려준다. 뭉쳐있던 작은 혈들을 한 번 크게 풀어주는 것으로 손 마사지의 마무리를 알리는 동작이다.

마지막으로 다시 한 번 손 전체를 쓰다듬고 나면 모든 과정이 끝나는데 마사지를 받은 사람은 혈액순환이 좋아져 피로가 풀어지는 느낌을 받을 수 있다. 손 마시지는 〈그림 9-28〉을 참고하도록 한다.

2) 발 마사지

손의 경우와 마찬가지로 소독을 한 시술자의 손에 보습 성분이 좋은 마사지 크림이나 오일을 덜어 예열한 뒤 발을 전체적으로 가볍게 쓰다듬는다. 발을 전체적으로 쓰다듬어 주고나면 발등 마디를 풀어준다. 발등에 있는 뼈 사이사이를 시술자의 엄지손가락으로 원을 그리면서 압을 주어 근육을 풀어준다. 뼈 사이사이를 풀어주면 뭉쳐있는 근육들이 풀리므로 발 저림 현상이 예방된다.

발등을 풀어준 후 발가락을 풀어준다. 시술자의 손가락 끝에 힘을 주어 소지부터 발가락의 관절부위를 손가락으로 원을 그리면서 풀어준다. 적당히 풀어준 후 갈고리 트위스트로 넘어가는데 갈고리 트위스트는 시술자의 검지와 중지를 구부려 소지부터 엄지까지 마디부위를 시술자 쪽으로 당기듯이 쓸어주고 눌러주면서 손가락 끝에 압을 주어 당겨 뺀다. 발가락은 그리 길지 않기 때문에 무리하여 당기거나 힘주지 않는다. 갈고리 트위스트가 끝이 나면 다시 한 번 발등을 쓸어내려 준다. 시술자의 양손 엄지를 이용하여 교차로 부채꼴 모양처럼 전체를 쓸어줌으로서 발등에 있는 혈들을 풀어 혈액순환이 원활하게 된다. 복숭아 뼈를 굴려줄 때에는 발가락을 나란히 하여 양쪽 복숭아 뼈를 부드럽게 굴려준다. 복숭아 뼈가 손목의 역할을 하므로 가장 많이 사용되기 때문에 복숭아 뼈를 마사지 해주면 마사지를 받는 대상은 시원한 느낌을 받을 수 있다.

이러한 과정이 모두 끝나면 발을 들어 올려 발바닥을 두드린다. 계란을 쥔 듯 주먹을 쥐고 발바닥의 가운데 부분인 용천을 가볍게 두드린다. 용천혈은 사람을 살린다는 말이 있듯이 우리 몸에 있어 심장과도 같은 역할을 하는 혈 자리이기 때문에 용천혈을 지압해 주면 피로가 풀어지는 것을 느낄 수 있다. 다음으로 발바닥을 쓸어주고 발바닥 전체에 지압 효과를 주어 혈액순환이 잘되게 한다. 또한 발바닥에 크게 원을 그리며 회전 마찰하여 발전체를 쓸어준다. 우리 몸을 지탱하는 지지대 역할을 하는 뒤꿈치는 피로가 많이 쌓이는 부분이므로 여러 번 훑어준다.

시술자의 한 손은 사람의 아킬레스건을 받치고 반대편 손으로 엄지와 검지를 벌려 뒤꿈치에 갖다 댄 후 가볍게 훑어주어 뭉친 근육을 풀어준다. 마지막으로 발전체를 털어준다. 한 손은 아킬레스건을 받치고 반대편 손으로 윗부분을 잡은 후 가볍게 흔들어준다. 발 마시지의 과정은 〈그림 9-29〉를 참고하도록 한다.

발 마시지를 꾸준히 하면 혈액순환을 원활하게 해주고 혈점을 자극하여 우리 몸의 기순환과 함께 건강한 발과 몸을 만들 수가 있다. 또한 우리가 하루 종일 사용하는 발의 피로를 풀어주어 발 저림 현상을 예방할 수 있다. 뿐만 아니라 발가락과 발바닥, 발가락 뼈 사이를 마찰하고 자극하여 뭉친 근육들을 풀어주면 발의 피로를 풀어 줄 수 있다.

피로가 쌓인 몸과 정신은 손발의 건강에 좋지 않은 영향을 준다. 그러므로 손 마사지와 발 마사지로 사람의 심신을 편하게 해야 한다. 손발을 건강하게 가꿈으로서 타인에게 보여지는 외적 이미지에도 좋은 영향을 줄 수 있다.

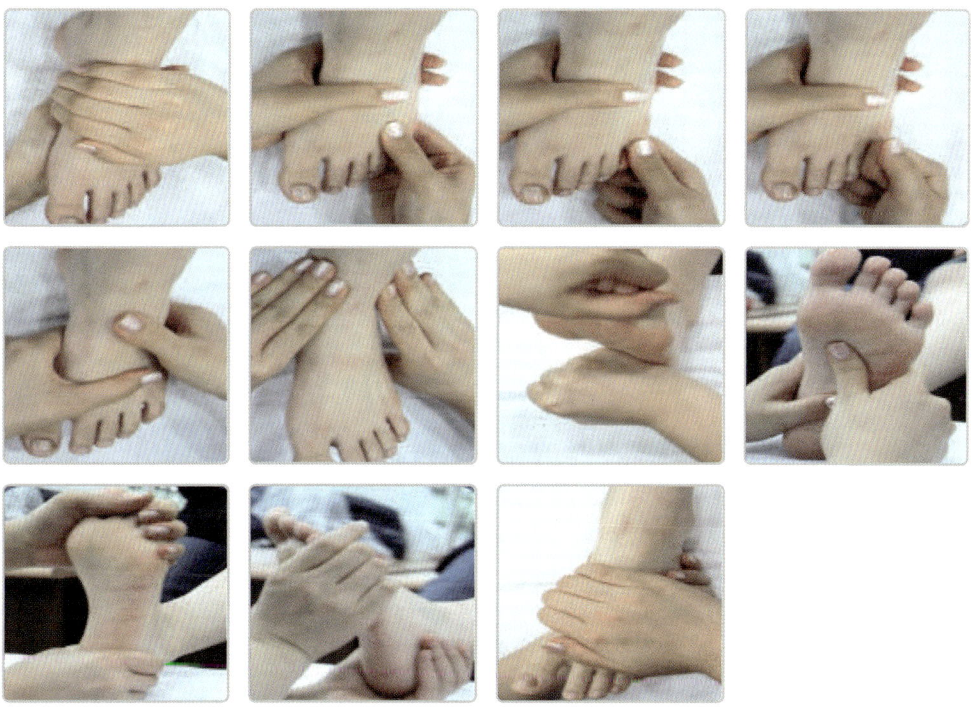

〈그림 9-29〉 발 마사지 하는 방법

3) 건강한 손과 발을 위한 관리행동

(1) 면장갑, 고무장갑

평소 집안일을 할 때 자신도 모르게 손톱이 손상되어 있는 것을 발견할 때가 있다. 이처럼 일상 속에서 방치된 손을 보호하기 위해서는 집안일을 할 때에도 면장갑이나 고무장갑을 반드시 착용해야 한다. 눈에는 보이지 않지만 독한 주방세제로 인해 손의 피부가 빨리 상하고 거칠어지며 손톱이 손상되고 수분이 증발하기 때문이다. 이러한 현상들을 예방하기 위해 반드시 고무장갑을 착용해야 한다. 남성도 여성과 마찬가지로 일을 할 때에는 면장갑을 착용하여 손을 보호하도록 한다. 면장갑과 고무장갑을 용도에 맞게 적절하게 사용한다면 건강하고 아름다운 손을 유지할 수 있을 것이다.

(2) 손톱 길이

손톱 길이는 너무 길어서 혐오감을 주지 않도록 유지한다. 손톱의 길이가 애매한 경우 클리퍼로 손톱을 자르는 것보다 에머리 보드를 사용하여 다듬는 것이 좋다. 왜냐하면 클리퍼를 사용할 때 손톱이 받는 강한 힘으로 인해 건강한 손톱임에도 불구하고 손톱이 손상되어 깨지거나 갈라지는 경우가 많기 때문이다. 손톱의 길이가 너무 긴 경우 생활하기에 불편하며 강한 힘을 받을 경우 손톱이 쉽게 깨지기 때문에 손톱이 깨지면서 매트릭스가 찢어져 상처가 생길 수 있다.

손톱이 깨지는 것은 길이가 길어서라기보다 적당한 길이인데도 불구하고 영양이 부족하여 손톱이 약해져 있기 때문이다. 약한 손톱의 경우에는 네일 영양제, 네일 강화제를 발라서 쉽게 부러지거나 갈라지고 깨어지는 것을 줄일 수 있다.

(3) 컬러링 & 리무버

에나멜을 사용하여 컬러링을 한 뒤 1~2일 후에는 반드시 리무버를 이용해 깨끗이 지워야 하는데 리무버는 아세톤이 들어 있지 않은 것을 사용하는 것이 좋다. 아세톤은 손톱의 수분을 증발시켜 손톱이 건조해지고 쉽게 부러지게 만드는 원인이 되므로 아세톤이 들어있지 않은 리무버를 사용하도록 한다. 에나멜을 바른 채 너무 오래 손톱을 방치하면 손톱에 물이 들어 변질될 수 있으며 손톱 건강에도 좋지 않다. 그러므로 손톱의 아름다움도 생각해야 하지만 건강을 위해 손톱이 숨을 쉴 수 있도록 관리하는 것이 중요하다.

(4) 핸드크림 & 풋크림

손발을 씻은 다음 취침 전에 핸드 크림과 풋 크림을 발라주면 건조한 손발에 수분과 유분을 공급해주어 부드러운 손발을 유지할 수 있다. 핸드 크림과 풋 크림을 바를 때에는 혼자서라도 마사지하듯이 지압하며 주물러준다.

발은 하루 종일 양말과 신발 속에 있으며 땀이 생겨 세균의 온상이 되고 발 냄새의 원인이 되기 때문에 자주 씻어주고 족욕을 하여 발의 혈액순환과 피로를 풀어준다. 또한 시간이 날 때마다 발가락 운동을 틈틈이 해주는 것도 건강한 발을 만드는 관리 방법이다.

4) 손과 발 관리에 좋은 제품

네일 케어와 페디큐어가 보편화되어 네일 샵이 많이 생기고 있다. 손과 발 관리에 좋은 제품도 시중에서 손쉽게 구할 수 있다. 다음의 〈표 9-32〉는 기본적인 네일 케어 제품을 정리한 것이다. 제품의 종류와 특징에 대해 알아보고 네일 관리에 좋은 제품을 선택하여 활용한다면 보다 나은 네일 이미지를 구축할 수 있을 것이다.

많은 사람들이 손과 발을 관리하기 위해 좋은 제품을 쓰고자 많은 고민을 한다. 고가의 가격이거나 유명한 브랜드 제품이면 다른 제품보다 낫다고 생각하는 사람들은 고민이 짧고 대체로 비싼 값을 주고 제품을 구매한다. 그러나 가격이 저렴한 다른 메이커의 제품들도 유명 브랜드와 동일한 성분을 가지고 있으므로 유명 브랜드와 높은 가격의 제품이 무조건적 좋은 것은 아니다.

'어떤 것이 좋더라'는 말보다 자신의 손과 발의 타입에 맞는 최적의 제품을 선택하여 꾸준히 관리하는 것이 중요하다.

〈표 9-32〉 네일 관리에 좋은 제품의 종류와 특징

종 류	특 징
큐티클 오일	상처치유와 거스름 스킨의 진정작용을 하며 수분 증발 억제와 피부노화를 방지하고 큐티클 라인 안에 있는 네일 매트릭스 부분인 성장점을 보호하는 역할을 한다.
베이스 코트	네일의 보호 효과 및 에나멜의 흡착력을 높여주고 풍부하게 함유된 케라틴, 아미노산이 네일을 보호하고 에나멜의 얼룩짐도 방지해 준다.
탑 코트	광을 내주며 에나멜의 색상이 변화되지 않게 보호해 주며 오랫동안 지속되게 도와준다.
에나멜	발색이 좋고 다른 제품과 다르게 에나멜의 광이 오랫동안 지속되며 컬러 또한 유지 기간이 길다.
손톱 강화제	손톱 강화제는 쉽게 부러지거나 갈라지는 손톱, 휘어지는 손톱 등에 쓰이는 영양제이다. 손톱에 각종 영양을 주어 영양 결핍으로 생기는 손톱의 문제를 해결해준다. 그러나 손톱이 충분히 강해졌을 경우에는 강화제 사용으로 손톱이 갈라질 수 있으므로 주의한다.

5. 손과 발 진단

〈표 9-23〉의 체크 리스트는 자신의 손과 발의 건강 정도를 확인할 수 있는 진단지이다. 직접 진단하고 점수를 합산하여 자신의 손과 발의 건강 정도와 관리 상태를 알 수 있다.

〈표 9-33〉 네일·풋 이미지 Check List

문항	매우 그렇다	매우 그렇다	그렇다	보통이다	아니다	매우 아니다
1	주기적으로 족욕을 하고 발가락 스트레칭을 한다.	5	4	3	2	1
2	손·발톱을 짧게 깎는다.	5	4	3	2	1
3	손·발톱을 길게 기른다.	1	2	3	4	5
4	손·발톱을 둥글게 깎는다.	1	2	3	4	5
5	손·발톱을 자주 깎는다.	5	4	3	2	1
6	손·발톱 주위를 자주 뜯는다.	5	4	3	2	1
7	손·발톱에 에나멜만 바른다.	1	2	3	4	5
8	에나멜을 자주 바르고 오래 유지한다.	1	2	3	4	5
9	네일 영양제나 강화제를 올바르게 선택하여 바른다.	5	4	3	2	1
10	샤워나 목욕 후에는 핸드 크림과 풋 크림을 바른다.	5	4	3	2	1

제6절 패션 이미지

1. 패션의 역사

패션의 역사는 16세기 르네상스 시대로 거슬러 올라간다. 16세기 르네상스 시대에는 신에 대한 찬양과 자연 복종의 미덕을 추구했다. 르네상스 패션은 화려하며 입체적이고 기하학적인 특징을 가진다. 르네상스 복식에는 행동에 자유로움을 줄 수 있게 소매나 팔꿈치 등을 대폭 줄였다. 뿐만 아니라 복장으로 권력이나 부력을 상징하고자 했다. 여성은 매우 우아하고 입체적인 느낌을 추구하게 되었으며 이에 따라 허리는 가늘고 힙은 불룩하게 하여 외관이 과장된 패션을 선보였다.

17세기 바로크 시대의 패션은 간단하고 소박했다. 그들의 사회에 적합한 것은 화려한 것이 아님을 알고 변화를 도모했다. 혁명을 통해 르네상스의 귀족문화 중심이었던 호화로운 의상이 사라지며 그 후 바로크 시대가 시작되었다. 바로크 시대의 패션은 완만한 곡선을 많이 사용하였으며 직선은 피했다. 르네상스 시대의 특징이 고전적이고 정적인 우아함이었다면 바로크 시대에는 규칙적이지 않고 유동적인 형태에 적극적이고 감각적인 기풍이었다.

18세기 로코코 시대의 패션은 루이 14세 시대의 궁정 문화에서 비롯되었다. 궁정을 중심으로 한 감성적이고 쾌락을 추구하는 호화로운 궁정 문화는 화려함이 과도하고 장식을 많이 사용했다. 아름다운 부인들을 중심으로 이루어진 살롱 문화가 탄생된 시대이며 방탕주의와 향락주의가 범람했다. 그로 인해 여성의 패션은 가슴이 노출될 정도로 깊이 패었으며 허리는 꽉 조여 관능적인 미를 추구했다. 이러한 귀족주의의 사치스러움에 시민들은 프랑스 혁명을 일으켰다.

19세기 엠파이어 시대의 패션은 화려함으로 장식되기 보다는 자연스러운 모습이 주를 이루었다. 기존의 귀족적인 형태가 아닌 풍성한 스커트에 잘록한 허리선과 높은 머리로 형태가 변화했다. 상류층은 직물공업이 발달하면서 호화로운 짧은 조끼와 타이트한 바지, 카라를 높게 세우는 등 귀족적인 취향이 부활하고 혁명파인 청년들은 평범한 모직으로 만들어진 간소하고 실용적인 복장을 입었다.

20세기의 패션은 1차 세계대전의 발발로 단순하고 실용적인 작업복 형태로 변화했다. 이후 '뉴룩(New Look)' 이라는 어깨가 둥글고 허리가 가는 패션이 주목을 받았지만 2차 세계대전으로 인해 패션의 중요성을 잃게 되었다. 세계대전 이후 물질적으로 풍요로워지면서 다시 패션은 주목받게 되었고, 이때부터는 귀족적인 패션이 아닌 사회신분에 구분이 없는 패션이 대중화를 이루었다.

50년대 이후 패션이 삶의 중요한 부분을 차지하게 되고 판매시장도 확대되었다. 칵테일 드레스가 유행하면서 몸매를 강조하고 노출이 대담해지며 액세서리는 필수 아이템이 되었다. 60년대 세계적으로 주목받은 미니스커트가 등장하면서 치마 길이가 논란이 되는 등 패션은 큰 변환점을 맞게 되었다. 70년대에는 다양한 패션들이 유행하면서 독창적인 패션을 찾게 되고 복고풍의 패션이 등장했다. 30~50년대의 옷들이 다시 유행하고 중고 액세서리 등이 유행했다. 80년대는 개인의 취향을 중요시했으며, 치마의 길이나 옷의 크기 등 패션에 제약이 사라지고 자유로워지면서 자신만의 이상적인 패션을 추구하게 되었다.

20세기 패션은 시대 흐름에 영향을 받거나 규제로 인해 제한되는 것이 아닌 자신만의 개성을 자유롭게 추구할 수 있는 전환점이 되었다.

현대사회의 패션 양상을 보면 과거의 양식들이 반영되어 있는 것을 발견할 수 있다. 섹시함을 연출해주는 코르셋에서부터 코트 뒤쪽에 절개를 넣어 엉덩이의 볼륨을 살린 디자인, 해변에서 필수 아이템인 챙이 큰 모자, 캉캉스타일의 롱스커트, 직선 라인의 수트, 복고풍의 색상으로 배색된 티셔츠 등 많은 부분에서 과거의 양상을 모티브로 디자인한 것을 볼 수 있다.

빠르게 변화하는 현대 패션 속에도 세기를 달리하는 오래된 스타일들이 계속적으로 유행하고 있다. 이러한 패션의 순환은 과거의 디자인 실력이 뛰어났음을 보여주고 있다.

〈표 9-34〉 시대에 따른 대표적인 패션

시 대	명 칭	특 징	대표 이미지
16세기 르네상스	푸르프앵	- 남성의 대표적인 의상, 중세시대 후반 조끼 형식으로 갑옷 속에 착용 - 신체를 과장해 권위 상징	
	스토마커	- 보석이나 자수 등으로 몸통 부위에 역삼각형으로 붙인 가슴장식	
17~18세기 바로크	푸르프앵	- 앞면 패드가 없어지고 부드러운 실루엣이 유행 - 단추를 사용하고 허리까지 오는 길이	
	앙가장트	- 부드럽게 심을 뺀 팔꿈치 정도 오는 반소매 - 리넨이나 레이스로 주름을 잡아 3단 이상으로 포갠 소매 모양	
	쥐스또꼬르	- 코트형의 상의 - 처음에는 길이가 길었으나 점차 무릎까지 짧아짐	

시대	양식	특징	이미지
18세기 로코코	아비 아 라 프랑세즈	- 허리가 들어가고 엉덩이에 볼륨을 줌 - 곡선적이었던 선이 직선적으로 됨	
	로브 아 라 프랑세즈	- 로코코 시대의 대표의상 - V자형의 상의 - 가슴이 부분이 벌어짐 - ∧형의 스커트 - 언더 스커트를 노출함	
19세 부르주아	카르마뇰	- 가장 서민적인 옷 - 엉덩이 길이에 카라가 젖혀짐 - 실용적이고 편안한 의상	
	슈미즈가운	- 속옷을 입지 않음 - 맨살의 다리를 드러냄 - 마리 앙투아네트가 처음 입음 - 부드럽고 자연스러움	
20세기	에스-꾸르브 스타일	- 과도한 장식의 모자와 코르셋 - 부풀린 힙과 곡선의 헤어 - 19세기 후반의 스타일이 남아 있음	

2. 성별에 따른 패션 이미지

1) 남성의 패션 유형

일반적으로 남성이 자신을 꾸밀 때 가장 먼저 변화를 주는 것이 의상이다. 장소나 대상, 상황에 맞게 의상을 먼저 선택한 후 장식적인 요소를 코디하여 마무리를 하게 된다. 이처럼 패션은 이미지 연출의 바탕이 되며 중요한 역할을 하게 되는데 바른 패션 연출을 위해 의상의 종류와 이미지를 살펴볼 필요가 있다.

(1) 재킷 vs 점퍼

재킷이나 점퍼 종류는 단정한 것을 선택하는 것이 좋다. 겉옷이어서 의상 중 가장 먼저 보이기 때문이다. 여름을 제외한 나머지 계절에는 재킷이나 점퍼를 입는 것이 바람직하다. 왜냐하면 사람을 만날 때 인 웨어만 입는다면 다른 일을 하다가 급하게 나온 것처럼 무성의한 이미지를 줄 수 있기 때문이다.

정장 재킷은 일반적으로 격식을 차리는 자리나 중요한 모임에 참석할 때 입는다. 신사적인 엘리건트한 분위기를 연출할 수 있으며 도시적이고 현대적인 이미지를 형성할 수 있다. 체형에 따라 원 버튼, 투 버튼, 쓰리 버튼으로 나뉜다. 그리고 컬러에 따라 샤프한 이미지나 로맨틱한 이미지로도 연출이 가능하다.

가죽 재킷은 개성 있고 패셔너블한 이미지를 준다. 몸에 붙는 스타일로 목이 깊게 파인 셔츠와 함께 매치하면 섹시하고 스타일리쉬한 연출을 할 수 있다. 또한 거칠고 펑키한 남성적인 매력을 발신하기에도 좋은 아이템이다.

점퍼는 캐주얼하고 스포티한 이미지 연출이 가능하다. 놀이 공원을 가거나 움직임이 많을 때 입으면 적합하다. 능동적이고 적극적인 이미지를 가지고 있으며 컬러 배색에 따라 캐주얼, 스포티, 액티브, 다이나믹 등 다양한 이미지 연출이 가능하다.

(2) 정장 셔츠 vs 티셔츠

정장 셔츠나 티셔츠 종류는 컬러 선택이 중요하다. 겉옷과의 조화를 맞춰야 하고 겉옷을 벗었을 때 지나치게 화려거나 외소하게 보이는 것은 상대방에게 거부감을 줄 수 있기 때문이다. 너무 붙거나 큰 옷은 자신의 체형을 보완해주지 못한다.

정장 셔츠는 깔끔하고 무난한 것이 좋다. 색이 너무 튀면 재킷과 조화를 이루기 힘들며 배색을 하기도 어렵다. 또한 재킷을 벗었을 때 단정한 이미지를 주기 힘들다. 가는 스트라이프나 엷은 파스텔 계열의 셔츠를 선택하면 밋밋함을 줄일 수 있으며 세련되고 로맨틱한 연출을 할 수 있다.

티셔츠는 젊고 어려보이는 이미지를 가진다. 티셔츠의 종류는 크게 후드 스타일, 카라 스타일, 라운드 스타일, 브이넥 스타일로 나뉘며 각각이 가지는 이미지도 조금씩 다르다.

후드 티셔츠는 모자가 달린 형태로 귀여운 이미지를 지닌다. 비가 갑자기 오거나 바람이 부는 등 상황에 따라 모자를 활용할 수 있어 편리하다.

카라 티셔츠는 깃이 있다는 특징으로 인해 단정하고 세련되면서 캐주얼의 이미지를 지닐 수 있다. 밝은 베이지 계열이나 짙은 밤색, 올리브 그린색을 선택하여 연출하면 차분하며, 원색의 경우는 깔끔하면서 활발해 보인다.

라운드 티셔츠는 무난하게 연출하기에 좋다. 평범하거나 스포티한 이미지를 연출할 수 있으며 겉옷과 함께 입기에 편한 스타일이다.

브이넥 티셔츠는 세련되면서도 섹시한 이미지를 연출할 수 있다. 원색 계열이 사용된 단색 브이넥 티셔츠를 입으면 선명하고 또렷한 인상을 줄 수 있다.

일반적으로 티셔츠는 점퍼 안에 입어서 활동적이고 개성 있는 연출을 가장 많이 한다. 하지만 요즘 들어서는 본인의 취향에 맞게 재킷과도 매치하여 세미 정장 느낌으로 가벼우면서 깔끔한 이미지로 연출하기도 한다.

(3) 정장 바지 vs 청바지

바지는 활동성이 좋아야 한다. 정장은 입었을 때 신축성이 좋아야 하고 청바지는 봉재선이나 지퍼 부분이 접힐 때 불편한 느낌이 없는 것이 좋다. 그래서 바지를 구매할 때는 입어보고 선택하도록 한다. 그리고 바지는 주름이 잡히거나 무릎이 나오는 정도가 약하고 구김이 가지 않는 재질을 선택하는 것이 좋다. 주름이 잡힌 바지는 단정해 보이지 못하고 무릎이 나온 바지는 게을러 보이게 한다.

정장 바지는 일자라인으로 떨어지는 것이 가장 심플하고 깔끔하다. 나팔 형태로 밑단이 넓으면 다리가 짧아 보일 수 있으며 반대로 너무 좁으면 허벅지가 굵어 보이고 상대적으로 배가 나와 보인다. 또한 재킷과 한 벌로 입는 것이 가장 좋으며 따로 구입한 것도 색상을 맞춰서 연출하도록 한다.

청바지는 짙은 인디고색에서 아주 연한 아이스 진, 부분적으로 탈색하고 헤진 구제까지 종류가 다양하다. 그래서 개인의 개성을 표현하기에 좋은 아이템이다. 청바지를 입을 때는 위아래를 모두 청으로 통일하는 연출은 피하는 것이 좋다.

(4) 베스트 vs 카디건

베스트나 카디건은 패션을 연출할 때 디테일을 높여주는 아이템이다. 의상과 한 벌로 연출하기도 하고 다른 색감이나 톤을 사용하여 의상 전체에 리듬감을 주기도 한다. 너무 강하거나 튀는 색상은 피하는 것이 좋다.

베스트는 일반적으로 정장 재킷 안에 많이 입는다. 베스트를 입어서 더욱 격조 높은 이미지를 만들 수 있고 한 벌로 갖춰 입었을 경우에는 견고하고 포멀한 이미지를 연출할 수 있다.

카디건은 부드럽고 포근한 느낌을 준다. 파스텔 계열의 색상을 사용하면 로맨틱하고 자상한 이미지를 지닐 수 있으며 모노톤의 색상은 댄디하고 단정한 이미지를 연출할 수 있다. 정장 속에 카디건을 입으면 딱딱하고 냉철한 정장의 이미지를 편안한 이미지로 융화시켜 한결 부드러운 인상을 형성할 수 있다.

(5) 코트

코트는 가을, 겨울에 가장 마지막에 입는 옷으로 장식적인 요소가 적은 심플한 것을 선택한다. 코트의 컬러는 블랙이나 차콜 그레이, 네이비, 다크 브라운, 베이지 등의 무난한 것이 좋다. VIVID 톤과 같은 컬러는 너무 튀고 안에 입을 옷을 매치하기도 까다롭기 때문이다. 그리고 PALE 톤과 같이 너무 옅은 색을 선택하면 계절 색감에 맞지 않고 추워 보일 수 있으므로 피하는 것이 좋다.

코트는 간절기에 입는 트렌치코트와 겨울에 입는 코트가 있다. 입는 시기에 따라 소재나 컬러가 다르며 디테일에서도 차이가 난다.

겨울에서 봄이 될 때 입는 트렌치코트는 색상이 옅고 부드러운 톤의 베이지나 크림색, 회색이 주를 이루며 재질이 얇다. 가을에 입는 트렌치코트는 모직보다는 얇은 재질로 구김이 잘 생긴다. 트렌치코트는 크고 목깃에 올라온 카라나 벨트, 소매 끝 장식 등 디자인 요소가 비교적 많다.

코트는 모직이나 캐시미어, 울 소재 등으로 두꺼우면서 부드러운 재질이다. 디자인은 샤프하며 군더더기 없이 깔끔하다. 정장과 매치하여 입으면 남성의 이미지와 모던하고 댄디한 이미지를 연출할 수 있다.

(6) 구두 vs 운동화

패션의 완성은 신발이다. 깨끗한 구두와 운동화는 개인의 성격과 평소 생활태도를 보여준다. 아무리 멋지게 차려 입은 사람이라도 구두에 먼지가 뽀얗게 앉았거나 얼룩덜룩 때가 탄 운동화를 신고 있다면 호감적인 이미지를 형성할 수 없다. 그러므로 구두와 운동화를 깨끗하게 관리하는 것이 중요하다.

구두와 운동화는 컬러와 모양이 다양하며 종류도 굉장히 많다. 끈으로 묶는 형태와 앵클 형태, 장식이 달린 것 등이 있다. 날렵한 디자인은 세련되고 샤프한 이미지를, 각이 지고 견고한 디자인은 포멀하고 강한 이미지를 형성할 수 있다.

운동화는 캐주얼하고 스포티한 느낌을 줄 수 있으며 의상의 컬러가 연할 경우 너무 튀는 원색은 피하는 것이 좋다. 운동화를 신으면 이미지를 젊게 연출할 수 있다.

(7) 패션 아이템

현대사회에서는 남성들도 패션에 많은 관심을 가지고 있다. 넥타이, 가방, 벨트 등 단순한 소품을 사용하는 것에서 그쳤던 예전과는 달리 지금은 다양한 종류의 패션 아이템을 활용하고 있다.

가죽 재질의 장갑과 머플러를 활용하여 중후하고 남성다운 이미지를 연출하기도 하고 시계, 반지, 귀걸이, 피어싱 등의 패션 아이템으로 개성 있고 디테일한 연출도 가능하다. 또한 넥타이도 클래식한 것에서 보타이, 스카프를 이용한 연출까지 다양해졌다. 시력을 보완해 주는 도구였던 안경은 테와 렌즈의 색에 변화를 주어 자신의 개성을 나타내고 깔끔한 얼굴 이미지 연출을 위해 렌즈를 착용하기도 한다. 이와 같이 패션 아이템은 더 이상 여성들만의 전유물이 아니다. 앞으로 남성들의 패션 아이템은 더욱 다양한 형식으로 발전될 것이다.

(8) 넥타이 연출법

넥타이는 상의의 정 가운데에 위치하며 전체적인 중심선 역할을 한다. 넥타이를 비뚤게 매면 몸의 균형이 흐트러져 보이고 얼굴형이나 자세까지 비뚤어져 보인다. 그러므로 넥타이 매는 방법을 바르게 알아 곧고 단정하게 연출하도록 해야 한다. 〈그림 9-30〉은 대표적인 넥타이 매는 법 두 가지를 나타내고 있다. 다음을 참고하여 넥타이는 깔끔하고 균형있게 매도록 한다.

* 플레인 노트

* 윈저 노트

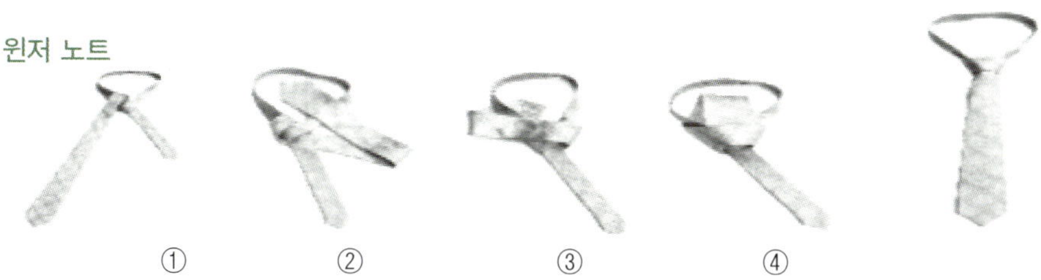

〈그림 9-30〉 넥타이 매듭 방법

2) 여성의 패션 유형

여성에게 있어서 패션은 영원한 숙제이다. 보다 예쁘고 귀여운 것, 아기자기한 것, 분위기 있고 여성스러운 것 등 여성의 패션에는 매우 다양한 아이템들이 있다. 타인과 다른 자신만의 패션 이미지 연출을 위해 패션 아이템의 종류와 이미지를 알아보는 노력이 필요하다.

(1) 재킷 vs 점퍼

여성들이 유독 신경을 많이 쓰는 부분이 바로 재킷과 점퍼 종류의 겉옷이다. 제일 먼저 눈에 띄기 때문에 고급스러움과 품질을 우선으로 평가한다. 여성도 남성과 마찬가지로 상대방에게 갖춘 이미지와 예의를 표하기 위해 겉옷을 입는 것이 좋다.

정장 재킷은 단정하고 정돈된 이미지로 직장 여성들이 선호한다. 격식을 차리는 자리에서는 꼭 입는 것이 좋다. 정장으로 전문적인 커리어우먼의 분위기를 연출할 수 있으며 이지적이고 세련된 이미지를 형성할 수 있다. 체형에 따라 단추의 개수나 위치가 달라진다. 그리고 컬러에 따라 우아하고 모던하며 시크한 이미지로 연출할 수 있다.

가죽 재킷은 와일드하고 중성적인 이미지를 준다. 그러나 최근에는 재킷의 길이가 짧아지고 몸에 붙도록 제작하여 남성적인 터프한 매력보다 귀여우면서 와일드한 이미지로 바뀌었다. 가죽 재킷은 섹시하면서 스타일리쉬한 연출이 가능하다.

점퍼는 귀엽고 캐주얼한 이미지 연출이 가능하다. 일반적으로 편하게 자주 입게 된다. 근처에 잠깐 나간다거나 편안한 만남을 가질 때 입는다. 점퍼는 편하고 실용적이기는 하나 여성스럽고 세련된 이미지를 연출하기는 어렵다.

(2) 블라우스 vs 티셔츠

블라우스나 티셔츠는 재킷이나 점퍼 안에 입는 것으로 조화를 이루어주는 아이템이다. 종류와 컬러가 매우 많기 때문에 의상의 전체적인 분위기에 적합한 연출을 하는 것이 중요하다. 블라우스는 조이게 되면 가슴 부분이 벌어지거나 주름이 생길 수 있으므로 너무 딱 맞는 것보다는 조금 여유가 있는 사이즈가 좋다.

블라우스는 세련되고 도회적인 이미지를 연출할 수 있다. 예전에는 정장 재킷 안에 깔끔한 흰 셔츠를 주로 입었다면 지금은 다양한 재질과 장식의 블라우스를 통해 딱딱하지 않고 개성 있는 연출이 가능하다. 이러한 장식 요소로 인해 재킷을 벗었을 때도 허전하지 않고 갖춰진 분위기를 줄 수 있다. 목이 긴 사람은 차이나 넥이나 깃이 높은 블라우스를 선택하고 반대로 목이 짧은 사람은 브이라인의 넥처럼 패인 종류를 선택한다.

티셔츠는 귀엽고 어려보이는 이미지를 가진다. 점퍼와 함께 매치하여 발랄하고 활동적인 느낌으로 연출한다. 그러나 겉옷과 어울리지 않게 매치하면 성의 없이 옷을 아무렇게나 입은 느낌을 줄 수 있으므로 컬러 조화를 잘 이루는 것이 중요하다.

(3) 정장 스커트 vs 캐주얼 스커트

스커트는 여성만이 입을 수 있는 특권이다. 스커트의 길이와 색상, 다자인에 따라 로맨틱하거나 귀엽고 섹시한 이미지 등으로 연출이 가능하다. 일반적으로 여성은 바지를 입을 때보다 스커트를 입었을 때가 더욱 매력적으로 느껴진다. 곡선을 가진 여성의 몸매를 라인을 드러내거나 감싸주는 스커트가 직선으로 떨어지는 바지보다 더 잘 나타내기 때문이다.

정장 스커트는 H라인을 가장 많이 입으며 무릎 길이나 무릎보다 살짝 위까지 오는 정도의 길이가 적당하다. 길이가 너무 짧으면 정장의 갖춰진 느낌에 방해가 되며 너무 길면 나이가 들어 보이고 다리가 짧아 보일 수 있다. 정장 스커트는 단아하면서 세련된 이미지를 함께 느낄 수 있으며 여성의 몸매 라인을 맵시 있게 드러내준다.

캐주얼 스커트는 종류가 매우 많다. 먼저 길이가 가장 짧은 미니스커트는 여성의 섹시한 이미지를 대표한다. 여성의 다리를 미끈하게 드러내주며 다리가 짧고 통통한 사람도 미니스커트를 입으면 바지를 입는 것보다 상대적으로 다리가 길어 보이고 날씬해 보인다.

주름 스커트나 캉캉 스타일은 귀엽고 사랑스러운 이미지를 지닌다. 키가 작은 사람에게 잘 어울리며 배가 나오거나 허리가 굵은 몸매를 보완해준다. 엉덩이 라인에서부터 펴지는 디자인은 발랄하고 깜찍한 이미지로 연출할 수 있다.

롱스커트는 청순하고 차분한 이미지를 지닌다. 소풍을 갈 때나 공원과 같은 장소와 잘 어울리며 섬세하고 여린 이미지로 연출이 가능하다. 또한 하체의 콤플렉스를 커버하기에 좋은 아이템이다.

(4) 정장 바지 vs 캐주얼 바지

바지는 여성의 이미지를 중성적으로 나타낸다. 예로부터 여자는 치마를 입었는데 사회로의 진출이 시작되고 다양한 업종을 접하면서 바지를 입는 경향이 생겼다. 이러한 변화는 여성의 생활범위와 활동영역을 다양하게 넓히는데 큰 영향을 미쳤다.

정장 바지는 일반적으로 슬림하게 떨어지는 일자 라인을 선택하며 모던하고 도시적이며 남성적인 이미지를 지닌다. 밑단이 큰 나팔 형태의 정장 바지는 일자 라인의 정장 바지보다 상대적으로 여성스러운 이미지를 지닌다. 스커트를 입었을 때보다 정장 바지를 입으면 카리스마 있고 강한 이미지를 연출할 수 있다.

캐주얼 바지 중 청바지는 남성의 경우와 마찬가지로 스포티하고 활동적인 이미지를 지닌다. 진청, 연청, 구제 스타일 등으로 다양하고 개성 있는 연출이 가능하며 적극적이고 활발한 성향으로 나타낼 수 있다.

면바지는 얌전하고 조용한 이미지를 지닌다. 체크 셔츠나 카디건과 함께 매치하면 차분하고 모범적인 이미지를 연출할 수 있다.

(5) 정장 원피스 vs 패션 원피스

원피스는 일반적으로 사랑스럽고 달콤한 이미지를 지니며 소풍이나 산책, 데이트 등의 로맨틱한 분위기가 떠오른다. 단정하고 깔끔한 이미지로도 연출이 가능하며 길이나 디자인에 따라 섹시하고 요염한 분위기도 가질 수 있다.

정장 원피스는 단아하고 정돈된 이미지를 준다. 고급스럽고 우아한 이미지로 연출이 가능하며 치마는 H라인이 주를 이룬다. 정장 재킷이나 숄과 함께 연출하면 한층 더 품격 있는 이미지를 연출할 수 있다.

패션 원피스는 굉장히 다채로운 이미지 변화가 가능하다. 프릴이나 레이스가 장식된 쉬폰 소재의 원피스는 로맨틱한 이미지를 지닌다. 하늘하늘한 느낌의 소재가 사랑스럽고 소녀같은 느낌을 준다.

선명한 색감이나 다양한 무늬로 프린트된 원피스는 개성 있고 튀는 이미지를 연출할 수 있다. 또한 네크라인이 깊게 파이거나 등이 파인 스타일, 홀터넥이나 탑으로 된 스타일 등 디자인에 따라 화려하고 섹시한 이미지로 변화가 가능하다.

(6) 베스트 vs 카디건

베스트와 카디건은 패션에서 장식적인 역할을 한다. 이로 인해 전체적인 패션의 흐름에 변화나 포인트를 주며 체형을 보완해준다. 니트 형식의 베스트나 카디건은 보온성이 좋아서 쌀쌀한 가을이나 추운 겨울에 속에 겹쳐서 입으면 따뜻하며 포근한 날씨에는 겉옷 역할을 할 수 있어 경제적이다.

카디건은 따뜻하고 부드러운 인상을 주며 의상에 포인트 역할을 한다. 파스텔 톤의 카디건에 둥근 카라의 셔츠나 러플이 있는 티셔츠와 매치하면 수줍고 귀여운 이미지를 연출할 수 있다. 또한 VIVID 컬러의 카디건은 활동적이고 적극적인 인상을 주며 선명하고 또렷한 연출을 할 수 있다. 간절기 때는 재킷 대신으로 입을 수 있어 활용도가 높다.

베스트는 일반적으로 쉬크하고 모던한 이미지를 지닌다. 흰색 셔츠에 깔끔한 테일러드 카라 베스트를 연출하면 쉬크하면서 멋스럽다. 그리고 가죽으로 된 베스트는 와일드한 느낌을 주며 가죽 부츠와 함께 매치하면 강한 이미지로 연출할 수 있다. 또한 니트 베스트는 따뜻하고 포근한 이미지를 지니며 내추럴하고 친근한 이미지로 연출할 수 있다.

(7) 코트

가을의 서늘함과 겨울의 찬바람, 봄의 꽃샘추위로부터 우리의 몸을 따뜻하게 보호해주는 고마운 아이템이다. 예전에는 코트의 기능적인 면을 중요시해왔다면 지금은 기능적인 면과 더불어 멋스러움도 놓치지 않으려 한다. 이러한 욕구를 충족시키기 위해 끈임 없이 소재를 개발하고 실용적인 디자인을 연구한 결과 현재는 얇으면서도 따뜻하고 세련된 디자인의 코트들이 많이 등장하고 있다.

무채색 계열이 즐비했던 코트가 점점 대범한 색으로 바뀌기 시작했다. 선명한 색의 코트에 목도리와 털모자를 매치하면 젊어 보이며 발랄한 이미지를 연출할 수 있다. 엷은 색은 뚱뚱해 보여서 코트의 색상으로 사용하지 않았는데 소재의 변화와 함께 파스텔 계열의 코트도 종종 발견할 수 있다. 이러한 색상에 어깨 셔링이 잡혀 있고 엉덩이 부분에 절개가 있는 코트는 로맨틱하고 사랑스러워 보인다. 그리고 허리에 리본을 묶는 A라인의 코트는 여성스럽고 원피스같은 느낌을 준다. 기본 베이직의 일자 라인 코트는 단정하면서 냉정한 이미지로 연출할 수 있다.

(8) 구두/샌들 vs 운동화/부츠

의상에 어울리는 구두와 운동화는 전체적인 패션 흐름에 완성도를 더해준다. 의상은 매번 달라지는데 구두나 운동화는 매일 같은 것을 신고 있다면 진정한 패션 리더라고 할 수 없다. 또한 트레이닝 복에 구두, 정장 치마에 스니커즈, 청바지에 슬리퍼 같은 연출은 비호감 이미지 형성의 지름길이다.

구두는 여성의 자존심이라 해도 과언이 아니다. 의상을 연출한 후 마지막에 구두를 신는 순간 자신감도 한 계단 올려놓는 것 같은 당당함을 느낄 수 있다.

구두는 7~8cm를 기본으로 하는 정장 구두가 있다. 광택이 없고 장식적인 요소가 없는 심플한 디자인이나 간단한 큐빅 장식이 가미된 것이 좋다. 키가 큰 사람들은 3~5cm정도의 낮은 굽을 선택하면 부담스럽지 않다. 최근에는 10cm가 넘는 '킬 힐'이 유행하고 있다. 높고 디테일한 힐은 다리를 더욱 길어 보이게 하는 장점이 있다. 이때 다리가 굵은 사람은 너무 얇은 힐보다 두꺼운 힐을 선택한다.

샌들은 토오픈형, 백오픈형, 스트랩형 등이 있다. 토오픈형은 앞부분이 트여있는 형태로 일반적이다. 백오픈형은 슬리퍼 형태로 뒤가 뚫려 있거나 고리 형태로 뒤꿈치에 걸게 되어 있으며 신고 벗는 것이 편리하다. 그리고 스트랩형은 끈으로 발목을 감는 형태로 발목이 두꺼운 사람은 얇아 보이는 효과를 낼 수 있다.

운동화는 귀엽고 캐주얼한 이미지를 지니고 있으며 활동성이 좋고 편안하다. 운동화는 때가 타기 쉬우므로 깨끗하게 관리하는 것이 좋다. 오랫동안 세탁하지 않아서 냄새가 나고 얼룩덜룩하면 깨끗한 이미지를 형성하기 어렵다.

부츠는 발목까지 오는 앵클 부츠와 무릎 길이의 롱부츠로 나뉜다. 부츠의 앞 코가 뾰족하고 가죽 재질로 된 앵클 부츠는 세련되고 도시적인 이미지를 지닌다. 그리고 앞 코가 둥글며 스웨이드 재질과 퍼가 섞인 앵클 부츠는 귀엽고 포근한 이미지를 지닌다. 최근에는 겨울뿐만 아니라 여름에도 마 소재를 사용하여 롱부츠를 신고 있다. 롱부츠는 보온성이 좋고 바지나 레깅스와 함께 매치하면 스타일리쉬하게 연출할 수 있다.

(9) 패션 아이템

예전부터 치장을 즐기던 여성들의 성향은 현재에 와서도 변함 없이 계속되고 있다. 패션 아이템을 통해 연출의 완성도를 더욱 높일 수 있으며 종류와 색상에 따라 전체 이미지가 달라지기도 한다. 패션 아이템은 자신의 개성을 표현하는데 중요한 역할을 한다.

꽃이나 리본을 모티브로 한 패션 아이템은 로맨틱하고 사랑스러운 이미지를 지닌다. 코사지나 리본 머리띠, 가슴의 리본 장식, 작은 꽃무늬 스카프 등을 활용하여 섬세하고 소녀같은 이미지를 연출할 수 있다.

선명한 컬러의 패션 아이템은 발랄하고 액티브한 이미지를 지닌다. 의상의 전체적인 흐름을 해치지 않는 범위 내에서 어울리는 원색 계열의 모자나 머플러를 매치하면 적극적이고 활발한 이미지를 연출할 수 있다.

겨울에는 따뜻하고 부드러운 느낌을 주는 패션 아이템을 활용하는 것이 좋다. 은은한 색의 털장갑과 목도리를 활용하여 귀엽고 포근한 이미지를 연출할 수 있다. 그리고 퍼를 의상의 카라에 부착하거나 목에 두르면 화려하고 부유한 이미지를 연출할 수 있다.

(10) 스카프 연출법

스카프는 패션 이미지를 더욱 향상시켜 준다. 뿐만 아니라 매는 방법에 따라 여러 가지 이미지로 연출할 수 있으며 장식적인 역할과 함께 목을 보호해주므로 환절기 때 활용하면 더욱 이상적이다. 스카프를 연출하는 방법은 다양하지만 그 중에서도 〈그림 9-31〉을 통해 사각 스카프를 이용한 귀여운 이미지와 우아한 이미지로 연출하는 방법을 소개한다.

* 캐주얼한 이미지 연출

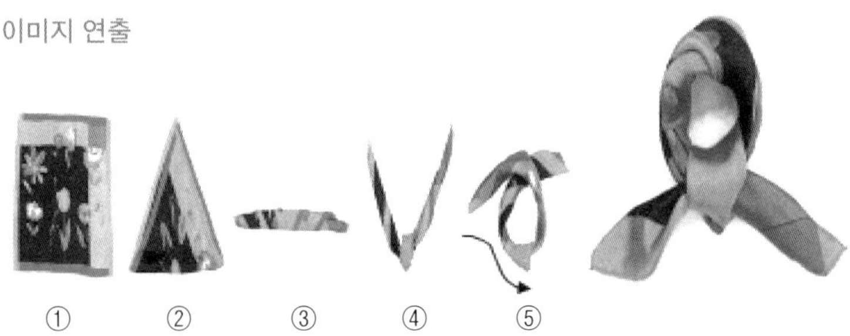

* 우아한 이미지 연출

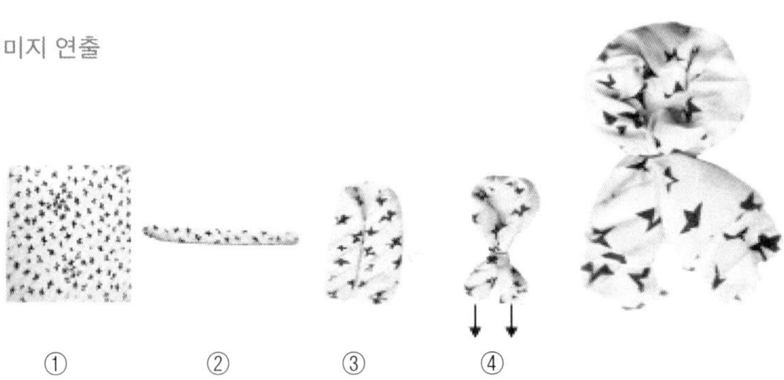

〈그림 9-31〉 스카프 연출방법

3. 체형에 따른 패션 이미지

사람의 신체는 라인을 가지고 있다. 살과 근육의 분포가 어느 부위에 어느 정도 있는지에 따라 전체적인 라인이 형성된다. 개인이 가지는 신체 라인에 따라 패션 이미지도 달라진다. 라인에 맞는 의복은 조화로운 패션 이미지를 형성해준다. 반대로 라인에 맞지 않는 의복은 다른 사람의 옷을 입은 듯이 어색한 패션 이미지가 형성된다. 자신에게 어울리는 패션 이미지 연출을 위해 먼저 각자의 라인에 따른 체형 타입을 알아야 한다.

1) 골격형

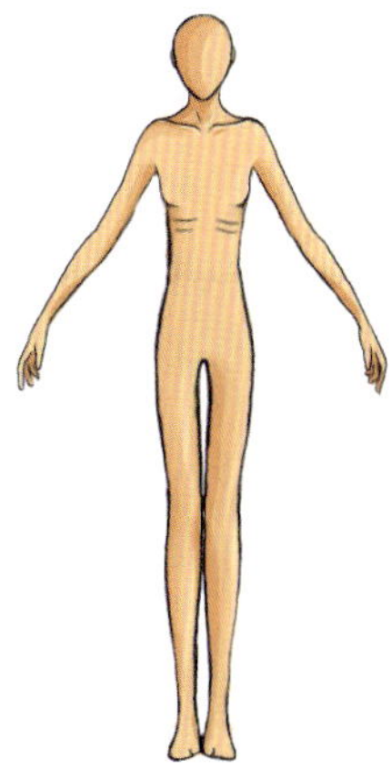

전체적인 라인이 직선 이미지를 가진다. 뼈가 보일만큼 마른 체형이다. 어깨뼈와 쇄골, 갈비뼈가 다 드러나며 특히 발목이 매우 가늘다.

골격형은 직선 라인에 볼륨을 주기 위해 어깨 셔링이나 풍성한 프릴이 장식된 의상을 선택하는 것이 좋다. 또한 주름이 들어간 풍성한 치마와 각이진 형태의 의상을 입으면 체형의 단점을 보완하는데 도움이 된다. 의상의 재질은 빳빳하며 두꺼운 것이 좋다. 몸에 딱 붙는 의상이나 너무 헐렁한 의상을 선택하는 것은 바람직하지 않다.

2) 살집형

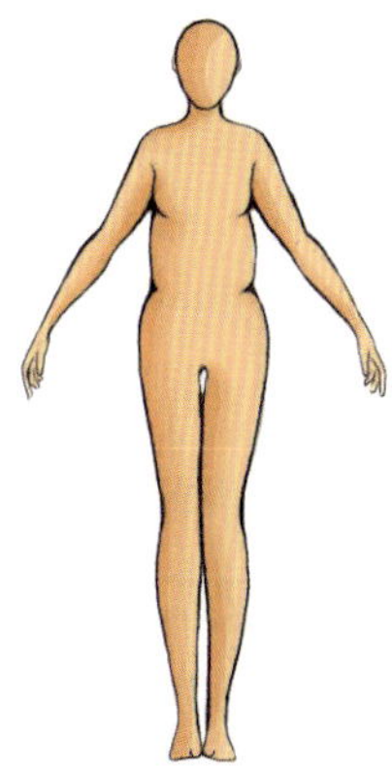

전체적인 라인이 곡선 이미지를 가진다. 뼈는 얇지만 살이 둘러싸고 있어 전체적으로 통통하고 둥근 체형이다. 어깨, 팔뚝, 힙, 허벅지에 살집이 많이 잡혀 있으며 전체적으로 살이 있는 편이다.

살집형은 각이진 형태의 의상을 입으면 뚱뚱해 보이므로 어깨와 힙을 감싸는 의상을 선택한다. 얇고 부드러운 재질로 형태감이 없이 흘러내리는 의상을 선택한다. 몸을 죄는 타이트한 의상은 어울리지 않는다. 커 보이지 않고 신체에 곡선 이미지를 살려줄 수 있는 연출을 해야 한다.

3) 근육형

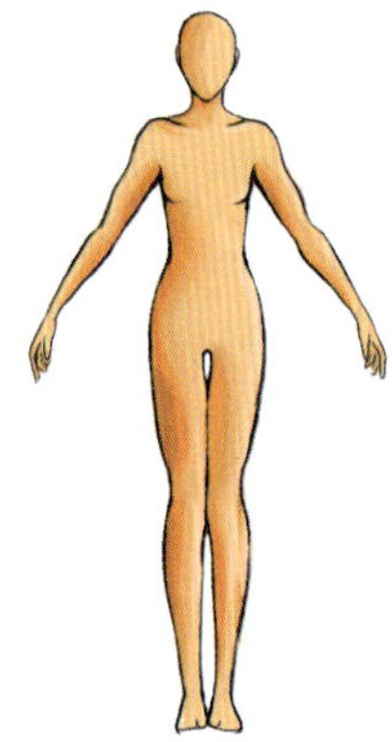

전체적인 라인이 긴장된 곡선 이미지를 가진다. 어깨나 종아리 등 신체 부위에 근육이 도드라지며 팔뚝과 등 그리고 허벅지 등 신체 부위에 전반적으로 근육이 있다.

근육형은 형태미를 살린 의상이나 볼륨이 있는 의상으로 선택한다. 얇고 하늘거리는 재질과 도톰하고 형태감 있는 재질을 매치한 의상을 선택한다. 전체적으로 같은 재질보다는 볼륨 있고 부드러운 재질의 의상과 함께 매치하여 연출하는 것이 좋다.

4) 살집형 + 골격형

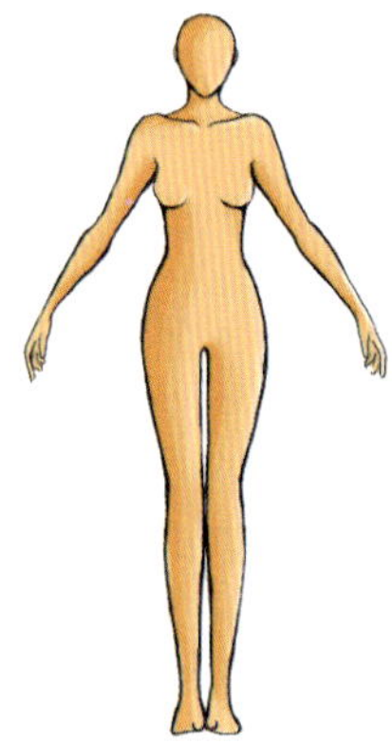

전체적인 라인이 상체는 직선, 하체는 곡선 이미지를 가진다. 대부분이 상체는 골격형이고 하체는 살집형으로 이루어진 형태로 이상적인 체형이다. 반대인 경우도 있지만 흔하지 않다. 허리와 발목이 잘록한 특징이 있다.

살집형+골격형은 체형의 부분적인 형태에 맞춰서 의상을 선택한다. 살집형의 부분에는 중간 정도의 빳빳한 재질을 선택하고 골격형의 부분에는 중간 정도로 몸에 감기는 재질을 선택한다.

5) 살집형 + 근육형

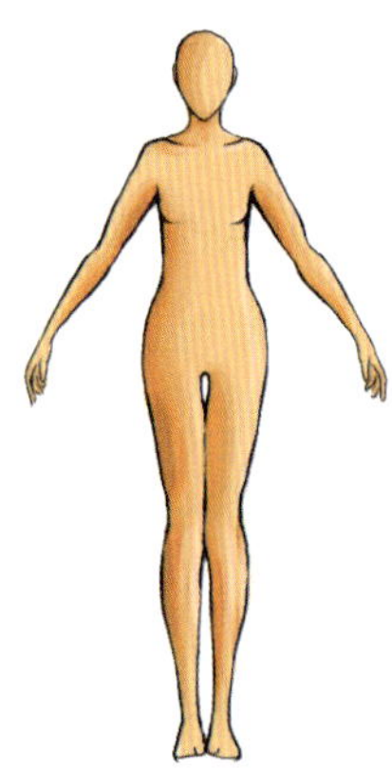

전체적인 라인이 직선과 곡선의 중간 이미지를 가진다. 살집과 근육이 골고루 분포한 체형이다. 힙과 허벅지는 살집형이고 어깨, 팔, 등, 종아리는 근육형이다.

살집형+근육형은 중간 정도의 형태미를 가진 의상을 선택한다. 근육형의 부분에는 빳빳하지 않은 재질을 선택하고 살집형의 부분에는 부드러운 느낌이 너무 강하지 않은 재질을 선택한다. 혼합형이라는 점을 염두해 두고 두 가지 타입에 맞춰서 연출을 하는 것이 중요하다.

4. 테마에 따른 패션 이미지

1) 클래식(Classic)

클래식 테마는 고급스럽고 중후한 전통적인 분위기를 자아낸다. 클래식한 이미지를 표현하기 위해 DEEP 톤과 DARK 톤의 컬러들이 주로 사용된다. 따라서 색감들이 어두우며 조금 무거우므로 차분한 이미지로 연출할 수 있다. 소재는 고품질의 울과 캐시미어, 실크, 모직물 등의 고급스러운 소재를 사용하며 무늬가 거의 없는 단색이 좋다. 화려한 장식보다는 진주 귀걸이, 단순하면서도 기품 있는 액세서리가 테마 분위기를 더욱 살려줄 수 있다. 가방은 차분한 브라운 계열이나 고급스러운 와인 계열을 선택하는 것이 좋으며 구두는 굽이 너무 높지 않은 것으로 펌프스나 단순한 형태의 구두를 선택하면 더욱 클래식하다.

클래식 테마는 유행에 관계없이 보편성을 가진 고전적이고 전통적인 패션 이미지이므로 젊은 감각의 트랜드를 조금씩 반영은 하되 너무 유행스런 연출이 되지 않도록 주의해야 한다.

2) 로맨틱(Romantic)

로맨틱 테마는 달콤하고 섬세하며 다정한 분위기를 자아낸다. 화이트를 기본으로 한 파스텔 톤으로 은은하고 가벼운 느낌을 준다. PALE 톤과 LIGHT 톤, LIGHT GRAYISH 톤의 연하고 부드러운 색을 사용하며 꿈을 꾸는 듯한 몽환적이고 환상적인 이미지 연출이 가능하다. 의상에 쓰이는 소재는 조제트나 크레이프 등의 가벼운 것들로 작은 무늬들을 가미하여 테마의 분위기를 더욱 살려줄 수 있다. 가방은 작은 것과 왕골 가방이 어울리며 리본, 꽃, 구술모양의 장식을 더한 구두를 신으면 더욱 로맨틱하다.

로맨틱 테마를 연출할 때에는 VIVID 톤이나 STRONG 톤의 강한 원색 계열이나 어두운 색은 피하는 것이 좋다. 심플하거나 너무 화려한 장식은 어울리지 않는다.

3) 캐주얼(Casual)

캐주얼 테마는 젊고 활발하며 경쾌한 분위기를 자아낸다. 밝고 명쾌함을 기본으로 한 생동감 있는 색으로 활동적이고 알록달록한 느낌을 준다. VIVID 톤과 LIGHT 톤, BRIGHT 톤의 선명한 색을 사용하며 면 티셔츠나 카라 셔츠, 후드 스타일로 연출하여 개구쟁이 같은 이미지를 연출할 수 있다. 의상에 쓰이는 소재는 코튼이나 스웨이드, 니트 등의 부드럽고 활동적인 것들로 체크무늬를 가미하거나 다색 배색으로 알록달록한 연출을 하면 테마의 분위기를 더욱 살려줄 수 있다. 가방은 박스형이나 토드백이 어울리며 가볍고 경쾌한 느낌을 주는 신발을 선택한다.

캐주얼 테마를 연출할 때에는 PALE 톤이나 GRAYISH 톤의 연하고 흐린 색은 피하는 것이 좋다. 너무 강하고 부담스러운 색의 소품, 셔링이나 러플 장식은 어울리지 않는다.

4) 페미닌(Feminine)

페미닌 테마는 여성스럽고 상냥한 분위기를 자아낸다. 따뜻한 색을 기본으로 한 파스텔 톤의 색으로 성숙하고 다소곳한 이미지를 느낄 수 있다. LIGHT 톤과 BRIGHT 톤, STRONG 톤의 색을 다색 배색하고 몸의 곡선을 살린 형태를 가진다. 어깨선을 둥글게 하고 허리를 잘록하게 하며 가슴을 풍만하게 표현하여 성숙한 이미지로 연출할 수 있다. 의상에 쓰이는 소재는 새틴이나 크레이프, 시폰 등의 몸을 감싸는 것들로 작은 꽃무늬나 레이스, 자수 등으로 테마의 분위기를 더욱 살려줄 수 있다. 가방은 둥근 형태에 숄더백이 어울리며 여성스러운 이미지의 구두를 선택한다.

페미닌 테마를 연출할 때에는 다색 배색을 하지만 강열한 대비가 되지 않도록 하며 PALE 톤이나 DARK 톤의 너무 밝거나 어두운 색은 피한다.

5) 엘레강트(Elegant)

엘레강트 테마는 우아하며 평온한 분위기를 자아낸다. 중간색들을 기본으로 한 은은하고 엷은 색으로 조용하고 고상한 느낌을 준다. LIGHT GRAYISH 톤과 GRAYISH 톤, PALE 톤의 연한 색을 사용하며 단정한 슈트에 얇고 비치는 재질의 스카프를 두른 연출로 차분하고 수채화 같은 이미지를 연출할 수 있다. 의상에 쓰이는 소재는 실크나 흘러내리는 재질, 부드럽고 고급스러운 것들로 하늘거리고 비치는 느낌을 가미하여 테마의 분위기를 더욱 살려줄 수 있다. 가방은 고급스러운 것이 좋으며 구두는 장식이 적고 날렵한 것이 좋다.

엘레강트 테마를 연출할 때에는 대조되는 배색이 아닌 동일이나 유사색상의 배색이 적절하며 STRONG 톤이나 DARK 톤의 강하고 어두운 색은 피한다.

6) 쉬크(Chic)

쉬크 테마는 세련되고 도시적이며 절제된 분위기를 자아낸다. 블루와 그레이를 기본으로 한 정적인 색으로 기교를 숨기고 있는 그윽한 느낌을 준다. 검정, 흰색과 함께 GRAYISH 톤의 밝은 회색조를 띤 색을 사용하며 전체적으로 심플한 디자인에 부분적으로 포인트를 주어 인텔리젠트한 이미지를 연출할 수 있다. 의상에 쓰이는 소재는 울이나 트위드, 고급스러운 것들로 추상적인 무늬도 잘 어울리기는 하나 아무 무늬가 없는 깔끔한 무지가 테마 분기를 더욱 살려줄 수 있다. 가방은 차분하고 가라앉은 색을 선택하고 구두는 굽이 조금 굵거나 낮은 것, 장식이 없거나 심플한 것이 좋다.

쉬크 테마를 연출할 때에는 심플함이 지나쳐서 밋밋하고 지루한 연출이 되지 않도록 하며 원색의 알록달록한 배색은 어울리지 않으므로 피한다.

7) 모던(Modern)

모던 테마는 일반적으로 베이직한 정장 연출로 도시적이고 현대적인 분위기를 자아낸다. 무채색 계열을 기본으로 한 어둡고 짙은 색으로 전문적이며 샤프한 느낌을 준다. 흰색, 검정, 무채색과 함께 DEEP 톤과 DARK 톤을 사용하며 심플하고 선명한 느낌으로 지적이고 균형 잡힌 이미지를 연출할 수 있다. 의상에 쓰이는 소재는 두꺼운 새틴이나 면직물, 울 등으로 심플하고 깔끔한 배색, 기하학적인 무늬를 가미하여 테마 분위기를 더욱 살려줄 수 있다. 가방은 광택이 도는 에나멜이나 가죽 재질을 선택하며 견고하고 심플한 제품, 콘트라스트가 강한 디자인을 선택한다. 구두는 장식 요소가 가미되지 않은 기본형을 선택한다.

모던 테마를 연출할 때에는 액세서리로 포인트를 주면 좋지만 색상이 너무 튀어서 단정하고 깔끔한 테마 이미지를 해치지 않도록 한다.

8) 댄디(Dandy)

댄디 테마는 일반적으로 남성이 많이 연출하는 테마이다. 격조가 있으면서도 멋스러움을 가진 분위기를 자아낸다. 그레이 계열을 기본으로 한 차분한 색으로 보수적이고 지적인 느낌을 준다. 무채색을 바탕으로 LIGHT GRAYISH 톤과 DARK 톤을 사용하여 품격 있는 분위기를 느낄 수 있으며 넥타이, 포켓칩 등으로 액센트를 주면 화려하고 세련된 이미지를 연출할 수 있다. 의상에 쓰이는 소재는 모직물이나 모직혼방, 울 트위드, 울 개버딘 등으로 두껍지 않은 것들이며 스트라이프 무늬나 컬러에 엑센트를 주어 연출하면 테마 분위기를 더욱 살려줄 수 있다. 가방은 깔끔하고 세련된 서류가방이 잘 어울리며 구두는 옥스퍼드 타입으로 약간의 굽이 있는 것이 좋다.

댄디 테마를 연출할 때에는 포멀 테마처럼 중엄하고 위엄한 분위기는 아니지만 너무 가볍고 격식 없이 보이지 않도록 해야 한다.

9) 포멀(Formal)

포멀 테마는 위엄있고 강한 카리스마를 지닌 분위기를 자아낸다. 퍼플 계열과 블랙을 기본으로 무게감 있는 색을 사용하여 유행을 타기보다는 정통파의 느낌을 준다. 무채색과 함께 STRONG 톤, DEEP 톤의 진하고 어두운 색을 사용하며 전체적으로 견고하고 중엄한 느낌을 준다. 또한 단색이나 두 가지 정도의 색으로 무겁고 남성적인 이미지 연출을 할 수 있다. 의상에 쓰이는 소재는 개버딘, 무거운 재질의 울 소재로 무늬 없이 연출하는 것이 테마 분위기를 더욱 살려줄 수 있다. 가방은 정통적인 스타일이 좋으며 구두는 너무 날렵하지 않은 격조있는 것을 선택을 하는 것이 좋다.

포멀 테마를 연출할 때에는 절대 가볍거나 편안한 이미지가 되어서는 안 된다. 따라서 BRIGHT 톤이나 LIGHT 톤의 색은 사용하지 않는다.

10) 다이나믹(Dynamic)

다이나믹 테마는 역동적이고 개성적이며 강렬한 분위기를 자아낸다. 흰색과 검정색의 강한 대비를 기본으로 하여 선명하고 또렷한 느낌을 준다. 흑백의 콘트라스트에 VIVID 톤의 원색을 사용하며 전체적으로 액센트 배색이나 대조되는 배색으로 대담하고 극단적인 이미지를 연출할 수 있다. 의상에 쓰이는 소재는 금속 실이나 새틴, 라메 등 광택이 나는 것들로 강렬한 배색이나 화려한 프린트, 추상적인 무늬, 대칭되지 않게 연출하는 것이 테마의 분위기를 살려준다. 가방은 대담하게 배색된 것들을 선택하고 신발은 강한 원색이나 블랙으로 의상과 콘트라스트를 주는 것도 좋다.

다이나믹 테마를 연출할 때에는 개성 있고 강렬하게 연출하는 것은 좋지만 상의, 하의, 소품 모든 것이 현란하여 산만한 연출이 되지 않도록 해야 한다.

11) 스포티(Sporty)

스포티 테마는 경쾌하고 활동적이며 자유로운 분위기를 자아낸다. 편하고 기능적인 면을 기본으로 하여 움직임이 좋고 활기찬 느낌을 준다. DULL 톤과 STRONG 톤, DEEP 톤을 사용하여 밀리터리 룩 스타일로도 연출하며 스포츠 웨어처럼 기능적인 면을 살려 활동하기 편한 스타일로 연출할 수 있다. 의상에 쓰이는 소재는 면이나 코듀로이, 개버딘 등의 편한 재질인 것으로 스트라이프나 타탄체크 무늬를 가미하면 테마 분위기를 더욱 살려줄 수 있다. 가방은 천으로 된 숄더백이나 코튼 류로 짠 튼튼한 가방이 좋으며 신발은 앵클 타입의 신발이나 편안한 것을 선택한다.

스포티 테마를 연출할 때에는 스포츠 웨어가 아니란 것을 잊지 말고 점프슈트나 야상 자켓, 사파리 등을 활용하여 테마에 맞도록 연출한다.

12) 내추럴(Natural)

내추럴 테마는 편안하고 다정하며 자상한 분위기를 자아낸다. 황녹 계열을 기본으로 한 따뜻한 색으로 친근하고 부드러운 느낌을 준다. 베이지, 황색과 함께 DULL 톤과 DEEP 톤, DARK 톤을 사용하여 자연의 분위기를 느낄 수 있으며 평온하고 익숙한 이미지를 연출할 수 있다. 의상에 쓰이는 소재는 부드러운 가죽이나 스웨이드, 코튼, 마 등의 자연소재인 것들루 어깨에 심이 들어가서 빳빳하거나 몸에 딱 붙는 것이 아닌 편하고 자연스러운 스타일이 테마 분위기를 더욱 살려줄 수 있다. 가방은 에스닉 이미지를 지닌 것이나 천 혹은 부드러운 가죽재질로 된 것이 좋고 신발은 굽이 낮은 플랫 슈즈, 모카신을 선택한다. 흙, 나무 색과 같이 자연적인 색으로 이루어진 것이 좋다.

내추럴 테마를 연출할 때에는 테마 분위기를 해치는 VIVID 톤이나 STRONG 톤은 피하는 것이 좋다.

13) 에스닉(Ethnic)

에스닉 테마는 토속적이고 전통적이며 소박한 분위기를 자아낸다. 색상은 매우 다양하지만 선명한 컬러들이 주를 이루며 천연 염료를 사용하여 색감이 무거우면서 거친 느낌을 준다. 황갈색과 올리브 그린, 주황, 레드 등의 난색 계열이 주로 사용되며 DULL 톤, STRONG 톤의 강하면서 짙은 톤이 주를 이룬다. 의상에 쓰이는 소재는 코튼, 면, 저지 등 크게 제약이 없으며 자수나 프린트, 레이어드 연출을 통해서도 에스닉 감각을 연출할 수 있다. 가방은 작은 사이즈보다는 큰 사이즈가 이미지 연출에 도움이 되며 신발과 액세서리는 율동감이 있고 와일드한 것이 좋다.

에스닉 테마를 연출할 때에는 단정하게 각이 잡혀있거나 심플하고 단아한 스타일의 패션 아이템은 어울리지 않으므로 함께 매치하지 않는 것이 좋다.

14) 고저스(Gorgeous)

고저스 테마는 여성스럽고 고급스러우면서도 화려하고 대담한 분위기를 자아낸다. DEEP 톤과 DULL 톤, DARK 톤으로 깊은 느낌을 주는 톤이 주를 이룬다. 금사나 광택이 도는 소재를 사용하여 사치스러움과 요염한 이미지를 풍기기도 하며 일상복 보다는 특별한 모임이나 파티에 잘 어울린다. 가방은 숄더 형태나 클러치 형태, 피스나 리벳을 장식한 것으로 포인트를 줄 수 있는 것을 선택하며 구두는 굽이 높으며 장식성이 강한 디자인이 좋다. 고저스 테마는 밝거나 알록달록한 이미지가 아니라는 것을 잊지 말아야 한다.

5. 패션 관심도 진단

패션의 시작은 관심이다. 다양한 의상과 패션 아이템을 가지고 있다고 해도 패션에 관심이 없어서 제대로 연출하지 못한다면 무용지물이다.

〈표 9-35〉를 읽고 자신에게 해당하는 문항을 체크하도록 한다. 모든 문항에 답변한 후, 그 결과를 바탕으로 〈표 9-36〉의 집계표를 작성하고 합산하여 스스로의 패션에 대한 관심도의 정도를 확인할 수 있다.

〈표 9-35〉 패션 관심도 Check List

문항	질 문	매우 그렇다	그렇다	보통 이다	아니다	전혀 아니다
1	거울을 자주 본다.					
2	필요한 옷을 찾는데 시간이 걸린다.					
3	쇼윈도를 관심 있게 본다.					
4	액세서리를 귀찮아한다.					
5	쇼핑하는 것을 좋아한다.					
6	매일 같은 신발을 신는다.					
7	타인의 패션에 관심이 없다.					
8	인터넷 쇼핑에 능숙하다.					
9	옷을 고르는 것이 귀찮다.					
10	외출할 때 메이크업을 한다.					
11	헤어 스타일이 1년 이상 변한 적이 없다.					
12	패션 잡지를 자주 본다.					
13	같은 옷을 3일 이상 입는다.					
14	나의 패션을 따라하는 사람이 많다.					
15	나에게 어울리는 스타일을 안다.					

〈표 9-36〉 집계표

문항	매우 그렇다	그렇다	보통이다	아니다	전혀 아니다
1	5	4	3	2	1
2	1	2	3	4	5
3	5	4	3	2	1
4	1	2	3	4	5
5	5	4	3	2	1
6	1	2	3	4	5
7	1	2	3	4	5
8	5	4	3	2	1
9	1	2	3	4	5
10	5	4	3	2	1
11	1	2	3	4	5
12	5	4	3	2	1
13	1	2	3	4	5
14	5	4	3	2	1
15	5	4	3	2	1
합 계					

제9장 연구문제

1. 피부의 구조 및 기능을 정리하시오.
2. 계절에 따른 피부 관리법을 정리하시오.
3. 자신의 피부 유형에 따른 관리법을 정리하시오.
4. 눈 형태에 맞는 메이크업을 정리하시오.
5. TPO에 맞는 메이크업을 정리하시오.
6. 모발의 구조와 특성에 대하여 정리하시오.
7. 기능별 헤어 제품을 정리하시오.
8. 손과 발의 관리법을 정리하시오.
9. 패션의 역사를 정리하시오.
10. 패션 이미지를 성별, 체형, 테마에 맞게 정리하시오.

제4부

음성·언어 표현적 이미지

제10장
음성 이미지

음성은 개인의 생각이나 의견 등의 의사를 전달하는 수단으로 사용된다. 그러므로 대부분의 사람들은 음성을 단순한 의사전달의 수단으로만 여겨 그 중요성을 간과하는 경향이 있다. 그러나 사람은 음성을 통해 단순히 의사전달만 하는 것이 아니라 감정을 표출하기도 하고 이를 통해 타인과 소통을 한다. 결국 음성은 의사를 전달하는 수단을 넘어 타인과 감정을 공유하고 소통하는 커뮤니케이션의 중요한 수단으로 작용하는 것이다.

김혜리 외(2009)의 '음성 이미지가 개인의 평가에 영향을 미친다'는 연구는 음성 이미지가 대인관계를 형성함에 있어 중요한 요소가 된다는 것을 나타내고 있다. 즉, 개인을 평가할 때 음성 이미지가 영향을 미치며 음성과 음성표현 등 음성 이미지를 형성하는 요소로 인해 자신에 대한 상대방의 평가가 달라질 수 있다는 것이다. 따라서 이 장에서는 음성 이미지에 대해 이해하고, 음성 이미지를 관리할 수 있는 방법과 의사와 감정을 표현할 수 있는 방법들을 살펴보고자 한다.

제1절 음성 이미지의 정의와 개념

우리는 매일 많은 목소리를 접한다. 그리고 이 목소리들은 개인 특유의 제각각 다른 표현방식으로 표출되면서 저마다 다른 음성 이미지를 형성한다. 음성 이미지는 개인의 말과 음성 표현으로 형성되는 개인의 상(象)이다(김혜리·이정원, 2009).

사람들은 누군가를 처음 만났을 때 눈에 보이는 외적 이미지로 사람을 평가한 뒤, 곧바로 음성 이미지까지 접목시켜 그 사람의 전체 이미지를 평가한다. 결국 음성 이미지에 대한 첫인상 역시 상당히 짧은 시간 안에 형성된다. 대부분의 사람들은 음성만 듣고도 개인의 직업이나 연령 등을 짐작할 수 있으며 심지어 개인의 심리 상태나 성격적인 부분까지 평가할 수 있다. 그러므로 우리는 자신의 음성 이미지가 언제 어디서든 긍정적으로 유지될 수 있도록 지속적인 관리를 해야 한다.

제2절 음성의 이해

1. 음성의 생성

음성은 소리를 만드는 발성기관과 소리가 밖으로 크게 나오게끔 만들어 주는 울림통 역할의 공명기관, 소리가 말로 나오게끔 만들어 주는 조음기관을 통해 만들어지고 개인의 특성에 따라 달리 형성되어 전해진다.

1) 발성기관

발성기관은 성대를 울려 목소리를 만들어 내는 기관으로 주요 발성기관으로는 폐와 기관, 후두, 인두(목구멍), 코, 턱 그리고 입이 있다. 이 기관들은 모두 복잡한 모양의 관을 형성하며 폐에서 입술까지 연결되어 있다. 소리는 우리의 목 한가운데 볼록하게 튀어나와 있는 후두 속에 포함되어 있는 성대가 진동하면서 생성된다. 우리가 말을 할 때 보통 성대는 초당 150~250회 정도 진동을 한다. 성대는 모두 근육으로 이루어져 있어 수축과 이완이 가능하며 목소리의 높낮이를 조절하는 역할을 한다. 이렇게 만들어진 소리는 공명기관과 조음기관을 거쳐 말로 나타난다.

2) 공명기관

발성기관을 통해 만들어진 소리는 그리 크지 않다. 거친 소리를 갖고 있다가 인강(인두)과 구개(구강), 비강 등의 공명기관을 통해 점점 커지고 부드러워지며 울림이 있는 상태가 된다. 그리고 바로 이 과정에서 개인에 따라 다른 음색을 갖게 된다. 특히 인강과 구강, 비강 중 비강은 목소리와 절대적인 관계를 가지고 있다. 코 질환이 있으면 목소리가 나빠지는 원인도 비강이 소리를

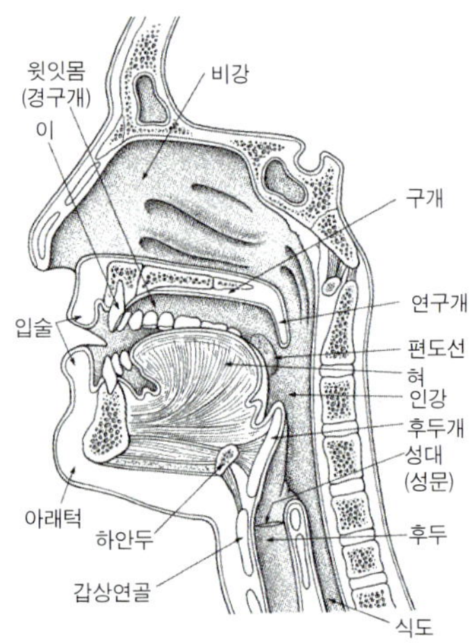

〈그림 10-1〉 음성 생성 기관

만드는데 관여하기 때문이다.

3) 조음기관

발성기관을 통해 목소리가 만들어진 뒤 공명기관을 통해 소리가 커져 음색을 갖추고 나면 입술과 이, 입천장, 혀 등의 조음기관을 통해 소리가 말로 바뀌어 나온다. 조음기관은 발음기관이나 음성기관이라고도 하며 조음기관의 역할에 따라 발음의 부정확성 등이 결정되어 의사소통에 영향을 준다.

2. 음성의 특성

1) 음성의 구성

음성은 음질과 음량, 음폭으로 구성된다. 음질은 목소리가 맑고 깨끗한지, 답답하고 탁한지 등으로 구분될 수 있으며, 음량은 목소리의 크기와 연관이 있다. 음폭은 소리의 높낮이를 말하는 것으로 음역을 어느 정도 사용할 수 있는지를 의미한다. 음역은 저음역과 중음역, 고음역, 가성역으로 나눌 수 있다.

2) 음성의 분류

(1) 호흡에 따른 분류

음성은 우리 인체의 어떤 부위를 이용해 호흡하느냐에 따라 가슴으로 호흡해서 나오는 소리인 흉성과 배로 호흡해서 나오는 소리인 복성으로 나눌 수 있다.

(2) 발성에 따른 분류

음성은 신체의 어떤 부위를 이용해 발성을 하느냐에 따라 종류가 달라진다. 크게 배로 발성을 하는 '뱃소리'와 목구멍으로 소리가 만들어지고 나오는 '목구멍소리'로 분류할 수 있다(최병학, 2002). 뱃소리는 폐로 들어간 공기가 강한 압력을 받아 강하고 씩씩하게 나오기 때문에 깊은 소리라고도 한다. 목구멍소리도 폐로 공기가 들어가긴 하지만 주로 성대 주변의 근육을 활용해 성대를 진동시켜 내는 소리를 말한다. 소리는 맑을 수도 있으나 힘이 없고, 힘을 주고 말을 하게 되면 목에 힘줄이 선다. 또한 큰 소리를 낼 때 목이 쉬는 경우가 잦게 된다.

(3) 기타 분류

호흡과 발성에 따라 높은 음을 낼 때 머리가 울리는 느낌이 들도록 하는 두성, 입안의 통로를 막고 코로 공기를 내보내면서 내는 비성, 일부러 꾸며내는 목소리인 가성 등으로도 음성을 구분할 수 있다.

3) 좋은 음성

목소리에 대한 평가는 개인마다 다르기 때문에 누구 하나를 표본으로 삼기가 어렵다. 좋은 음성과 나쁜 음성으로 나눌 수 있는 명확한 선을 긋기도 어려운 것이 사실이다.

하지만 분명히 누구에게나 호감을 줄 수 있는 좋은 음성의 기준이 있다. 보통 높은 톤보다는 조금 낮은 중저음이 좋으며 음악적인 선율이 살아있는 것이 좋다. 또한 사람들은 딱딱하고 주저하는 음성보다는 부드럽고 거침없는 음성을 선호한다.

일반적으로 사람들이 '좋다'고 느끼는 음성을 분석하면 1분에 374음절 정도이다. 표준 발화속도를 기준으로 동일한 메시지를 1분간 낭독시켰을 때, 청취자들은 300음절 내외는 활력이 없고 느리다고 하며, 350음절 내외는 차분하며 이해도가 높다고 하고, 400음절 내외는 빠르고 내용파악이 어렵다고 하였다(박경희, 2004). 따라서 호감도가 높은 음성의 특징은 속도가 8.4/s로 조금 빠른 속도이고, 크기는 83.8dB로 평균보다 큰 소리에 속하며, 고저는 122.4Hz로 중저음이다(김혜승·이정원, 2009). 그 밖에도 다음과 같은 특징을 가진 음성이라면 호감을 줄 수 있는 요소가 된다. 보다 좋은 음성 이미지 형성을 위해서는 목소리의 종류를 알고 상대방에게 호감을 줄 수 있는 목소리를 가질 수 있도록 노력해야 한다.

(1) 타고난 본래의 목소리

목소리에도 손가락에 있는 지문처럼 개인마다 다른 성문(聲紋)이라는 것이 있다. 주파수 분석 장치를 이용하면 음성이 줄무늬 모양의 그림으로 나타나는데 사람마다 고유의 형상이 있기 때문에 범죄수사에서 범인의 목소리를 분석할 때 주로 사용된다. 보통 얼굴과 지문도 비슷한 경우는 있지만 전 세계인 중 똑같은 사람은 아무도 없다. 목소리 역시 마찬가지이다. 전 세계 인구 60억 중 완전히 똑같은 목소리가 없기 때문에 나만의 목소리를 개성으로 받아들이는 것이 먼저이다.

타고난 본래의 목소리는 성대 주변의 근육에 힘을 가하지 않은 상태에서 자연스럽게 나오는 소리를 말한다. 성대에 억지로 힘을 가하게 되면 목소리가 부드럽지 못하고 거칠어진다. 말을 조금만 해도 힘들어지며 언어 표현 역시 평소보다 힘들어진다. 하지만 본래의 목소리로 편안하게 말을 하다보면 소리도 건강하다. 자신의 목소리가 마음에 들지 않는다고 해서 무조건 바꾸려 하지 말고 장점을 살리고 단점을 보완할 수 있는 방법을 찾는 것이 현명한 방법이다.

(2) 자신 있는 목소리

항상 굽은 자세에 작은 목소리를 내는 사람과 곧은 자세로 씩씩하고 당당한 목소리를 갖고 있는 사람 중 더 호감이 가는 사람을 꼽으라면 누구든 후자를 선택할 것이다. 좋은 음성이란 언제 어디서나 자신감을 잃지 않는 당당함을 필요로 한다. 타인에게 자신 있는 음성을 들려주고 싶다면 스스로에게 먼저 당당해질 필요가 있다. 자신에게 떳떳하고 당당할 때 매사에 자신감이 생긴다.

(3) 재미있는 목소리

단순히 유머감각이 뛰어난 사람의 목소리만 재미있는 것이 아니다. 아무런 목소리 변화 없이 단조롭게 이야기하는 목소리도 재미없기는 마찬가지이다. 말을 할 때 목소리 변화가 너무 심해 듣기에 혼란스러운 것은 좋지 않지만 너무 변화가 없어 밋밋한 목소리도 좋지는 않다. 상황에 따라 목소리에 적당한 변화를 준다면 훨씬 더 생동감 있고 재미있는 목소리가 될 것이다.

(4) 밝고 긍정적인 목소리

밝고 긍정적인 목소리는 듣는 사람의 기분까지 밝고 긍정적으로 만들어준다. 목소리를 통해 긍정적인 에너지를 전파하기 위해서는 억지로 밝은 목소리를 내려고 목소리를 키우거나 높이는 것보다 긍정적인 마음가짐을 가지는 것이 우선이 되어야 한다.

(5) 열정을 전하는 목소리

무슨 일이든 열정적으로 임하는 사람들은 목소리에도 힘이 넘치고 생기가 넘친다. 이들의 목소리에는 삶에 대한 목표와 의지 등이 담겨 있어 듣는 이에게 자극을 주기도 한다.

(6) 향기가 느껴지는 목소리

향기가 좋은 꽃에는 자연스럽게 벌들이 모인다. 목소리에서도 향기가 난다면 자연스럽게 많은 사람들이 찾게 될 것이다. 향기가 나는 듯 늘 고운 목소리로 고운 말을 하는 사람들에게는 자꾸만 가까이 다가 가고 싶은 마음이 들게 한다. 그러므로 향기가 느껴지는 목소리로 말하기 위해 노력해야 한다.

(7) 흡입력 있는 목소리

상대방을 끌어당기는 흡입력 있는 목소리를 갖고 있다면 일반적인 대화에서는 물론 프레젠테이션 등에서도 상당히 유리하다. 목소리 자체에 힘이 있는 사람들은 청중의 집중력을 높여주는 이점이 있다. 깊은 목소리로 대중들을 사로잡는 성우들의 목소리가 대체적으로 흡입력이 강한 편이다.

(8) 따뜻함이 느껴지는 목소리

목소리에서 따뜻함, 정감 등이 느껴지는 사람은 상대에게 친근한 이미지를 심어주며 신뢰를 주게 된다. 반면, 늘 퉁명스럽게 말을 하고 냉랭한 이미지의 차가운 목소리를 가진 사람들은 도시적인 이미지를 지니고 있지만 상대방에게 무뚝뚝한 이미지를 심어주며 어려운 느낌을 준다. 그러므로 항상 따뜻한 목소리로 따뜻한 말을 해야 한다.

제3절 음성질환 및 음성의 사용과 관리행동

1. 음성질환

대부분의 사람들은 음성보다는 외적 이미지를 가꾸는데 투자를 많이 한다. 매일 아침 거울을 보며 얼굴을 확인하며 여성의 경우에는 수시로 화장을 고치거나 성형수술과 같은 특별 관리를 통해 단점을 가리려고 노력한다. 그러나 단순히 음성의 교정을 위해 수술을 받거나 특별히 관리를 하는 사람은 드물다. 목소리 내는 것을 직업으로 삼는 사람들을 제외하고는 음성을 그리 중요시 여기지 않기 때문이다.

그러나 음성도 관리를 지속적으로 할 필요가 있으며 가꾸면 가꿀수록 좋아진다. 대부분의 사람들에게는 목이 따끔거리고 아파서 말을 하기 힘들었던 경험이 있을 것이다. 감기에 걸리거나 몸이 피로할 때 목소리부터 변하는 사람들이 많다. 중요한 것은 이렇게 목소리에 변화가 생기면 관리에 더 신경을 쓰기 시작해야 한다는 것이다. 목소리의 변화를 눈치채지 못하고 방치하면 음성질환으로 발전해 목소리의 회복이 불가능한 상태가 될 수도 있다. 음성질환을 예방하기 위해서는 무엇보다 자신의 음성상태를 정확하게 알아야 한다. 음성질환에는 구체적으로 어떤 것들이 있는지 알아보고 음성질환이 발생하지 않도록 항상 주의를 기울여야 한다.

1) 음성질환의 원인

음성질환은 발성의 문제와 호흡의 문제, 건강의 문제, 그 밖의 관리 소홀이나 환경적 요인 등 다양한 원인들에 의해 발생되며 질환의 종류도 상당히 다양하다. 오랫동안 근육을 사용하지 않다가 갑자기 사용하면 근육통이 오는 것처럼 성대 역시 마찬가지로 갑자기 성대를 무리하게 사용하게 될 경우 주로 음성질환이 오게 된다. 정확한 발성법이나 호흡법을 모른 채 함부로 소리를 내지르거나 힘들게 소리를 낼 경우에도 음성질환이 발생하기 쉬우며 한 번 지친 성대는 정상으로 회복되는 속도가 느려지기 때문에 음성질환이 발생하기 전에 지속적으로 관리를 하는 것이 필요하다.

건강상의 문제도 음성질환을 유발한다. 특히 신체가 피로하면 음성에 바로 표시가 나는데 목소리를 내기가 불편하다면 적당한 휴식으로 피로를 푸는 것이 우선이다. 성대도 우리 몸처럼 피로가 누적되면 질환으로 이어지기 쉽기 때문이다. 신체의 피로뿐만 아니라 심장혈관 계통이나 폐, 위, 간장, 신장 등의 다양한 신체기관의 질환도 음성질환을 유발할 가능성이 있다. 이러한 질환들은 성대 자체에 영향을 주는 것은 아니지만 건강한 호흡을 방해하여 음성질환을 일으키기도 한다. 그 밖의 음성에 영향을 주는 후두나 공명기관, 호흡기 등의 기관들에도 항상 주의를 기울여 건강한 소리를 낼 수 있도록 유지해야 한다. 주변 환경이나 관리 소홀도 음성질환을 유발하며 건조하고 차가운 공기와 지나치게 더운 공기는 성대의 수분을 증발시켜 건조하게 되므로 피하도록 해야 한다.

2) 음성질환의 자가 진단

대부분의 사람들은 음성에 이상이 생겼을 때 단순한 감기로 여기거나 가볍게 치부하는 경우가 많다. 그러나 단순히 목이 쉰 것이라고 생각하고 오랜 시간 방치했다가 심각한 음성질환으로 악화될 수 있다.

〈표 10-1〉의 음성질환 체크 리스트를 통해 자신의 음성 상태를 확인할 수 있다. 리스트에서 선택한 항목이 5개 이상이라면 음성관리에 수시로 관심을 가져야 할 필요가 있다.

〈표 10-1〉 음성질환 Check list

	항 목	Yes	No
1	아침에 일어나면 목소리가 심하게 잠겨 있고 저녁에는 괜찮아진다.		
2	소리를 낼 때 바람 새는 소리나 다른 음이 섞여 있다.		
3	가끔 쓴물이 넘어오고 가슴이 쓰리다.		
4	조금만 말을 해도 숨이 많이 차다.		
5	감기나 염증이 없는데도 목이 아프다.		
6	목에 덩어리가 만져지거나 무엇인가 걸려있는 듯하다.		
7	음식을 먹으면 사래가 자주 든다.		
8	말을 조금만 많이 해도 쉽게 목이 쉬고 아프다.		
9	침을 삼키기가 힘들고 기침을 자주 한다.		
10	갑자기 말을 못하거나 심하게 목소리가 변하며 지속된다.		

3) 음성질환의 종류 및 특징

(1) 성대 결절

성대 결절은 오랫동안 소리를 무리하게 내어 성대에 굳은살이 생기는 질환이다. 말을 많이 하는 직업을 가진 선생님이나 상담원, 가수 등에게 잘 생기며 음성질환 중 가장 많이 나타난다. 대개 남자 어린이나 30대의 성인 여성에게 많이 발생한다. 음성이 변하거나 숨이 가쁜 것 등의 증상이 나타나며 음성을 혹사시키는 습관이 가장 주요한 원인이므로 항상 성대를 보호하는 습관을 가져야 한다.

(2) 성대 부종

성대 부종 역시 갑자기 성대를 많이 사용하는 등의 관리 소홀로 성대 점막에 출혈이 발생하면서 성대가 붓거나 물혹이 생겨 성대 결절과 마찬가지로 쉰 목소리가 나는 것이다. 최근 연구된 한 보고서에 의하면 담배를 피우는 여성은 남성 흡연자보다 성대 부종에 취약하다는 조사 결과가 나왔다. 여성의 성대는 남성보다 쉽게 건조해지는 등 자극에 약하기 때문에 흡연의 영향도 쉽게 받는다고 한다.

(3) 성대 폴립

성대에 있는 작은 혈관들이 터지면서 생기는 질환으로 성대의 점막이 약해진 상태에서 무리하게 목소리를 내다보면 성대가 강하게 부딪히면서 출혈이 생기게 된다. 평소에 성대 폴립이 있는 환자라면 무엇보다 성대가 휴식할 수 있는 환경을 만들어주는 것이 중요하다. 가능한 한 말을 아끼며 시끄럽고 먼지가 많은 장소를 피하는 것이 좋다.

(4) 인 후두염

인 후두염은 인두와 후두를 합해 말하는 것으로 인두는 코의 뒤, 입의 뒤, 구인두의 아래를 말한다. 후두는 목소리를 내는 성대가 속한 부분이다. 인 후두염의 증상은 목에 무언가

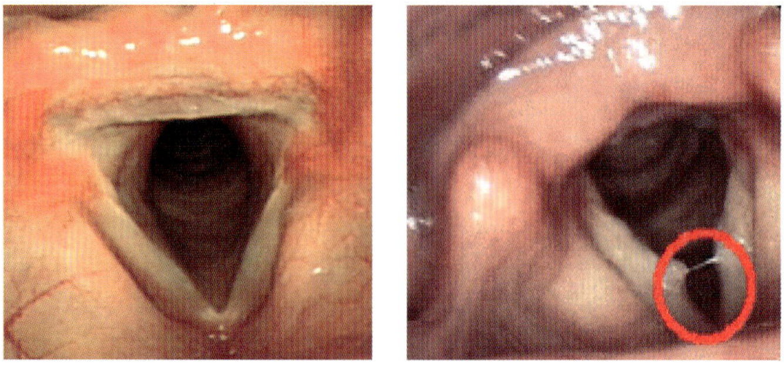

〈그림 10-2〉 정상적인 성대와 음성질환이 있는 성대

가 걸린 듯하며 가래가 많아지고 기침이 잦아진다. 목소리가 변하고 아프며 속이 쓰리거나 신물이 넘어오기도 하므로 음성질환뿐만 아니라 그 밖의 건강관리에도 주의를 해야 한다.

2. 음성 사용

목소리는 폐, 살비뼈, 가슴근육의 입체적인 작용에 의해 만들어진 호흡(날숨)이 기관지 입구 부위에 성대라는 부분을 통과하면서 일차적으로 만들어지고 더 위로 올라와 목, 입, 코를 통과하면서 변화와 공명을 일으켜 개개인의 특징적인 말소리가 된다.

성대에 구조적인 변화가 있거나 여러 질환이 발생하면 목소리가 비정상적으로 변하게 된다. 갑자기 목소리가 변하고 말이 잘 안 나오는 증상을 '애성'이라고 하며 이러한 증상은 목소리 사용의 습관에 따라 나타나는 정도에 차이가 있다. 평소 말하는 습관과 음성을 사용하는 습관에 따라 성대의 문제나 음성질환 여부가 결정되므로 잘못된 음성 사용법과 올바른 음성 사용법을 인지하고 활용하여 좋은 음성을 만들기 위해 스스로가 지속적인 노력을 해야 한다.

잘못된 음성 사용법
- 오랜 시간 말한다.
- 흥분해서 빠르게 말한다.
- 목에 힘을 주면서 말한다.
- 운동을 할 때나 시끄러운 환경에서 크게 말한다.
- 피곤할 때, 감기나 후두염에 걸렸을 때 말을 많이 한다.
- 극단적으로 높은 소리와 낮은 소리를 내거나 남의 목소리를 흉내 내며 말한다.

올바른 음성 사용법
- 천천히 말한다.
- 가까운 거리와 조용한 장소에서 편안하게 말한다.
- 넓거나 시끄러운 곳에서는 손짓을 하거나 마이크를 사용하여 말한다.
- 말을 할 때에는 부드러운 호흡으로 가능한 한 낮게 말한다.
- 말을 할 때에는 가능한 한 입을 크게 벌리고 말을 한다.
- 대중 앞에서 말을 할 때에는 복식호흡으로 말을 한다.

3. 음성 관리행동

우리는 목소리를 들으며 말하는 사람의 연령을 짐작한다. 어린이의 목소리는 또랑또랑하고 깨끗하다. 변성기인 남학생의 목소리는 거친 느낌이 묻어난다. 그리고 20대, 30대 이후로 갈수록 목소리가 성숙해지고 안정된다는 것을 느낄 수 있는데, 이는 성대의 조절 능력이 20대보다는 30~40대에 더 우수해지기 때문이다. 간혹 연령에 맞지 않게 목소리가 일찍부터 노화된 사람들이 있지만 개인의 건강관리나 지속적인 음성관리 등을 통해 개선할 수 있다.

성대는 근육으로 이루어져 있기 때문에 꾸준한 운동으로도 충분히 관리가 가능하다. 우선 어떤 호흡이 음성관리에 효과적인지를 먼저 파악한 뒤에 자신에게 알맞는 방법을 찾을 필요가 있다.

1) 호흡법

호흡은 폐를 부풀리거나 수축시켜 그 속의 공기를 바꿔 넣는 운동이다. 즉, 산소를 들이마시고 이산화탄소를 내보내는 과정을 통해 생활에 필요한 에너지를 만드는 작용을 말한다. 폐는 흉곽 속에 들어 있고 늑막이라는 얇은 막에 둘러싸여 있다. 늑막은 흉곽의 내벽에도 붙어 있으며 흉곽이 움직일 때마다 접촉해 매끄럽게 운동을 한다. 흉곽의 밑면에 횡격막이라는 것이 있는데 횡격막은 이완된 상태에서는 위로 휘어 있으며, 수축하면 흉곽을 확대시키는 작용을 한다. 흉곽의 운동에 따라 호흡은 흉식호흡과 복식호흡으로 나누어진다.

(1) 흉식호흡

흉식호흡이란 가슴을 부풀리며 하는 호흡으로 여성들이 주로 사용해 여성 호흡법이라고 알려져 있다. 횡격막은 거의 사용되지 않고 주로 늑골만 위 아래로 움직이므로 공기의 흡입량이 적다. 보통 숨을 들이마실 때 가슴이 위로 올라가고 어깨까지 함께 올라가는 특징이 있다. 흉식호흡은 가장 일반적으로 하는 호흡이기 때문에 쉽고 간단하지만 그만큼 호흡이 길지 못하고 가슴 부분에서만 공명이 이루어져 깊은 소리가 나지 않는다는 단점이 있다. 음정이 불안해 오랫동안 말을 하면 힘이 들며 목이 금방 쉬는 듯한 느낌이 든다. 이로 인해 복식호흡보다는 감정표현을 제대로 하기 어렵다.

(2) 복식호흡

배의 근육을 움직여 횡격막을 늘이거나 줄이는 호흡방식으로 흉식호흡과 반대라고 볼 수 있다. 복식호흡을 하게 되면 흉식호흡에 비해 폐에 공기를 가득 채울 수 있다. 실제로 복식호흡을 하게 되면 폐활량이 30% 가량 늘어난다. 숨을 깊게 들이마셔 소리도 깊게 나오며 안정된 소리로 인해 오랫동안 말을 해도 힘이 들지 않는다. 혹시 긴장을 해서 목소리가 떨리는 순간이 생긴다면 복식호흡으로 호흡을 가다듬는 것이 좋다. 숨을 여러 차례 깊게 들이마시고 천천히 내쉬는 방법을 반복하면 긴장 완화에도 효과가 있다.

복식호흡은 바르게 선 자세나 앉은 자세, 허리를 굽힌 자세, 누운 자세 등에서 훈련할 수 있다. 〈표 10-2〉와 〈표 10-3〉의 복식호흡 훈련법을 익힌 뒤 가장 편안하게 할 수 있는 방법을 선택해 수시로 연습하는 것이 좋다.

복식호흡을 할 때에는 무엇보다도 마음을 편안하게 가지는 것이 중요하다. 눈을 감고 차분하게 명상을 한다고 생각하고 편안하게 숨을 들이마시고 내쉬어야 효과가 좋다. 또한 숨을 들이마시고 내쉴 때 어깨가 움직이지 않도록 주의해야 한다. 거울을 보면서 배만 움직일 수 있도록 반복적으로 연습하는 것이 좋다.

〈표 10-2〉 복식호흡 훈련법 1

자세	방법
선 자세	- 바르게 선 자세를 유지하고, 손을 배 위에 자연스럽게 둔다. - 코로 숨을 천천히 들이마시면서 배를 크게 부풀린다. - 배가 최대한 부푼 상태에서 4초 동안 멈춘다. - '후-' 소리와 함께 숨을 입으로 천천히 내뱉으며 배를 넣는다. - 천천히 10번 반복한다.
앉은 자세	- 양반다리로 편안하게 앉는다. - 두 손을 모아 배 위에 둔다. - 코로 숨을 빠르게 들이마시면서 배를 크게 부풀린다. - '후-' 소리를 내며 숨을 입으로 천천히 내뱉는다. - 빠르기를 조절해가며 10번 반복한다.

〈표 10-3〉 복식호흡 훈련법 2

자세	방법
허리를 굽힌 자세	- 다리를 어깨넓이 만큼 벌리고 손을 아랫배에 둔다. - 숨을 코로 들이마시면서 배를 부풀린다. - 상체를 인사하듯 천천히 숙이면서 입으로 숨을 내쉰다. - 완전히 내려갔을 때 호흡을 끝낸다. - 다시 상체를 올리면서 숨을 들이마시는 것을 반복한다.
누운 자세	- 편안하게 누운 자세에서 휴지 한 장을 준비하여 코와 입 부위에 펼쳐 위치시킨다. - 코로 숨을 들이마셔 배를 부풀린 후 입으로 빠르고 길게 내쉰다. - 한 손에 들고 있는 휴지를 높이 띄운다 생각하고 숨을 오랫동안 내쉰다.

그동안 흉식호흡이 익숙했던 사람들은 복식호흡이 어렵게 느껴질 수 있다. 그러나 복식호흡이 익숙해지면 음성이 훨씬 더 안정되고 편안해질 수 있으므로 꾸준하게 훈련을 하는 것이 중요하다.

2) 발성법

편안하고 힘이 있는 목소리를 구사하기 위해서는 호흡훈련에 발성훈련까지 더해져야 한다. 역대 명창들은 소리 공부를 할 때, 산이나 절로 들어가 폭포수 아래에서 혹은 동굴 속에서 적어도 10년 동안은 소리를 찾기 위해 노력했다고 한다. 소리를 지르고 피를 토하고 또 소리를 지르는 발성훈련을 하고 나면 맑은 목소리를 가질 수 있었다고 전해진다. 좋은 목소리를 갖기 위해 그야말로 피나는 노력을 하는 것이다.

(1) 아– 발성법

복식호흡 훈련에서 숨을 내쉴 때는 공기만 내뱉었지만 발성훈련을 할 때에는 똑같은 방법을 유지하면서 숨을 내쉴 때 큰 소리를 내는 것이 중요한 점이다. 발성훈련의 목적이 깊은 호흡으로 만들어진 공기를 힘이 있는 소리로 만들어내는 것이므로 목소리를 크게 내도록 노력해야 한다. 숨을 내쉴 때 '아–' 라는 소리를 길게 이어나가면서 목소리를 깊이가 있고 힘이 있게 가꿀 수 있도록 한다.

(2) 스타카토 발성법

복식호흡을 하는 상태에서 숨을 내쉴 때 한 번에 천천히 내쉬는 것이 아니라 스타카토 방법으로 소리를 끊어서 내지르는 발성법이다. 숨을 들이마신 뒤 내쉬면서 배를 빠르게 넣었다 내밀었다가를 반복하며 '아/야/어/여/오/요/우/유/으/이' 등의 소리를 낸다. 중요한 것은 한 음절마다 끊어지는 느낌이 나야하고 배가 소리와 함께 움직여야 한다는 점이다.

(3) 점층 발성법

소리를 자유자재로 활용할 수 있도록 다음의 문장들로 점층 발성훈련을 한다. ①번 문장에서 ⑤번 문장으로 갈수록 힘이 더 실리고 목소리도 더 커져야 한다. 복식호흡을 통해 나오는 소리의 크기를 발성훈련으로 자유자재로 바꿀 수 있어야 언어 표현에서도 자유로울 수 있다.

점층 발성 문장
① 약한 비가 내립니다.
② 장대비가 주룩주룩 내립니다.
③ 세찬 비가 내립니다.
④ 비가 마구 쏟아집니다.
⑤ 비가 억수같이 마구 쏟아집니다.

(4) 허밍 발성법

목에 힘을 빼고 배에서 소리를 끌어올려 부드럽게 내는 발성법이다. 소리를 낼 때에는 코로 숨을 들이마시고 입 안을 동그렇게 하여 다문 후 입 안에서 음을 다르게 하여 노래 부르듯이 소리를 낸다. 이때 배에 힘을 줘야 하며 호흡은 코로만 해야 한다.

또한 목이 경직되지 않도록 자세는 편하게 하는 것이 좋다. 허밍을 할 때에 눈을 감으면 자신의 소리에 집중할 수 있으며 발성 훈련은 자신의 소리를 들을 수 있는 곳에서 하는 것이 좋다. 허밍 발성을 하기에 동요가 적합하며 다음의 문장을 허밍 발성으로 꾸준히 연습한다면 부드러운 음성을 만들 수 있다.

허밍 발성 문장
나비야 나비야 이리 날아 오너라 음- - 음- - 음- - - - 음- -
노랑나비 흰나비 춤을 추며 오너라 음- - - - 음- - 음- - - - 음- -
봄바람의 꽃잎도 방긋방긋 웃으며 음- - - - 음- - 음- - - - 음- -
참새들도 짹짹짹 노래하며 춤춘다 음- - - - 음- - 음- - - - 음- -

3) 성대 마사지

성대는 아담의 사과라는 별명을 갖고 있는 후두 안에 있다. 좋은 음성을 갖기 위해서는 성대 주변의 근육을 부드럽게 풀어주고 성대를 촉촉하게 유지해야 한다. 성대 관리를 위해서 목 앞부분의 볼록 튀어나온 부분을 손가락으로 살짝 잡고 부드럽게 돌리거나 눌러주며 수시로 마사지를 해주는 것이 좋다. 또한 목 주위의 근육을 풀어주어 성대에 힘이 들어가지 않도록 한다. 어깨 근육이 뭉치거나 목 주위의 근육이 경직되면 목소리가 갈라지고 피곤함을 느끼므로 좋은 음성을 갖기 위해서는 경직된 근육을 풀어주는 스트레칭과 함께 성대 마사지를 꾸준히 해야 한다.

4) 유형별 목소리 관리

(1) 작은 목소리

목소리의 크기는 성대의 진동에 영향을 받는다. 성대가 충분히 진동을 하지 않거나 호흡이 빠져나가면 목소리가 작게 나온다. 작은 목소리는 소극적인 인상을 심어주기 쉬우며 실제로도 작은 목소리를 가진 대부분의 사람들 성격이 내성적인 경우가 많다.

목소리가 너무 작아 대화에 지장을 줄 정도라면 훈련을 통해 목소리의 크기를 키울 필요가 있다. 성대가 충분히 진동하면서 호흡이 코로 빠져나가지 않도록 깊은 호흡법을 습득해야 한다. 또한 소리를 낼 때 의도적으로 입으로만 숨을 쉬는 훈련을 통해 작은 목소리를 크게 만들 수 있다.

(2) 높은 목소리

높은 목소리는 소리 자체만으로 밝은 이미지를 심어주지만 청자가 오랫동안 듣기 힘들다는 단점이 있다. 높은 목소리를 억지로 낮게 내고자 할 경우, 성대에 무리가 오기 때문에 자신에게 편한 톤을 찾고 그 소리를 내는 것이 가장 좋은 관리방법이다. 특히 높은 목소리를 가진 사람들은 일부러 가성을 내지 않도록 주의해야 한다. 진성과 가성은 입을 손으로 막고 '음~' 소리를 내봄으로써 찾을 수 있다. 다양한 목소리 톤으로 '음~' 소리를 내보면 입 주변의 진동이 모두 다른 것을 확인할 수 있다. 이때 진동이 가장 심한 부분의 음이 자신이 내기에 가장 편한 소리이다. 이 톤을 유지하면 목소리의 주인과 청자 모두 불편함이 없는 좋은 음성을 낼 수 있다.

(3) 가는 목소리

가는 목소리는 음폭이 너무 가늘어 불안정한 느낌을 준다. 어린 아이처럼 말하는 느낌을 주기 때문에 신뢰감보다는 여린 이미지에 가까운 목소리이다. 목소리의 힘을 키울 수 있는 관리가 필요한데 '가/까/카/다/따/타/바/빠/파' 와 같은 파열음을 바탕으로 발성훈련을 하여 소리를 밖으로 크게 내지르는 연습을 하면 개선될 수 있다.

(4) 탁한 목소리

목소리가 명확하지 않고 답답하며 꽉 막혀 탁한 사람은 실제보다 나이가 더 들어 보이거나 대화 시 전체적인 이미지가 답답하게 형성되는 단점이 있다. 탁한 소리를 없애기 위해서는 우선 목구멍 안쪽에서 소리를 삼켜버리지 않도록 복식호흡과 발성으로 목소리를 깊은 곳에서부터 밖으로 나올 수 있도록 해야 한다. '아-아-아' 와 '하-하-하' 와 같은 소리를 크게 내보면 숨이 밖으로 자연스럽게 나오므로 소리도 밖으로 나올 수 있다. 폐에서 충분히 모은 호흡이 입 밖으로 끝까지 시원하게 나올 수 있도록 반복적인 훈련을 해야 효과가 있다.

(5) 콧소리

콧소리가 섞여있는 목소리는 애교스럽고 이성적인 매력이 부각된다는 것이 장점이지만 동시에 신뢰감이 실추되어 보인다는 단점이 있다. 특히 면접이나 그 밖의 프레젠테이션 상황이라면 콧소리를 최대한 자제하는 것이 좋다. 콧소리는 공기가 입으로 나오는 양보다 코로 나오는 양이 더 많은 소리이다. 의도적으로 목에 힘을 주는 것과 빼는 것을 번갈아가면서 소리를 내보면 콧소리와 일반 소리의 차이를 확연하게 느낄 수 있다. 콧소리가 나는 사람이라면 목의 힘을 최대한 빼고 편안한 상태에서 호흡과 말을 하는 훈련을 해야 한다.

5) 그 밖의 목소리 관리법

올바른 음성 관리법
- 하체를 편안하게 하며 바른 자세로 말한다. - 일부러 속삭이거나 습관적인 헛기침을 하지 않는다. - 감기로 인하여 기침이 심할 때에는 즉시 치료하도록 한다. - 비염, 위염, 식도염이 있는 경우에는 즉시 치료하도록 한다. - 갑자기 큰소리를 지르거나 장시간 크게 말하지 않도록 한다. - 성대를 따뜻하게 보호한다. - 수분을 공급해주는 차를 마신다. - 취침 3시간 전에는 금식한다. - 집안이 건조하지 않도록 한다. - 술, 담배, 카페인(커피, 녹차) 등을 삼간다. - 스트레스를 받지 않는다. - 시끄러운 곳은 피하고 갑자기 큰 소리를 내지 않는다. - 기름기 많은 음식, 자극성 음식, 맵고 짠 음식을 피한다. - 커피, 술, 유제품, 초콜릿, 민트, 오렌지주스 등과 같은 음식을 피한다. - 목소리가 변했을 때에는 초기에 목이 쉴 수 있는 침묵 시간을 갖도록 한다.

음성을 건강하게 관리하기 위해서는 하루에 1.5~2L 가량의 물을 마시라는 말을 많이 한다. 물론 물을 많이 마시는 것도 좋지만 김지채 외(2009)는 성대를 촉촉하게 유지하기 위해서 마시는 물의 양보다 지속성에 중점을 둬야한다고 밝혔다. 즉, 물을 무조건 많이 마신다고 해서 성대가 계속 촉촉하게 유지되는 것이 아니라 적은 양이더라도 지속적으로 마시는 것이 성대 건강에 더 좋다는 것이다. 아울러 올바른 음성 관리법을 익혀 좋은 음성 만들기를 위한 방법으로 적극 활용한다면 자신의 음성을 보다 효과적으로 관리할 수 있을 것이다.

4. 음성 이미지 진단

음성 변화와 관련된 사항을 진단하기 위해서는 이비인후과를 방문하여 내시경을 통해 상기도 및 후두와 성대를 관찰할 수 있다. 후두 내시경을 통해 후두와 성대에 발생하는 질환 및 현재 상태에 대해 일차적으로 확인할 수 있으며, 직접 관찰이 끝나면 필요한 경우 조직검사, 컴퓨터 촬영과 같은 다음 단계의 검사를 하기도 한다. 또한 음성 분석기인 후두스트로보스코피라는 장비를 이용한 특수검사를 통해 자신의 후두와 성대 상태를 정확하게 확인할 수 있다.

〈표 10-4〉의 음성 이미지 체크 리스트 결과를 바탕으로 자신의 음성 이미지에 대해 확인하고 관리할 수 있다.

〈표 10-4〉 음성 이미지 Check list

문항	항 목	점 수				
		5	4	3	2	1
1	목소리가 부드럽다.					
2	목소리가 밝고 깨끗하다.					
3	입을 크게 벌리고 말한다.					
4	말을 할 때 자세가 바르다.					
5	말을 할 때 기침을 하지 않는다.					
6	말을 할 때 배에 힘을 주고 복식호흡을 한다.					
7	평소 친절하다는 말을 자주 듣는다.					
8	목소리가 예쁘다는 말을 자주 듣는다.					
9	인사를 하면 사람들이 집중해서 듣는다.					
10	목소리 관리의 필요성을 알고 평소 신경을 쓴다.					

* 매우 그렇다 : 5, 그렇다 : 4, 보통이다 : 3, 아니다 : 2, 전혀 그렇지 않다 : 1

제10장 연구문제

1. 음성 생성 과정에 대해 정리하시오.
2. 좋은 음성의 개념에 대해 정리하시오.
3. 음성질환에 대해 정리하시오.
4. 음성 관리 방법을 정리하시오.
5. 올바른 음성 사용과 잘못된 음성 사용에 대해 정리하시오.

제11장
언어 표현 이미지

소통을 중시하는 커뮤니케이션 시대에 살고 있는 사람들은 자기표현이 뚜렷해야 인정받을 수 있다. 따라서 소통을 잘 하기 위해 부단한 노력이 필요하다. 첫인상에서 언어 표현은 시각적인 요소 다음으로 가장 크게 작용하며 이미지 경영에서 언어 표현력을 키우고자 하는 사람이 점차 늘어나고 있다.

이 장에서는 언어를 어떻게 표현해야 긍정적인 이미지가 형성되는지에 대해 알아보고자 한다. 나아가 자신이 원하는 언어 표현 이미지를 형성하여 누구에게나 호감을 주고 성공적인 대인관계를 지속할 수 있는 방법을 살펴보고자 한다.

제1절 언어 표현 이미지의 정의와 개념

소리만으로 형성되는 것이 음성 이미지라면, 언어 표현 이미지는 개인의 음성으로 표현된 언어를 바탕으로 형성되는 이미지라 정의할 수 있다. 똑같은 내용의 말도 귀에 쉽게 들어오는 경우가 있는가 하면 알아듣기에도 힘들고 듣고 싶지 않은 경우도 있다. 이것은 음성의 차이에서 오는 영향도 있겠지만 말하는 방법과 표현력의 차이에서 비롯된 것이 대부분이다.

언어를 표현할 수 있는 방법은 무수히 많다. 기본적으로 발음, 억양, 강조 등에서 부터 명확한 어투로 말하기, 자신 있게 말하기 등 포괄적인 표현 방법들로 확장할 수 있다. 언어 표현 이미지는 다양한 표현 방법들을 얼마나 잘 활용하여 어떻게 말을 하는가에서부터 달라진다.

개개인이 하고자 하는 말을 어떻게 표현하느냐에 따라 전달력이 달라진다. 이제 언어 표현 이미지를 향상시켜 더욱 경쟁력 있는 사람이 될 수 있도록 노력해야 한다.

제2절 언어 표현 이미지의 형성

개개인에게 공통적으로 주어진 가장 훌륭한 능력인 언어는 어떻게 표현하느냐에 따라 스스로의 개성이 뚜렷하게 드러나기도 하고 타인과 비슷하거나 평범하게 혹은 더 안 좋게 자리 잡히게 되기도 한다. 듣고만 있어도 재미있는 말이나 긴장감을 고조시키는 말은 표현력에 따라 달리 형성되기 때문에 언어 표현력을 향상시키기 위한 다양한 방법들을 이해하고 잘 활용할 수 있어야 한다.

언어구사능력은 표현력에 따라 차이가 난다. 또한 언어 표현으로 인해 개인의 이미지에 대한 평가가 달라진다. 내용을 전달하는 수단이자 감정을 표출하는 수단으로써의 언어를 표현하는 방법은 다음과 같다. 언어 표현 이미지를 좋게 구축하기 위해서는 이러한 언어 표현 이미지의 형성 요소를 익히고 활용하여 자신의 언어구사능력을 향상시키고 보다 나은 언어 표현력을 갖출 수 있도록 노력해야 한다.

1. 말의 속도

말을 할 때에는 너무 빠르지도 너무 느리지도 않게 적정 속도를 유지하는 것이 좋다. 너무 빠른 말은 듣는 사람을 불안하게 만들며 너무 느린 속도는 답답하게 느껴져 청자의 집중력을 떨어뜨리기 때문이다. 그렇다고 해서 계속 적정 속도로만 말을 한다면 그 역시 지루해진다.

음악도 내용과 장르에 따라 속도와 리듬감이 달라지듯 말도 내용과 장르에 따라 속도가 달라지는 것이 좋다. 특별히 강조를 할 부분이나 다짐하는 부분, 의혹을 제기하는 부분, 숫자나 인명, 지명 등을 설명할 때 속도를 늦춰 천천히 말하면 청중은 자연스럽게 집중하게 되고 내용에 대한 기억력도 높아진다. 반면, 누구나 다 아는 일반적인 사실이나 중요하지 않은 부분, 긴장감과 흥분을 유발하는 사례, 흥미롭게 흘러가는 상황 등에서는 평소보다 속도를 조금 빨리 하는 것이 좋다. 따라서 속도의 완급조절을 잘하면 청자의 집중력을 높일 수 있다.

자신의 말하는 속도가 적당한지를 확인하기 위해서는 1분 동안 말하는 음절의 수를 진단해 보는 것이 필요하다. 보통 1분에 350음절 안팎을 말하는 것이 가장 이상적인 속도이다. 다음의 속도 진단을 위한 글을 통해 1분 동안 말하는 음절을 진단할 수 있다. 진단 결과 350음절 안팎이면 적당한 속도이고 300음절 이하이면 느린 속도이며 400음절 이상이면 빠른 속도이다. 이를 바탕으로 말하는 속도가 너무 느리다면 빠르게, 너무 빠르다면 느리게 관리할 수 있도록 노력해야 할 것이다.

속도 진단을 위한 글(1분 용)

비밀은 당신 안에 있다. 내면의 힘을 활용하면 할수록 그 힘이 가까이 다가올 것이다. 더 이상 연습하지 않아도 되는 시점에 도달할 것이다. 자신이 곧 힘이 되고, 완전해지고, 지혜가 되고, 사랑이 되며, 기쁨이 될 터이기에. 당신은 지금 중대한 시기를 맞이했다. 내면에서 뭔가가 계속 "넌 행복할 자격이 있어"라고 말하기 때문이다. 우리는 뭔가를 세상에 더하고, 세상을 더 가치 있게 만들려고 태어났다. 어제보다 더 크고 나은 존재가 되기 위해. 경험한 모든 일, 지나간 모든 순간은 바로 지금을 위한 준비였다. 지금 당신이 아는 지식으로 오늘부터 무엇을 할 수 있을지 상상해보라. 이제 당신은 자신이 운명을 만드는 창조자임을 알았다. 그러면 이제 얼마나 더 많이 해낼 수 있을까? 얼마나 더 나은 존재가 될 수 있을까? 그저 존재/300 하는 것만으로도 얼마나 많은 사람을 축복해줄 수 있을까? 이 순간 무엇을 할 것인가? 어떻게 현재에 몰입할 것인가? 어느/350 누구도 남을 대신해 춤을 추고 노래하고 남의 이야기를 기록할 수 없다. 당신이 누구이고 무엇을 하는가, 그것은 이제부터 시/400작이다!

– 론다 번, 『시크릿』중에서

2. 억양

억양은 의미 강조와 정서 표현이라는 두 가지의 기능을 갖는다. 의미 강조는 주제를 강조하면서 정확한 내용 전달을 위해 억양에 변화를 주는 것이고, 정서 표현은 정서가 가지고 있는 감정을 표현하는 것이다. 일정한 리듬으로 말을 하면 안정감을 느낄 수 있지만 청중은 금방 지루해진다. 적절하게 억양의 변화를 주면 역동적인 느낌을 줄 수 있으므로 생동감을 살릴 부분에서는 과감하게 억양에 변화를 주고 차분한 억양으로 말을 하는 부분에서는 평소 억양보다 차분하게 말을 하는 변화를 익히도록 해야 한다.

3. 목소리의 크기

보통 스피치를 훈련할 때 목소리를 무조건 크게 하라는 주문을 많이 한다. 물론 큰 목소리는 작은 목소리보다 자신감이 있고 활기차 보이기 때문에 작은 목소리보다는 긍정적인 이미지를 형성하게 될 가능성이 높다. 하지만 너무 큰 목소리는 오히려 주변 사람들을 불편하게 만들기 때문에 강조하고 싶은 부분에서만 평소보다 조금 크게 말을 하거나 작게 말하는 것이 좋다.

보통 아주 가까이 있는 대상과 속삭이며 대화를 나눌 때는 우리가 낼 수 있는 가장 낮은 음성이 나오며, 이때 자신이 낼 수 있는 성량은 거의 사용하지 않아도 된다. 자신이 가진 것의 30% 이하면 충분하다. 그러나 대화 시 중요한 부분을 말하거나 클라이맥스로 넘어가면 목소리의 크기도 점점 커져야 하며 자신의 성량을 30% 이상 활용하는 것이 좋다.

4. 발음

한국어는 19개의 자음과 21개의 모음으로 나뉘며 자음과 모음은 폐에서 내쉬는 숨을 이용해 만들어져 각각의 소리로 나온다. 자음은 공기가 폐에서 입 밖으로 나올 때 혀와 입천장, 입술 등을 통해 장애를 받아 나오는 소리이고 모음은 장애를 받지 않고 그대로 나오는 소리이다. 한국어는 이렇게 다양한 자음과 모음이 어울려 음절과 단어, 어절을 형성하며 그 속에 겹받침과 이중모음, 된소리 등 발음하기 까다로운 구성이 더해져 정확한 발음을 구사하기가 상당히 어렵다.

실제로 많은 이들이 우리말에 대해 정확하게 알지 못하거나 발음에 크게 신경을 쓰지 않아 부정확한 발음을 남용하는 경우가 많다. 발음이 부정확하면 개인의 이미지까지 반듯하지 못한 인상을 심어줄 수 있기 때문에 정확한 발음은 언어 표현에 있어서 매우 중요하다.

특히 취업을 앞두고 있는 구직자라면 면접 시 질문에 대한 대답을 명확한 발음으로 또박또박하게 말 할 필요가 있다. 어눌한 발음은 업무처리도 허술할 것 같다는 이미지가 형성되기 쉽기 때문이다. 따라서 우리말을 구성하는 자음과 모음에 대해 간단하게 알아보고 정확한 발음법을 습득하여 자신의 음성 이미지를 한층 향상시킬 필요가 있다.

1) 자음

자음은 조음위치에 따라 양순음과 치조음, 경구개음, 연구개음, 후음 다섯 가지로 나뉘고 조음방법에 따라 장애음과 공명음, 공기를 내뿜는 정도에 따라 평음(예사소리)과 경음(된소리), 격음(거센소리)으로 또 다시 분류된다. 자음의 발음에서는 음가를 정확하게 해주는 것이 중요한데 너무 발음에 신경쓰면 어투가 딱딱해지기도 한다. 자음 발음은 특히 받침소리 'ㄴ, ㄷ, ㅁ, ㅂ'을 정확하게 발음해야 하고 'ㅎ'음가가 제대로 날 수 있도록 하며 'ㅅ' 발음에서 바람이 새지 않도록 주의해야 한다. 자음은 〈표 11-1〉과 같이 분류하며, 설명은 〈표 11-2〉와 같다.

2) 모음

모음이란 소리가 나올 때 통로의 막힘없이 나오는 발음을 말한다. 입술모양에 따라 평순모음과 원순모음으로 나뉘고 혀의 위치에 따라 전설모음과 후설모음으로 구분한다. 또한 혀의 높낮이에 따라 고모음과 중모음, 저모음으로 구분한다. 한국어 모음 구분에 대해 〈표 11-3〉, 〈표 11-4〉, 〈표 11-5〉와 같이 정리할 수 있다.

발음이 부정확한 사람들에게 가장 강조를 많이 하는 부분이 바로 모음의 입모양을 정확하게 하라는 것이다. 거울을 보면서 정확한 입모양을 따라하는 훈련이 지속적으로 이루어져야 어려운 모음이 섞여 있는 단어도 수월하게 발음할 수 있다. 또한 모음 발음 연습은 'ㅏ/ㅔ/ㅣ/ㅗ/ㅜ'를 정확한 입모양으로 정확하게 발음하는 것부터 시작한다. 〈표 11-6〉에서와 같이 모음은 혀를 얼마나 입천장에 가깝게 두느냐에 따라, 혀의 어느 부분을 능동적으로 움직이느냐에 따라, 입술 모양을 어떻게 하느냐에 따라 음가가 결정된다. 따라서 능동적으로 혀와 입술이 움직일 수 있도록 노력해야 한다.

〈표 11-1〉 한국어 자음의 분류

구 분			입술소리	혀끝소리	경구개음	연구개음	목청소리
안울림소리	파열음	예사소리	ㅂ	ㄷ		ㄱ	
		된소리	ㅃ	ㄸ		ㄲ	
		거센소리	ㅍ	ㅌ		ㅋ	
	마찰음	예사소리		ㅅ			
		된소리		ㅆ			
		거센소리					ㅎ
	파찰음	예사소리			ㅈ		
		된소리			ㅉ		
		거센소리			ㅊ		
울림소리	비음		ㅁ	ㄴ		ㅇ	
	유음			ㄹ			

〈표 11-2〉 한국어 자음의 분류 설명

구 분	설 명
파열음	폐에서 나오는 공기를 막았다가 막은 자리를 터뜨리면서 내는 소리
마찰음	조음기관이 좁혀진 사이로 공기가 비집고 나오면서 마찰해 나는 소리
파찰음	파열음과 마찰음의 두 가지 성질을 모두 가지는 소리
입술소리	두 입술 사이에서 나는 소리
혀끝소리	혀끝과 입천장 앞쪽 위치에서 나는 소리

경구개음	혓바닥과 경구개(입천장 앞쪽) 사이에서 나는 소리
연구개음	혀의 뒷부분과 연구개(입천장 뒤쪽) 사이에서 나는 소리
목청소리	목구멍소리
비음	입 안의 통로를 막고 코로 공기를 내보내면서 내는 소리
경음	된소리
평음	예사소리
유음	혀끝을 치조에 대었다가 떼거나 치조에 댄 채 공기를 흘려보내며 내는 소리
격음	거센소리

〈표 11-3〉 모음의 구분 및 종류

구 분	종 류
단모음	ㅏ, ㅓ, ㅗ, ㅜ, ㅡ, ㅣ, ㅐ, ㅔ
이중모음	ㅑ, ㅕ, ㅛ, ㅠ, ㅖ, ㅒ, ㅘ, ㅝ, ㅙ, ㅞ, ㅢ, ㅚ, ㅟ

〈표 11-4〉 단모음 체계

구 분	전설모음		후설모음	
	평순모음	원순모음	평순모음	원순모음
고모음	ㅣ	·	ㅡ	ㅜ
중모음	ㅔ	·	ㅓ	ㅗ
저모음	ㅐ	·	ㅏ	

〈표 11-5〉 모음의 분류 설명

구 분	설 명
고모음	입을 조금 열고 혀를 높여서 발음하는 모음
중모음	입을 보통으로 열고 혀의 높이를 중간으로 하여 발음하는 모음
저모음	입을 크게 벌리고 혀를 가장 낮추어서 발음하는 모음
평순모음	입술이 평평하게 되면서 발음되는 모음
원순모음	입술이 동그랗게 되면서 발음되는 모음
후설모음	혀의 뒷부분이 입천장에 가까이 가서 발음되는 모음
전설모음	혀의 앞부분이 입천장에 가까이 가서 발음되는 모음

〈표 11-6〉 모음 발음 입모양과 혀 위치

발음	입모양과 혀 위치
아	입술에 힘을 주지 않고 앞니가 보일 정도로 입을 벌린다. 혀끝을 아랫니 내측에 약간 닿는 정도로 하고 길게 발음한다. 입을 아래로 벌리고 턱을 내리며 발음한다.
에	'이' 자 발음에서 입을 아래로 조금 벌린다는 기분으로 발음한다. 혀끝은 아랫니 뒤에 대고 혀의 양옆은 위어금니의 일부분에 실짝 댄다. 입을 너무 크세 빌리지 읺도록 한나.
애	'이' 자 발음보다는 입술과 이를 위아래로 크게 벌린다. '아' 발음의 입모양에서 옆으로 조금 더 벌리고 혀는 아랫니 내측에 넓게 붙여서 발음한다.
이	'으' 자 발음처럼 입술과 이를 벌리는데, 입술은 옆으로 더 잡아당긴다. 혀끝은 아랫니 내측에 붙이고 발음한다. 위아래 치아사이가 자연스럽게 벌어지도록 한다.
어	윗입술을 더 높이 벌리고 아랫입술을 약간 벌리는 정도로 발음한다. 혀끝은 아랫니 내측 깊숙이 아래로 하고 힘은 주지 않는다. 목구멍을 속으로 높게 벌리는 기분으로 길게 발음한다.
오	위아래의 입술을 동그랗게 원 모양으로 작게 만들고 아래로 향하게 한다. 혀는 조금 잡아당겨 약간 아래로 내려 발음한다. 입술을 너무 옆으로 벌리지 않도록 주의한다.
우	'오' 자 발음보다 입술을 앞으로 내밀어 작은 원을 만들고 위로 향하게 한다. 아랫니와 윗니 사이를 좁게 하고 혀는 아래로 내려 발음한다.
으	입을 생긴 대로 간격만 조금 띄워 벌리고 그 간격만큼 이도 벌린다. 혀는 편하게 아랫니 내측에 약간 닿으며 발음한다. 입술을 너무 옆으로 벌리지 않도록 주의한다.

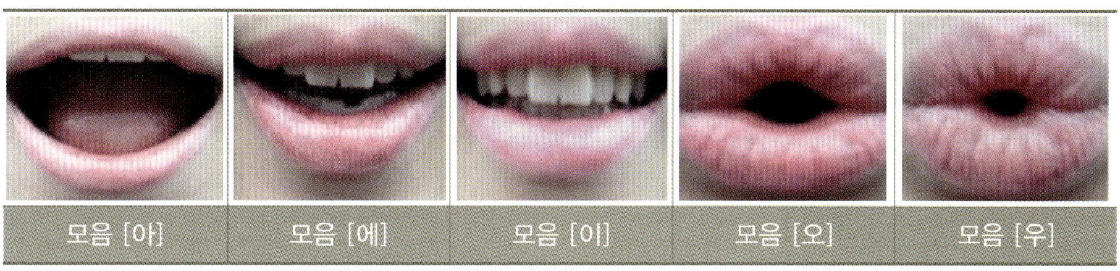

〈그림 11-1〉 모음 발음 입모양

5. 강조

강조할 때 꼭 소리를 크고 세게 말하는 방법만 있는 것이 아니다. 각 상황에 따른 강조의 방법과 그에 맞는 음성 표현 방법이 달라져야 효과적으로 내용을 전달할 수 있다.

1) 높임 강조

가장 기본적인 강조로는 중요한 부분에서 강한 어조로 말을 하는 것이 있다. 목소리 톤을 높여 세게 말하기, 크게 말하기 등이 해당되며 프레젠테이션이나 그 밖의 연설 등에서 가장 적절하게 활용할 수 있다. 높임 강조를 할 때는 듣는 사람도 강조의 의미를 정확하게 느낄 수 있도록 자신 있게 해야 한다.

2) 낮춤 강조

높임 강조와는 반대의 강조법이다. 오히려 중요한 부분에서 톤을 낮추고 약하게 말함으로써 강조를 하는 방법이며 단어의 느낌이 강하지 않거나 부정적일 때 낮춤 강조로 표현한다.

6. 장·단음

우리말에는 같은 글자의 낱말이 많다. 그러므로 동의어를 말로 표현할 때는 장·단음을 구분해 의미를 전달해야 한다. 그렇지 않으면 의미상 혼란을 겪게 될 가능성이 크기 때문이다. 예를 들어 얼굴의 한 부위인 눈과 내리는 눈은 동음이의어지만 말을 할 때에는 내리는 눈을 길게 읽어줘 차이를 둔다.

〈표 11-7〉에서와 같이 기본적인 장·단음을 암기하여 상대와 대화를 할 때 적절하게 표현할 수 있어야 한다. 문장 속에서 장음을 활용하면 의미전달은 물론 리듬감까지 형성돼 문장이 지루하지가 않다. 보통 장음은 단음에 비해 1~1.5배가량 길게 발음하는 것이 이상적이며 장음

〈표 11-7〉 장음과 단음

장음	단음	예 문
눈:	눈	눈에 눈:이 들어가니 눈물이 난다.
말:	말	말을 타고 말:을 한다.
굴:	굴	굴은 굴:에서 먹어야 제 맛이다.
발:	발	발을 씻고 거실에서 발:을 쳤다.
밤:	밤	밤에는 밤:을 구워먹던 추억이 떠오른다.
벌:	벌	벌 받고 있는 도중에 날아온 벌: 때문에 넘어졌다.
창:	창	창을 활짝 열고 창:을 해야 한다.
동:경	동경	일본 동경을 동:경하는 사람이다.
부:자	부자	김 씨 부자는 부:자가 되기를 소망한다.
새:집	새집	넓은 새집으로 이사 간 기념으로 새:집을 사줬다.
사:과	사과	사과 먹고 기분 풀라는 말로 사:과를 했다.
연:기	연기	담배 연기인 것처럼 연:기하는 사람이다.
분:수	분수	분수를 배워 분:수를 알자.

은 1음절에서만 지키는 것을 원칙으로 한다. 2음절에 있는 음절이 장음이라 할지라도 길게 발음하지 않는다. 또한 숫자는 '2, 4, 5, 10, 둘, 셋, 넷, 만, 쉰' 등이 장음으로 발음된다.

7. 감정 이입

똑같은 의미를 담고 있는 말인데도 사람마다 표현능력은 모두 나르다. "예쁘다"는 말을 "예쁘네요"라고 말할 수가 있고 "미소가 정말 예뻐서 가슴이 떨리네요"라고 감정을 담아 구체적으로 표현할 수도 있다. 이처럼 말이라는 것은 사람의 개성에 따라 달리 표현되기 때문에 본인의 감정을 이입하여 음성을 표현하는 것이 가장 좋다.

특히 말을 하다보면 자연스레 감정을 살려야 하는 부분이 생긴다. 개인적인 대화든 공식적인 프레젠테이션이든 감정을 담아야 할 일이 많은데 드라마에서 배우가 감정에 호소하며 대사를 하듯 감정의 완급조절을 하면서 말을 하는 것이 좋다. 간절한 부분은 간절하게, 속 시원한 부분은 속 시원하게, 듣는 사람이 말하는 사람의 마음을 읽을 수 있도록 하는 것이 중요하다. 형용사, 부사, 동사의 느낌을 적극 활용하여 감정이입을 할 수 있으며 억양의 차이로도 감정변화를 표현할 수 있다.

8. 끊어 읽기와 포즈

끊어 읽기와 포즈는 문장 속에서 잠깐의 쉼을 둔다는 점에서 비슷하지만 목적과 방법이 조금씩 다르다. 끊어 읽기는 의미전달을 위해 쉬어 주어야 하는 부분에서 잠깐 쉬는 것을 말하며, 포즈는 의미전달과 강조를 목적으로 하지만 말하는 사람의 의도에 따라 강조에 더 초점이 맞춰진다.

1) 끊어 읽기

문장 속에서 끊어 읽기를 하는 부분은 대표적으로 주어와 술어 사이, 의미의 명료성을 위한 단어 앞, 부사 뒤, 월, 일 등 구체적인 날짜나 장소 뒤, 쉼표나 마침표 등 문장부호가 있는 곳 등이다. 이 중 주어와 서술어 사이는 순간 띄기(∨)라고 해 멈추는 시간이 거의 표시가 나지 않을 정도로 잠깐 쉬어준다. 1~2 문장이 끝나고 나면 보통 띄기(/)를 하는데 순간 띄기보다는 조금 긴 시간 동안 쉬며, 긴 띄기(//)는 내용이 전환될 때 주로 사용한다. 하지만 끊어 읽는 부분이 너무 잦으면 표현력이 더 떨어져 보이고 상대방에게 정확한 전달이 어려워지기 때문에 지나치게 끊어 읽기를 많이 하지 않도록 주의해야 한다.

언어 표현 능력을 키우려면 문장 속에서 끊어 읽을 부분을 미리 확인하고 순간 띄기(∨)와 보통 띄기(/), 긴 띄기(//)로 나누는 과정이 필요하다. 이러한 방법으로 노력한다면 끊어 읽기를 제대로 하지 못해서 의미가 잘못 전달되는 실수를 범하지 않을 것이다.

2) 포즈(Pause)

미국의 16대 대통령 링컨은 이야기 도중에 때때로 말을 끊었다고 전해진다. "그는 중요한 대목에서 상체를 앞으로 내밀고 잠깐 청자의 눈을 바라보며 침묵하였다. 이 침묵은 갑자기 외쳐대는 큰 소리와 같은 효과가 있었다"고 링컨의 전기를 조사한 데일 카네기가 밝힌 바 있다.

밥을 할 때 뜸을 들이면 맛있게 지어지듯 말을 할 때도 뜸을 조금만 들이면 말이 맛있게 느껴진다. 그렇다고 너무 뜸을 들이면 청중은 말을 하는 사람이 내용을 잊었다고 생각해 주의력이 더 떨어질 수도 있기 때문에 포즈를 어색하지 않게 활용하려면 많은 연습을 해야 한다.

반전을 유도하는 접속사 앞에서 포즈를 두면 청중은 다음 말에 대한 기대를 갖게 되고 자연스럽게 집중력이 향상된다. 짧은 포즈는 바로 뒤에 오는 단어를 강조하기 위해 사용한다. 또한 긴 포즈는 뒤에 오는 구절 전체를 강조하기 위해 사용한다.

제3절 언어 표현 이미지 관리행동

우리는 상대방의 말을 들으며 말하는 사람의 생각과 의도 등을 파악한다. 어린이는 정확한 발음을 익혀 말을 하는 것만으로도 자신의 의사를 충분히 전달할 수 있다. 그러나 말을 하는 직업을 갖고 있거나 사람을 많이 만나는 직업을 가진 사람들은 자신의 생각이나 주장을 정확하게 전달하는 능력과 보다 효과적으로 말하는 표현력을 높이기 위해 노력한다. 이는 말하는 능력이 10대보다는 20대 이후 더욱 중요해지기 때문이다.

표현력이 부족한 사람들은 일을 하거나 대화를 할 때나 프레젠테이션이나 협상을 할 때 그리고 중요한 말을 해야 할 때에 오해를 불러일으키거나 손해를 보는 경우가 많다. 하지만 언어 표현력 강화를 위한 관리행동에 대해 인지한 후 스스로의 언어 표현 능력을 진단하고 부족한 부분을 개선하고자 지속적으로 훈련한다면 충분히 개선할 수 있다. 또한 발음 훈련을 통해 전달력을 높일 수 있으며, 음성 훈련을 통해 상대에게 호감을 주는 음성을 구축할 수 있다. 뿐만 아니라 언어 표현력 강화 훈련을 통해 보다 효과적으로 표현하는 능력을 키울 수 있다.

1. 음성 훈련

오랜 시간 익숙한 형태로 경제적인 발성·발음을 해왔기 때문에 습관을 고치기 위해선 꾸준한 연습이 필요하다. 또한 그동안의 습관을 버리고 생활 속에서 실천해야 된다.

음성 훈련을 하기 전에는 반드시 자신의 평소 목소리를 진단해야 한다. 녹음기를 활용하여 음성을 진단할 수 있다. 이때 자신이 목소리를 듣고 냉정하게 평가해야 한다. 그리고 자주 녹음하여 확인하고 반복적으로 수정한다.

좋은 목소리를 만들기 위해서는 복식호흡을 통해 말하는 습관을 가져야 하며, 부드러운 음성을 갖출 수 있도록 바른 자세로 꾸준하게 발성 연습을 해야 한다. 뿐만 아니라 피곤하거나 신경을 많이 쓰게 되면 목소리에 변화가 생기고, 음성질환으로 인해 말할 때 통증을 느끼거나 좋은 음성으로 말할 수 없게 되므로 피로가 쌓이지 않도록 노력해야 한다.

항상 바른 자세를 유지하고, 목에 힘을 주지 않으며 떨리거나 거친 음성이 아닌 부드러운 음성으로 말할 수 있도록 지속적인 노력이 필요하다.

2. 발음 훈련

발음을 정확하게 구사하려면 먼저 조음기관인 입술과 혀, 발성기관을 충분히 풀어주는 것이 우선이다. 얼굴 근육과 입 근육, 혀 근육 등을 부드럽게 풀어준 다음 본격적인 훈련을 시작하는 것이 좋으며 가장 먼저 〈표 11-8〉에 정리되어 있는 음절들을 하나씩 끊어서 읽도록 한다.

단모음으로 발음 연습을 시작한 후에는 이중모음까지 포함한 〈표 11-9〉의 발음 훈련표를 바탕으로 어려운 모음까지 정확하게 발음할 수 있도록 연습을 시작해야 한다. 연습할 때는 입과 혀가 부드럽게 움직여야 한다. 유기적으로 움직이지 못하면 혀 짧은 소리가 나오게 되며, 부정확한 발음으로 정확한 표현과 전달이 어려워진다. 언어습관을 단시간에 교정시키기는 쉽지 않지만 꾸준한 연습을 통해 자신의 발음을 교정할 수 있다. 그러므로 발음을 교정하고자 한다면 발음 훈련표를 큰소리로 읽는 연습을 지속적으로 하도록 한다.

모음 발음 연습이 끝난 후에 다음의 'Tongue twist'를 천천히 또박또박 발음한 뒤 점차 빠른 속도로 읽으며 발음 훈련을 하도록 한다. 성대를 가능한 한 많이 열고 호기를 이용하여 큰 소리로 읽으며 문장 하나를 한 호흡으로 끝까지 읽는다. 안 되는 발음은 자투리 시간을 이용해서 반복하여 연습한다.

〈표 11-8〉 발음 훈련 표 1

발음	ㅏ	ㅑ	ㅓ	ㅕ	ㅗ	ㅛ	ㅜ	ㅠ	ㅡ	ㅣ
ㄱ	가	갸	거	겨	고	교	구	규	그	기
ㄴ	나	냐	너	녀	노	뇨	누	뉴	느	니
ㄷ	다	댜	더	뎌	도	됴	두	듀	드	디
ㄹ	라	랴	러	려	로	료	루	류	르	리
ㅁ	마	먀	머	며	모	묘	무	뮤	므	미
ㅂ	바	뱌	버	벼	보	뵤	부	뷰	브	비
ㅅ	사	샤	서	셔	소	쇼	수	슈	스	시
ㅇ	아	야	어	여	오	요	우	유	으	이
ㅈ	자	쟈	저	져	조	죠	주	쥬	즈	지
ㅊ	차	챠	처	쳐	초	쵸	추	츄	츠	치
ㅋ	카	캬	커	켜	코	쿄	쿠	큐	크	키
ㅌ	타	탸	터	텨	토	툐	투	튜	트	티
ㅍ	파	퍄	퍼	펴	포	표	푸	퓨	프	피
ㅎ	하	햐	허	혀	호	효	후	휴	흐	히

〈표 11-9〉 발음 훈련 표 2

발음	ㅑ	ㅕ	ㅒ	ㅛ	ㅠ	ㅖ	ㅘ	ㅚ	ㅟ	ㅙ	ㅝ	ㅞ
ㄱ	갸	겨	걔	교	규	계	과	괴	귀	괘	궈	궤
ㄴ	냐	녀	냬	뇨	뉴	녜	놔	뇌	뉘	놰	눠	눼
ㄷ	댜	뎌	댸	됴	듀	뎨	돠	되	뒤	돼	둬	뒈
ㄹ	랴	려	럐	료	류	례	롸	뢰	뤼	뢔	뤄	뤠
ㅁ	먀	며	먜	묘	뮤	몌	뫄	뫼	뮈	뫠	뭐	뭬
ㅂ	뱌	벼	뱨	뵤	뷰	볘	봐	뵈	뷔	봬	붜	붸
ㅅ	샤	셔	섀	쇼	슈	셰	솨	쇠	쉬	쇄	숴	쉐
ㅇ	야	여	얘	요	유	예	와	외	위	왜	워	웨
ㅈ	쟈	져	쟤	죠	쥬	졔	좌	죄	쥐	좨	줘	줴
ㅊ	챠	쳐	챼	쵸	츄	쳬	촤	최	취	쵀	춰	췌
ㅋ	캬	켜	컈	쿄	큐	켸	콰	쾨	퀴	쾌	쿼	퀘
ㅌ	탸	텨	턔	툐	튜	톄	톼	퇴	튀	퇘	퉈	퉤
ㅍ	퍄	펴	퍠	표	퓨	폐	퐈	푀	퓌	퐤	풔	풰
ㅎ	햐	혀	햬	효	휴	혜	화	회	휘	홰	훠	훼

Tongue twist
① 간장공장 공장장은 강 공장장이고 된장공장 공장장은 장 공장장이다. ② 저기 가는 저 상장사가 새 상장사냐 헌 상장사냐. ③ 중앙청 창살은 쌍 창살이고 시청 창살은 외 창살이다. ④ 이 분이 한국관광공사 곽 진광 관광과장입니다. ⑤ 네가 그린 기린 그림이 긴 기린 그림이냐 안 긴 기린 그림이냐. ⑥ 검찰청 쇠 철창살은 새 쇠 철창살이냐 헌 쇠 철창살이냐. ⑦ 칠월 칠일은 평창 친구 친정 칠순 잔칫날이다. ⑧ 저기 계신 저 분이 박 법학박사이시고, 여기 계신 이분이 백 법학박사이시다. ⑨ 김 서방네 지붕 위에 콩깍지가 깐 콩까지냐 안 깐 콩깍지이냐? ⑩ 상표붙인 큰 깡통은 깐 깡통인가? 안 깐 깡통인가?

3. 언어 표현력 강화 훈련

1) 문장 낭독 실습

지금까지 학습한 언어 표현 방법들을 바탕으로 우리말 문장을 낭독하는 연습을 해본다. 다양한 표현으로 보다 생동감 있고 전달력 있도록 실습한다. 형용사와 부사에 감정이입을 시키고, 강조하고자 하는 부분에 목소리의 크기를 조절하거나 포즈를 두어 낭독하도록 한다.

음성 훈련 예문
- 자신감 있는 스피치, 지금부터 시작입니다. - 저는 꼭 귀사의 신입사원이 되고 싶습니다. - 젊음과 용기, 패기가 넘치는 홍길동입니다. - 열정으로 똘똘 뭉친 홍길동입니다. - 저의 장점은 경청을 잘 하는 것입니다. - 사랑하는 그대여, 나의 마음을 받아주오. - 지금이 마지막 기회입니다. 이 기회를 잡으십시오! - 아침에는 소나기가 내렸고 오후에는 이슬비가 내렸습니다. - 촉촉한 빗방울이 톡톡톡 떨어집니다. - 봄바람에 새하얀 원피스가 살랑살랑 날립니다. - 커~다란 선물 보따리! - 자유! 자유만이 살길이다! 자유를 달라! - 큰 빌딩 사이로 나오는 작은 자동차! - 거친 비바람이 몰고 온 강추위! - 강도에요! 강도가 나타났어요! - 그녀는 엔돌핀이 팍팍 샘솟게 만들어줘요. - 사랑합니다. 사랑합니다. 정말 많이 사랑합니다. - 내가 발로 찬 공이 무척 멀~리까지 날아갔다. - 절망 또 절망, 늘 고난과 역경만 찾아옵니다. - 홈~런! 홈런입니다 홈런!

2) 방송 대본 실습

프로그램마다 표현력을 바꾸는 방송 진행자들은 일반인들에 비해 언어 표현 이미지를 잘 형성하고 있다. 실제 방송에서 사용되는 다양한 방송 원고를 바탕으로 언어 표현력을 높일 수 있도록 훈련해보고 표현력을 향상시킬 수 있도록 수시로 실습해보는 것이 좋다.

(1) 내레이션

내레이션은 시각 효과를 보충하기 위해 사용하는 음성 요소이므로 정확한 전달력이 필요하다. 변화가 적은 억양과 정확한 발음 그리고 정확한 장·단음 표현에 주의해야 한다.

내레이션 예문

미장이, 유기장이, 멋쟁이, 겁쟁이.... 우리말에는 이렇게 '장이' 혹은 '쟁이' 라는 말:이 많:이 쓰이고
[머쨍이] [겁쨍이] [이러케]

있습니다. 그런데 '장이' 와 '쟁이' 는 과:연 어떻게 다른 말:일까요?
[어떠케]

'장이' 는 어떤 기술을 가진 사:람을 낮추어 부르는 말:입니다. 석수장이는 돌:을 다루어 물건을 만드는
[석쑤]

사:람을, 유기장이는 놋그릇을 만드는 사:람, 미장이는 건:축공사에서 흙을 바르는 일:을 하는 사:람을
[흘글]

의:미합니다. 모:두가 어떤 기술을 가진 사:람들입니다.

반:면 '쟁이' 는 어떤 말:의 성:격을 지닌 사:람을 이르는 말:입니다. 멋쟁이는 옷을 멋지게 잘 입는
[성:껴글] [머쨍이] [머찌게]

사:람을, 겁쟁이는 겁이 많:은 사:람, 고집쟁이는 고집이 무척이나 센: 사:람, 거:짓말쟁이는 거:짓말을
[겁쨍이] [고집쨍이] [고지비] [거:진말] [거:진마를]

잘:하는 사:람을 말:합니다. 모두가 기술을 가진 사:람들은 아니지만 '멋' 과 '겁', '고집' 과 '거:짓말' 이
[=꽈] [고집꽈] [거:진마리]

의:미하는 성:격의 소:유자를 말:합니다.
[성:껴게]

이제는 '장이' 와 '쟁이' 의 올바른 쓰임새를 아:실 겁니다. 똑같은 '갓' 을 가지고 말:한다 할지라도 갓을
[껌니다] [할찌라도]

만드는 사:람은 '갓장이', 갓을 멋지게 쓰는 사람은 '갓쟁이' 입니다.

※ : 음절 뒤는 장음, [ ] 속은 발음법

(2) 행사 안내

행사 안내와 같은 대본 역시 내레이션과 유사하다. 특히 행사 안내에는 행사명과 시간, 장소, 목적, 전화번호 등 행사와 직접적으로 관련된 내용이 포함되므로 정확한 전달력이 필수이다. 중요한 내용에 강조를 하면서 낭독한다.

행사 안내 예문

전통문화의 발전[발쩐]과 국악의 대:중화를 위해 KBS와 삼성문화재단이 공:동 주최하는 제:7회 서울국악대:경연 본선대:회가 내일 오:전 열:시[열:씨]부터 KBS홀에서 열립니다. 이번 경연 대:회는 대:상 상금 천만원을 비롯해[비로태] 각 부문별 금상, 은상, 동:상을 놓고[노코] 민요, 판소리[판쏘리], 풍물 등 9개 분야에서 예:선을 통과한 스물 일곱 개 팀이 참가해 치열한 경연을 펼칩니다. 서울국악대:경연 초대권은[초대꿔는] KBS 서울 여의도[여이도] 본사 편성실 사:업부와 시:청자 상담실에서 배:부하며, 자세한 사항은 KBS 편성실로 문:의[무:니]하시기 바랍니다[바람니다].

(3) 교통캐스터

교통정보는 1분 남짓한 시간 동안 꼭 필요한 핵심 교통 정보만을 전한다. 긴 시간이 주어지지 않기 때문에 핵심을 이해하기 쉽게 해야 하며 말을 할 때 강조점도 많이 둬야 한다. 때문에 모든 사항을 완전히 이해한 뒤 그것을 자연스럽게 말하는 것이 가장 좋다. 교통정보의 특성상 지명이 많이 나오므로 정확한 발음은 필수이다.

교통캐스터 예문

오늘도 도심 주변 곳곳에서 정체 현상이 빚어지고 있습니다. 동서고가로 위에도 정체 꼬리가 길어지면서 밀려가다 서다를 반복하고 있고, 서면이나 남포동, 대학가 앞 쪽으로도 이동량이 꾸준히 늘어나고 있는 상태입니다. 황령산 터널 내부에는 사고 소식이 있습니다. 그 여파로 정체 꼬리가 길게 이어지고 있으니까 우회하시는 편이 좋겠습니다. 교통정보였습니다.

(4) 쇼핑호스트

쇼핑호스트는 주어진 시간 안에 매출 효과를 극대화시켜야 하는 직업으로 시청자들의 구매 욕구를 자극시키는 멘트나 음성효과를 많이 사용한다. 차분하거나 밋밋한 어조보다는 억양의 변화로 생동감을 부여하고 뚜렷하게 강조를 하는 것이 좋으며 호소력 짙은 음성이 필요하다.

쇼핑호스트 예문

안녕하세요. 홍길동입니다. 오늘 이 시간에는 정말 사랑스러운 침구를 소개해드리겠습니다. 누구나 인정하는 나사랑 브랜드에서 나온 신상품인데요, 순면 방목 소재로 만든 침구 풀~세트입니다. 꽃무늬가 사랑스럽죠~. 여러분? 색상 선택 가능하십니다. 051-123-4567번으로 자동주문하시면 할인혜택도 제공해 드리고 있고요, 오늘은 특별 추가 구성으로 침구와 함께 카펫까지 함께 드리니까 주저하지 마시고 정말 좋은 기회 꼭 잡으시기 바랍니다. 여러분들의 침실을 멋지게 바꿔 줄 나사랑 브랜드 침구 풀~세트, 놓치지 마세요.

(5) MC

MC는 프로그램의 특성에 맞게 전체 분위기를 이끌어갈 수 있어야 한다. 프로그램의 도입부분이나 종결부분, 다른 진행자와 대화를 나누는 부분 등 프로그램 내에서도 부분에 따라 역할이 달라지므로 그에 걸맞는 변화가 필요하다. 또 음성뿐만 아니라 그 밖의 외적 이미지와도 조화를 이룰 수 있어야 한다.

MC 예문 1

안녕하세요? 유쾌 상쾌 통쾌한 영화 정보 프로그램 000의 000입니다. 요즘 스크린에 3D 바람이 불었습니다! 영화 아바타를 시작으로 앞으로는 더 많은 3D 영화가 우리 곁으로 찾아온다고 하는데요, 어떤 영화가 우리 곁으로 먼저 찾아올 지 잠시 뒤 000에서 알아보겠습니다. 채널~고정!

MC 예문 2

M C: 화제를 불러일으키고 있는 영화에 대해 집중탐구를 해보는 시간입니다. 오늘은 000영화의 홍길동 감독님과 함께 합니다. 안녕하세요?
게스트: 안녕하세요? 홍길동입니다.
M C: 입소문만으로 흥행을 한다는 게 쉽지만은 않은데 감독님 영화는 입소문만으로 흥행에 성공해서 화제입니다. 인기 비결이 뭐라고 생각하세요?
게스트: 아무래도 스텝이나 배우 모두 작품에 대한 애착이 남달랐기 때문에 이렇게 좋은 작품이 나올 수 있었고, 인기를 얻을 수 있었던 것 같습니다.

(6) 기상캐스터

기상캐스터도 교통캐스터와 마찬가지로 1분 남짓한 짧은 시간 동안 많은 정보를 전한다. 짧은 시간 동안 많은 기상정보를 전해야 하므로 전달력을 높이기 위한 다양한 음성 표현이 요구된다. 날씨를 표현하는 형용사와 동사의 느낌을 잘 살려 말을 하는 것이 좋다.

기상캐스터 예문

쾌청한 하늘이 시원해 보이는 아침입니다. 오늘도 하루 종일 맑은 날씨가 이어지면서 야외활동하기에 좋겠습니다. 하지만 내일부터는 북서쪽에서 차가운 대륙고기압이 세력을 확장하면서 우리나라 쪽으로 차가운 공기가 들어오겠습니다. 내일 아침에는 오늘보다 기온이 10도 정도 뚝 떨어지겠고, 모레부터 사나흘 동안 반짝 추위가 이어질 것으로 보입니다. 현재기온 서울이 영하 3도, 부산이 3도 안팎에서 시작하고 있고, 낮 최고기온은 서울 7도, 부산 8도, 대구도 9도, 낮에는 포근하겠습니다. 해상의 물결은 0.5에서 3미터로 먼바다에서 높게 일겠습니다. 날씨였습니다.

(7) 리포터

리포터는 현장의 분위기를 살려 생생하게 진행해야 한다. 리포팅하는 곳의 분위기를 잘 생각하며 생동감 넘치게 말하는 연습을 해야 한다. 인터뷰를 진행하는 경우도 있으므로 사전에 인터뷰할 대상을 정해놓고 돌발 상황에도 대비해야 한다. 특히 사람이 많이 몰려있는 현장에서는 주변이 시끄러울 수 있으므로 평소보다 조금 크게 말하는 것이 현장감을 살릴 수 있다.

리포터 예문

저는 지금 해맞이 행사로 한창 바쁜 부산 해운대 해수욕장에 나와 있습니다. 이곳에는 벌써 많은 인파가 몰리면서 달맞이 명소다운 면모를 보여주고 있는데요, 기온이 영하로 내려가서 무척 추운 날씨지만 이곳에 모인 분들의 열기 덕분에 체감온도는 후끈 달아올랐습니다. 시민들은 내일 아침 새해 첫 해를 볼 생각에 추위도 모두 잊은 채 하나가 되고 있는데요, 이곳에서는 잠시 뒤인 6시부터 해넘이 축제가 진행되고, 내일 아침 해가 뜰 때까지 해넘이와 해돋이 행사가 계속될 예정입니다. 올 해의 마지막 날이니까 별 다른 계획이 없으신 분들은 지금 바로 해운대로 달려 오셔서 저희와 함께 해주시기 바랍니다. 지금까지 해운대 해수욕장에서 홍길동이었습니다.

(8) 시 낭독

시를 낭독할 때는 차분한 음성으로 표현하는 것이 좋다. 시에 있는 운율을 살리고 끊어 읽기를 정확하게 해야 의미 혼동이 없으므로 단어 속에 있는 감정을 살려 낭독하도록 한다.

시 예문

낙화 – 조지훈

꽃이 지기로소니 바람을 탓하랴
[꼬치] [타타랴]

주렴 밖의 성긴 별:이 하나 둘: 스러지고

귀:촉도 울음 뒤:에 머언 산이 다가서다

촛불을 꺼야 하리 꽃이 지는데
[초뿌를]

꽃 지는 그림자 뜰에 어리어

하이얀 미:닫이가 우련 붉어라
[미:다지]

묻혀서 사:는 이의 고:운 마음을
[무쳐서]

아:는 이 있을까 저어하노니

꽃이 지는 아침은 울:고 싶어라

4. 언어 표현 이미지 진단

〈표 11-10〉의 언어 표현 이미지 체크 리스트를 통해 자신의 언어 표현 능력에 대해 확인 수 있다.

〈표 11-10〉 언어 표현 이미지 Check list

문항	항 목	점 수				
		5	4	3	2	1
1	말의 속도가 적당하다.(1분 동안 350음절 안팎)					
2	말을 할 때 억양의 변화가 있다.					
3	때와 장소, 상황에 맞게 목소리 크기를 조절한다.					
4	말을 할 때 발음이 정확하다.					
5	한국어 자음과 모음 발음법을 정확하게 알고 있다.					
6	말을 할 때 장·단음을 지킨다.					
7	평소 재미있게 표현을 한다는 말을 자주 듣는다.					
8	말을 할 때 감정을 이입시킨다.					
9	말을 할 때 전달력을 위해 끊어 읽기를 한다.					
10	말을 할 때 강조하기 위해 의도적인 포즈를 한다.					

* 매우 그렇다 : 5, 그렇다 : 4, 보통이다 : 3, 아니다 : 2, 전혀 그렇지 않다 : 1

제11장 연구문제

1. 언어 표현 이미지의 중요성에 대해 정리하시오.
2. 언어 표현 이미지 형성 요소에 대해 정리하시오.
3. 언어 표현 관리행동에 대해 정리하시오.
4. 언어 표현력 강화 방법을 정리하시오.
5. 바람직한 언어 표현 이미지에 대해 정리하시오.

제12장
TPO 음성·언어 표현적 이미지

음성·언어 표현적 이미지는 음성 이미지와 언어 표현 이미지가 하나로 형성된 상(象)을 의미한다. 음성·언어 표현적 이미지도 얼굴 표정이나 패션, 메이크업 등과 마찬가지로 상황에 따라 바뀐다. 얼굴은 표정으로 감정을 드러낸다면 음성·언어는 표현으로 자신의 감정을 나타내기 때문이다. 따라서 TPO(Time, Place, Occasion)에 맞게 음성·언어 표현적 이미지를 관리해야 한다. 장례식장에 참석하여 지나치게 밝은 음성으로 조의를 표현하거나 결혼식장 같은 축하의 자리에서 슬픈 목소리와 좋지 못한 언어 표현을 한다면 진정성을 의심받게 될 것이며 좋은 이미지를 형성하기 어려울 것이다. 그러므로 적절한 음성과 언어 표현으로 상대에게 자신의 의사를 분명하고 정확하게 전달하기 위해 노력해야 한다.

우리의 일상에서 음성·언어 표현 이미지의 관리는 매우 보편적으로 자리 잡고 있다. 일반적으로 우리는 스피치나 프레젠테이션, 커뮤니케이션을 할 때 모두 같은 음성·언어 표현으로 하지 않는다. 즉, 때와 장소 그리고 상황에 맞게 보다 성공적이고 호감적인 음성·언어 표현적 이미지를 구축하고자 노력하고 있는 것이다.

취업지원자의 외적 이미지 형성요소 중 남성지원자의 목소리가 면접관의 평가에서 1위로 나타났으며, 2위가 말로 나타났다(김혜리, 2008). 그러므로 음성·언어 표현으로 인해 형성되는 이미지는 상대방의 평가에 지대한 영향을 미친다는 것을 알 수 있다. 따라서 시간과 장소, 상황을 적절하게 고려한 음성·언어 표현을 통해 형성되는 이미지를 보다 전략적으로 관리하면 바람직한 대인관계를 형성하고 성공적인 사회생활을 할 수 있을 것이다.

제1절 스피치

1. 스피치의 개념

스피치(Speech)는 많은 청중 앞에서 자기의 주장을 말을 통해 일방적으로 전달하는 것이다. 대중 앞에서 한 번이라도 말을 해본 사람은 스피치가 그리 쉬운 일이 아니라는 것을 잘 알 것이다. 〈그림 12-1〉과 같이 대중이 가장 무서워하는 것의 1위가 '연설'이라는 연구결과가 있을 정도로 스피치는 즐거운 것만은 아니다.

이처럼 나의 생각, 나의 주장을 조리 있게 말하는 것은 쉽지 않다. 어렸을 때부터 씩씩하게 말하는 웅변 교육을 받고 초등교육부터 고등교육까지 무려 12년 동안 국어시간을 통해 읽고 말하고 쓰는 연습을 하지만 스피치는 그것과는 별개인 냥 대중을 괴롭힌다. 메시지 전달에 있어 말보다 글을 많이 사용하고, 전화보다는 문자 메시지를 많이 사용하는 현대인들에게 말을 하는 능력은 갈수록 향상되는 것이 아니라 퇴보되어간다고 해도 과언이 아니다. 지금부터는 스피치의 유형에 대해 알아보고 각각에 맞는 스피치 요령을 포함한 스피치 능력을 향상시킬 수 있는 방법을 습득해 나가야 한다.

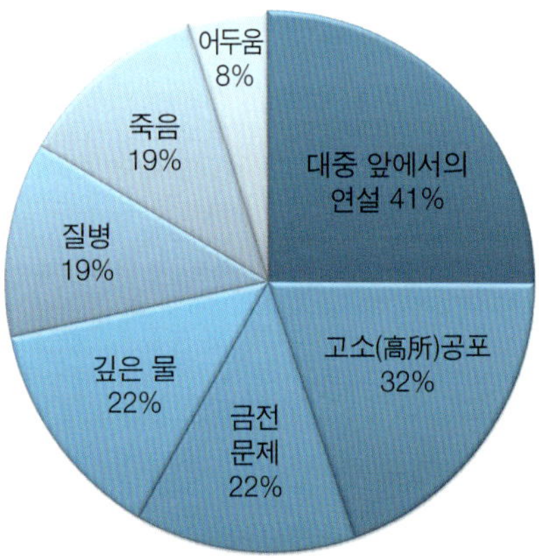

〈그림 12-1〉 인간의 공포 대상에 관한 연구 결과(이현숙, 2006)

2. 스피치의 유형

스피치는 크게 혼잣말을 하는 개인 스피치와 특정한 대상에게 말을 하는 대인 스피치로 나눌 수 있다. 대인 스피치는 인원에 따라 다수 집단에게 말하는 것과 소수 집단에게 말하는 것으로 세분화되며, 목적에 따라 크게 설득과 정보 제공, 격려, 유흥으로 나눌 수 있다. 이 밖에도 성공적인 스피치, 자신감 있는 스피치, TPO에 맞는 스피치, 논리적인 스피치 및 감동을 주는 스피치로 유형을 분류할 수 있으며 각각에 해당되는 스피치의 특성은 다음과 같다.

1) 설득 스피치

설교나 연설, 토론, 협상, 소견발표 등이 해당되며 타인을 설득시키기 위한 스피치를 말한다. 자신의 주장에 맞는 타당한 근거 등이 뒷받침되어야 한다. 파워포인트나 그 밖의 시각적인 효과를 높일 수 있는 요소를 첨가하면 더 효율적이다. 스피커의 목적을 달성할 수 있도록 청중에게 부드러운 카리스마를 발휘하여 신뢰감과 편안함을 주도록 노력해야 한다.

2) 정보 제공 스피치

일반적인 강의나 강연, 업무보고 등이 해당되며 스피커의 감정이나 주관적인 의견보다는 객관적인 정보나 있는 그대로의 사실 등을 전달하는 스피치를 말한다. 정확하고 검증된 정보와 지식이 바탕이 되어야 하며, 사전준비를 철저히 해야 한다. 청중이 신뢰감을 가질 수 있도록 확실한 어투로 정확하게 전달해야 한다.

3) 격려 스피치

기념일 축사, 결혼식 주례사 등과 같이 상대방에게 축하나 격려 메시지를 전하는 목적의 스피치이다. 객관적인 정보를 전하는 정보 제공 스피치와 달리 개인의 감정에 의존할 수 있으며 정해진 틀은 없다. 단, 상황에 맞는 양식이나 단어 선택 등에 주의해야 하며 친밀감을 높일 수 있는 스피치인 만큼 부드러운 어투가 요구된다.

4) 유흥 스피치

생일, 칠순, 돌잔치와 같은 각종 파티행사 및 이벤트 진행이 해당되며 분위기를 고조시키고 흥을 돋우기 위한 장소에서의 스피치이다. 일반적인 스피치와는 조금 다른 유형이다. 예기치 못한 상황들이 많이 발생할 수 있기 때문에 순발력과 재치가 필요하다. 또한 청중의 반응을 이끌어낼 수 있는 표현력이 있어야 한다.

5) 성공적인 스피치

성공적인 스피치는 가장 기본적으로 스피커가 말하고자 하는 내용이 청중에게 정확하게 전달되는 것을 말한다. TV토론회에서 자신의 주장을 강력하게 내세우며 대중을 사로잡는 정치인, 예기치 못한 상황들이 난무하는 현장에서 대본도 없이 말을 이어나가는 아나운서, 물건을 반드시 사게끔 유혹하는 판매원, 소소한 일상 이야기도 귀를 기울이게 만드는 유머감각 있는 친구 등으로 나눌 경우 자신은 어떤 유형에 속하며, 어떤 식으로 말을 하고 있는지를 생각해 볼 필요가 있다.

성공적인 스피치를 위해서는 목적에 맞게끔 말을 '잘' 해야 한다. 여기서 말하는 '잘' 이란 단순히 좋은 내용에만 국한된 것이 아니라 듣기 좋게, 편안하게, 이해하기 쉽게 등을 포함한다. 말을 잘하기 위해서는 화자가 긴장하지 않고 자신의 의견을 정확하게 표현할 수 있어야 하며 다양한 표현방법을 통해 전달하는 것이 필요하다.

6) 자신감 있는 스피치

성공적인 스피치를 하기 위해 무엇보다도 가장 필요한 것은 '자신감' 이다. 대중 앞에서 스피치를 하는 것에 두려움이 없는 사람은 극히 드물다. 누구나 두려움을 가지게 마련이지만 그것을 어떻게 극복하고 실전에서 얼마나 긴장을 하지 않느냐가 성공의 여부를 결정한다. 긴장을 하게 되면 자신감이 줄어들고, 하고 싶은 말을 제대로 하지 못한다. 긴장을 풀고 편안한 마음을 갖는 것이 언제 어디서나 자신 있게 스피치를 할 수 있는 비결이다. 말로 소통하고 말로 관계를 맺는 세상에서 성공적인 스피치를 하고 싶다면 말을 하는 것에 대한 두려움을 없애는 것이 우선이다.

7) 시간(Time), 장소(Place), 상황 혹은 경우(Occasion)에 맞는 스피치

스피치에도 눈치가 필요하다. 내 말을 듣는 사람의 상황과 기분을 고려하면 전하고자 하는 내용을 더욱 효과적으로 전달할 수 있다. 기분 좋게 축하를 해야 하는 자리에서 침울한 목소리와 말투로 축하 메시지를 전한다거나 슬픈 상황에서 들뜬 목소리로 애도를 표하는 눈치 없는 스피치는 절대금물이다. 상쾌하게 하루를 시작해야 하는 아침에는 기분 좋은 목소리로 반가운 아침 인사를, 격식을 갖춰야 하는 자리라면 차분한 목소리로 말을 할 수 있는 스피치 전문가가 될 수 있도록 TPO를 고려해야 한다. 이제는 패션이나 메이크업만 TPO에 맞출 것이 아니라 스피치도 TPO에 맞춰야 한다는 사실을 명심하고 항상 시간, 장소, 상황 혹은 경우를 고려해야 한다. 이것이 바로 성공적인 스피치의 비결이다.

8) 논리적인 스피치

짧은 자기소개에서부터 면접장에서의 스피치, 긴 연설 등 모든 스피치에는 논리 정연한 구성이 필요하다. 하고 싶은 말이 많아 두서없이 쏟아내면 말을 하는 사람과 듣는 사람 모두 혼란스러워 메시지의 전달력이 떨어질 수밖에 없다. 말을 할 때에는 〈그림 12-2〉와 같이 말하고자 하는 내용을 서론과 본론, 결론으로 정리한다. 논리적인 스피치를 위해서는 최근 시사문제나 그 밖의 화젯거리 등을 요약하고 자신의 입장까지 정리하는 훈련이 필요하다.

〈그림 12-2〉 논리적인 스피치 순서

(1) 서론

말을 시작하는 단계로 나에게 관심을 가질 수 있는 분위기를 만들어야 한다. 말하고자 하는 목적과 이유를 설명해 자연스럽게 관심을 유도해야 한다. 서론에서 결론부터 제시하는 것도 좋은 방법이다. 인생을 살 때 나무가 아닌 숲을 보라는 말이 있다. 당장 눈앞에 있는 현실에만 얽매이지 말고 내 인생 전체를 그리며 멀리 내다보라는 말이다. 스피치에서는 서론의 역할이 그렇다. 청중이 스피치를 포괄적으로 내다볼 수 있게끔 먼저 숲을 훑어볼 수 있도록 하는 것이 좋다. 시작부터 너무 무거운 정보를 전하거나 길고 지루하게 이어가는 것은 금물이다.

(2) 본론

서론에서 숲을 보여줬다면 다음은 숲 속에 있는 나무를 보여줄 차례이다. 내가 말하고자 하는 요점에 대한 구체적인 설명이나 근거 등이 나무에 해당하며 이는 청중이 이해하기 쉽게 제시되어야 한다. 나무가 듬성듬성 심겨져 있는 허전한 숲이 되지 않게 나무들로 알차게 채워야 한다. 시간조절을 위해 본론에 들어갈 만한 내용은 넉넉하게 준비하는 것이 좋다.

(3) 결론

결론은 스피치의 요점을 확실하게 못 박을 수 있는 부분이다. 본론에서 했던 이야기들을 간략하게 정리하고 감동이나 행동화를 위한 메시지를 전달해야 한다. 무슨 일이든 마지막은 깔끔한 것이 가장 좋다. 마무리하는 말이 지나치게 길어지거나 너무 무겁지 않도록 간략하게 준비해야 한다. 서론에서 관심을 끌고 본론에서 아무리 내용을 잘 전달했어도 결론에서 마무리가 약하면 청중에게 강한 인상을 주지 못한다. 청중에게 오래 기억되고 싶은 명 화자가 되고 싶다면 시작과 끝 부분에는 남들과 차별화되는 개성을 발휘하는 것이 좋다. 명언이나 문구, 당부의 말, 동기부여 메시지를 활용하면 효과적이다.

9) 감동을 주는 스피치

말에는 항상 감동이 있어야 한다. 무미건조한 말은 듣는 사람과 하는 사람 모두를 무미건조하게 만든다. 논리 정연하게 말을 하더라도 감정에 호소해야 하는 부분에서는 진심을 담은 말로 상대방 마음의 문을 두드리는 것이 좋다. 강한 메시지를 전하는 냉철한 이성보다는 부드러운 감성이 더 큰 효과를 발휘할 때가 많다. 스피치를 통해 내 마음이 전해질 수 있도록 감성에 호소하는 전략을 세울 필요가 있다. 그러기 위해서는 무엇보다도 자신의 이야기를 생생하게 하는 것이 중요하다.

3. 실전 스피치 진단 및 준비

1) 실전 스피치 진단

성공적인 스피치가 무엇인지에 대해 이해를 했다면 다음은 실전에 적용하는 것이 필요하다. 의미를 정확하게 전달하기 위해서는 정확한 발음과 확실한 어투, 생생한 표현력 등이 뒷받침되어야 한다. 특히 확실한 어투는 신뢰감과 자신감을 동시에 주는 중요한 요소이므로 반드시 숙지해야 할 사항이다. 스피치 능력을 쌓고자 하는 사람이라면 스피치를 실전에 적용하기에 앞서 자신의 스피치 능력을 점검하여 정확하게 알고 있을 필요가 있다.

21세기에는 지식을 많이 갖고 있는 자가 아니라 그것을 잘 활용하는 자가 성공한다는 말이 있다. 자신의 지식을 얼마나 잘 표현할 수 있는지, 자신의 스피치 실력은 어느 정도인지 〈표 12-1〉 체크 리스트를 통해 확인할 수 있다.

2) 실전 스피치 준비

스피치를 성공적으로 하기 위해서는 〈그림 12-3〉과 같이 스피치 4단계에 맞게 체계적으로 준비할 필요가 있다.

(1) 사전 분석

스피치 전에는 언제, 어디서, 어떤 자리에서, 누구를 대상으로 어떻게 할 것인지를 철저하게 분석해야 한다. 또한 준비사항은 무엇인지를 구체적으로 확인한 뒤 어떤 방법으로 스피치를 할 것인지 구체적으로 전략을 세워야 한다.

〈표 12-1〉 스피치 실력 Check list

문항	항 목	점 수				
		5	4	3	2	1
1	목소리가 작다는 말을 자주 듣는다.					
2	"다시 말씀해주시겠어요?"라는 말을 자주 듣는다.					
3	상대방이 내 말에 동의하지 않는 경우가 많다.					
4	내가 무슨 말을 하는지 모르는 경우가 있다.					
5	다른 사람과 말을 하는 것에 익숙하지가 않다.					
6	대중 앞에서 말을 하는 것이 무섭다.					
7	발표 등을 할 때 목소리가 자주 떨린다.					
8	말끝을 흐리는 습관이 있다.					
9	긴장하면 말을 더듬는다.					
10	논리적으로 말하지 못한다.					
11	타인이 내 이야기에 집중을 못한다.					
12	유머감각이 부족하다.					
13	말을 하다가 상대방과 다투는 경우가 있다.					
14	항상 말을 길게 한다.					
15	말을 하기 전에는 불안하다.					
16	웃으면서 말하는 것이 어렵다.					
17	대본이 없으면 발표를 잘 하지 못한다.					
18	질문을 받으면 당황한다.					
19	말의 속도가 빠르다는 말을 자주 듣는다.					
20	말을 할 때 나도 모르게 흥분하는 경우가 많다.					

* 매우 그렇다: 5, 그렇다: 4, 보통이다: 3, 아니다: 2, 전혀 그렇지 않다: 1

〈그림 12-3〉 스피치 준비의 4단계

(2) 내용 조직

내가 하고자 하는 말의 핵심을 정한 뒤 서론, 본론, 결론을 나누고 그 속에 들어갈 소재들을 요약·정리한다.

(3) 방법 구체화

내용을 조직했다면 조직한 내용을 어떻게 전할지에 대한 방법을 구체화시켜야 한다. 시각적인 효과를 사용할지, 구두로 전할 경우에는 어떤 말을 어떤 방법으로 전할지를 구체화시킨다. 이때 스피치를 위한 대본을 작성해보는 것도 좋다.

(4) 리허설

실전이라는 생각으로 스피치 리허설에 임한다. 성공적인 스피치를 위해서는 실전과 같은 연습을 통해 자신감을 불어넣는 것이 최고이다. 사전 준비에서부터 내용 조직, 방법 구체화까지 완벽하게 숙지한 후 연습을 통해 실수를 예방해야 한다. 실전에서 생길 수 있는 작은 실수는 없는지를 확인하고 돌발 상황까지 예방할 수 있도록 한다. 본인의 음성을 녹음해보거나 스피치하는 모습을 촬영해보는 것도 좋은 방법이다. 촬영된 모습을 통해 불필요한 언어 습관이 있는지 스피치 태도에 문제가 있는지 등 자신이 모르는 습관에 대해 자세하게 알 수 있다.

4. 성공적인 스피치를 위한 필수요소

1) 정확한 의미 전달

스피치의 기본은 내가 하고자 하는 말을 정확하게 전달하는 것이다. 전달력을 높이기 위해서 빼놓을 수 없는 부분이 바로 정확한 발음과 명확한 어투이다. 아무리 표현력이 좋고 재미있게 말을 한다고 해도 말하는 이의 의도가 정확하게 전달되지 않는다면 그 스피치는 아무 소용없는 스피치가 되고 만다. 나의 목적과 목표가 성공할 수 있도록 다음과 같은 방법을 통해 정확하게 의미를 전달해야 한다.

(1) 정확한 발음

자신의 발음이 상대가 알아듣지 못할 정도로 부정확하지는 않은지 반드시 점검해야 한다. 부정확한 발음은 스피치 전체의 이미지를 불명확하게 만들고 개인의 이미지에도 영향을 준다. 발음은 꾸준한 연습과 세심한 교정이 필요하므로 이를 위해서는 매일 거울을 보며 교정하는 것이 좋다. 동영상을 통해 입모양을 관찰하고 녹음을 통해 음성으로 드러나는 부정확한 발음을 교정해야 한다.

(2) SES(Simple, Easy, Short)

대부분의 사람들이 학창시절 시험공부를 할 때 가장 쉬웠던 부분은 단순하게 외워지는 영어 단어, 단순한 공식 하나로 풀리는 수학 문제, 단순하게 이해할 수 있는 사회적 현상 등이었을 것이다. 복잡한 수학 공식, 긴 영어 단어, 볼수록 낯선 사회적 현상 등은 손을 대기도 전에 머리가 아프다. 스피치도 마찬가지이다. 말하기 쉽고 듣기 쉽고 이해하기 쉬운 스피치는 단순한 것, 깔끔한 것, 명확한 것이다. 어려운 말을 섞어 쓰는 것이 유식해 보이거나 고귀해 보이는 것이 아니다. 짧은 한 문장으로도 충분하게 의미를 전달할 수 있으므로 쉽고 담백한 어투를 사용해야 한다. 따라서 성공적인 스피치를 하기 위해서는 SES 전략이 필요하다.

2) 표현력 강화

우리는 맥박이 뛰는 소리를 들으며 살아있음을 느낀다. 말에도 생명력을 느끼게 해주는 요소들이 있다. 말을 할 때 표현을 다양하게 하는 것이 말에 생명력을 부여할 수 있는 좋은 방법이며 다음과 같은 방법들로 표현력을 강화할 수 있다.

(1) 목소리

일반적으로 강조를 할 때에는 목소리가 커지고 강해진다. 또한 중요한 이야기를 할 때에는 자신도 모르게 목소리에 힘을 주어 말을 한다. 그러나 크게 말하고 강하게 말하는 것이 강조의 전부는 아니다. 일부러 작게 말해 강조를 하는 경우도 있으며 말의 속도와 포즈 등을 조절하여 내용을 강조하기도 한다. 중요한 부분에서는 늘여 말하기도 하고 중요한 어절이나 음절 앞에서 포즈를 두어 1~2박자 정도 쉬는 것도 좋은 방법이다. 포즈를 활용할 경우 청중은 다음 말에 대한 호기심을 가져 자연스럽게 집중하게 되므로 강조와 집중의 두 마리 토끼를 잡을 수 있다. 이렇게 다양한 방법으로 목소리에 변화를 주고 스피치의 표현력을 향상시킬 수 있다.

(2) 감정이입

"감성은 이성보다 강하다", "머리보다는 마음으로 말을 하라" 등은 모두 이성보다 감성을 강조하는 말이다. 스피치에서도 이성뿐만 아니라 감성을 강조해야 한다. 특히 단어의 특성을 살려 감정을 담는 것이 표현력을 강화하는데는 가장 효과적이다. 말하고자 하는 문장을 들여다보고 형용사나 동사, 부사를 찾아 단어의 느낌을 있는 그대로 전달하려고 노력해야 한다. 감정이입은 진정성이 가장 중요하다.

(3) 유머

아무리 좋은 내용이 많은 스피치라도 유머가 섞이지 않으면 청중은 금세 지루해한다. 유머는 듣는 사람을 즐겁게 해주며 분위기가 무겁고 경직되어 있거나 서먹할 때일수록 적절한 유머 감각을 발휘해야 한다. 여자에게 가장 인기 좋은 남자는 유머감각이 있는 남자라는 설문조사 결과도 있듯 유머감각이 풍부한 사람은 어디에서도 인기가 좋기 마련이다. 자신이 너무 진지하게만 말을 하고 있지는 않은지, 말을 하는 동안 청중은 몇 번이나 하품을 하는지에 대해서 생각해 볼 필요가 있다. 스피치 유머를 기르고 보다 나은 대인관계 형성을 위해서는 다음 내용을 활용하면 도움이 될 것이다.

성공적인 유머를 위한 방법

① 고정관념이나 선입견을 무너뜨리는 소재를 활용해야 한다.
예상치 못한 의외의 상황이 웃음을 유발할 수도 있다.

② 개인의 약점이나 감정을 상하게 하는 말은 삼가야 한다.
다른 사람을 공격하면서 웃음을 유발하는 것은 진정한 유머가 아니다.

③ 이미 널리 알려진 재미있는 이야기를 되풀이하지 말아야 한다.
재미있는 이야기도 두 번, 세 번 반복해서 들으면 질리기 마련이다.

④ 청중을 고려해야 한다.
사회적 지위, 연령, 성별에 따라 유머의 소재도 달라져야 한다.

⑤ 미리 재미있는 이야기라는 점을 강조하지 않도록 한다.
이야기 시작 전에 기대치를 높이면, 실망도 커진다.

⑥ 이야기의 출처를 확실하게 밝혀야 한다.
타인의 이야기를 나의 이야기처럼 꾸며서 하면 진정성을 의심받는다.

⑦ 내용과 관련 있는 유머이면 더 좋다.
내용과 연관지으면 학습 효과가 높아진다.

⑧ 자신 있게 유머를 구사해야 한다.
우물쭈물한 모습을 보이면 유머의 의미가 없다.

⑨ 일상적인 소재를 활용해야 한다.
쉽게 접할 수 있는 내용이 친근감을 높여준다.

⑩ 유머를 통해 여유까지 전해줘야 한다.
웃음은 여유를 선물한다.

3) 자신감 강화

(1) 긴장 완화

스피치 전 긴장감을 해소시키고 싶다면 말을 하기 전에 숨을 크게 들이마시고 복식호흡으로 호흡을 가다듬는 것이 좋다. 따뜻한 물을 마시는 것도 긴장감을 해소하는데 도움이 된다. 또한 스피치를 하는 동안은 긴장감을 애써 숨기려 하지 말고 청중을 골고루 보며 시선을 편안하게 두는 것이 좋다. 목소리도 억지로 크게 내려고 하면 더 떨리기 때문에 편안한 소리를 낼 수 있도록 해야 한다. 양 손은 자연스럽게 두고 만약을 위해 알아보기 쉬운 대본을 준비한다면 실수에 대한 두려움이 줄어들어 긴장이 완화된다.

(2) 이미지 트레이닝

이미지 트레이닝이란 주로 운동선수들이 활용하는 훈련법으로 올바른 기술 등을 습득하기 위해 머릿속으로 운동이나 동작을 그려보는 연습법이다. 야구선수가 타석에서 홈런을 치는 장면을 구체적으로 상상하는 것처럼 스피치 상황을 상상해보는 것이다. 면접장에서 여유 있게 대답하는 모습, 프레젠테이션을 성공적으로 진행하고 있는 모습, 청중 앞에서 멋지게 연설을 하고 있는 모습 등을 구체적으로 그려본다면 현실에서 같은 상황을 접했을 때 긴장감이 훨씬 줄어들 것이다.

(3) 큰 소리 트레이닝

소리는 내면 낼수록 커진다. 평소에 말을 밖으로 내뱉는 연습을 많이 해야 남들 앞에서 큰 소리를 내는 것이 부끄럽지 않고 자신감이 생긴다. 먼저 신문을 큰 소리로 읽거나 책을 큰 소리로 읽는 것부터 시작하는 것이 좋다. 그리고 읽은 내용을 말로도 정리해야 한다. 단순히 소리만 커지는 것이 아니라 모든 스피치에서 논리 정연하게 의견을 말할 수 있는 능력까지 키울 수 있다.

제2절 프레젠테이션

1. 프레젠테이션의 정의

프레젠테이션은 시각적 기기 등을 활용해 다수의 청중 앞에서 발표를 하는 일 또는 직장이나 학교 등의 조직에서만 주로 이루어지는 커뮤니케이션의 일부라고 생각하는 사람들이 많다. 그러나 프레젠테이션은 일반적으로 자신의 의견이나 생각, 아이디어 등의 정보나 제품, 자료, 제안 등을 상대에게 전달하거나 설득, 격려, 제안, 자극, 연설 등을 하는 의사전달 행위를 말한다. 당연히 다수의 청중 앞에서 발표하거나 신제품을 홍보하는 설명회 등의 업무상의 발표나 설명회 등을 포함하며 다른 많은 상황들도 프레젠테이션의 일부이다. 폭 넓게 봤을 때 대학 입학 면접과 기업체 면접, 논문 발표, 커뮤니케이션을 위한 모든 행위가 프레젠테이션이라고 볼 수 있으며 일상생활의 대화나 상담, 인터뷰, 강의, 대중연설 등의 많은 상황들도 프레젠테이션이라 할 수 있다.

2. 프레젠테이션의 특징

1) 프레젠테이션의 구성요소

프레젠테이션은 발표를 진행하는 사람인 발표자와 발표를 들어주는 청중, 발표자가 청중에게 전하는 메시지로 구성된다.

(1) 발표자(Presenter)

발표자는 프레젠테이션을 진행하는 자로 프레젠테이션 전체를 기획, 제작하고 발표를 통해 원하는 목적을 달성할 수 있어야 한다. 개인의 성향에 따라 다음과 같은 유형으로 나눌 수 있다.

① 완벽형

완벽한 기획과 준비를 통해 성공적인 프레젠테이션을 하는 발표자로 청중을 프레젠테이션에 끌어들이고 집중시킨다. 청중을 자연스럽게 행동으로까지 연결시키며 원하는 목적을 이루는 훌륭한 발표자를 말한다.

② 대충형

프레젠테이션에 대한 준비가 부족해 발표를 대충 하고 어쩔 수 없이 프레젠테이션을 하는 듯한 느낌을 주는 발표자의 유형이다. 내용을 얼렁뚱땅 대충 전달하고 빨리 끝내려는 모습을 보일 경우 청중은 발표자에 대한 신뢰가 떨어지고 메시지 전달 효과도 떨어지게 된다.

③ 긴장형

발표자가 너무 긴장을 하게 될 경우 청중은 함께 불안해진다. 이러한 발표자는 너무 긴장을 해 목소리가 떨리고 말을 더듬는 등의 실수가 많아져 청중의 집중도를 떨어뜨린다. 충분한 리허설과 호흡 조절 등으로 발표 전에 긴장을 해소시켜야 한다.

④ 혼잣말형

청중의 반응보다는 메시지 전달에만 집중해 혼자 프레젠테이션을 이끌어 나가는 발표자이다. 프레젠테이션은 혼자 이끌어 나가는 것이 아니라 청중과 호흡해야 한다는 것을 명심해야 한다.

⑤ 과장·과시형

지나친 미사여구를 잔뜩 늘어놓아 내용을 과장하는 발표자이다. 이런 유형의 발표자에게는 신뢰감이 형성되기 어려우며 프레젠테이션에서 자신의 업적이나 지위 등을 과시하는 발표자에게는 청중의 싸늘한 반응만 돌아올 뿐이다. 겸손함을 잃지 말아야 한다.

(2) 청중

프레젠테이션을 청취하는 대상인 청중은 발표자의 발표 능력, 개인의 성향, 지적 수준에 따라 프레젠테이션에 대한 반응이 달라진다. 따라서 발표자는 청중의 연령과 성별, 지적 수준까지 고려하여 프레젠테이션을 준비해야 한다.

(3) 메시지

발표자의 목적을 담은 내용을 말한다. 메시지의 전달 방법에 따라 발표자의 목적 달성 여부가 결정된다.

2) 프레젠테이션의 유형

프레젠테이션은 대체로 청중에게 원하는 메시지를 전달하는 설명의 형태를 많이 띤다. 동기를 자극하고 원하는 행동이나 결과를 촉구하는 목적을 가지는 프레젠테이션이 있으며, 재미와 즐거움 등이 목적인 프레젠테이션이 있다. 프레젠테이션의 유형은 크게 세 가지로 나눌 수 있다.

(1) 정보 제공 및 설명형

정보 제공 및 설명형 프레젠테이션은 신제품이나 신기술, 새로운 정보 등을 알리거나 소개하는 행위로 제품 설명회, 설명식 강의 등 새로운 정보를 포함한 다양한 메시지를 전달하고 설명하며 이해시키는 프레젠테이션으로 가장 기본적이다. 새로운 정보를 제공할 경우 기존의 정보와의 차별성을 강조하는 것이 바람직하며 정보를 분석하고 가공하여 청중이 쉽게 이해할 수 있도록 도와야 한다. 또한 그림이나 사진, 도표 등의 시각화 자료들을 많이 활용하면 이해도가 높아질 수 있다. 제품 등을 설명할 경우에는 직접 체험해보는 기회를 제공하면 설명의 효과가 더 높아질 수 있다.

(2) 설득형

상대방을 설득하기 위해 메시지를 전달하고 그들의 동의와 지원을 얻어내고자 하는데 목적이 있는 프레젠테이션이다. 청중을 설득시킬 뿐만 아니라 동기를 부여해서 의사를 결정하는 등의 행동화까지 촉구하는 유형을 말한다. 대부분 타당한 근거들을 구체적인 자료와 함께 제시하고 상대방이 얻을 수 있는 이익 등을 설명하여 설득하는 방법으로 이루어진다. 전략 발표, 판매 사원의 프레젠테이션 등 설득형 프레젠테이션을 진행할 때는 상대방의 성향을 분석한 뒤 그 결과에 맞춰 전략적으로 설득해야 한다.

(3) 엔터테인먼트형

비공식적인 자리에서의 즉흥 장기자랑 등 재미와 즐거움을 목적으로 하는 프레젠테이션 유형이다. 이성보다는 감성에 치중하며 딱딱한 분위기의 설명식 발표가 아닌 자연스러운 동기부여가 이루어질 수 있는 프레젠테이션이다.

3. 프레젠테이션 성공 전략

프레젠테이션을 성공적으로 이끌어 나가기 위해서는 프레젠테이션 주제에 대한 철저한 준비가 필요하다. 말하는 주제와 관련된 소재가 되는 이야기뿐만 아니라 효과적으로 정보를 전달하기 위한 시각적 효과에 해당하는 기자재까지 꼼꼼하게 챙겨야 한다. 이때 일반적으로 4P분석 전략을 익혀 숙지하면 성공적인 프레젠테이션을 할 수 있다.

1) 4P 분석

프레젠테이션을 앞두고 먼저 할 일은 4P를 분석하는 것이다. 여기서 4P는 청중(People), 목적(Purpose), 장소(Place), 준비(Preparation)를 의미한다.

(1) 청중(People)

무엇보다 누구에게 프레젠테이션을 할 것인지에 대해 먼저 분석해야 한다. 청중이 누구인지를 모르고 프레젠테이션을 한다는 것은 이름도 모르고 청혼을 하는 것과 마찬가지이다. 지피지기면 백전백승이라는 말처럼 청중을 설득시키고자 한다면 먼저 청중의 특성부터 파악해야 한다.

청중을 분석할 때는 청중의 성별과 남녀 비율, 연령, 인원수, 지적 수준 및 성향, 청중이 속한 집단의 특성, 청중이 원하는 프레젠테이션 등이 무엇인지를 반드시 확인해야 한다. 청중에 따라 구성해야 하는 내용과 프레젠테이션 방법 등이 확연하게 차이가 나기 때문이다. 특히 청중이 남성으로만 이루어져 있다면 이성적인 접근 방식이, 여성으로만 이루어져 있다면 감성적인 접근 방식이 좋다. 청중 분석에서 실패를 하지 않으려면 중점적으로 확인해야 할 부분을 스스로 정하고 목록으로 만들어 놓은 뒤 프레젠테이션의 구성안을 짜기 전에 모두 확인하는 것이 좋다.

청중은 프레젠테이션을 듣기 전에 어느 정도의 기대감을 갖고 마음의 준비를 한다. 그러나 막상 프레젠테이션에서 자신의 성향에 맞지 않는 내용이나 방법들이 구사되면 이내 흥미를 잃고 답답함을 느끼게 될지도 모른다. 따라서 청중의 유형에 따른 프레젠테이션 진행 방법을 익혀 청중이 답답해하는 진행을 하지 않도록 노력해야 한다.

① 전문가, 고학력 등 까다롭고 어려운 청중

주장을 내세우거나 설득을 위한 메시지를 전할 때는 누구에게든 객관적인 근거를 제시해야 한다. 그것을 통해 신뢰감이 형성되고 이해력이 높아지기 때문이다. 그러나 청중에 따라 그 중요성이 더해지거나 덜해질 수 있는데 특히 전문분야에 종사하거나 분석하기를 좋아하는 청중에게는 객관적인 근거와 전문적인 정보를 훨씬 더 많이 제시해야 프레젠테이션을 성공적으로 이끌어 나갈 수 있다. 또한 프레젠테이션 도중에 청중이 고개를 가로젓거나 내가 전하는 내용에 반박하는 질문이나 의견이 돌아오지 않도록 준비를 철저히 할 수 있어야 한다. 이러한 청중에게는 프레젠테이션 이후에도 예상치 못한 질문을 많이 받게 될 가능성이 높다. 또한 사회적 지위가 높은 까다로운 청중들에게는 청중이 자부심을 가질 수 있도록 전문성과 실력 등을 먼저 인정하는 것도 좋다. 프레젠테이션을 할 때에는 시종일관 자신감 있는 모습을 유지해야 하며 유머를 구사할 때도 가벼워 보이지 않게 주의할 필요가 있다.

② 여성, 주부 등 감성을 중시하는 청중

청중을 설득할 때 가장 강한 무기는 객관적인 정보라고 생각하기 쉽다. 물론 객관적인 정보가 설득에 효과적임은 분명한 사실이다. 그러나 객관적인 정보들은 스스로 알려고 노력만 하면 얼마든지 알 수 있는 사실이기 때문에 사람적인 호소 즉, 감성을 자극하는 요소들이 때론 더 큰 힘을 발휘할 수가 있다. 특히 감성이 풍부한 여성이나 주부들에게는 더욱 그러하다. 딱딱하고 어려운 근거를 드는 것보다 실생활에서 화제가 되고 있는 쉬운 사례와 공감을 얻을 수 있는 예시를 드는 것이 훨씬 유리하다.

(2) 목적(Purpose)

목적에 따라 프레젠테이션의 유형이 달라진다는 점을 이미 강조한 바 있다. 청중 분석이 끝나고 나면 어떤 목적을 가지고 발표를 할 것이며 무엇을 달성해야 하는지를 이 단계에서 분석해야 한다. 목적을 분석하기 위해서는 몇 가지 질문에 스스로 답해보는 것이 좋다. 첫 번째로 프레젠테이션을 왜 해야 하는지와 청중은 과연 프레젠테이션을 통해 무엇을 얻고자 하는지에 대해 생각해야 한다. 두 번째로 발표자는 청중이 발표를 들으며 어떤 반응을 보이는지와 청중에게 무엇을 얻을 수 있는지를 분석한 뒤 발표 유형을 결정해야 한다.

(3) 장소(Place)

프레젠테이션에서 장소의 중요성을 결코 빼놓을 수가 없다. 규모는 어느 정도인지, 청중은 어떤 배열로 착석하게 되는지, 발표 시 사용하는 공간은 어느 정도인지, 시각화 도구를 사용할 수 있는지, 음향시설은 작동이 되는지, 소음방지는 되는지, 조명시설은 어떠한지, 통행로는 어디인지 등 프레젠테이션 자체를 위해 준비해야 할 사항만 해도 손으로 꼽을 수 없을 정도이다. 뿐만 아니라 발표장 위치와 화장실, 교통편, 전화번호 등도 미리 챙겨야 실수를 예방할 수 있다. 그리고 프레젠테이션 전에 반드시 장소를 미리 방문해야 한다. 프레젠테이션을 위해서는 청중이 나를 어떻게 바라보게 되는지를 미리 파악하고 대비해야 한다. 프레젠테이션 현장을 미리 방문하여 철저하게 준비한다면 프레젠테이션의 성공률이 훨씬 높아질 것이다.

(4) 준비(Preparation)

3P를 모두 분석했다면 본격적으로 성공적인 프레젠테이션을 위해 준비를 시작할 단계이다. 충분한 자료수집과 발표 준비에 매진한 뒤에 리허설까지 철저하게 준비하도록 한다. 완벽한 준비는 자신감을 높여주고 프레젠테이션을 성공으로 이끌어 줄 것이다.

2) 구성안

TV 뉴스를 가만히 들여다보면 그 날 가장 중요한 뉴스를 세 번 반복하는 것을 알 수 있다. 보통 뉴스가 시작될 때 주요 뉴스 몇 가지를 간단하게 제시하고, 뉴스가 시작되면 본격적으로 기자가 취재한 내용을 전한다. 그리고 뉴스가 끝날 때 주요 뉴스를 다시 요약해

준다. 3번에 걸쳐 핵심 내용을 전달해 시청자가 자연스럽게 메시지를 흡수할 수 있게 하기 위함이다. 프레젠테이션에서도 이 효과를 노리는 것이 좋다. 청중은 자연스럽게 발표자의 메시지를 이해하고 흡수하게 될 것이다.

따라서 프레젠테이션에서도 스피치와 마차가지로 서론, 본론, 결론의 3단 구성을 하는 것이 좋다. 무슨 일이든 넘치지 않게 적당량을 조절하는 것이 가장 좋지만 그렇게 하는 것이 쉽지 않다. 많은 이야기를 처음부터 쏟아내고 싶다는 욕심을 버리고 효율적으로 발표를 구성해야 한다. 도입부인 서론에서는 인사나 자기소개 등으로 분위기를 환기시키며 주제를 제시하고 동기를 부여한다. 전체 프레젠테이션의 개요를 간략하게 설명하는 것 역시 도입부에서 행해진다. 본격적인 세부 내용을 전개해 나가며 핵심 메시지에 대한 근거를 전달하는 부분이 본론이다. 이때 세부 내용들은 반드시 주제와 관련이 있어야 한다. 결론에서는 본론에서 제시한 내용들을 간단하게 요약·정리하고 부족한 부분을 보충하는 내용을 포함시킨다. 설명형이 아닌 설득형 프레젠테이션의 경우 행동촉구를 결론 부분에서 강조하는 것이 좋다. 또한 세부적인 내용의 구성은 다음의 주안점을 바탕으로 계획해 나간다.

(1) 청중의 관심사 공략

청중은 발표자의 지식 정도보다 자신이 원하는 것에 더 많은 관심을 둔다. 그러므로 자신의 관심사, 자기 위주의 이야기가 아닌 청중의 입장에서의 관심사를 공략할 필요가 있다. 10대 학생들에게 주식이나 부동산 등의 경제관련 이야기를 하거나 40대 남성들에게 최근 유행하는 아이돌 스타에 관한 이야기를 한다면 아마 그 순간부터 청중의 집중력은 크게 떨어질 것이다. 따라서 주제와 관련해 청중이 관심을 보일만한 소재를 적극적으로 활용하여 청중이 흥미롭게 들을 수 있도록 해야 한다.

(2) 구체적인 사례 제시

말은 하기 쉽게 하는 것이 아니라 듣기 쉽고 이해하기 쉽게 해야 한다. 그것이 말을 잘하는 것이다. 그러기 위해서는 청중의 이해력을 높일 수 있는 방법들이 필수요건인데, 그 중 가장 효과가 좋은 것이 바로 구체적인 사례를 제시하는 것이다.

"절약 정신이 투철하면, 생활비를 절약할 수 있습니다"라는 문장과 "쓰지 않는 전기코드는 뽑아놓고, 양치질을 할 때는 수도꼭지를 잠궈 보십시오. 관리비가 절반쯤 줄어들 것입니다"라는 문장을 비교해보면 전자보다 후자가 더 와 닿는다. 구체적인 예시를 들어주는 것이 의미를 전달하기에는 훨씬 더 좋다.

(3) 스토리텔링 기법 활용

엄청난 제작비를 투자한 블록버스터 영화가 흥행에는 실패하는 경우나 영상도 예쁘고 스타일 좋은 드라마이지만 시청률이 높지 않은 경우가 있다. 대중에게 인기 있는 드라마나 영화는 대부분 탄탄한 구성과 시나리오가 뒷받침되어 있다. 그렇지 못한 드라마는 전개가 허술한 경우가 많다.

프레젠테이션에서도 청중에게 높은 호응을 얻을 수 있어야 하는데 스토리텔링 기법을 활용해 보는 것도 좋은 방법이다. 스토리텔링은 어떤 대상과 관련된 사실적인 이야기와 상상의 이야기를 결합시켜 설득력 있게 전달하는 기법을 말한다. 이야기는 사람들로 하여금 듣는 동안 스스로 생각하게 만들기 때문에 강력한 힘을 갖는다. 사실만 나열한다고 해서 청중이 그것을 100% 흡수할 수 있을 것이라는 생각을 버리고 나열식의 단순한 구성보다는 사실과 허구의 이야기를 섞어 말을 풀어나가는 것이 좋다.

〈표 12-2〉와 같이 내용을 구성하고 프레젠테이션을 준비하면 성공적인 프레젠테이션을 할 수 있다.

〈표 12-2〉 프레젠테이션 내용 구성 요소

구성 요소	세부 내용
참신한 아이디어	누구나 아는, 누구나 예측할만한 식상한 이야기로 구성하면 흥미가 없다. 새로운 이야기를 구성하고 반전까지 담는 것이 좋다.
주제에 맞는 내용 구성	중구남방식으로 이야기를 하다보면 단순한 잡담에 그칠 뿐이다. 좋은 이야기 구성도 주제와 상관이 없다면 청중에게 전해지는 감동도 줄어든다. 내가 구성한 이야기가 의미 없는 이야기로 전락하지 않도록 주제와 연결시켜야 한다.
마음을 움직이는 교훈	이야기를 들은 뒤 청중이 스스로 느끼고 행동으로 옮길 수 있도록 교훈을 담아야 한다. 나의 '훌륭한 이야기'는 나를 '훌륭한 이야기를 해준 고마운 사람'으로 만든다.
권유나 제안의 말	이야기에 대한 판단은 청중의 몫이다. 청중에게 행동을 명령하거나 강조하지 말고 권유나 제안의 말을 해야 한다. 명령이나 강조는 거부반응을 불러올 수 있으므로 청중 스스로가 결정할 수 있도록 발표자는 이끌어주는 역할을 해야 한다.

(4) 창의성 발휘

어렸을 때부터 주입식 교육을 받아온 사람들은 창의성이 많이 부족해진다. 어렸을 적 엉뚱한 그림을 그리고 엉뚱한 이야기를 하면 지능을 의심받거나 군소리를 들었던 경험이

한 번쯤은 있을 것이다. 창의성을 보통과 다른 것으로 인정해 무시해버린 것이다. 그러나 지금은 창의성을 키워주는 교육이 따로 진행될 정도로 창의성을 성공의 우선 조건으로 꼽고 있다. Mihaly(2003)는 창의적으로 사는 것이 우리 삶을 풍요롭고 생명력 있게 만들어주기 때문에 모든 사람에게 반드시 필요하다고 그의 저서에서 밝힌 바 있다. 사람들은 누구나 새로운 것에 호기심을 가진다. 접해보지 못한 것에 대해서는 동경과 호기심, 신선함 등을 갖기 때문에 프레젠테이션에서도 구태의연한 이야기와 당연한 구성만을 고집하지 말고 새롭고 신선한 기획을 할 필요가 있다.

(5) 프레젠테이션 첫인상 형성

프레젠테이션의 첫인상은 도입부에서 결정이 난다. 특히 발표자의 첫 마디나 행동은 청중에게 관심이나 기대를 유발하는 아주 중요한 역할을 한다. 프레젠테이션의 처음 30~40초가 전체 이미지를 좌우한다는 사실을 명심하고 시작에 승부를 걸어야 하겠다. 호기심을 유발하는 질문, 깜짝 놀랄만한 사실 등을 활용해 주의를 집중시킨 뒤 나의 프레젠테이션이 듣고 싶다는 욕망이 생기도록 간략하게 핵심을 짚어주는 것도 좋은 방법이다.

(6) 관심 유발

발표 시작 40분 전후에 청중의 집중력이 가장 떨어진다. 그러므로 발표자는 강의 중간에 청중이 발표가 끝날 때까지 높은 집중력을 유지할 수 있도록 흥미로운 소재를 다루거나 강의 방법을 바꾸는 등의 적절한 변화를 주어야 한다.

(7) 유머

프레젠테이션을 진행할 때 설명이나 설득이 목적이라면 너무 가볍지 않은 유머를 적절하게 구사하는 것이 좋다. 그러나 발표자의 행동으로 보여주는 유머보다는 입담으로 청중을 웃게 만드는 것이 더 재치 있어 보인다는 것을 잊지 말아야 한다.

청중과 함께하고 있는 공간이나 주변 환경, 청중 자체와 관련된 유머를 구사하는 것이 효과적이다. 공감대가 잘 형성되고 친근한 느낌을 갖게 되기 때문이다. 발표를 하는 동안 청중의 반응을 잘 살피고 끊임없이 관심을 가져야 하며 표정이나 행동, 말투 등을 기분이 상하지 않도록 활용해야 한다. 도가 지나치지 않도록 유머의 수위를 조절하고, 유머를 할 경우에는 스스로도 어색하지 않아야 효과가 좋다.

3) 발표자의 태도

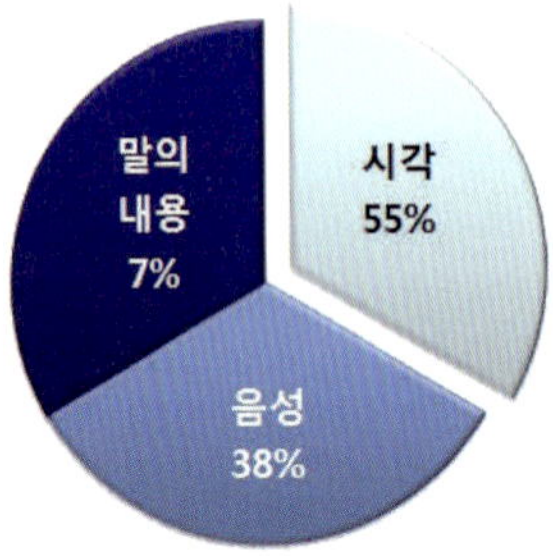

〈그림 12-5〉 메라비언의 법칙

(1) 외적 이미지 관리

청중은 발표자가 준비해온 화면만 뚫어져라 보는 것이 아니라 자연스럽게 발표자의 모습에 눈길을 주게 된다. 그러므로 발표 내용이 조금 부족한 듯해도 발표자에 대한 호감도가 높아지면 프레젠테이션 전체에 대한 호감도도 높아질 수 있다. 또한 청중은 발표 내용을 접하기 이전에 발표자에 대한 평가를 먼저 내리게 되므로 청중 앞에 나설 때는 외적인 부분을 절대 간과해서는 안 된다.

미국의 사회심리학자 Mehrabian(1971)은 그의 저서 'Silent messages'에서 대화 시 영향을 주는 요인으로 말하는 사람의 시각적인 요소와 청각적인 요소가 90% 이상을 차지하고, 말의 내용은 단 7%만 영향을 준다는 사실을 밝혔다. 발표에서는 전달하고자 하는 말의 내용도 중요하지만, 그것을 어떻게 표현하고 나타내는지의 여부가 중요한 요소로 작용한다는 점을 알 수 있다. 따라서 발표자는 프레젠테이션에 영향을 주는 외적 이미지 요소들을 파악하고 자신에게 적용시켜 청중에게 호감을 얻을 수 있도록 해야 한다.

① 얼굴

프레젠테이션을 하는 발표자의 어두운 표정은 청중의 표정까지 어둡게 만든다. 자연스럽게 웃는 표정을 짓고 있는 것이 가장 편안해 보인다. 얼굴 주변을 수시로 만지는 행위는 불안해 보이고 시선이 분산되어 보이므로 삼가야 한다. 특유의 습관이 있는지도 미리 확인할 필요가 있다.

이마를 찡그리거나 눈살을 찌푸리는 등의 행위는 부정적인 이미지를 형성하므로 주의해야 한다. 말을 할 때에 입 모양이 비뚤어지지 않는지, 고개가 들리거나 기울어져 있는지, 눈만 치켜뜨지는 않는지도 확인하고 사전에 교정하도록 한다.

② 자세

발표자의 바른 자세는 필수이지만 습관적으로 바른 자세를 하지 못해 부정적인 이미지를 형성하는 경우가 있다. 바르게 선 자세에서 등이 휘거나 굽지는 않았는지를 확인하고 어깨를 펼 수 있도록 자세를 교정해야 한다. 발표를 할 때 탁자나 그 밖의 공간에 몸을 기대지 않도록 주의해야 하며, 제스처는 정확하고 당당하게 취해야 보는 사람도 어색하지 않다. 그리고 발표를 하는 동안 너무 한 곳에만 머물러 있으면 청중이 지루해지기 쉽다. 적당한 움직임을 갖고 무대를 이동하는 것이 좋은데, 이동을 할 때는 무대를 골고루 이용해야 하며 적당한 보폭으로 천천히 움직이는 것이 좋다. 움직임이 너무 빠르면 말이 빨라지고 청중은 혼란스러워 진다. 또한 청중에게 등을 보이며 말을 하지 않도록 주의해야 한다.

③ 메이크업 및 헤어

여성 발표자는 자연스러운 메이크업을 하는 것이 좋지만, 입술 부분에는 포인트를 주는 것이 좋다. 남성 발표자도 피부 톤 보정과 눈썹 정리 등 기본적인 예의를 갖춰야 한다. 또한 머리는 흘러내리지 않게 정돈을 해야 한다. 흘러내리는 머리는 산만해보이고 시선이 분산되므로 여성의 긴 머리는 깔끔하게 올려 묶고 짧은 머리는 단정하게 빗어 내려야 한다. 남성도 스프레이 등으로 머리카락이 뜨거나 흐르지 않게 고정하면 발표하는 동안 집중할 수 있다.

④ 패션

프레젠테이션을 할 때는 여성과 남성 모두 정장차림이 좋다. 여성은 바지 정장이나 치마 정장 모두 무난하며 치마는 A라인 보다 H라인이 좋다. 액세서리는 튀지 않는 작은 귀고리나 브로치 정도를 활용하는 것이 좋다. 구두는 여름에도 막힌 구두를 신는 것이 예의이며 노출이 심한 옷은 피해야 한다. 남성은 깔끔하게 정장을 입고 구두와 양말은 검은색으로 선택해야 하며 구두는 항상 깨끗하게 닦아야 한다. 정장은 대부분 짙은 색 속에 흰색 셔츠를 입고 밝은 계열의 넥타이로 시선을 집중시킨다. 그러나 혼란스러운 무늬나 형광색 등의 넥타이는 피해야 한다. 직장인들은 집중받고 싶은 자리에서 화이트 셔츠에 붉은 계열 넥타이를 착용하는 경우가 많다. 발표자로서의 호감적인 이미지를 갖춘다면 청중들의 시선을 집중시킬 수 있다.

(2) 음성·언어 표현적 이미지 관리

프레젠테이션의 내용은 발표자의 음성을 통해 청중에게 최종 전달된다. 그러므로 전달력을 높여주는 또렷하고 자신감 있는 목소리, 편안하게 들을 수 있는 목소리, 명확하고 통쾌한 표현과 설명 등이 필수가 된다. 개인마다 타고난 음성이 다르기 때문에 억지로 누군가와 비슷하게 맞출 필요는 없다. 각자의 개성을 살리되 청중이 듣기 편하도록 유지해야 한다. 그러기 위해서는 호흡법이나 발성법을 통해 훈련해야 하고 모든 사람이 알아들을 수 있도록 표준어를 사용하는 것이 좋다.

목소리 톤은 적절히 조절해야 상대가 지루함을 느끼지 않으며 속도는 모든 청중이 듣고 이해할 수 있을 정도로 너무 빠르지 않게 유지해야 한다. 가장 중요한 것은 듣기에 불편한 나쁜 언어습관이 있는지를 미리 확인하는 것이다. 이를 위해 미리 녹음하고 교정해

볼 것을 권한다. 특히 '에~ 저~ 어~ 음~' 등의 말을 많이 하는 습관이 있다면 불필요한 말을 없애도록 노력해야 한다. '그런데, 그래서, 사실, 솔직히 말하면' 등의 불필요한 접속사를 남발하거나 흥분해서 목소리가 격양되지는 않는지도 확인해야 하며 말이 자주 끊어지지 않도록 부드럽게 이어나가야 한다.

자신이 빈정대거나 무시하는 어투를 사용하고 있지는 않은지, 유난히 자주 사용하는 단어가 있거나 말을 반복하는 습관이 있는지도 고려해야 한다. 장황한 설명을 늘어놓거나 미사여구를 많이 사용해 문장이 너무 길어지는 것을 비롯해 반말을 섞어 문장을 너무 짤막하게 하는 것도 교정해야 한다. 소리는 너무 작지 않게, 톤은 너무 높거나 낮지 않게, 쉰 소리가 나 듣기에 불편하지 않게 음성 교정을 해보는 것도 좋은 방법이다.

(3) 청중과의 의사소통

프레젠테이션은 발표자 혼자 이끌어가는 것이 아니다. 따라서 프레젠테이션에서 청중과의 호흡을 성공적으로 하기 위한 방법을 정확하게 인지하고 청중과의 의사소통을 위해 꾸준히 노력해야 한다.

① 눈 맞춤

발표를 하는 동안 청중과 끊임없이 눈을 마주쳐야 한다. 이때 한 명에게만 계속 눈길을 주면 그 사람은 특별하다고 느끼겠지만 나머지 사람들은 소외감을 느끼게 된다. 또한 눈길을 받는 사람도 부담스러워질 수 있으므로 주의해야 한다.

눈을 맞출 때는 너무 짧거나 길지 않게 유지해야 하는데, 한 문장 정도를 말하는 동안 청중과 눈을 맞추고 시선을 이동시키는 것이 좋다. 그리고 습관적으로 허공을 보거나 천장을 응시하는 행위를 한다면 청중과 하나가 될 수 없다. 준비해 온 화면이나 설명을 위한 화이트보드 등을 자주 보면 신뢰감과 전문성이 떨어지므로 시선은 항상 청중을 향해야 한다.

② 제스처

보통 프레젠테이션을 할 때 자신도 모르게 큰 제스처를 많이 사용한다. 제스처는 잘 하면 약이 되고 못하면 독이 될 수 있으므로 자연스럽게 몸에 익을 수 있도록 많은 훈련을 필요로 한다. 특히 손동작의 경우 대부분 빠른 속도로 취하는 경우가 많은데 이는 발표자를 가볍고 경솔한 이미지로 만들기도 하므로 정확하고 천천히 취하는 것이 좋다. 손동작의 크기는 프레젠테이션을 하는 공간에 따라 달라져야 하지만 보통 자신의 가슴 앞부분에서 하는 것이 가장 좋다. 너무 작은 제스처는 소극적으로 보이고 너무 큰 제스처는 부담스럽고 시선이 분산되어 혼란스러워 보인다. 따라서 적절한 제스처로 보다 효과적인 프레젠테이션을 할 필요가 있다.

③ 질문

청중을 프레젠테이션에 직접 개입을 시키는 가장 좋은 방법은 질문을 하는 것이다. 발표자의 일방적인 설명보다는 대화를 유도하는 것이 집중력과 참여율을 높일 수 있는 비법이다. 그러나 질문은 너무 막연한 것보다는 쉽게 대답할 수 있는 것으로 하고 질문 대상은 대답이 잘 나올 수 있는 상대로 적절하게 선택해야 한다. 보통 청중 속에 있는 주요 인물이나 경청을 잘 하는 사람을 선택하는 것이 실패를 줄일 수 있는 요령이다.

④ 청중의 반응

발표를 진행하는 동안 청중이 잘 이해하고 있는지 반응을 세심하게 관찰해야 한다. 고개를 상하로 끄덕이고 있는지, 난감한 표정을 짓고 있지는 않는지 청중이 보내는 신호를 읽고 또 읽어야 성공적으로 내용을 전할 수 있다. 질문을 통해 청중이 어려워하는 부분이 드러나면 반복하며 설명한다.

⑤ 호명

청중과 호흡하는데 질문만큼 효과적인 것이 바로 호명이다. 일반적인 대화에서도 상대방의 이름을 자주 불러주면 친근감이 생겨 호감도가 높아진다. 청중의 이름을 알려고 하고 자주 불러주면 청중은 발표자에 대해 더욱 관심을 갖게 되며 서로 소통하는 프레젠테이션을 할 수 있다.

(4) 열정적인 태도

무슨 일에든 열정이 없으면 성과도 낮게 나오는 법이다. 연기자도 혼신의 힘을 다해 열정적으로 임할 때 맡은 배역을 충분히 소화할 수 있고 청중을 몰입시킬 수 있다. 프레젠테이션에서는 발표자의 열정에 따라 몰입도가 달라질 수 있으므로 프레젠테이션을 할 경우 보다 열정적으로 임해야 한다. 열정의 여부는 본인뿐만 아니라 청중도 그대로 느낀다. 있는 정보만 그대로 전하는 앵무새가 되지 말고 가슴으로 전하는 열정적인 발표자가 되어야 한다. 열정을 쏟는 만큼 청중에게로 가는 감동의 크기가 달라진다.

(5) 시각자료 활용

미국 위스콘신 대학의 연구결과에 따르면 학습에 시각적 도구를 사용했을 때 학습효과 및 참여율이 200%나 향상되었다고 한다. 뿐만 아니라 사람이 가진 오감 중 기억력을 높이는데 가장 효과적인 감각은 시각이라는 연구결과가 발표되기도 했다. 정보 전달력과 기억력은 후각, 미각, 촉각, 청각, 시각 순으로 높아진다. 이는 시각효과가 메시지를 더 강력하게 전달하며 확실한 설득효과를 지니고 있다는 것을 의미한다.

공자(孔子)는 '듣는 것은 잊기 쉽고, 본 것은 기억하기 쉽고, 해본 것은 이해하기 쉽다'고 말했다. 프레젠테이션에서 나의 메시지를 더 오랫동안 기억해주길 바란다면 그림이나 사진, 도표 등의 시각적 자료들을 적극적으로 사용해야 한다.

시각자료 활용 Tip

① 내용과 연관되는 것으로 사용한다.
② 그래프, 차트, 도형, 사진 등은 이해하기 쉽고 단순하게 제작한다.
③ 신문이나 잡지, 뉴스 등을 활용해 공신력을 높인다.
④ 동영상을 활용할 경우 시간이 너무 길지 않게 주의한다.
⑤ 한꺼번에 많은 것들을 보여주지 말고 하나씩 보여줘 집중력을 높인다.
⑥ 유인물을 준비할 때는 강의 내용에 맞게 분량을 정한다.

파워포인트 제작 Tip

① 글꼴은 단순한 것으로 통일한다. 명조나 고딕계열이 좋다.
② 문장은 단순하게, 문장보다는 단어를 사용하고 보기에 불편한 색은 삼간다.
③ 한 문장에 6단어, 한 페이지에 6문장이 넘지 않도록 한다.
④ 한 페이지에 다른 주제를 섞지 않는다.
⑤ 통일성 있게 배열한다.
⑥ 지나치게 화려한 화면은 오히려 집중력을 떨어뜨리므로 단순하게 제작한다.

(6) 시간 분배

프레젠테이션을 할 때 예정된 시간보다 너무 일찍 끝나면 준비가 부족했다고 생각하기 쉽고 너무 늦게 끝나면 청중은 다음 일정으로 인해 불안해진다. 시간 분배를 정확하게 하고 제 시간에 마무리를 하는 것이 중요한데 예상보다 일찍 끝나게 되면 질의응답 시간과 보충설명 시간을 길게 갖거나 재미있는 이야기 등으로 시간을 보내는 순발력이 필요하다. 발표를 준비할 때 반드시 전달해야 하는 중요한 정보와 그렇지 않은 정보를 구분하고 메모를 해놓는다면 시간 분배에 효과적으로 활용할 수 있다. 일반적으로 내용을 적게 준비하는 것보다 많이 준비한 뒤 진행 상황에 따라 줄이는 것이 심리적으로 편안할 수 있으므로 사전에 철저한 준비를 하는 것도 좋은 방법이다.

(7) 반복 훈련

사람은 긴장을 하게 되면 아는 것도 잊게 된다. 전달해야 할 메시지를 잊어버리고 불필요한 정보만 전달하는 프레젠테이션을 하고 싶지 않다면 사전에 긴장을 풀 수 있도록 충분한 연습을 해야 한다. 그리고 발표 전에 대본을 만드는 것도 좋은 방법인데 대본은 문장으로 적어두면 대본에 의존하기 때문에 발표를 하는 것이 아니라 글을 읽게 될 가능성이 커진다. 따라서 대본에 말하고자 하는 문장 전체를 나열하는 것보다 큰 흐름과 세부 내용을 알 수 있는 단어로만 작성하는 것이 좋다.

4. 프레젠테이션 진단

〈표 12-3〉의 체크 리스트를 통해 자신의 프레젠테이션 실력을 확인할 수 있다.

〈표 12-3〉 프레젠테이션 실력 Check list

문항	항 목	점 수				
		5	4	3	2	1
1	프레젠테이션 전에 청중의 유형을 파악한다.					
2	프레젠테이션을 하는 목적을 정확하게 안다.					
3	주제를 명확하게 이해하고 준비한다.					
4	내용의 구성을 알차게 준비한다.					
5	주제를 뒷받침하는 근거를 제시한다.					
6	발표 도중 청중을 골고루 쳐다본다.					
7	발표 후 이름이 기억나는 청중이 있다.					
8	강의 자료로 시각화 도구를 활용한다.					
9	발표 시 객관적인 자료를 사용한다.					
10	발표 시의 목소리는 크고 변화가 있다.					
11	무대 한 곳에만 머물러 있지 않는다.					
12	말에 맞는 제스처를 사용한다.					
13	다양한 음성·언어 표현법을 활용한다.					
14	프레젠테이션 중간에 유머를 섞는다.					
15	청중의 집중력이 높다.					
16	마지막에 감동주는 메세지를 전달한다.					
17	질문을 통해 청중의 이해도를 확인한다.					
18	발표 장소에는 문제가 없다.					
19	발표 전에 사전 리허설을 반복한다.					
20	프레젠테이션 동안 적절한 사례를 든다.					

* 매우 그렇다 : 5, 그렇다 : 4, 보통이다 : 3, 아니다 : 2, 전혀 그렇지 않다 : 1

제3절 커뮤니케이션

2002년 한일 월드컵에서 대한민국의 성공신화를 이끌어낸 거스 히딩크 감독은 선수들과 나아가 대한민국을 하나로 뭉치게 만들었다. 물론 축구를 잘 하게 하는 다양한 전략들이 작용했겠지만, 그 이전에 그가 강조한 '이것' 덕분에 전략이 더 잘 진행되었다고 한다. '이것'이 바로 커뮤니케이션이다. 히딩크 감독이 우리나라에 와서 처음 선수들에게 요구했던 것은 식사 시간에 오랫동안 머무는 것이었다고 한다.

식사가 끝나면 자리를 바로 뜨는 선수들을 모두 자리에 붙잡아놓았다고 하는데 당연히 선수들은 불평불만을 늘어놓았고 감독과 신경전까지 벌였다. 그러나 결국 히딩크 감독의 의사대로 식사를 빨리 끝낸 선수들은 식사가 끝나지 않은 선수들과 이야기를 나누며 커뮤니케이션을 하기 시작했고 식사 시간을 통해 선수들은 친분이 더 두터워졌다. 분위기가 무르익어갈 때쯤 히딩크는 "자 이제 됐다. 이제부터 훈련이다. 운동장에 집합"이라고 말했다고 한다. 축구를 위해서는 서로 간의 원활한 커뮤니케이션이 먼저라고 생각한 것이다. 축구나 야구, 농구 등 대부분의 운동은 혼자만 잘해서 좋은 결과가 나오는 것이 아니다. 그러므로 서로 간의 충분한 대화와 이해가 필요하다는 것을 히딩크 감독은 알고 있었던 것이다.

다른 일에서도 마찬가지이다. 우리는 일상생활에서 끊임없이 커뮤니케이션을 하고 있다. 그 누구에게나 누군가와 대화를 하다가 답답해지거나 불필요한 에너지만 소모했다는 생각이 들거나 원활한 커뮤니케이션이 이루어지지 않아 일처리가 늦어졌던 경험이 있을 것이다. 직업의 세분화가 이루어지고 개인주의적인 성향이 강해지는 현대사회에서 업무의 조화, 개인의 조화를 위해서는 커뮤니케이션이 필수 요소이므로 커뮤니케이션 능력이 부족해 개인의 경쟁력을 떨어뜨리지 않도록 지금부터 학습해야 한다.

1. 커뮤니케이션의 개념과 특징

1) 커뮤니케이션의 개념

커뮤니케이션은 언어, 몸짓이나 화상(畵像) 등의 물질적 기호를 매개수단으로 하는 정신적·심리적인 전달교류 방법이다. '나누다'라는 의미의 라틴어 'Communicare'에서 유래됐으며 어떤 사실을 타인에게 전하고 알리는 심리적인 전달의 뜻으로 쓰이기도 한다. 사전적 의미 외에도 많은 학자들이 커뮤니케이션에 대해 정의하고 있으며 그에 대한 논의 역시 다방면에서 전해지고 있다. 커뮤니케이션은 서로 기호를 통해 정보나 메시지를 전달하고 수신하며 공통된 의미를 수립하고 서로의 행동에 영향을 미치는 과정 및 행동이라고 정리할 수 있다.

2) 커뮤니케이션의 과정

개념과 더불어 커뮤니케이션의 과정도 학자마다 다양하게 밝히고 있다. 먼저 Lasswell (1948)은 커뮤니케이션이 이루어지는 과정과 구성 요소를 〈그림 12-6〉과 같이 누가, 누구에게, 어떤 경로를 통해, 어떤 효과를 갖고 말할 것인지를 언어적 모델로 설명했다. 또한 〈그림 12-7〉과 같이 커뮤니케이션 과정을 'S.M.C.R.E.'로 나누었는데 이는 발신자(Source), 메시지(Message), 채널(Channel), 수신자(Receiver), 효과(Effect)를 말한다. 따라서 커뮤니케이션이란 발신자로부터 수신자에게 흐르는 메시지의 선형적이고도 일방적인 전달 과정이라고 설명할 수 있다.

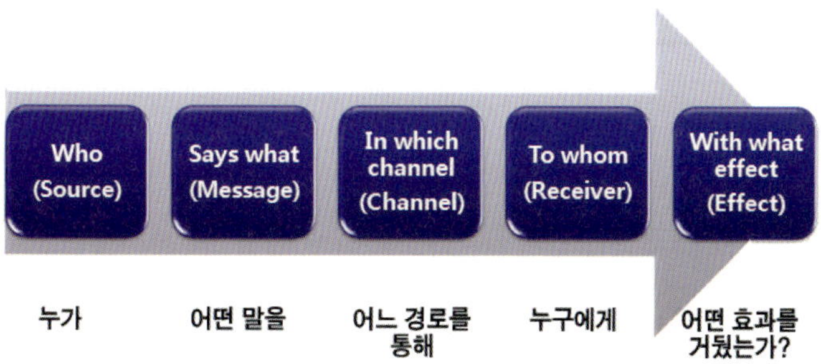

〈그림 12-6〉 언어적 커뮤니케이션 모델(Lasswell, 1948)

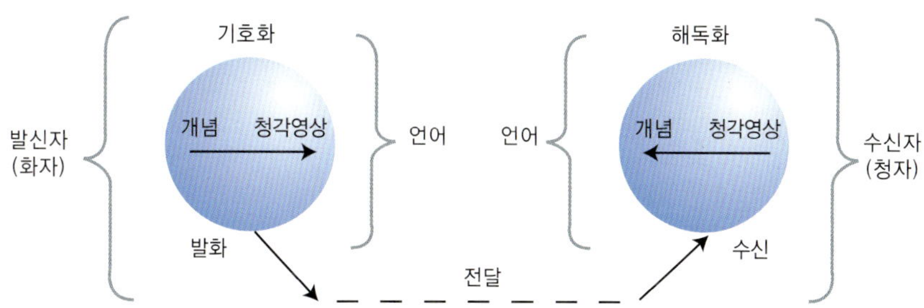

〈그림 12-7〉 Saussure의 커뮤니케이션 모델(Eluerd, 1991)

송신자는 자신의 의사나 감정, 정보를 상대방에게 전달하는 주체를 말한다. 개인일 수도 있고 집단 또는 조직체가 될 수도 있다. 메시지는 전달자가 상대방에게 전달하는 내용이다. 전달 매체 즉, 물리적 산물에 따라 다양한 형태가 되는데 말로 하면 말이, 글로 쓰면 글이 메시지가 된다. 또한 채널은 메시지를 전달하는 수단이며, 수신자는 발신자가 보내는 메시지를 받는 사람이다. 수신자 역시 전달자와 마찬가지로 개인 혹은 집단이 될 수 있다. 메시지는 수시자의 감정이나 태도, 능력, 지적 수준, 사회나 문화체계 등의 영향을 받아 달라지며 이렇게 메시지의 의미를 해석하는 과정을 해독(Decoding)이라고 한다. 마지막으로 효과(Effect)는 커뮤니케이션으로 인한 모든 효과를 의미하는데, 발신자가 의도한 결과나 반응이 나타난 효과와 의도하지 않은 결과 및 반응까지 포함한다.

〈그림 12-8〉과 같이 일반적으로 전달자는 전달하고자 하는 메시지를 다양한 방법 중 가장 적합한 형태로 기호화하여 커뮤니케이션을 한다.

커뮤니케이션이 원활하게 진행되기 위해서는 피드백(Feedback)이 필요하다. 수신자가 이해한 메시지가 정확한 것인지 발신자를 통해 확인하고, 전달자 역시 메시지가 정확하게 전달되어 의도된 반응이 나왔는지 확인할 필요가 있다. 이때 기호화된 개념과 해독화된 개념이 동일시되면 커뮤니케이션이 잘 이루어졌다고 판단하며, 이와 같은 과정을 통해 지속적인 커뮤니케이션이 이루어진다.

기호학에서는 커뮤니케이션의 공유적 개념에 주목한다. 커뮤니케이션은 발신자가 보낸 메시지를 수신자가 받아들이는 선형적 전달과정이 아니라 한 삶이 다른 사람과 기호라는 의미작용 체계를 공유함으로써 이루어지는 의미의 생산행위이다(양지은, 2002). 여기서 메시지라는 것은 보내지는 것이 아니라 함께 공유되는 것을 말한다.

Jakobson(1956)의 커뮤니케이션 모델은 언어학적 배경을 바탕으로 커뮤니케이션을 구성하는 여섯 개의 요소들을 제시하고, 여섯 개의 요소가 수행하는 커뮤니케이션의 기능을 제시했다. 여섯 가지의 요소는 발신자, 수신자, 메시지, 맥락, 약호, 접촉을 말한다. 그리고 발신자가 수신자에게 메시지를 보내는 것을 상황이라 하고 발신자와 수신자 사이의 물리적인 채널과 심리적인 연계를 접촉이라 하며 메시지가 구조화될 수 있도록 공유된 의미체계를 약호라고 했다.

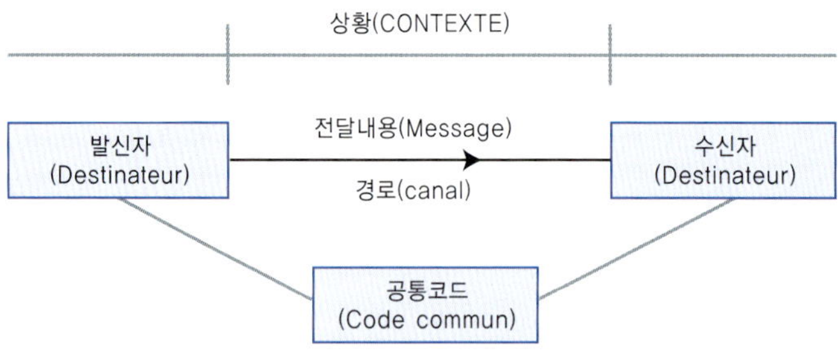

〈그림 12-8〉 커뮤니케이션 모델(Jakobson, 1956)

3) 커뮤니케이션의 유형

커뮤니케이션은 크게 개인 커뮤니케이션, 대중 커뮤니케이션, 조직 커뮤니케이션으로 나눌 수 있다.

개인 커뮤니케이션은 소수의 사람들 사이에서 직접적인 접촉을 통해 이루어지는 직접적인 커뮤니케이션을 말한다. 보통 가족이나 친구, 혹은 사적인 업무 등 소규모 집단에서 이루어지기 때문에 친밀감이 높고 사적인 감정이 커진다. 보통 개인 커뮤니케이션은 비공식적인 경우가 많다.

대중 커뮤니케이션은 방송이나 라디오와 같은 전파나 인쇄물 등의 매체를 통해 행해지는 커뮤니케이션을 말한다. 이는 소수의 상대가 아닌 불특정 다수에게 동일한 메시지를 전달하는 간접적인 커뮤니케이션이다. 보통 대중 커뮤니케이션은 공식적인 커뮤니케이션인 경우가 많다.

조직 커뮤니케이션은 회사나 정당 등 조직적으로 구성된 틀 안에서 이루어지는 커뮤니케이션을 말하며 조직 구성원들이 서로의 의견이나 정보를 교환하는 등의 과정을 통해 이루어진다.

4) 언어적 커뮤니케이션과 비언어적 커뮤니케이션

언어적 커뮤니케이션은 글이나 말, 도형 등의 언어를 통해 행해지는 커뮤니케이션을 말한다. 비언어적 커뮤니케이션은 손짓이나 몸짓과 같은 보디랭귀지, 표정 등을 통해 행해지는 커뮤니케이션을 의미한다. 일반적으로 언어적 커뮤니케이션만 중요하다고 생각하기 쉽지만 그에 못지않게 비언어적 커뮤니케이션도 의사전달에 매우 중요한 역할을 하므로 쉽게 간과해서는 안 된다.

2. 성공적인 커뮤니케이션 전략

이야기를 나누는 도중에 끼어드는 사람, 말의 흐름을 바꿔버리는 사람, 상대방의 이야기가 듣기 싫어 자기 이야기만 하는 사람이 있게 마련이다. 이런 유형의 사람은 아마 함께 대화하기 싫은 불쾌한 사람 혹은 비호감형으로 인식될 것이다.

커뮤니케이션 과정에서도 분명히 호감형과 비호감형이 존재한다. 자신도 모르게 비호감 말투를 사용하고 있지는 않은지와 제스처가 불쾌감을 주지는 않는지를 자신의 경험에 대입해보고 성공적인 커뮤니케이션을 할 수 있도록 커뮤니케이션 전략에 맞게 노력해야 한다.

1) 커뮤니케이션 방해 요소

커뮤니케이션이 원활하게 이루어지려면 방해 요소가 없어야 한다. 또한 다양한 방해 요소 중 자신이 상대에게 방해 요소를 제공하고 있지는 않은지도 생각해야 한다.

(1) 부정확한 발음

발음이 부정확해 무슨 말을 하는지 알아들을 수가 없다면 대화의 흐름이 끊기고 당연히 집중력도 떨어진다. 상대방과 대화를 잘 이어나가고 싶다면 정확한 발음을 구사하는 것은 필수이다.

(2) 비표준어

커뮤니케이션에서 표준어는 필수이지만 예외 상황이 많을 수 있기 때문에 대상에 적당히 맞출 필요가 있다. 같은 지역에 살고 있는 사람이라면 그 지역의 방언이나 특유의 단어들을 사용해도 커뮤니케이션에 무리가 없다. 그러나 방언을 알아들을 수 없는 대상과 커뮤니케이션을 한다면 이것 역시 전달력을 떨어뜨리는 방해요소가 될 수 있다. 특히 지역색이 강한 어투는 거리감을 심어줄 수 있으므로 상대에 맞추어 적절하게 사용해야 한다.

(3) 은어와 비속어

은어와 비속어 사용은 자제해야 한다. 특히 10대나 20대가 줄임말과 신조어를 사용하는 실수를 많이 한다. 연령 차이가 많이 나는 상대와 대화를 하는 상황이라면 은어나 비속어 등을 절대 사용하지 않도록 주의해야 한다.

(4) 전문용어

같은 직종이 아닌 상대와의 커뮤니케이션에서 직업과 관련된 전문용어를 많이 사용하면 이질감을 심어줄 수 있기 때문에 최대한 자제할 필요가 있다. 모두가 알고 이해할 수 있는 내용의 대화를 하는 것이 좋다. 빈번한 전문용어 사용은 멋있어 보이기보다 상대를 배려하지 못한다는 이미지로 기억되기 쉽다.

(5) 올바르지 못한 높임말

상대방을 존중하기 위해 사용되는 경어와 나를 낮추어 상대방을 존중하는 겸양어를 어려워하는 이가 많다. 한국어에는 영어와 달리 높임말인 경어라는 것이 존재하기 때문에 그 개념을 정확하게 인식하고 있어야 상대 앞에서 말실수를 하지 않게 된다. 올바르지 못한 높임말을 잘못 사용했다가 예의 없는 사람으로 인식될 수 있으니 경어사용을 습관화하도록 해야 한다.

2) 공감과 맞장구 및 말투

(1) 공감

말을 할 때 괜히 부끄럽고 자신이 없어질 때가 있다. 상대가 관심을 보이지 않거나 내 말에 공감해주지 않을 때이다. 열심히 설명하고 말을 했는데 돌아오는 반응이 "글쎄... 그 말 맞아?"라고 한다거나 "그런데 말이야..."하면서 조목조목 내 이야기를 반박한다면 마음이 상해 더 이상 말을 하고 싶지 않거나 혹은 대화가 경쟁이 될 가능성이 높다.

대화를 부드럽게 이어나가고 싶다면, 〈표 12-4〉와 같이 공감을 표현해야 한다. 뿐만 아니라 공감 전에 상대에 대해 인정해야 한다. 이 세상 그 누구도 나와 똑같은 생각을 하고 있지는 않다. 저마다 다른 개성을 갖고 있다는 점을 인정하면 공감도 쉽다. '아~ 그럴 수 있겠구나, 이 사람은 이렇게 생각하는구나' 라는 인정이 바로 공감이다. 또한 "그렇군요" "그런 것도 있어요?" "아! 알겠습니다" 등의 공감어가 호감을 부른다는 점을 명심해야 한다. 그러나 맹목적인 추종은 오히려 반감을 유발할 수 있기 때문에 꼭 진심으로 인정하고 공감해야 한다.

〈표 12-4〉 공감을 표현할 수 있는 말

고쳐야 할 말	공감의 표현
"아니" "글쎄..." "별로..." "그래도 그것은..." "그러나" "그게 아니라~" "그건 그렇고" "그거 맞아?" "확실해?" "아무튼" "됐어"	"응" "그렇구나" "진짜" "맞아" "확실히 그래" "역시" "나도 인정해" "그래 그거야" "나도 그런 적 있었어" "괜찮아" "알겠어"

(2) 맞장구

상대의 말에 공감하며 "네, 맞아요" "저도 그렇게 생각합니다"라는 맞장구를 한 뒤에 말에 대한 기대까지 보여주면 100점짜리 커뮤니케이션이 된다. "그래서 그 다음은 어떻게 됐어요?" "지금은 어때요?" "그런 것도 있군요" "상상이 가요" 등의 말들은 내가 상대의 말에 집중하고 있다는 표시인 동시에 상대의 말을 더 구체적으로 이끌어낼 수 있는 힘이 된다. 상대가 신나서 말을 할 수 있도록 적당한 맞장구를 한다면 물 흐르듯 부드럽게 흘러가는 커뮤니케이션이 될 것이다. 맞장구에는 〈표 12-5〉와 같은 유형이 있다.

〈표 12-5〉 맞장구의 유형

유 형	내 용
가벼운 맞장구	"저런" "그렇습니까?" "네"
동의 맞장구	"과연" "정말 그렇겠군요" "역시"
정리 맞장구	"그 말씀은 ~라는 것이죠?" "~한 말씀이죠?"
재촉 맞장구	"그래서 어떻게 됐나요?" "그래서요?"

(3) 피해야 할 말투

'말 한마디에 천 냥 빚을 갚는다' 라는 속담은 말의 중요성을 잘 나타내고 있다. 긍정적이고 따뜻하게 말을 하는 사람은 무엇이든 더 챙겨주고 싶게 만들고 짜증 섞인 말만 툭툭 내뱉는 사람은 대화를 하고 싶은 생각마저 달아나게 만든다. 무심코 내뱉은 짜증스러운 말투가 평생 자신의 말투로 굳혀지는 경우가 있기 때문에 커뮤니케이션에서 다음과 같은 말투를 사용하지 않게 주의해야 한다.

신경질적이고 짜증내는 말투, 화가 섞인 말투는 듣는 사람까지 그런 기분이 들게 만든다. 이런 말투를 자주 하는 사람이라면 말을 하기 전에 상황에 대해 한번쯤 생각해 보고 화가 나는 상황을 긍정적으로 받아들여 인정한 뒤 말을 하도록 한다. 짜증과 화가 한결 누그러질 것이다.

힘없고 우울한 말투 역시 듣는 사람에게 호감도를 떨어뜨린다. 항상 힘이 없고 우울한 목소리와 말투를 하는 사람은 인생도 늘 우울해 보인다. 웃는 얼굴로 즐거운 말만 하는 사람에게는 웃을 일만 생기고 찡그린 얼굴로 비관적인 말만 하는 사람에게는 비관적인 일만 생긴다고 한다. 뿐만 아니라 화만 내고 불만만 늘어놓는 사람뿐만 아니라 입만 열면 자랑과 업적 등을 과시하는 사람은 호감도를 떨어뜨리는 사람이다. 자만은 과시를 부르고 과시는 비호감을 부른다. 자기를 자랑하고 존중하는 것은 좋지만 그것이 지나쳐 자만에 빠지지 않도록 주의해야 한다. 또한 지금부터는 나의 인생을 위해서라도 긍정적인 말투, 기분 좋은 말투를 가져야 한다.

3) 성공을 부르는 화법

말투와 화법은 약간의 차이가 있다. 말투는 말을 하는 본새나 버릇 등을 말하며, 화법은 말을 하는 방법이나 요령 등을 말한다. 말을 할 때는 상황에 따라 방법을 달리 하면 더 효과적이다. 다음의 화법 열 가지에 대해 숙지하여 상대와 커뮤니케이션을 할 때 적절하게 활용한다면 보다 효과적인 대화를 할 수 있을 것이다.

(1) 쿠션 화법

부탁이나 제안을 할 때에 단호하고 단도직입적으로 말을 하는 것이 아니라 쿠션역할을 하는 말을 먼저 하여 상대가 보다 기분 좋게 응할 수 있게 하는 화법이다. 그러므로 "실례합니다만", "죄송합니다만", "번거로우시겠지만", "바쁘시겠지만", "유감입니다만" 등의 말로 정중함과 진심을 먼저 표현하고 본론을 말한다면 상대에게 긍정적인 대답을 들을 수 있을 것이다.

(2) 레어드 화법

사람은 누구나 명령받는 것을 싫어한다. "~이렇게 해!"라는 명령조의 말을 들으면 반발심이나 거부감이 생기기 쉽다. 하지만 자발적으로 어떤 행동을 할 수 있도록 권유하고 의뢰하면 반발심이나 거부감보다는 하고자 하는 의욕이 생긴다. 이러한 화법이 바로 레어드 화법이다. 명령형이 아닌 "~좀 해주시겠습니까?" 라는 권유형태의 질문으로 대화를 이끌어나가면 설득적 커뮤니케이션을 할 수 있다.

(3) 칭찬 화법

누구나 비난보다는 칭찬 듣기를 원한다. 칭찬을 할 때는 칭찬의 대상은 반드시 상대가 되어야 하며 지나친 칭찬은 듣는 사람을 의심하게 만들기 때문에 정확하고 구체적으로, 적절한 시기에, 적당히 해야 한다.

(4) 부메랑 화법

상대가 자신의 말에 변명과 트집을 잡을 때, 그 트집이 바로 나의 장점(특징)이라고 주장하여 나의 곁으로 돌아오게 하는 화법이 부메랑 화법이다. "교육비가 너무 비싸 등록을 못 하겠다"고 할 때 "교육비가 비싼 것이 이 과정의 특징이다"라고 거절요인을 구매요인으로 전환시키는 것이다. 최근 설득화법으로 많이 활용되고 있다.

(5) 플러스·마이너스·제로 화법

똑같은 상황에서 용기를 심어주고 희망을 심어주는 사람이 있는 반면에 오히려 사기를 떨어뜨리고 의욕을 상실하게 만드는 사람이 있다. 들을수록 득이 되는 플러스 화법, 하나마나인 제로 화법 그리고 하지 않으니만 못한 마이너스 화법이 바로 이러한 차이를 결정한다.

남자친구만 만나면 매번 금방 헤어지던 친구가 이번에는 오랫동안 예쁜 사랑을 하고 있다고 자랑을 한다. 이때 "그게 당연해. 이제야 제대로 된 사랑을 하려나보네"라며 아무렇지도 않게 말을 한다면 이는 하나마나한 제로 화법이다. 아니면 "그 사람 취향 독특하

네. 어떻게 너를 만나?"라고 말 한다면 듣는 사람의 기분을 상하게 만드는 마이너스 화법이다. 마지막으로 "정말 축하해. 역시 좋은 남자친구가 생길 줄 알았어. 앞으로도 예쁜 사랑해!"라고 말한다면 이는 상대방의 사기를 북돋아주고 긍정을 부르는 플러스 화법이다.

(6) 신뢰 화법

상대에게 신뢰감을 주기 위해서는 문장을 "~입니다" 혹은 "~입니까?"로 말하는 것이 좋다. "~예요" "~죠?"로 끝내는 문장은 친근감을 심어주기에는 좋지만 신뢰감과는 거리가 멀다. 일반적인 대화에서는 정중한 다까체를 70%, 친근하고 부드러운 요조체를 30% 가량 사용하는 것이 가장 바람직하다.

(7) 긍정 화법

같은 말도 긍정적인 부분을 중심으로 표현하는 것이 좋다. 부정적인 부분을 중심으로 단호하게 이야기를 하면 거부감이 생기기 쉽기 때문에 부정과 금지의 표현보다는 그것에 대한 대안을 제시해 긍정적으로 말을 하는 것이 좋다.

(8) YES·BUT 화법

간접적인 부정 화법으로 먼저 상대의 의견을 인정하며 충분히 수용하고 긍정한 후에 나의 의견을 말하는 방법이다. 상대의 의견을 존중하면서도 나의 의견을 제시할 수 있기 때문에 반대 의견을 제시할 때도 대화가 부드럽게 이어질 수 있다.

(9) 보상 화법

한 가지를 하면 다른 한 가지를 하겠다는 약속을 담는 화법이다. 어려운 부탁을 할 때나 제안을 할 때 유용하게 사용되며, 보상 화법을 통해 상대에게 기분 좋게 요구사항을 부탁할 수 있다.

(10) 나 전달화법(I massage 화법)

주어가 상대인 '너'가 아니라 '나'로 시작하는 문장으로 이야기를 하는 화법이다. I massage 화법은 다음과 같은 공식을 갖는다. 상대의 문제되는 행동을 먼저 말하고 그 행동으로 인해 어떤 구체적인 영향이 발생하는지를 말한다. 또한 그 영향으로 인해 나는 어떤 감정을 갖고 있는지를 말한다. 상대와 관련되어 있는 문제를 해결할 때 단도직입적으로 상대의 문제를 말하는 것보다 자신이 느끼는 감정을 먼저 말함으로써 상대의 변화를 꾀할 수 있다.

4) 긍정을 부르는 질문법

대화를 하다보면 자연스럽게 질문을 하게 되는 경우가 많다. 그런데 내가 어떻게 질문을 하느냐에 따라 상대는 기본적인 것들만 대답하는 경우가 있으며, 물어보지도 않았는데 구체적인 정보를 모두 말하는 경우가 있다. 처음 보는 사람과 대화를 계속 이어나가고 싶다면 다음과 같은 유형의 질문을 참고하는 것이 좋다.

(1) 개방형 질문

상대가 자유롭게 의견이나 정보를 말할 수 있도록 질문하는 유형이다. 정해진 틀이나 대답이 없기 때문에 상대는 심적인 여유가 생기고 훨씬 많은 정보를 자유롭게 말할 수 있다. 상대의 사고방식과 심리상태 등을 모두 다 파악할 수 있으며 양쪽 모두 대화에 적극 참여할 수 있다. 예를 들어 "얼마 전까지 중국에서 근무하셨다면서요. 현지생활은 어떠셨어요?"라고 물어보면 자연스럽게 에피소드를 들을 수 있다. 그러나 너무 막연한 질문은 오히려 상대를 더욱 당황스럽게 만들기 때문에 주의해야 한다.

(2) 폐쇄형 질문

정확한 대답을 요구하는 질문으로 상대의 대답은 '네' 혹은 '아니오' 나 그 밖의 단답형이 된다. 추가적인 정보가 필요 없을 경우 정확한 사실만을 알고 싶을 때 주로 사용하기 때문에 상대가 말을 많이 하지 못한다. 예를 들어 "중국에서 1년 동안 근무하셨죠?"라고 물어보면 상대는 "네" 혹은 "아닙니다. 2년 동안 머물렀습니다."라는 등의 단답형의 대답밖에 할 수 없어 대화의 흐름이 끊기게 된다. 처음 만난 사람과 대화를 길게 이어나가고 싶다면 폐쇄형 질문은 자제하는 것이 좋다.

(3) 확인형 질문

상대의 말을 반문하면서 확인을 하거나 상대가 구체적으로 다른 이야기를 이어나갈 수 있도록 이끌어주는 역할을 한다. 또한 이야기를 경청하고 있다는 점을 확인시켜주기 때문에 호감도를 높일 수 있다. 확인형 질문은 상대의 말을 반복하기, 바꾸어 말하기, 요약하기 등의 유형으로 나눌 수 있다. 예를 들어 "중국에서 근무하는 동안 음식 문제가 힘드셨다는 거죠? 다른 부분은 어떠셨어요?"라고 물어보면 상대의 이야기를 요약하면서 새로운 정보까지 얻을 수 있다.

5) 핫 버튼(Hot button)

최근 핫 버튼 마케팅이라는 신조어가 생겨날 정도로 사회 전반에서 아주 중요한 부분이 되었다. 사전적으로는 이것을 뜨거운 쟁점이라고 풀이하고 있다. 고객이나 청중 등 상대의 관심사나 욕구 등을 채워줄 수 있는 것으로 해석하는 것이 일반적이다. 물건을 판매하는 사람이라면 상품의 질, 브랜드, 가격, 실용성, 디자인 등 고객이 무엇을 가장 중점적으로 고려하고 있는지를 재빨리 파악하고 욕구를 충족시킬 수 있는 점들을 부각시키는 것이 현명하다. 판매뿐만 아니라 그 외의 커뮤니케이션에서도 상대의 관심사나 욕구 등을 정확하게 분석하고 상대에게 맞는 대화를 풀어나가는 것이 중요하다.

누군가와 처음 만나 긴장되고 상대가 나에게 관심을 두고 있는지 모르겠다면 가장 쉽게 날씨나 최근 이슈들로 가볍게 분위기를 환기시키면서 상대의 말에 집중해보는 것도 좋은 방법이다. 환기된 분위기 속의 대화중에 상대의 관심사인 핫 버튼이 분명 드러날 것이며, 상대의 핫 버튼을 찾아 함께 대화한다면 성공적인 커뮤니케이션을 할 수 있을 것이다. 이때 자신의 핫 버튼이 아닌 상대의 핫 버튼을 빨리 찾아 누를수록 커뮤니케이션은 더욱 원활하게 이루어질 것이다.

6) 제스처

영어, 불어, 중국어 등 그 나라의 언어를 못해도 전 세계 어디에서나 의사소통은 가능하다. 바로 제스처가 있기 때문이다. 제스처는 말의 효과를 더하기 위해 하는 몸짓이나 손짓 등을 말한다. 이 몸짓은 때때로 백 마디 말보다 더 큰 힘을 발휘한다. 아무리 말을 해도 설득되지 않는 상황에서 진심어린 몸짓 한 번이 상대를 설득시키기도 하고, 제스처로 내가 전하고자 하는 메시지가 더 잘 전달되기도 한다. 남녀 사이에서도 상대의 마음을 의심하다가도 따뜻한 포옹 한 번이면 진심을 느낄 수 있고, 용기와 격려가 필요할 때 아무 말 없이 어깨를 지긋이 눌러주는 것만으로도 진심이 전달되기도 한다.

대화에서 적절한 제스처는 이야기를 돋보이고 생동감 있어 보이게 한다. 제스처는 전 세계

〈표 12-6〉 긍정과 부정을 나타내는 제스처

긍정의 제스처	부정의 제스처
– 몸을 앞으로 숙여 집중한다. – 고개 끄덕이며 동조한다. – 눈 맞추며 미소 짓는다. – 손뼉 치며 맞장구 한다. – 가벼운 스킨십 한다. – 이름 외우고 불러준다. – 두 손을 활용해 존중한다. – 눈과 입이 함께 웃는다. – 제스처 범위가 과하지 않다.	– 몸을 뒤로 젖힌다. – 고개를 좌우로 흔든다. – 턱을 들고 말하거나 듣는다. – 턱 끝으로 가리킨다. – 손가락으로 상대방 가리킨다. – 얼굴을 찡그린다. – 턱을 괴고 이야기를 듣는다. – 눈을 위로 치켜뜨거나 곁눈질을 한다. – 아래로 내려다본다.

에서 비슷하게 활용되는 경우가 많은데 대부분의 사람들이 기쁘고 좋을 땐 웃고, 화나고 짜증날 때는 얼굴을 찌푸리고, 슬플 때는 주로 운다. 또한 고개를 좌우로 흔들면 부정을, 고개를 상하로 끄덕이면 긍정으로 받아들인다. 〈표 12-6〉과 〈표 12-7〉과 같이 전 세계적으로 통하는 제스처에 대해 알아보고 자신의 의사를 전달할 수 있는 제스처를 익히도록 한다.

〈표 12-7〉 제스처에 따른 의미

문항	제스처	의 미
1	손가락으로 숫자를 센다.	주의를 집중시키는 효과를 주는 표현이다.
2	주먹을 들어올린다.	패기와 강인함 그리고 공격성을 전달하는 표현이다.
3	자신의 머리를 쓰다듬는다.	긴장하고 있다는 의미이다.
4	눈, 코, 턱 등 얼굴을 만진다.	약점을 감추려는 표시이다.
5	맞장구 대신 미소 짓는다.	동의하지 않는다는 의미이다.
6	상대의 눈을 보지 않는다.	무언가를 숨기고 있다는 의미이다.
7	눈을 크게 뜨고 바라본다.	상대에게 흥미와 관심이 있다는 표현이다.
8	눈살을 찌푸린다.	의견에 동의하지 않는다는 표현이다.
9	시선을 고정시키지 못한다.	정신적으로 불안한 상태를 의미한다.
10	상대를 오랫동안 주시한다.	대화 내용보다 상대에게 관심이 있다.
11	말을 하면서 입을 가린다.	본심을 감추는 의미이다.
12	머리를 기계적으로 끄덕인다.	형식적인 동조의 표시이다.
13	가슴 위로 팔짱을 낀다.	상대에 대한 거절과 방어의 표현이다.
14	대화 중 웃으면서 팔짱을 낀다.	상대의 말에 경청하고 있다는 의미이다.
15	다리를 흔들거나 두드린다.	불안하거나 초조한 상태를 나타내는 표현이다.

7) 경청

대부분의 사람들은 화려하게 말을 하는 것에만 집착한다. 말을 잘 하면 어디에서 무슨 일을 하든지 눈에 띄기 때문이다. 하지만 커뮤니케이션에서 눈에 띄게 말을 잘 하는 것보다 더 중요한 것이 있다. 그것이 바로 경청이다. 비즈니스에서 협상 날짜와 장소 등을 제대로 듣지 못해 놓치게 되는 경우, 친구의 고민 상담을 흘려들어 원망을 사게 되는 경우, 상대방의 진심어린 고백을 눈치채지 못하는 경우 등이 바로 경청을 소홀히 해서 발생할 수 있는 폐해라 할 수 있다. 커뮤니케이션에서 듣는 사람의 경청하려는 자세가 없으면 아무리 화려한 말솜씨도 그저 시끄러운 소음이 될 뿐이다.

미국 미네소타 주에 위치한 미네소타 대학교에서 경청 능력을 테스트하는 대규모 실험을 했다고 한다. 수천 명의 학생과 기업인, 전문직 종사자 수백 명을 대상으로 경청 능력을 실험한 것인데 피 실험자들에게 짧은 말을 들려준 뒤 얼마나 기억하고 이해하는 지를 확인해보는 방법으로 진행되었다. 이 실험을 통해 사람은 상대의 말을 아무리 주의 깊게 듣는다 해도 말을 들은 직후에는 평균적으로 전체 내용의 반 정도만을 기억한다는 재미있는 결과를 얻었다. 뿐만 아니라 시간이 지나면 기억력이 더 떨어져 2개월이 지나면 들은 내용의 25%정도만 기억한다고 한다.

미국 플로리다 주립대학교와 미시건 주립대학교에서 발표한 연구 보고서에서도 이와 유사한 사실이 입증되었다. 대부분의 사람들이 학습한 내용을 8시간 내에 3분의 1에서 절반 가량 잊어버린다는 결과가 나타났다. 따라서 제대로 듣지 못한다면 상대에게 항상 "네?" "죄송한데 다시 한 번 말씀해주세요" 등의 말만 전해야 할 것이다. 상대가 똑같은 이야기를 반복하게 하지 않으려면 상대의 말에 항상 귀를 기울이는 노력을 계속해야 한다.

(1) 경청 기술 향상법

보통 사람들은 경청이라고 하면 상대가 말하는 모든 것을 잘 듣고 기억하는 것이라고 생각한다. 하지만 경청은 단순히 말을 잘 듣는 것이 아니라 내포된 뜻이나 상대의 의도까지 이해할 수 있는 것을 말한다. 말하는 사람은 듣는 사람이 자신의 말을 모두 기억해주기 보다는 이해해주기를 원한다. 왜냐하면 화자는 청자가 자신의 말을 잘 이해해야 자신이 인정받고 있고 자신에 대해 공감해주고 있다고 느끼며 원활한 커뮤니케이션이 이루어지고 있다고 판단하기 때문이다.

대화에서 가장 중요한 것은 듣기이다. 알면서도 실천하기 어려운 것이 바로 상대의 말에 귀 기울여 듣는 것인데, 탈무드에 '눈이 두 개, 귀가 두 개, 입이 하나인 이유는 많이

경청 기술 향상 3계명

① 상대의 말을 들으며 앞으로 말할 내용을 예측한다.
말의 흐름을 읽을 수 있다는 것은 그만큼 차근차근 들으며 이해하고 있다는 말이다. 앞으로의 내용은 일치할 수도 있고 일치하지 않을 수도 있다. 예측 결과와 상관없이 그것에 대해 정확하게 이해하고 흐름을 정리하는 것이 중요하다.

② 듣는 동안 핵심을 꾸준히 생각한다.
말의 핵심 포인트를 인식하지 못하면 듣는 내내 뜬 구름을 잡는 기분이 든다. 정확한 핵심을 파악하면서 듣고 이해하도록 노력해야 한다. 듣다가 이해되지 않는다면 적절한 타이밍에 질문을 하는 것도 나쁘지 않다.

③ 내용에 대한 근거나 예시에 집중한다.
주장을 뒷받침하기 위해 드는 근거나 예시가 적절한지와 공감할 수 있는지를 생각하고 반응한다. 근거나 예시만 듣고 보아도 주제를 파악할 수 있다.

보고, 많이 듣고, 적게 말하기 위함이다' 라는 말이 나온다. 경청은 상대의 말을 귀로만 듣는 것이 아니라 눈으로도 상대의 얼굴에 나타난 감정을 들을 수 있어야 한다. 따라서 성공적인 커뮤니케이션을 위해서는 경청 기술 향상 3계명과 경청의 5L을 바탕으로 자신의 경청 기술을 향상시키도록 노력해야 한다.

경청의 기술 TOP 5

① 일굴을 쳐나봄
상대의 얼굴을 보지 않고 말한다는 것은 상대에게 무시한다는 느낌을 줄 수 있고 제대로 된 내용을 전달하기 어렵다. 따라서 말을 할 때에는 상대의 얼굴을 보며 경청하고 있다는 모습을 보여주도록 한다.

② 상체를 5도 정도 기울임
상체를 앞으로 기울여 상대의 말을 듣게 되면 적극적으로 듣고 있다는 생각이 든다. 상체를 기울이는 것만으로도 상대에게서 많은 이야기를 끌어낼 수 있다.

③ 고개를 끄덕임
상대의 말을 듣고 있다는 표시는 상대가 말을 할 때 불안하지 않게 해준다. 자신이 말을 하고 있다고 생각하며 상대의 말을 듣도록 한다.

④ 눈썹의 움직임
적극적으로 듣고 있다는 반응을 보일 수 있는 방법 중 하나가 바로 눈썹의 움직임이다. 눈썹으로 많은 감정을 표현할 수 있다. 놀란 표정, 너무나 반가운 표정, 아주 즐거운 표정, 슬픈 표정, 안타까운 표정 등 이러한 모든 표정을 눈썹 하나로 표현할 수 있다. 따라서 눈썹의 움직임으로 내가 경청하고 있다는 것을 확인시켜 줄 수 있다.

⑤ 상대방이 말하지 않은 내용까지 들음
상대의 표정을 잘 살펴본다거나 상대가 취하고 있는 제스처를 보면 상대가 하고자 하는 말이 현재 말하고 있는 내용과 일치하는지 알 수 있다. 사람은 가끔 자신이 하고자 하는 말과 현재 하고 있는 말의 내용이 일치 하지 않는 경우가 있다. 그것이 겉으로 드러나 보일 때는 상대가 그 맘을 알아주길 바라기 때문이다. 말의 내용과 사실이 일치하지 않는 경우가 있는데 이것은 말의 내용은 듣지 않고 말소리만 듣기 때문이다. 상대의 입장에서 생각해 본다면 상대의 마음의 소리까지도 들을 수 있을 것이다.

(2) 경청 능력 진단

다음의 경청 능력 진단을 해봄으로써 자신의 경청 정도를 확인할 수 있다.

〈표 12-8〉 경청 능력 Check list

문 항	항 목	점 수				
		5	4	3	2	1
1	말을 하는 것보다 듣는 것이 즐겁다.					
2	대화를 할 때 질문은 내가 먼저 한다.					

문항	항목	점수				
		5	4	3	2	1
3	말을 듣다보면 궁금증이 많이 생긴다.					
4	모르는 부분이 생각날 때마다 메모한 후 질문한다.					
5	대화의 주제를 잘 이해한다.					
6	대화가 끊기지 않는다.					
7	상대가 말을 할 때 잘 웃는다.					
8	자신의 경험과 비교하며 듣는다.					
9	누구와 대화를 하든 공감하는 부분이 많다.					
10	주변에 상담을 요청하는 사람이 많다.					
11	대화 도중에 싸우는 경우가 없다.					
12	대화를 할 때 상대의 입장을 생각한다.					
13	주변에 말이 잘 통하는 사람이 많다.					
14	상대의 이야기를 잘 정리한다.					
15	나만의 특별한 경험담으로 공감해준다.					
16	내용과 관련된 질문에 대답을 잘 한다.					
17	상대의 조언을 구하는 경우가 많다.					
18	대화 중 딴 생각이 들지 않는다.					
19	대화 중 맞장구를 많이 치는 편이다.					
20	듣는 동안 메모를 많이 한다.					

* 매우 그렇다: 5, 그렇다: 4, 보통이다: 3, 아니다: 2, 전혀 그렇지 않다: 1

8) 거리

보통 같은 장소, 가까운 거리에 있는 사람과 대화할 일이 더 많다. 큰 소리로 이야기하지 않아도 되고 걸음을 옮기지 않아도 되기 때문이다. 실제로 MIT의 토마스 알렌이 사무실의 의사소통 유형을 연구한 결과 두 사람이 23~27m 이상 떨어져 있으면 대화도 눈에 띄게 줄어든다는 사실을 발견했다. 대화를 많이 해야 하는 사람들은 반드시 가까이 있어야 한다는 것을 의미하며, 조직이나 그 밖의 대화에서 말을 많이 하고 싶은 상대가 있다면 가까이 자리하는 것이 좋다는 것을 의미한다.

인류학자 Hall(1963)은 근접학(Proxemics)을 주장하며 인간사회에는 쌍방의 문화적 공간이 필요함을 밝혔다. 서로 다른 문화를 가진 사람들을 대상으로 대화하기에 편한 거리를 연구했다. 연구 결과 영국인은 미국인들보다 더 멀리 떨어져서 대화를 하고 아랍인과 일본인들은 가까이에서 대화를 하는 편이라고 밝혔다. 그리고 커뮤니케이션에서 필요한 네 가지의 기본거리를 제시했다.

(1) 친밀한 거리

애인이나 배우자, 가족 등 아주 친밀한 사이에서 주로 이루어질 수 있는 거리이다. 아주 거리낌 없는 상대라는 표시이며, 대화 시 이 거리가 전혀 불편하지 않다.

(2) 개인적 거리

친구나 동료 사이에서 대화가 이루어지는 거리로 개인 공간에 들어와도 거부감이 들지 않는 사람들과의 거리이다. 어느 정도의 친밀함이 전제되어야 하며 일상적인 대화에서 가장 무난하게 사용할 수 있는 거리이다. 또한 격식과 비격식의 경계지점으로 볼 수 있다. 개인적 거리는 친근감을 높일 수 있는 거리 때문에 패스트푸드점의 테이블 거리가 대부분 이 거리에 해당한다.

(3) 사회적인 거리

개인적인 대화보다는 사무적인 대화가 많이 이루어지는 거리이다. 일반 사회생활에서 가장 많이 이루어지는 거리이다. 대화 내용뿐만 아니라 행동에도 주의를 기울여야 한다. 이 거리에서는 대화 참여와 이탈이 자유롭다. 보통 매우 친한 사이가 아니라면 1.2m 이상의 거리를 두는 이 거리가 가장 편안하다.

(4) 공적인 거리

연설이나 강의와 같은 특수한 경우로 한정된다. 특히 강사와 수강생 사이에서는 3.7m 이상의 거리가 안정감을 주고 연설을 할 때에도 4m 이상의 거리가 심리적으로 가장 안정감을 준다. 강사와 연설자의 입장에서 청중 모두를 한눈에 파악할 수 있고 청중의 입장에서도 강사와 연설자에게 무례한 행동을 노출시키지 않으면서 편안하게 이야기를 들을 수 있는 거리이기 때문이다.

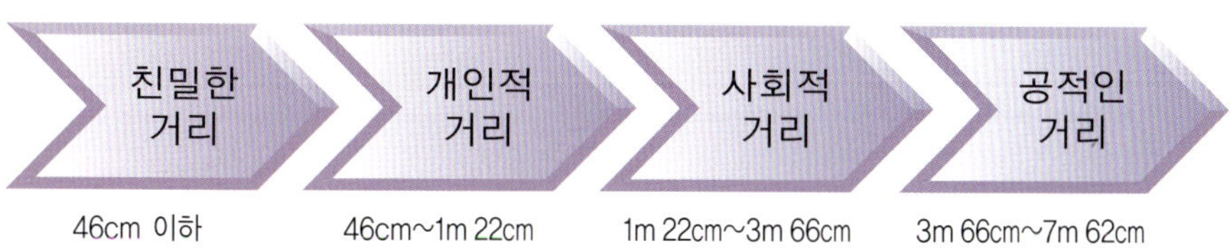

〈그림 12-9〉 커뮤니케이션에 필요한 거리(Hall, 1963)

3. 커뮤니케이션 진단

〈표 12-9〉의 다음의 커뮤니케이션 체크 리스트를 통해 자신의 커뮤니케이션 능력에 대해 확인할 수 있다.

〈표 12-9〉 커뮤니케이션 능력 Check list

문항	항 목	점 수				
		5	4	3	2	1
1	처음 만나는 사람과도 말을 잘 한다.					
2	대화를 이어나가는 것이 어렵지 않다.					
3	상대방의 말에 잘 공감한다.					
4	기분이 상하지 않게 부탁하는 법을 안다.					
5	칭찬을 정확하게 자주 한다.					
6	한 번 만난 사람의 이름을 잘 기억한다.					
7	말을 할 때 항상 미소를 띤다.					
8	상대가 말을 할 때는 끝까지 듣는다.					
9	궁금한 점에 대해 질문을 한다.					
10	이해되지 않는 부분은 같이 논의한다.					
11	상황에 따라 대화 유형을 달리한다.					
12	존칭어에 대해 알고 있고 바르게 사용한다.					
13	표준어를 사용한다.					
14	은어와 비속어 등을 사용하지 않는다.					
15	제스처를 많이 활용한다.					
16	상대와 대화할 때에 맞장구를 잘한다.					
17	희망을 주는 말을 잘한다.					
18	상대를 존중하는 마음을 갖고 대화한다.					
19	상대와의 대화에서 신뢰감을 최우선으로 생각한다.					
20	상대의 욕구를 금방 읽을 수 있다.					

* 매우 그렇다: 5, 그렇다: 4, 보통이다: 3, 아니다: 2, 전혀 그렇지 않다: 1

제12장 연구문제

1. TPO 음성·언어 표현적 이미지에 대해 정리하시오.
2. 성공적인 스피치의 필수 요건을 정리하시오.
3. 프레젠테이션 발표자의 태도에 대해 정리하시오.
4. 성공적인 커뮤니케이션 전략을 정리하시오.
5. 경청 기술 향상법을 정리하시오.

제5부

사회적 이미지

제13장
사회적 이미지의 이해

대부분의 사람들은 사회적으로 성공하기를 원하며 대인관계에 있어 자신이 유능하고 실력있는 사람으로 인정받기를 원한다. 많은 사람들이 사회적으로 보이는 모습과 행동으로 사람의 인품이나 성격 등을 판단한다. 그러므로 자신의 태도, 행동 등을 함에 있어 신중해야 한다. 또한 한 번 형성된 사회적 이미지는 개인의 인상을 형성하는 데 중요한 요소로 작용되며, 인간관계를 함에 있어 신뢰 형성에도 중요한 영향을 미친다. 따라서 개인은 타인에게 직접적으로 지각되는 자신의 사회적 이미지를 보다 바람직하게 형성하기 위한 노력을 해야 한다.

이 장에서는 사회적 이미지에 관한 정의와 개념을 정리하고 사회적 이미지의 형성요소 및 관리행동에 대해 살펴보고자 한다.

제1절 사회적 이미지의 정의와 개념

1. 사회적 이미지의 정의

사회적 이미지란 대인과의 교류를 통해 나타나고 형성되는 관계적인 이미지이다. 또한 자신의 내적 성향과 외적 성향이 결합되어 사람과 사람 사이에서 자신의 매너, 리더십, 행동, 태도, 사회적 지위 등을 통해 형성된 이미지를 타인이 지각하고 인지하여 기억하는 상(象)이다.

2. 사회적 이미지의 개념

김경호(2008)는 개인의 본질과 현상이 타인과의 관계 속에서 형성되어지는 이미지를 사회적 이미지라고 정의했으며, Sirgy(1982)는 타인에게 보여주는 자신의 모습에 대해 타인이 인지했으면 하는 이미지를 사회적 자아 이미지라고 정의했다.

사람들은 수많은 관계를 맺으며 살아가고 그 속에서 서로를 평가하여 개인의 사회적 이미지를 형성하게 된다. 그러므로 한 개인의 환경적 요인, 태도, 행동, 매너, 신뢰, 인간관계, 리더십, 커리어, 사회적 지위 등이 평가요인이 되어 사회적 이미지가 형성된다.

또한 사회적 이미지는 위계구조 속의 사회적 지위, 가정과 직업 및 문화 등에 의한 사회적 환경, 신뢰도 및 호감도, 대인관계, 상대방에 대한 매너와 에티켓 등에 의해 형성된다. 즉, 사회적 이미지는 나와 타인의 관계 속에서 만들어지며 자신이 속한 사회와 환경 그리고 문화를 반영한다(송은영, 2009).

이처럼 개인의 사회적 이미지는 사람들과의 관계에서 자신의 사회적 기반이 될 수 있기 때문에 그 중요성이 더해지고 있다. 따라서 윤택한 인간관계를 위해서는 호감적인 사회적 이미지를 형성해야 하며 스스로가 더 나은 사회적 이미지를 형성하기 위해 노력해야 한다.

제2절 사회적 이미지의 형성

자신이 타인에게 보여주고자 하는 모습과 사회에서 형성하고 싶은 이미지에 따라 개인의 이미지가 형성된다. 개인의 사회적 이미지가 형성되는 요소는 다양하나 이를 종합적으로 정리해 보면 〈그림 13-1〉과 같다.

사람은 자신이 처한 상황과 환경을 통해서 가치관이 구축되고 태도가 성립된다. 나아가 환경적 요소에 의해 형성된 태도는 학습을 통해 사회적 행동에 영향을 미치게 된다. 칭찬, 배려, 호감적 태도 등의 긍정적 행동은 상대에게 보다 품격 있는 매너를 갖춘 사람으로 비춰진다. 이러한 행동은 타인에게 신뢰감을 주게 되어 보다 나은 인간관계를 형성할 수 있게 한다. 뿐만 아니라 자신의 사회적 지위를 향상시켜 리더십을 넓게 발휘함으로써 개인의 사회적 이미지가 긍정적으로 형성된다.

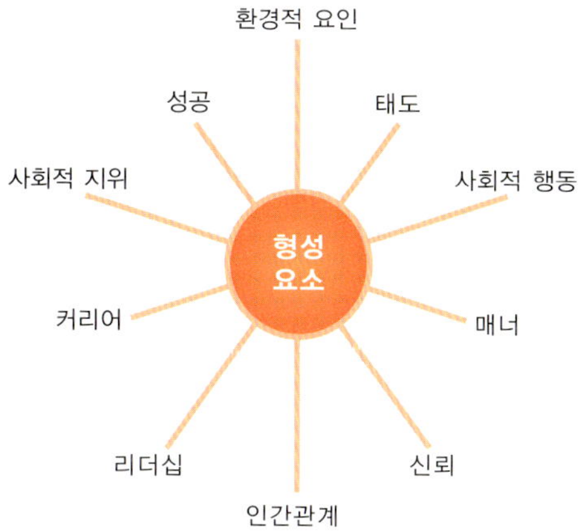

〈그림 13-1〉 사회적 이미지 형성요소 수레바퀴

사회적 이미지를 형성하는 열 가지 요소들은 상호 유기적인 관계를 가지고 있다. 각각의 요소별로 특징을 정리하면 다음과 같다.

1. 환경적 요인

가정, 문화, 사회, 국가 등의 환경적 요인은 개인의 행동에 영향을 주며 표출된 행동의 결과로 사회적 이미지가 형성된다. 사람들은 자신의 행동을 변용할 수 있는 능력이 있어서 환경의 변화에 따라 유연하게 대처할 수 있는 적응성을 가지고 있다. 또한 성장하면서 소속하게 될 수많은 집단에 의해 본인의 이미지를 형성해 나간다. 그리고 개인의 소속 집단은 구성원의 행동에 영향을 주게 되며, 결과적으로 표출된 행동은 타인에 의해 평가된다.

따라서 행동에 영향을 주는 환경적 요인은 사회적 이미지 형성에 있어서 중요한 요소로 작용된다. 사회적 이미지 형성의 환경적 요인을 정리하면 〈표 13-1〉과 같다.

〈표 13-1〉 사회적 이미지 형성의 환경적 요인

요 인	특 징
가정적	출생 때부터 선천적으로 주어진 환경이므로 자신의 의사와 관계없이 개인의 사회적 이미지가 결정되어 진다.
문화적	개인이 속한 집단 혹은 사회의 의식, 관념, 가치, 규범 등에 따라서 사회적 이미지가 형성된다.
사회적	사회 속에서 개인의 직업, 부서, 역할, 의무에 따라서 사회적 이미지가 형성된다.
국가적	개인이 속한 국가의 이미지에 따라서 사회적 이미지가 긍정적 혹은 부정적으로 형성된다.

2. 태도

태도란 어떤 상대나 상황에 대한 평가를 통해 생긴 자세로 어느 정도의 지속성을 유지하면서 언제든지 행동으로 나타날 수 있는 기능성으로 존재한다(홍기선, 1997). 이러한 태도는 행동을 예측할 수 있는 이유 중 하나이기 때문에 중요하다.

개인은 특정한 태도를 형성함으로써 자신이 속한 집단에서 동일시를 증진시킬 수 있게 된다. 이를 통해서 자신의 정체감을 확립할 수 있으며 나아가 사람과 사람사이의 관계를 유지·발전시킬 수 있다(백광숙, 2008).

사람은 자신에게 주어진 상황이나 대상에 대하여 어떤 태도를 취하느냐에 따라 소속 집단에서 개인의 사회적 이미지가 긍정적으로 형성되기도 하고 부정적으로 형성되기도 한다. 이처럼 관계의 유무를 결정하는 태도는 사회적 이미지를 형성하는데 중요한 요소로 작용한다.

3. 사회적 행동

사회적 행동은 사회생활을 통해 형성된 사람들과의 관계 속에서 학습되는 행동이며 상호 인간관계 속에서 타인에게 나타내는 행동 양식이다.

사회에서 대인관계를 할 때 배우고 습득하게 되는 사회적 행동은 타인에게 긍정적인 영향을 주는 행동과 부정적인 영향을 주는 행동으로 분류된다. 먼저 긍정적인 영향을 주는 행동으로 애정표현과 웃음 등이 있고, 부정적인 영향을 주는 행동으로 화를 내거나 다른 사람의 행동을 방해 하는 것과 참견, 무시, 불복종, 때리는 행동 등이 있다(Bednersh & Peck, 1986).

타인에게 호감적이고 친절한 행동을 하면 긍정적인 이미지로 비춰질 뿐만 아니라 자신의 사회적 이미지가 긍정적으로 구축될 수 있다. 그러나 타인에게 불쾌감과 혐오감을 주는 행동을 하면 자신의 이미지는 부정적으로 비춰지고 대인관계에 어려움을 겪을 것이다.

그러므로 성공적인 대인관계를 원한다면 스스로가 친절하고 바람직한 행동을 바탕으로 긍정적인 사회적 이미지를 형성하도록 노력해야 한다.

4. 매너

개성이 존중되고 다양성이 인정되는 현대사회에서 개인의 삶을 원활하게 영위하기 위해서는 우선적으로 사회에 원만하게 적응할 수 있어야 한다. 사회생활을 원활하게 하려면 상호간에 기본적으로 지켜야 하는 격식이 있는데 이것이 바로 매너이다(류병진, 2003).

매너는 서로를 존중하는 것을 의미한다. 타인과 더불어 살아가면서 바람직한 인간관계를 형성하기 위해서는 이러한 매너가 꼭 필요하며, 올바른 매너를 통해 상대방의 인격을 존중하고 배려해야 한다.

매너를 지키지 않으면 기본이 갖춰지지 않은 사람이라는 인상을 형성할 수 있다. 그러므로 긍정적인 사회적 이미지를 형성하기 위해 호감적인 생활 매너, 비즈니스 매너, 글로벌 매너를 갖추도록 노력해야 한다.

5. 신뢰

신뢰는 사전적 의미로 특정한 사람이나 사물의 어떤 특징과 속성 또는 진술의 진실성에 대한 확신이나 신용을 말한다. 신뢰에 대한 정의는 학자마자 다양하게 밝히고 있으며, 내용을 정리하면 〈표 13-2〉와 같다.

〈표 13-2〉 신뢰의 정의

학 자	정 의
Schlenker (1973)	신뢰란 위험한 상황에서 동반되는 결과들과 불확실한 환경 상태들에 대해 다른 사람으로부터 얻어지는 정보에 의존하는 것이다.
Gambetta (1988)	상대방이 본인에게 이익이 되거나 적어도 해롭지 않은 어떤 행동을 취할 확률이 충분히 높다는 기대 또는 믿음이다.
Sabel(1993)	신뢰란 교환관계에 있어서 어느 한쪽도 다른 쪽의 취약점을 악용하지 않을 것이라고 확신하는 것이다.
Kramer & Tyler(1996)	신뢰는 리더의 지시가 어떤 결과를 가져올지 전혀 모르면서도 그 지시를 따르는 것처럼 위험하거나 불확실한 상황에서 사람들이 기꺼이 다른 사람의 행동을 따르게 하는 것이다.
Lewicki & Bunker(1996)	신뢰란 상대방이 어떻게 행동할 것인가를 예측할 수 있으며 상대방과 일체감을 갖고 동일시할 수 있는 것이다.
Robinson(1996)	신뢰란 타인의 미래 행동이 자신에게 호의적이거나 또는 최소한 악의적이지는 않을 가능성에 대한 기대와 믿음이다.
Webb(1996)	신뢰란 타인이 예측 가능한 방향으로 행동할 것이라는 확신이나 판단이다.
Heimer(2001)	신뢰란 자신의 이해관계와 관련한 위험부담을 안고 있는 상황에서 타인이 자신의 이해관계에 해로운 결과를 가져오지 않을 것이라고 판단하고 자신의 이해관계를 타인에게 믿고 맡기는 것이다.

상대에게 신뢰감을 준다는 것은 매우 중요한 일이며 현대사회에서 인간관계를 할 때 신뢰는 반드시 필요한 요소이다.

신뢰가 없는 관계란 오래 지속되기 어려우며 무너진 신뢰는 다시 형성되기 어렵다. 아무리 높은 수준의 전문성을 가지고 있다하더라도 신뢰를 주지 못하는 사람은 상대방의 불신을 받게 된다. 그렇기 때문에 사회 속에서 비즈니스나 모임 등의 다양한 인간관계를 하기 위해서는 신뢰감 형성이 무엇보다 우선시 되어야 한다. 대인 신뢰의 형성은 관계의 지속에 영향을 주며 서로 비례관계이다(Mcallister, 1995).

신뢰는 사회적 이미지를 형성하는데 중요한 요소 중의 하나이므로 성공적인 대인관계를 위해 개인의 신뢰형성에 신경을 써야 한다.

6. 인간관계

Aristotle는 인간이란 '사회적 동물'이라고 했다. 사람은 혼자서는 살 수 없다. 다른 누군가와 관계를 맺고 그 속에서 서로 배우며 성장한다. 그리고 자신이 원하는 목적을 달성하며 살아간다. 가족관계, 친구관계, 동료관계, 부부관계, 주인과 손님관계, 사돈관계 나아가 사회생활을 하면서 얻게 되는 모임 등 인간관계의 종류는 셀 수 없을 만큼 복잡하고 다양하다.

Heider(1964)는 인간관계란 일반적으로 두 사람 사이에서 형성되는 관계를 의미하는 것이라고 했다. 또한 타인에 대한 개인의 생각, 느낌, 지각, 행위, 타인의 행동에 대한 반응, 타인이 무슨 행위 또는 생각하기를 기대하는가 하는 심리적 양식이라고 했다.

사람들은 저마다 고유의 가치관이 존재하기 때문에 서로의 개성을 존중해주고 취향, 생각, 성격 등을 이해해 줄 때 비로소 바람직한 인간관계가 형성될 수 있다. 따라서 인간관계는 사회적 이미지 형성에 있어서 중요한 요소이다. 뿐만 아니라 원만한 인간관계는 한 개인의 사회적 이미지로 구축되며 다양한 인간관계는 인생의 윤활유 역할을 한다.

7. 리더십

Bass(1990)는 리더십이란 부하들의 지각, 기대감 그리고 상황의 구조(Structure)나 재구조화(Restructuring)를 포함하는 집단에서 둘 이상의 구성원 간의 상호작용이라 했다. Charles 외(1985)에 의하면 리더십은 한 길을 따라 누군가를 혹은 무엇인가를 이끄는 행동 혹은 과정이라고 했다.

리더십은 개인과 집단의 목표를 가능한 한 일치하는 방향으로 접근시키고 개인의 생산적인 노력이 최대한의 결실을 맺을 수 있게 통합시키는 기술이다. 리더십은 사회적으로 갖추어야 하는 자질로 강조되고 있다. 그러나 단조롭고 평범한 인간적인 지도력은 부패하게 된다. 인간적인 지도력이 부패하게 되면 추하고 파괴적인 것이 되며 위험스럽고 반사회적인 결과를 초래하게 된다(Charles, 1985).

학자마다 연구의 목적과 의미에 따라 리더십에 대해 다양하게 정의하고 있다. 뿐만 아니라 리더십의 이론 또한 섬김 리더십, 카리스마 리더십, 변혁적 리더십, 슈퍼 리더십 등 다양하다.

리더는 사회적으로 리더십을 어떻게 발휘하느냐에 따라 구성원들에게 개인의 사회적 이미지를 형성하게 된다. 따라서 리더십은 사회적 이미지 형성에 있어서 중요한 요소이다.

8. 커리어

커리어란 생애 전반을 통하여 경험하는 직업에 관련된 모든 활동과 역할 및 지위의 연속이라는 개념으로 정의한다(Hall, 1976; 곽선행, 2008).

커리어는 단순히 직업을 의미하는 것이 아니라 자신의 직업 선택을 위한 활동부분까지 의미하기 때문에 경력, 활동사항 등 자신의 능력적인 부분도 포함한다.

흔히 사회에서 "커리어가 높다"라는 말을 많이 듣는 사람이 있는데, 이는 사회적 진출을 위해 자신의 시간과 노력을 투자하여 자신의 가치를 향상시켰다는 말과 같다. 개개인의 커리어에 따라 사회적으로 비춰지는 상(象)이 다르고 그것을 사람마다 다르게 인지하므로 보여지는 사람의 사회적 이미지가 다르게 형성된다. 따라서 자신의 커리어는 타인에게 사회적 이미지를 형성할 수 있는 하나의 잣대가 되며 사회적 이미지를 형성하는데 중요한 요소로 작용한다.

9. 사회적 지위

사회적 지위란 사전적 의미로 개인이 사회 전체의 위계 구조 속에서 차지하는 위치이다. 일반적으로 재산, 직업, 출신, 가문, 혈연, 교육, 인종, 성별 따위가 기준이 된다. 즉, 사람들이 그들에게 주어지는 사회적 존경이나 위신의 정도에 따라 하나의 단계적 구조 속에서 차지하는 위치를 말한다.

사람들은 태어나면서부터 자신의 의사와 상관없이 권리와 의무에 따라 사회적 지위를 얻기도 하며 필요에 의해서는 경쟁과 개인적 노력을 통해 자신의 사회적 지위를 가지기도 한다.

타인의 존경을 받는다면 높은 지위에 있다고 할 수 있을 만큼 자신의 영향력을 행사할 수 있는 범위와 사회적 지위는 비례하며, 사회적 지위를 통해 다른 사람들의 행동을 통제할 수 있다. 이처럼 개인의 사회적 지위는 상호간의 태도를 결정하는 중요한 요인이다. 따라서 우리는 한 개인을 사회적 지위를 통해서 판단하기 때문에 개인의 사회적 지위는 사회적 이미지를 형성하는데 중요한 요소로 작용한다.

10. 성공

사전적 의미로 성공이란 자신이 목적한 바를 성취하는 것 또는 낮은 지위에서 더 높은 지위로 상승하는 것을 의미한다. 성공의 기준은 명예나 권력, 재물과 돈, 원만한 인간관계 등 각각을 최고의 가치로 생각하는 개인의 판단에 의해 차이가 나므로 성공의 기준을 일반화하기가 매우 어렵다. 그러나 성공한 사람들의 사례를 바탕으로 유형을 살펴보면 크게 네 가지로 분류할 수 있다.

첫째는 자아몰입형으로 자신의 관심사에 병적으로 집착하여 성공한 유형이다. 이들은 대인관계나 사회적 적응이 힘들 정도로 감정표현이 서툴다. 하지만 자신의 관심사를 찾아 내면의 세계로 몰입하여 성공하는 유형을 말한다. 레오나르도 다빈치, 에디슨, 아인슈타인, 고흐 등이 대표적인 인물이다. 둘째는 리더형으로 집념을 가지고 성공한 유형이다. 이들은 자신이 이루고자 하는 일에 몰두하여 최선을 다하며 주로 정치인, 기업가, CEO가 여기에 속한다. 알렉산더, 나폴레옹, 링컨, 세종대왕, 충무공, 정주영 등이 대표적인 인물이다. 셋째는 편중형으로 자신이 좋아하는 분야에 몰입하여 성공한 유형이다. 음악이나 예술, 스포츠 분야에서 큰 획을 그은 사람들이 많다. 이들은 자신이 좋아하는 분야를 찾아서 최대의 노력으로 성공하는 유형이다. 대표적인 인물로는 비틀즈, 유재석, 박지성 등이 있다. 넷째는 타인의존형으로 부모가 자녀의 성향을 파악하여 몰입할 수 있는 분야를 찾아주는 경우이다. 이들은 부모님의 도움으로 자신의 분야를 발견하여 꾸준한 노력을 통해 성공하는 유형이다. 김연아, 정트리오, 펠프스가 이 유형에 해당한다.

제3절 사회적 이미지 관리행동

사람들은 삶의 의미를 국가, 가문, 종교, 조직 속에서 찾던 것에서 개인적 차원으로 그 의미를 찾고 있다. 또한 해를 거듭할수록 사람 사이의 교류가 잦아지고 다양성, 멀티미디어 등의 영향으로 사회 속에서 개인의 이미지가 매우 중요하게 자리잡고 있다. 사람들은 사회 속에 뿌리를 내린다. 그리고 그 안에서 관계가 광범위해지고 복잡해짐에 따라 동료들과의 관계가 증가하고 발전하게 된다. 뿐만 아니라 이러한 사회화를 통해서 자기 생활을 확대할 수 있다.

사회적 이미지는 상황이나 환경에 따라 언제든지 변화할 수 있으므로 사회적 이미지를 형성할 수 있는 요소들을 총체적으로 관리해야 한다. 표정, 매너, 목소리, 제스츄어, 커뮤니케이션, 경청 등의 사회적 이미지 형성을 위한 다양한 표현방법들을 적절하게 사용해야 한다. 자신에게 주어진 역할과 지위에서 타인에게 보여주고자 하는 이미지를 구축하고 사회에서 요구하는 개인에 대한 기대와 태도 등을 보다 체계적이고 정확하게 알아내야 한다. 이를 통해 개인이 원하는 목표와 이미지를 만들어서 자신만의 특색있는 사회적 이미지를 정착화시켜야 한다.

현대사회가 성장·발전할수록 개인의 이미지 관리는 성공의 성패를 가늠하는 하나의 중요한 잣대가 될 것이다. 진정 성공한 이미지란 내면의 진실한 성품과 그 사람의 훌륭한 인격이 외형적인 모습과 잘 어울려지면서 뿜어져 나오는 그 사람만의 특징을 말한다. 그러므로 우리는 내적인 이미지와 외적인 이미지를 통합적으로 관리하여 자신만의 특정적인 사회적 이미지를 성공적으로 구축해야 한다.

1. 사회적 이미지 진단

〈표 13-3〉의 체크 리스트를 통해 자신의 사회적 이미지를 점검해 볼 수 있다.

〈표 13-3〉 사회적 이미지 Check list

문 항	항 목	Yes	No
1	타인에게 칭찬과 격려의 말을 자주 하는 편이다.		
2	아무리 중요한 일이 있어도 타인과의 약속시간은 꼭 지킨다.		
3	생활 매너와 비즈니스 매너에 대해 잘 숙지하고 있다.		
4	상대를 대할 때 진실성이 없는 말은 하지 않는다.		
5	자신의 사회적 지위를 높이기 위해 한 가지 이상 노력하고 있다.		
6	자기 자신에 대해 긍정적이며 매사에 자신감을 가지고 일한다.		
7	행동을 하기 전에 상대의 입장에서 생각해보고 행동 한다.		
8	친구들과 대화할 때 많이 들어주는 입장이다.		
9	타인과 다투기보다는 상황에 유연하게 대처하려고 노력한다.		
10	악한 상황에서도 자신의 부정적인 감정을 그대로 표현하지 않는다.		
11	타인에게 보여주고자 하는 자신만의 사회적 이미지를 갖고 있다.		
12	자신이 속한 집단이나 단체 사람들과 모임을 가지고 하는 편이다.		
13	자신의 외적인 이미지와 내적인 이미지를 함께 갖추려고 한다.		
14	상대와 이야기할 때 보디랭귀지를 적절히 사용한다.		

제13장 연구문제

1. 사회적 이미지의 정의와 개념을 정리하시오.
2. 사회적 이미지 형성 요소를 정리하시오.
3. 타인에게 호감을 줄 수 있는 사회적 이미지에 대해 정리하시오.
4. 사회적 이미지가 좋은 사람들에 대해 정리하시오.
5. 자신의 사회적 이미지를 구축하기 위한 방법을 정리하시오.

제14장
매 너

글로벌 시대를 살아가는 우리는 국가, 기업, 사람 사이의 교류가 잦아지면서 상호간에 지켜야 할 사항이 많아졌다. 매너는 자신의 이미지를 좋거나 나쁘게 형성하는 요소 중 하나이다. 또한 상대에게 자신을 표현할 수 있는 경쟁력으로 현대사회에서 매우 중요하게 여겨지고 있다. 매너를 지키지 않으면 기본이 되지 않은 사람이라는 인식이 형성될 정도로 상대를 배려하고 존중하는 매너가 기본이 되고 있다. 따라서 우리는 가깝게는 생활 매너에서부터 비즈니스 매너와 글로벌 매너까지 배워둬야 할 필요가 있다.

이 장에서는 매너의 정의와 개념을 확실하게 이해하고 사회와 생활에서 필요한 매너들을 익힐 수 있으며 비즈니스에 필요한 인사 매너와 방문 매너 그리고 전화 매너와 직장인 매너를 습득할 수 있다. 마지막으로 사람들과의 사교 활동에 필요한 테이블 매너, 파티 매너, 와인 매너 그리고 여행 매너를 습득하여 글로벌 시대에 걸맞는 품격을 갖출 수 있을 것이다. 또한 각 절에 수록된 체크 리스트를 통해 자신의 매너를 진단해 볼 수 있으며 매너를 익힘으로써 성공적인 대인관계를 형성해 나갈 수 있을 것이다.

제1절 매너의 정의와 개념

1. 매너의 정의

매너(Manner)란 원래 라틴어인 마누어리우스(Manuarius)에서 유래가 되었으며 이는 마누스(Manus)와 아리우스(Arius)의 복합어이다. 마누스는 손이라는 뜻과 사람의 행동과 습관이라는 뜻을 내포하고 있으며 아리우스는 방법과 방식을 의미하고 있다(최기종,

2007). 이처럼 매너는 행동하는 방식이나 자세 태도 그리고 버릇과 몸가짐으로써 제 3자의 희망사항이자 본인의 선택사항이다.

2. 매너의 개념

사람은 동물과는 달리 혼자 생활을 영위해 나갈 수 없기 때문에 다른 사람과의 교류와 접촉을 해야 하며 반드시 도리를 지켜야 한다. 이러한 도리를 매너(Manner) 또는 에티켓(Etiquette)이라고 한다(김기인, 2003). 또한 매너는 거동이라고도 하여 평소부터 늘 몸에 배어있는 개인의 습관적인 태도를 말한다(이성혜, 2000).

태도는 마음가짐에서 나오는 자세를 뜻하고 자세는 마음가짐에서 나오는 몸가짐(Behavior)을 의미한다. 매너는 태도와 자세를 모두 갖춘 얼굴 표정과 몸 전체에서 풍기는 개인의 고유한 스타일(Style)로써 문학이나 미술에 견주어 말한다면 그 형식이나 작품과 같은 것이다. 우리는 상대의 태도와 자세 그리고 마음가짐과 몸가짐에서 성격과 교양 그리고 품위 등을 알아볼 수 있다. 즉, 상대에게 자신이 취하고 있는 태도와 자세를 통해 자신을 표현하고 말하고 있는 것이다.

'에티켓(Etiquette)' 이란 서양의 예절로서 해야 하는 의무라고 볼 수 있다. 영어의 에티켓은 예의를 의미하며 고대 프랑스어 에스띠끼에(Estiquier)에서 유래했는데 나무 말뚝에 붙인 출입금지를 의미하고 있다. 옛날 베르사유 궁전의 화원에 아름다운 꽃을 밟아버린 사건이 생기자 화원 주변에 'Estiquier(출입금지)' 라는 글씨를 새겨 출입을 막았다. 그 후로 상대의 마음의 화원을 해치지 않는다는 뜻으로 넓게 해석하여 사용되고 있다. 이처럼 에티켓과 매너는 예의 또는 예절이라는 의미로 서로 구분없이 사용되고 있다. 그러나 에티켓이 합리적인 기준이라 한다면 이를 행동으로 나타내는 것을 매너라고 한다. 예를 들어 도서관에서 조용히 해야 하는 것은 에티켓이고 나가기 전 앉았던 자리를 깨끗이 치우고 나가는 것은 매너가 된다. 따라서 에티켓은 '있다, 없다' 로 예절의 유무를 말하며 매너의 경우 '좋다, 나쁘다' 로 행동의 가치를 말하는 것이다.

매너와 에티켓의 정의와 개념 및 어원에 대한 풀이는 학자들마다 다르며 내용을 정리하면 〈표 14-1〉과 같다.

〈표 14-1〉 매너의 정의 및 개념

연구자	정의 및 개념
권혜진 (2000)	타인을 위한 배려를 언행으로 형식화한 것을 매너라고 한다면 매너에는 언어적인 것과 비언어적인 것이 모두 포함될 수 있다.
류병진 (2003)	사회생활을 수행하는데 있어서 필요한 관행, 관습으로 타인을 위한 배려를 언행으로 형식화한 것이다. 매너에는 언어적인 것과 비언어적인 것이 모두 속한다.
박한표 (2004)	사회를 유지하는 가장 기본적인 규칙이 '예'이고 그 예가 타인에 대한 배려와 존중이 실천되는 과정에 꼭 필요한 것이 있다. 이것을 동양에서는 '경'이라고 부르며 이 '경'이 매너이다.
원은진 (2005)	사람으로서의 자기관리와 사회인으로서의 대인관계를 원활히 하기 위해서는 서로가 기본적으로 지켜야 하는 격식이라는 것이 있는데 이것이 매너이다.
정지영 외 (1997)	매너는 주관적인 특징을 가지고 사람마다 다르게 행해지는 행동이며 방식을 말한다.
최기종 (2007)	매너는 좋은 인간관계와 즐거운 생활환경에서 생활하는데 필요한 생활기술이다.
니시데 히로코 (2009)	에티켓은 자신에게 초점이 맞춰져 있지만 매너는 상대에 초점이 맞춰져 있다. 에티켓은 나 자신에게 이익이 되고 주위 사람도 이익이 되는 것이나 매너는 상대에게 이익을 주는 것이다.

제2절 생활 매너

1. 편지 매너

요즘은 전화와 이메일 등 통신수단의 발달로 편리한 세상이 되었지만 그것으로 인해 편지를 잘 쓰지 않게 되었다. 그러나 편지는 전화나 이메일보다 더 정성이 들어간 연락 방법이다. 감동적인 편지는 지식이나 예쁜 편지지로 만들어 지는 것이 아니다. 글씨가 예쁘지 않고 서투른 문장이라도 솔직한 마음을 담은 편지는 상대에게 감동을 줄 수 있다.

1) 편지 작성 매너

편지는 직접 상대와 마주하지 않는 일방적인 글이기 때문에 더욱 상대에 대한 예의를 갖추어 편지를 쓰는 목적이 전달될 수 있도록 성의껏 작성해야 한다. 상대를 존중하고 자신의 마음을 담은 편지는 사람의 마음과 마음을 이어주는 소중한 매개체가 된다. 그러므로 편지 쓸 때는 정성을 다해 작성하고, 작성 시의 유의사항을 익혀 실수를 줄이도록 한다. 편지 작성 시 유의사항을 지켜야 한다. 편지를 쓰기 전에 가장 먼저 편지지와 깨끗한 봉투를 준비 한다. 맞춤법을 지켜서 글을 쓰며 경어와 경칭은 반드시 지켜 바르게 작성한다. 또한 자신이 전하고자 한 내용이 상대에게 확실하게 전달되어야 하며 편지를 쓴 날짜와 서명은 정확하게 작성해야 한다.

받은 편지에 회답을 보낼 때나 축하 편지를 보낼 때에는 편지를 신속하게 보내야 한다. 상가에는 축하 편지를 보내지 않으며 사과나 의뢰 편지는 봉함편지로 작성하는 것이 바람직하다. 한 봉투 안에는 한 사람의 편지만 넣는 것이 예의이며 편지를 보낼 때에는 봉투의 앞·뒷면을 바르게 작성하였는지 확인한 후 보내야 한다.

2) 편지의 형식

전화의 발달로 휴대폰 문자를 통해 서로의 말을 주고받는 사람들이 많아졌다. 이러한 이유로 많은 사람들이 편지를 작성하는 것을 어려워하며 편지의 형식에 맞춰 작성하는 것을 힘들어 하고 있다. 그러나 〈표 14-2〉를 참고하면 어렵지 않게 편지를 작성할 수 있을 것이다.

〈표 14-2〉 편지의 기본 형식

단 계	내 용
서두(머리)	받는 사람 이름, 호칭, 계절인사, 안부인사, 사과인사
본문(중심)	하고 싶은 말
끝맺음(마무리)	정리하는 말, 전하는 말, 끝맺는 말, 날짜, 서명

3) 편지지와 봉투쓰기

(1) 편지지

먼저 편지를 쓰기 전 맨 위에 이름과 경칭을 쓰고 한 줄을 띄운 후에 편지의 내용을 쓰기 시작한다. 자신이 쓰고자 하는 내용에 따라 한 가지 이야기를 한 단락으로 구분지어 작성하되 편지에 쓰는 글은 편지지의 줄에 맞추어 적도록 한다. 자신의 편의 사항에 따라 앞부분을 알리는 부분과 끝 부분과의 사이를 한 줄씩 띄워 준다. 그 문단에 적절한 문장 부호를 사용해서 상대에게 자신의 뜻을 분명히 밝히는 것이 좋다. 내용이 너무 많아 다 쓸 수 없는 경우에는 한 장에 끼워 넣으려 하지 말고 다음 장으로 넘겨 편지를 이어 나가도록 한다.

(2) 편지 봉투

편지 봉투의 우측 하단에는 수신자의 이름과 주소를 적고 좌측 상단에는 발신자의 이름과 주소를 쓴다. 보내는 사람과 받는 사람의 우편번호를 확인하여 기입한다. 편지 봉투에 보내는 날짜를 적을 경우에는 뒷면에 보내는 사람의 주소란 구석에 작성한다. 우표는 오른쪽 상단에 떨어지지 않도록 붙이며 받는 곳에 따라 우표 가격이 다르기 때문에 확인하고 붙이도록 한다. 주소가 긴 경우에는 문단을 알맞게 끊어 두 줄로 기입한다.

(3) 편지에 자주 사용하는 호칭

편지에 자주 사용하는 호칭은 〈표 14-3〉과 같다. 보이지 않지만 작성자의 이미지가 형성될 수 있으므로 실수하지 않도록 한다.

〈표 14-3〉 편지에 자주 사용하는 호칭

호 칭	대 상
좌하	윗어른께
선생님	스승, 사회적으로 명성이 있는 분께
님	높임의 뜻이 담긴 호칭
여사	사회적으로 활동하고 있는 여자
귀하	상하 없이 일반적으로 널리 사용
군	친구나 손아래 사람에게
양	동년배나 손아래인 처녀에게
귀중	단체기관의 대상

2. 선물, 사교, 경조사 매너

사람은 선물을 통해 타인의 경사스러운 일에 함께 축하하고 기쁨을 나누며 조사나 슬픈 일이 있을 때는 서로를 위로하면서 더욱 돈독한 유대관계를 형성한다. 이처럼 함께 더불어 살아가는 시대에 선물과 경조사 매너의 중요성이 더욱 커지고 있으며 이제는 때와 장소, 상황에 맞는 매너를 갖춰야 한다.

1) 선물

선물은 말로 표현하지 못하는 마음을 대신 표현해 주는 것이다. 선물을 할 경우에는 값비싼 것이 아니더라도 상대에게 베푼다는 것에서 보람과 행복을 느낄 수 있다. 상대에게 선물을 전할 경우 받는 사람이 기분 좋게 받을 수 있도록 매너 있게 전한다.

선물의 가격표는 떼어 내고 시기를 맞추어 선물한다. 선물을 전달할 때에는 목적과 상대의 취향을 고려해서 준비하고 되도록 포장을 하도록 한다. 배송할 때에는 간단한 메모를 첨부한다. 또한 선물을 받으면 보낸 사람에게 알리는 것이 중요하다. 선물로 받은 것은 다시 되돌려 보내지 않으며 자신이 선물로 받은 것을 타인에게 다시 선물하는 것은 결례이다.

2) 명절인사

명절이란 예로부터 계절에 따라 의미 있는 날을 정해 놓고 기념하는 날로써 선물은 되도록 보내는 사람이 직접 가지고 가는 것이 원칙이지만 여건이 되지 않을 때는 인편이나 우편 등으로 보내는데 이때 서신이나 명함을 넣는 것이 매너이다.

새해에는 정초나 일주일 이내에 보내도록 한다. 물건만 보내지 않고 인사 편지를 반드시 첨부하고 이유 없는 금품을 전하는 경우는 상대를 당황하게 할 수도 있다.

윗사람으로부터 선물을 받았을 경우에는 답례를 하도록 하고 받고 싶지 않은 곳으로부터의 선물은 거절해도 좋다.

3) 이사

살던 집을 떠나 새로운 집으로 옮길 때에는 육체적, 정신적으로 많이 피곤할 것이다. 그러나 새로운 곳으로 이사해서 새로운 사람들을 만날 것이므로 긍정적인 마인드가 필요하다. 이사 가기 전에는 이웃에게 인사를 마친다. 이사 들어오는 사람을 위해 쓰레기를 치우는 매너가 필요하고 이삿짐 차가 들어옴으로써 불편을 끼치는 것에 대해 미리 양해를 구한다. 이사를 다하고 난 뒤 새로운 이웃에게 인사를 한다.

4) 출산

출산 후에는 무엇보다도 산모의 회복이 가장 중요하기 때문에 소식을 듣고 바로 가는 것은 피한다. 직접 축하는 산모와 아기가 퇴원한 후에 한다. 방문하는 사람의 상태가 좋지 않은 경우에는 방문을 미룬다. 출산 후 선물은 1주일 후부터 3주 정도의 기간 내에 보내는 것이 좋다.

5) 병문안

병문안을 갈 때에는 방문할 시기를 잘 잡는 것이 중요하다. 입원 직후나 고통이 심할 때는 피한다. 또한 입원소식을 받았다고 해서 바로 병문안을 가는 것보다 상태를 확인한 후 가도록 한다. 그리고 병문안 시 아이를 데리고 가지 않고 장시간 머무르지 않는다. 복장은 검은색보다 밝은 색을 입고 환자의 안정을 최우선으로 한다.

6) 조사

사랑하는 가족을 잃은 사람들을 위로하지만 그 당사자들의 심정을 다 이해할 수는 없다. 이 힘든 시기에 위로를 한다는 것은 좋은 일이지만 예의에 어긋나게 행동한다면 오히려 좋지 않은 결과를 초래할 수 있다.

지나친 액세서리 착용 혹은 현란한 색상이나 대담한 디자인의 차림새는 피한다. 화장은 짙게 하지 않는다. 상가에 도착하면 외투, 모자 등은 벗고 들어가고 문상시간은 가급적이면 입관이 끝난 뒤에 가는 것이 좋다.

이처럼 생활에는 축하할 일과 슬퍼할 일인 희로애락이 번갈아가며 나타난다. 이때 축하와 위로를 통한 정의 감정은 나와 타인과의 사이를 더욱 돈독하게 해준다.

위의 제시된 방법들도 반드시 지켜줘야 하는 매너이지만 무엇보다 선물 또는 경조사 참석에 있어서 가장 중요한 것은 눈으로 보이는 것이 아니라 마음에서 우러나오는 진심이다. 서툴러도 상대를 위한 마음으로 함께 기쁨과 슬픔을 나눌 수 있도록 노력해야 하겠다.

7) 선물, 사교, 경조사 매너 진단

〈표 14-4〉의 체크 리스트를 통해 선물, 사교, 경조사 매너를 점검할 수 있다.

〈표 14-4〉 선물, 사교, 경조사 매너 Check list

문항	항 목	Yes	No
1	내가 받은 선물을 남에게 다시 선물하지 않는다.		
2	선물할 때 날짜를 맞춰 준다.		
3	선물을 포장해서 준다.		
4	물건을 보낼 때 인사 편지를 넣는다.		
5	이사 가기 전에 이사 올 사람을 위한 청소를 한다.		
6	문병을 가서 3시간 이상 머물지 않는다.		
7	장례식장에 화려한 액세서리를 착용하지 않는다.		
8	감기가 걸린 채로 산모와 아기를 만나러 가지 않는다.		
9	상가에 도착해서 모자를 벗는다.		
10	병문안을 갈 때 밝은 복장을 하고 간다.		

3. 공공장소 매너

사람은 혼자서 살아갈 수 없으므로 공동체 생활을 하는 만큼 서로 존중하고 배려하며 살아가야 한다. 이 중에서도 특히 공공장소는 혼자만이 사용하는 장소가 아닌 다른 사람과 함께 사용하는 장소이다. 따라서 누구나 깨끗하고 편리하게 이용하기 위해서는 상대를 생각하는 배려가 필요하다.

1) 음주

사회생활을 하다보면 회식을 비롯해 술을 마실 경우가 많다. 퇴근 후의 술자리는 직장에서 받은 스트레스를 풀 수 있는 장소이지만 조직사회의 냉엄한 질서가 함께 공존한다. 술을 마시다 보면 취해서 이성을 잃을 수도 있고 이로 인해 실수를 저질러 불미스러운 일이 일어나기가 쉽다. 따라서 술자리 매너를 갖추어 실수를 줄이도록 해야 한다. 술을 따를 때에는 나이가 많거나 지위가 높은 순으로 따르고 술잔이 넘치지 않도록 적당히 따른다. 술자리에서 남을 헐뜯거나 흉보는 일은 하지 않는다. 흥분하여 큰소리를 치거나 남에게 피해가 가지 않도록 하고 의견대립이 일어날 수 있는 민감한 화제는 피하는 것이 좋다. 술자리에서는 공감대 형성을 이룰 수 있는 쉬운 화제를 나눈다.

2) 흡연

담배는 건강에 좋지 않고 상대에게 불쾌감을 주기 때문에 때와 장소를 지키는 매너가 필요하다. 담배를 피우기 전 금연구역이 아닌지 확인하고 금연구역에서 담배를 피우지 않도록 한다. 상대가 식사 중일 때에는 담배를 피우지 않아야 하며 길을 걸어가면서 담배를 피우는 것은 결례이다. 또한 사람이 많은 곳이나 환기가 되지 않는 곳에서는 담배를 피우는 것을 삼간다.

3) 화장실

공공 화장실은 여러 사람들이 사용하기 때문에 쉽게 더러워지거나 고장이 날 수가 있다. 따라서 이후에 화장실을 이용하는 사람을 배려하는 매너가 필요하다. 질서를 지키고 사용 시 노크를 한다. 지정된 곳에 휴지를 버리고 깨끗하게 사용하며 화장실 안에서 옷을 모두 정리하고 나올 수 있도록 한다.

4) 은행·관공서

은행이나 관공서에서는 자신의 차례를 기다리는 경우가 잦다. 그동안 소란을 피우지 말고 제공되는 책이나 잡지를 읽고 있거나 필요한 서류를 작성하면 된다. 또한 은행이나 관공서에서 수속절차를 모르는 경우에는 안내원이나 창구의 직원에게 도움을 요청하면 된다. 관련서류는 지정된 장소에서 필요한 매수만 이용하고 필기구도 사용 후 제자리에 두도록 한다. 질서를 지키고 이용객들을 위한 책을 읽은 후에 제자리에 놓는다. 어린이를 동반할 경우 어린이가 소란을 피우지 않도록 한다.

5) 도서관

도서관에 소장되어 있는 책은 여러 사람들이 읽기 때문에 지켜야 하는 매너는 다음과 같다. 도서 열람증을 타인에게 대여하지 않으며 책을 깨끗이 본다. 시끄러운 소리를 내지 않고 대출받은 책은 깨끗하게 손상됨이 없이 반납한다. 만약 책을 손상시켰거나 분실했을 경우 직원에게 연락하여 규정에 따라 처리한다.

6) 전람회장

전람회장은 교양을 높이고 마음의 양식을 쌓기에 좋은 장소이다. 그러므로 전람회장의 매너를 지켜서 모두가 기분 좋은 관람을 할 수 있도록 해야 한다. 전람회장을 더럽히지 않도록 하고 조용히 관람한다. 전시작품이나 진열장을 만지는 일은 삼가고 연구 자료로 수집하기 위해 사진을 찍고자 할 때는 주최 측의 허락을 받는다.

7) 영화관과 공연장

영화관이나 공연장에서는 옆 사람에게 피해가 가지 않도록 주의해야 한다. 지정된 자리에 앉도록 하고 시작시간 전에 입장한다. 공연장 내에서는 흡연을 하지 않아야 하고 앉은 자세를 높이거나 모자를 쓴 채로 관람하지 않는다. 앞좌석을 발로 차지 말고 휴대폰은 잠시 끄며 공연 중 잡담은 하지 않도록 한다.

8) 병원

병원에 갈 때는 진료 예약 제도를 활용하면 개인적인 시간을 아낄 수 있고 병원의 혼잡도 덜할 것이다. 또한 아픈 사람들을 위하는 마음과 매너를 갖춰야 한다. 병원에 갈 땐 몸을 청결히 하여 다른 환자나 의사에게 불쾌함을 주지 않도록 한다. 진찰 후 옷을 완전히 정리하고 진찰실을 나선다. 면회시간과 통행제한 등 병원이 정한 규칙을 지키며 정숙을 유지한다.

9) 복도

복도에서 뛰는 것은 위험하며 예의에 어긋난다. 복도에서의 주의사항을 기억하고 매너 있게 행동해야 한다. 복도를 지나다가 윗사람과 마주치면 가벼운 인사를 한다. 여러 사람이 나란히 걸어가지 않도록 주의하고 되도록 구두 소리를 내지 않도록 한다. 또한 시끄럽게 떠들거나 뛰어 놀지 않도록 하며, 복도에서 담배를 피우지 않도록 한다.

10) 엘리베이터

엘리베이터의 문에 기대는 행동은 안전사고를 불러일으킬 수 있으므로 삼가야 한다. 엘리베이터는 좁은 공간에 여러 명이 함께 있는 공간이므로 큰소리로 떠들지 않도록 하며 휴대전화 사용을 삼간다. 먼저 타는 사람은 다음 사람을 배려해 옆으로 비켜서고 다른 사람이 모두 탈 때까지 열림 버튼을 누른 채 기다려 준다.

11) 공원과 고궁

공원이나 고궁은 관광객들이 많이 찾는 장소이므로 반드시 매너를 지키도록 한다. 입장이나 시설이용에 있어서 순서대로 차례를 지킨다. 정해진 규정을 지키고 출입이 제한되어 있는 잔디밭에 들어가지 않는다. 또한 흡연은 지정된 곳에서만 하고 휴지를 아무 곳에나 버리지 않는다. 시설 이용 후 돌아갈 때는 주변 정리를 확실하게 하고 간다.

12) 쇼핑

쇼핑을 할 때에 가끔 판매원에게 말을 함부로 하는 사람들이 있다. 필요한 물건을 제공해주는 직원을 무시하지 말아야 하며 역지사지로 매너 있게 행동해야 한다.

그리고 다른 고객과 판매원에게 불쾌감을 주는 행동은 삼간다. 상품을 만져보거나 가까이서 보려면 직접 꺼내지 말고 판매원에게 부탁한다. 판매원이 다른 고객과 상담 중에는 기다리는 것이 예의이다. 사려고 하는 옷을 미리 입어볼 때에는 옷에 화장품이 묻지 않도록 주의하고 떨어뜨리거나 더럽히지 않도록 한다.

13) 노상

여러 사람들이 걸어 다니는 길에서는 남에게 불쾌함을 주지 않도록 해야 한다. 여성과 길을 걸을 때는 남성이 차도 쪽에 선다. 길거리에서 큰 소리로 멀리 있는 친구의 이름을 부르는 것은 실례이며 길에서 화장을 고치는 것도 좋지 못하다. 또한 길에서 싸움을 하거나 침, 가래 등을 함부로 뱉지 말고 지나친 애정행각을 하지 않는다.

14) 자전거

요즘 많은 사람들이 건강과 환경을 고려하여 자전거 이용이 점차 늘고 있는 실정이다. 자전거를 탈 때는 행인의 통행이 항상 우선이라는 생각을 가져야 한다. 항상 차도의 오른쪽 가장자리로 다니도록 한다. 내리막길이나 횡단보도에서는 속도를 줄이거나 내려서 자전거를 끌고 가도록 한다.이렇듯 매연을 줄일 수 있고 건강에도 도움이 되는 자전거 이용에도 매너를 지켜야 한다.

4. 스포츠 매너

스포츠는 경쟁과 유희성을 가진 신체운동경기로써 개인운동과 여러 사람이 참여하는 단체운동으로 나뉜다. 스포츠는 건강한 몸을 만드는데 도움을 주며 단체운동의 경우 협동심을 높일 수 있다.

1) 경기에 임하는 사람

(1) 복장

스포츠를 하기 위해서는 원활한 경기가 될 수 있도록 하고자 하는 스포츠 종목과 자신에게 맞는 복장을 갖춰야 한다.

(2) 경기에 임하는 태도

경기 전에는 준비운동을 충분하게 하여 근육이 다치거나 수축되는 등의 사고가 없도록 하며 경기 도중 기권해 버리는 것은 바람직한 태도가 아니므로 경기가 종료될 때까지 최선을 다하는 태도가 필요하다. 경기가 끝난 후에는 게임의 승패와 관계없이 상대편 선수와 인사를 나누는 것이 매너이다.

2) 경기를 관전하는 사람

경기 종목에 따라 응원 분위기가 있다. 야구나 농구의 경우에는 양편이 나누어져 있기 때문에 고함을 지르거나 야유를 보내기도 하지만 양궁이나 골프처럼 선수의 집중력을 요하는 경기에서는 소리를 지르거나 선수의 집중에 방해가 되는 소음은 삼가야 한다. 만약 자기편이 아니더라도 멋진 경기를 보여준 선수들에게 박수를 아끼지 말아야 하며 자기가 응원하던 선수가 실수를 했더라도 감싸줄 수 있는 포용력이 필요하다. 마지막으로 경기가 끝난 후에는 관람석을 깨끗하게 치우고 나오도록 한다.

스포츠는 말이 통하지 않아도 전 세계인이 함께 즐길 수 있다. 세계적으로 4년마다 하계와 동계로 번갈아 한 번씩 열리는 올림픽이나 아시안 게임과 FIFA월드컵, 2006년부터 개최되기 시작해 4년에 한 번 열리는 WBC(World baseball classic)등 이외에도 국내외의 대회들이 많다. 이런 대회들을 통해 다른 나라와의 문화교류도 이루어지므로 스포츠 매너와 경기 관전 매너를 익혀 많은 사람들과 함께 문제없이 스포츠를 즐길 수 있어야 하겠다.

5. 생활 매너 진단

〈표 14-5〉의 체크 리스트를 통해 생활 매너를 점검해 볼 수 있다.

〈표 14-5〉 생활 매너 Check list

문항	항 목	Yes	No
1	편지를 쓸 때 깨끗한 편지지와 봉투를 사용한다.		
2	길을 가면서 침 혹은 가래를 뱉지 않는다.		
3	경기를 관람한 뒤 뒷정리를 한다.		
4	장례식장에 갈 때 화려한 옷을 입고 가지 않는다.		
5	공중화장실을 사용할 때 깨끗이 사용한다.		
6	대출받은 책을 손상 없이 반납한다.		
7	복도에서 떠들지 않는다.		
8	공원에서 정해진 규정을 지킨다.		
9	엘리베이터를 질서 있게 탄다.		
10	엘리베이터를 탈 때버튼 앞에 서게 되면 다른 사람을 위해 버튼을 눌러 준다.		

제3절 비즈니스 매너

1. 인사 매너

1) 인사

인사는 예절의 기본이며 상대에게 처음으로 자신을 표현하는 길이다. 인사는 첫인상과 마찬가지로 인간관계의 출발점이라는 공통점을 가지고 있다. 예절의 기본인 인사는 그 어떤 것보다 자신의 존경심과 인애 그리고 우정과 반가움을 나타낼 수 있는 것이다. 인사는 소통하는 사람들 간의 됨됨이를 가늠할 수 있게 하고 상대에게 자신의 내면을 표현해 마음을 열고 다가가는 것을 느낄 수 있게 한다. 그러므로 인사를 할 때는 내면의 친절과 감사의 마음 그리고 경의의 마음을 정중하면서도 밝고 상냥하게 표현할 수 있어야 한다.

(1) 인사의 중요성

인사는 지극히 평범하고도 쉬운 행위이다. 그러나 그것을 습관화시키지 않는다면 실천에 옮기기가 어렵다. 그러므로 평상시에 인사하는 습관을 기르는 것이 중요하다. 예를 들어 우리가 흔하게 쓰는 "안녕하세요?", "감사합니다", "실례합니다", "죄송합니다"의 일상적인 인사말은 상대가 느끼기에 '예의 바른 사람', '느낌이 좋은 사람'이라고 생각되게 하여 좋은 인상을 심어 줄 수 있다. 하지만 무시하고 그냥 지나간다거나 말없이 고개만 꾸벅하는 인사 행위는 '예의가 없는 사람' 또는 '버릇이 없는 사람'으로 치부되기 쉽다. 비즈니스를 함에 있어서도 선후배 간에 예의를 갖춘 사람을 더 챙기게 되고 좋아하기 때문에 인사를 잘해야 한다.

(2) 효과적인 인사 방법과 배제해야 하는 인사 방법

인사는 누가 먼저라고 단정 짓지 말고 먼저 본 사람이 망설이지 않고 하는 것이 좋다. 그러나 인사는 다른 사람에게 좋은 인상을 남길 수 있는 효과적인 인사와 인사한 것만 못한 배제해야 할 인사가 있으므로 〈표 14-6〉을 참고하여 바른 인사를 해야 한다.

〈표 14-6〉 효과적인 인사 vs 배재해야 하는 인사

효과적인 인사 방법	배제할 인사 방법
- 내가 먼저 인사하기 - 눈으로 인사하기 - 밝은 표정으로 인사하기 - 불쾌감 주지 않기 - 변함없는 인사하기	- 표정이 없고 망설임이 있는 인사 - 눈을 마주치지 않는 인사 - 고개를 치켜들어 하는 인사 - 고개만 까딱하는 인사 - 아쉬울 때만 하는 인사

(3) 인사의 기본 자세

인사는 사람과의 만남과 헤어짐에 중요한 역할을 하고 있다. 한 번의 인사로 자신의 마음을 제대로 표현하기 위해서는 인사의 이론을 기억하고 인사 시 바른 자세를 취할 수 있어야 한다. 사람의 몸에 배인 습관은 매우 무섭다. 자신이 꾸준히 생각하고 노력하지 않는

한 한 번 몸에 밴 습관은 바꾸기가 어렵다. 아무리 상대에게 존중의 마음을 담아 정중하게 인사를 하더라도 평소 몸에 배인 습관으로 인해 흐트러진 자세로 인사를 하게 되면 오히려 반감을 사게 된다. 그러므로 우리는 인사 시 바른 자세가 무엇인지 알고 해야 한다.

나 자신의 평가는 나 아닌 다른 사람이 내리는 것이다. 그러나 그 평가의 결과를 바탕으로 자신을 만드는 것은 본인 스스로라는 것을 기억해야 한다. 지금보다 더 나아질 자신의 이미지를 생각하면서 항상 바른 자세와 바른 마인드로 인사하여 바람직한 대인관계를 만들어 가야할 것이다.

(4) 다양한 인사말

인사를 할 때 "안녕하십니까?" 또는 "식사는 하셨습니까?" 등의 안부를 묻는 인사말을 주로 많이 사용한다. 물론 흔히 사용하는 인사말이라 나쁘지는 않다. 그러나 더 다양한 인사말로 반갑게 인사를 한다면 상대는 더욱 기분 좋게 인사를 받을 것이다.

다양한 인사말로 인사하는 것은 어렵지 않다. 상대에게 관심을 보이며 칭찬을 하는 한마디와 날씨를 얘기하며 다정하게 건네는 한마디 또는 "좋은 하루 보내세요" 등과 같이 상대의 건강과 행복을 위하는 한마디 등으로 건성으로 행하는 인사에 온도를 불어 넣어 기분 좋은 인사를 할 수 있다. 인사는 조금의 노력으로 상대에게 많은 호감을 얻을 수 있는 열쇠란 것을 기억해야 한다.

(5) 인사의 종류 및 방법

① 목례(目禮)

사람을 자주 대할 때 하는 인사법이다. 목례를 할 때는 상체를 앞으로 15° 정도 굽혀서 한다. 앉아 있거나 서 있을 때 또는 걸어갈 때 바로 그 자세에서 상체를 많이 굽히지 않고 눈으로 예를 표하며 가볍게 머리만 숙이면서 부드러운 표정을 짓는다. 인사를 했던 사람을 재차 만난 경우에 하기도 한다.

② 경례(敬禮)

일상생활에서 가장 많이 행하는 보통 인사이다. 경례는 상체를 앞으로 30° 정도 굽혀서 한다. 보통 아랫사람이 윗사람에게 공손하게 하는 인사로 윗사람에게 인사할 때에는 2~5m 가량 앞에서 해야 하며 너무 바싹 다가서는 것은 가는 길을 방해하는 경우가 되어 좋지 못하다.

③ 정중례(鄭重禮)

정중한 인사는 격식을 차리는 장소나 특별한 손님이나 엄숙한 장소에서 어른을 뵈었을 때 하는 인사다. 정중례는 상체를 앞으로 45° 정도 굽혀서 한다. 많은 사람들 앞에서 인사할 때나 감사의 인사 그리고 죄송한 마음을 담은 인사를 할 때는 정중례를 한다.

(6) 인사의 주의사항

인사는 많이 할수록 좋으나 잘해야 한다. 특히 사회생활에서나 일상생활에서 인사를 할 때의 표정과 시선 그리고 자세가 중요하다. 정중함을 상대가 느낄 수 있도록 인사의 주안점을 기억하여 실행한다면 대인관계의 첫 단추를 잘 채울 수 있을 것이다.

인사 주안점			
표정	시선	정면응대	손 위치
자연스러운 미소 유지	작은 동작 하나라도 눈을 보며 행동한다.	본인보다 상대 입장에서 정면 응대	여성 : 배꼽 밑 3cm 위치 남성 : 바지의 옆에 위치

(7) 인사 매너 진단

〈표 14-7〉의 항목에 진솔하게 답하여 자신의 인사 매너에 대해 알아보는 시간을 가질 수 있다.

〈표 14-7〉 인사 매너 Check list

문항	항 목	Yes	No
1	효과적인 인사 방법을 활용하고 있다.		
2	인사에 있어서 배제해야 할 인사 방법을 알고 있다.		
3	자신의 마음을 담아 인사하고 있다.		
4	인사를 할 때 망설이지 않고 정중하게 한다.		
5	인사를 할 때 바른 자세로 하고 있다.		
6	밝은 목소리와 다양한 인사말로 인사하고 있다.		
7	상황에 따른 인사의 종류를 알고 있다.		
8	인사의 주의 사항을 지키기 위해 노력하고 있다.		
9	인사를 할 때 상대와 눈 맞춤을 한다.		
10	인사할 때의 표정은 미소를 담고 있다.		

2) 악수

악수는 사전적 의미로 인사와 감사 그리고 친애와 화해 등의 뜻을 나타내기 위해 두 사람이 각자 한 손을 마주 내어 잡는 일을 뜻한다. 서로의 손이 맞닿으며 더욱 친숙하고 예의 있게 다가갈 수 있는 인사가 바로 악수이다.

악수의 대상은 자신과 친한 사람이 될 수도 있고 얼굴만 아는 사람이나 처음 보는 사람과 서로 손을 잡고 악수를 해야 할 수도 있다. 이때 제대로 된 예의와 격식을 차리지 않고 악수를 하게 된다면 상대에게 좋지 않은 영향을 미칠 수 있다. 따라서 악수는 현대사회에서 사교 활동을 하고 사회적 격식을 차리는데 매우 중요한 역할을 한다.

(1) 악수의 순서

악수는 원칙적으로 손윗사람이 손아랫사람에게 손을 내밀고 기혼자의 경우 미혼자에게 먼저 손을 내민다. 동등한 입장이라면 여성이 남성에게 악수를 청하는 것이 바람직하다 할 수 있다. 형식만 가진 악수는 상대에게 열린 마음을 전해 줄 수 없다. 태도를 바르게 하고 마음에서 우러나오는 진심과 존중의 마음으로 악수를 해야 한다.

(2) 악수하는 방법

악수는 두 사람이 각자 한 손을 마주 내어 잡는 일이며 두 사람이 마주서서 오른손을 내어 잡고 상하로 흔드는 것을 말한다. 악수에도 매너가 있다.

악수는 실제 손을 마주 잡는 일인 만큼 상대에게 자신의 마음을 전달할 수 있으므로 더욱 신경을 써야 한다. 〈그림 14-1〉과 같이 올바른 방법으로 악수함으로서 상대에게 자신의 예의 바른 모습을 보여줄 수 있을 것이며 매너 있는 모습을 전달할 수 있을 것이다.

① 자세

상대와 마주치기 전에 옷매무새 등을 확인하고 바른 자세로 서서 악수한다. 악수를 할 때 허리를 너무 숙이거나 고개를 떨구는 것은 예의가 아니다. 상대의 얼굴을 마주 보고 눈을 맞추며 악수하는 것이 좋은 방법이다. 또한 상대에 대한 존중과 진심을 담아 정중하게 악수하도록 한다.

② 손

악수에서의 왼손은 부정적인 뜻을 가지고 있다. 따라서 왼손으로 악수를 해야 하는 특별한 경우가 아니라면 상대에게 양해를 얻어 사양한다. 정상적인 악수는 오른손으로 하는 것이다. 또한 악수를 할 때에는 상대가 불쾌감을 느끼지 않도록 손의 청결에도 신경을 써야 한다.

③ 힘

손을 잡을 때는 상황에 따라 적절하게 강약을 조절할 수 있어야 한다. 악수를 할 때에는 너무 헐겁게 쥐거나 빠른 속도로 가볍게 쥐었다 놓는 것은 좋지 않은 방법이다. 따라서 악수할 때 손을 잡는 힘을 너무 세거나 약하지 않도록 적절하게 조절하는 것이 좋다.

④ 방법

악수할 때는 각자의 합곡 사이가 겹쳐지도록 손을 깊숙이 잡고 손은 상하로 가볍게 흔든다. 이때 손을 흔드는 것을 윗사람이 주도하게 한다. 주의할 점은 흔드는 손이 자신의 어깨를 넘지 않도록 해야 한다는 것이다. 또한 여성과 악수를 할 때에는 손을 흔들지 않고 손만 마주 잡은 후 악수를 한다.

〈그림 14-1〉 올바른 악수 자세 및 손 모양

(3) 악수 매너 진단

〈표 14-8〉의 체크 리스트를 통해 자신의 악수 매너를 점검해 볼 수 있다.

〈표 14-8〉 악수 매너 Check list

문항	항 목	Yes	No
1	악수의 의미와 순서를 알고 있다.		
2	악수의 매너를 알고 있다.		
3	악수를 하기 전 자신의 복장을 확인한다.		
4	악수를 할 때 진심으로 우러나는 마음을 가지고 한다.		
5	악수를 할 때 장갑을 벗는다.		
6	악수를 할 때 상대에게 미소를 띠운다.		
7	악수할 때 오른손을 내밀어 가볍게 흔든다.		
8	상대의 손을 잡을 때 강약 조절을 잘 한다.		
9	상대의 손과 합곡 사이가 겹쳐지도록 잡는다.		
10	악수를 할 때 일어서서 하며 허리를 숙이지 않는다.		

3) 소개

새로운 사람들을 혼자 알아 가는 경우도 있지만 다른 사람으로부터 소개를 받거나 상대에게 누군가를 소개시켜 주어 서로를 알아가게 되는 경우도 있다. 소개는 소개하는 사람과 소개받는 사람의 새로운 만남을 이어주는 중요한 역할을 한다. 그런데, 소개하는 자리에서 소개자가 좋지 않는 인상을 남기게 되면 소개받는 사람의 인상에도 영향을 미칠 수 있다. 상대를 소개하는 바른 소개 순서를 알고 올바른 소개 매너를 통해 자신의 바른 이미지 표현과 함께 사교 만남의 폭을 넓힐 수 있다.

(1) 소개하는 순서

소개에는 순서가 필요하다. 소개의 순서를 지키지 않으면 상대의 자존심이나 기분을 상하게 할 수 있으므로 제대로 지켜주는 것이 좋다.

상대에게 다른 사람을 소개할 경우에는 손아랫사람을 손윗사람에게 소개하고 연소자를 연장자에게 소개한다. 회사나 비즈니스의 경우 지명도가 낮은 사람을 지명도가 높은 사람에게 소개하고, 지위가 낮은 사람을 지위가 높은 사람에게 소개한다. 직장에서는 자기 회사의 직원부터 소개하고 손님의 경우는 미혼인 사람을 기혼자에게, 집안사람을 손님에게 소개하는 것이 올바른 순서이다.

경우에 따라 몇 가지 기준이 충돌할 수가 있다. 이때 규칙에 따라 직위는 연령에 우선시되고 지명도 높은 집안사람보다 손님을 중요시한다. 남성의 직위가 유독 높다거나 나이 차이가 많이 나지 않는 경우에는 남성을 여성에게 먼저 소개해야 한다.

(2) 소개 하는 매너

소개하는 매너에는 소개자세, 소개 인사법 그리고 소개할 때의 주의점 등이 있다. 이러한 매너들을 모두 갖추어 소개를 한다면 잘못된 소개매너로 인해 상대가 불쾌감을 느끼는 일은 없을 것이다.

① 자세

동성이 인사를 할 경우 같이 일어선다. 또한 상대가 간단한 인사를 할 경우에는 얼굴에 미소를 띠우는 것이 좋다. 남성이 이성을 소개받을 경우에는 반드시 일어나야 하지만 여성은 꼭 일어나지 않아도 상관없다. 그러나 여성이 파티를 주최하는 호스티스일 경우 상대가 남성이라도 일어서야 하는 것이 매너이다. 자신보다 지위가 매우 높은 사람은 남녀 상관없이 일어나야 하며 노약자인 경우에는 이를 따르지 않아도 된다.

② 인사

연장자가 앞서 악수 대신 인사를 했다면 연소자도 이를 따라 한다. 연장자가 먼저 악수를 청하기 전에 손을 내미는 것은 매너에 어긋나는 행동이다. 또한 소개 후 바로 손을 내밀지 않는 것이 좋다. 외국인에게 자기를 소개할 때에는 지위는 묻어 두고 자신의 이름과 성만을 말하는 것이 좋으며 소개를 받는 장소가 회사 밖일 경우에는 회사의 이름을 덧붙여 말한다.

③ 매너

우리는 소개를 받으면 명함부터 내밀지만 외국은 사교 모임에서 명함을 거의 주고받지 않는다. 그러므로 소개 매너를 몰라 실수하는 일이 없도록 주의해야 한다. 또한 소개 자리에서 상대와 오른손으로는 악수하며 왼손으로는 명함을 꺼내드는 실수를 범하지 않도록 한다.

소개를 받을 때뿐만 아니라 헤어질 때도 매너가 존재한다. 작별인사를 할 때에는 일어서는 것이 예의이다. 파티에 참석하여 자리에서 일어서는 경우 파티의 인원이 작다면 소개받은 모든 사람에게 인사를 하고 헤어지는 것이 바람직하다. 반면 사람이 많은 파티에서는 다른 사람들의 주의를 끌지 않도록 호스티스와 자기 주변의 사람들에게만 작은 목소리로 정중하게 인사하며 헤어진다.

(3) 소개 매너 진단

〈표 14-9〉의 체크 리스트를 통해 자신의 소개 매너를 점검할 수 있다.

〈표 14-9〉 소개 매너 Check list

문항	항 목	Yes	No
1	소개할 때에 순서를 지켜 하고 있다.		
2	소개할 때의 인상이 바르다.		
3	소개할 때의 자세가 바르다.		
4	밝은 미소와 목소리로 상대를 소개한다.		
5	연장자가 악수 대신 인사하면 자신도 따라 한다.		
6	앉아서 인사하지 않는다.		
7	연장자보다 먼저 손을 내밀지 않는다.		
8	소개 후 바로 손을 내밀지 않는다.		
9	외국인에게 소개할 때의 매너를 잘 알고 있다.		
10	작별 인사할 때에 상황에 따라 매너를 지킨다.		

4) 명함

명함은 본래 프랑스 루이 14세 시대부터 사용되었다. 당시 귀부인들이 트럼프에 자기 이름을 써서 왕에게 올린 것이 명함의 시초이다. 현재 명함은 사람과 만나거나 소개할 때 반드시 필요한 것이 되었다. 명함은 자신의 얼굴과 마찬가지로 격이 있으며 올바른 사용

방법을 준수해야 한다. 명함은 명함집에 넣어 사용하고 영업 사원과 같이 사람을 많이 만나는 직업인 경우 명함집을 독립적으로 사용하도록 한다.

업무용 명함은 업무와 관련된 경우에 사용하는 것이기 때문에 직장명과 주소와 직위 등이 들어가야 하며 중요한 사항 몇 가지만 간결하게 적는다. 자신에 대해 너무 많이 나열하다 보면 자기 과시욕이 강한 사람이란 평을 들을 수 있기 때문이다. 명함을 보관할 때는 명함집 안에 명함이 거꾸로 보관되어 있지 않도록 한다.

(1) 명함 교환

상대를 만나기 전에는 명함이 부족하여 실례가 되는 일이 없도록 만날 사람에 해당하는 수의 2~3배 만큼의 명함을 준비해야 한다. 명함을 꺼낼 때에는 반드시 명함 지갑에서 꺼낸다. 교환할 때는 서 있는 자세로 교환하고 명함을 꺼내는 높이는 상대의 가슴과 허리 사이가 적당하다. 자신의 지위가 낮을 경우 상위자보다 명함을 먼저 꺼내고 명함을 건낼 때는 왼손으로는 명함집을 잡고 오른손으로는 상대에게 공손하게 내민다.

명함 교환 후 상대의 명함을 받았다면 명함에 적힌 상대의 이름을 복창하거나 상대의 명함과 관련된 한 두 마디를 언급하여 상대에게 관심이 있다는 것을 표현한다. 상대의 명함 이름이나 글자가 자신이 모르는 글이거나, 외국인 또는 어려운 한자를 쓸 때에는 즉석에서 확인하는 것이 차후의 실수를 줄일 수 있다. 명함을 주고받은 상대를 언제 어디서 다시 마주칠지 모르기 때문에 상대의 명함을 소중하게 보관해야 한다.

명함 교환 시 관리가 잘못되어 더럽고 구겨진 명함을 상대에게 내미는 행위는 실례다. 대화 중에 상대의 명함에 낙서를 하는 행위를 하지 않아야 한다. 꼭 필요한 경우에는 양해를 구해야 하며 작고 깔끔하게 적는다. 또한 상대의 앞에서 명함을 떨어뜨리거나 잊어버리고 다른 것을 명함 위에 올려놓는 행위는 상대를 무시하는 행위가 되므로 삼가야 한다. 그리고, 상대에게서 받은 명함을 무관심하게 넣거나 잊어버리고 두고 가는 행위 또한 마찬가지이다. 마지막으로 명함을 건낼 때 명함이 반대로 있거나 뒤집혀 있는 등의 실수는 하지 말아야 한다.

(2) 명함 취급 주의 사항

상대의 명함을 올바르게 취급하지 않아서 훗날 상대가 불쾌감을 느끼는 일은 없어야 한다. 명함이 관리되지 않으면 자신의 이미지가 실추될 뿐만 아니라 나아가 자신의 회사 이미지도 훼손될 수 있다는 것을 명심해야 한다.

(3) 명함 정리 및 보관

명함을 정리할 때에는 상대와 대화를 하며 들었던 사적인 것과 취향 등을 명함 귀퉁이에 조그맣게 표시해 두거나 명함을 받은 상대와 만난 날짜, 용무 그리고 장소 등을 작고 깔끔하게 적어둔다. 그리고 받은 명함은 명함을 보관하는 파일에 소중하게 보관해야 한다. 왜냐하면 추후 필요에 따라 상대의 명함을 찾거나 기록할 때 도움이 되기 때문이다.

(4) 명함 매너 진단

〈표 14-10〉의 체크 리스트를 통해 자신의 명함 매너를 점검해 볼 수 있다.

〈표 14-10〉 명함 매너 Check list

문항	항 목	Yes	No
1	명함 매너에 대해 알고 있다.		
2	언제가 명함을 주어야 할 때인지를 알고 있다.		
3	명함을 명함 지갑에 넣어서 사용한다.		
4	자신의 명함 관리를 철저히 한다.		
5	구겨지거나 오물이 묻지 않는 명함을 건넨다.		
6	명함을 받으면 어떻게 해야 할지 알고 있다.		
7	명함을 올바르게 교환하고 있다.		
8	받은 명함의 정리를 체계적으로 하고 있다.		
9	명함을 내밀 때 자기 이름이 상대를 향하게 한다.		
10	명함을 받을 때 이름을 가리지 않는다.		

2. 방문·면담·접대 매너

1) 방문 매너

타사를 방문함에 있어서 자신은 직위에 상관없이 회사의 대표로서 가는 것이다. 그러므로 어떤 환경이건 능동적으로 대처할 수 있는 능력이 갖춰져 있어야 한다. 타사를 방문할 때는 자신의 방문 목적을 잊지 말고 분명한 방문 이유와 방문 내용을 정리해놓아야 한다. 또한 바른 복장과 언어 등 타사의 방문에 필요한 매너와 자료들을 제대로 갖추어 방문에 차질이 없게 일을 진행해야 한다. 이때 명심할 것은 자신이 회사 이미지를 훼손시키지 않도록 해야 한다는 것이다.

(1) 방문 순서

① 사전 약속

미리 약속을 하지 않고 타사를 방문하는 것은 매우 무례한 행위이다. 회사 내의 거래에 관한 중대한 일일 경우에는 먼저 문서로 방문 의사를 알리고 전화로 약속을 확인한다. 전화로 약속을 정할 경우 꼭 체크해야 할 사항이 있다. 먼저 방문하고자 하는 일시를 기억하고 면담장소와 만나는 목적을 확인해야 한다. 또한 면담에 소요되는 시간도 예상해 볼 필요가 있다.

② 완벽한 준비

목적을 위해서 방문 약속을 잡았으므로 방문 일자까지 그 목적을 성사시킬 완벽한 준비를 해야 한다. 먼저 방문을 하기 위해 필요한 것을 수첩에 적어 꼼꼼하게 살피며 확인한다. 서류나 자료, 수첩 그리고 필기도구를 준비한다. 또한 방문할 회사에 대한 전반의 지식과 면담할 상대에 대해 조사한다. 이때 방문할 상대의 장소까지의 소요시간과 거리 등을 미리 확인한다.

방문 전날까지 자신의 명함 개수와 명함집의 청결 상태를 점검하고 대화의 흐름이나 내용 또는 질문 사항 등을 수첩에 메모한다. 전날 확인 전화를 걸었을 때에 상대가 부재중이거나 일시를 확인하지 못했을 경우에는 당일 아침이라도 전화를 걸어 확인해야 한다.

③ 주의 사항

이미 지나간 시간은 되돌릴 수 없다. 비즈니스의 생명이라 할 수 있는 시간 엄수를 위해 약속 시간보다 빨리 움직여 되도록 5분 전에는 반드시 도착해 있도록 한다. 너무 일찍 도착하는 것도 실례가 되기 때문에 약속 시간보다 너무 일찍 도착했다면 근처에서 시간을 보내다가 시간에 맞춰 약속한 장소로 이동한다. 약속한 시간에 늦을 경우에는 상대에게 연락하는 것이 매너이다. 늦은 이유가 사고라던가 교통체증같이 자신의 힘으로 해볼 수 없는 일이었다 하더라도 약속 시간 안에 도착하지 못했다면 말과 행동으로 사과해야 하며 회사로 돌아와 정중한 사과문을 보내도록 한다. 중요한 관계에 있을 경우 이런 조치 하나에 자신의 회사 이미지가 좌우될 수 있다는 것을 명심해야 한다.

2) 면담 매너

상대와의 면담을 할 때에도 지켜야 할 매너가 있으며 상대와 매너 있게 만남을 갖는다면 잦은 실수로 일을 그르치는 횟수를 줄일 수 있다.

(1) 면담 전 유의 사항

면담 장소에 도착하기 전에 코트나 머플러, 장갑 등은 미리 벗어 복장을 확인하고 단정하게 정리한다. 그리고 면담 장소로 들어갈 경우 접수처나 사무실 문밖에서 노크한다. 상대의 회사에 들어선 순간 자신은 회사의 대표이며 얼굴이라는 생각으로 격이 있는 말과 행동을 해야 한다. 이러한 언행과 생각이 회사와 자신을 인정받게 하는 일이라는 사실을 잊지 않아야 한다. 흡연자라면 실내에서는 흡연을 삼가 한다. 면담 시 담배 냄새를 풍기 것은 상대에게 결례이기 때문에 면담하기 최소 30분 전부터는 금연하는 것이 매너이다.

(2) 응접실 주의 사항

안내자의 안내에 따라 응접실에 들어 간 후에는 면담할 상대가 올 때까지 바른 자세로 서서 인사할 준비를 하고 기다린다. 들어갔을 때 자신의 자리가 정해져 있지 않다면 문에서 가까운 곳에 앉고 상대가 자리를 권하면 사양하지 않고 앉는다. 의자가 소파인 경우에는 자세에 유의해야 한다. 몸이 소파에 늘어지거나 다리를 꼬는 행동은 하지 않도록 주의한다. 준비해 온 서류와 필기도구를 테이블 위에 가지런히 올려놓고 명함을 바로 꺼낼 수 있게 한다. 상대가 먹을 것이나 마실 것을 권하면 감사의 인사와 함께 먹는다.

(3) 면담 중 유의 사항

면담 중에 상대가 들어왔다면 바른 자세로 서서 정중하게 인사한다. 자신에게 시간을 내어주어 감사하다는 의미의 인사를 건네고 첫 만남일 경우 명함을 교환한다. 상대가 앉기를 권하면 자리에 착석하며 상대가 사담을 하는 경우 용건은 잠시 뒤로 미루고 대화에 응한다. 그리고 본론으로 들어가 자신의 용건을 상대에게 얘기할 때에는 상대를 이해시키는 것이 무엇보다 중요하나 일방적으로 말을 혼자 하는 것은 좋은 방법이 아니다. 면담을 할 때에는 면담을 하러 간 목적인 이야기의 요점을 간결하게 말해야 한다. 전문용어와 사내용어를 사용하는 나의 시점이 아니라 상대의 시점에서 말해야 하며 말하는 도중에 필요한 자료와 사례, 수치는 그 자리에서 제시한다.

말하는 중에는 상대와의 눈을 맞추는 것이 중요하다. 눈을 맞출 때에는 상대가 적당히 나의 시선을 느낄 수 있도록 바라보는 것이 좋으며, 상대를 노려보거나 부담스럽게 쳐다보지 않도록 해야 한다.

말하는 중에 자신이 알아듣지 못하는 내용이거나 질문이 있는 경우에는 반드시 되물어 내용을 이해하고 확인해야 한다. 상대와의 이야기 도중에 자신이 대답하기 힘든 용건일 경우 회사에서 검토한 후 답변을 주겠다고 말해야 하며 상대가 망설일 경우나 결론을 쉽게 내리지 못할 경우에는 준비해온 자료를 상대에게 주고 검토해줄 것을 부탁한다.

(4) 면담 후 유의 사항

면담이 끝난 후에는 자신이 가져왔던 것들을 조용히 정리하고 처음 들어 왔을 때처럼 시간을 내주어 감사하다는 인사말을 건넨다. 면담이 끝나 상대와 헤어졌어도 회사를 나갈 때 까지 흐트러진 모습을 보여서는 안 된다.

3) 접대 매너

접대를 받을 때는 자신이 회사의 얼굴이며 대표이기 때문에 겸손과 예의를 갖춘다. 먼저 접대에 대한 의뢰가 있을 때 상사에게 상의해야 하며 승인이든 거절이든 답변은 상대가 기다리지 않게 가능한 한 빨리 하도록 한다.

(1) 접대 받을 시의 주의 사항

접대를 받을 때는 접대 받기 전 상사와 상의하고 접대가 끝난 후에는 상사에게 결과를 보고하며 필요한 경우에는 상대에게 감사의 인사를 하기도 한다. 접대를 받을 장소에 도착하여 음식을 선택할 때에는 가장 비싼 것과 가장 싼 것을 제외한 나머지 중에 자신의 기호에 따라 음식을 선택하고 인사와 건배가 끝나기 전까지는 요리에 손을 대지 않도록 해야 한다. 과음과 과식은 하지 않아야 하고 상대에게 책임지지 못할 말이나 자신의 자랑을 말하는 것은 좋지 못한 행동이다. 되도록 말 수는 적게 하여 말실수가 없도록 한다. 자신의 말보다는 상대의 말에 귀를 기울여 관심을 쏟는 것이 좋다.

4) 손님맞이 주의 사항

자신이 찾아가는 경우가 있는가 하면 손님이 찾아오는 경우도 있다. 손님이 사전 약속 없이 찾아온다면 놀라서 당황한 표정을 짓게 되는 경우가 있다. 그러나 상대가 아무런 예고 없이 찾아오더라도 실례가 되는 행동을 하지 말아야 한다. 언제 어디서라도 손님이 찾아오면 당황하지 말고 웃으며 일어나 반갑게 맞이한다. 또한 상냥하고 친절하게 용건을 묻고 그에 올바른 대처 방법을 찾는다. 방문객을 맞이하는 첫 안내로 인해 방문한 회사의 이미지를 결정하게 된다. 그렇기 때문에 항상 웃으며 상대의 요구에 맞게 응대해야 한다.

방문자가 들어오면 밝은 얼굴로 웃으며 인사하고 친절한 태도로 상대의 방문 이유와 소속에 대해서 물어 보아야 한다.

손님이 명함을 제시한 경우에는 최대한 공손하게 명함을 받고 예약 손님인 경우에는 담당자에게 연락한다. 반대로 상대를 차별하거나 그 사람의 겉모습만 보고 판단하는 것은 금물이다. 〈표 13-11〉과 같이 손님을 맞이할 때의 대처 방법을 기억하고 실천한다면 상대는 회사와 자신에 대해 긍정적인 이미지를 갖게 될 것이다.

〈표 14-11〉 손님맞이 대처 방법

상 황	대처 방법
손님이 사전 연락 없이 방문한 경우	놀라지 말고 친절한 태도로 상대의 방문을 환영하고 방문 이유와 소속에 대해 물은 후 사내 담당자에게 연락해 지시를 기다린다. 손님이 만나고자 하는 담당자가 만남을 허락한 경우에는 손님을 안내하고 담당자가 만남을 거절한 경우에는 최대한 손님에게 실례가 되지 않도록 사정을 전달한다.
손님을 담당자가 만나기로 한 경우	담당자가 지정해준 장소로 손님을 인도한다. 안내를 할 때에는 멀지 않게 손님의 2~3걸음 앞에서 걸으며 안내한다. 장소에 도착해서는 자리를 권해 앉아서 기다리도록 해주고 기다리는 손님에게 차를 내어 대접한다. 담당자가 늦을 경우 정중하게 양해를 구해야 한다.
자신이 담당자로 손님을 맞을 경우	어떤 용건으로 방문했는지 아는 것이 중요한데 손님의 방문 요점이나 목적을 물어 정리한다. 방문자의 이야기를 끝까지 듣고 듣는 도중에 끊지 않도록 해야 하며 일이나 계약에 관한 일일 경우 그 자리에서 대답하지 않고 사내 승인을 받고 정식으로 답해야 한다. 또한 대답 전에 먼저 검토가 필요하다는 말을 꺼내고 검토 후 연락을 주겠다고 대답하는 것이 좋다.

5) 방문·면담·접대 매너 진단

〈표 14-2〉의 체크 리스트를 통해 자신의 방문·면담·접대 매너를 점검해 볼 수 있다.

〈표 14-12〉 방문·면담·접대 매너 Check list

문항	항 목	Yes	No
1	방문하기 전에 무엇을 준비해야 하는지 알고 있다.		
2	방문에 필요한 서류와 자료를 준비한다.		
3	방문 전날 일정 확인 전화를 한다.		
4	방문 당일 약속 5분 전에 도착한다.		
5	면담 장소에 도착하기 전 옷 매무새를 가다듬는다.		
6	면담 상대가 들어왔을 때 서서 인사를 한다.		
7	면담의 목적이나 요점을 간결하게 말한다.		
8	면담 중 필요한 자료나 사례, 수치 등을 제시한다.		
9	상대의 눈을 마주 보고 상대의 입장을 고려하여 말한다.		
10	상대가 부담스럽지 않을 정도로 눈을 맞춘다.		

3. 전화 매너

전화는 삶에서 빠질 수 없는 의사소통 수단이 되었다. 전화를 통해 멀리서도 상대와 대화를 할 수 있고 만나지 않더라도 약속을 잡을 수 있다. 전화를 할 때에는 상대와 직접 마주 하지 않는다고 성의 없는 말투와 행동을 취해서는 안 된다. 또한 전화를 할 때에는 상대가 보이지 않지만 느낄 수 있도록 정성을 다해야 한다. 따라서 전화 매너를 익히면 상대에게 호감을 주는 이미지를 형성할 수 있을 것이다.

전화는 짧고 간결하게 하되 전화를 건 목적을 먼저 이야기한다. 전화를 하기 전에 전화할 내용을 미리 정리해 두고 전화를 걸어 무슨 이유로 전화를 했는지 정확하게 전달한다. 전화 통화는 전화기라는 매개체를 통해 상호 의사소통하는 것이기 때문에 혼자 이야기하지 않도록 하며 상대의 말에도 호응해줘야 한다. 전화를 끊을 때에는 누가 먼저 끊을지 상황에 따라 틀리지만 대체로 전화를 건 사람이 먼저 끊는다. 그러나 전화를 받은 사람이 윗사람일 경우에는 먼저 끊게 한 뒤에 확인하고 끊어야 한다.

전화할 상대가 부재중인 경우 자신을 밝히고 몇 시에 다시 전화할 것인지를 알려줘야 한다. 다시 걸기로 한 시간에 반드시 전화를 걸도록 하며 다시 걸었을 때도 부재중이거나 바쁜 업무 중인 경우에는 전화를 대신 받은 사람에게 자신의 용건과 이름, 연락처 등을 남겨 전달해 줄 것을 부탁한다. 이때 상대에게 반드시 메모에 받아 적은 내용을 확인해야 한다.

주의할 사항으로는 업무시간에 사내에서는 개인 통화를 자제하도록 한다. 받지 않을 수 없는 급한 용건일 경우에는 핸드폰으로 바꿔 밖으로 나가서 통화하도록 한다. 또한 전화를 걸어 상대가 전화를 받자마자 자신을 밝히지도 않고 용건을 바로 꺼내는 것은 예의가 아니다. 용건을 말하기 전에 상황에 맞는 수식어를 붙이고 상대의 상황과 시간 등 통화의 의사여부가 있는지를 확인한 후 용건을 말한다.

전화를 받을 때에 업무가 많거나 해야 할 일이 있더라도 전화 통화에만 집중한다. 전화를 함에 있어 매너 없는 사람이 되지 않기 위해서는 자신이 정성스럽게 통화하고 있다는 것을 상대가 느끼게 해야 한다. 뿐만 아니라 상대의 상황과 기분을 배려해 주는 것이 좋다. 전화를 하며 상대에게 말대꾸를 하거나 손님을 앞에 두고 사적인 일로 통화를 하는 것은 결례이며, 자기 말만 하고 끊는 전화는 매너에 반(反)하는 행동임으로 피해야 한다. 또한 자신의 전화뿐만 아니라 다른 사람의 전화도 자신의 일이 아니라며 회피하는 경우는 상대의 기분을 상하게 한다는 것을 잊지 않도록 한다.

(1) 전화 거는 매너

전화 거는 매너를 바르게 알고 있으면 전화 통화시 실수를 줄일 수 있다. 먼저 전화를 건 상대의 번호를 확인하고 전화를 걸어야 한다. 상대가 전화를 받았다면 자신을 먼저 밝히고 상대를 확인한다. 전화를 받은 사람이 내가 찾는 사람이 아니라면 부드러운 어조로 교환을 부탁한다. 상대가 전화를 돌려받았다면 먼저 밝은 목소리로 인사한 후 용건을 말한다. 그리고 전화 통화를 끝낼 때에는 전화 내용을 확인해야 한다. 그리고 내용에 맞게 마지막 인사를 하고 상대가 전화를 먼저 끊고 난 후 수화기를 내려놓는다.

전화를 걸었을 경우 횡설수설하지 않고 자기가 의도한 바의 내용을 빠른 시간 안에 정확하게 전달해야 한다. 전화하기 전에 용건을 일목요연하게 적어놓고 전화를 거는 것도 좋은 방법이다. 편리한 전화이지만 비용이 발생하고 얼굴을 볼 수 없기 때문에 말하고자 하는 내용을 보다 간결하고 정확하게 정리하여 전화 통화를 신속하게 해야 한다.

(2) 전화 받는 매너

전화를 받는 것도 거는 것만큼의 예의가 필요한데 상대가 걸어오는 전화라고 해서 자신이 소홀히 대한다거나 불친절하게 받아서는 안 된다. 벨이 울리면 전화를 왼손으로 받고 오른손으로 메모지와 펜을 준비한다. 그리고 "-과입니다", "- 회사입니다"라고 자신을 밝힌다. 전화가 교환으로 왔을 경우 과명을 밝혀야 하고 다이얼 직통이면 사명을 밝힌다. 상대가 이름을 밝히지 않는다면 친절하고 매너 있게 상대에 대해 물어 봐야 한다. 상대가 누군지 알게 되었으면 상대의 용건을 묻고 요점을 메모한다. 그리고 상대의 용무가 끝났으면 요점을 복창해주어 상대가 확인할 수 있게 한다. 전화를 끊을 때에는 용건에 맞는 인사말을 건네고 상대가 전화를 끊은 후 수화기를 내려놓는다.

호감을 주는 전화 매너를 정확하게 인지하고 매너 있게 전화를 받는다면 상대에게 호감을 줄 수 있고 보다 신속하고 정확하게 전화 응대를 할 수 있을 것이다.

호감을 주는 전화 매너 Tip

① 전화의 벨이 3번 이상 울리지 않게 한다. 소음이 없는 곳으로 자리를 옮기고 늦게 받은 경우 사과한다.

② 대기 시간이 1분이 넘을 경우 전화를 끊는다. 전화를 받을 상황이 아닌 경우 1분이 지나면 다음번 전화 약속을 하고 끊는다.

③ 상대의 전화가 자동응답기이면 끊지 않는다. 이름과 용건을 간단하게 녹음해 둔다.

④ 전화를 다른 사람에게 돌릴 때는 누구의 전화인지 확실하게 밝힌다. 전화를 건 사람에게 양해를 구하고 전화를 돌릴 상대에게 누구인지 전한다.

⑤ 전화하는 도중에 전화가 끊겼다면 건 쪽에서 다시 건다. 예외로 받은 쪽의 잘못으로 끊겼다면 받은 쪽에서 다시 건다.

호감을 주는 전화 매너 Tip

⑥ 상대의 목소리가 잘 들리지 않을 땐 표현한다. 너무 직접적인 표현은 피하고 들리지 않는다는 것을 분명하게 알려준다.

⑦ 전화를 받고 있는데 다른 전화가 온 경우에는 양해를 구한다. 처음 온 전화를 먼저 받는 것이 예의이기 때문에 두 번째 건 사람에게 양해를 구한다.

⑧ 손님과 면담, 접객 중 전화가 왔을 때에는 손님에게 양해를 구한다. 손님에게 양해를 구하고 전화를 받으며, 급한 용무가 아니면 다음 전화 약속을 하고 끊는다.

⑨ 통화 중에는 상대의 상황을 고려하고, 상대를 배려해야 한다. 상황과 기분 등을 고려해 전화하도록 하며 자신의 의견을 상대가 이해할 수 있도록 말의 속도와 목소리 톤을 적절하게 맞추도록 한다.

3) 전화 매너 진단

〈표 14-13〉의 체크 리스트를 통해 전화 매너를 점검해 볼 수 있다.

〈표 14-13〉 전화 매너 Check list

문항	항 목	Yes	No
1	전화 매너를 알고 있다.		
2	통화를 할 때는 자신의 이야기만 하지 않는다.		
3	상대를 배려해 먼저 전화를 끊지 않는다.		
4	자신의 통화 목소리가 친절하고 신뢰감이 있다.		
5	사적인 일로 통화를 오래하지 않는다.		
6	매너 있게 전화를 받고 걸 수 있다.		
7	상대와 마주 하지 않는다고 건성으로 받지 않는다.		
8	전화를 걸기로 약속한 시간에 반드시 전화한다.		
9	자동응답기에는 이름과 용건을 녹음한 후 끊는다.		
10	전화벨이 3번 이상 울리기 전에 받는다.		

4. 직장인 매너

1) 바른 몸가짐

비즈니스 매너의 가장 기본은 바른 몸가짐이다. 대부분의 사람들은 상대에게 보여지는 외적인 행동을 통해 그 사람을 판단하기 때문에 상대에 있어서 바른 몸가짐이란 다음 만남으로 통하는 중요한 연결고리가 된다.

비즈니스 사회에서 상대에게 비춰지는 자신의 행동으로 인해 상대의 호의를 얻을 수도 있고 얻지 못할 수도 있다. 그렇기 때문에 바른 몸가짐은 가장 기본적으로 갖추어져야 할 상대에 대한 매너 중의 매너라고 해도 과언이 아니다.

1) 자세

자세는 그 사람의 감정과 욕구에 의해 작용하고 저변에는 그 사람의 생각이 잠재되어 있다(김경호, 2004). 따라서 비즈니스 사회에서 자세는 상대에게 긍정적인 인상 또는 부정적인 인상을 남길 수 있는 중요한 요소이다.

(1) 선 자세

바르지 못한 선 자세는 상대에게 거만해 보이거나 자신감 없는 사람처럼 보여진다. 상대로부터 호의를 얻기 위해서는 다음의 〈표 13-14〉를 통해 바르게 선 자세를 인지하고 항상 바르게 설 수 있도록 노력해야 한다.

〈표 14-14〉 바르게 선 자세

신 체	방 법
시선	정면을 유지하고 턱은 약간 아래로 당긴다.
어깨	좌우로 치우치지 않도록 수평을 유지한다. 힘을 뺀다.
허리	허리를 곧게 펴고 가슴을 활짝 편다.
팔	자연스럽게 허벅지 옆으로 내린다.
손	자연스럽게 달걀을 하나 쥔 정도로 동그랗게 한다. 손등과 손바닥이 안 보이도록 한다.
발	전방을 향해 일자가 되게 한다.
엉덩이	엉덩이를 약간 들어 올리고 아랫배에 힘을 준다.

(2) 앉은 자세

바르게 앉은 자세는 〈표 14-15〉과 같이 남성과 여성에 따라 나눠진다. 바르게 앉은 자세를 통해서 상대에게 보다 전문적이고 신뢰 있는 모습을 보여줄 수 있다.

(3) 올바른 걸음걸이

상대가 볼 때 그 사람의 걸음걸이 하나만을 보고서도 성향과 성격을 파악할 수 있으며 당당하고 힘찬 걸음걸이는 사람들에게 보다 전문적인 이미지를 심어준다. 그러나 고개를

〈표 14-15〉 바르게 앉은 자세

신 체	남 성	여 성
손	손은 가볍게 주먹을 쥐고 허벅지와 무릎 사이에 둔다.	오른손이 왼손 위에 올라가게 포갠 다음 허벅지와 무릎 사이에 가볍게 둔다.
허리	등받이와 등 사이에 주먹 한 개가 들어갈 정도의 거리를 두고 허리를 곧게 세운다. 허리를 굽혀 구부정하게 보이거나 뒤로 기대지 않도록 한다.	
엉덩이	의자를 끝까지 당겨서 엉덩이가 등받이에 닿도록 앉는다.	
다리	어깨 넓이만큼 다리를 벌려 직각이 되도록 앉는다.	다리를 모으고 무릎을 붙여 엉덩이와 발이 90° 되게 유지한다. 여성스럽고 다리가 길어 보이기를 원한다면 다리를 사선으로 보낸다.

너무 뒤로 젖혀서 걸으면 자칫 거만해 보일 수 있기 때문에 올바른 자세를 몸소 익혀서 실천해야 한다. 〈표 14-16〉를 통해 올바른 걸음걸이 자세를 확인할 수 있다.

〈표 14-16〉 바른 걸음걸이 자세

신 체	방 법
얼굴	얼굴은 정면을 유지하고 시선은 정면보다는 15° 정도 아래에 둔다.
어깨	좌우로 치우치지 않도록 수평을 유지 한다. 활짝 젖힌 후 자신 있게 걷는다.
손	달걀을 하나 쥔 정도로 자연스럽게 모은다. 손등·손바닥이 보이지 않도록 한다.
팔	자연스럽게 흔들되 양팔의 흔드는 정도가 같아야 한다. 앞으로 30°, 뒤로 15° 정도 유지하며 흔든다.
발	발은 11자로 걸어가고 발끝이 전방을 향해 일자가 되게 한다. 하이힐이나 굽이 높은 구두를 신었을 경우 발끝이 먼저 닿는 느낌으로 걷는다.
다리	어깨너비 만큼의 보폭으로 걷고, 걸을 때 안쪽 무릎을 스치며 걷는다.
엉덩이	엉덩이가 좌우로 흔들리지 않게 하고 앞쪽으로 뻗어 나가듯이 걷는다.

(4) 동작

① 손/팔 동작

두 손을 모아 지붕을 만들고 양팔을 책상 위에 두는 자세는 자신감을 나타낸다. 이러한 자세는 상대에게 자신의 우월감을 나타내기 위한 자세로 보통 상사가 부하에게 말을 할 때 많이 취하는 자세이다.

팔을 꼬고 있는 동작은 상대에게 대한 방어적 태도, 부정적 태도이므로 비즈니스 상에서 상대가 팔을 꼬고 있는 경우 왜 그런 자세를 취하고 있는지 분석해야 하고 상대의 불만 사항을 바로잡아 주기 위해 노력해야 한다. 너무 잦은 손놀림은 정신이 산만해 보이거나 전문성이 떨어져 보일 수 있으므로 상황에 맞게 적절하게 사용하는 것이 바람직하다.

두 손을 가지런히 모아 배꼽 아래에 두는 공수자세는 '당신의 말을 듣고 직접 해드릴 준비가 되어 있습니다'라는 의미로 고객을 대할 때나 비즈니스 상에서 취하는 동작이다. 또한 영업직의 경우 사람을 만날 때는 손을 보이는 것이 안 보이는 것보다 훨씬 개방적인 사람으로 비춰진다. 항상 상대에게 손바닥이 보이도록 하여 자신이 열린 마음을 가지고 있다는 것을 느끼게 한다.

② 다리 동작

다리를 꼬는 자세는 긴장과 거부감, 초조함을 나타내며 다리를 꼬고 발을 움직이는 것은 진지함이 없어 보인다. 다리를 꼬고 앉아 있는 자세를 취하는 사람의 겉모습은 거만해 보일 수 있지만 오히려 긴장하고 자신감이 없어서 이러한 자세를 취하게 된다.

가장 좋은 자세는 다리를 꼬지 않고 바르게 서거나 앉아 있는 자세이며, 여성의 경우 다리를 붙이는 것이 상대에게 훨씬 신뢰 있게 보인다.

(5) 자세 매너 진단

〈표 14-17〉의 체크 리스트를 통해 자세 매너를 점검해 볼 수 있다.

〈표 14-17〉 자세 매너 Check list

문항	항 목	Yes	No
1	구부정한 자세로 서 있지 않는다.		
2	한 발로 비스듬히 서 있지 않는다.		
3	벽에 기대어 서 있지 않는다.		
4	목을 떨어뜨리고 서 있지 않는다.		
5	피곤한 모습으로 서 있지 않는다.		
6	팔짱을 끼고 서 있지 않는다.		
7	뒷짐을 지고 서 있지 않는다.		
8	허리를 세우고 바르게 앉는다.		
9	걸을 때 얼굴은 정면을 유지한다.		
10	걸을 때 발은 11자로 하며 무릎을 스친다.		

2) 근태

직장인은 직장에서 가장 많은 시간을 보내고 있다. 직장에서 많은 것들을 하고 많은 시간을 소비한다. 그러므로 직장인의 출근과 퇴근, 결근 등 근무태도가 자신의 사회생활에 중요한 영향을 끼친다. 바람직한 직장생활을 하려면 자신의 근태를 철저하게 관리해야 하며 직장인으로서의 매너를 갖춰야 한다.

(1) 출근

일어나는 그 순간부터 출근시간 엄수를 위해 노력해야 한다. 출근은 자신이 일을 시작하는 시간이고 회사와의 약속이기 때문이다. 비즈니스에 있어서 가장 중요한 것은 시간과의 약속이다. 출근은 근무시간 30분 전에 하여 오늘 해야 할 일에 대해 계획을 세우고 열심히 하루를 보낼 준비를 한다.

(2) 퇴근

퇴근하기 전 오늘 하고 있었던 일을 마무리 하고 내일 할 업무를 미리 챙겨놓는다. 책상은 퇴근하기 전 항상 청결하게 정리하고 퇴근할 때에는 밝게 인사한다. 회사의 업무로 인해 퇴근이 늦어질 경우 최선을 다해 업무를 마칠 수 있도록 해야 하며 사정이 있어 먼저 가야하는 경우에는 상사에게 양해를 구하고 인사를 정중하게 한 후 퇴근한다.

(3) 지각, 조퇴, 결근

지각과 조퇴, 결근 등은 안하는 것이 좋지만 해야 할 때는 연락을 미리 취한다. 지각을 해야 할 경우는 이유를 정확하게 설명하고 도착할 시간을 전해야 하며, 급하게 용건이 생긴 경우에는 직장 내의 동료나 상사에게 부탁하여 조치를 부탁한다. 도착했을 때는 곧바로 상사에게 가서 다시 한 번 지각 사유를 설명하고 정중하게 사과한다.

조퇴의 경우 이유를 상사에게 설명하고 허락을 받아야 하며 동료들에게 인사를 하고 조퇴하도록 한다. 결근의 경우 결근의 이유가 생긴 그때부터 업무에 대한 정리를 한다. 자신이 출근하지 못할 급한 용무나 병 등이 생겼을 경우 결근하기 전까지 신속하게 업무를 대처하여 직장 동료의 번거로움을 덜어 놓는다. 그리고 다 마치지 못한 업무는 마저 분석하여 일에 차질이 없도록 한다.

(4) 퇴사

업무로 인해 상사에게 꾸중을 들었거나 일을 계기로 혹은 자신의 감정적인 성격으로 회사를 그만두고 나올 생각을 하는 사람들이 있다. 여러 가지의 사유로 퇴사를 한 경우 당장은 자신의 마음이 편하고 후련할 수 있지만 아무런 계획 없이 퇴사를 할 경우 나의 경력과 평점에 흠집을 내는 행위나 다름이 없다. 이 회사를 그만두더라도 나는 어디든 갈 수 있다고 생각하는 것도 좋지 않다. 올바르지 않은 퇴사로 인해 다른 회사에 입사하지 못하는 경우가 생길 수 있기 때문이다. 그렇기 때문에 자신의 미래를 위해서도 올바른 퇴사 방법을 알아 두는 것이 중요하다.

퇴사를 할 경우엔 상사에게 정중하게 사직서를 제출하고 퇴사 사유를 정확하게 말한다. 퇴사하는 날까지 업무에 최선을 다해야 하며 인수인계를 신속하게 해야 한다. 퇴사할 때에는 그동안 함께 했던 직장 동료에게 감사의 말을 하고 정중하게 인사한다.

3) 근무

회사는 게으르고 늘어져 있는 사람보다 야무지고 부지런한 사람을 필요로 하고 직장 동료들도 함께 일하고 싶어 한다. 충실한 근무태도와 신속한 업무처리는 회사에서 자신을 인정받게 만들어 준다.

(1) 근무의 태도

근무는 자신의 일을 하는 것이지만 다른 직원들과의 의사소통의 수단이기도 하다. 근무 중엔 항상 자신의 이미지를 관리하고 바른 태도로 사람들을 응대해야 한다. 또한 바르고 정확한 언어와 진지한 업무자세가 필요하며 대답은 밝고 활기차게 한다. 근무 중에는 항상 메모하는 습관을 기르고 시간과 약속을 엄수하도록 한다.

(2) 업무의 진행

일이나 명령을 받았을 때에는 거절하지 않고 받아들여야 한다. 자신의 일이 많다거나 맡은 일이 하기 어려운 것일지라도 일을 받은 그 자리에서 거절의 말을 꺼내는 것은 좋지 않다. 그러므로 일이 많을 경우 상사에게 상황을 알게 한 후 일의 우선순위를 논의한다. 또한 자신이 맡은 일의 진행상황을 보고하도록 한다.

업무를 진행하면서 자신이 맡은 일의 내용과 일정의 우선순위 등을 수시로 확인해야 한다. 업무를 진행하다 모르는 일이나 곤란한 일이 생기면 그냥 두지 말고 상사나 동료에게 질문하여 도움을 요청하는 것이 좋다. 이때 두서없이 물어보는 것이 아니라 자신의 생각을 정리하여 물어본다. 이러한 태도는 상대가 자신을 수동적으로 보지 않고 믿을 수 있는 조직원으로 생각하게 된다.

자신이 실수를 했을 경우에는 문제를 숨기지 말고 있는 그대로 보고해야 하며 보고 후에 상사의 지시를 기다린다. 책임을 회피한다거나 남에게 떠넘기는 행동은 신뢰를 잃고 좋지 않은 이미지를 남길 수 있으므로 삼간다. 자신의 실수를 인정하고 다시는 똑같은 실수를 반복하지 않도록 실수의 원인과 대처 방안을 메모하여 기억한다.

4) 사외 문서와 사내 문서

(1) 사외 문서 규칙

사외 문서는 간결한 경어를 사용하는데 글을 적을 때 애매한 표현은 피하며 다 쓰고 난 후에는 반드시 확인하도록 한다. 그리고 글을 적을 때에는 내용만 적는 것이 아니라 첫마디와 끝마디에 업무상의 인사말을 붙여 쓰도록 한다.

사외 문서는 세 가지로 나뉘는데 연하장과 안내장 같은 의례적인 문서와 조회서나 의뢰서, 독촉장, 송장 등의 거래에 관한 문서 그리고 계약서와 각서 등의 법적 효력을 갖는 법적인 문서가 이에 속한다. 사외 문서는 비즈니스 문서이기 때문에 서두에 문서번호와 발신일자, 수신자와 발신자, 제목을 붙인다. 문서번호는 파일을 찾기 쉽게 기록하여 정리하는 것으로써 정리하는 방법은 다양하나 대체로 문서의 종류에 따라 일련번호를 부여한다. 문서의 발신 연월일은 서기로 나타낸다. 또한 사외 문서를 받는 수신자는 상대의 정확한 명칭을 사용하며 보내는 발신자 명을 적을 때는 주소와 전화번호를 적은 후에 성명을 적고 도장을 찍거나 서명을 해서 보낸다. 제목은 꼭 필요한 항목은 아니지만 보는 사람이 한눈에 알아보기 쉽게 하기 위해 작성하는 것이 좋다.

외부로 보내는 문서는 회사의 얼굴인 만큼 양식을 잘 맞추고 맞춤법을 잘 지켜야 하며 문서의 정리가 깔끔해야 한다.

(2) 사내 문서 규칙

사내 문서는 업무를 조금 더 효율적으로 진행하기 위해 사내에서 통용되는 문서로써 간단하고 정확하게 만들어야 한다. 회사 안에서는 사내의 업무를 원활하게 하기 위해서 사외 문서와는 다르게 인사 등의 의례적인 표현과 존칭어는 사용하지 않는다. 사내에 만들어진 양식이 있는 경우에는 사내 양식을 사용하도록 한다. 사내에서 많이 쓰이는 문서의 서식을 만들어 놓는다면 더욱 신속하게 업무를 진행할 수 있으며 따로 서식을 만드느라 시간 낭비할 필요가 없다. 사내 문서는 크게 네 가지로 보고서 및 기획서, 지시서 및 통보서, 조회서 및 회답서, 기록 보존을 위한 문서가 있다. 보다 효율적인 업무 진행을 위해 사내 문서를 잘 관리해야 한다.

5) 회의

회의라 함은 사전적인 의미로 여럿이 모여 의논하는 모임을 말한다. 우리는 어릴 적부터 학교에서 학급 회의나 각종 그룹을 만들어 회의를 해보면서 자라 왔다. 일반적으로 회의는 참석한 사람들이 의견을 교환하고 결정된 사안을 확정짓기 위해 열린다.

직장 안에서 회의는 〈표 14-18〉과 같이 진행되며 어떠한 주제를 가진 안건에 대해 모인 조직원들이 다양하게 자신의 의견을 교환하고 좋은 의견을 내어 선정하기 위해 진행하는 의견 수렴의 도출과정이라 할 수 있다. 따라서 회의를 할 때는 정확하게 무엇을 해야 하는지 목적의식을 갖는 것과 사전 준비를 하는 것이 중요하다.

〈표 14-18〉 회의 진행 방법

준비	회의에 대한 날짜와 의제가 잡혔다면 인원수와 필요에 맞는 회의장을 확보한다. 회의에도 다양한 방식과 성질이 있으므로 그에 맞게 회의를 착실하게 진행할 수 있도록 준비한다. 필요할 경우에는 회의장의 안내도를 준비하여 안내문에 동봉한다.
진행	회의에는 시간 개념을 철저하게 지켜야 한다. 사회자는 회의를 시작하는 시간과 종료하는 시간을 정확하게 맞출 수 있도록 신경써야 한다. 회의장에 사람들이 들어오기 시작하면 출결을 확인하고 의제에 관한 자료를 배포한다. 회의가 시작되면 사회자의 진행에 따라 오늘의 목표 의제에 대한 내용을 검토·정리한 사회자는 회의에 참가한 참가자들이 의제를 벗어나지 않게 이끌어주고 참가자들에게 균등하게 발표할 기회를 주어야 한다.
발언	참가자가 발언을 할 때는 회의 진행 순서와 자신의 입장을 고려한 후 내용을 정리하여 조리 있게 발언한다. 회의 중에는 착실하게 메모를 하고, 회의장은 사적인 공간이 아닌 만큼 자신만의 감정을 내뱉는 행동은 자제하며 다른 사람의 입장에서 생각한다. 회의 진행 시 사회자의 진행을 꼭 따라야 하며 부득하게 회의 중 자리를 비워야 할 때에는 방해되지 않도록 주의한다.

6) 관계

관계에 대해서 백과사전에서는 사람과 사람의 인격적인 관계나 경영조직 내부에서의 비공식적인 사람관계의 총칭이라 한다. 또한 국어사전은 사람과 사람 또는 사람과 집단과의 관계를 통틀어 이르는 말이라 한다. 두 가지 다 비슷한 의미이나 비즈니스를 배우는 우리는 백과사전의 의미가 좀 더 현실로 와 닿을 수 있다.

직장에서 동료는 편하며 긴장하지 않아도 될 사이이다. 동료는 서로에게 자극제가 되기도 하고 쉬는 시간에 가볍게 커피 한 잔 하며 이런 저런 이야기를 하는 친구가 되기도 한다. 그러나 친한 동료라 하더라도 상대가 하는 일과 사생활에 대해 참견해서는 안 된다. 동료와 아무리 친하더라도 직장 내에선 예의를 갖춰주고 상대가 싫어하거나 난감해 할 행동은 하지 않는 것이 좋다.

한편 직장에서 상사를 대함에 있어서는 절대 소홀히 해서는 안 된다. 자신이 직장의 선배와 상사에게 항상 평가되고 있다는 것을 기억해야 한다. 또한 업무행적과 근무태도와 같은 직장인으로서의 자질과 상사를 대하는 태도 등 많은 사항들이 평가된다는 것 역시 잊지 말아야 한다.

상사에게 말을 함에 있어서 즉흥적으로 말을 내뱉는 행동은 신뢰를 잃을 수 있는 행위이므로 의문이나 의견이 있을 경우에는 시간을 두고 내용을 정리한 후 질문하도록 한다.

직장에서 후배는 내가 위엄을 세우고 거만하게 휘두르라고 존재하는 사람이 아니다. 후배와 선배 간의 적절한 선을 두되 명령이나 위압적인 태도는 하지 않는 것이 좋다. 일을 함에 있어서도 다그치며 주의를 주고 호통을 치는 것보다 상대가 뜻과 의미를 알아들을 수 있게 천천히 그리고 편안하게 말하며 상대를 배려한다면 좋은 선배의 이미지를 구축할 수 있다.

7) 술자리

동료와 선후배 간의 친목을 쌓음에 있어서 피할 수 없는 것이 술자리이다. 흔히 직원 모두가 모이는 회식이나 개인적인 친분을 위해 또는 일을 위해 술자리를 갖기도 한다. 이런 자리에 있어서도 우리는 사람관계의 중요성을 생각하지 않을 수 없다. 자신의 잘못된 술자리 매너로 분위기를 망가뜨려서는 안 된다.

먼저 동료 또는 후배와 술을 마실 때에는 품격은 유지하되 우월감을 가지지는 않도록 한다. 술을 무리하게 마셔서 다음날 출근에 지장을 주는 것도 좋지 않다. 그리고 직장에 관한 험담과 욕설, 불평 등을 말할 때에는 주의하도록 하며 사적인 주제로 깊이 들어가지 않는 것이 바람직하다. 또한 자신이 후배에게 술자리를 제의한 경우에는 자신이 술값을 지불하도록 한다.

직장생활에서 선배와 상사와의 술자리도 피할 수 없는데 이때 간과하지 말아야 할 것은 직장 밖을 나오더라도 상사와 선배는 나의 우위에 있다는 것이다. 따라서 술자리에서도 반드시 상사에 대한 예의를 지켜야 한다.

상사가 술값을 지불하게 되면 괜찮은지 한 번 더 묻고 상사가 신경쓰지 말라거나 괜찮다고 할 때에는 고마움을 인사로 전하도록 한다. 또한 헤어질 때에는 상사가 먼저 가는 모습을 지켜보고 가도록 한다.

8) 직장인 매너 진단

〈표 14-19〉의 체크 리스트를 통해 직장인 매너를 점검해 볼 수 있다.

〈표 14-19〉 직장인 매너 Check list

문항	항　　목	Yes	No
1	출근 시간 30분 전에 출근하여 업무할 준비를 한다.		
2	퇴근하기 전 오늘 하고 있었던 일을 마무리 한다.		
3	충실한 근무태도로 신속한 업무처리를 한다.		
4	지각 시 신속히 연락을 하고 출근 후 정중히 사과한다.		
5	업무에 우선순위를 정하여 일을 진행한다.		
6	문서를 쓸 때 간결하고 정확하게 기입한다.		
7	일이나 명령을 받았을 때에는 거절하지 않고 받아들인다.		
8	자신의 실수를 분석하고 메모하여 고치려고 노력한다.		
9	술자리에서 상사에 대한 예의를 지킨다.		
10	술자리를 가질 경우 출근에 무리가 없게 술을 적당하게 마신다.		

제4절 글로벌 매너

1. 테이블 매너

1) 서양 요리

(1) 풀코스

풀코스는 우선 전채 요리로 식욕을 촉진시키기 위해 가볍게 먹는다. 그리고 수프를 먹은 뒤 생선 요리를 먹고, 그 뒤에 육류요리를 먹는다. 생선요리 뒤에 셔벳을 먹기도 한다. 주 요리를 먹은 후 샐러드를 먹으며 그 후에 디저트로 과자와 케이크, 과일과 아이스크림 등의 달콤한 음식을 먹는다. 마지막으로 식후 음료를 마신다.

(2) 냅킨의 올바른 사용법

냅킨은 무릎 위에 펼쳐 놓아 음식물로 인해 옷이 더러워지지 않도록 방지한다. 테이블 위에 냅킨을 두면 식사가 끝났다는 의미이며 의자 위에 냅킨을 두면 아직 식사 중이라는 뜻이다. 그리고 입술을 닦거나 핑거볼을 사용했을 때 손가락을 가볍게 닦는 정도로 사용해야 하며 접시를 닦는다거나 땀을 닦지 않는다.

(3) 포크·나이프 사용법

가운데 접시를 중심으로 왼쪽은 포크가 오른쪽은 나이프가 놓여있다. 나이프는 오른손에 쥐고 포크는 왼손으로 잡는다. 놓여 있는 상태의 바깥쪽부터 안쪽 순으로 사용하면 된다.

식사 중일 때 포크와 나이프는 접시의 양옆에 벌려 놓고 식사가 끝나면 포크와 나이프를 접시의 오른쪽으로 가지런히 놓는다.

(4) 서양 요리 매너

모든 음식이 나오고 나서 요리에 손을 댄다. 자신의 요리가 먼저 나왔더라도 동석자 전원의 요리가 다 나올 때까지 기다리는 것이 매너이다. 떨어뜨린 포크나 나이프는 자신이 줍지 않는다. 포크나 나이프를 떨어뜨린 경우 먼저 웨이터에게 가볍게 손을 흔들어 신호를 준다. 웨이터가 오면 나이프나 포크를 떨어뜨렸다고 말하고 바꿔달라고 정중하게 부탁한다.

식사를 할 때는 식사의 보조를 맞추도록 한다. 식사를 일찍 또는 너무 늦게 먹는 것은 좋지 않다. 남들과 보조를 맞추어 식사할 수 있도록 해야 한다. 먼저 먹었다고 해서 자리에서 일어나는 것은 실례이다. 식사 중 흐르는 콧물은 종이 티슈로 살짝 닦고, 재채기를 할 때에는 손수건이나 냅킨을 이용해 입을 가린다.

2) 일본 요리

일본 요리는 지형적 특성으로 어패류가 풍부하여 생선회가 발달했다. 일식의 특징은 재료의 담백한 맛을 살려 조리하므로 향신료를 진하게 사용하지 않으며 색채 또한 아름다워서 눈으로 보는 요리라고 할 수 있다.

(1) 혼젠 요리와 가이세키 요리

혼젠 요리는 관혼상제와 같은 의식에 쓰이는 일본의 정식요리이지만 상차림과 먹는 방법이 복잡하여 현대에 와서 간소화되었다. 이 간소화된 요리가 가이세키(會席)인데, 이는 모임의 좌석이라는 뜻이다.

(2) 일본 요리 매너

일식에서는 죽, 볶음밥 등 젓가락으로 집어 먹을 수 없을 때만 숟가락을 사용한다. 국 또한 젓가락으로 건더기를 먼저 건져 먹고 국물은 그릇에 입을 대고 마신다.

일식에서는 상대가 술잔을 다 비우기 전에 첨잔하는 것이 예의이며 처음에 국물, 다음엔 밥을 한 입씩 교대로 먹는다. 향이 있는 음식을 먹을 때는 밥 위에 뿌려 먹으면 안 되며 한 접시에 한 가지 요리만 담아 먹는다.

(3) 젓가락 매너

일식을 먹을 때는 밥공기 위에 젓가락을 벌려놓지 않아야 하며 입으로 음식물이 묻은 젓가락을 핥거나 물고 있는 일은 없어야 한다. 일식은 주로 젓가락을 사용하는 만큼 젓가락의 행보가 중요한데 밥을 먹을 때에 어떤 음식을 먹을지 젓가락을 움직이며 고민해서는 안 된다. 밥을 먹을 때에는 밥과 반찬을 한 입에 먹도록 하며 따로 먹는 것은 매너가 아니므로 삼가한다.

3) 중국 요리

중국 대륙은 영토가 광대하여 지방마다 서로 다른 독특한 맛과 조리법이 있어 요리가 다양한 것이 특색이다.

(1) 요리 상차림

중국 요리 상차림은 〈그림 14-2〉와 같다.

① 사기 숟가락
② 요리를 덜어먹는 접시
③ 물수건
④ 젓가락
⑤ 곡주용 글라스

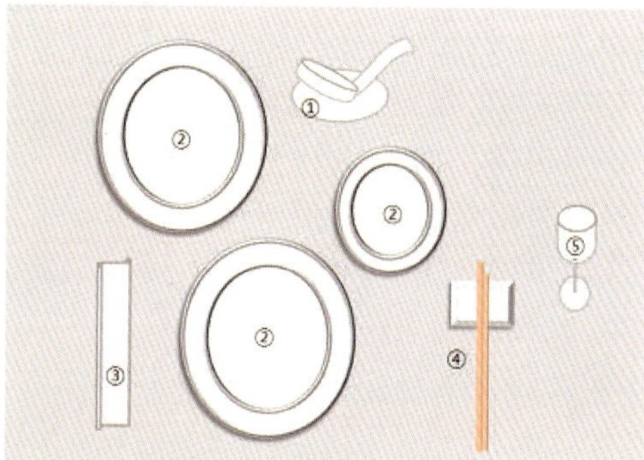

〈그림 14-2〉 중국 요리 상차림

(2) 원탁의 상석

상석은 일반적으로 방에서 멀리 있으며 식탁에서 비교적 좋은 위치이다. 의자는 벽을 등지고 있으며 창밖 풍경 또는 방문을 마주 보는 곳이 좋다.

상석의 손님 앞에 음식이 가장 먼저 준비되며 회전판은 시계방향으로 돌린다. 이때 다른 사람이 요리를 덜고 있을 때는 돌리지 않도록 주의하며 회전판 위에 자신의 접시를 올리지 않는다.

(3) 중식 매너

중국은 음식이 바뀔 때마다 접시를 새로 바꾸기 때문에 먹을 만큼만 자신의 접시에 덜어서 먹도록 하고 간장, 식초, 겨자 등의 양념은 자신의 앞 접시에 조금씩 담아와 먹도록 한다. 개인의 접시는 손으로 들고 먹지 않는다. 밥을 다 먹고 난 후 차를 마실 때는 받침까지 들고 마시는데 이때 뚜껑을 반쯤 덮어두면 계속 마시겠다는 의미이다. 웨이터가 차를 따라주면 감사의 표시로 오른손의 검지와 중지 끝으로 식탁을 두 번 정도 '톡톡' 친다.

4) 테이블 매너 진단

〈표 14-20〉의 체크 리스트를 통해 테이블 매너를 점검해 볼 수 있다.

〈표 14-20〉 테이블 매너 Check list

문항	항 목	Yes	No
1	서양요리를 먹을 때의 포크와 나이프의 순서를 안다.		
2	식사 시 재채기를 할 때는 손수건으로 입을 가린다.		
3	지배인이나 안내원이 안내하는 자리에 앉는다.		
4	젓가락에 묻은 음식물을 핥아 먹지 않는다.		
5	밥공기 위에 젓가락을 벌려놓지 않는다.		
6	일식을 먹을 때 한 접시에 한 가지만 담는다.		
7	중식 식사 시 원탁의 상석을 안다.		
8	중식의 경우 먹을 만큼만 덜어 먹는다.		
9	중식을 먹을 때는 개인의 접시를 들고 먹지 않는다.		
10	중식을 먹은 후 차를 마실 때 받침까지 들고 마신다.		

2. 파티 매너

파티를 통해 우리는 사람들을 만나 그들과 즐기고 서로의 생각을 이해함으로써 조금 더 친근한 관계를 형성하게 된다. 이런 파티는 여러 가지 형식으로 열리며 파티마다 기본적인 형식과 시간, 복장 등이 정해져 있다.

파티는 대체로 많은 사람들이 모이고 함께 즐기기 위한 장이기 때문에 매너를 생각하지 않을 수가 없다. 매너가 있는 사람과 없는 사람은 주변 사람들이 그들을 대하는 태도에서 차이가 난다. 상대의 입장을 생각하지도 않고 자신의 얘기만 하고 자신 위주의 행동을 하는 사람에게 사람들은 매력을 느끼지 않는다. 그러나 매너 있는 모습으로 상대에게 표현하고 상대를 배려하는 마음으로 파티를 함께 즐긴다면 많은 사람들이 호감을 느끼고 매력을 느낄 것이다. 또한 너무 부담스럽거나 부자연스러운 하는 행동은 좋지 않음으로 자연스러운 태도를 취하도록 한다.

비즈니스를 위해 참석한 파티에서는 사람을 피하지 말고 먼저 다가가야 한다. 술을 너무 많이 마시지 말고, 명함은 두둑히 챙겨 명함이 없어 끼치는 실례를 피해야 한다. 남성은 여성을 배려할 수 있는 매너 있는 사람이 되도록 노력해야 하며, 대인관계가 넓은 사람을 만나면 사람들을 사귀기가 더욱 쉬워질 수 있으므로 적극적으로 참여하도록 한다.

1) 초대장

파티의 주최자들이 손님을 초대할 때에는 각 사람들에게 정식으로 초대장을 보낸다. 초대장을 열었을 때 R.S.V.P.(Répondez S'il Vous Plaît)라는 말이 기재되어 있을 때는 답신을 보내는 것이 예의이며, 'Regrets only'라고 기재되어 있는 경우에는 참석을 하지 못할 경우에만 통보를 해달라는 뜻이다. 결국 자신이 받은 초대장에 대한 답을 하지 않는 경우에는 파티에 참석하는 것으로 알겠다는 뜻이다. 따라서 파티에 참석하지 못할 경우에는 반드시 사전에 연락을 해주어야 한다.

초대장의 드레스 코드는 파티에 참석할 때 자신이 착용하고 가야 할 복장을 지시하는 것이다. 드레스 코드를 색깔로 지정하는 경우도 있고, 테마를 지정하는 경우도 있다. 따라서 초대장을 꼼꼼히 읽어 혼자 다른 옷을 입고 가는 실수는 하지 않아야 한다. 또한 초대장 끝에 'No protocol' 이라고 쓰여 있을 경우 복장자유라는 뜻이므로 격식을 차린 복장을 하지 않아도 무관하다.

2) 파티 복장

파티는 특별한 날이다. 그저 즐기는 생각만 하는 것이 아니라 무슨 옷을 입어야 할지 고민하는 날이기도 하다. 파티는 친구들과 방 한 칸에 모여 술잔을 부딪치며 즐기는 것이 아니다. 격식을 갖추어 놓은 파티에서는 사람들이 그만큼 격식을 갖춰 오기 마련이다.

따라서 혼자서 이웃집 놀러가듯 해서는 안 된다. 파티를 자신의 회사가 주최하거나 회사 상사의 경사 날인 경우에는 간소한 원피스나 다크 셔츠 등에 악센트를 주는 것이 무난하며 여성의 경우에는 한복을 입는 것도 좋은 방법이다.

(1) 남성의 파티 복장

① 모닝코트(Morning coat)

모닝코트는 정식 예복으로 윙칼라 셔츠에 애스콧타이와 은회색 민무늬 조끼를 입는다.

그리고 상의와 이름이 같은 모닝 스트라이프 바지와 무광택 스트레이트 팁 구두를 신는다.

② 턱시도(Tuxedo)

턱시도는 준 예복으로 바깥솔기에 공단 띠가 있는 검은 바지와 윙칼라의 턱시도 셔츠를 입는다. 그리고 검은색 보우타이와 검은색 커머 밴드를 입고 검정 실크 양말에 에나멜 구두를 신는다.

③ 블랙 다크 수트(Black dark suit)

블랙 다크 수트는 약식 예복으로 민무늬 검은색 소재를 원칙으로 한다. 블랙 다크 수트에 은회색 타이를 매고 흰 포켓치프를 한다.

(2) 여성의 파티 복장

① 이브닝 드레스(Evening dress)

이브닝 드레스는 예복으로 디자인은 몸매를 많이 들어낸 원피스가 일반적이다. 스커트의 길이는 바닥까지 끌리고 소매가 없는 것이 많다. 천의 소재는 다양하며 장갑은 대개 드레스와 조화를 이루는 것으로 맞춘다. 구두는 대체로 펌프스 형을 신으나 변화된 샌들을 신기도 한다.

② 칵테일 드레스(Cocktail dress)

칵테일 드레스는 이브닝 드레스의 중간 타입으로 일정한 형식과 격식이 없으며 디자인으로부터 자유로운 드레스이다. 따라서 칵테일 드레스는 자유로운 형식의 파티에 어울리는 드레스이다.

3) 파티를 위한 준비 사항

사교의 장이라 말할 수 있는 파티에 우리는 철저하게 준비를 하고 갈 필요가 있다. 자신을 관리함으로써 상대에게 매너가 있는 사람으로 비춰지기 때문이다. 매너는 모두를 위한 배려이다. 파티에 가기 전에는 몸을 청결하게 하고 머리와 얼굴을 바르게 가꾼다.

남자는 넥타이를 여자는 액세서리를 조금 화려하게 하며 파티의 격식에 맞는 의상을 갖춰 입고 옷이 주름지지 않게 조심해야 한다. 자신의 신체에서 상대를 상처 입힐 수 있는 날카로운 부분은 다듬고 상대에게 누가 되지 않도록 입 주변과 이는 항상 청결을 유지한다. 구두는 수시로 깨끗하게 손질을 해둬야 하며, 파티 장을 돌아다닐 때는 여성의 드레스 자락을 밟지 않도록 조심한다. 비상시를 대비해 손수건은 항상 2장 이상 준비한다.

4) 파티의 식사 매너

파티 중의 풀코스 식사에서는 전채(Hors d'œuvre)로 입맛을 돋운 뒤 순차별로 생선에서 고기 순으로 먹을 수 있도록 한다. 뷔페식이라면 한 접시에 두 개나 세 개의 음식만 선택한다. 다시 가지러 가는 수고가 있더라도 한 접시에 여러 가지 음식을 섞어 쌓아 먹는 것은 자신이 매너가 없다고 광고 하는 것과 똑같기 때문이다. 음식의 배치에 있어서도 음식의 성질에 반(反)하는 상극의 음식들은 같이 놓지 않도록 한다. 찬 음식과 더운 음식, 소스가 있는 것과 다른 것을 함께 놓게 되면 음식의 맛을 바꿔 놓을 수 있기 때문이다.

5) 파티의 형식

파티의 종류에는 환영과 축하를 주로 하는 기념식, 거래처와의 돈독한 사이를 위한 사은 파티 그리고 개인적인 파티 등 여러 가지가 있다. 이런 다양한 파티들은 여러 가지 형식으로 열린다. 나오는 음식과 복장, 시간 등 각기 다른 매력을 가진 다양한 파티의 형식에 대해 살펴보기로 한다.

(1) 뷔페 파티(Buffet party)

뷔페 파티는 초청자와 참석자 모두 가벼운 마음으로 격식을 차리지 않아도 된다. 참석자의 음식 선택이 자유롭고 초청자가 일손을 덜 수 있기에 바쁜 현대 생활에 편리한 파티의 형식이다.

(2) 런치 파티(Lunch party)

런치 파티(오찬회: 午餐會)는 말 그대로 점심인 정오부터 오후 2시 사이에 열리는 파티로 가벼운 식사가 나오며 참석자는 평복을 입어도 된다. 자신의 자리가 정해져 있기 때문에 지각과 중도 퇴실은 하지 않도록 한다.

(3) 디너 파티(Dinner party)

만찬회(晩餐會)라고도 하며 파티의 형식 중 가장 격식과 절차가 엄격한 파티이다. 초대를 받게 되면 반드시 턱시도나 이브닝 드레스를 입고 참석해야 하지만 사회의 관습에 따라 약식 디너로 평복을 입고 참석하는 경우도 있다.

(4) 칵테일 파티(Cocktail party)

말 그대로 칵테일과 Canape로 손님을 접대하는 사교 행사이다. 시간은 보통 오후 5시 이후에 시작한다. 복장은 평복도 괜찮으나 드레시한 의상이 좋다. 요즘은 칵테일 드레스라는 미니 드레스를 입기도 한다.

(5) 가든 파티(Garden party)

규모가 큰 티 파티의 개념으로 정원에 필요한 기물들을 옮겨 손님들에게 접대하는 사교적 행사이다. 이 가든 파티는 목적에 따라 규모가 다양해지는데 작게는 테니스 등의 스포츠도 겸하는 작은 연회부터 무도회 정도의 커다란 연회가 되기도 한다.

6) 입식 파티(Standing party)의 유의 사항

최근 들어 입식 파티가 늘어나고 있는 추세이다. 파티는 많은 사람과 만나고 인맥을 쌓을 수 있는 친목의 장이다. 입식은 좌식과는 다르게 서서 즐기는 파티이기 때문에 유의해야 할 사항이 있다. 접시는 한 개를 초과해서 들고 다니지 않고 요리에도 욕심을 내지 않는다. 다시 음식을 먹을 시 사용한 접시는 테이블 한 쪽에 올려놓고 새로운 접시를 들어 음식을 담아 먹는다. 국물이 있는 음식은 국물이 밑으로 흐르지 않도록 균형을 맞춰 조심해서 들고 접시는 항상 가슴 높이 정도로 들고 다닌다.

7) 호텔 레스토랑을 이용할 때

현대인은 동료들이나 거래처 사람들과 식사를 자주 같이 한다. 또한 글로벌 시대와 더불어 외국인과 식사를 통한 만남도 늘어나고 있다. 이때 식사 매너로 자기를 돋보이게 할 수도 있지만 실수나 무지로 인해 상대에게 혐오감을 주거나 예의가 없다는 느낌을 줄 수도 있다.

특히 호텔 레스토랑을 이용할 경우 매너 있는 행동을 하는 것이 바람직하다. 사전 예약은 즐거운 식사를 위한 기본이며 식사를 할 사람의 취향과 예산, 인원 또는 모임의 목적을 고려하여 장소를 정하도록 한다. 호텔 또는 고급 레스토랑의 경우 드레스 코드를 확인하여 그에 대한 준비를 하고 가도록 한다.

레스토랑에 들어갈 때에는 아무 좌석에나 가서 앉지 말고 지배인이나 안내원 등이 좌석을 안내할 때까지 기다렸다가 가서 앉는다. 이때 자리가 마음에 들지 않는다면 정중하게 다른 테이블로 안내를 요구하는 것이 좋다.

서양에서는 여성 존중이 에티켓의 기본이므로 남성이 레스토랑에서 여성의 좌석을 빼주는 것은 훌륭한 매너가 된다.

8) 초청자(주최자)에게 인사

파티장에 도착하여 입장할 때 참석자는 이 파티에 초청해 준 주최측에게 감사의 표현을 해야 한다. 또한 파티장을 나와야 할 때는 먼저 주최자를 찾아가 감사의 인사를 한다. 감사한다는 인사말로는 잘 먹었다는 표현도 좋지만 “좋은 시간이었습니다”, “즐거운 시간이었습니다", "초청해 주셔서 감사합니다" 등의 인사말이 좋다. 주최자가 바쁜 경우 방해 하지 말고 조용히 빠져 나온다. 주최자가 개인일 경우 반드시 다음날 감사의 인사를 전하고 복수 주최자의 오찬과 만찬 등에 참석한 경우에는 4~5일경 안으로 주최자에게 감사의 쪽지나 편지 카드를 보내는 것이 좋다.

9) 파티의 자리 배치

좌식 파티의 경우 손님들이 앉는 좌석의 배치에 매우 중요한 의미가 있다. 상석(上席)과 말석(末席)을 구분할 수 있기 때문인데 상석에 앉아야 할 참석자가 말석에 앉게 되면 자존심과 명예에 누를 끼치기 때문이다. 상석은 주빈의 중심 부분과 파티장의 안쪽인 전망이 좋은 자리라 할 수 있고, 말석의 경우 주빈과 먼 곳과 파티장의 문과 가까운 부분 그리고 전망을 등지고 있는 부분이라고 할 수 있다.

외국인이 있을 경우에는 외국인을 상석에 앉히며 동급의 인사나 외국인이 있을 경우에는 나이가 많은 사람이 상석에 먼저 앉도록 한다. 손님을 집에 초대하여 파티를 열 경우 집주인의 우측 좌석이 상석이다. 부부를 초청했을 경우에는 부인은 집주인 옆에 남편은 여주인 옆에 앉히는 것이 예의이다.

10) 파티 매너 진단

무엇이든 처음은 어려운 법이다. 비즈니스를 하는 사람은 사교 활동을 소홀히 할 수 없기 때문에 사교 활동에 큰 영향을 미치는 파티 매너에 대해 익히고 실천해야 한다. 〈표 14-21〉의 체크 리스트를 통해 자신의 파티 매너를 점검해 볼 수 있다.

〈표 14-21〉 파티 매너 Check list

문항	항 목	Yes	No
1	파티의 초대장이 오면 참석 여부를 알린다.		
2	드레스 코드에 맞는 올바른 복장을 착용한다.		
3	파티에 가기 전 바른 몸가짐에 대해서 숙지하고 있다.		
4	풀코스 식사의 바르게 먹는 순서를 알고 있다.		
5	식사를 가져올 때 같이 가져와서는 안 되는 요리를 안다.		
6	파티의 다양한 형식과 형식에 맞는 복장을 안다.		
7	입식과 좌식의 차이점을 말할 수 있다.		
8	입식 파티의 주의사항을 알고 있다.		
9	자석 배치 중 상석과 말석의 자리를 알고 있다.		
10	파티 참석 시의 인사에 대해 알고 있다.		

3. 와인 매너

파티에서 빠질 수 없는 것 중 하나가 바로 와인이다. 파티의 고급스러운 분위기를 한층 더해 주는 요소라고 할 수 있다. 그러나 와인 마시는 법을 알지 못한다면 예의에 어긋나는 경우가 생길 것이다. 격이 있고 중대한 자리를 위해 올바른 와인 매너를 익혀 매력적이고 격 높은 처신을 취하도록 한다.

와인은 마시기 전에 반드시 호스트 테스팅(Host tasting) 3단계를 거치게 된다. 이 테스팅 단계는 눈과 코, 입으로 느끼는 것으로 가장 기초적인 3단계 테스트라 할 수 있다. 여기에서 와인을 넘기며 신맛, 단맛이나 목에서 느끼는 뒷맛까지 체크하면 이것이 테스팅의 5단계가 되는데 기본적인 3단계의 테스팅 과정은 다음과 같다.

첫째는 눈으로 와인 색을 확인한다. 와인의 색과 투명도는 와인의 기본이다. 색이 붉은 레드 와인은 와인이 맑고 떠다니는 부유물이 적으며 붉은색을 띨수록 좋은 와인이다. 와인 잔을 잡았을 때 나의 손이 비치지 않거나 와인에 붉은 끼가 없는 갈색일 경우에는 마시지 않는 것이 좋다.

둘째는 코로 와인의 향을 맡아본다. 와인이 고급일수록 향이 깊고 짙으며 숙성된 포도의 향보다는 풀 냄새 같은 것과 섞인 복잡한 향이 난다. 보통 테스트용 와인을 잔에 조금 따라서 잔을 살짝 흔들어 돌려 코밑에 대고 향을 맡는데 더 정확하게 판단하기 위해서는 냄새를 오래 맡고 있는 것이 아니라 흘기듯 조금씩 살짝 여러 번 반복하여 향을 맡는다. 와인의 향보다 코르크 썩은 냄새가 난다면 그것은 먹지 못할 변질된 와인이다.

셋째는 입으로 맛을 음미한다. 와인을 테스트하기 위한 양은 한 모금이면 된다. 와인을 마실 때 공기를 함께 마시고 혀에 와인을 굴려가며 맛을 본다. 레드 와인은 와인에서 느껴지는 단맛과 신맛, 떫은맛의 균형을 체크해야 하고 화이트 와인은 신맛과 단맛을 같이 음미한다. 자연스레 얼굴이 찌푸려질 정도로 쓰고 떫거나 와인의 맛이 혀에 너무 강렬하게 남는다면 이 와인은 테스터와는 맞지 않는 와인이다. 호스트 테스팅이 무사히 끝나고 와인이 마음에 들었다면 와인을 따라도 좋다는 긍정의 표현을 한다.

테이블에 여성이 있을 경우 여성의 잔부터 와인을 따른다. 와인을 따를 때에는 와인의 레이블이 보이게 한다. 따라주는 상대와 시선을 맞추며 병의 최대한 아래쪽을 잡고 병의 머리를 잔 중앙의 1cm 위로 들어 올려 와인을 ⅔ 정도까지 따른다. 그리고 와인병을 돌리며 천천히 들어 올려 와인이 옆으로 흘러내리는 것을 방지한다. 와인은 잔에 ⅓ 정도가 비었을 때 첨잔해 주는 것이 일반적인 매너이다. 자신의 잔에 와인을 따라줄 때에는 잔을 손으로 들지 않고 테이블 위에 가만히 둔 다음 와인을 따라준 상대에게 고마움을 표시한다.

1) 와인의 종류

(1) 레드 와인은 마시기 30분 전 개봉하여 실온에서 와인의 온도를 적응시킨 후 마신다.

(2) 화이트 와인, 로제 와인, 샴페인: 차게 마시는 와인으로 개봉 후 바로 마신다.

2) 와인을 마실 때 유의 사항

와인은 온도에 따라 쉽게 맛이 변한다. 그렇기 때문에 가능한 잔의 볼을 잡지 않도록 한다. 레드 와인의 경우 온도가 너무 낮게 되면 떫은 맛이 강해지며 반대로 온도가 높으면 향이 사라져 알콜의 맛만 느껴지게 된다. 화이트 와인의 경우 차게 마시지 않으면 신선한 맛이 떨어지게 되므로 차가운 온도를 유지해야 한다. 그렇기 때문에 와인 잔을 잡을 때에는 다리 부분을 가볍게 잡도록 한다.

3) 와인 매너 진단

〈표 14-22〉의 체크 리스트를 통해 와인 매너를 점검해 볼 수 있다.

〈표 14-22〉 와인 매너 Check list

문항	항 목	Yes	No
1	와인의 호스트 테이스팅 3단계를 알고 있다.		
2	눈으로 보았을 때 불투명한 와인은 마시지 않는다.		
3	향을 맡았을 때 코르크 썩은 냄새가 나는 것은 마시지 않는다.		
4	코로 향을 맡을 때 잔에 코를 오래 대고 있지 않는다.		
5	입으로 와인을 마실 때 테스팅은 한 모금을 한다.		
6	와인은 여성의 잔부터 먼저 따른다.		
7	와인을 따를 때 레이블을 손으로 가리고 따르지 않는다.		
8	와인을 따를 때 잔을 계속 응시하지 않는다.		
9	온도에 따라 와인의 맛이 변하는 것을 안다.		
10	와인 잔을 잡을 때는 와인의 볼을 잡지 않는다.		

4. 해외여행 매너

글로벌 시대에 맞춰 해마다 해외로 진출하는 기업들과 해외여행을 즐기는 사람들이 점점 늘어나고 있다. 해외에 나가서는 자신의 이미지가 곧 국가를 대표하므로 긍정적인 이미지를 심어주기 위한 매너를 알아야 한다.

1) 여행준비

해외여행에 필요한 서류는 여권, 비자 등이 있다. 여권은 외국을 여행하는 국민에게 정부가 발급하는 증명서류로써 국적과 신분을 증명해주는 역할을 한다. 비자는 상대국에서 해외여행을 허가하고 외국 관헌의 보호를 부탁하는 문서이다. 즉, 비자는 사증이라고도 하며 외국인에 대한 입국허가서이다. 비자면제협정을 맺은 나라에는 체류기간에 따라 비자를 발급받을 필요가 없다.

2) 출국수속

출국을 하기 전에는 반드시 출발 시간을 확인하고 최소한 출발 2시간 전에 공항에 도착하여 미리 준비를 한다.

(1) 탑승수속

공항에 도착한 후 단체여행이라면 여행사 직원에게 도움을 받는다. 그러나 개인의 경우에는 데스크를 찾아가 탑승수속을 하고 대형 수하물을 탁송해야 한다.

(2) 출국수속

탑승수속이 끝난 후 출국수속을 해야 하며 다음과 같이 출국을 하기 위한 검사를 모두 마친 후 탑승하도록 한다.

① 보안검사 및 세관검사

보안검사를 마치고 휴대품 검사를 받는데 이때 기내에 반입금지 물품과 제한물품을 찾는다. 기내 반입금지 물품은 〈표 14-23〉과 같다. 여행에서 돌아올 때 다시 가져올 귀중

〈표 14-23〉 기내 반입금지 물품

물 품	세 부 내 용
총기류	압력총, BB탄권총, 섬광총 등 폭발에 의해 발사되는 모든 무기류
칼	위험하다고 판단되는 군도, 검, 사냥 칼, 기타 도검류
곤봉류	경찰봉, 가죽으로 싼 곤봉 또는 유사품
폭발물 및 탄약	판매용 또는 사제 폭발물, 탄약, 기타 혼합제품
인화물질	폭발 또는 발화가 가능한 인화물품, 기타 혼합물품
가스 및 화학물질	최루탄, 신경가스, 기타 화학가스, 유독성 물질
기타 위해물품	가위, 면도날, 얼음송곳 등 무기로 사용 가능한 물품
100ml 넘는 액체	생수, 화장품, 휴대용 라이터, 젤

품이나 고가품들은 출국 전 세관 출국 신고대에서 신고를 해야 하며 신고한 물품들은 면세를 적용받게 된다. 최근에는 보안검사를 위해 가죽벨트, 신발, 시계 등을 벗는다.

② 출국심사

보안검색대를 통과하면 출국심사를 받아야 하는데 이때 출국심사대 앞에서 대기 시 선글라스나 모자 등은 벗는다. 줄을 서서 기다리다가 순서가 오면 출국 심사직원에게 여권과 탑승권을 제출한다. 여권에 출국 확인을 받고 여권을 반환받은 뒤 출국 심사대를 통과한다.

③ 탑승

출국심사를 마친 후 탑승권이나 운항정보 모니터에 있는 탑승 게이트로 이동하여 항공기에 탑승을 하면 되는데 항공기는 출발 30분 전에 탑승을 시작하여 10분 전에 탑승이 마감되기 때문에 시간을 정확하게 확인하여 탑승을 하지 못하는 경우가 없도록 해야 한다.

3) 기내 매너

시간이 갈수록 다른 교통수단에 비해 속도가 빠른 항공기 이용이 더욱 늘어나고 있다. 그러나 항공기는 장시간 좁은 공간에 많은 사람들이 함께 있기 때문에 서로 배려하며 매너를 지켜야 한다.

먼저 기내에 들어가면 꼭 자신의 탑승권에 기재된 좌석을 찾아 앉는다. 좌석을 찾지 못하면 승무원에게 부탁하여 안내를 받는다. 기내에서 맨발로 돌아다니지 않도록 하고 창가 쪽이나 중간 좌석에 앉은 사람들은 통로로 나갈 때 옆 사람에게 피해를 주기 때문에 꼭 필요한 일이 아니라면 자리를 비우지 않도록 한다.

항공기의 착륙과 이륙시 전자제품에서 나오는 전자파가 항공기에 장착된 전자기기들을 오작동시킬 수 있기 때문에 전자제품을 사용하지 못한다. 필요한 것이 있으면 승무원에게 부탁한다. 기내에서는 승무원의 안내에 반드시 협조해야 한다.

4) 입국수속

기내에서 승무원이 나눠주는 신고서를 비행기 안에서 미리 작성하여 입국수속을 신속하게 받는다.

(1) 입국심사

내국인은 내국인 심사대에 외국인은 외국인 심사대에서 대기하며 입국심사대 앞에서 기다린다. 이때 모자나 선글라스는 벗고 내국인은 여권을 외국인은 입국신고서와 여권을 제시하면 된다. 입국심사를 받고 난 후 수하물 수취대로 가서 본인의 수하물을 찾는다. 이때 수하물이 바뀌지 않도록 조심해야 한다. 자신의 수하물이 나오지 않을 때는 분실수하물 카운터에 가서 문의하면 된다.

(2) 세관검사

대부분의 경우 수화물을 X-선으로 통과시키면 세관검사가 끝난다. 그러나 수하물을 찾고 나서 자신의 수하물에 세관검사 안내표시가 부착되어있는 경우에는 가까운 세관직원의 안내를 받아 검사대로 이동하여 정밀 검사를 받도록 한다.

5) 호텔 매너

생활수준의 향상과 여가 시간의 증대로 우리는 평소 체험하지 못했던 타국에서의 경험을 통해 폭넓은 사람관계를 경험할 수 있게 되었다. 특히 국제적인 비즈니스에 있어서 호텔 매너는 매우 중요하므로 알아둬야 한다.

(1) 호텔 예약

우리는 일반적으로 여행을 할 때 잠을 잘 곳으로 호텔을 이용한다. 호텔 이용을 위해서는 기본적으로 예약을 받는데 호텔 예약 시에는 자신의 성명과 체제일 수, 원하는 객실타입과 연락처 등을 알려주도록 한다.

(2) 호텔 체크인

호텔에 도착하면 체크인 수속을 밟아야 한다. 안내 데스크에 가서 예약자의 성명을 밝히고 예약을 확인한 후 직원에게 등록카드를 건네받아 카드에 인적사항을 작성한다. 호텔 측에서 호텔비 계산을 위해 신용카드를 요구할 수 있다. 이는 바로 계산을 하는 것이 아니므로 오픈하여 보관하는 것이다. 자신이 일정을 연장하거나 취소해 호텔에 더 머물거나 일찍 나가야 할 때에는 호텔 측에 미리 알려 주어야 한다. 자신이 가지고 있는 귀중품은 안내 데스크나 안전한 금고에 넣어 잃어버리지 않게 조심해야 한다. 개인적으로 호텔방을 나갈 때에는 일행이나 가이드에게 행선지를 알리고 나가야 한다. 외출할 때 길을 잃어버리는 경우를 대비해 호텔 명함이나 카드 등을 가지고 나가는 것도 좋은 방법이다.

(3) 호텔 이용

호텔의 건물이 신관, 본관으로 나누어져 있는 곳이 있고 건물 분간이 어려운 건물인 경우도 있다. 이런 경우를 대비해 주변에 무엇이 있는지 어디로 가는지 확실하게 알아두는 것이 중요하다.

호텔 객실의 열쇠는 종류가 다양하고 사용법의 차이가 있기 때문에 주의해야 한다. 객실의 문이 자동 잠금장치일 경우에는 외출 시 열쇠를 빼내어 안내 데스크에 맡겨야 한다. 또한 카드 열쇠에는 객실 번호가 표기되어 있지 않기 때문에 객실번호를 기억해야 한다.

호텔의 객실에는 필요한 기본적인 것들이 제공된다. 그러나 자기 물건이 아니라고 함부로 다루는 행동은 매너에 어긋난 행동이며 모든 객실의 시설은 청결하고 조심스럽게 이용하도록 한다.

숙박 후 퇴실할 때 침대머리맡이나 베개 위에 청소관리자를 배려한 1$ 정도를 놓고 나오는 것이 예의이다.

6) 해외여행 주의 사항

기분 좋게 떠난 여행 중에 예상치 못한 일로 여행을 망치는 일이 있다. 이를 방지하기 위해 미리 여행지에 대한 정보를 알아보고 예방책을 세워야 한다. 우선 여행 중에는 분실과 도난 사고가 많은데 특히 거리나 역, 쇼핑센터와 관광지 등의 장소에서 자주 발생되므로 여권이나 현금을 한 곳에 몰아서 갖고 다니지 말고 분산시켜 갖고 다니는 것이 좋다.

현금은 보이지 않도록 하며 가방은 지퍼가 자신의 몸쪽으로 오도록 매어야 한다. 골목길은 되도록 혼자 다니지 않으며 노출이 심하거나 단정치 못한 옷차림은 하지 않는다. 고급 레스토랑이나 공연장에 갈 경우 정장을 입어야 하는 곳이 있기 때문에 사전에 알아보고 가는 것이 좋다.

7) 바람직한 여행 매너

여행은 많은 사람들과 만나는 교류이므로 여행을 다닐 때는 사람들과의 관계적인 면을 고려하지 않을 수 없다. 여행할 때는 방문하는 나라를 이해하는 마음으로 그 사람들의 문화와 지역관습에 대하여 배우려고 노력해야 한다.

이때 상대의 말에 경청하고 행동을 관찰하는 모습을 보여 줘야 한다. 또한 여행지의 주민들에 대해 예의를 지켜야 한다. 예의를 지키지 않으면 공격적으로 변할지 모르기 때문에 각별히 주의해야 한다. 당신은 한 나라를 방문한 방문객 중에 한 사람이다. 따라서 당신을 특별대우 해줄 것이라는 기대는 버려야 한다. 그리고 물건을 살 때 싸게 사면 현지 노동자의 저임금을 초래한다는 점을 명심을 해야 한다.

8) 귀국안내

귀국하기 3일 전에 현지에 있는 해당 항공사에 전화를 하여 예약 번호와 영문이름을 알려 귀국 예약에 이상이 없는지 재확인해야 한다.

(1) 국제공항 세관검사 안내

국제공항 세관검사에는 〈표 14-24〉와 같이 면세 검사대와 과세 검사대로 구분하여 검사를 신속하고 간편하게 실시한다.

〈표 14-24〉 귀국 세관검사

장 소	내 용
면세 검사대	- 해외에서 취득(무상포함)한 물품 및 구입물품의 총 가격이 $400 미만인 경우 - 농림축수산물 및 한약제 총량이 50kg 이내이거나 전체 해외 취득가격의 10만원 이내인 경우(단, 관세청에서 지정하는 면세 한도를 벗어나지 않는 범위 내) - 미화 1만불 이내 외화 소지자 - 총·마약이나 수입 금지물품, 제한되는 물품을 소지하지 아니한 자
과세 검사대	면세검사대 조건 중 한 가지도 해당되지 않거나 검사대 선택에 의문이 있는 사람

9) 여행 매너 진단

〈표 14-25〉의 체크 리스틀 통해 여행 매너를 점검해 볼 수 있다.

〈표 14-25〉 여행 매너 Check list

문항	항 목	Yes	No
1	해외여행에 필요한 서류를 안다.		
2	기내 반입금지 물품을 잘 지킨다.		
3	항공기 이·착륙 시 전자제품을 사용하지 않는다.		
4	기내에서 맨발로 돌아다니지 않는다.		
5	탑승수속을 할 때 질서를 지킨다.		
6	좌석에 앉으면 안전벨트를 맨다.		
7	호텔 이용 시 여성우선원칙을 준수한다.		
8	호텔 복도에서 담배를 피우지 않는다.		
9	호텔의 종업원에게 함부로 대하지 않는다.		
10	72시간 전에 항공권 예약을 재확인한다.		

제14장 연구문제

1. 매너의 개념에 대해 정리하시오.
2. 매너가 이미지에 미치는 영향을 정리하시오.
3. 생활하는데 있어서 필요한 매너를 정리하시오.
4. 매너가 대인관계 형성에 미치는 영향에 대해 정리하시오.
5. 비즈니스 매너가 사회생활에 미치는 영향에 대해 정리하시오.

제15장
리 더 십

어느 조직이나 단체든 항상 리더가 존재한다. 리더가 목적을 가지고 팀을 이끌어 가는 자질과 능력을 리더십이라고 표현한다. 1930년대부터 오늘날에 이르기까지 시대의 상황적 요구에 따른 수많은 리더십 이론들이 쏟아져 나오고 있다. 리더십은 조직의 크기나 성공여부와 상관없이 존재한다. 새로운 나라를 세우고자 열망하였던 역사 속의 수많은 주인공에서부터 기업의 책임자 및 담당자, 소규모 그룹의 장과 한 가정의 가장에 이르기까지 리더십은 리더가 속한 집단 속에서 영향력을 행사하고 있다. 이 장에서는 리더십에 대한 개념 및 특성을 정리한 후 역할에 따른 이미지 리더십에 대해 살펴보고자 한다.

제1절 리더 및 리더십의 정의와 개념

1. 리더의 정의와 개념

'Leader'란 영어의 'Lead'에서 유래된 말로 '앞선다, 앞서다 또는 지도한다, 선도한다'는 뜻을 가지고 있다. 리더의 사전적 의미는 조직이나 단체 따위에서 전체를 이끌어 가는 위치에 있는 사람을 뜻한다. 따라서 리더란 구성원들에게 주어진 과업을 보다 원활하게 수행할 수 있도록 방향제시 및 동기부여를 하고 팀원을 이끄는 사람이다. 즉, 조직의 발전을 진두지휘하며 조직 내 사람들의 행동 변화에 영향을 주는 사람이다.

리더는 타고난 자질과 특별한 소질, 탁월한 재능이 있는 사람이라는 인식이 많은 사람들에게 남아있다. 그러나 최근의 연구에 의하면 리더와 보통사람과 결정적으로 다른 점이 없다는 결과가 나온 바 있다. 이러한 결과는 특별한 누군가만이 성공한 리더로 사는 것이 아니라 누구나 리더의 자질을 가지고 있으며 열정과 노력이 그 정도상의 차이를 뛰어넘을 수 있다는 가능성을 제시하고 있다.

2. 리더십의 정의와 개념

Yukl(1989)는 리더십을 집단이나 조직의 한 구성원이 사건의 해석, 목표나 전략의 신택, 작업 활동의 조직화, 목표 성취를 위한 구성원 동기부여, 협력적 관계의 유지, 외부인의 지지와 협력의 확보 등에 영향력을 미치는 과정이라고 했다. 따라서 리더십이란 조직의 공동 목표를 달성하기 위하여 계획, 지휘, 통제를 함에 있어서 구성원들의 팀워크를 이끌고 능동적으로 참여시킬 수 있는 리더의 영향력이다.

우리는 환경에 따라 수많은 리더들을 만나면서 성장한다. 가정에서는 부모님이라는 리더를, 학교에서는 스승이라는 리더를, 사회생활에서 만난 수많은 단체의 리더들, 이 이외에도 각자가 맺어 온 수많은 관계 속에서 리더들의 리더십에 영향을 받으며 성장한다. 그 속에는 닮고 싶은 리더의 모습과 닮고 싶지 않은 리더의 모습이 함께 존재한다. 닮고 싶은 리더란 위로는 선견지명으로 집단에게 긍정적인 미래를 제시하고 아래로는 뛰어난 지도력으로 구성원들을 이끌며 세밀하게 돌보는 유형이다.

집단 구성원들과의 상호작용을 바탕으로 긍정적인 변화를 일으키며 집단의 목표를 달성하도록 유도하는 능력이 바로 리더십이다. 또한 리더십은 조직의 비전과 역할, 개별적인 능력을 고려한 구성원의 행동변화를 바탕으로 조직의 목표 달성과 발전 추구를 포괄한다고 볼 수 있다.

선행 연구된 여러 학자들의 리더십에 대한 정의를 요약하면 〈표 15-1〉과 같다. 이는 리더십을 연구하는 학자들의 목적이나 방법, 용어의 혼용 등으로 인해 다양한 리더십의 정의를 형성하게 된 결과이다.

〈표 15-1〉 리더십의 정의

연 구 자	정 의
Katz & Kahn (1978)	리더십이란 기계적으로 조직의 일상적 명령을 수행하는 것 이상의 결과를 가져올 수 있게 하는 영향력이다.
Jago (1982)	리더십은 강제성을 띠지 않는 영향력 행사과정으로 구성원들에게 방향을 제시하고 활동을 조정하는 것이다. 또한 성공적으로 영향력을 행사하는 사람들이 갖는 특성들이다.

Conger & Kanungo (1988)	리더십이란 특정 목표를 달성하기 위해 특정 인물이 다른 사람들에게 영향력을 행사하는 과정이다.
Bass (1990)	리더십이란 부하들의 지각, 기대감, 그리고 상황의 구조(Structure)나 재구조화(Restructuring)를 포함하는 집단에서 둘 이상의 구성원들 간의 상호작용이다.
Jacoba (1990)	리더십은 집합적 노력에 목적, 즉 의미 있는 방향을 부여하는 과정이며, 하고자 하는 의욕을 불러 일으켜서 목적의 성취를 위해 사용하는 것이다.
Yukl (1989)	리더십은 집단이나 조직의 한 구성원이 사건의 해석, 목표나 전략의 선택, 작업 활동의 조직화, 목표 성취를 위한 구성원 동기부여, 협력적 관계의 유지, 구성원들의 기술과 자신감의 개발, 외부인의 지지와 협력의 확보 등에 영향력을 미치는 과정이다.
Northouse (2001)	리더십이란 공동 목표를 달성하기 위해 한 개인이 구성원들에게 영향력을 미치는 과정이다.

이와 같이 학자에 따라 리더십의 정의가 다양하게 나타날 수 있지만 공통적으로 내포하는 리더십의 개념을 정리해 보면 리더십은 상호작용으로 이루어지는 양방향 커뮤니케이션으로서 개인이 아닌 집단 혹은 구성원들 간의 관계를 포함한다. 또한 리더의 영향력이 구성원들과의 관계에 영향을 주어 구성원들의 행동을 변화시키는 작용을 한다. 상호작용과 행동 변화의 결과는 조직이 추구하는 목표 달성으로 이어지며 이를 통해 조직이 발전하게 된다. 따라서 리더십에는 강압이나 강제적인 지배에 의해 작용하는 영향력이 아닌 자발적인 의사와 수용이 전제되어 있다.

제2절 리더의 특성 및 리더십의 유형

1. 리더의 특성

한 개인이 리더가 되기 위해서는 신체적 특징, 인성 요인, 관계 능력 등의 특성들이 서로 작용하여 하나의 조합을 이루어야 한다. Lussier & Achua(2001)의 연구에 따르면 자가 통제, 성실, 유연성, 감수성, 지식, 안정성, 자기 확신, 열정, 지배력 등 리더십 자질의 특성을 갖춘 리더는 이 요소들을 통합하는 능력 또한 갖추어야 한다.

일본의 교세라 그룹의 이나모리가즈오 명예회장에 따르면 리더는 타인에게 모범이 되는 일을 하는 사람이며 사회적, 도덕적으로도 많은 이들에게 인정받는 영향력을 행사해야 한다.

영웅들의 분석을 통해 그들이 지닌 공통된 특성을 연구한 Locke(1990)에 의하면 정직, 독립성, 자기 확신, 활동성, 야망, 많은 노력, 끈기 등은 영웅들게 공통적으로 발견된 특성이라고 한다.

오늘날 현대사회가 요구하는 리더의 상(象)은 하나의 집단이 바람직한 방향으로 갈 수 있도록 이끌어 주는 탁월한 안목과 통솔력을 지닌 사람이다. 따라서 자신이 속한 조직을 발전시키며 타인에게 영향력을 행사하는 리더는 그 분야의 전문적인 지식과 더불어 내적인 성품 및 타인에게 보여지는 외적 이미지도 함께 관리해야 한다.

1) 성공한 리더

성공한 리더는 감정과 상황에 휘둘리지 않을 자기 통제력이 갖춰져 있다. 그리고 확고한 목표와 뚜렷한 비전을 가지고 전문적인 지식과 명료한 사고로 주어진 업무에 열정적으로 임한다. 또한 자기 확신을 가지고 안정적으로 조직을 지배하며 집단 구성원들의 의견을 수용하는 자세를 가지고 있다. 뿐만 아니라 급변하는 환경에 맞춰 유연하게 대처하면서 언제나 변화와 혁신의 자세를 가지고 있으며, 어떠한 상황과 위기에서도 긍정적인 태도와 언행으로 구성원들의 사기를 북돋워준다.

진정한 리더는 성공에 대해 자만하지 않고 겸손하며 자신의 실수로부터 배우고 다시 새롭게 도전할 수 있는 기회에 감사해 한다. 이들은 결과 자체에 집중하기보다는 훌륭한 결과를 창출해 내기 위해 필요한 것들에 더 많은 관심을 가지고 집중한다.

마지막으로 이들은 구성원들과의 소통과 관계를 중요시하며 여기고 조직의 비전과 목표를 함께 공유하여 회사의 비전과 전 직원의 비전이 일체가 되도록 만들어 가기 위해 노력한다.

2) 실패한 리더

일반적으로 조직의 성공과 실패는 리더와 구성원들에게 달렸다. 그런데 구성원들을 통제하고 관리하는 것이 리더의 역할이므로 결국 조직의 성패여부는 리더에게 있다고 할 수 있다. 에너지와 열정이 부족한 리더에게 새로운 과업은 짐과 부담이 되어 먼저 나서기를 꺼리게 된다. 이러한 현상은 결국 조직 내부로 확산되어 조직 전체의 에너지를 소진시키는 결과를 낳는다. 또한 실패한 리더는 목표에 도달하는 것을 어려워하여 적당히 하면 된다는 자세를 가지고 있다. 뿐만 아니라 비전과 목표가 뚜렷하지 않아 주어진 일만 겨우 수행한다.

실패하는 리더를 보면 협동심이 부족하여 동료들을 경쟁자로 인식한다. 결국, 혼자 고립되며 행동보다 말만 앞세우는 경우가 많다. 꽉 막힌 사고를 가진 리더에게 새로운 아이디어는 거부당하게 되고 공급이 되지 않아 결국 조직은 정체되고 만다. 실패하는 리더는 자신의 실수를 감추려고 할 뿐 그 속에서 배우려고 하지 않는다.

조직을 망치는 리더들은 자기중심적인 언행으로 대인관계가 원활하지 못하고 남들의 발전에까지 그릇된 영향을 끼친다. 또한 이와 같은 모든 문제점들에 대해 자신의 실수를 모르며 자기 자신을 높게 평가함으로써 발전 없이 퇴보한다.

3) 리더가 갖춰야 할 요소

리더십의 형태는 과거의 권위적이고 지시적이던 패턴과는 다르게 현재는 수용적이고 적극적인 패턴으로 변화하고 있다. 이러한 리더십 변화에 따라 리더는 상황에 맞게 다양한 역할을 수행해야 하며 다양한 리더십의 요소를 갖춰야 한다. 리더십의 형식적인 구성요소는 리더, 추종자, 환경이며 실질적인 내용에는 열정, 권한위임, 커뮤니케이션, 자기통제, 비전, 목표 등이 있다. 실질적 리더십의 구성요소를 〈그림 15-1〉과 같이 나타낼 수 있다.

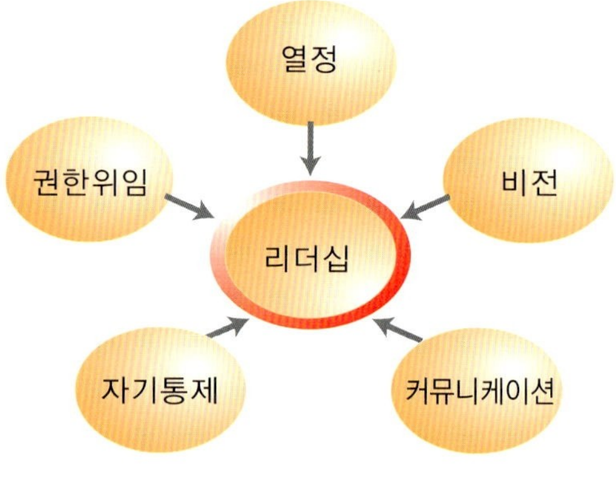

〈그림 15-1〉 실질적 리더십 구성요소

(1) 열정

열정이란 어떤 대상에 대한 높은 수준의 애정이며, 자신의 일과 목표에 시간을 투자하고 노력을 기울일 수 있는 원동력이다.

성공적인 리더는 자신의 인생과 일에 대해 열정을 가진 자이다. 자신의 일에 대해 열정을 가진 리더는 어떠한 상황에서도 긍정적인 면을 더 바라보며 이루고자 하는 목표가 가리키는 방향으로 가기 위해 노력한다.

이상적인 목표의 가치와 중요성에 대한 부하들의 의식수준을 끌어올리고 조직의 목표를 달성하기 위해서 리더의 열정은 필수불가결한 요소이다.

(2) 권한위임

권한위임에 대한 사전적 의미는 종업원에 대한 권한부여, 능력 개발, 가능성 부여, 허락 등의 의미로 규정된다.

구성원에 대한 권한위임은 리더가 가진 책임과 권한의 일부를 구성원들에게 위임하여 구성원들이 스스로 조직의 일에 대해 최선의 의사결정을 내릴 수 있게 하는 방법이다. 뿐만 아니라 구성원들에게 권한을 위임함으로서 구성원들의 사기를 진작시키고 직무에 대한 성취감을 가져다준다.

(3) 자기통제

자기통제란 주어지는 결과물이 작지만 큰 결과를 선택하는 것이다(Logue, 1995). 즉, 더 나은 행동을 수행할 수 있도록 자신을 조절하는 능력을 의미한다.

리더의 자기통제가 부족할 경우 최종 목표를 바라보기보다는 순간순간의 충동적인 선택에 의해 조직이 불안정하게 될 가능성이 크다. 따라서 리더는 조직의 목표 달성을 위해서 일시적인 충동에 의해 즉각적 만족을 추구하기보다는 먼 비전을 바라보고 신중하게 행동해야 한다.

(4) 커뮤니케이션

Barnard(1983)는 조직의 구조, 확장, 범위 등이 커뮤니케이션에 의해 변화되므로 어떠한 조직에서도 커뮤니케이션은 중요하다고 했다.

조직의 목표를 달성하기 위해서 리더와 구성원들은 상호 소통하고 정보를 교환하여 갈등을 해결할 수 있다. 또한 리더는 원활한 커뮤니케이션을 통해 구성원의 요구를 파악하고 동기를 부여해줌으로써 조직의 기능을 효율적으로 수행해 나갈 수 있다.

(5) 비전

조직의 비전은 구성원들을 움직이게 하는 힘이다. 개인에게는 내재적 동기를 유발하여 성공에 이르게 하며 조직 안의 구성원들이 공통된 비전의 방향으로 일치된 힘을 발휘하게 하는 에너지를 부여한다.

그러므로 리더는 조직의 비전과 전략을 설정함과 동시에 구성원들에 대한 격려와 지도를 아끼지 말아야 한다. 또한 구성원들도 함께 비전을 갖게 한다. 이를 위해 리더는 전 직원이 비전을 공유함으로써 회사의 비전과 일체가 되도록 만들어야 한다.

2. 리더십의 유형

일반적으로 리더십의 유형을 크게 전통적 리더십 이론과 현대적 리더십 이론으로 구분할 수 있다. 전통적 리더십 이론은 1930년대에서 1970년대에 형성된 이론들이며 그 안에는 1940년 후반 이전의 특성이론과 1940년 후반에서 1960년대 후반까지의 행동(행위) 이론, 1960년 후반에서 1980년 전반까지의 상황이론이 중심이 된다. 그리고 1980년대 이후부터 현재까지의 리더십 이론들을 현대적 리더십 이론이라 하며 〈표 15-3〉와 같이 정리할 수 있다.

〈표 15-3〉 리더십 이론의 유형

접근 방법	전통적 리더십 이론			현대적 리더십 이론
	특성이론	행동이론	상황이론	변혁적, 비전적, 카리스마 리더십
기 간	1940년 후반 이전	1940년 후반 ~ 1960년 후반	1960년 후반 ~ 1980년 전반	1980년 초반 이후
내 용	리더십 능력은 타고난다.	리더십 유형은 리더의 행동에 따라 달라진다.	리더십 유형은 상황에 따라 달라진다.	리더는 비전으로 강한 정서적 반응을 이끌어내야 한다.
대표적인 학 자	Stogdill, Yukl	Ohio주립대학, Michigan 대학, Blake & Mouton	Fiedler, Hersey & Blanchard, Kerr & Jermier, House	Burns, Bass, Sashikin, Conger & Kanungo

리더십 유형에 대한 연구 및 그와 관련된 서적들은 해를 거듭할수록 더욱 다양해지고 있다. 그만큼 리더십에 대한 사람들의 관심이 크다는 것을 알 수 있다. 자신의 리더십 유형을 알고 그에 따른 리더십 이미지를 구현시켜 나가는 것은 경쟁사회에서 자신만의 이미지를 구축하여 자신의 인생에 대한 주인의식을 키워 가는데 필수적이라 할 수 있다.

환경적 상황이나 조직과 구성원의 성숙 단계, 일의 특성 등과 같이 요구되는 역할별로 그에 상응하는 최적의 리더십이 있다. 뿐만 아니라 상호작용, 비전(미래 창조), 카리스마(역할 모델화), 자율, 봉사 등에 초점을 맞추어 카리스마적 리더십, 변혁적 리더십, 슈퍼리더십, 비전적 리더십, 서번트 리더십, 브랜드 리더십, 사이드 리더십, 파워 리더십과 같이 여덟 가지 유형으로 나눌 수 있다. 이러한 유형은 조직을 변화시키는 데 앞장서는 리더의 리더십 유형들이다. 다음 내용은 신구범(2007)과 배정훈(2009)의 분류를 참고로 확대·보완하여 설명을 덧붙인 것이다.

1) 카리스마적 리더십

카리스마적 리더십은 구성원을 심복시켜 따르게 하는 리더의 뛰어난 능력이나 자질로 구성원에게 그 효과를 미치는 리더십이다. 카리스마적 개념을 리더십 연구에 최초로 소개한 Max Weber(1864-1920)는 카리스마적 리더십을 카리스미에 의해서 한 개인이 보통사람들로부터 구분되는 어떤 자질 또는 초자연적이거나 원초적인 힘이나 능력을 부여받았다고 인정되는 개인 성향의 어떤 자질이라고 했다.

House(1977)는 카리스마적 리더십으로 구성원에게 카리스마적 효과의 영향을 가하는 리더십이라 정의했다. 카리스마적 행동 특성이 영향을 미쳐 리더 스스로 자신이 능력 있다고 믿으며, 성공할 수 있는 이미지를 구축한다고 했다. 또한 카리스마적 리더십을 지닌 리더는 조직 구성원들이 호의적으로 인지하고 리더에 대한 신뢰, 충성심, 무조건적 수용, 자발적 복종 등을 유도할 수 있다고 했다.

카리스마적 리더는 대표적으로 히틀러 혹은 예수나 나폴레옹 같은 지도자를 말한다. 카리스마적 리더십을 가진 사람들은 비범한 자질과 능력 및 행위로 대중 호소력과 선동력을 지닌 천재적 지도자이며 구성원들의 이성이 아닌 맹목적인 의식에 의해 지도자로서 추앙받는다.

2) 변혁적 리더십

변혁적 리더십은 약점을 강점으로 바꾸는 리더십으로 1970년대 새로 등장한 리더십의 유형이다. 변혁이라는 단어 자체에서도 그 의미를 짐작할 수 있듯이 위기나 문제 상황에 대해 변화를 적극적으로 수용하되 강력한 비전을 구체화시켜 개발하는 것이다. 또한 변혁적 리더십은 '처음의 정신을 유지 하여라' 는 목표를 가지고 업무 능력을 개선하여 장기적인 경쟁력을 만들고 싶을 때 가장 좋은 리더십이다.

Burns(1978)는 변혁적 리더십을 카리스마적 리더의 성격을 포함한 광의의 개념으로 정리한다. 하급자들에게 의사결정 권한을 부여함으로써 동기를 부여하고 하급자들과 끊임없는 상호작용과 카리스마적 리더십을 통해 조직 전체의 성과를 높이는 리더십이라고 했다. 안정보다는 변화에 능동적으로 적응하거나 변화를 유도하는 최고 관리자의 리더십을 말하며 리더의 개인적 속성과도 관계된다.

변혁적 리더는 약점에서 가치를 창조하고 대안을 찾는 과정에서 경쟁력을 창출하며, 약점을 보완하기 위해 신기술에 먼저 도전하고 실패를 두려워하지 않는다. 구성원들에게 긍정적인 자극과 희망의 끈을 보여주며 먼저 조직 내부 및 외부 상황변화를 살피고 변혁의 시급성에 대한 의식전환을 강조한다.

변혁적 리더가 되기 위해서는 변혁해야 할 방향을 제시하는 비전을 구체적으로 개발하고 비전과 전략을 가능한 멀리 전파해야 한다. 구성원들이 스스로 변화하려고 노력하는 점에 격려하고 조직의 단기적인 성과를 찾아서 구성원들의 사기를 높여야 한다. 뿐만 아니라 보다 큰 문제의 변혁에 도전하기 위해 새로운 인력과 아이디어를 중시하고 조직 내 문화에 변혁의 결과를 정착시켜야 한다.

변혁적 리더가 실천해야 할 리더십 전략요소를 Yukl(1989)의 이론을 참고하여 정리하면 〈표 15-4〉와 같다.

〈표 15-4〉 변혁적 리더십의 전략요소(Yukl, 1989)

전략요소
- 명확하고 적용(실현)가능한 비전을 개발한다. - 비전을 달성할 수 있는 전략을 개발한다. - 비전을 명료하게 전달하고 촉진시킨다. - 자신감 있고 긍정적으로 행동한다. - 구성원들에게 확신감을 표명한다. - 작은 성공을 이용하여 확신감을 확산한다. - 성공을 축하한다. - 중요한 가치창조를 위해 적극적이고 상징적인 행동을 한다.

3) 슈퍼 리더십

슈퍼 리더십은 풍부한 지식을 활용하여 경영하는 리더십으로 리더 스스로의 기본적인 역량을 중시하는 리더십이다. 이러한 리더십은 구성원들 개개인이 업무수행에 필요한 자율적 동기와 지시를 성취하기 위해 자신에게 행사하는 영향력으로 조직 내 셀프 리더를 만드는 것이 목표이다.

슈퍼 리더는 구성원이 스스로가 판단하고 행동하며 그 결과에 책임질 수 있는 자율적 리더로 성장되도록 노력한다(Manz & Sims, 1991). 구성원 개개인이 업무수행에 필요한 자율적 동기부여와 지시사항을 성취하기 위해 자신이 행할 수 있는 영향력으로 스스로를 리드할 수 있는 셀프 리더가 될 수 있도록 하는 사람을 의미하는 것이다. 이러한 조직 문화 속에서 리더는 구성원 개개인의 능력을 중시하여 인재를 육성해야 한다. 따라서 슈퍼 리더는 구성원들과의 개방적 의사소통이 가능해야 하며 탁월한 안목으로 구성원의 잠재력과 재능을 발견해 내는 능력을 갖추어야 한다. 슈퍼 리더십은 여러 단계를 거쳐 효과적으로 능력을 발휘할 수 있다.

슈퍼 리더십의 단계를 정리하면 다음과 같다. 첫째는 무엇보다 리더 자신이 먼저 셀프 리더가 되어 역할 모델이 됨으로써 구성원에게 셀프 리더가 될 수 있는 길을 만들어 놓는다. 둘째는 구성원들 각자 자신의 목표를 설정하도록 한 다음, 리더는 구성원들이 세운 목표에 따라 스스로 셀프 리더십과 자아를 촉진·개발할 수 있도록 업무수행에 관련된 적절한 질문을 통해 부하들을 인도해 간다. 셋째는 구성원들의 리더십을 향상시키고 셀프 리더십 문화를 정착시키기 위해 리더는 부하가 셀프 리더십을 발휘하여 직무를 수행해 낼 경우 적절한 보상을 제공하고 바람직하지 않은 행태가 표출될 경우 비판과 질책을 통해 교정해 나간다. 넷째는 팀 조직구조를 통해 팀원 각자가 셀프 리더십을 발휘하여 팀을 이루게 하고 부하에게 권한을 이양한다. 그리고 부하에게 책임의식을 부여함으로서 셀프 리더를 육성할 수 있는 팀조직을 확립한다.

김원배(2001)는 셀프 리더십 수준과 직무만족은 개인의 특성에 따라 다르고, 셀프 리더십의 정도가 강할수록 현재의 직무에 만족하고 주관적 성과도 높게 나타난다고 했다. 이러한 결과는 셀프 리더십의 강화가 직무만족과 성과에 긍정적인 영향을 미치는 것을 의미하므로 셀프 리더십의 수준을 향상시키기 위해 교육을 실시하고 시스템화하는 것이 궁극적으로 기업의 성과를 높이는 역할을 한다고 할 수 있다.

4) 비전적 리더십

성공적인 미래를 위해 비전을 강조하는 리더십이 곧 비전적 리더십이다. 비전적 리더십은 올바른 비전을 제시함으로서 리더와 구성원이 같은 방향으로 뛰는 것을 의미한다. 또한 조직의 방향에 대한 자신의 비전을 맞추고 조직문화를 변혁시키는데 주된 관심을 지니는 리더십이다. 이러한 비전 리더십은 개인이 현재 가지고 있는 역량이나 능력보다 개발가능성에 초점을 맞추며, 구성원들의 동기를 유발시켜 조직의 변화를 인도하고 조직 전체에 목표를 제시함으로써 조직 구성원들의 힘을 밀집시키게 한다. 따라서 비전적 리더가 가지는 주된 능력과 특성은 유창한 언변과 자신감, 책임감과 독창성 등이다.

비전적 리더십이 성공하기 위해서는 비전을 단계적으로 발전시켜 나가되 점진적으로 확장할 수 있도록 초기의 비전 설정을 탄탄하게 세워야 한다. 또한 비전을 이루는 과정에서 발생하는 수고와 노력에 대한 적절한 대가에 인색하지 않은 보상체계를 통해 직원들이 비전에 적극적으로 동참하도록 유도해야 한다.

비전적 리더는 비전을 계승할 계승자를 키워 전적으로 그를 신뢰하며 비전이 이어져 나가도록 해야 한다. 이를 위해 먼저 조직의 현 상태와 방향을 평가하여 새로운 비전의 범위를 결정해야 한다. 너무 원대한 비전은 오히려 추진 의욕을 떨어뜨릴 수 있으므로 비전을 설정하기 위해 필요한 미래의 조직 환경을 검토한 뒤 바른 비전을 선택해야 한다. 선택된 비전을 실행하기 위해 필요한 구체적 실행 계획을 개발하고, 개발된 계획을 수행하기 위해 필요한 리더십을 확산시켜야 한다. 한편, 계승자를 키워 더 높은 비전을 향해 도전하도록 해야 한다.

비전적 리더십의 성공 패턴은 모든 성공은 조그만 시작에서 비롯된다는 주춧돌 개념으로 비전을 점차로 확장시켜 나가는데 있으며, 구성원들과 비전 성취를 공유하고 새로운 비전을 향해 전진하는 것에 있다.

5) 서번트 리더십

서번트 리더십은 경영학자 Greenleaf(1970)에 의해 처음으로 소개된 리더십이다. 이 리더십은 리더가 섬김을 통해 구성원들이 정신적, 육체적으로 지치지 않도록 환경을 조성해 주고 도와주는 리더십이다. 구성원들을 존중의 바탕으로 섬기면서 구성원들이 잠재력을 발휘할 수 있도록 도와주는 리더십이다. 기존의 리더십은 전제적이고 수직적인데 비해 서번트 리더십은 구성원의 성장을 도우며 팀워크와 공동체를 형성시키는 리더십이다(이성혜 외, 2000).

서번트 리더십은 따뜻한 마음으로 경영하는 리더십이다. 서번트 리더십은 신뢰와 믿음을 뒷받침으로 하여 리더가 가장 낮은 위치에서 구성원들을 섬기는 리더십을 뜻한다. 이 리더십의 성공 패턴은 역삼각형의 파워구도와 고객과의 접점이 다양하게 발생할 수 있는 네트워크형 조직구조를 선호하며 또한 이해관계자의 의견수렴과 피드백에 초점을 맞추어 이들의 요구를 파악할 수 있다는 것이다.

서번트 리더십은 구성원이 공감하는 목표를 세우고 베푼다는 자세로 경영에 임하여 항상 좋은 가치를 추구한다. 서번트 리더는 자기 혼자가 아닌 많은 사람들에게 권한을 위임함으로써 스포트라이트를 다른 사람과 공유한다. 조직 내에서 직위를 많이 언급하지 않으며 구성원을 인격적으로 대함으로써 이들이 자유롭게 사고하고 행동할 수 있도록 한다.

미국의 그린리프 연구센터(Greenleaf center for servant leadership)의 소장인 스피어스는 섬김의 리더가 갖추어야 할 덕목을 경청, 개념화, 공감, 선견지명, 치유, 책임감, 인식, 커뮤니티 구축, 설득, 신장의 보증이라고 제시했다.

서번트 리더는 먼저 모든 구성원이 함께 가야 할 방향을 찾아내어 올바른 가치관을 가지고 비전을 제시해야 한다. 또한 자신의 개인적 목적에 집착하려 하지 말고 조직 전체의

대의를 목표로 리더십을 발휘해야 한다. 마지막으로 자신의 성공에 있어서 너무 자만하지 말고 언제나 작은 일에도 성실하게 임해야 한다.

6) 브랜드 리더십

브랜드 리더십은 평범함을 거부하며 독창적인 아이디어로 창의력으로 승부하는 리더십이다. 또한 조직을 이끌어 가는데 있어서 브랜드 이미지를 활용해서 조직의 경쟁우위를 확보하는 리더십이다.

'남을 뒤따르는 자는 성공할 수 없다'가 브랜드 리더의 철학이며, 이는 자신의 적성과 역량을 찾고 개발해서 타인과 차별화해야 한다는 것이다.

도전과 시도를 아끼지 않는 브랜드 리더십의 성공패턴은 고객이 접하는 모든 접점에서 브랜드가 반영되는 것이며, 기존의 경쟁요소에서만 경쟁력을 갖추려고 하지 않고 새로운 도전을 위한 투자를 아끼지 않는 것이다. 이는 경쟁 환경 변화에 민감하게 반응하고 현실을 과감하게 파괴하여 새로운 경쟁 공간을 창출하는 것이다.

브랜드 리더는 먼저 자사의 브랜드 아이덴티티를 정한 뒤 이에 맞게 창조적인 조직의 문화를 형성해야 한다. 뿐만 아니라 유머를 가미한 독특하고 창의적인 브랜드 이미지를 설정하여 전략적으로 이미지를 구축하고 브랜드 인지도를 높여야 한다.

7) 사이드 리더십

사이드 리더십은 항상 미래에 대해 걱정하는 것에서 그치지 않고 이에 대비하는 리더십을 의미한다. 즉, '처음에 올바르게 하라'는 목표를 가지고 걱정하는 것을 긍정적으로 여기며, 사전에 미리 큰 손실을 예방하여 전략적으로 미래를 준비해 나가는 리더의 영향력이다.

사이드 리더십의 성공 패턴은 항상 문제의식을 가지고 개선의 여지를 바라볼 수 있는 통찰력을 가진다. 균형 있는 경쟁요소 확보를 중시하여 경쟁력을 창출해야 한다. 그리고 조직의 최적화를 위해서 시스템 관점을 중시하고, 경쟁 환경 변화에 민감하며 더 나은 미래를 위해 현재의 탄탄한 환경도 과감하게 포기할 수 있어야 한다.

사이드 리더는 조직 내 상호 의사소통을 통해서 구성원들의 의견을 수렴한 비전 및 목표를 설정해야 한다. 뿐만 아니라 미래를 예측할 수 있는 지식을 부지런히 쌓고 구성원들에게 권한을 위임함으로써 사기를 충족시키고 직무만족도를 향상시켜야 한다.

8) 파워 리더십

파워 리더십은 강력한 카리스마와 추진력을 가진 리더십으로 성실과 끈기를 바탕으로 조직을 이끌어가는 리더십이다. 앞을 향해 전진하는 리더십이므로 지속적으로 혁신을 할 수 있도록 방향을 설정하고 말보다는 행동이 더 요구된다.

성공 패턴은 리더가 솔선수범하여 조직을 행동으로 지시하며, 불필요한 자원과 역량의 소비를 줄이기 위해 채널을 집중시킨다. 측정 가능한 가시적인 목표를 제시하여 구성원들의 통솔력에 활용한다. 그리고 각종 지표를 통해 구성원을 평가하고 적절한 보상책을 활용하여 구성원들에게 직접적인 동기를 부여해줘야 한다.

파워 리더는 먼저 변화를 위한 방향을 신중하게 설정한 뒤 자신에 대한 신뢰감을 가지고 결단해야 한다. 파워 리더의 최대 강점인 추진력으로 조직을 이끌고 자신의 지식을 최대한 활용하여 조직의 체질개선에 도전해야 한다.

조직의 장, 연장자 또는 계급이 높지 않더라도 누구든 리더가 될 수 있다. 앞에서 살펴본 유형별 리더의 특징을 잘 파악하여 자신이 속한 조직, 사회에서 요구하는 사항에 맞춰 자신만의 리더십을 만들어야 한다. 강점은 더 강화시켜 올바른 영향력을 행사해야 하며, 자신의 약점을 보완해야 한다. 뿐만 아니라 자신의 리더십을 키우는 행위는 개인성장의 원동력이 되므로 훌륭한 리더가 되기 위해 사회적 이미지 관리에 더욱 신경을 써야 한다.

제3절 이미지 리더십

리더십은 영향력이다. 영향력이란 강요나 강압에 의해서 태도와 행동을 변화시키는 것이 아니라 리더 자신이 상대에게 보이는 모습 그대로 상대를 움직이고 행동하게 하는 것이다. 그렇다면 무엇을 보여줄 것인가에 대한 의문이 생기는데 그 답은 바로 이미지 리더십에 있다. 한 자아의 종합적인 이미지가 상대에게 영향을 미쳐 상대를 긍정적이며 바람직한 방향으로 변화시킬 수 있는 것이 이미지 리더십이다. 그러므로 상대에게 보이는 리더의 종합적인 이미지는 리더가 갖추어야 할 중요한 요소이다.

이미지 리더십은 내적, 외적, 음성·언어 표현적, 사회적 이미지의 구체화된 요소들을 자신의 지위와 역할에 맞게 관리하여 상대에게 영향을 주는 것이다. 이는 리더에 대한 총체적인 이미지로써 리더의 능력, 경영 철학, 경영 방법, 조직에 대한 인식 등을 모두 포함하여 형성된 이미지이다.

1. 이미지 리더십의 정의와 개념

리더십은 테크닉이나 실력이 아니라 구성원들의 마음을 움직이는 것이다. 김경호(2008)는 사람들에게 신념을 확신시키고 동기를 부여하여 열정을 확산시키는 미래지향적 노력을 리더십이라 했으며, 자신의 종합적이고 구체화된 이미지를 통해 타인의 사고와 행동에 영향을 주어 바람직한 방향으로 이끌어가는 행위를 이미지 리더십이라고 했다.

리더는 구성원들이 자발적이고 적극적으로 행동하도록 동기를 부여해야 한다. 또한 개인과 집단이 조정을 통해 협동적 행동을 촉진·유도하기 위해서는 리더의 지적 능력, 통솔력, 열정, 자기통제, 적응력 등도 중요하며(배정훈, 2009), 가장 중요한 것은 구성원들의 마음을 움직여서 구성원들에게 열정을 확산시키는 것이다.

따라서 리더는 조직의 목표를 달성하기 위해 자신의 지위와 역할에 맞는 이미지를 먼저 구축해야 한다. 뿐만 아니라 구축된 이미지를 바탕으로 구성원들의 마음속에 강한 욕구를 불러일으켜 이들의 사고와 행동이 변화할 수 있도록 이미지 리더십을 발휘해야 하며, 모두가 바람직한 방향으로 움직일 수 있게 노력해야 한다.

2. CEO 이미지 리더십

1) CEO 이미지

CEO(Chief executive officer)란 최고의 의사 결정권자로 기업 내에서 이루어지는 모든 활동에 대한 결정과 책임을 가지는 자이다. CEO의 이미지는 그 자체만으로도 기업 및 제품 가치에 직·간접적인 영향을 미친다.

브랜드 이미지가 다양한 연상요소들로 구성되어 있듯이 CEO 이미지 또한 다양한 연상요소들을 가진다. CEO 이미지는 CEO의 리더십, 경영 능력 및 성과, 외모, 배경, 그리고 사회적 활동 등, CEO에 대해 갖는 전체적인 인상으로서 CEO에 관련된 연상요소들의 집합체라고 할 수 있다(이경렬, 2004). CEO의 이미지 및 신뢰도는 기업 이미지와 신뢰도에 직접적인 영향을 미치므로 CEO는 엄격한 자기관리가 필요하다(삼성경제연구소, 2009). CEO의 이미지를 구성하는 요소는 능력(리더십, 경영 능력, 조직 융화력, 커뮤니케이션 능력 등), 자질(결단력, 비전, 대외섭외 능력), 성품(정직성, 청렴성, 신뢰성), 외적 조건(경력 및 배경, 사회참여 활동, 외모) 등이다(김선정, 2005).

2) 기업 이미지

구매자가 기업의 성향과 특성에 관하여 마음속에 떠오르는 심상으로 대중 및 관련기관들이 재화 또는 제품, 브랜드보다 대표하는 기업 자체에 대해 가지는 이미지이다(홍석영, 1994).

기업 이미지는 기업 아이덴티티와는 구별되는 개념으로 기업 아이덴티티는 기업이 주체적이고 능동적으로 창조하여 대중에게 전달하는 기업상인데 비해, 기업 이미지는 대중이 기업 정보에 접촉한 결과로서 마음속에 형성되는 기업상인 것이다. 기업 아이덴티티는 단일하지만 기업 이미지는 이미지를 형성하는 개개인에 따라서 서로 다르게 형성될 수 있다(손일권, 2003). 이러한 기업 이미지를 구성하는 요소는 학자마다 주장의 차이는 있지만 공통적으로 상품 및 서비스의 품질, 기업의 신뢰성, 고객중시, 사회 공헌도, 환경에 대한 관심, 발전 가능성 등이다.

3) CEO 이미지와 기업 이미지

국내 5대 그룹의 CEO를 중심으로 연구한 결과에 따르면 CEO 이미지 구성요소는 기업 이미지의 구성요소와 유의미한 관계를 보이며, CEO 이미지와 기업 이미지, 기업 브랜드 가치와도 상당한 관계를 맺고 있는 것으로 나타났다(김정석, 2005).

CEO의 이미지가 기업 이미지와 기업 브랜드 가치를 고양하는데 전략적 수단으로 적용이 가능하다. 뿐만 아니라 그룹의 CEO는 CEO의 능력을 다양하고 폭넓게 활용하고 노출시킬수록 기업 이미지와 기업 브랜드 가치도 함께 고양됨을 알 수 있다.

3. 이미지 리더십 설정

훌륭한 리더가 되기 위해서는 자신이 속한 집단과 상황에 맞는 이미지 리더십을 설정하고 자신의 지위와 역할을 파악하여 자신만의 색을 가진 이미지를 구축해야 한다.

1) 자기 이미지 구축

학생은 학생다움으로, 주부는 주부다움으로, 직장인은 직장인다움으로, 경영자는 경영자다움으로, 자신에게 주어진 역할과 지위에 맞게 자신만의 고유하고 특별한 이미지를 구축해나감으로써 주어진 업무나 과업을 원활하게 수행해 나갈 수 있다.

2) 신념 형성 및 비전 수립

리더가 스스로 목표하는 바를 이루기 위한 단계로 자신에 대한 자아와 신념을 형성해야 한다. 인생을 살아감에 있어서 행동양식과 기준을 결정한 뒤 비전을 수립하고 이를 실행하려고 노력해야 한다.

3) 변화와 혁신

리더는 자신의 목표와 꿈을 이루기 위해 꾸준한 자기계발을 하고 변화에 유연함과 신속함으로 대응할 수 있어야 한다. 또한 자신에게 닥칠 위기에 대한 관리능력이 필요하다. 따라서 늘 변화 앞에 유연하게 대처하고 적응하도록 연습해야 한다.

4) 자만심의 견제

최고의 리더들은 주변의 모든 칭찬과 칭송에도 불구하고 자신의 성공에 대해 겸손하다. 모름지기 자만하지 않고 자신의 신념에 대해 일관성 있는 자세로 임해야 하며 언제나 열린 마음으로 타인의 소리에 귀를 기울일 줄 아는 리더가 되어야 한다.

4. 리더십 진단

〈표 15-5〉의 체크 리스트는 리더들이 행하는 다양한 역할을 바탕으로 작성된 것이다. 체크 리스트를 통해 자신의 리더십을 진단할 수 있다.

〈표 15-5〉 리더십 Check list

문항	항　목	점 수		
		3	2	1
1	다른 사람들의 이야기를 잘 들어준다.			
2	나는 협상하는 것을 즐긴다.			
3	언제나 일을 시작함에 있어서 구체적인 목표를 설정한다.			
4	주어진 일을 할 때 우선순위를 정해서 진행한다.			
5	내가 속한 집단에서 대표가 되는 것을 좋아한다.			
6	사람들과 만나고 어울리는 것을 좋아한다.			
7	새로운 상황에 도전을 즐긴다.			
8	일을 처리함에 있어서 상대방에게 확신을 주는 사람이다.			
9	나는 내가 일하는 분야에서 아이디어 생산자이다.			
10	나는 내가 속한 집단에서 미래에 대해 고민하고 있는 사람에게 비전을 제시한다.			
합　계				

제15장 연구문제

1. 리더와 리더십의 정의에 대해 정리하시오.
2. 리더십의 유형에 대해 살펴보고 자신이 추구하고자 하는 유형을 정리하시오.
3. 자신의 리더십을 진단해보고 자신의 강점과 약점을 분석하시오.
4. 자신의 현재 역할에 맞는 이미지 리더십을 설계하시오.
5. 자신의 리더십을 향상시키기 위한 방안을 정리하시오.

제16장 인간관계

사람들은 출생에서부터 가족이라는 울타리를 시작으로 수많은 사람들과 관계를 맺으며 살아간다. 그리고 그 속에서 가치관과 신념, 생각 등을 가지게 된다.

사회적 변화를 겪고 있는 현대 사람들은 타인과의 상호 밀접한 관계를 유지하면서 한편으로는 관계적 문제를 일으키기도 한다. "열 길 물 속은 알아도 한 길 사람 속은 모른다"는 옛 속담에서 알 수 있듯이 사람들은 관계를 형성하고 유지해나가면서 서로 다른 생각으로 인해 많은 어려움과 벽에 부딪치기도 한다.

이 장에서는 인간관계에 대해서 정리하고 바람직한 인간관계 상(象)에 대해 살펴보고자 한다.

제1절 인간관계의 정의와 개념

1. 인간관계의 정의

인간관계는 나와 타인사이에서 형성되는 관계를 말한다. 또한 조직 내 구성원들의 욕구불만을 해소하고 개개인의 가치에 대한 신뢰를 바탕으로 만들어진 관계를 의미한다. 뿐만 아니라 인간관계는 개인의 욕구 충족과 동시에 조직의 목표 달성을 함께 추구해나가는 경영의 효율화 수단 및 기술이다(남정길, 1987).

따라서 인간관계란 두 명 이상의 상호 간에 일어나는 관계를 의미하는 것으로써 그들이 원하는 목적을 효과적으로 달성하기 위한 능력 또는 기능이다.

2. 인간관계의 개념

인간관계란 넓게는 대인관계이고 좁게는 인간에 관련된 문제를 의미한다. 즉, 사람과 사람 사이에 존재하는 상태를 말하며, 타인과 원만한 관계를 유지·발전하고 서로 화합할 수 있는지를 의미한다(강순선 외, 1984).

사람은 집단 속에서 바람직한 삶을 영위하는 사회적 동물이기 때문에 집단을 이루어서 생활한다. 또한 변화하는 환경에 적응하며 수많은 경쟁 속에서 자신이 그리는 삶을 살아갈 수 있는 것이다. 일반적으로 사람들은 부모와 자식 간의 관계를 시작으로 친구와의 관계, 부부와의 관계, 사회적인 관계 등 다양한 관계의 고리를 맺게 된다.

이처럼 사람은 다양한 관계를 통해서 상호 간에 도움을 주고받는 관계를 형성한다. 원만한 인간관계는 사람의 관계적 욕구를 충족시키고 조직 내 목적을 보다 효율적으로 이룰 수 있도록 동기를 유발할 수 있다.

1) 인간관계의 중요성

인간관계는 인간을 인간답게 만들어준다. 뿐만 아니라 사람은 만나는 사람에 의해서 자신의 성격과 정체감 형성에 영향을 받으며, 관계를 형성함으로써 삶의 보람과 의욕이 생기기도 하고 반대로 상실감이나 고독감에 빠질 수도 있다(Maslow, 1970). 사람은 관계를 통해서 개인적 만족과 안정감을 찾아 느끼며, 인간관계를 개인의 발전에 밑바탕이 되는 것으로 본다(Sullivan, 1953). 이처럼 인간관계는 윤택한 삶을 살기 위해 매우 중요한 요소이다.

원만하지 못한 인간관계를 형성하는 사람들은 사회 속에서 다양한 어려움을 겪기도 한다. 인간관계는 사람이 느끼는 행복의 정도와 즐거움, 목표 성취감에 큰 영향을 미친다. 따라서 인간관계는 개인의 자아실현에 중요한 요소로 작용되기 때문에 우리는 바람직한 인간관계를 유지하기 위해 꾸준히 노력을 해야 한다.

제2절 인간관계의 형성과 유형

1. 인간관계 형성

인간관계는 사람이 창의적이고 협동적으로 일할 수 있도록 동기유발을 시켜주는 하나의 윤활유이다. 그리고 개인의 목표 달성에 있어서도 많은 영향을 미친다. 인간관계의 형성은 상대방의 가치를 인정하고 사람의 존엄성을 존중하는 건전한 인간관이 바탕이 되어야 한다. 사람은 삶의 목표를 이루기 위해 원만한 인간관계를 유지해야 한다. 한편, 인간관계 형성은 개인의 성격이나 신념 그리고 가치관에 따라 차이가 있으므로 관계를 유지하기 위한 형성요인이 무엇인지를 정확하게 파악하는 것이 중요하다. 〈표 16-1〉의 내용은 Griffiths(1956)의 인간관계를 형성하기 위한 요인을 참고하고 확대하여 분류한 것이다.

〈표 16-1〉 인간관계의 형성요인

형성요인	내 용
상호존중	상대방의 가치관, 신념 존중
의사소통	행동에 변화를 추구하는 도구
신뢰감 형성	인간관계의 기본
민주적 권력구조	사회와 그 속의 조직 기본구조
객관적 상황이해	과거에 경험한 바의 관찰한 결과
적정한 동기유발	내심과 외심의 상호작용에 의한 결과

2. 인간관계의 유형

사람들은 상호 소통하는 정신적 교류에 따라 애정의 관계, 이해타산의 관계, 경쟁 관계, 주종의 관계 등 여러 가지 형태의 관계를 형성하고 있다. 사회 속의 규범, 문화 그리고 개인의 가치 등은 인간관계 형성에 많은 영향을 미친다. 대표적인 인간관계 유형을 세부적으로 살펴보면, 협력적인 인간관계, 경쟁적인 인간관계, 지배적인 인간관계, 무관심적인 인간관계, 부적응적인 인간관계로 분류할 수 있다.

1) 협력적인 인간관계

협력적인 인간관계는 상호 간에 목표나 목적을 달성하기 위해 형성되는 관계이다. 협력적인 인간관계는 서로가 서로에게 인격적으로 대하는 동시에 신뢰와 존중을 바탕으로 관계가 형성된다. 또한 정(情)의 교류 속에서 서로에 대해 이해하고 강한 친근성을 바탕으로 일체적인 관계를 만들어 낸다.

협력적인 인간관계를 꾸준히 유지하는 사람은 성공할 가능성이 높다. 자신의 목표를 달성하기 위해 도움을 주고 상호 협력하면서 자신의 부족한 점을 고쳐나갈 수 있는 기회가 많기 때문이다. 또한 협력적인 인간관계를 맺어 온 사람은 공통된 문제에 대해 능동적으로 반응하고 해결하려는 적극성을 가지게 된다.

협력적인 인간관계는 다섯 가지 인간관계의 유형 중 가장 바람직한 유형이다. 따라서 보다 좋은 인간관계를 유지하기 위해서는 상대방의 행동에 대해 긍정적으로 받아들이는 자세를 가져야 한다. 자신뿐만 아니라 상대의 목표나 행복 추구에도 관심을 기울이고 다양한 개성과 개개인의 인격을 존중하는 태도가 필요하다.

2) 경쟁적인 인간관계

경쟁적인 인간관계는 자신의 목표를 달성하기 위해 상대와 경쟁하면서 형성되는 인간관계이다. 경쟁적인 인간관계는 다시 상호보완적인 경쟁관계와 공격적인 경쟁관계로 나눌 수 있다.

상호보완적인 경쟁관계는 경쟁을 통해 서로의 부족한 점을 보완하면서 양쪽 모두가 발전할 수 있는 형태를 지속한다. 또한 선의의 경쟁을 통한 시너지 효과로 인해 자신의 목표 달성에 한 걸음 더 다가갈 수 있으며 협력적인 인간관계로 발전할 수 있다. 즉, 서로 윈-윈 하는 관계라고 할 수 있다.

그러나 공격적인 경쟁관계는 지나친 경쟁으로 상대에게 공격적인 행동과 의도적으로 목표 달성에 장애요소가 되는 행동을 하는 관계이다. 이러한 관계는 타협과 협동보다는 시기와 질투에 사로잡혀 계속적인 갈등을 일으키므로 자신의 목표를 달성하지 못하게 된다. 이러한 관계는 바람직하지 못한 관계이다.

3) 지배적인 인간관계

지배적인 인간관계는 상하관계에서 발생하며 이러한 관계는 일반적으로 조직 내에서 많이 나타난다. 지배적인 인간관계는 상위에 있는 사람의 의견이나 사고 또는 행동이 하위에 있는 사람에게 영향을 미치는 관계로써 지배와 피지배의 관계가 형성된다. 지배의 위치에 있는 사람은 명령과 지시를 내리고 하위에 있는 사람은 복종하는 형태로 인간관계가 유지된다.

모든 사회가 조직을 이루고 있는 경우가 대부분이므로 지배적인 인간관계의 범주를 피할 수는 없다. 또한 지배적인 인간관계가 조직 내에 무조건 나쁜 영향을 미치는 것은 아니다. 그러나 지배적인 인간관계에서 지배자의 입장에 있는 자는 정당성이 인정되는 범위 내에서 권력행사를 해야 한다. 지배자는 피지배자의 의사를 존중해 주는 넓은 마음이 필요하다. 따라서 일방적인 통보가 아닌 상호적인 커뮤니케이션이 이루어져야 한다. 존중과 대화를 통해 협력적인 인간관계로 나아갈 수 있도록 해야 한다. 오늘날 협업의 중요성을 지적하는 것은 이러한 지배적인 관계에서 탈피하고자 하는 바람에서라고 할 수 있다.

4) 무관심적인 인간관계

무관심적인 인간관계는 타인의 행동이나 사고가 자신에게 영향을 미치지 않는 범위에서 존재하는 인간관계이다. 신념이나 사고가 다른 사람에게 무관심한 행동을 함으로써 상호적인 관계나 의사소통을 하지 않는 형태이다. 농사를 짓는 농부가 서울에서 이루어지고 있는 오케스트라 연주자에게 호감이나 관심이 없듯이 분야가 다른 상대나 공통점을 찾기 힘든 관계에서 형성되는 것이 대부분이다.

그러나 서로 다른 분야에 있는 사람들 사이에서 반드시 무관심적인 인간관계가 발생하는 것은 아니다. 다양한 분야의 전문지식을 쌓기 원하는 사람은 자신의 분야 이외에도 많은 관심을 가지며 폭넓은 인간관계를 형성하기 위해 노력한다. 따라서 바람직한 인간관계로 발전하기 위해서는 다양한 생각이나 행동을 수용할 수 있는 마음이 필요하다.

5) 부적응적인 인간관계

부적응적인 인간관계를 형성하는 사람은 모든 상황이 자신이 바라는 대로 최선인 상태이기를 원하며, 원하는 대로 이루어지지 않으면 자신 혹은 타인과 세상을 비난하거나 부정하려 하는 경향이 있다. 이뿐만 아니라 사실을 왜곡시키고 부정적으로 바라봄으로써 자신을 스스로 혼란스럽게 만드는 경향을 가지고 있다(Ellis 외, 1975). 따라서 스스로 바라는 욕구에 상황이 충족되지 못했을 경우 이상행동을 취하고 심리적으로 삐뚤어지는 현상이 나타나는데 이와 같은 것이 부적응 행동이다.

이런 부적응적인 인간관계는 과거에 타인과 자신의 관계에서 겪었던 경험을 토대로 미래의 상황을 예측하는 경우가 많다. 이들은 관계 속에서 불편함을 느끼고 사회에서 요구하는 규범과 질서에 맞지 않는 행동을 보이기도 하며 다른 사람들에게 부정적인 영향을 미치는 경향이 있다.

3. 인간관계 방해요인

사람들은 가족관계, 직장관계, 사회공동체관계 등 무수히 많은 관계를 이루고 수많은 유형의 사람과 다양한 관계 속에서 살아가고 있다. 따라서 만족스러운 삶을 살기 위해서는 여러 사람들과의 원만한 인간관계를 통해 즐거운 삶, 건강한 삶, 행복한 삶을 이루어야 한다.

인간관계는 사람의 성공과 행복에 큰 영향을 미치기 때문에 누구나 그 중요성을 깨닫고는 있지만 실제 인간관계에서 개인은 여러 가지 어려움을 겪고 있다. 이렇게 인간관계를 어렵게 만드는 요인은 가치관의 개별성, 필요에 의한 관계형성, 신뢰 부족, 타인에 대한 높은 기대, 지나친 자만심 등 다섯 가지로 나타날 수 있다.

1) 가치관의 개별성

사람들에게는 저마다 고유의 가치관이 존재하고 다른 환경에서 성장해왔기 때문에 상호관계에서 충돌하는 경우가 많이 발생한다. 그러므로 같은 관계를 맺고 있다고 하더라도 개인의 특성에 따라 다른 관계가 나타난다. 이처럼 사람들은 개별성을 띄고 있으며 서로 다른 세계와 욕구를 추구해가면서 살아가고 있기 때문에 인간관계를 어렵게 만든다.

이런 어려움을 극복하려면 사람들마다 각자의 개성을 존중하고 나의 가치관이 중요한 만큼 상대의 가치관도 존중하고자 노력해야 한다.

2) 필요에 의한 관계형성

필요에 의해 인간관계가 맺어질 경우 겉과 속이 다른 사람들을 만나게 될 가능성이 있다. 이로 인해서 사람들은 상대에게 상처를 받으며 또한 의도하지 않은 상처를 주게 되는 경우가 많다. 그래서 사람은 평생 다양하고 많은 인간관계를 맺으며 살아가지만 이러한 만남 속에서 진정한 인간관계를 형성하고 경험하기란 쉽지 않다(차은아, 2009).

사람이 살아가면서 누구나 한 번쯤은 필요에 의한 인간관계를 형성하는 경험을 하게 된다. 그러나 이러한 어려움을 극복하려면 처음에는 필요에 의해 관계를 형성했다고 할지라도 좀 더 먼 미래를 바라보고 더 진솔한 관계로 전환시키려 노력해야만 점차 진정한 인간관계로 발전할 수 있다.

3) 신뢰 부족

서로를 신뢰할 수 없는 관계를 지닌 사람들은 마음을 문을 열지 못하고 벽을 높이 쌓게 된다. 상대에 대한 신뢰는 원활하고 건전한 인간관계의 기본이다(김진철 외, 2004). 신뢰가 없는 관계란 오래 지속되기 어려우며 무너진 신뢰는 다시 형성되기 어렵다. 아무리 높은 수준의 전문성을 가지고 있더라도 신뢰를 주지 못하는 사람은 상대와 좋은 관계를 유지하기 어렵다.

인간관계에서 신뢰가 무너지면 흔히 '이 세상에 믿을 사람이 하나도 없다'는 말을 하게 된다. 이런 어려움을 극복하려면 나 스스로 먼저 상대에게 신뢰를 주는 사람인가를 반성해보아야 한다. 왜냐하면 신뢰란 일방적인 것이 아니라 쌍방적인 것이기 때문이다. 내가 먼저 상대에게 신뢰감을 줄 때 상대방도 마음의 문을 열어 줄 것이다.

4) 타인에 대한 높은 기대

사람은 상대에 대한 기대를 높게 지각하면 스스로 가치 있게 여겨서 자존감이 높아지고 긍정적이며 적극적으로 행동할 가능성이 많다(박미선, 2004). 그러나 자신이 상대에게 너무 높은 기대를 하면 관계 형성에 있어서 독이 될 수 있다. 사람은 자신이 바라는 기대에 상대가 부응하지 못했을 경우 실망을 하게 되며 상대에 대한 기대가 클수록 실망감은 배가 되기 때문이다.

상대를 있는 그대로 인정하지 못한다면 긍정적인 인간관계를 형성하기 어렵다. 따라서 나의 잣대로 상대방을 평가하고 상대방에 대한 기대치를 높일 것이 아니라 상대가 보이고자 하는 관점에서 상대를 받아드리려고 노력하며 지나친 기대를 하지 않도록 주의해야 한다.

5) 지나친 자만심

대부분의 사람은 자만심과 자존감을 구별하지 못한다. 자만심은 자신이나 자신과 관련 있는 모든 것을 스스로 자랑하고 뽐내는 마음인 반면에 자아존중감이 높은 사람은 지극히 자신감이 넘치면서도 겸손하다.

자만심에 가득 찬 사람은 자기 자신과 자신의 약점을 모른채 남을 평가하고 비난하려는 경향이 있는데 이들은 대인관계를 형성할 때 타인의 호감을 사기가 힘들다. 또한 자신을 너무 높게 평가한 나머지 자기중심적인 행동을 하며 상대를 배려하는 마음이 부족할 경우 다른 사람들로부터 따돌림과 소외를 당할 수 있다. 따라서 바람직한 인간관계를 형성하기 위해서는 자신을 먼저 객관적으로 판단하도록 노력해야 한다.

우리 사회에는 서로 다른 의, 식, 주를 가지고 있는 사람들이 있다. 종교의 차이, 문화적 차이, 지리적 차이 등 다른 방식으로 살고 있는 사람들이 많다. 그러므로 다양한 사람과 원만한 인간관계를 유지하기란 쉽지가 않다. 〈그림 16-1〉은 인간관계 형성을 어렵게 하는 요인을 그림으로 간략하게 정리한 것이다.

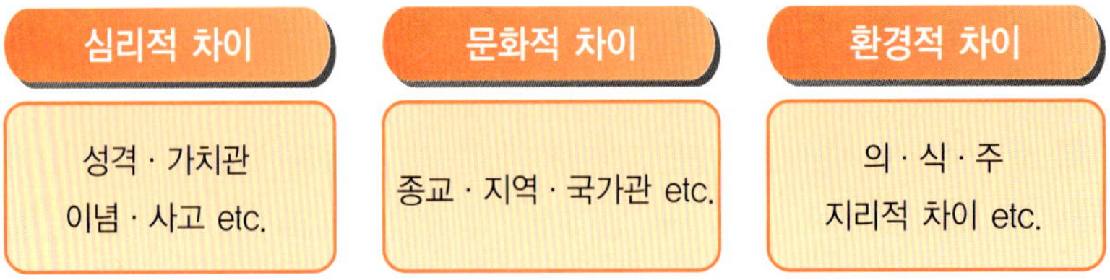

〈그림 16-1〉 인간관계 형성을 어렵게 하는 요인

따라서 우리는 인간관계 형성시 심리적, 문화적, 환경적 차이를 고려해서 상대방을 존중하고 신뢰를 형성하여 바람직한 인간관계를 만들기 위해 노력해야 한다. 또한 보다 체계적인 자기 이미지 관리를 통해 건전한 인간관계를 형성하여 사회 속에서 자기 성취나 효율성 향상을 수반하고 고객만족을 창출하는 원동력이 되어야 한다(김경호, 2008).

제3절 바람직한 인간관계

일반적으로 사람들은 타인과의 관계에서 행복, 사랑, 만족, 관심, 흥미, 성취감 등을 얻고자 하는 속성이 있다(Hartup, 1979). 이처럼 사람들은 자신의 성격을 건전하게 발달시키고 삶의 지속과 정체성을 확립하기 위해 상호작용할 수 있는 사람을 필요로 한다(Swensen, 1973). 따라서 사람은 스스로가 원하는 인간관계를 형성하기 위해서 노력해야 한다.

1. 바람직한 인간관계 형성

바람직한 인간관계를 형성하기 위해서는 효과적인 의사소통을 통한 쌍방향 커뮤니케이션이 작용되어야 한다. 건강한 내·외적 이미지를 바탕으로 긍정적인 사고방식과 다양한 요인을 수용할 수 있는 자세가 필요하다. 인간관계를 선행 연구한 정현상(1999)은 〈표 16-2〉와 같이 바람직한 인간관계를 유지하는 사람들의 특징을 묘사하고 있다.

바람직한 인간관계를 유지하는 사람들은 조직이나 구성원들의 능력을 스스로 끌어낼 수 있는 지도력을 가지고 있다. 그리고 갈등을 미리 예방하고 원활하지 못한 인간관계가 형성되었을 때에는 적극적으로 해결하려는 자세를 지니고 있다. 또한 각 개인의 특징이나 감정상태, 관심거리를 미리 알아차리고 이를 연결시켜주는 결합력과 통찰력을 지니고 있다. 따라서 다양한 사람들의 고민거리를 해결해주는 조언가로서의 역할도 하며 이를

〈표 16-2〉 바람직한 인간관계를 유지하는 사람들의 특징(정현상, 1999)

특 징	내 용
배려	사람을 측은해 하고 보살피는 마음과 태도를 가지고 있다.
실존성	올바른 가치를 판단하고 융통성 있는 태도로 일한다.
감수성	인간적인 욕구를 잘 의식하고 적절하게 반응한다.
자발성	자유롭고 허용적인 태도로 인간관계 능력을 보인다.
포용성	부끄럼이나 수치심 없이 타인을 이해하고 포용한다.
자아실현성	스스로 자아를 실현하여 정신적으로 건강하게 살아간다.
자기수용성	자신의 약점을 겸허하게 받아들이고 인식하며 개선한다.
자기긍정성	자기 자신에 대해 긍정적이며 자신감을 가지고 매사에 일한다.
긍정적 인간관	사람에 대한 애정과 긍정적인 관심을 가지고 있다.

통해 보다 원활한 인간관계를 유지할 수 있게 된다.

바람직한 인간관계 형성은 단기간에 이루어지는 것이 아니다. 다양한 사람과의 많은 교류와 경험 그리고 끊임없는 관계 속에서 이루어진다. 바람직한 인간관계 형성을 위한 방법을 경청, 칭찬과 감사, 스스로의 인정, 일관성 있는 태도, 조해리의 '마음의 창'을 참고 하는 것 등 다섯 가지로 요약할 수 있다.

1) 경청

일방적인 대화는 타인의 공감을 살 수 없을 뿐만 아니라 소통을 막고 관계를 단절시키는 결과를 가져온다. 가족과의 대화에서도 알 수 있듯이 아버지의 생각대로 결정권이 이루어지는 가정 분위기와 가족구성원 모두가 서로의 의견을 말하고 조합하여 수용하는 가정 분위기의 차이는 매우 크다.

사회에서도 마찬가지이다. 다른 사람과의 대화에서 적극적으로 경청하고 수용하는 자세를 지니며 상대의 말에 동조하는 태도는 상호 커뮤니케이션을 위한 기본적인 자질이다. 대화의 문을 활짝 열고 상대의 말을 진정으로 경청하는 자세를 보여준다면 상대도 자신의 말에 적극적으로 경청하고 동조할 것이며 자연스럽고 원활한 커뮤니케이션이 진행될 수 있다. 이로 인해 서로에게 호감을 가지고 긍정적인 자세로 새로운 인간관계를 형성하게 된다.

2) 칭찬과 감사

속담 중에 '책망은 몰래 하고 칭찬을 알게 하라' 또는 '칭찬은 고래도 춤추게 한다'는 말이 있다. 칭찬과 감사의 문화가 익숙하지 않은 사회 속에서 상대에게 건넨 말 한마디는 타인을 즐겁게 하며 개인이 가지고 있는 능력을 한껏 발휘할 수 있게 하는 윤활유가 된다. "정말 잘했습니다", "오늘 넥타이가 참 잘 어울리네요", "당신은 이 분야에서 최고입니다" 등의 칭찬은 상대에게 아름다운 보석보다 더 큰 가치로 인식된다.

대부분의 사람들은 칭찬에 익숙하지 않기 때문에 감사할 줄도 모른다. 그래서 누군가에게 칭찬을 들었을 경우 감사하다는 말 대신 핀잔을 늘어놓는 경우가 많다. 예를 들어 친구가 '오늘 따라 더 예쁜데...'라고 하면, '내가 언제는 안 예뻤니!' 또는 '넌 할 말이 그것 밖에 없니!'라고 답해 친구를 머쓱하게 만드는 경우가 많다. 이럴 경우에는 '고마워', '네가 그렇게 말해주니 오늘은 기분 좋게 하루를 시작할 수 있겠다' 등으로 답한다면 서로 기분이 좋아지게 될 것이다.

살아가면서 적절한 시기에 칭찬과 감사의 표현을 한다면 더욱 긍정적인 인간관계를 형성해 나갈 수 있을 것이다.

3) 스스로의 인정

타인을 비판하는 행동은 상대에게 자신의 이미지를 부정적으로 각인시키게 되며 원만한 인간관계를 이룰 수 없다. 타인의 자존심에 상처를 주고 이미지를 손상시키는 일은 그를 존중하거나 수용하는 마음이 부족해서 나타나는 행동이다. 따라서 타인을 비판하기 이전에 자신의 실수부터 인정하고 겸손한 태도를 가져야 한다. 다른 사람의 의견을 적극 수용하고 존중해주는 마음은 바람직한 인간관계를 형성하는데 밑거름이 된다.

4) 일관성 있는 태도

모든 사람에게 일관성 있는 태도를 유지하는 것은 원활한 인간관계를 형성하고 유지하기 위한 태도이다. 직위, 명예, 재산, 외모, 능력 등의 조건에 차등을 두지 말고 일관성 있는 태도를 유지해야 한다. 언제나, 어디서나, 누구에게나 같은 태도를 지니고 자신의 신념을 일률적으로 적용시켜야 한다.

인간관계는 인생의 성공과 밀접한 관련이 있다. 사회는 복잡한 시스템과 다양한 구성원으로 이루어져 있다. 그러므로 혼자만의 생각이나 주장을 펼치는 것보다 서로의 생각을 공유함으로써 보다 나은 관계를 형성할 수 있다.

또한 사람들은 자신이 추구하는 삶을 이루기 위해 바람직한 인간관계를 형성하고 유지해야 하며 나의 행복과 상대방의 행복을 동시에 이룰 수 있도록 노력해야 한다.

5) 조해리의 '마음의 창'

건전한 인간관계의 형성을 위해서는 자신에 대해서 먼저 파악하고 인지하는 것이 중요하다. 사람은 마음가짐에 따라 자신의 이미지에 대해 긍정적인 성향을 가지거나 부정적인 성향을 가지게 된다. 그러나 너무 지나치게 자만하거나 과장하면 상대에게 주제파악도 못하는 사람으로 인식될 수 있다. 또한 타인이 자신을 어떻게 보고 있는지에 대해서도 인지해야 한다. 즉, 타인에게 비춰진 자신의 모습도 함께 생각해야 하는 것이다. 상대가 자신에 대해 피드백한 내용을 통해 스스로 모르고 있었던 자신의 모습을 발견하게 된다. 이러한 과정을 바탕으로 스스로를 성숙시킬 수 있을 뿐만 아니라 자신의 행동에 대한 자가 조절 능력이 커지게 된다.

〈그림 16-2〉는 심리학자 Joseph Luft & Harry Inham(1955)에 의해서 개발된 조해리의 '마음의 창'으로, 자기 공개와 피드백 측면에서 개인의 인간관계를 진단해볼 수 있다. 이와 같은 '마음의 창'을 통해 스스로의 강점과 약점을 파악하고 자신과 타인이 잘 알지 못했던 부분까지 발견하여 보다 건전한 인간관계를 형성해 나아가야 한다.

	내가 알고 있는 정보	내가 모르고 있는 정보
타인에게 알려진 정보	Ⅰ	Ⅱ
타인이 모르고 있는 정보	Ⅲ	Ⅳ

〈그림 16-2〉 조해리의 '마음의 창'

Ⅰ 영역은 공개적 영역(Open area)을 말하며 자신도 알고 있고 타인도 자신에 대해 알고 있는 정보이다.

Ⅱ 영역은 맹목의 영역(Blind area)이다. 즉, 타인은 알고 있지만 자신은 모르고 있는 정보이다. 사람은 스스로 알지 못하는 자신의 모습을 가지고 있는데 이러한 부분이 맹목의 영역이다. 이 부분을 인지하여 자신이 원하는 타인이 보는 자신의 모습과 타인이 보는 자신의 모습이 같아지도록 노력해야 한다.

Ⅲ 영역은 숨겨진 영역(Hidden area)이다. 다른 사람에게 알려지지 않고 자신만 알고 있는 정보를 말한다. 누구나 환경 혹은 상황에 따라서 자신의 모습 중에서 타인에게 알리

고 싶지 않은 부분과 숨기고 싶어 하는 부분을 가지고 있다. 이처럼 자신의 약점 혹은 비밀과 같이 타인에게 알리고 있지 않은 부분을 숨겨진 영역이라고 한다.

Ⅳ 영역은 미지의 영역(Unknown area)으로 스스로도 또한 타인도 알지 못하는 자신에 대한 정보를 의미한다. 심층적이고 무의식의 정신세계처럼 자신에게 알려져 있지 않은 부분이다. 이 부분은 자신의 행동과 정신세계에 대한 지속적인 관심과 관찰을 통해 자신에게 의식될 수 있다.

조해리의 '마음의 창' 각 영역을 바탕으로 스스로를 잘 파악하고 인지하여 자신이 갖고 있는 능력을 바르게 인식한다면 스스로 원하는 이상적 이미지를 구축할 수 있을 것이다.

2. 인간관계 진단

〈표 16-3〉의 체크 리스트를 통해 자신의 인간관계를 점검하여 현재 원만한 인간관계를 유지하는지 알 수 있다.

〈표 16-3〉 인간관계 Check list

문항	항 목	Yes	No
1	대화할 때 상대의 말을 더 많이 듣는다.		
2	상대에게 진실성이 없는 말은 하지 않는다.		
3	다른 사람들에게 칭찬과 격려의 말을 자주 한다.		
4	행동을 하기 전에 상대의 입장에서 먼저 생각한다.		
5	어떠한 사람에게라도 일관성 있는 태도를 유지한다.		
6	상대에게 예의를 지키고 약속을 지키기 위해 노력한다.		
7	상대의 대화를 적극 경청하고 수용하는 자세를 지니고 있다.		
8	자신의 약점을 겸허하게 받아들이고 개선하려고 노력한다.		
9	자기 자신에 대해 긍정적이며 매사에 자신감을 갖고 임한다.		
10	스스로 자아를 실현하여 정신적으로 건강하게 살려고 노력한다.		

제16장 연구문제

1. 인간관계의 정의와 개념에 대해 정리하시오.
2. 인간관계의 중요성에 대해 정리하시오.
3. 인관관계를 형성하는 요인에 대해 정리하시오.
4. 인간관계를 방해하는 요인에 대해 정리하시오.
5. 바람직한 인간관계 형성을 위해 지켜야 할 사항들을 정리하시오.

부록
1

이미지 경영 10계명

이미지 경영 10계명

제1계명 자신을 아끼고 사랑하라.

- 자신을 아끼고 사랑하는 사람은 자신의 진정한 가치를 알 수 있다.

제2계명 자신의 특별한 능력을 강화하라.

- 자신만의 능력을 끊임없이 개발해야 성공할 수 있다.

제3계명 목표를 정하고 계획을 세워 실천하라.

- 명확한 목표와 구체적인 계획이 있어야 행동에 추진력이 생긴다.

제4계명 시간을 귀하게 여겨라.

- 되돌릴 수 없는 시간을 어떻게 보내느냐로 삶이 달라진다.

제5계명 미소 짓는 얼굴로 첫인상을 관리하라.

- 호감있는 인상은 대인관계를 넓히는 지름길이 된다.

제6계명 품위있는 언어 사용으로 자신의 이미지를 높여라.

- 언어는 자신을 표현해주는 가장 효과적인 도구가 된다.

제7계명 작은 일에도 행복을 느껴라.

- 욕심을 버리면 가끔 행복하기 보다는 항상 행복할 수 있다.

제8계명 긍정적인 사고로 모든 것에 감사하라.

- 긍정적인 사고와 감사하는 마음을 지니면 금쟁반에 옥구슬이 된다.

제9계명 타인을 인정하고 존중하라.

- 다른 사람을 귀하게 여겨야 자신도 인정받고 존중받을 수 있다.

제10계명 건강한 삶을 위해 투자하라.

- 건강하지 않으면 일체가 무용지물이 된다.

부록 2

이미지 강의 및 컨설팅 현장 경험담

이미지 경영은 생활입니다.
모두가 행복한 삶을 살고
성공할 수 있도록
이미지 경영 전문가로서
최선을 다하겠습니다.

이미지 경영 전문가 일동

경험담 – I

한국이미지경영교육학원
이미지경영전문컨설턴트
김 혜 승

2009년은 많은 사람들과 인연을 나눈 해이다. 활발하고 귀여운 고등학생, 취업이라는 난관을 겪고 있는 대학생, 강사를 준비하는 외국인 여성, 구직난을 겪고 있는 30대, 희망과 사랑을 나누는 봉사 단체 등 많은 사람들과 함께 울고 웃으며 교감을 했다. 그 중에서도 2009년 10월 29일부터 1박 2일 동안 진행하였던 위덕대학교 학생들과의 추억이 기억난다.

캠프장에 도착한 순간부터 학생들과의 소통은 시작되었다. 컨설턴트들은 각 조에 팀장을 맡기 위해 강단에서 자기소개를 했다. "저는 여러분들에게 엘리베이터와 같은 취업컨설턴트가 되겠습니다"라고 했던 나의 소개가 아직도 기억에 생생하다. 취업이라는 높은 계단을 힘들게 한 계단씩 밟아 올라가는 것이 아니라 엘리베이터처럼 보다 쉽고 빠르게 그들을 취업의 고지까지 올려놓겠다는 나의 열정이 전달되었는지 학생들은 굉장히 적극적이었고 참여도가 높았다.

오후에는 본격적인 취업 컨설팅이 이뤄졌다. 취업에 임박해 있는 대학생들이어서 대부분 취업 목표의 큰 틀은 설정되어 있었다. 학생들의 목표를 바탕으로 이력서와 자기 소개서 작성법을 알려주었다. 자신을 알리고 표현하는 것의 중요성을 인지시키고 기업 특성에 맞는 작성이 중요하다는 것을 알려주었다. 먼저 작성한 순서대로 1:1 컨설팅을 했으며 이 과정을 통해 학생들의 개인 사정, 힘든 일, 성격 등을 알 수 있었다. 또한 학생들과 많은 소통을 할 수 있었으며 그들도 마음을 열고 내게 진심으로 다가오는 것을 느꼈다.

취업 컨설팅이 끝난 후, 이튿날에 있을 실전 모의면접을 위해 외적이미지 컨설팅과 롤플레이 시간을 가졌다. 자세 교정을 할 때는 인원수가 많아서 한 번에 컨설팅하기가 힘들었지만 학생들도 함께 참여하게 하면서 2인 1조로 서로를 교정하게 하는 형식으로 진행하여 집중력이 흐트러지지 않도록 했다. 표정의 중요성을 짚어주면서 면접에 임할 때는 항상 밝고 편안한 미소를 지어야 한다는 것을 인지시켰다.

롤 플레이 시간에는 면접 상황을 미리 겪어 보게 함과 동시에 더욱 심도 깊은 컨설팅이 진행되었다. '역지사지' 프로그램을 통해 면접상황을 연출하여 면접관이 어떤 의도를 가지고 질문을 하는지를 알게 하였고 면접자는 어떤 어투와 목소리로 어떻게 대답해야 하는지를 알 수 있는 시간을 갖게 했다.

롤 플레이를 끝으로 첫날의 일정이 끝났다. 하지만 모의면접을 걱정하는 학생들의 모습이 눈에 밟혀 학생들의 방으로 갔다. 이력서나 자기소개서를 마무리 짓지 못한 부분을 짚어주고 간식을 먹으면서 인간적인 담소를 나누었다. 학생들은 취업난에 대한 고민 이야기, 남자친구 이야기, 부모님 걱정 등 속 깊은 내용을 털어 놓았다. 내가 답을 내려 줄 수는 없는 내용들이었지만 함께 대화를 하고 들어 준다는 것만으로도 굉장히 가까워 진 것을 느낄 수 있었다. 아마도 이러한 소통 때문에 위덕대학교 학생들이 기억에 깊이 남아 있는 것 같다.

둘째 날에는 실전 모의면접이 진행되었다. 기업의 인사 담당자 두 분을 모셔서 함께 면접을 진행했다. 학생들은 많이 긴장했지만 어제의 컨설팅이 효과가 있었는지 큰 실수 없이 면접을 잘 풀어갔다. 그런 학생들의 모습을 보니 마음이 굉장히 뿌듯했고 보람을 느꼈다. 참석해주신 면접관의 피드백과 수료식이 끝나고 캠프를 종료하기 전에 캠프기간 진행되었던 컨설팅 프로그램의 전 과정이 담긴 영상을 보여주었다. "힘들었겠지만 많은 것을 배워가는 캠프가 되었길 바라며 여러분의 성공과 행복을 기원한다"는 마지막 문구로 동기를 부여를 하였다. 학생들의 뜨거운 박수와 함께 캠프가 마무리 되었다.

컨설팅을 진행하고 나면 항상 그날의 기억들이 가슴속 깊이 남는다. 만남의 설렘과 마지막 순간의 가슴 벅찬 감동은 다음에도 또 그 다음에도 나의 열정을 변함없이 타오르게 할 것이다. 그래서 나는 항상 마음으로 다가고 진심으로 소통하는 컨설턴트가 되기 위해 끊임없이 노력할 것이다. 앞으로 만나게 될 수많은 사람들을 생각하니 매순간 터질 듯이 나의 열정이 두근거린다. 많은 이들과 소통하게 해주는 '컨설턴트'라는 이름과 평생을 함께 하고 싶다.

경험담 – Ⅱ

한국이미지경영교육학원
이미지경영전문컨설턴트
문 지 영

컨설팅 대상에게 감히 '귀엽다' 라는 표현을 써도 될까에 대해서 한참동안 고민을 했다. 귀엽다는 말이 행여나 그들의 이미지를 실추시키는 말이 될까봐 조심스러웠기 때문이다. 그런데 생각하면 할수록 나의 컨설팅 대상들에게는 귀엽다는 말이 가장 잘 어울린다. 귀엽다는 말은 참 다양하게 쓰인다. 단순히 외모만으로 귀여운 이미지가 형성되기도 하지만 누군가의 행동이 엉뚱하여 웃음을 유발할 때, 혹은 장난기 넘치는 상대에게도 귀엽다는 수식어를 종종 붙인다. 나의 컨설팅 대상은 후자의 느낌이 강해서 유난히 귀여운 컨설팅 대상으로 기억에 많이 남는다.

지난 2009년 늦가을, 제법 쌀쌀한 바닷바람이 부는 부산 해운대에서 바로 이 귀여운 컨설팅 대상들을 만났다. 경남정보대학 경영정보 계열과 건축공학디자인학부에 재학 중인 20대 초·중반의 학생들이었다. 그들은 1박 2일로 진행되는 취업캠프 중 마지막 프로그램이었던 모의면접을 앞두고 나와 함께했다. 나의 역할은 모의면접에 임하는 학생들의 이미지를 개선시키는 것이다. "그게 순식간에 개선이 돼?" 라고 반문하는 분들께 자신 있게 "Yes" 라고 말하며 모의면접 전 이미지컨설팅 프로그램에 참가했다. 100% 완벽한 개선은 힘들겠지만, 적어도 면접장에서 하지 말아야 할 행동들을 비롯해 본인의 이미지를 실추시키는 행동이나 표정 등은 얼마든지 짚어줄 수 있기 때문이다. 특히 긴장된 순간에는 얼굴표정이나 말 등이 내 의지와 상관없이 드러나는데다 심리적으로 위축이 되기 때문에 실수가 잦아진다. 나는 그들의 긴장감을 덜어주고 빠른 시간 안에 이미지를 개선시킬 수 있도록 도와주는 역할을 수행했다. 이 역할을 수행하기 위해서는 경계의 벽을 허무는 것이 먼저였다. '무엇이든 물어보세요.' 라는 편안한 컨설턴트의 이미지를 심어주기 위해서 대상과 눈을 맞추고 미소를 짓고 마음으로 말을 했다. 내가 먼저 가벼운 질문이나 이야기들로 말을 붙이자 그들도 컨설팅에 마음을 열고 적극적이고 편안한 모습을 보였다. 나중에는 너무 편해져서 짓궂은 농담을 해 나를 식은땀 흘리게도 했지만 말이다.

그렇게 대상과 나는 소통을 하기 시작했고 본격적인 컨설팅이 시작되었다. 면접에 적합한 복장을 갖추고 있는지, 자세는 바른지, 표정은 밝은지, 메이크업, 헤어, 스피치, 커뮤니케이션 요령 등은 잘 갖추어져 있는지 등을 개별적으로 점검해주며 이미지 개선에 나섰다. 처음엔 무엇을 컨설팅 받아야 하는지조차 잘 몰랐던 학생들이 내 조언에 눈동자를 반짝이고 신기해하는 모습 그리고 다른 궁금증을 해소하고자 바쁘게 나를 찾는 모습들이 참 귀엽고 한편으로는 고마웠다. 심지어 다음 날이 실제 면접이라 머리부터 발끝까지 꼼꼼하게 컨설팅을 해주었던 한 남학생은 아직도 기억에 생생하다. 이렇게 그들과 나는 소중한 인연을 맺고 함께 떠올릴 수 있는 좋은 추억을 니누이가겠다.

인생을 살면서 누구나 꿈을 꾼다. 그것이 인생 전체를 뒤흔들만한 커다란 꿈일 수도 있고, 일상에서 바라는 아주 소소한 작은 꿈일 수도 있다. 어쨌든 이 모든 꿈을 이루고 싶은 소망은 누구나 마찬가지이다. 나 역시 그렇다. 그동안 끊임없이 '꿈을 이루는 삶' 을 추구했고 실제로 이뤄낸 꿈들도 참 많다. 그리고 그 꿈을 이룰 때마다 특유의 달콤함을 맛보았다. 이 세상 그 무엇보다도 달콤한 성취감이 바로 그것이다. 이제 나와 인연을 맺는 다른 누군가가 달콤한 성취감을 최대한 많이 맛보았으면 한다. 그리고 그 맛을 볼 수 있도록 도와주는 조력자가 바로 내가 되었으면 한다. 이것이 컨설턴트로서 내가 가진 또 하나의 꿈이다. 지금까지 늘 '꿈을 이루는 삶' 을 살아왔듯 앞으로도 이 꿈을 이루기 위한 삶을 살 것이다. 그럼 나도 꿈을 이루고, 내가 컨설팅을 하는 분들도 모두 꿈을 이루게 될것이다. 생각만 해도 가슴이 벅차다. 오늘도 나는 이 벅찬 가슴을 안고 '또 누군가를 도와줄까?' 라는 행복한 상상을 하며 행복한 컨설턴트로 살아간다.

경험담 – Ⅲ

한국이미지경영교육학원
이미지경영전문컨설턴트
변 성 복

선생(先生). 한자를 그대로 풀이하면 먼저 인생을 살았다는 뜻이다. 선생님이라는 사람은 단지 먼저 태어나 살았다는 것만을 뜻하는 사람은 아닌 것 같다. 나이가 많고 적고를 떠나 인생에 대해 배울 수 있는 사람, 특정한 분야에 대해 컨설팅 해줄 수 있는 사람, 그런 사람이 선생님이라고 말하고 싶다.

지난 해, 누군가에게 도움과 조언만 받으면서 살았던 나에게 취업 컨설턴트라는 이름으로 컨설팅을 할 수 있는 기회가 찾아왔다. 고등학교 취업캠프에 가서 1박2일 동안 학생들을 책임질 팀장으로 참여했다. 왠지 설레고 두근거렸지만 학생들이 원하는 취업을 할 수 있도록 가르치고 지도해줄 수 있다는 책임감, 사명감을 가지고 취업캠프에 참가했다.

취업캠프에 참가했던 학생들은 고등학생 1학년이었다. 아이돌 가수를 좋아하고 친구 사귀는 것과 학창시절의 추억을 만드는 나이지만, 취업캠프에 참가했던 학생들은 취업에 관심이 많고 희망하는 학생들이었다. 어린나이에 저렇게 철든 생각을 하는 학생들이 대견스러웠고 고등학교 시절 철없이 놀았던 나의 과거를 반성하게 해주었다.

예상했던 대로, 처음에는 서먹서먹하고 학생들을 어떻게 대해야 할지 몰랐다. 그래서 빨리 친해지기 위해 유머러스한 말을 하며 항상 미소 넘치는 표정을 짓고, 학생들의 이름과 얼굴을 빨리 외우기 위해 노력을 했다. 그러한 노력으로 학생들에게 재미있고, 알아듣기 쉬운 취업 컨설팅을 할 수 있는 분위기를 조성했다.

점심시간 이후부터 학생들에게 취업에 관련된 컨설팅을 해주었다. 고등학교 1학년이다 보니 아직 꿈이 없는 학생도 있었고 왜 취업을 해야 되는지를 모르는 학생도 있었다. 이런 학생들을 위해 취업을 왜 해야 되는지, 꿈과 비전 설정은 어떻게 해야 하는지에 대해서 컨설팅해주고 미래의 자신의 모습을 그려보고 명함을 만들도록 했다.

시간이 지남에 따라 학생들의 눈빛이 처음 취업캠프장에 왔었을 때와는 사뭇 다르다는 느낌을 받았다. 취업과 관련해서 컨설팅을 해줄수록 학생들은 취업에 대한 동기유발을 일으켰고 취업을 해야 되겠다는 마음의 변화를 느낄 수가 있었다. 이런 학생들의 변화 중심에 나의 컨설팅이 도움이 되고 있다는 것이 너무 기뻤다.

고등학생에게는 어려울 수 있는 취업에 관련된 정보를 퀴즈를 통해 풀어보고, 기업에 대해 분석하는 방법을 컨설팅 해준 뒤, 기업에 대한 정보를 노래로 개사하는 프로그램을 통해 학생들에게 쉽고 재미있게 취업준비를 할 수 있는 교육을 진행했다. 이러한 교육 프로그램은 학생들에게 있어 취업준비에 대한 과정을 직접 몸소 체험하고, 1:1 개별 컨설팅을 함으로서 맞춤형 교육이 되게 했다. 우리 조 학생에게 모르는 것을 직접 컨설팅해주고 그 컨설팅을 통해 변화하고 있는 그들의 모습을 보니 나도 절로 흐뭇해졌다.

학생들은 취업캠프 기간 내내 "변 선생님? 변 선생님?"이라는 호칭으로 나를 불렀다. 처음에는 어색하기만한 호칭이었지만, 시간이 지날수록 '학생들에게 무엇인가를 더 주어야겠다', '학생들에게 세밀한 컨설팅을 해주어 취업캠프장을 나설 때에는 변화된 마인드로 보내도록 해야겠다'라는 생각이 들었다.

취업캠프는 성공적으로 마무리가 되었고, 많은 학생들이 취업에 대한 동기를 얻고 원하는 곳에 취업을 할 수 있도록 모든 학생들에게 뜻있는 취업 컨설팅이 되었다. 비록 짧은 1박2일이었지만 한마디 한마디가 학생들에게는 소중한 정보가 된다는 것을 깨닫게 해주었고, 누군가에게 선생님이 되는 일은 쉽지 않다는 것을 느낀 시간이었다.

인생을 살면서 누군가에게 도움을 주는 일은 보람된 일이다. 컨설턴트로 활동하면서 '잘못된 정보를 주면 어떻게 하지?'라는 생각보다 '어떻게 하면 하나라도 더 알려줄 수 있을까?'라는 생각을 한다. 상대에게 직접적으로 컨설팅을 해주고 그들의 변화된 모습을 보면서 즐거움과 보람을 느낀다. 그리고 바늘구멍 같은 취업전선에서 당당히 합격한 후 찾아오는 그들의 모습을 볼 때마다 컨설턴트라는 직업에 보람을 느낀다.

경험담 – Ⅳ

한국이미지경영교육학원
이미지경영교육전문강사
유 민 서

이미지경영교육강사라는 직업을 가지고 있는 내가 너무 자랑스럽다. 내가 강의를 통해 만났던 수많은 사람들 중에 유독 기억에 남는 사람들이 있다. 그들을 생각하면 마음 한구석이 먹먹해지고 따뜻한 무엇인가를 느끼게 된다.

부산에 있는 한 복지관에 강의를 하러 갔다. 그들의 얼굴을 본 순간, 그들이 살아온 인생이 보였다. 얼굴은 너무 어두웠고, 삶을 굉장히 무기력하게 느끼고 있다는 것을 느낄 수가 있었다. "내가 과연 이들에게 어떠한 강의를 해서 어떤 희망의 메시지를 전달해주어야 할까?" 고민이 많이 되었다. 그들에게 필요했던 것은 강의내용이 아니라 삶을 살아 갈 수 있는 용기와 희망이었다. 내가 해 줄 수 있는 일은 바로 그것이었다.

그들과 함께 할 시간은 2시간이었다. 그들은 강의에 전혀 집중하지 못했지만 나는 눈을 마주치면서 그들과의 이야기를 시작했다. 시간이 지나면서 따뜻한 눈빛과 적극적인 반응으로 강의에 참여했다. 수업 마지막에 꿈에 대해 물어보았다. 그들에게는 각자 자기가 원하는 하나의 꿈들이 있었다. 그렇게 거창하지도 않은 아주 소박하지만 꼭 이루고 싶다는 이야기를 들었을 때, 나는 간절히 이들의 꿈이 이루어졌으면 좋겠다는 생각을 했다.

강의를 마치고 나오는 길에 "강사님의 에너지를 받으니 내가 생각하는 이 일들이 다 이루어질 것 같다는 생각이 들어요"라는 말을 듣는 순간, '내가 이 직업을 선택한 것이 정말 잘 했구나' 라는 생각이 들었다.

나는 매번 강의를 하면서 마음속으로 생각한다. 나는 그들에게 많은 지식과 정보를 전달하기보다는 그들과 함께 이야기하고, 그들의 이야기를 듣고, 그들과 함께 호흡하자고... 이것은 내가 이 직업을 선택한 가장 큰 이유이기도 하다. 오늘도 나는 나의 에너지와 열정이 필요한 이에게 나의 에너지를 나누고자 강의를 하러 간다.

경험담 – V

한국이미지경영교육학원
이미지경영교육전문강사
차 금 주

2010년 1월 9일. 새해를 맞아 개최된 한국이미지경영교육학원 이미지 페스티벌에 초대를 받아 강의를 하게 되었다. 주어진 강의 주제가 이론밖에 없는 주제였기 때문에 강의를 더욱 신경 써서 준비했다. 이미지 페스티벌이라는 특성상 강의 대상의 연령대가 다양하고 전문인들과 일반인이 섞여 있었기 때문에 강의의 수준을 설정함에 있어서 장소와 강의를 듣는 목적 그리고 일반인이 알아들을 수 있는 쉬운 강의 반면 전문인은 자신의 지식을 다시 돌이켜 보는 시간이 될 수 있게 했다.

이미지 페스티벌 당일 나는 창밖으로 바다가 보이는 호텔 안에서 강의를 시작하게 되었다. 강의 중간 중간 청중이 공감할 수 있는 장을 만들었고, 딱딱한 분위기를 탈피하려 가벼운 내용을 다루기도 했다. 인생을 살아감에 있어서 필요하지만 모든 사람들이 다 알지는 못하는 필수적 요소들을 나는 내가 맡은 강의 시간 안에 풀어 놓으며 청중들이 쉽게 알고 갈 수 있게 하기 위해 노력했다.

그렇게 강의를 끝마칠 때가 되었을 때 강의 내용을 질의응답으로 복습하고 나는 청중들에게 몇 마디 응원과 희망의 말을 건넸다. 항상 그렇지만 매번 강의에서 청중들에게 희망과 용기를 준다는 목적으로 그 말을 하기 위해선 내가 먼저 실천하지 않으면 안 된다는 것을 배우게 되었다.

나에게 있어 강사라는 직업은 누군가에게 필요로 하는 것을 가르쳐 주기 위해 존재하는 일이라 생각하고 있다. 그러나 강사는 내가 먼저 공부하지 않고 배우려 노력하지 않는다면 감히 할 수 없는 직업이 아닐까 하고 생각해본다. 항상 이 자리에 만족하지 않고 머물러 있지 않고 앞을 보며 오늘보다 더 나은 나의 미래를 위해 달려가야겠다.

지친 마음도 어르고 달래 열심히 달리는 나에게, 끊임없이 노력하는 나에게 그리고 포기하지 않는 나에게 나는 찬사를 보낸다.

경험담 – VI

한국이미지경영교육학원
이미지경영교육전문강사

김 성 미

많은 일들이 있었던 2009년이 지나고 2010년 새해를 맞아 이미지 페스티발에서 전문 컨설턴트들과 강사들의 친지들을 대상으로 강의를 했다.

2010년의 첫 강의이기도 하고 많은 전문가 분들 앞에서 강의를 한다는 생각에 그 어느 때 보다도 잘하고 싶은 욕심이 생겨 더욱 최선을 다했다. 강의내용은 강의를 계획할 때마다 가장 신경이 쓰이는 부분이다. 특히 청중들과 공감대를 형성하거나 동기를 부여하는 부분이 가장 신경 쓰이는 부분이다. 강의를 할 때 전하고자 하는 내용을 분명하게 감동적으로 전하는 사람이 진정한 강사가 아닐까 하는 생각에 열심히 강의를 준비했다. 강의 당일 강의할 장소는 해운대 바닷가가 훤히 보이는 탁 트인 공간이었다.

"반갑습니다"라는 인사를 시작으로 강의를 시작했다. 2010년 새해가 밝았으니 1년 목표를 세워보자는 취지로 청중들과 생각의 시간을 가졌다. 그리고 청중들과 함께 생각하는 시간을 가졌을 때 나또한 한 가지 다짐을 했다. 이번 한해에도 열정적인 강의로 청중에게 도움을 줄 수 있는 강사가 되자고... 나는 이러한 마음가짐으로 강의를 이어갔다. 먼저 이미지에 대한 개념을 알려주었고 자연스럽게 컬러로 관심을 옮겼다. 자신에게 어울리는 색과 어울리지 않는 색을 비교하여 계절 타입별로 어울리는 색을 알려주었고 자신에게 맞는 색을 알 수 있도록 했다. 청중들도 컬러에 의한 변화가 신기했는지 강의에 집중했다. 컬러에 대한 강의를 끝내고 자신의 내면을 펼칠 수 있는 자신이 되길 바란다는 내용의 재 동기 부여로 강의를 마무리 지었다.

항상 모든 일에는 고통과 쾌락이 같이 존재한다. 나 또한 노력의 끝에 있는 달콤함을 맛보았으니 더 이상 멈추지 않고 나를 개발해 나갈 생각이다.

경험담 - Ⅶ

한국이미지경영교육학원
이미지경영교육전문강사
김 은 정

2009년도는 정말 바쁘고 힘든 하루의 연속들이었지만 나에게 도전과 감동, 재미와 짜릿한 성취감 등을 알려준 고마운 한 해였다. 강의라는 것을 갓 배운 부족한 나였기 때문에 강의를 한다는 것에 정말 준비할 것도, 챙길 것도, 생각할 것도 많았다. 강의를 준비하면서 많은 분들의 도움을 받았지만 나에게는 처음이고 너무 갑작스레 생긴 일정이라 정말 당황스러웠다. '아이들이랑 같이 동화되어 잘 해낼 수 있을까?', '혼자 말하지는 않을까?', '시간을 채울 수 있을까?' 등 정말 많은 생각이 나를 걱정스럽게 했다.

그래서 선배님의 강의 모습, 컨설팅 하는 모습이 담긴 동영상을 보며 연습을 해보기도 하며 떨리고 긴장되는 준비시간을 보냈다. 그러나 막상 당일이 되니 의외로 덤덤했지만 마이크를 잡는 순간 머릿속이 정말 새하얗게 변해버렸다. 그래도 내가 맡은 시간을 그냥 흘려보낼 수는 없었기 때문에 조 팀원들과 동료 강사들을 보며 힘을 내어 강의를 시작했다. 내가 맡은 강의는 단순히 강의만이 아닌 각자의 꿈과 목표에 대한 주제로 이루어졌기 때문에 딱딱한 분위기 보다는 편안하고 즐거운 분위기를 만들기 위해서 Ice breaking도 하고 아이들과 함께 각자의 꿈에 대한 이야기를 나누며 강의를 진행했다. 마지막으로 재동기 부여를 하고 강의를 마치게 되었는데 정말 그 시간이 시원하기도 했지만 '조금 더 잘 할 수 있었을 것 같은데' 라는 생각이 들만큼 아쉽기도 했다.

강의 이후 취업 면접을 대비하여 면접 컨설팅을 팀원에게 해주었는데, 개인의 장점과 단점에 대해 컨설팅을 하는 것이 쉽지만은 않았다. 팀원들이 면접에서 어떤 질문을 하는지 그리고 답변을 어떤 식으로 하는지에 대해 컨설팅을 해주는 시간동안 사람을 대하는 법을 알게 되었다. 또한 컨설팅 진행하는 법도 알게 되면서 누군가의 앞에 서는 것을 두려워했던 마음이 조금은 없어지는 것 같았고, 나아가 무엇이든 해낼 수 있다는 자신감을 갖도록 해준 시간이었다.

그래서 나는 지금 그 자신감으로 항상 노력하고 있다. 도전이라는 것이 만들어 준 소중한 선물을 모두 다 얻기 위해 항상 최선을 다 할 것이다. 그리고 앞으로도 그렇게 나는 선물을 받는 기쁨으로 즐겁게 살 것이다.

경험담 – VIII

한국이미지경영교육학원
이미지경영교육전문강사
김 정 은

내가 강사로써 활동함에 있어 단단한 밑거름과 큰 깨달음을 주었던 첫 강의 이야기를 들려주고자 한다. 나의 첫 강의 대상은 고등학생이었다. 나에게는 의미 있는 첫 강의인 만큼 교안작성부터 강의자료 수집까지 긴 시간을 투자하여 강의를 만들었다. 평소 강사라는 직업을 갖기 전에도 청중 앞에 서는 것에 대한 두려움이 없었기 때문에 강의를 준비하는 내내 잘해낼 수 있을 것이라는 확신과 자신감을 갖고 있었다. 그리고 몇 번이고 거울을 보며 인사부터 마지막 재동기 부여까지 강의 진행을 위한 연습을 했다.

강의 당일 차를 타고 가는 내내 학생들과의 만남에 대한 기대감으로 심장이 뛰었다. 점심시간이 지난 후 강의를 진행하러 강단에 섰다. 떨리는 마음을 가라앉히고 유머 섞인 소개를 했다. 학생들은 큰 박수로 나를 맞이했다. 이에 힘입어 유쾌한 분위기를 유지하며 자연스럽게 강의를 진행했다. 하지만 강의가 후반부로 진행될수록 몇몇의 학생들은 호기심에 가득차 초롱초롱 빛나던 눈빛을 거두고 잠과의 사투를 펼치기 시작했다. 결국 중간에 쉬는 시간을 갖고 강의를 다시 진행했다. 그렇게 다시 진행되어진 강의는 실습위주의 강의진행과 야심차게 준비했던 재동기 부여를 통해 박수와 함께 잘 마무리되었다.

강의가 끝나고 숙소로 올라오자마자 왈칵 눈물이 쏟아졌다. 그 눈물은 세월이 지난 지금도 잊을 수 없는 강의를 무사히 끝냈다는 안도감과 스스로에 대한 실망감, 반성, 깨달음 등 많은 의미를 담은 눈물이었다. 그때의 눈물을 통하여 가장 크게 깨달았던 것은 실력과 전문성이 없는 강사는 청중을 사로잡을 수 없으며, 반대로 많이 안다고 해서 청중의 마음을 사로잡을 수 있는 것도 아니라는 것이다. 중요한 것은 'HOW? 어떻게?' 라는 것이다. 어떻게 그들의 눈높이에 맞출 것이며, 어떻게 그들과 공감할 것이며, 어떻게 소통할지에 대해 먼저 고민해야 청중의 마음을 사로잡을 수 있다는 것이다. 나 역시 앞으로도 항상 이것에 대하여 고민할 것이며 그들과 소통하고 그 소통 속에서 감동과 열정을 이끌어내는 강사로 꾸준히 성장해 나갈 것이다. 뿐만 아니라 나는 또 다른 깨달음에 끊임없이 목말라 할 것이다.

경험담 – Ⅸ

한국이미지경영교육학원
이미지경영교육전문강사
박 근 영

진주의 여성새로일하기센터에서 주부들을 만났다. 취업을 준비하는 분들이라 면접 이미지 전략으로 강의를 진행했다. 호감 있는 표정을 만들기 위해서는 자연스러운 미소가 습관이 될 때까지 꾸준히 연습하고 노력해야 한다고 인지시키고, 예쁜 미소를 만들기 위한 훈련방법을 알려주며 함께 연습해 보았다. 호기심 어린 눈빛으로 강의내용에 집중하는 모습에 더욱 많은 것을 전해드리고 싶다는 마음이 불끈 솟아올랐다.

기억에 남는 또 다른 대상은 양산 해운청소년수련원에서 만난 한 고등학교 남학생이다. 자신의 장점을 말하는 시간에 '힘이 세다' 라고 한 그 학생은 10대의 목표가 '하고 싶은 일을 찾는 것' 이라고 했다. 평소 관심 있거나 잘 하는 것 등에 대해 물어보니 사실은 군인이 되는 것이 자신의 꿈이라고 했다. 그런데 공부를 못하기 때문에 그 꿈을 벌써부터 포기하고 있었던 것이다. 아직은 할 수 있는 기회와 시간들이 많이 남아있으니 희망을 갖고 용기내어 다시 도전할 수 있도록 컨설팅을 했다.

사람들은 각자 자신에 대해 가지는 자아 이미지, 자신에 대한 하나의 상을 갖고 살아간다. 자아 이미지가 긍정적인 사람은 가정이나 사회에서 밝은 마음으로 긍정적인 언행을 실천하며 자신의 비전을 갖고 능동적으로 생활한다. 그러나 자아 이미지가 부정적인 사람은 대인관계에 있어 소극적이고 부정적인 언행을 하며 성공보다는 고립과 실패를 하게 될 확률이 높다.

나는 이미지 경영 전문가로서 만나는 모든 사람들이 보다 긍정적인 자아 이미지를 형성하여 자신의 꿈과 이상을 실현하고 행복한 인생, 성공한 인생을 살아갈 수 있도록 강의하는 것이 이미지 경영 전문가의 역할과 사명이라고 정하고 이 길을 달리고 있다. 앞으로도 긍정적인 에너지와 열정을 전하는 이미지 경영 전문가로서 행복한 사람, 행복한 세상을 만들기 위해 더욱 활기차게 이 길을 달려갈 것이다.

경험담 - X

한국이미지경영교육학원
이미지경영교육전문강사
홍 태 희

2009년이 가고 새로운 해 2010년이 다가왔다. 1년이 정말 짧았었던 것 같다. 많은 곳에서 강의를 하고 있지만 그 중 기억에 남았던 강의는 많은 강사들과 그분들의 지인 앞에서 강의를 했던 것이다.

많은 분 앞이었지만 지금까지의 경험을 살려 자신감을 가지고 강의를 시작했다. 가까운 거리에서 모두들 나의 모습에만 집중하고 나의 강의만 듣고 있었다. 내가 준비해왔던 자료들을 모두 전해야겠다는 사명감에 차근히 머릿속에 떠올리면서 강사들과 지인들에게 꼼꼼히 설명을 하였다. 특히 강의를 한 번도 안 들어보셨던 분들도 있었기 때문에 강의를 이해하기 쉽게 설명하고자 노력했다. 그리고 말하고자 하는 것이 무엇인지 모두에게 알려드리고자 다양한 사례를 들어 재미있게 설명을 했다.

강의 처음 부분은 자아의식과 긍정적인 자아개념에 대한 내용이었는데 청중들이 다소 부산한 모습을 보였다. 하지만 목소리 트레이닝에서의 결과는 성공적이었다. 실습 위주로 강의를 진행했고, 어떻게 하면 좋은 목소리를 만들 수 있는지의 대한 관심은 따라하시는 분들의 모습을 보면서 알 수 있었다.

모든 과정들을 마치며 “인연은 중요하다고 생각합니다. 앞으로도 좋은 인연이 되었으면 좋겠습니다. 다음에 또 뵙겠습니다. 감사합니다”라고 인사드리며 강의를 마무리 했다. 강의를 하기 전 설렘과 마친 후 보람이 내가 강사로서 살아가고 있다는 행복을 느끼게 해주는 원동력이 된다. 앞으로도 명강사가 되기 위해 변함없이 노력할 것이다.

경험담 – XI

한국이미지경영교육학원
이미지경영전문컨설턴트
정 지 영

사람들에게 컨설턴트라는 직업에 대해 물으면 '어떤 분야에 대해 지식과 정보'를 전하는 일이라고 말한다. 나 또한 컨설턴트라는 직업을 가지기 전까지는 그들과 생각이 다르지 않았다. 하지만 컨설턴트로서 수차례 컨설팅하며 컨설팅 대상자들이 단지 지식과 정보만을 요구하는 것이 아니라는 것을 깨달았다.

때로는 그들에게 오히려 내가 더 많은 것을 배워 올 수 있었다. 강의에서 만난 어르신과 열정이 많은 주부님 등을 통해 인생의 참된 지혜를, 취업캠프를 통해 만난 고등학생에게서는 따뜻한 마음을 전달하는 방법을 배웠다.

창원 모 대학교에 갔을 때였다. 면접 이미지 컨설팅 중이였는데 기둥 뒤에 한 학생이 몇십분 동안 컨설팅 부스 쪽을 쳐다보며 서성이고 있었다. 소극적이고 자신감 없는 인상의 그 학생은 작은 키와 왜소한 몸 등 외모에서 오는 열등감으로 삶에 대한 의욕과 자존감이 낮은 상태였다.

몇 차례 질문이 오가면서 자신을 사랑하지 않는 사람이 남을 사랑할 수 없듯이 자신을 소중히 여겨야 다른 사람을 사랑할 수도, 사랑받을 수도 있다고 하였다. 그리고 '칭찬하기' 프로그램을 통해 자신감을 키울 수 있도록 컨설팅하였다. 컨설팅 후 그 학생은 '오늘의 15분이 세상을 다시 볼 수 있게 된 시간이었다'는 말과 함께 고마움을 표시했다. 그 순간 컨설턴트라는 직업에 대한 자부심과 가슴 속 깊은 곳에서 무언가 모를 찐함이 느껴졌다.

컨설턴트의 또다른 말로 마음을 전달하고 공유하는 '희망 전도사'라는 명칭을 붙이고 싶다. 단 10분일지라도 서로 교감하는 순간만큼은 10시간 이상의 일방적 컨설팅 시간보다 훨씬 더 값진 시간이다.

가르침 속에 배움이 있는 컨설팅을 하며 가장 크게 느낀 것은 '소통'이라는 단어이다. 앞으로도 '소통'이라는 두 글자를 가슴에 새기며 교감할 줄 아는 컨설턴트가 되기 위해 끊임없이 노력해 가고자 한다.

참고문헌

• 국내문헌

강갑연·전세열·조중원·송미라·이부형·윤정순·유미금(2006). 모발 & 두피관리학. 서울: 광문각.

강경애(2007). 헤어스타일에 따른 직업별 선호도 조사 연구. 한남대학교 사회문화대학원 석사학위논문.

강경화(2007). MAKE YOU UP. 서울: 국제.

강순선·강창혁·강지용·최혜선(1984). 교수-학생의 인간관계 정립에 관한 연구. 제주대학교학생생활연구소.

강옥순(1999). 교사의 인간관계가 학생교육에 미치는 영향에 대한 연구. 수원대학교 경영대학원. 석사학위논문.

고도흥(1995). 음성언어의 이해. 경기: 한신문화사.

고려대학교 문과대학 심리학과 교수실편(1977). 심리학 개설. 서울: 고려대학교 출판부.

고미애(2003). Adlerian집단상담 프로그램이 여중생의 열등감 극복과 사회적 관심 증대에 미치는 효과. 여수대학교 대학원. 석사학위논문.

곽선행(2008). 여성 체육인의 커리어요인과 전문직업적 정체성. 성차별의식 및 직업의식의 관계. 건국대 대학원. 박사학위논문.

공정식(2010). 심리학. 서울: 가람북스.

곽형심·양선미·김순희·김봉인·김선미·류영미·장미화·김영희·장태수(1999). 미용학 개론. 서울: 정문각.

구민정(2007). 대학교과과정에서 이미지 메이킹 프로그램의 만족도에 관한 연구. 부경대학교 경영대학원. 석사학위논문.

권경애(2000). 눈 메이크업이 안면 상에 미치는 영향에 관한 연구. 한성대학교 예술대학원. 석사학위논문.

권미영(2007). 전화 영어회화 학습이 성인 남자의 구두 의사소통 능력에 미치는 영향. 서강대학교 교육대학원. 석사학위논문.

권연옥(1997). 인간관계론. 서울: 학문사.

권은미(2006). 내현적 자기애가 사회공포증에 미치는 영향: 사회적 자기 효능감의 매개효과를 중심으로. 아주대학교 대학원. 석사학위논문.

권은숙(1995). 색으로 승부하는 21세기. 서울: 웅진출판사.

권은정(1995). 자녀의 친사회적 행동과 사회적 문제행동에 대한 어머니의 귀인성향. 숙명여자대학교 대학원. 석사학위논문.

권형신(2004). 색채를 활용한 패션 이미지 메이킹 연구. 숙명여자대학교 대학원. 석사학위논문.

권혜진(2000). 호텔종사원의 매너가 인상형성에 미치는 영향. 경기대학교 대학원. 석사학위 논문.

김경호(2004). 이미지메이킹의 개념 정립과 프로그램 효과성 분석 연구. 명지대학교 대학원. 박사학위논문.

김경호(2008). 이미지메이킹의 이론과 실제. 서울: 높은 오름.

김관호(2008). 라이센서의 독점적과 다중적 형태, 그리고 라이센시의 실용적과 쾌락적 속성에 따른 라이센싱 효과에 관한 연구. 세종대학교 대학원. 박사학위논문.

김귀미(2009). 피부노화의 인식정도 및 관리습관에 관한연구: 대전광역시 여성을 중심으로. 중부대학교 인문산업대학원. 석사학위논문.

김근영(2005). 강사의 이미지가 수용태도와 교육효과에 미치는 영향에 관한 연구. 연세대학교 언론홍보대학원. 석사학위논문.

김기봉·김영진(1999). 취업정보사냥. 서울: 양서원.

김기인(2003). 직장생활과 예절. 서울: 형성출판사.

김동기(1991). 현대 마케팅 원론. 서울: 박영사.

김민(2009). 자아이미지와 광고이미지의 일치성이 광고 태도에 미치는 영향: 캐주얼의류 인쇄광고를 중심으로. 홍익대학교 광고홍보대학원. 석사학위논문.
김보연(2001). 성인여성의 라이프스타일과 자기이미지가 의복스타일 선택에 미치는 영향. 계명대학교 대학원. 석사학위논문.
김선정(2005). 직장과 가정간의 갈등이 직무성과에 미치는 영향에 관한 연구: 개인특성과 사회적 지원의 조절 효과를 중심으로. 홍익대학교 대학원. 석사학위논문.
김성동(2003). 리더십 유형이 집단적·개별적 성과에 미치는 영향에 관한 연구. 경기대학교 대학원. 박사학위논문.
김성은(2004). 여대생의 네일 관리 인식도에 관한 연구. 한성대학교. 석사학위논문.
김성화(2003). 자아존중감 증진 집단상담이 아동의 자아개념과 학교 생활증진에 미치는 효과. 부산교육대학교 교육대학원. 석사학위논문.
김수석(1990). 색채의 예술. 경기도: 지구문화사.
김수정(2005). 퍼스널 컬러 진단에 따른 메이크업 색채에 관한 연구. 대구대학교 디자인대학원. 석사학위논문.
김수진(2003). 자각중심 게슈탈트 집단 상담 프로그램이 초등학생의 자기 효능감 향상에 미치는 효과. 한국교원대학교 교육대학원. 석사학위논문.
김영애(2009). 현실요법을 적용한 집단 미술치료가 시설청소년의 자아정체감과 자립의지에 미치는 효과. 영남대학교 환경보건대학원. 석사학위논문.
김영일·차일환(1985). 한국어 화자 인식에 관한 연구. 연세대학교 산업기술연구소 논문집.
김영준·김필라·박수미(2007). 스튜디어스 면접. 서울: 훈민사.
김용주(1999). 여대생의 신체이미지에 따른 의복추구혜택. 이화여자대학교 대학원. 석사학위논문.
김원배(2001). 기업 근로자의 셀프 리더십과 직무만족에 관한 연구. 연세대학교 산업대학원. 석사학위논문.
김은성(2006). 방송진행자의 스피치 구성요인과 공신력 평가에 관한 연구: 수용자의 상위인지 능력개념 적용. 경희대학교 대학원. 박사학위논문.
김은영(1991). 이미지메이킹. 서울: 김영사.
김재숙·류지원(2004). 헤어길이와 헤어컬러가 남성의 패션이미지에 미치는 상호작용효과. 한국의류학회지 28.
김재윤(2005). 취업 커뮤니케이션에 관한 연구. 이화여자대학교 정보과학대학원. 석사학위논문.
김정규·박정희(2001). 패션소재 기획. 서울: 교문사.
김정석(2005). CEO이미지가 기업이미지 및 기업 브랜드 가치와 갖는 관계에 관한 연구: 국내 5대 그룹 CEO를 중심으로. 연세대 언론홍보대학원. 석사학위논문.
김정숙(2002). 여성의 신체 이미지에 대한 의복행동과 메이크업 상관성 연구. 조선대학교 환경보건대학원. 석사학위논문.
김정희(2008). 20대 여성 얼굴 및 이목구비의 유형 분류. 가톨릭대학교 대학원. 박사학위논문.
김지은(2008). 열등감과 학교생활 적응: 성취목표와 자의식을 선행 요인으로 하여. 한양대학교 대학원. 석사학위논문.
김지채·김화수·최양규·이무경(2009). 수분 섭취가 언어치료사의 음성변화에 미치는 영향에 대한 예비연구. 한국음성학회 2009 봄 학술대회 발표논문집.
김진철·이수광(2004). 성공과 행복을 위한 인간관계 관리. 서울: 형설출판사.
김진한(2002). 색채의 원리. 서울: 시공사.
김창걸(2003). 교육조직행위론. 서울: 형설출판사.
김창규(2000). 바른 자세가 보약이다. 서울: 해냄

출판사.
김해정·이지은·주지은·추혜영(2006). 면접관도 놀라는 면접의 정석. 서울: 예라고 북스.
김혜경·김신정·김정현·권기형·유선이·유의경·이윤주·송미라·강영숙·강은란·정용성(2007). 블로 드라이 & 업스타일. 서울: 광문각.
김혜리(2008). 취업지원자의 외적 이미지가 면접관의 평가에 미치는 영향. 국제문화대학원 대학교. 석사학위논문.
김혜리·이정원(2009a). 음성 이미지가 개인 평가에 미치는 영향. 한국음성학회 2009 봄 학술대회 발표논문집.
김혜리·이정원(2009b). '음성이미지 경영프로그램'의 효과성 연구. 한국음성학회 2009 가을학술대회 발표논문집.
김혜승·이정원(2009). 호감을 주는 음성이미지 분석. 한국음성학회 2009 가을학술대회 발표논문집.
김효연(2009). 네일 관리방법에 따른 네일의 손상도 비교. 인재대학교. 석사학위논문.
김훈철·장영렬(1998). 컬러마케팅 전략. 서울: 다정원.
김희숙(2000). 화장 문화사. 서울: 청구문화사.
김희진(2005). 광고 프레젠테이션의 실제. 서울: 커뮤니케이션 북스.
남경현·이득연(2008). 500대 기업 업종별 면접백과. 서울: 엘리트코리아.
남정길(1987). 마르틴 부버. 서울: 대한기독교출판사.
남지영(1999). 영어 듣기 말하기 교육론. 서울: 한국문화사.
남진희(2009). 셀프리더십이 직무만족도와 대인관계 이미지에 미치는 영향. 국제문화대학원 대학교. 석사학위논문.
노은영(2005). 문화의 언어학. 계명대학교 국제학대학원. 석사학위논문.
노혜숙(2003). 창의성의 즐거움. 서울: 북로드.
니시데 히로코(2009). 비지니스 매너. 정세환(역). 서울: 팜파스.
대한피부과학회 저(2008). 피부과학. 서울: 여문각.
도쿄상공회의소(2007). 컬러코디네이터 검정시험 2급 교과서. 서울: 휴앤즈.
도쿄상공회의소(2007). 컬러코디네이터 검정시험 3급 교과서. 서울: 휴앤즈.
류병진(2003). 매너와 공감능력 및 사회적응의 관계. 한양대학교 교육대학원. 석사학위논문.
류영미(2000). 효과적인 메이크업을 위한 색채연구. 한국미용학회지.
류지원(2005). 남성착용자의 의복 격식차림, 메이크업, 헤어스타일의 인상효과. 충남대학교 대학원. 박사학위논문.
류화정(2007). 컬러테라피의 활용방안과 과제. 한세대학교 사회복지대학원. 석사학위논문.
리쿠르트(1995). 95 하반기 취업가이드. 서울: 리쿠르트.
박경희(2004). 인터넷 커뮤니케이션의 특성에 관한 연구. 숙명여자대학교 디자인대학원. 석사학위논문.
박도양(1995). 실용색채학. 서울: 반도출판사.
박미선(2004). 청소년이 지각한 중요한 타인의 기대와 자기존중감 및 문제행동과의 관계. 원광대 교육대학원. 석사학위논문.
박상진(1998). 면접자/지원자 특성과 면접양식에 관한 실증연구. 성균관대학교 대학원. 박사학위논문.
박성은(1993). 의복이 대인지각에 미치는 영향에 관한 연구. 이화여자대학교 대학원. 석사학위논문.
박승현(2002). 문화적. 비언어적 요인들이 의사소통능력에 미치는 영향. 창원대학교 교육대학원. 석사학위논문.
박영실(2003). 서비스 타워 업 프로그램. 서울: 룩스북.
박용원(2003). 현상적 리더십의 기초로서의 본질적 리더십 연구. 총신대학교 대학원. 석사학위논문.

박은영(1998). 자기성장 집단 상담이 대학생의 자기 효능감 및 취업면접 태도에 미치는 효과. 창원대학교 대학원. 교육학과 석사학위논문.

박은희(1996). 미국 네트워크 뉴스에 나타난 한·일국가 이미지연구. 한국방송개발원.

박일화(2008). 변혁적 리더십과 자기희생적 리더십이 조직성과에 미치는 영향에 관한 연구. 숭실대학교 대학원. 석사학위논문.

박정숙(2003). 아동기의 열등감 정도와 사회성과의 관계. 고신대학교 대학원. 석사학위논문.

박정순(1997). 대중매체의 기호학. 경기도: 나남출판사.

박정순(2006). 비언어적 표현 연구. 금오공과대학교 교육대학원. 석사학위논문.

박정혜(2002). 추구의복 이미지와 의복태도에 따른 색조화장행동 연구. 숙명여자대학교 대학원. 박사학위논문.

박찬섭(2009). 청소년의 자아개념 및 완벽주의와 섭식장애와의 관계. 원광대학교 대학원. 박사학위논문.

박천만(2001). 여성들의 화장 실태와 화장지식 및 화장태도에 관한 연구. 한국미용학회.

박한표(2004). 매너의 역사, 세련화인가? 아니면 본능적 충동의 억압인가?. 서양사학연구 제11집.

박혜정(2007). 멋진 커리어우먼 스튜어디스 면접. 서울: 백산출판사.

박혜정(2007). 서비스 실무. 서울: 백산출판사.

방원석(2001). 카리스마적 리더십이 부하의 조직몰입에 미치는 영향에 관한 연구. 서강대학교 대학원. 석사학위논문

배정훈(2009). 리더십 에센스. 서울: 형설출판사.

배정훈(2009). 조직 관리와 리더십. 서울: 형설출판사.

배행숙(2007). 남성 얼굴 형태에 따른 헤어스타일 선호도 조사 연구. 한남대학교 사회문화대학원. 석사학위논문.

백광숙(2008). 청년실업에 대한 대학생 태도가 진로행동에 미치는 영향. 공주대학교 대학원. 석사학위논문.

백승각(2009). 청소년의 자아 존중감 향상을 위한 독서치료 프로그램 연구. 서울신학대 상담대학원. 석사학위논문.

삼성경제연구소(2009). 불황기 경영전략(SERI 보고서로 읽는). 서울: 삼성경제연구소.

삼성경제연구소(2009). 혁신의 리더들 :통합 리더십으로 혁신하라. 서울: 삼성경제연구소.

서경수 (2004). 신지식농업인의 리더십 유형분석과 활용방안. 중앙대학교 산업경영대학원. 석사학위논문.

서미경(2008). 목소리 디자인. 서울: 중앙북스.

서윤경(2008). 성인여성의 직업. 성격. 라이프스타일에 따른 미용 이미지 분석 및 제안. 서경대학교 대학원. 박사학위논문.

서재호(2000). 호텔 유니폼이 종사원 인상형성에 미치는 영향에 대한 연구. 경기대학교 대학원. 석사학위논문.

서창원(2003). 현대 심리학. 서울: 시그마프레스.

손길수(2005). 모 브랜드 이미지와 자아이미지의 일치성이 확장 브랜드 태도에 미치는 영향에 관한 연구. 중앙대학교 대학원. 석사학위논문.

손일권(2003). 브랜드 아이덴티티: 100년 기업을 넘어서는 브랜드 커뮤니케이션 전략. 서울: 작가정신.

송명자(1994). 한국 중·고 대학생의 심리·사회적 성숙성 진단 및 평가: 사회적 규범 및 책임판단 분석. 한국심리학회지.

송은영(2005). 직장여성의 이미지 향상을 위한 메이크업의 효과성 연구. 숙명여자대학교 원격대학원. 석사학위논문.

송은영(2009). 얼굴 이미지메이킹 프로그램이 자아존중감, 긍정적 사고, 얼굴 이미지 효능감에 미치는 효과 분석. 명지대학교 대학원. 박사학위논문.

송인섭(1998). 인간의 자아개념 탐구. 서울: 학지사.
송정화(2008). 결혼적령기 남녀의 자아이미지와 배우자이미지 선택요소의 상관관계 연구. 국제문화대학원대학교. 석사학위논문.
송현욱(2009). 청소년의 자아정체감 발달에 영향을 미치는 생태학적 변인들의 구조분석. 계명대학교 대학원. 박사학위논문.
송희설(1994). 가족유형과 지각된 부모의 수용: 거부가 청소년의 자아 정체감 형성에 미치는 영향. 충남대학교 대학원. 박사학위논문.
신구범(2007). 리더십의 이론과 실제. 서울: 형설출판사.
신미정(2006). 취업면접 결정요인에 관한 연구. 이화여자대학교 대학원. 석사학위논문.
신완선(2002). 컬러 리더십. 서울: 더난출판사.
신주이(2008). 교육연극 프로그램이 대학생의 자아존중감과 대인관계에 미치는 영향. 숙명여자대학교 대학원. 석사학위논문.
신향선(2002). 퍼스널컬러 시스템에 따른 유형의 분포도와 색채진단 변인에 관한 연구: 메이크업, 헤어, 의상 색채중심으로. 건국대학교 디자인대학원. 석사학위논문.
신향선(2003). 패션 & 뷰티를 위한 Color image making. 서울: 도서출판 국제.
신현정·김비아(2008). 마이어스의 심리학. 서울: 시그마프레스.
신효정(2002). 현대여성의 아름다운 외모에 대한 질적 연구. 건국대학교 대학원. 박사학위논문.
심재우(2004). 잭 웰치처럼 프레젠테이션하라. 서울: 더난출판사.
안나영(2007). 외모에 대한 사회·문화적인 태도와 객체화된 신체의식이 외모관리행동에 미치는 영향. 전남대학교 대학원. 석사학위논문.
안철민(2009). 목소리가 바뀌면 인생이 바뀐다. 세상의 아침.
안혜민(2006). 여성의 메이크업과 네일 디자인이 인상형성에 미치는 영향. 서경대학교 미용예술대학원. 석사학위논문.
양수현(2005). 자기이미지에 따른 성격과 의복이미지. 광주대학교 산업대학원. 석사학위논문.
양숙희(2007). 여대생들의 헤어 라이프스타일에 영향을 미치는 요인. 대구한의대학교 대학원. 박사학위논문.
양지은(2002). 유사 언어가 방송 메시지 전달에 미치는 영향에 관한 연구: 뉴스 전달속도 분석을 중심으로. 성균관대학교 언론정보대학원. 석사학위논문.
양진희·박춘심·이종란·이미희·우미옥·주은경 외(2008). 메이크업 디자인. 서울: 광문각.
여윤수(2007). 체형별 맞춤운동에 관한 연구: 웨이트 트레이닝을 중심으로. 한남대학교 사회문화대학원. 석사학위논문.
염미화(2008). 부모-자녀 간의 의사소통. 초등학생의 내외통제성. 자아정체감과 진로성숙도의 관계. 경남대학교 교육대학원. 석사학위논문.
오미영(2002). TV 토론 출연자에 대한 이미지 평가분석. 중앙대학교 대학원. 박사학위논문.
오자영(2004). 인지행동집단치료가 사회공포증 경향이 있는 대학생들의 공적 자의식. 대인 불안 및 부정적 평가에 대한 두려움의 감소에 미치는 영향. 전북대학교 대학원. 석사학위논문.
오자영(2005). 강박성을 가진 정신지체 아동에 대한 예술치료 사례 연구. 가톨릭대학교 사회복지 대학원. 석사학위논문.
오지영·김영철(2006). 대학생의 성격유형에 따른 헤어스타일과 의복이미지 선호 연구. 복식문화학회.
오희선(1999). 퍼스널 컬러에 관한 연구: 선호색과 조화색을 중심으로. 한국비지니스학회.
우에노 나오기(2009). 목소리 셀프코칭. 서울: 넥서스북.

우지은(2009). 목소리. 누구나 바꿀 수 있다. 서울: 위즈덤 하우스.
원은진(2005). 대학생의 비즈니스 매너와 공감능력 및 자아존중감의 관계연구. 성심여자대학교 문화산업대학원. 석사학위논문.
유종열(2006). 사회과 지식에 대한 인식론적 신념이 학습 동기와 학업 성취에 미치는 영향. 한국교원대학교 대학원. 박사학위논문.
유종해(2001). 현대행정학 서울: 박영사.
유지원(2005). 남성착용자의 의복 격식차림. 메이크업. 헤어스타일의 인상효과. 충남대학교 대학원. 박사학위논문.
유태순(2007). 외모에 대한 사회문화적 태도. 자아 존중감. 신체매력 지각이 외모 관리행동에 미치는 영향. 대구가톨릭대학교 대학원. 박사학위논문.
유한태(1983). 시각언어. 서울: 대광서림.
육혜숙(2007). 직장남성의 컬러이미지가 대인관계에 미치는 영향. 국제문화대학원대학교. 석사학위논문.
윤기훈(2002). 말하기 지도 방법의 체계화 연구. 순천향대학교 교육대학원. 석사학위논문.
윤두아(2007). 20-40대 여성의 대인관계 Egogram과 이미지메이킹-셀프마케팅의 관계 연구. 숙명여자대학교대학원. 석사학위논문.
윤소영(2007). 여대생의 외모관리에 대한 의식 및 태도 연구: 헤어, 피부, 화장, 미용성형을 중심으로. 한남대학교 사회문화 대학원. 석사학위논문.
윤숙희(2006). 학교장의 리더십이 의사소통과 조직몰입 및 조직효과성에 미치는 영향. 인하대학교 대학원. 석사학위논문.
윤옥한(2004). 명강의 교수법. 서울: 학지사.
이경렬(2004). CEO 이미지의 브랜드적 가치에 관한 연구: CEO 이미지의 구성요소 및 기업 가치에 미치는 영향을 중심으로. 홍보학연구 제8권 제1호.
이경숙(2004). 대학생의 실제 체형과 인지 체형에 관한 연구. 가톨릭대학교 대학원. 석사학위논문.
이경희(1991). 의복형태 이미지의 시각적 평가에 관한 연구. 부산대학교 대학원. 박사학위논문.
이경희·김윤경·김애경(2006). 패션과 이미지 메이킹. 경기도: 교문사.
이경희·이은령(2008). 패션 디자인 플러스 발상. 경기도: 교문사.
이근후(1993). 최신임상정신의학. 서울: 하나출판사.
이동희(2007). 매너와 이미지 메이킹. 서울: 형설출판사.
이명재(2001). 선발면접의 형태와 평정요소. 한국인간관계학보.
이미희(2001). 여성 미용행태에 관한 연구. 연세대학교 관리과학대학원. 석사학위논문.
이봉석(1996). 서비스 질이 호텔 이미지 형성에 미치는 영향에 관한 연구. 경남대학교 대학원. 박사학위논문.
이성자(2004). 취업면접훈련프로그램이 여대생의 면접불안과 면접행동에 미치는 효과. 전주대학교 상담대학원. 석사학위논문.
이성혜·최승욱(2000). 신조직행동론. 서울: 청목출판사.
이영희·조경희(2003). 이미지 경영. 서울: 동현출판사.
이완규(2007). 취업면접. 이렇게 나온다!. 서울: 시대고시기획.
이은란(2005). REBT 집단상담이 중년 여성의 건강염려증과 우울 감소에 미치는 효과분석. 광운대학교 정보복지대학원. 석사학위논문.
이응창(2006). 비언어 의사소통체계의 접근을 통한 서사극에 나타난 신체언어 연구. 단국대학교 대학원. 석사학위논문.
이인자·이경희·신효정(2001). 의상심리. 경기도: 교문사.
이재란(2003). 정확하게 전달하고 OK를 이끌어

내는 프레젠테이션. 서울: 새로운 제안.

이정란(1987). 대학생의 자아정체감과 자아실현에 관한 연구. 숙명여자대학교 교육대학원. 석사학위논문.

이정윤(2004). 조직 내 구두 커뮤니케이션 화행(Speech Acts)분석에 관한 연구. 이화여자대학교 대학원. 석사학위논문.

이정원(2009). 기초 통·번역 실제, 부산외국어대학교 출판부

이정은(2007). 비언어적 의사소통 지도를 위한 학습자료 개발 연구. 부산교육대학교 교육대학원. 석사학위논문.

이지현(2005). 독서요법 집단 상담이 초등학생의 자기효능감에 미치는 효과. 경인교육대학교 교육대학원. 석사학위논문.

이진희(1993). Color marketing 접근방법에 관한 연구. 원광대학교 대학원. 석사학위논문.

이해영(2004). 색조화장에 있어서 퍼스널컬러 인지도와 유형별 색채 선호도 조사. 중앙대학교 의약식품대학원. 석사학위논문.

이현수(2008). 긍정적 심리학. 서울: 시그마프레스.

이현숙(2006). 방송진행자의 비언어적 커뮤니케이션 특성에 관한 탐색적 연구 - KBS 연예·오락프로그램 진행자 영상분석을 중심으로. 한국소통학회.

이현진(2002). 목표설정이 자기효능감 및 과제수행에 미치는 영향에 관한 실험연구. 숙명여자대학교 대학원. 석사학위논문.

이혜원(2009). 여성들의 피부 관리에 대한 인식 및 선호도에 관한 연구. 숙명여자대학교 원격대학원. 석사학위논문.

이효숙(2004). 패션 이미지에 따른 의복 스타일과 헤어스타일의 상관성. 경성대학교 대학원. 석사학위논문.

임인숙·권대순(2001). 헤어연출의 창의적 방법연구: 헤어피스 제작을 중심으로. 한국미용학회지 제 7권 1호.

장덕자(2008). 지각되는 어머니의 이미지가 자녀의 자기효능감에 미치는 영향. 국제문화대학원대학교. 석사학위논문.

장재복(2000). 한국 기업의 면접시험에 관한 연구. 단국대학교 대학원. 석사학위논문.

장인실(2006). 상업계 고등학교 직업교육으로서의 이미지메이킹 교육에 관한 연구. 계명대학교 대학원. 석사학위논문.

장현옥(1997). 면접특강-면접에서 성공하는 비결. 서울: 한국교육문화원.

전보경(2008). 한국 여성의 시대별 메이크업 이미지와 컬러에 관한 연구. 홍익대학교 산업대학원. 석사학위논문.

정광하(2007). 메이크업이 이미지효과에 미치는 영향: 20대 여성을 중심으로. 숙명여자대학교 원격대학원. 석사학위논문.

정명선(2003). 성인여성의 신체적 매력성이 자아존중 자존심과 외모관리 행동에 미치는 영향. 한국복식학회.

정순태(1991). 마아케팅 관리론. 서울: 법문사.

정승아·오경자(2005). 자기불일치가 사회불안에 영향을 미치는 기제: 자의식의 매개효과와 자기제시 동기의 중재효과. 한국임상심리학회. 제24권 4호.

정연수(1999). 칼라마케팅과 소비자의 라이프스타일 및 색상산호에 관한 탐색적 연구. 계명대학교 대학원. 석사학위논문.

정종순(2008). 웃음치료 프로그램의 효과에 대한 연구. 조선대학교 대학원. 석사학위논문.

정지영(1997). 선발면접 상황에서 지원자의 인상관리 책략에 관한 연구. 고려대학교 대학원. 석사학위논문.

정현상(1999). 학교행정에서 인간관계 형성을 위한 배려윤리에 관한 연구. 경기대학교 교육대학원. 석사학위논문.

정형준(2002). 사상체질에 따른 신체 자신감과 비만관의 관계. 동의대교육대학원. 석사학위논문.

정혜정(2003). 스타일을 위한 컬러코디네이션. 서

울: 도서출판 국제.
조긍호(1986). 대인지각의 연구의 전개. 해동과학연구소 8.
조기년(2004). 직장여성의 외적 Self Image Making 인식정도에 관한 연구. 대구가톨릭대학교 보건과학대학원. 석사학위논문.
조슬기(2006). 외적 이미지를 리드하는 여성들의 외모관리행동 연구. 성신여자대학교 조형대학원. 석사학위논문.
조용진(1999). 얼굴, 한국인의 낯. 경기도: 사계절출판사.
차대운·안춘복·김성민(2008). 면접 스킬 클리닉. 서울: 법문사.
차은아(2009). 청년기 부정적 자아개념과 인간관계 부적응에 대한 성경적 상담. 총신대학교 상담대학원. 석사학위논문.
최기종(2007). 매너와 이미지메이킹. 서울: 백산출판사.
최병학(2002). 방송화술. 서울: 아침기획.
최양규·신명선(2004). 발화 음성의 인상에 대한 평가차원. 대한음성학회 2003 봄 학술대회 발표논문집.
최영훈(1990). 색채학 개론. 서울: 미진사.
최정훈·이훈구·한종철·윤 진·정찬섭·오경자(1994). 인간행동의 이해. 서울: 법문사.
최종태(1996). 현대인사관리론. 서울: 박영사.
최혜순(1992). 유아의 사회성 발달과 지도. 서울: 학문사.
취업지도연구회(1997). 면접가이드. 서울: 탐구원.
한국색채연구소(1994). 색채 1 과학적 색채. 경기도: 도서출판.
한국색채연구소(1994). 색채 2 감성색채. 경기도: 도서출판.
한국색채학회(2002). 컬러리스트. 서울: 도서출판 국제.
한덕웅·이정모·전겸구·손정락·김정남·김교헌·도경수·성한기·탁진국·서용원·강혜원·이종구·강혜자·이경성·이민규·최훈석(2004). 인간의 마음과 행동-성균관대 응용심리연구. 박영사.
한만기(2008). 비언어적 커뮤니케이션이 고객지향성에 미치는 영향. 경기대학교 대학원. 박사학위논문.
한미숙(1994). 면접상황에서 신체적 매력도와 의복이 지원자의 평가에 미치는 영향. 고려대학교 대학원. 석사학위논문.
한미아(2005). 소비자시대의 컬러마케팅에 관한 연구. 단국대학교 정보통신대학원. 석사학위논문.
한상덕(1986). 인간공학을 토대로 한 신발디자인의 과학화. 한국산업디자인진흥원.
허순득(2004). 아름다움을 창조하는 생활 속의 이미지. 서울: 형설출판사.
허용·김선정(2006). 외국어로서의 한국어 발음교육론. 서울: 박이정.
현원정(2008). 직장여성의 외적 이미지가 자기 효능감에 미치는 영향. 국제문화대학원대학교. 석사학위논문.
홍기선(1997). 커뮤니케이션론. 파주: 나남출판사.
홍석영(1994). 기업광고를 통한 기업이미지형성에 관한 연구. 경희대 경영대학원. 석사학위논문.
홍진우(2008). 비평의 주체와 방향성에 의해 형성되는 정보의 신뢰성이 영화의 호감도와 관람의도에 미치는 영향에 관한 연구. 홍익대학교 일반대학원. 석사학위논문.
황상민·정주원·김종일·권기선·최유미(1999). 색채이미지의 심리적 분석: 소비자 성향에 따른 색채화장과 구현된 색이미지를 중심으로. 한국색채학회.
황선길·안현희·김훈혜·신동필(2007). 실전 면접에 강한 면접질문 199제. 서울: 엘리트코리아.
황옥경(1997). 아동의 대인지각과 문제해결 행동 및 또래 지위와의 관계. 숙명여자대학교 대학원. 박사학위논문

• 외국문헌

Adler H. L. (1956). *The individual psychology of Alfred*. Ansbacher.

Albert mehrabian(1971). *Silent Messages*. Wadsworth Publishing Company.

Alschuler C. F. & A. A. Alschuler(1984). Developing healthy response to anger : The counselor's role. *Journal of Counseling and Development Vol. 63*.

Asch S. E. (1946). Forming impressions of personality. *Journal of Abnormal Social. Psychology 41*.

Bandura A. (1977). Self- efficacy:Toward aunifying theory of behavioral change. *Psycological Review 84*.

Barnard C. I. (1983). *The Functions of the Executive. Cambridge*. Mass. : Harvard University Press.

Bass B. M. (1990). From transactional to transformational leadership : learning to share the vision. *Organizational Dynamics 18(3)*.

Bednersh F. & C. A. Peck (1986). Assessing social environments : Effect of peer characteristics on the social behavior of children with severe handicaps. *Child Study Journal 16*.

Berkowitz L. (1990). On the formation and revulation of anger and aggression : A cognitive-neoassociationistic analysis. *American Psychologist Vol. 45*.

Bernardin H. J., Beatty R. W. (1984). *Performance Appraisal : Assessing Human Behavior at Work*. Kent Publishing Co.. Boston. MA.

Bernstein B. E. (1979). Lawyer and Therapist as an Interdisciplinary Team: Trial Preparation. *Journal of Marital and Family Therapy. Vol. 5*.

Berscheid E. & E. H. Walster (1978). *Interpersonal Attraction (2nd ed.)*. Menlo Park. CA : Addison-Wesley.

Borman W. C. (1974). *Organizational Behaviour and Human Performance NO. 12*.

Brehm S. S. (1985). *Intimate Relationships*. NY : New York Crown Publishing Group.

Brian T.(2002). *Be a Sales Superstar*. San Francisco : Better-koehler.

Burns J. M. (1978). *Leadership*. NY : Harper & Row.

Carla Mason Mathis · Helen Villa Connor (1994). *The Triumph of Individual Style*. NY : Fairchild Publication Inc.

Cash T. F., Pruzinsky T. (1990). *Body images : development. deviance and change*. NY : The Guilford Press.

Cohen S. (2000). Social Relationships and health. In S. Cohen et al. (Eds.). *Measuring in social Support*. NY : Oxford University press.

Conger J. & R. Kanungo (1988). Toward a Behavioral Theory of Charismatic Leadership in Organizational Setting. *Academy of Management Review 12*.

Corter C., Trehub S., Boukydi. C., Ford L., Celhoffer L. & K. Minde (1978). Nurses' judgements of the attractiveness of premature infants. *Infant Behavior and Development 1*.

David F. R. (2008). *Strategic Management* : Concepts and Cases : *International Version*. Upper Saddle River. NJ : Pearson Education.

Dishman R. K., Sallis J. F., Orestein D. R. (1985). The determinants of physical activity and exercise. *Public Health Rep. 100*.

Eder R. W. · Ferris G. R. (1989). *The employment interview : Theory, research and practice. CA* : Sage publications Inc.

Ekman P. & W. V. Friesen (1978). *Facial action coding system*. Palo Alto. CA : Consulting

Psychologist Press.

Ellis A. (1975). *A new guide to rational living Englewood cliffs*. NJ : Prentice-Hall.

Eluerd Roland (1991). *Pour aborder la linguistique, initiation-recyclage*, tome 1, sixieme edition. ESF editeur. Paris.

Engel J. F. and R. D. Blackwell (1982). *Consumer Behavior*. NY : The Dryden Press.

Erikson E. H. (1950). *Childhood and society*. NY : W. W. Norton & Co. Inc.

Erikson E. H. (1980). *Identity and the life cycle*. NY : W. W. Norton & Co. Inc.

Fiske S. T & S. E Taylor (1984). *Social cognition*. NY : Addison-Wesley pub.

Freedman. J., Sears. D. and J. M. Carismith (1981). *Social Psychology (4th ed.)*. Englewood Cliffs. NJ : Prentice-Hall Inc.

Freud S. (1927). *The ego and the id*. London : Hogarth Press.

Fujii Donna (1991). *Color With style*. Tokyo : Grapic-sha.

Gambetta D. (1988). *Can we trust Trust*? In D. Gambetter (Eds.). Trust : Making and breaking cooperative relations. Oxford. UK : Basil Blackwell.

Greenleaf J. (1970). *John Greenleaf Whittier's poetry:an appraisal and a selection Minneapolis*. University of Minnesota Press.

Griffiths D. E. (1956). Human Relations school Administration. NY : Appleton century. Crofts. Co. Inc.

Gruning J. E. (1993). Image and substance : From symbolic to behavioral relationships. *Public Relations Review Vol. 19*.

Hall T. E. (1963). A System for the Notation of Proxemic Behavior. *American Anthropologist 65*.

Hamilton V. (1981). Something for entire your family. NY : *The New York Review of Books*.

Harris M. M. (1989). Reconsidering the employment interview : A review of recent literature and suggestions for future research. *Personnel Psychology Vol. 42(4)*.

Hartup W. W. (1979). *Peer relations*. In E. M. IIctherington (ed.). Handbook of child psychology. NY : Wiley.

Heider F. (1964). *The Psychology of Interpersonal Relations*. NY : John Wiley & Sons. Inc. The Communication of Ideas. NY : Harper & Row Publishers.

Hodges B. H. (1974). Effect of valence on relative weighting in impression formation. *Journal of Personality and Social Psychology Vol. 30(3)*.

House R. J. (1977). *A Theory of Charismatic Leadership*. In Hunt J. G. & Laeson L. L. (eds). Leadership:The Cutting Edge. Carbondale : Southern Illinois University Press.

Jacoba T. O. (1990). *Measures of leadership. West Orange*. NJ : Leadership Library of America.

Jago A. G. (1982). Leadership : Perspectives in theory and research. *Management Science Vol. 28(3)*.

Jakobson Roman & Morris Halle (1956). *The Fundamentals of Language*. Berlin. NY : The Hague.

Jakson Katie (1980). *Color me Beautiful*. NY : The random house.

Johnston Joni E., Psy D. (1994). *Apperance Obsession : learning to love the way you look*. Florida : Health communication Inc.

Jones. C. V. (1967). *The Unified Theory of Electrical Machines*. London : Butterworth & Co.

Kaiser S. B. (1990). *The Psychology of Clothing; Symbolic Appearances in Context*(2nd ed.). NY: Macmillan Publishing co. Inc.

Kaiser S. B. (1996). *The social psychology of clothing - symbolic appearances in context.* NY : Fairchild Books & Visuals.

Katz Daniel & Robert L. Kahn (1978). *The Social Psychology of Organizations (2nd ed.).* NY : John Wiley and Sons.

Kelley H. H. (1973). The processes of causal attribution. *American Psychologist. Vol. 28(2).*

Kentner Bernice (1990). *Color Me a Season : How to Fine and Use Your Most Flattering Color.* NY : KenKra Publishers.

Kissinger Katie (1997). *All the color we Are : The Story of How We Get Our Skin Color.* St. Paul. MIN : Redleaf Press.

Kobayashi S. (1991). The Aim and Method of the Color Image Scale. *Color research and application* Vol. 6(2).

Kotler P. (2003). *Marketing Management*(11th ed.). NJ : Prentice Hall.

Kramer R. M. & T. R. Tyler Eds. (1996). *Trust in organizations : Frontiers of theory and research.* Thousand Oaks. CA : Sage Publications Inc.

Langer E. J. (1975). The illusion of control. *Journal of Personality and Social Psychology.* Vol. 32(2).

Lavater J. K. (1778). Physiognomiche Fragment. zur Befoerderung der Menshenkenntniss und Menshenliebe. Leipzig/Witerthur *Leadership in Organizational Setting Academy of Management Review 12.*

Lewicki R. J., Bunker B. B. (1996). *Trust in Organizations : Frontier of Theory and Research.* Thousand Oaks. CA : Sage Publications Inc.

Locke E. A. & G. P. Latham (1990). *A theory of goal setting and task performance.* Englewood Cliffs. NJ : Prentice Hall.

Logue A. W. (1995). *Self-Control.* NJ : Prentice Hall.

Loudon D. L. & A. J. Della Bitta (1993). *Consumer Behavior* (4th ed.). NY : McGraw-Hill Co. Inc.

Lussier R. N. & C. F. Achua (2001). *Leadership : Theory Application skill Development.* KY : South Western College Publishing.

Manz C. C. & H. P. Jr. Sims (1993). Superleadership : Beyond The Math Of Heroic Leadership. *Organizational Dynamics 19(4).*

Marks G. (1984). Thinking one' s abilities are unique and one' s opinions are common. *Personality and Social Psychology Bulletin Vol. 10(2).*

Maslow Abraham H. (1970). *Motivation and Personality* (2nd ed.). NY : Harper & Row Publishers.

Mathis Darlene (1999). *Women of Color : the muticultural guide to fashion and beauty.* Maryland : Capital Books.

Mcallister D. J. (1995). Affect-and cognition-based trust as foundations for interpersonal cooperation in organizations. *Academy of Management Journal. Vol. 38(1).*

McWilliams Tracy (2004). *Dress to Express : Seven Secrets to Overcoming Closet Trauma and Revealing Your Inner Beauty.* Novato. CA : New World Library.

Medley M. L. (1976). Satisfaction with Life among Persons Sixty-Five Years and Older. *Journal of Gerontology Vol. 31(4).*

Mehrabian Albert (1971). *Silent messages.* Albert Oxford. England : Wadsworth.

Moberg D. (1989). *The Ethics of impression management*. in R. A. Giacalone. & P. Rosenfeld.(eds.) Impression Management in the Organization. Hillsdale. NJ : Erlbaum.

Moffitt M. A. (1994). A cultural studies perspective toward understanding corporate image : A case study of state farm insurance. *Journal of Public Relations Research Vol. 6(1).*

Northouse Peter G. (2001). *Leadership : theory and Practice (2nd ed.)*. California : Sage Publishing Inc.

Novaco R., Stokols D., Campbell J., Stokols J. (1979). Transportation, stress and community psychology. *American Journal of Community Psychology Vol. 7.*

Penord S. (1983). *Social psychology*. NY : G. P. Putnam.

Piaget J. (1969). *The Mechanisms of Perception*. London : Routledge & Paul Kegan.

Pooser Doris (1997). *Always In Style*. Los Altos. CA : Crisp publications.

Randolph W. A. (1985). *Understanding and managing organizational behavior*. Homewood. IL : Richard D. Irwin Inc.

Rao M. S. (2010). *Soft skills enhancing employability : connecting campus with corporate*. New Delhi : I.K. International publishing house pvt. ltd.

Reeder D. N. (1977). *Gothing Preferences of Male Athletesin Relation to Self concept Athletic Ability. 'Race. SOCioeconomic Status. and Peer Perception*. Knoxuiue. Iowa : The University of Tennessee.

Reynolds T. J. & H. Gutman (1984). Advertising is Image Management. *Journal of Advertising Research Vol. 24(1).*

Robinson S. L. (1996). Trust and Breach of the Psychological Contract. Administrative *Science Quarterly Vol. 41(4).*

Rosenthal R. (1968). *Pygmalion in the classroom : teacher expectation and pupils intellectual development*. Michigan : Holt Kinehart and Winston.

Ross S. A. (1977). The determination of financial structure : The incentive signaling approach. *The Bell Journal of Economics Vol. 8(1).*

Rosenberg M. (1979). *Conceiving The Self.* NY : Basic books Inc..

Rothenberg A. (1971). On anger. *American Journal of Psychology Vol. 128(4).*

Sabel C. F. (1993). Studied trust : building new forms of cooperation in a volatile economy. *Human Relations Vol. 46(9).*

Schlenker B. R., Helm. B., Tedeschi J.T. (1973). The effects of personality and situational variables on behavioral trust. *Journal of Personality and Social Psychology Vol. 25(3).*

Schneider D. J., Hastorf A. & P. C. Ellsworth (1979). *Person Perception* (2nd ed.). Massachusetts : Addison-Wesley Pub. Co.

Scott W. A. (1966). *Psychological and Social Correlates of International Images*. In Internal behavior. NY : Holt Kinehart and Winston.

Sharkin B. S. (1988). The measurement and treatment of client anger counseling. *Journal of Counseling and Development Vol. 66(8).*

Sirgy M. J. (1982). Self-Image/Product Image Congruity and Advertising Strategy. *Development in Marketing Science Vol. 5.*

Solomon M. R. (1985). *The psychology of fashion. Lexington*. MA : Lexington Books.

Spears L. C. (1995). *Insights on Leadership :*

Service. Stewardship. Spirit and Servant-Leadership. NY : John Wilp & Sons Inc.

Spears L. C. (2001). *On Character and Servant-Leader ship : Ten Characteristics of Effective. Caring Leaders*. Westfield : greenleaf Center for servant-Leadership.

Spicker S. M. (1970). *The philosophy of the body*. Chicago : Quadrangle Books.

Spielberger C. D., Johnson E. H., Russell S., Crane R. S., Jacobs G. A. & T. J. Workmen(1985). *The experience and expression of anger : Construction and validation of an anger expression scale*. In Chesney M. A. & R. H. Riesman (Eds). Anger and hostility in cardiovascular and behavioral disorders. NY : Hemisphere.

Stone P. J., Dunphy D. C. & A. Bernstein (1966). *The analysis of product image*. the general inquirer : *A computer approach to content analysis*. Massachusetts : MIT Press.

Sullivan H. S. (1953). The *interpersonal theory of psychiatry*. NY : Norton.

Suls Jerry and C. K. Wana (1985). *In Search of the False-Uniqueness Phenomenon : Fear and Estimates of Social Consensus. Albany*. NY : State University of New York.

Swensen C. H. Jr. (1973). *Introduction to interpersonal relations. Glenview*. IL : Scott. Foreman.

Tidwell Charles A. (1985). *Church Administration Effective Leadership for Ministry*. Nashville : Broadman Press.

Tyler W. G. (1981). Growth and Export Expansion in Developing Countries : Some Empirical Evidence. *Journal of Development Economics Vol. 9(1)*.

Yukl G. A. (1989). *Leadership in Organization*. Englewood Cliffs. NJ : Prentice-Hall.

Webb G. (1996). *Trust in Organizations : Frontiers of Theory and Research*. Thousand Oaks. CA : Sage Publications Inc..

Winch P. (1958). *The Idea of A Social Science and its Relation to Philosophy*. London : Routledge & Paul Kegan.

Zajonc R. B. (1968). Attitudinal effects of mere exposure. *Journal of personality and Social Psychology. Monograph Supplement Vol. 9(2)*.

김 혜 리

- 現) HR에듀테인먼트 대표
  한국이미지경영교육원 원장
  김혜리 이미지 연구소 소장
  '김혜리 이미지 콘서트' 창시자
  AICI국제이미지컨설턴트협회 이사
  사단법인 아시아기업경영학회 이사
  동아대학교 경영학과 인사조직전공 박사 과정
- 국제문화대학원대학교 이미지경영교육전공/
  교육학 석사학위 취득
- 부산외국어대학교 불어과/영어학부(복수전공) 졸업

이 정 원

- 現) 한국이미지경영교육원 자문위원
  부산외국어대학교 교수협의회 의장
  부산외국어대학교 서양어대 불어과 교수
- 프랑스 파리 7대학 언어학과 언어학 박사학위 취득
- 프랑스 파리 3대학 통번역대학원 불 · 영 전공
  통번역 국비파견 수학
- 가톨릭대학교(전, 성심여자대학교) 불어불문과 졸업
- 한국외국어대학교 통번역대학원 한불과 졸업
- 미국 UCLA 언어학과 교환교수
- 한국음성학회(전, 사단법인 한국음성과학회) 회장 역임

이미지 경영론
Image Management

초판 1쇄 발행_2011년 9월 1일

저　　자 | 김혜리, 이정원
발 행 인 | 정 현 걸
발　　행 | 신 아 사
인　　쇄 | 예지커뮤니케이션
출판등록 | 1956년 1월 5일 (제9-52호)
주　　소 | 서울특별시 은평구 녹번동 28-36번지 2F
전　　화 | 02)382-6411 · 팩스 02)382-6401
홈페이지 | www.shinasa.co.kr
E-MAIL | shinasa@chol.com

ISBN 978-89-8396-735-0(13320)

정 가 *38,000*원